台湾における
「日本」イメージの
変化、1945—2003

「哈日現象」の展開について

李衣雲
LEE IYUN

三元社

目　次

台湾における
「日本」イメージの変化、1945-2003
——「哈日現象」の展開について

第1章 **序　論** ◈ 001
反日、親日、あるいは哈日（ハーリ）

第1節 哈日（ハーリ）現象に関する先行研究の考察　002

　　　台湾における先行研究　003／「哈日」＝親日・日本大衆文化の導入＝文化的植民支
　　　配か？　006／日本における「哈日」研究　010／「歴史性」を無視した研究の現状
　　　010

第2節 問題提起：台湾における哈日現象の特殊性　012

　　　東アジアにおける日本大衆文化の発展　012／日本大衆文化の海外進出についての
　　　解釈およびその限界　014／東アジアの反日教育およびそこに現れる台湾「哈日」
　　　現象の特殊性　016／本論における研究方向　020

第3節 章節の構成　021

　　　各章の梗概　021／理論の枠組み　024／研究方法　026

第2章 **台湾における日本の大衆文化の** ◈ 033
発展史についての一考察

第1節 日本植民地時代　036

第2節 台湾における日本大衆文化のアンダーグラウンド時代　041

　　　2-1. 1945-1972年　041
　　　　国民党政府による接収および台湾統制　041／言語統制政策　046

　　　2-1-A　漫画　048
　　　　戦後における台湾漫画市場　049／「漫画審査制」の施行　051

　　　2-1-B　流行歌　053

　　　2-1-C　映画　055
　　　　戦後から日台断交までの日本映画上演への制限　055／台湾映画制作上における日
　　　　本技術の導入　057／日本映画の全面上演禁止およびアメリカ映画の優越性　058

目次　*v*

2-1-D　まとめにかえて　*060*

2-2. 1972年から1987年の戒厳令解除まで　*061*

「郷土文学論戦」および「台湾」の顕在化　*062*／日台断交および日本文化禁止令の施行　*066*／台湾経済の発展および大衆消費社会への進展　*069*

2-2-A　漫画とアニメ　*069*

2-2-A-1　漫画　*069*

漫画審査制の施行および日本漫画の優位化　*069*／アンダーグラウンド時代における日本漫画の販売ルート　*072*／「漫画清潔運動」　*073*

2-2-A-2　アニメ　*075*

「日本の手掛かり」の抹消　*076*／日本アニメ放送における第2次輸入制限　*078*

2-2-B　ビデオ、「第四台」、日本の番組と日本ドラマ　*079*

2-2-B-1　ビデオ　*079*

日本番組のビデオ市場の勃興　*080*／日本番組のビデオレンタル状況　*081*

2-2-B-2　CATV（「第四台」）　*083*

CATV市場の出現および国民党による取り締まり　*083*／CATVとレンタル業との関係　*086*

2-2-C　流行歌曲とアイドル　*089*

学園民謡の出現と流行歌市場の商業化　*090*／アンダーグラウンド時代における日本（アイドル）音楽の発展状況　*091*

2-2-D　キャラクターグッズとファッション誌　*094*

キャラクターグッズの流行化　*094*／日本ファッションの伝播　*097*

2-2-E　まとめにかえて　*097*

第3節　日本文化の解禁と哈日ブーム　*100*

「台湾」と「日本」の顕在化　*101*／いわゆる「哈日」ブーム　*104*／「哈日／哈日族」の定義における曖昧性および論争　*108*／マスメディアにおける「哈日」の立場　*111*／「哈日」と台湾的アイデンティティ　*113*／海賊版問題の発生　*118*

3-1.　漫画とアニメ　*123*

日本漫画の再登場　*123*／日本漫画の版権化時代　*126*／漫画市場の不景気　*131*／漫画関連商品：①キャラクターグッズ　*133*／②アニメ　*134*／③ゲーム　*136*

3-2.　日本ドラマ　*137*

CATV放送システムの合法化および合併　*137*／放送権付日本ドラマの放送開始　*139*／日本文化禁止令の解除および日本ドラマブーム　*141*／日本専門チャンネルの設立　*145*／高額放送権料および日本ドラマの不景気化　*146*／韓国ドラマの導入および市場の占有：「韓流」　*148*／「台湾偶像劇」の出現　*152*／日本ドラマ放送の斜陽化　*155*

vi

3-3. アイドル　*157*

日本音楽の台湾市場への正式進出　*158*／韓国アイドル歌手がもたらした第一次韓流　*160*／日本ジャニーズアイドルの台湾上陸ともたらしたブーム変化　*161*／アイドル／音楽部門における哈日族と哈韓族の比較　*163*／台湾アイドルの出現　*165*

第4節　結びに代えて　*167*

台湾における日本以外の外国文化　*168*／台湾における「大衆文化」の概念形成に及ぼした日本大衆文化の影響力　*170*／問題意識の再提起：日本大衆文化が長期にわたって台湾で発展しえた基礎とは？　*174*

第3章 | 「祖国」、中国化と「日本」イメージの変化　◆ *175*

第1節　日本植民地時代における「日本」イメージと「祖国イメージ」の弁証　*179*

日本植民地時代における台湾人への統制　*179*／台湾人の日本に対するアンビバレンス　*181*／台湾と韓国における被植民の差異　*183*／日本植民地時代における「祖国」イメージおよびその形成　*185*／戦後初期における台湾の「祖国」イメージ　*188*／中国側の台湾に対する印象　*189*／本節のまとめ：台湾における「祖国」イメージと中国における「台湾」イメージの矛盾　*192*

第2節　終戦直後、「日本」イメージの再変化　*194*

「祖国」のイメージと実像との衝突　*194*／戦後国民党政府による接収後における台湾社会の状況　*196*／ブルデューとシュッツの理論による戦後の台湾と中国の融合失敗の理由を探求　*198*／戦後における「漢民族共同体」の崩壊および省籍対立の発生　*204*／「血縁民族」における虚構性　*207*／「日本」イメージの好転化　*210*／228事件　*211*／「日本」を「内」・「外」集団区分の象徴的基準とみなす　*214*／本節のまとめ　*218*

第3節　二つの集合的記憶の闘争、および日本に関する記憶の変容　*220*

国民党による中国化政策　*220*／中国化政策の目的：「漢民族共同体」という集合的記憶の創造　*224*／中国本位である集合的記憶の中の「日本」イメージ　*226*／日本に対する記憶／経験の強制的忘却　*229*／台湾人における日本植民地時代経験の身体化および潜在化　*231*／国民党抑圧下において対抗的記憶を保存しえた原因　*233*

／身体化記憶の再生産　236／戦後世代に内在する二種の集合的記憶　238／表面化する日本への記憶およびその変化　240／「台湾意識」のめばえおよびそれに包含された「日本」イメージ　243／外省人の「台湾意識」に対する反動　248／二つの集合的記憶の相互浸透　248／戦後世代における意識変化の可能性　252／戦後世代に内在する二つの集合的記憶の並存と闘争　255／歴史的連続性の断裂の発生と日本への好感　257／本節のまとめ：反日教育と身体化による日本に対する好感　260

第4節　結びに代えて　263

「祖国」イメージの幻滅と中国化政策の実施　263／日本への好感の身体化と再生産 ——哈日ブームの基礎　265／問題意識の再提起：日本大衆文化の哈日ブームにおける影響力とは？　266

第4章 ┃ 消費と大衆文化によって構築された ◆269 ┃「日本」イメージ

第1節　日本文化禁止令の時代における日本大衆文化の発展　274

台湾大衆文化市場の需要および供給の欠乏　274／アンダーグラウンド時代における日本大衆文化の導入および普及：ファンの力　277／大衆文化の特質：①消費者（ファン）のアイデンティティ　278／②ファンの結束力　281／③理性を失った金銭投入を促す　285／④情熱と「非日常性」：日常世界からの避難所　287／⑤「カーニバル的な性質」：情熱の誘発　290／本節のまとめ　293

第2節　日本大衆文化が表現した「日本」イメージ　296

2-1. 日本漫画に表現された「日本」イメージ　299

日本漫画の分析例　300／日本漫画の特質：非日常性　309／日本漫画の「文法」：抽象性と記号的表現　310／日本漫画の「叙述体系」　314／日本漫画の叙述体系の持ち合わせる影響力　317／日本漫画の信頼性および消費力　319／まとめにかえて　321

2-2. 日本ドラマに表現された「日本」イメージ　323

日本ドラマの分析例　327／日本ドラマの吸引力　338／日本ドラマによる「広告」的「日本」イメージ　339／日本ドラマが促した消費行為　343／想像と実像とのギャップ　349／まとめにかえて　351

2-3. 日本漫画と日本ドラマが演じた「日本」イメージ——まとめ　353

第3節 「日本」が一種のブランドとなった意義とその維持　359

日本商品における信頼度およびテイストの構築　361／回答者の「日本」商品への印象　363／「日本」というブランドの誕生　364／ブランドの作用：意味の分かち合い　365／「日本」というブランドの成立条件：豊かさと厚み　367／独立した記号となる「日本」ブランド　369／大衆文化における「擬中立性」　372／アイデンティティの対象および意義付与の源となる大衆文化の備え持つ力と限界　376／ブランドおよびブームの維持　378／①鮮度と意味付与における作用　379／②欲望を満たす可能性：「物」に対する憧れと所有欲の誘発　382／③一貫性の維持　387／④同時間性の重要性　388／⑤代替商品の存在　390／哈日ブームと韓流の比較：哈日ブームの特異性　392／本節のまとめ：ポスト哈日ブームにおける「日本」ブランドの地位　395

第4節　結びに代えて　397

台湾消費社会の形成　397／日本大衆文化の輸入と消費欲望の満足　398／「日本」ブランドの形成要素：「厚み」　400／「日本」ブランドの虚像性および哈日ブームの日常化　402

第5章　結　論
虚像と実像の間　　◆ 405

戦後台湾における「祖国」イメージと中国における「台湾」イメージの衝突　406／中国化政策と日本文化禁止令　408／反日教育下における日本への好感の四つの要因　409／日本大衆文化を中心とする哈日ブームの出現　413／「日本」を独立したブランドとして　415／哈日ブームの斜陽化　417／日本大衆文化の東アジアにおける発展の共通性および台湾における特異性　419／哈日現象の含む曖昧さの提示：異国イメージの研究における虚像と実像の区別の重要性　421／今後の課題　422

参考文献　425

1. 日本語文献　426
2. 中国語文献　432
3. 英語文献　437

あとがき　439

第1章 序論

反日、親日、あるいは哈日^{ハーリ}

第1節 | 哈日現象に関する先行研究の考察

　1990年代、台湾では日本大衆文化／消費文化を中心として、10年間にわた
る哈日現象（日本マニア・ブーム）が発生していた。はじめて哈日という言葉
が用いられたのは1997年で、哈日杏子（1996）が『早安！日本』（『おはようご
ざいます！日本』）というシリーズの本を書いてからである。哈日杏子は哈日症
状を「いつも自分を完全に日本化された世界に浸らせていなければ辛くなる」
と定義している[1]。その後、哈日という言葉はインターネットやマスメディアを
通して広がり、一般に用いられるようになった。しかし、台湾社会では哈日
という言葉に対する定義が確立していない。何慧雯（2002）や李天鐸・何慧雯
（2003）の論文はその点に言及しているが、邱琡雯（2002）などの研究者は「哈
日族」（日本マニア）を一つの全体をなすものと見なしている。そこで、本書で
はインタビュー資料に基づいて、「哈日族」に対する定義の曖昧さを検討する。
　哈日現象は、まず、日本からの出版物の輸入を増大させた。1993年に日本
文化の禁止令が解除されてから、1994年〜1995年の間に、図書の輸入量が2
倍になり、雑誌では1995年の輸入量が1994年の2.7倍になった。哈日現象は
経済的利益を生み出し、1990年代後半に至ると、「日本」[2]イメージが高い文化
資本や上品さを備える一種のブランドと見なされるようになった。台湾の広告
は日本の景色、桜、日本語など日本を連想させる要素を使う場合が多く、消
費者に当該商品と日本＝上品さを連結させるように促す（川竹和夫・杉山明
子・原由美子 2004: 223-225）。「日本式」を標示した看板が台湾の町に林立したり、
「日本風」とうたった広告が新聞やテレビで頻繁に現れたりしている。広告が、
「理想的な像」の転化を通して、単なる「製品」に消費者の欲望を誘発する意

1　　哈日杏子のホームページを参考（http://www.nobitaworld.com/ashing/sympton.htm）。
2　　本書では、イメージとしての日本を「日本」、現実の日本をカッコなしの日本と使い
　　　分ける。

味を与える（ウィリアムスン 1985a）のであれば、台湾においてCMに「日本」
イメージを用いることは、「日本」イメージが台湾において「理想的な像」、い
わゆる「上品さ」や「高級感」などの意味を含んでいることを示しているとい
えよう。

台湾における先行研究

　以上述べたような哈日現象は、多くの研究者の関心を引き起こした。遅恒昌
（2001）は、台北の若者が集まる流行センターの「西門町」を例として、1990
年代以来、「哈日族」の流行文化がいかに西門町で盛んになり発展していった
のか、いかにして西門町が「哈日族」が表現したり実践したりする場所の一つ
となったのか、ということを研究している。「哈日族」の経済力で、西門町で
は日本の流行商品ショップが急増し、1980年代の低迷状態から抜け出したの
である。また、遅恒昌（2001）は、漫画、アニメやファッションの消費者であ
る若者を中心として、その人々の行動について述べるとともに、他方では、西
門町の変化を例として、哈日ブームの経済力を論じている。

　日本大衆文化の経済力は戒厳令が解除され、特に1993年に強大な伝播力を
持つCATVやテレビ局が日本ドラマを放送して以来拡大した。もともと、アン
ダーグラウンドで流通していた漫画やアニメ、ファッションもそれによって顕
在化するルートを得た。そのため、日本ドラマが哈日ブームの起因と見なされ、
多くの哈日に関する研究も、その焦点を日本ドラマとその導入、およびアイド
ルの人気に当てた（岩渕功一 1997、何慧雯 2002、李天鐸・何慧雯 2002, 2003、李
明璁 2003）。例えば、日本ドラマの視聴行為に関する研究では、李明璁（2003）
は、視聴者が日本ドラマを見た後、日本への旅行を通して自分の想像をどのよ
うに実践するのかを、その探求テーマとしている。鄭智銘（2004）は日本ドラ
マを視聴した後の実践行為の範囲を、日常生活の食事や洋服にまで拡大し、さ
らに、哈日と台湾に対するアイデンティティの間のバランスをいかに取るかと
いう課題を探究している。王幸慧（1999）は日本ドラマのファンが電子掲示板
に載せた発言をもとに、日本ドラマの視聴者の動機や行為モードを論じており、
楊維倫（2003）は日本ドラマのファンへのインタビューに基づいて、ファンが
日本ドラマの視聴によって獲得した快楽や意義を検討している。蔡雅敏（2003）
は日本ドラマの台湾におけるマーケティングをテーマとして、台湾のCATV局

や日本番組の専門チャンネルがいかに日本ドラマをプロモーションするかを探究しながら、日本ドラマが台湾で人気を集める構造的要因を明らかにしている。

　以上の哈日に対する研究例は、日本ドラマを通して一つの哈日現象をスケッチする試みだと言える。しかし、台湾で最も長く発展してきた日本大衆文化である漫画やアニメなどに関する研究は、それほど「哈日」現象と結びつけて論じられることはなかった[3]。古采艷（1997）や李衣雲（1996）は日本漫画が台湾においてどのように発展してきたか、また台湾の出版社がいかに発展してきたかを研究テーマとしている。黎勉旻（1998）は台北市の漫画の貸し本屋の変遷を例として、一方では日本漫画の経済力が拡大をしていく過程を描き、他方では台湾社会の消費能力の上昇につれて強化された、台湾消費者の消費空間に対する需要のありようを明らかにしている。孫立群（1998）の日本アニメに関する研究は、日本アニメが引き起こした関連グッズの購買行為に焦点を当て、それらの購買行為は新奇さや非日常的な想像によって起こされたもので、一種の抵抗的な若者文化を発展させることはなかったと指摘している。しかし、孫氏の論文はテクストと消費行為の誘発の相互関係を深く検討しておらず、このような消費行為と生産地・日本との関係にも触れていない。哈日ブームが盛んになった2000年以降の研究であるためか、それらの研究の中で1990年代以前の日本漫画やアニメの発展に触れるものは少ない。陳仲偉（2002）はその数少ない一人である。陳氏は日本漫画の台湾における発展史を取り上げて、（大衆）文化のグローバル化とローカル化の関係を論じている。そのほか、邱魏頌正と林孟玉（2000）の調査研究は、哈日傾向[4]や日本番組の視聴度は、確かに日本キャラクターグッズの購買行為と正比例しているが、その購買量と哈日傾向とは必ずしも一致しないと指摘している。つまり、大量に日本キャラクターグッズを購買する台湾の若者は、必ずしも日本に対して好意を覚えているとは限らず、ただブームに影響されているだけなのかもしれない。この調査結果も、哈日と

---

[3]　日本漫画のブームは1990年代の前半に盛んだったが、1996年以降、台湾の漫画市場は不況に陥った（范萬楠 1996）。ところが、「哈日」という単語は1997年に、日本大衆文化が一定の経済力や人気を集めて、ブームのピーク期を迎えたときに現れた。漫画は「哈日」現象の基礎を構築する重要な役割を演じたにもかかわらず、それを「哈日」現象と繋げる研究は少ない。

[4]　本書では、哈日傾向を消費者が日本流行文化を好む程度によって考察している。例えば、日本文化の価値に対する肯定度、日本への好感の有無などによる。

いう定義の曖昧性、しかも矛盾性を表しているのである。

　以上の哈日研究および李明璁（2003）、何慧雯（2002）らも、研究の焦点を1990年代以後の日本ドラマの流行期に置いている。このため、日本がかつて台湾を植民地化した歴史の影響力、および日本ドラマが公式に放送を認められる前にすでに台湾で流通していたことに触れてはいても、それ以前からの漫画、アニメ、雑誌などによる日本大衆文化の長期にわたる影響力を看過しているし、1990年代以前にアンダーグラウンドで流通していた日本テレビ番組のビデオが台湾人の視聴習慣を形成した力をも見落としている。この点について、羅慧雯（1996）の論文は終戦後から1996年までの日本の映像作品が台湾に輸入された歴史を詳しく論じており、台湾に導入された日本ドラマの研究の歴史部分の不足を補っている。しかし、哈日現象と日本ドラマの台湾におけるアンダーグラウンドでの発展を繋げて、その関連性を考察してはいない。なぜなら、この論文が完成された1996年の時点では、哈日ブームの最盛期が始まったばかりで、哈日という言葉もまだ現れていなかったからであろう。

　第2章で改めて述べるが、日本大衆文化の台湾における発展と、1980年代の香港ドラマブーム、西洋音楽や映画の流行、あるいは2001年以降の韓流との差異の一つは、カバーする範囲の広さの違いである。つまり、日本大衆文化は、漫画をはじめ、その後のアニメ、ゲーム、アイドル、音楽、キャラクターグッズ、ファッションなどで、台湾において長期にわたりアンダーグラウンドで発展してきた。それは、一方では台湾の大衆文化市場の空白を満たし、他方では消費者の大衆文化に関する認知への影響力を持ち続けていた。このような認知概念や親近感の形成は、日本大衆文化全体の台湾における発展の優位性、あるいは哈日ブームの発生を促したのであろう。しかし、前述した研究者たちは日本漫画やドラマを断片的に研究するだけで、日本大衆文化の台湾における発展を包括的に研究していないので、この発展の特異性、および日本大衆文化全体が長期間にわたって台湾消費者の大衆文化の認知を形成した力を不十分にしか示しえていない。したがって、哈日現象を単なる突発的なブームとして解釈しがちであり、台湾における日本大衆文化の累積性を見落としている。本書では、哈日ブーム、あるいは日本大衆／消費文化によって形成された「日本」イメージを論じる時には、1990年代の一時期からだけ考えるのではなく、研究の時間軸を1950年代以降に拡大して、日本大衆文化が台湾で発展してきた歴史を

探究する。そして、その発展によって累積されたエネルギーや親近感が、哈日ブームを形成した基礎であるということを示して、哈日現象の特異性を明らかにする。

「哈日」＝親日・日本大衆文化の導入＝文化的植民地支配か？

漫画やドラマなどの大衆文化をある特定の短い期間に限定して哈日現象を論じる研究以外に、哈日現象と国家・民族のアイデンティティや文化的植民地化との関係の解明を試みている研究者もいる（徐佳馨 2002、李天鐸・何慧雯 2003、邱琡雯 2002）。

何慧雯（2002）、李天鐸・何慧雯（2003）は、「『哈日族』は一種のメディアから引き出された想像に基づいて形成されたものである。そのような人々は日本のファッションや流行を追いかけ、仲間との感覚や感想を分かち合うことを日常生活の中心にしており、自らの存在で、ある記憶を作り上げる」と哈日族を定義している。とはいえ台湾社会における、日本大衆文化や「哈日族」に対する受け止め方は様々であるとしている。つまり、ある人々は哈日現象について、それは「盲従」であったり、「民族的意識が比較的低い」と思っており、また「哈日族」は、自身の「哈日族」という言葉に対して様々な解釈をしているというのである[5]。

李天鐸・何慧雯（2003）の様々な回答者の意見をまとめた結論によれば、若い世代は台湾人のアイデンティティと哈日を全く別なものだと思っているが、自分が日本人でありたいと回答する「哈日族」が実際に存在している。さらに、李天鐸・何慧雯（2003）は、日本の植民地であった歴史から、台湾は日本より発展レベルが低いというアンバランスな先入観を持ったり、台湾と日本の間に不平等な権力関係があったので、日本が台湾にとって一種の近代化の象徴となり、欧米商品の台湾におけるステイタスと類似していることなどに言及してい

5　　例えば、李天鐸らがインタビューした哈日族の人々は、「（哈日族）と呼ばれても構わない。だって、実際には、多くの日本の創作作品は台湾のものより良いから」、「私は『哈日族』と呼ばれることが嫌い。その理由は、私は日本ドラマによって日本を理解し始めたが、日本が好きだから日本ドラマを見たわけではない」、「『哈日』というのは（日本の）表面だけが好きなのではない。『哈日』というのは、日本人の成功への道を学ぶということだ」、「誰もが自分の好きな物事を求める権利がある。『日本に媚びる』や『国家の尊厳を失う』ことなんかとは関係ない」などという発言をしている。

る。といっても、李天鐸・何慧雯は台湾視聴者が日本ドラマを鑑賞する時、ほとんどラブストーリーのテクストに集中して、日本ドラマで提示された日本の社会問題を理解していないと論じている。つまり、視聴者は自分が消費している「日本」イメージはモダニティーの雰囲気にあふれた「虚像」でしかないという現象に気付いているにもかかわらず、李天鐸・何慧雯は、台湾の新世代が哈日ということを通して感じるのは、「一種の日本、このアジアにおいて最も強い権力者に従属する優越感だ」（2003: 34）という結論を出している。かくして、李天鐸・何慧雯は、自ら述べていた「哈日族」の多様性や消費の「虚像性」、および文化的アイデンティティと政治的アイデンティティとの分立性という論点を、この文化的植民地化の現象に従属する優越感という論点と、うまく連結することができなくなってしまったのである。換言すれば、「実像」と「虚像」間の転換、および歴史がもたらしたイメージの変化の弁証性は見落とされている。さらに、消費文化が持っている国境を越える共同性＝想像の作用は、哈日現象独自のものではない。李天鐸・何慧雯（2003: 29）もアメリカと日本の商品が代表する近代化の象徴の台湾の文化市場における意義に言及している。したがって、若者世代が消費行為を行う時に日本の商品を選ぶことについての視点を、世界の強い権力者に従属する優越感に限らず、「日本」が消費の分野において備えるイメージ、およびこのイメージが含む想像の意義を深く探求すべきであろう。もし強い権力と優越感が消費者の選択基準であれば、1950年代〜1980年代の台湾ではアメリカが相当な優越的な政治的・文化的地位を持っていたのに、台湾ではなぜ「哈歐米」より、公には禁止されていた日本大衆文化を対象とする哈日が発生したのか、という問題を、李天鐸・何慧雯は解釈することができないであろう。

　李天鐸・何慧雯（2003）が言及した、台湾と日本の間の不平等な関係が哈日現象の原因であるという論点は、学界の哈日現象に対する関心の焦点だと言える。いろいろな方面で後進者である台湾は、自らの文化がまだ弱小であり独自の形を取っていなかった。哈日現象によってもたらされた日本の大衆文化からの強い衝撃を受ければ、台湾独自の文化がさらに発展しにくくなるということを憂慮する学者もいる[6]。

6　聯合報 1999/08/09、萬華欣「哈日風潮的文化省思：本土化不只是政治」。

以上で述べた哈日現象に関する研究は、共通の問題を持っている。それは、大衆文化が備える「擬中立性」（第4章を参照）によって促された、政治・歴史分野との分離性、および「実像」と「虚像」の差異が物事に対するアイデンティティや認識の深度に差異を形成するということである。その中で、李天鐸・何慧雯（2003: 27-28）の研究は、アイデンティティの点について、比較的まだ柔軟な観点を持っている。李らは調査対象の発言を引用して、調査対象たちの哈日傾向と国家のアイデンティティが矛盾していないことに言及しながら、国民党の統治下で構築された「台湾の不在」という歴史が、台湾のアイデンティティ問題に大きく影響していることを認めている。同時に、先に述べたように、李ら（2003: 29）は、アメリカと日本の商品が代表する「モダニティー」の台湾の文化市場における意義にも少し触れて、哈日現象の意義を現代的文化のフィールド（cultural field）にまで拡大し、その現象は必ずしも「（台湾への）差別と（日本への）仰視」（ヘブディジ 1986）という結論に止まるわけではないと論じている。

しかし、「虚像」と「実像」を区別せずに、国家アイデンティティと消費・大衆文化から形成されたイメージを同一視する見方が強くなると、「哈日族」は全くの盲従者であり、単に日本ドラマに基づいて「日本」へのイメージを作り上げるだけで、日本のアジアに対する差別を全く認識していないという見解が出てくることになる。このような見解によれば、哈日は単なる「日本への媚び」であり、日本のアジアに対する差別を増長させていると思われるし、「哈日族」が台湾にアイデンティファイするわけがないと断定している[7]。以下、邱琡雯の観点をこれらの論者の代表として紹介する。

邱琡雯（2002: 63）は、哈日現象がコロニアリズムを引き継いで、それと共謀する植民地化行為だとしている。邱は、「哈日族」を定義しないまま、「哈日族」が学者のように世界と対話する「願望や能力、ルートを持っていない。……英語や日本語を聞く、話す、読む、書くなどの能力さえあまり持っていない。たとえ持っているにしても、彼らに出来るのは日本の綺麗なスターの振る舞いや、東京人の表面的な生活テイストをひたすら求めて想像することでしか

7　聯合報 1999/5/15 第14面、「日本流行文化在台湾与亜洲国際学術会議」における邱琡雯の発言。

第1節 | 哈日現象に関する先行研究の考察

ない。しかし、それだけで、その若い『哈日族』にとってはすでに十分なようである。『哈日族』は台湾の伝統からも現代からも、アイデンティティを生じることが難しい。また、コロニアリズムと共謀しない日本の伝統を認識する能力もルートももちろん持っていない」と述べている。邱はさらに、「『哈日族』が日本ドラマのアイドルたちの明るくて綺麗な衣食住や娯楽に熱烈に関心を寄せているのを見ると、X世代やY世代の彼ら（台湾では1970年代以降生まれる世代を指す）が自分を弱者と同一視すること（コロニアリズム）から抜け出す道はほとんど絶望に等しい」と述べている。

　このような哈日に否定的な見解は、アンチ・コロニアリズムに立脚し、台湾における哈日現象の源を真の日本に対する知識の欠乏に帰して、伝統文化と大衆文化を対立させて差別すると同時に、「哈日族」の台湾社会における否定的なイメージを明らかにした。このようなマイナスイメージは、本書でインタビューした回答者たちにも、明確に感じられたものである（第2章第3節参照）。しかし、まず、このイメージの中では、もともと定義が曖昧である「哈日族」は、一つの明確な集団だと見なされ、「哈日族」の間の差異性や多様性が完全に看過されていた。また、「哈日族」が学者に比べられ、世界と対話する能力を持っていないという非難により、「哈日族」の日本に対する認識を非理性的レベルに属させるという評価方式は、知識／エリート主義と大衆、理性と感情を完全に差別して、高低という等級に分けるものである。

　邱琡雯のような「哈日族」を非難する論述は、実際には、台湾社会における「日本」イメージの複雑性、および歴史的・政治的な葛藤を明らかにするものである。例えば、「哈日族」が台湾にアイデンティファイすることが不可能だという見解は、1945年以降の政治的統制、文化的抑圧、ならびに台湾において「日本」というイメージが負わせられた台湾と中国の歴史的意義、さらには台湾独自の文化の発展を空白化させた内部統制（「台湾の不在」）という問題に触れずに、台湾の複雑なアイデンティティ問題を「日本」と文化的植民地主義のフレームで単純化している。その上、邱の論点が指摘している「哈日族」の消費行為における欠点は、哈日現象にだけではなく、すべての現代消費文化で起こっているという事実をも看過している。このような見解は「日本」を敵と見なしているにすぎないことは、明らかである。

日本における「哈日」研究

　哈日現象は台湾だけではなく、日本でも若干の学者や評論家の注意を引いている。酒井亨（2004）の著作は、哈日現象とその関連研究をまとめて要約しており、しかも哈日現象と台湾の歴史的背景との関連性にも触れている。しかし、当著作はそれを深くは探求しておらず、単に哈日現象に関する入門書だといえるだろう。石井健一ら（2001）は、社会調査で、台湾、香港や中国における日本文化の発展現象を解明している。当研究は、1990年代以前の台湾における日本大衆文化の発展に簡単に触れているが、調査研究が限定した主要な時期は依然として1990年代以後におかれている。石井健一ら（2001: 135-164, 219-221, 227-230）の社会調査研究の重要性は、哈日現象に関するデータを挙げているだけでなく、さらに多くの哈日現象の研究者が看過している問題を提起している。いわゆる日本製品のブランド名と「日本」自体のブランド性との間は必ずしも相関性があるわけではないことである。つまり、台湾の消費者は必ずしも、ある日本製品のブランドを、日本のブランドだと認識しているわけではない。また、石井健一らは、日本ドラマなどの日本大衆文化が誘発したブランド性は、必然的に他の消費商品領域、あるいは価値観という深層部分にまで拡大するわけではないこと、および戒厳令下の台湾の文化供給に対する統制は、日本大衆文化の台湾における発展にチャンスを与えたという論点をも提起しているが、深く進んで探求してはいない。さらに、石井健一ら（2001: 165-191）は台湾の哈日と「反日」のコンプレックスを扱う際、マスコミの尖閣諸島の領土権争いに関する記事に基づいて研究している。しかし、酒井亨（2004）が提示したように、『聯合報』などの台湾の主要な新聞社は長期にわたり国民党政府に掌握されてきたので、台湾社会に存在している様々な意見を充分に伝えているかどうか、ということは疑ってみるべきであろう。

「歴史性」を無視した研究の現状

　1990年代以降、大衆文化がたとえその経済力で台湾の文化フィールドで自らの位置を次第に構築してきたとしても、その周辺に属しているのである。日本大衆文化は日本文化の禁止令と中国化政策のために、アンダーグラウンドでの生存を余儀なくされ、文化界からは無視されてきた。したがって、台湾の文化研究者は大衆文化を重視していないし、台湾の歴史的文脈と（日本）大

第1節 ｜ 哈日現象に関する先行研究の考察　　　*011*

衆文化との関係をもほとんど繋げて考えてはいない。多くの歴史学者は、台湾の「本土化」（台湾的アイデンティティの発展）や歴史的脈絡が日本と深く関わっていることを指摘している（蕭阿勤 2000、楊翠 2003、周婉窈 2002、Huang 2001、Huang 2003、若林正丈 1992、丸川哲史 2002: 183-184、松永正義 1987）のに対し、日本大衆文化や哈日現象を研究する台湾の学者は、その関係を探究の範囲に含めていない。しかし、大衆文化は台湾社会の中で発展しているので、台湾の歴史的脈絡を抜きには考えられない。したがって、本書は、台湾の政治や社会という因子と日本大衆文化の発展との間の相互関係、および哈日現象が発生する前に日本大衆文化が長期にわたり潜在的に累積されてきた過程を明らかにすることを目指すため、台湾における大衆文化の発展と当時の台湾の社会や歴史状況をまとめて論じていく。

第2節	問題提起

台湾における哈日現象の特殊性

東アジアにおける日本大衆文化の発展

　日本大衆文化は台湾で発展して哈日ブームを形成しただけではなく、韓国、香港、中国から、タイ、ミャンマーまでのアジア各国にも及んでいる。特に東アジアにおいて、日本大衆文化の発展は長い歴史をもっている（土佐昌樹 2005、張竜傑 2005、キム・ヒョンミ 2004、本多周爾 2001、岩渕功一 2001、石井健一ら 2001、ケイト・ジャオ・ゾゥ／ズワン・チェ 1998）。

　例えば、香港はイギリスの植民地で、1999年まで中国政府の規制が少なかったため、日本の大衆文化が韓国や台湾より入りやすかった。1980年代初頭まで、日本番組はTVB（テレビ局）の全番組の30%を占めていたが、80年代半ば以降、そのシェアは急激に落ち、90年代に入って徐々に盛り返してきた。90年代、香港で最も人気を集めたのは日本ドラマとアニメであった。しかも、日本ドラマの海賊版も多く出回っていたため、TVBとATVという二つの地上波テレビ局が放送しなくても、多くの香港の視聴者が鑑賞できた。ちなみに、それらのドラマの海賊版もテレビ放送も、広東語に吹き替えられたものである。2000年に至ると、TVBは台湾や中国のドラマ以外、海外ドラマをほとんど購入しなくなった。TVBと比べると、ATVは少量の日本や韓国のドラマを購入していたが、韓国ドラマは、ほとんど台湾で人気を集めた作品しか買わなかった（岩渕功一 2001: 208-209、張念慈 2004）。日本漫画やファッション誌も、香港で人気を集めている（石井健一ら 2001）。台湾で翻訳された日本漫画は、海賊版、正規品ともに香港や中国に入っている。

　中国では、日本製品が可愛らしいデザインであったり、綺麗に包装されていたりしたので、1980年代以降、中国の都市に出まわり、高い評価を得ていた。しかも、化粧品の普及で、山口百恵などの日本人スターは中国人男女のアイドルや理想の女性となった。日本漫画やアニメは台湾や香港から翻訳されたものが、一部変更された形で持ち込まれて、10代の若者の小遣いを掻き集め、

そのキャラクターグッズも中国の消費市場に受け入れられた。1980年代の初めに日本番組と映画は「脱政治化」され、中国人が外の世界について知ることの出来る主要な媒体として人気を得ており、中国人の間に日本人に対して好意的で現代的なイメージを残している。それらのテレビ番組の中で、日本アニメは中国で最も人気を博した（ケイト・ジャオ・ゾゥ／ズワン・チェ 1998）。しかし、2006年9月以降、中国国家総局は、海外のアニメ番組を午後5時から8時までのゴールデンタイムに放映することを禁止する決定を下した。中国で放映される海外アニメの92％は日本製であり、この禁止令は「日本のアニメを対象とした措置だ」と香港の人権団体・中国人権民主化運動情報センターは指摘した（時事通信 2006/08/13）[8]。

　台湾と同じくかつて日本の植民地であった韓国では、「倭色文化」排斥を目的に、日本大衆文化は公的に禁止されてきた。1998年に第一段階の開放が発表されて以降、翌1999年から、第2、3、4次の日本大衆文化開放が行われた。しかし、それ以前にすでにひそかに、流行歌やテレビ番組の海賊版ビデオテープ、テレビゲームなどの日本大衆文化はアンダーグラウンドで流通しており、一部のメディアやマニアの間で「日流」と呼ばれていた（張竜傑 2005: 171）。日本漫画は、大量の海賊版が輸入されて流通していただけでなく、韓国の漫画製作者が表現の模写や物語のアレンジを通して、基本的な部分を混成した「韓国漫画」と称する日本漫画海賊版も作られていた。2000年には、漫画雑誌のうち80％を日本漫画が占めていた（朴順愛 2002: 45、山中千恵 2004）。日本アニメは、韓国語の吹き替えで放送され、しかも作品に含まれる日本的要素は出来るだけ西洋化、あるいは韓国的な内容に置き換えられていたため、日本音楽のカバー曲と同じように、現地では韓国作品だと信じ込まれていたこともある。テレビ番組では、日本の衛星放送に一定の視聴者がいた。日本大衆文化が開放されてから、日本に関する情報誌が次々と創刊されたが、この時まで、日本のオリジナル雑誌も日本製品と同様に高額で輸入されていたため、それを買うことは一種の「階級」を表示していた（張竜傑 2005、キム・ヒョンミ 2004、パク・ソヨン 2004、朴順愛・土屋礼子編著 2002、石井健一ら 2001）。

8　「Yahoo ニュース」に掲載されたニュース（2006/08/13）を参考している（http://headlines.yahoo.co.jp/hl?a=20060813-00000039-jij-int）。

第1章　序　論　反日、親日、あるいは哈日

1990年代末、韓国において日本大衆文化が開放されたものの、韓国政府は日本大衆文化を検閲し、その内容を改変していた。ところが時期を同じくして、インターネットという新しい技術が登場した。韓国の若者はインターネットを利用して、膨大な日本大衆文化に接することができるようになった。一部のファンは、日本ドラマやアニメを翻訳して字幕処理し、インターネットを通して同好会の掲示板に載せる。日本音楽も同様である。そのため、一部のファンはインターネットからのダウンロードを利用して、日本の最新流行をほぼ同時に受容できるようになった。開放されたとはいえ、韓国の若者はアンダーグラウンド時代のようにあるがままの日本大衆文化に接することができなかった。そこで、インターネットを利用して、ほんものの日本大衆文化にじかに接触することができるようになったのである。類似した状況は、中国語圏のコミュニティでも広がっている（キム・ヒョンミ 2004、パク・ソヨン 2004、朴順愛・土屋礼子編著 2002）。この時までに、日本ドラマやアニメは海賊版ビデオやVCD（ビデオCD−ROM）を通してテレビ放送の制限を越えて、台湾、香港、中国やミャンマーに広く普及していたのである（土佐昌樹 2005、石井健一ら 2001）。

以上のように、日本大衆文化は東アジア諸国においてそれぞれ発展した。1990年代末まで、経済的優位性から、文化産業が相対的に発達していた日本大衆文化は東アジア諸国に浸透し発展しており、映画やドラマ、漫画などの作品が模倣やコピーされながら、現地の大衆文化の発展に影響を及ぼしたのである（五十嵐暁郎 1998、岩渕功一 2001: 134、山中千恵 2004、張竜傑 2005、土佐昌樹 2005）。

日本大衆文化の海外進出についての解釈およびその限界

日本大衆文化の東アジアにおける流通の理由について、まず、文化的近似性（cultural proximity）を述べる人々が多い。しかも、日本は「アジア的感性の共通性」を通じて、西洋文化を「翻訳」したり「変形」した上で、アジアの他国に輸出していた（岩渕功一 2001、五十嵐暁郎 1998、ケイト・ジャオ・ゾゥ／ズワン・チェ 1998、川勝平太・青木保ら 1998、マハティール・石原慎太郎 1994）[9]。しか

9　ケイト・ジャオ・ゾゥ／ズワン・チェ（1998: 195-196）は中国の例を挙げて、日本製品や大衆文化の中国における成功は、経営方法や宣伝戦略以外に、文化的近似性も理

し、各々の文化に属する視聴者は、自らの体験によってテクストを解読するので、文化的近似性がアプリオリに生じたわけではなく、経験によって生じたという論点を岩渕功一（2001）は提示して、東アジア文化の文化的近似性が絶対的な条件では決してなく、日本大衆文化のアジアへの進出は、特定の歴史・文化の脈絡下で探究するべきであると指摘している[10]。

　いま一つの理由について、岩淵功一（2001）や白幡洋三郎（1996）は日本商品の文化的無臭性を挙げている。日本の商品は日本製でありながら、その文化・民族性が希薄であったため、商品と生産国間の結びつきはイメージされず、現地の消費者は使用する商品の意義を自らのイメージで解釈することができる。商品のこのような無国籍化とイメージ化は、日本文化のグローバル化を促進してきたのである。五十嵐暁郎（1998）も、日本大衆文化は明確なイデオロギーや政策的意図を欠いていることが特徴でありながら、「豊かさ」へのドリームを提示するので、アジアの人々に日本文化の産物であるとは必ずしも意識されないまま、受け入れられたと述べている。ちなみに、台湾、韓国と中国では、日本大衆文化は「日本の手掛かり」が取り除かれていたのであった。そこで、現地の人々はさらに日本大衆文化を「日本の」ものとして意識せずに消費するようになった（モラン 2005）。しかし、モラン（2005）はこの論点に一つの疑問を提出した。つまり、岩渕は消費者の解読に関する能動性を重視しているものの、文化産業を一枚岩で全能の存在と捉えており、文化商品の匂いの程度差を無視しているとしたのである[11]。さらに、このような無臭化した表現は、

　　　由の一つであり、いわば日本は中国と、文化的、地理的に近接しており、このことから、漢字、社会的価値、家族様式、ライフスタイル、消費習慣の類似性が生じると指摘している。したがって、欧米の競争者と比べて、より容易に中国市場に浸透することができた。

10　　しかし、たとえこのように提示されていても、岩渕功一（1997, 2001）の論述は1990年代以降の大衆／消費文化を重要視しており、各国の特別な歴史・文化の背景の下での日本大衆文化の受容に対する力を探究しておらず、台湾と日本間の歴史の弁証法的な関係が台湾における「日本」イメージの形成について演じる役をも看過している。

11　　岩渕功一（2001）は「文化的無臭の3例」を挙げている。すなわち、「消費者のテクノロジー（ビデオやウォークマン）、漫画とアニメ、そしてコンピュータゲームとビデオゲーム」の3つである。漫画とアニメを例として、岩渕はそのキャラクターの顔やスタイルが日本人らしくない点から切り込み、日本の製品とは思いつかないと考えている。しかし、アメリカの学者ショット（1998）は、日本アニメや漫画の叙述体系は「日本的」なので、アメリカの読者にとって理解の上で障害があると述べている。

大衆文化の共通点という視点からではなく、単にアメリカ文化と比べた日本大衆文化の特性だという推論をも、検討する余地があるであろう。

　一歩進んで考えれば、無臭化は、確かに日本大衆文化のアジアにおける発展を促したかもしれないが、日本と分立して存在する日本大衆文化は、無臭化されたり、日本文化の特色を希薄化されたにもかかわらず、いかに一種の日本に関するイメージを構築することができたか、しかも、なぜ東アジアにおいて日本大衆文化の発展、あるいは形成された「日本」イメージとは異なったのか、という問題を解釈していない。台湾の事例では、日本商品は「産出／製造国」のイメージとそれをめぐる言説で、一種の「日本」イメージ、あるいは「文化の匂い」を醸し出している。この事例から考えれば、日本商品の「文化的無臭化」という論点はまだ不十分だといえるであろう。そこで、哈日現象とそれが生じる東アジア諸国の特殊性を理解すれば、無臭化や文化的近似性以外に、大衆文化の特質、あるいは大衆文化と歴史・政治との関係をも検討することができるであろう。以下では、東アジア諸国における日本大衆文化の発展、「反日」教育、「日本」に対するイメージ、各地の歴史・政治状況と日本大衆文化の発展の比較によって、台湾における哈日現象の特殊性を提示する。

東アジアの反日教育およびそこに現れる台湾「哈日」現象の特殊性

　まず、台湾と同じく旧日本植民地であった韓国では、反日教育は植民地期の抵抗を中心として実施されてきた（越田稜 1995）。マスメディアでも反日的論調で、低俗性や暴力性、猥褻性が溢れる日本大衆文化が若者の民族意識を揺さぶるなどの悪影響を及ぼしたと主張し、日本大衆文化の受け入れを反日感情と結びつけて非難したことがある（張竜傑 2005: 169、石井健一ら 2001: 99、山中千

ネイピア（2002）も、日本アニメのキャラクターの顔は、世界のどこの国の人にも似ていず、「アニメ」顔だと述べている。さらに、岩渕は、アメリカのマクドナルドやドラマに現れた大きな冷蔵庫が、アメリカのライフスタイルや「アメリカ」イメージと強くむすびついているが、日本のソニーがウォークマンを製造した時には、小さくてシンプルで細部に至るまで精巧であるという「日本的な」要素を取り込んだが、「日本的な」ライフスタイルを呼び起こしていないと考えている。ところが、また後述するが、このような「日本的な」要素は、台湾の消費者が「日本」に魅了されて、取り入れたいライフスタイルである。したがって、岩渕が提示した「文化的無臭化」という概念は、さらに精緻化されるべきであろう。

恵 2004: 117)[12]。日本大衆文化が確実に発展して、さらに開放されても、韓国人の対日感情に関する世論調査によれば、1988年以来、日本が「好き」の比率は2000年に最高点の17%に達したが、「嫌い」は1995年に69%のピークに達したあたりから次第に下がり、2000年には最低の41%に落ちたが、2001年にはまた57%にまで悪化した（寺沢正晴 2002: 142）。

このような「反日」イデオロギーの作用で、韓国における「日流」は鎮静化し、台湾における哈日のような熱烈なブームを引き起こさなかった（張竜傑 2005: 194）。「出演者がすべて日本人」あるいは「日本色の濃い」日本バラエティ番組は、韓国ではまだ市場性がない（川竹和夫ら 2004: 227）。李花子（2002: 89-90）の調査も類似した結果を示している。つまり、2000年には、日本の製品のCMに日の丸などの日本を明示するイメージを使用することについて、拒否感を示す回答者はまだ30%以上あり、日本文字や言葉が出ることに対しても大きな拒否感を持っている。さらに、かつて日本製品は入手困難であったので、伝説や神話、神秘的な魅力があったが、開放されて以降は日本製品は世界各国からの輸入品の一つに過ぎなくなった（張竜傑 2005: 181-182）。つまり、「日本」というイメージは、韓国ではプラスの意義を含むとはいえない。

ところで、川竹和夫ら（2004: 223-225）は、「他のアジア諸国では、日本商品のCMに日本人・日本の風景をほとんど使わないが、台湾の場合、日本そのものを象徴するバック映像が使われている例が多い」としている。それは、台湾における「日本」イメージが持つ「理想的な像」という意味と、他のアジア諸国における「日本」イメージとの差異をも示している。しかし、長い間、台湾では、韓国と同様に、反日教育を実施しており、マスメディアも反日的なイデ

12　台湾でも、マスメディアなどで日本大衆文化に同じような非難が現れた（第2章で考察する）。ここでは、簡単に両国における例を挙げる。台湾での、1980年代の「日本の」漫画を追放する「漫画清潔運動」はその例である。日本漫画に対する同様な社会的批判は、1990年代の初めに、韓国でも起こった。ところが、当時、漫画の読者である韓国の若者は、日本漫画を反日感情と結びつける「大人」の態度に反発を覚え、漫画と反日的感情の問題は別々に論じるべき事柄なのだとするものも現れた（山中千恵 2004: 117-118）。台湾では、1990年代の初めに、同じような「大人」対「若者」の漫画に対する戦いも起こった。「大人」は漫画を不良書籍と見なして、漫画に対する焚書やマスメディアでの非難を行い、若者の反発も引き起こした。しかし、当時の台湾におけるこの漫画への非難は、「反日」をスローガンとしておらず、台湾自身の漫画作品を含んだ「漫画」を対象としたのである。

オロギーや日本大衆文化への非難を伝えていたにもかかわらず、なぜこのような差異が現れたのか、検討する必要がある。

　また、公的に「反日」教育を行っていたとはいえない香港の事例を参照する。1997年までイギリスの植民地であった香港の歴史教科書では、日本の戦争については、支配国イギリスの視点から書かれたもので、日本の香港侵略にはほとんど触れていない（越田稜 1995）。しかし、2000年、中国に返還されたのちの香港の大学生に対する調査では、日本が「非常に好き」と「まあまあ好き」と答えた人が、台湾の79.6%より少なくて、65.6%であり、「あまり好きではない」や「嫌いな国である」の回答者が台湾（6.5%）の約2倍の12.5%であった。「日本に対する」印象を聞かれれば、「戦争責任を取らない国」と答えた台湾の回答者は7%しかないが、香港の回答者は26.3%である（本多周爾 2001: 154）。さらに、本多周爾（2001）の調査研究は、台湾の場合、香港より日本への関心の幅が広く、ある程度社会の中に定着しているのに対して、香港では話題が限定された分野での関心という傾向が見られ、ブームの域をでていないと指摘している[13]。

　さらに他のアジア諸国と比較した台湾におけるもう一つの特殊性としては、1990年代以降、日本番組は台湾だけでは日本語（と字幕）で放送されており、他の国では、日本のテレビ番組は英語、中国語、タイ語にそれぞれ吹き替えられて放送されているのである（岩淵功一 1998: 35）。これも、台湾では、日本語や日本に対して違和感や拒否感が低いということを示しているのであろう。

　以上のことから、「日本」イメージあるいは日本大衆文化の台湾における発展が有する意味は、他の東アジア諸国と異なり、独自性を持っている。それ故に、日本（大衆）文化の台湾と他のアジア諸国での発展は、文化的近似性や「日本文化商品の無臭化」という理由だけで一概に解釈するべきではない。しかも、韓国などの例によれば、日本大衆文化は歴史・政治と切り離して考えることによって、「反日」イデオロギーと共存することができるが、なぜ同じ旧

---

[13]　2000年には台湾では「興味ある日本のテレビ番組」は、ドラマがトップの26.6%、バラエティが20.6%、グルメ・料理が19%である。つまり、鑑賞する日本番組の内容に関しては、台湾は比較的多岐の分野にわたっているが、香港の場合、ドラマ（33.3%）、グルメ・料理番組（22.9%）に特化している。台湾の場合は日本への関心の幅が広いと本多は指摘している。

日本植民地であり、しかも戦後長期にわたり中国化政策に統制されて、反日感情を覚えるはずの台湾で、東アジアの中でより大きな「日本」に関するブームを引き起こすことができたのか。この問題は、台湾の独自の歴史的背景によって探究しなければならないし、本書が論究するテーマの一つである。

　台湾は日本植民地時代と国民党政府による中国化された統治を経験してきたので、台湾での日本イメージには矛盾と世代差[14]がある。中日戦争を経験した第一世代の外省人と日本植民地時代を経験した台湾人の日本イメージは異なっている。戦後世代は国民党の反日教育を受けるとともに、台湾人の先行世代などから日本植民地時代以来残ったハビトゥスや実践の再生産をも受けてきた。つまり、前節で述べたように、台湾では、「日本」イメージは様々な意味を含んでおり、固定して変動しないものではないのである。したがって、もし台湾の哈日現象が旧植民地支配者の日本に媚びているのならば、植民地期に関わらない外省人世代の哈日現象[15]は解釈不能になってしまうし、1945年の終戦直後、台湾人が台湾を接収した国民党政府に対する歓迎と漢民族主義への肯定、および日本に対する国家アイデンティティの放棄も、そのような批判的な論点にとって手を焼く課題になってしまう。また、長期にわたり、「日本」は台湾の文化フィールドの表舞台に存在せず、アンダーグラウンドで象徴資本や文化資本

14　本書で述べた日本植民地時代を経験した世代（先行世代）は、1916年〜1930年までに生まれた世代を主とする。なぜなら、この人々は日本教育に最も影響を受けた世代だからである。その後に生まれた世代は、学齢期に戦争の影響で学校に順調にはいかなかった（周婉窈 2002）。そして、本書でいう外省人の第一世代とは、1945年以降、中国から台湾へきた人々である。戦後世代とは、1945年以降に生まれた世代を指している。特に1970年代以降、台湾が裕福になってからの世代（戦後新世代）は、哈日ブームの主要な消費者であるので、本書の主な対象としている。ちなみに、世代区分に曖昧な中間世代があるのは免れない。例えば、1930年から1945年に生まれた台湾人世代は、幼い頃には日本植民地時代を生きていたが、教育を順調に受けなかったり、あるいは受ける前に植民地時代が終わったことで、当時の社会状況をあまりわからなかったかもしれない。そこで本書では、乱暴を承知の上で、これらの人々を、戦後世代に分類している。

　　また、台湾では、外省人と台湾人が結婚した家庭が少なくない。1992年に戸籍法が改正されるまで、子供の省籍は出生地によるのではなく、父親の省籍に従った。本書で述べる外省人の戦後世代は、1992年以前の戸籍法の定義に従い、両親とも外省人、あるいは父方が外省人である戦後世代として定義されている。

15　石井健一ら（2001）の調査研究も、外省人の若い世代が日本アイドルを好む比率は、台湾人の同世代より高いことが示されている。

を持たないような形で存在していた。このような「日本」が、いかに受け入れられ、しかも一種の「媚びる対象」、あるいは「上品さ」を表すイメージをいかにして形成することができたのだろうか。

本論における研究方向

したがって、台湾における哈日現象を探究するにあたっては、消費的側面だけではなく、台湾－日本－中国（国民党）間の弁証法的な関係によっても考えなければならない。これは多くの日本大衆文化の研究者が見落とした問題であるが、歴史的関係を看過すれば、「日本」イメージや哈日現象の形成過程とそれに含まれた意義を根本的に理解することができない。さらに、前節で示したように、1990年代の哈日ブームが多くの注目を集めたために、多くの関連研究者が研究範囲を1990年代だけに集中して、アンダーグラウンド期に日本大衆文化が累積したエネルギーや親近感を看過している。そのため、日本大衆文化が、日本文化の禁止された戒厳令時代にも確実に発展してきた要因、およびそれが表す歴史的意義も、考慮されていないことは、いうまでもない。しかも、日本大衆文化によって起こされたブームも、深度や広度で、アメリカ映画、香港ドラマ、「韓流」などのブームと異なっている。本書は、戦後の台湾における「日本」イメージの変化を長期的に分析して、1990年代の哈日現象が他の流行ブームと異なる特異性を持つことの解明を試みる。それと同時に、哈日現象が表した「日本」イメージと実際の日本との関係を探究する。

最後に、本書は「日本」イメージの台湾における変化の探究に集中している。したがって、アメリカ、韓国、香港などの国の台湾におけるイメージ、あるいはそれらの国の大衆文化の台湾や日本における発展の比較は、本書が扱う範囲に含めていない。

第3節 | 章節の構成

　本書の主要なテーマは、戦後の台湾における「日本」イメージの変化を探究して、哈日ブームを解析することである。台湾における「日本」イメージは単一のイメージではないし、固定的なものでもなく、流動的で絶えず変化している。したがって、本書の目的は、「日本」イメージが、いかに当初の日本植民地時代の被支配者に抵抗された支配者のイメージから、1945年以降の国民党統治によって、一つの好意や抵抗意義を含んだ、象徴的なイメージになったのか。そして、それがいかに国民党の「反日」イメージとの闘争を通じて形成されたのか。さらに、1990年代、「台湾意識」が顕在化して以来、「日本」イメージが持っていた抵抗の意義が薄らぎ、消費／上品さの象徴やブランドとしていかに「日本」イメージが生成されたのか。これらの一連の問題を解明することにある。特に、消費／大衆文化によって形成された「日本」イメージを中心として、この「日本」イメージが台湾で持っている意義を論じる。

各章の梗概

　まず、第2章では、日本大衆文化の台湾における発展を考察して、日本大衆文化が台湾消費者の大衆文化に対する認知を形成する力を示す。それによって、哈日現象は1990年代に突発したブームではなく、長期間累積してきたエネルギーであるということを明らかにする。つまり、1950年代に最初に台湾に根を下ろしたのは日本の流行歌謡と漫画であり、その後、アニメ、日本ドラマなどのテレビ番組、アイドル、ファッション誌へと次第に拡大していった。また、台湾における「日本」イメージの発展と変化は、常に台湾の中国化（政策）と「本土化」（台湾在地化）の問題に繋がっていた。この国民党に対する抵抗の意思の顕在化という論点を解明するため、日本大衆文化の台湾における発展史を述べるとともに、同時代の台湾社会の状況を論じる。これも第3、4章の論述の背景となっている。したがって、第2章では日台関係が変動した1972

年（日台断交）と1987年（戒厳令の解除と日本文化の禁止令の緩和）を節目として、1945年〜2003年の時期を三つに区分して、各時期における日本大衆文化の発展を論じる。

第3章では、台湾における「日本」イメージの変化の鍵として、台湾－日本－中国間の弁証法的な関係を論じる。なぜ台湾社会では、韓国などの東アジアと異なり、旧植民地支配者である日本に対して好意を抱いているのか。その好意の源を確実に理解しようとすれば、台湾における「中国」イメージの変化を同時に理解しなければならない。1949年以降、台湾では二種類の集合的記憶、およびそれが含む異なった「日本」イメージが存在してきた。一つは国民党政府によって構築された、中国本位の集合的記憶とそれに含まれる反日意識であり、もう一つはこの中国本位の集合的記憶に対抗しながら、日本植民地時代を中国と切り離された台湾の独自の歴史の起源として、日本植民地時代以来の身体化されたハビトゥス[16]や実践[17]を継承したり、再生産したりして形成された集合的記憶や日本に対する肯定的なイメージである。したがって、第3章ではこの二つの集合的記憶の形成とそれによってもたらされた「日本」イメージ、および世代間の「日本」イメージの差異を論述する。また、以上に述べた二つの集合的記憶の絶え間ない闘争は、台湾戦後世代の歴史的連続性の断裂を促した。この現象は、歴史・政治から分立する大衆文化に、台湾において発展する

16　ブルデュー（2002: 263-264）によれば、「ハビトゥスは構造化する構造、つまり慣習行動および慣習行動の知覚を組織する構造であると同時に、構造化された構造である。なぜなら、社会界の近くを組織する論理的集合への分割原理とは、それ自体が社会的階級への分割が身体化された結果であるからだ。……だから社会的アイデンティティは、差異の中で規定され明らかになるのだ。ということはつまり存在状態の経験のうちに現われてくるようなかたちで、ハビトゥスの性向のうちにさけがたくしるしづけられているということである。……（ハビトゥスを通して、社会の差異化の原理を）自然なものとして知覚する傾向がある。……社会界の通常の経験は一つの認知である」。

17　「実践は、ハビトゥスを構成する認知・動機づけ構造が現在定義している通りの状況の中に客観的ポテンシャリティの資格で記入されている諸要請にあうように自らを調整し、その一方では、実践の産出原理が過去に生産された場である諸条件に内在する規則性を再生産する傾向を持っている。……規則にかなった即興によって持続的に組み立てられる産出原理であるハビトゥスは、実践感覚として、制度の中に客観化されている意味感覚の再活性化を行う」（ブルデュー 1988: 89-91）。「実践は、意識的なものでも、計算されるものでもなく、また機械的に決定されるものでもない。それは、ゲームの規則を『知っている』ことの直感的な産物である」（ブルデュー 1992: 40）。

条件をさらに与え、しかも、反日の集合的記憶を受け入れた世代にも、日本大衆文化に好感を覚えさせるのである。本書は以上の諸点によって、1990年代の哈日ブームが旧日本植民地である台湾で形成された基礎と原因を解明することを目指す。

　以上述べたように、台湾では独自の歴史的文脈によって、一般社会では日本（大衆）文化に好意や親近感を覚えているにもかかわらず、他の旧・日本植民地である韓国と同様、日本大衆文化は1993年まで公的には禁止されていた。当時、合法的に公の領域で流通していたアメリカ文化や中国（化）文化に相対して、日本文化はアンダーグラウンドで、しかも「日本であることの手掛かり」を消された形で存在していた。したがって、日本大衆文化が台湾で発展して優位性を構築することができたのは、文化的近似性や、大衆文化市場が政治的要因によって空白であったという条件以外にも、大衆文化自体が消費者を惹きつけて執着させるコンテンツの良さも、重要な要因となっている。そこで、第4章では、まず、大衆文化が備えている特質を論じて、日本大衆文化が禁止された状況下でも、依然として台湾で存在し発展してきた現実を解明する。いうまでもなく、アメリカ文化や他の文化ではなく、アンダーグラウンドにおいて確実に発展してきたのは日本大衆文化だったという事実は、第3章で述べる身体化された記憶やハビトゥスの再生産に基づいていたからである。

　身体化された記憶や日本に対する好感、および大衆文化の特性という論述に基づいて、第4章では1990年代以降、台湾において日本大衆文化がいかに一種の上品なテイストや文化資本を有するブランドとして構築されていったのか、そして哈日ブームが斜陽化してのち、「日本」というブランドがいかに変化あるいは消滅したのか、という問題を扱う。先に述べたように、多くの哈日現象の研究者は、哈日現象がもたらした経済力や日本ドラマの影響力に言及しているが、ほとんど「日本」＝上品さを自明の前提としていて、日本大衆文化がいかに「日本」を表現しているかということを検討していないのである。そこで、第4章では、日本漫画とドラマの内容分析を通じて、それらが形成した「日本」イメージ、およびこれらのイメージ間の差異を分析して、日本大衆文化によって構築された「日本」イメージと実際の日本国との差異を探究する。いわゆる、哈日ブームで熱中の対象となった「日本」は実際の日本を指すのか、あるいは単なる一つの想像の産物にすぎないのかという問題である。

理論の枠組み

　本書では、第3章から第4章の第1節にかけて台湾社会の構造的変化や意識的衝突の問題を扱うため、主にP.ブルデューとA.シュッツ理論を中心に用いて検討している。ブルデューの理論は、主観主義と客観主義の超越を目指している。所謂現象学、すなわち主観主義は、彼の理論における重要な根源でもある（ハーカーら 1993）。シュッツ（1980, 1991, 舒茲 1992）が提出した「〈社会的なもの〉の通常経験」に対する分析は、ブルデュー（1992）に啓発を与え、彼自身高く評価している[18]。実際、シュッツが提出した「手持ちの知識」という関連性体系の作動は、すでに社会化の過程の中で、身体化されたものである。矢田部圭介（1999: 99）が指摘したように、ブルデューの概念にはシュッツの概念といくつかの点で対応関係、例えば、ブルデューの「知覚と評価のカテゴリー」とシュッツの「解釈図式」の機能、シュッツの「関連性の作動」とブルデューの「実践感覚」における半自動的に身体を基盤として作用する感覚を見ることができる。つまり、シュッツの「自明の理」等の概念は、ブルデューの実践やハビトゥス概念の先駆だと矢田部（1999: 100）は考えている。

　シュッツは社会的な自明の理、およびそれの集団間における作動メカニズムを重要視している。このような集団の融合と衝突はブルデューのテーマではない。しかし、シュッツは社会的準拠図式や類型化の使用に関する知識の教え込みの過程のなかで、両親や教師、さらには彼らの親や教師などが占める（社会文化遺産的）不可分な重要性を示唆しているが、その身体化の過程、およびその過程における権力の作用について十分に検討していない。この点において、ブルデューのハビトゥスの構築と再生産の理論は、客観的構造と（国家）権力、個体の間との関係を詳しく論究している。したがって、第3章ではブルデューの理論に、さらにシュッツの理論を加える。

　ところが、ブルデューがたとえE. デュルケームが行為者の観念や予先観念

---

[18] しかし、シュッツが行為者当人の意識流の分析から、理にかなった振る舞いのメカニズムを解明しようとするスタンスは、ブルデュー（1992）に主観主義的な独断と映るもので、構造的な契機が欠けていると考えられている。矢田部圭介（1999: 116）は、シュッツを主観主義者だと批判する者が多く、ブルデューも例外ではない、しかし、単にシュッツを主観主義者だと見なしたら、彼が研究した間主観性の問題を看過すると指摘している。

の果たす社会的機能を無視するという客観主義の観点を批判しても、デュルケームの集合表象の観点はブルデューの理論で依然としてきわめて重要な位置を占めている（北條英勝 1999、大野道邦 2005）。ブルデューのハビトゥスの理論は確かに過去の経験の現在に対する指導性とその内化作用、階級（集団）の連帯感を論じてはいるが、集団が意識的にあることを記憶するというテーマは、ブルデューの研究に含まれない。ブルデューの理論の敷衍から、1950年代以降の台湾における集合的記憶の形成を理解できないわけではない。例えば、P. Connerton（1989）はブルデューの理論から啓発を受けて、社会的記憶を研究した。しかし、この100年間に大きな変動を経験してきた台湾は、L.A. Coser（1993）がいう「現在と過去が絡み合って、錯綜している複合体」に当てはまり、歴史的連続性が顕著な社会ではない。このような複雑な状況下にあって、フランスやドイツなどの歴史的連続性を持っている社会に通用する研究を用いるのは不適切であろう。ところが、Coser（1993）は、M.アルヴァックスの歴史の現時点志向的研究方法（present-centered theory of the past）は前後世代が本質の上で大きな差異がある状況で生きている社会への研究に適っている、と指摘している。したがって、第3章第3節では、ブルデューと同様、デュルケームから重要な影響を受けたアルヴァックス（1989）のこのテーマに関する研究を導入して、台湾の状況をいっそう深く掘り下げて提示し、解明していこうと考える。まとめていえば、第3章では、ブルデューの理論を主軸として、アルヴァックスとシュッツの理論を加える。ブルデューの理論は、シュッツとアルヴァックスの理論の架け橋でもある。

　哈日ブームは多面性を持った現象である。一方では、歴史・政治・身体化された記憶、およびハビトゥスなどの複雑で深い基礎、他方では、表舞台に現れる、政治・歴史と分立するような擬中立性という特性を備えた消費・大衆文化の側面を持っている。したがって、哈日ブームを理解するには、その多面性を考慮すべきであろう。第3章では哈日ブームの基礎を論考するが、第4章では、その消費・大衆文化の側面を扱う。第4章の第1節では、日本大衆文化がアンダーグラウンドで構造的に発展したこと、すなわち、哈日ブームの基礎の一部を考察するため、ブルデューやシュッツの理論に基づいて論考する。第4章の第2節以降は、大衆文化を通して形成された「日本」イメージ、およびそれが消費社会において持っている記号的意味や欲望を喚起する力を検討する。それ

らは、哈日ブームの前景化している様相で、第3章で論じる「日本」イメージとは全く異質である。したがって、もはやブルデューやシュッツの理論では論じられない。そのため、第4章の第2節と3節は、主にR.バルト（1967）の記号学に基づいて、J.ウィリアムスン（1985a, 1985b）の広告論や、G.マクラッケン（1990）の文化消費・欲望理論によって、哈日ブームの消費／大衆文化の側面、およびその「日本」イメージを解析する。

研究方法

　本書の研究方法は、主に歴史資料の整合、インタビュー、テクストの分析である。インタビューでは、深さと広さのために、基本的には質的インタビューを行った。つまり、構造化した質問票ではなく、回答者との間に研究に対する計画的な相互作用を通して、研究テーマをめぐって深く掘り下げ、共に作り上げるものである（Babbie 1998b、北澤毅・古賀正義編 1997）。まず、日本大衆文化の台湾における発展過程と現況を理解するため、ビデオ・レンタル店の経営者、日本番組の専門チャンネル会社やレコード会社の日本音楽部門の社員、日本と韓国のアイドルグッズの小売店の経営者、日本と西洋音楽専門のジャーナリスト、合計5人を日本文化関連の台湾産業界の代表としてインタビューした。以上のインタビューの実施時期は2002年の9月である。インタビューは基本的には半構造化した質問で、日本大衆文化の導入や経営の過程、購入の基準などを中心に展開した。つまり、調査対象者自身の観点から、調査課題に対する解釈や意味づけを得ていこうとするため、回答に関する情報を調査対象者に自由に語らせていく「自由回答方式」が採用されることになるのである（片桐隆嗣1997: 25）。また、2002年以降、台湾の「偶像劇」[19]が人気を集めていたが、その最初の作品で代表作品でもある『流星花園』は、日本漫画『花より男子』を改編したものである。そのため、このドラマの脚本家の一人を取材した。ちな

19　1992年頃、「衛視中文台」は台湾の市場に対して調査を行い、日本のアイドルが台湾の若者にかなり人気があることを気付いた。視聴率のリスクを減少するとともに、順調に日本ドラマの市場を開拓するため、衛視中文台は日本のアイドルが主演するトレンディー・ドラマを放送することを決定したが、中国語に吹き替えた（羅慧雯 1996: 106-107）。1992年から、このようなドラマを「日本偶像劇」という名をつけて放送し始めた。これ以来、台湾では、トレンディー・ドラマのようなドラマの類型は「偶像劇」と呼ばれている。

みに、この脚本家は、雑誌の日本ドラマの紹介や評論コーナーの担当でもあった。インタビューの実施時期は2003年の10月であり、インタビューは基本的に半構造化した質問で、日本漫画を台湾のドラマに改編する過程や、変更された内容とその理由などを中心に展開した。

また、台湾の消費者の日本とその大衆文化に対するイメージ、日本大衆文化の消費スタイル、入手のルート、その消費と欧米文化や台湾文化の消費との差異などを理解するために、大衆文化の消費者をインタビューした。回答者は20名であり、インタビュー時期は2002年の8〜9月と2003年の10月である。そのうちの18名の回答者は、日本アイドルのグッズ店の常連、大学の日本大衆文化のサークル、日本アイドルのファン・クラブ、同人誌団体で抽出された者である。なぜなら、これらの行動者は能動的に好みの日本大衆文化にアクセスしたり、関連する集団に参加したりするので、日本大衆文化の消費者として、一定の特徴や強度（intensity）を表す事例だからである。ちなみに、これらの回答者の中に、同時に日本アイドルと台湾や香港アイドルが好きである回答者は2人もいる。回答者の年齢は16歳〜30歳で、男性3人と女性15人である。その中の2人が外省人である。さらに、対照するために、台湾のアイドル団体のファン2人をインタビューした。回答者は28歳と33歳の女性であり、その1人が外省人である。ちなみに、省籍では、外省人の3人は、いずれも父方が外省人である。回答者に対するインタビューは、産業界と異なる半構造化した質問に基づいて「自由回答方式」を採用して、ファンの日本イメージ、日本大衆文化の消費経験、ファンになった過程、台湾自体に対する感覚、台湾と日本と中国の間の歴史に関する考えなどに関するものである。1人のインタビュー時間は45分〜4時間である（表1を参照）。

第2章、3章の主題は、日本大衆文化の台湾における発展、当時の台湾社会の背景と日本大衆文化の葛藤、および日本植民地時代の末期以来、異なる集合的記憶をめぐって発展してきた「日本」イメージである。それ故に、この部分の資料は、主に関連史料や大衆文化界の業者に対するインタビューに基づく。第3章後半と第4章は日本大衆文化に関する消費行為、およびそれによって形成された「日本」イメージを探究するために、日本アイドル、漫画、ドラマなどのファンに対するインタビューを論述の根拠とした。また、第4章は1990年代に台湾で高い人気を集めた、いくつかの日本漫画やドラマを選んで内容を

分析し、日本漫画やドラマに現れた「日本」イメージの台湾で受け取れる様子をさらに掘り下げた。

表1-1：回答者の基本データ

A）産業界の調査対象

回答者	性別	年齢	取材場所	時間	取材過程	職種と肩書き
A	女	50代	当店	45分	1対1	1970年代から30年間ほど、台北市・汀洲街でビデオのレンタルショップを経営してきた。店は約20坪である。
B	女	30	喫茶店	120分	インフォーマントである回答者Uも臨席	2000年から、台北市・西門町の「總統ビル」でアイドルグッズ専門店を開店してきた。
C	女	30代	電話	120分	1対1	EMI台湾支社の「東洋部」のベテラン企画。現職：韓国の歌手と音楽部門の企画。
D	女	29	喫茶店、2回	合計240分	1対1	1998年〜2002年はJET TVでPRや支配人のスペシャル・アシスタントとして働いていた。
E	女	30代	電話	50分	1対1	ベテランの西洋と日本音楽記者。現職：「蘋果日報」の取材主任。

B）大衆文化の消費者である調査対象

回答者	性別	年齢	省籍	取材場所と過程	時間	抽出過程	好みの大衆文化	職種や代表性
F	男	20	本省人	喫茶店。インフォーマントも臨席	180分	同じファンであるインフォーマントの紹介	浜崎あゆみ	大学生、日本語専攻。
G	女	28	本省人	喫茶店、2回。1対1。	合計240分。また、メールを通して、断続的なインタビューを重ねた。	回答者Uと開店していた古い日本漫画と同人誌屋を通じた。	日本漫画、Kinki Kids、少年隊	日本語の翻訳者。日本漫画やアイドルに関連する同人誌作者。自らがKinki kidsのファンサイトやメールマガジンを持っている。1998年〜2000年には回答者Uと台湾最初の古い日本漫画と同人誌屋を開店していた。その小売店は最初から日本の漫画用品と同人誌の販売業者・SE会社の協力を獲得し、2000年にSE会社に売られて、2004年に閉店した。

H	女	26	本省人	店の階上における自宅。1対1。	合計180分。また、メールを通して、断続的なインタービューを重ねた。	記者であるルートを通して、アイドル関連書籍の作者である回答者Hをインタビューした。	Kinki Kidsの堂本剛	元芸能記者。『哈日大FUN店』などの日本アイドルに關する書籍の作者。2000年～2003年、回答者Lと日本アイドルグッズ屋を開店していた。
I	女	19	本省人	喫茶店。1対1。	合計180分。また、Yahoo Messengerを通して、断続的なインタービューを重ねた。	回答者Lを通して、そのアイドルグッズ屋の常連を紹介してくれた。	嵐と相葉雅紀senger	大学生。日本アイドルグッズ屋の常連。
J	女	28	本省人	e-mail	メールを通して、断続的なインタービューを重ねた。	同じファンクラブのメンバー・回答者Tの紹介を通じた。	F4の言成旭（台湾）	OL。台湾アイドル団体「F4」の一員の言成旭の最大ファン・クラブの一つである「老媽子姉妹会」の幹部。
K	男	22	本省人	喫茶店。回答者Nと一緒に。	140分	回答者Nを通じた。二人はファンサイトで知り合った。	日本ドラマ、滝沢秀明と謝霆鋒（香港）	兵役中。少年時代から日本のジャニーズ事務所に入ることを夢見てきた。
L	女	24	本省人	当店。1対1。	150分。また、メールを通して、断続的なインタービューを重ねた。	開店した日本アイドルグッズ屋を通じた。	Kinki Kidsの堂本剛	フリーランス。2000年～2003年、回答者Hと日本アイドルグッズ屋を開店していた。
M	女	16	本省人	喫茶店。1対1。	150分	回答者Lを通して、そのアイドルグッズ屋の常連を紹介してくれた。	V6の坂本昌行、日本漫画	日本漫画屋やアイドルグッズ屋の常連。自らも漫画を描く。
N	女	24	本省人	喫茶店。回答者Kと一緒に。	100分	回答者Rである同じファンクラブのメンバーを通じた。	V6と岡田准一 Tokioと松岡昌弘、滝沢秀明、松嶋菜菜子	OL。台湾のジャニーズファンクラブのメンバー。

O	女	26	本省人	喫茶店。1対1。	60分。また、メールを通して、断続的なインタビューを重ねた。	台湾留学生会を通して、ファンサイトを持っている回答者を取材した。	L'Arc〜en〜CielのHyde、日本漫画	日本にいる台湾留学生。L'Arc〜en〜Cielのファンサイトを持っている。
P	男	17	本省人	喫茶店。インフォーマントである回答者Lも臨席。	120分	回答者Lを通して、そのアイドルグッズ屋の常連を紹介してくれた。	V6の森田剛	高校生。アイドルグッズの常連。
Q	女	23	本省人	喫茶店。インフォーマントである回答者Rも臨席。	180分	回答者Rを通して、同じジャニーズ事務所のファンを紹介した。	V6の三宅健、藤木直人	大学院生。
R	女	21	本省人	喫茶店。1対1。また、メールやYahoo Messengerを通して断続的なインタビューを重ねた。	240分。	大学におけるサークルを通じた。	Kinki Kids、張惠妹（台湾）、日本漫画	大学生。大学にサークル・「ジャニーズ研究社」の社員。台湾のジャニーズ・ファンクラブのメンバーで、日本のジャニーズ・ファンクラブでは複数の名義を持っている。自らがKinki kidsのファンサイトを持っている。
S	女	16	外省人（父方）	喫茶店。2回。1対1。	合計200分。	回答者Gを通して、その漫画屋の常連を紹介してくれた。	V6、Tokio	高校生。日本アイドルグッズ屋や漫画屋の常連。
T	女	33	外省人（父方）	喫茶店。インフォーマントである回答者Uも臨席。	180分。	回答者Uを通して、言成旭の最大ファン・クラブのメンバーと繋がっている。	F4の言成旭（台湾）	不動産業の秘書。台湾アイドル・言成旭の最大ファン・クラブの一つである「老媽子姉妹会」の幹部。2001年12月23日、その会は言成旭に日本アニメ『聖闘士星矢』の模型をクリスマス・プレゼントとして送ったことは、新聞記事にもなったと報告している。

第3節 | 章節の構成

U	女	33	本省人	喫茶店。1対1。	240分。また、Yahoo Messengerを通してインタビューを重ねた。	回答者Gと開店した古い日本漫画と同人誌屋を通じた。	日本ドラマ、漫画	高校教師。台湾ドラマ・『流星花園』最初5話の脚本家、元『東森共和国』というCATV誌の「日本ドラマ・コーナー」の作者。1998年～2000年には回答者Gと台湾最初の古い日本漫画と同人誌屋を開店していた。
V	女	28	本省人	喫茶店。1対1。	90分。また、メールを通してインタビューを重ねた。	日本アニメグッズ屋の常連としてインタビュした。	日本漫画、アニメ	PCプログラマー。漫画屋の常連。
W	女	26	本省人	回答者Rの自宅。回答者Rも臨席。	60分。また、メールを通して断続的なインタビューを重ねた。	同じアイドルのファンである回答者Rの紹介を通じた。	日本漫画、Kinki Kids	同人誌漫画家。台湾で回答者Xと日本漫画やアイドルの同人誌のイベントを主催し、日本のコミックマーケットに毎年に参加してきた。
X	女	26	外省人（父方）	e-mail	メールを通して、断続的なインタビューを重ねた。	同じ同人誌の作者である回答者Wの紹介を通じた。	日本漫画、Kinki Kids、浜崎あゆみ	同人誌漫画家。日本のコミックマーケットまでに毎年に数回参加してきた。
Y	女	32	本省人	喫茶店。1対1。	合計180分。また、Yahoo Messengerやメールを通して、断続的なインタビューを重ねた。	漫画の同人誌サークルを通じた。	日本漫画、X-JapanのHide	漫画同人誌サークル「地平線」の元メンバー。現在、台湾の漫画家。
Z	女	31	本省人	喫茶店。1対1。	合計150分。また、電話やメールを通して、断続的なインタビューを重ねた。	同じジャニーズ事務所のアイドルのファンの紹介。	Kinki Kidsを始めるジャニーズ事務所のアイドルたち	弁護士。日本にいる台湾留学生。ジャニーズ・ファンクラブでは複数の名義を持っているメンバー。

註1、回答者A～Eと回答者Uは産業界の代表であるが、回答者U自身も日本大衆文化の愛好者であるので、消費者の部分の回答者にもなった。
註2、回答者S、TとXは、いずれも父方が外省人で、母方が本省人である。
註3、年齢と職種はインタビュー当時のことである。

第 2 章　台湾における日本の大衆文化の発展史についての一考察

1990年代半ば以降に台湾で発生した哈日現象は、日本と台湾の研究者の関心を引いた。多くの研究は、この現象が1990年代台湾に登場した日本のドラマやアイドルの人気に起因するものだと論じている（岩淵功一 1997、邱琡雯 2002、何慧雯 2002、李天鐸・何慧雯 2002, 2003、李明璁 2003）。その中で、何慧雯（2002）と李明璁（2003）は日本の大衆文化が台湾において植民地時代から潜在的にもっていた影響力や、日本ドラマが公に輸入される以前から台湾に存在していたという事実に言及している。しかし、台湾において日本の大衆文化が長期にわたってアンダーグラウンド的な存在でありながら台湾の消費者の大衆文化に対する認知を構成する力となってきたという点や、また、この力がその後の哈日現象を引き起こす要因の一つとなったという点は見落とされている。つまり、日本の大衆文化は1990年代以前からすでに台湾で長期にわたって受容されていたが、政治的抑圧のために公的には現れていなかったのである。そのため、90年代に現れた哈日ブームは突然発生して消滅していった騒動であり、日本大衆文化の台湾における人気は日本ドラマやそれらのドラマで引きおこされたアイドルブームに限られると見なされ、この騒動に潜むものの深さと大きさは看過されていた。

本章は、台湾における日本の大衆文化の発展史を論述し、哈日ブームが蓄積したエネルギーの噴出とそれの急速な拡散であり、韓国や香港ドラマのブームとは質的に異なっているということを明らかにする。また、文化の発展は政治や社会などの外在的要因とも緊密に関連する。国民党政府が1962年から実施した「漫画審査制」という検閲制度や1972年以降公布した日本文化に関する禁止令、あるいはビデオやDVDなどの録画装置やインターネット等の新しい科学技術の出現はその例である。それ故に、本章の論述においては各々の時代背景を共に論じることを通じて、台湾における日本の大衆文化の発展の転換点をより明らかにする。

なお、本章で使用した時代区分は、1945年の日本の敗戦、1972年の日台断交、および1987年の台湾における戒厳令の解除による日本の大衆文化の解禁である。これらの時点は台湾と日本の関係が転換する画期であり、台湾における日本の大衆文化の発展状況に影響することとなったからである。そして、時期ごとの重要な日本大衆文化のジャンルを区分して考察する。すなわち、1972年以前、台湾で流行した日本大衆文化のジャンルは漫画、流行歌と映画であった。

1972年から1987年には、日本映画が台湾の映画市場から消えて、日本ドラマと同様にビデオによってアンダーグラウンドで流通した。アニメ、ドラマ、アイドル（流行歌）、ファッション誌やキャラクターグッズが加わった。1990年以降、日本大衆文化が顕在化し、いっそう多様化して受け入れられた。この時期について、最も話題となった日本漫画、アニメ、ドラマとアイドルを考察する。ちなみに、日本植民地時代における台湾の大衆娯楽の状況を理解した上でその後の状況と対比すれば、1945年以降台湾における大衆文化の発展環境、および国民党政府統治時代における大衆文化に対する支配的性格がいっそう顕著になると考えられる。そこで、日本植民地時代に流行した大衆文化について、本章の初めで述べることとする。

第1節 | 日本植民地時代

　1895年、日清戦争で清国が日本に敗北し、台湾を日本に割譲した。それから1945年の終戦までの50年間、台湾は日本の植民地とされた。

　日本植民地時代、台湾における主要な大衆娯楽は芝居と音楽であった。植民地初期は台湾の歌仔戯（ミュージカル）、布袋戯（人形劇）が圧倒的な人気を集めていた。歌仔戯はもともとは屋外の簡素な舞台、あるいは地面に敷物を敷いて廟の前や路傍で演じられることが多かった。布袋戯は普通は人形を操る人が2人、楽器を演奏する人が5人で演じられる。人形を操る人は台詞もしゃべり、楽器を演奏する人は歌も歌う。内容は史劇、風俗劇、恋愛劇、人情劇、妖怪変化の怪奇劇など様々である（田村志津枝 1993: 175-176）。これらの劇の上演は、だいたい裕福な人が金をだして劇団を呼び、廟の前で上演され神に奉納した。また、祭の際には、町内の有力者がいろいろな芸人や劇団を招き、祭りをにぎやかにした[1]。

　台湾の伝統芸能が人気を集めた反面、日本の植民地政府（台湾総督府）はその異質な芸能に強い偏見を抱いていた。田村志津枝（1993: 178-186）によれば、1927年1月と7月、植民地政府に近い『台湾民報』に、歌仔戯は猥雑で下品だから禁ずるべきだという記事が掲載されている。1937年「盧溝橋事件」による中日関係の緊張を契機に、皇民化政策が強化された。台湾語は厳しく規制され、宗教的な行事も禁止された。もともと宗教や生活に密着していた歌仔戯や布袋戯も禁止されることになった。この政策が台湾人からの強い反発を招いた

---

[1]　田村志津枝の研究（1993）によれば、1910年頃には、歌仔戯の劇団はすでに都市の劇場でも上演されるようになった。1930年前後には、歌仔戯の劇団は全島で300近くあったと推定される。布袋戯の劇団は台北市だけで20余り、台北県では60余りもあった。中国と台湾の間では1920年頃から劇団の往来が急速に増え、中国の京劇やサーカス団にいたバイオリンやアコーディオンの楽士を使う劇団も台湾にやって来て、その人材が台湾の劇団に流入した。

ので、1941年に成立した植民地政府の皇民奉公会は統治の趣旨に反しない範囲で文化活動を容認することにした。1942年、皇民奉公会の娯楽委員会が試みに作った日本式の布袋戯『国姓爺合戦』が演じられた。衣装は台湾式と日本式の折衷、台詞は台湾語と日本語（日常会話）がまざったものであった。『里見八犬伝』や『水戸黄門』などの劇も上演された。これが、日本式布袋戯、すなわち「皇民劇」と呼ばれるものの始まりであった。当局は、台湾独自の布袋戯に対しては、その演目を制限すると共に、劇団員に対して登録制を実施し、登録証をもった団員が7人以上いない劇団は上演を禁じられた。

　また、独特の舞台様式や台詞の韻、メロディーをもっていた歌仔戯を簡単に改竄することはできなかったため、当局は、歌仔戯に強い圧力をかけた。このため、劇団は都市から町、町から村へと彷徨いながら上演したり、代わりに台湾語で日本の愛国劇を上演したりした。この愛国劇は「皇国劇」の模範とされた。

　また、1920年代〜1930年代、台湾において映画館など様々な娯楽施設が次第に発展していった。映画、ラジオ、レコード、西洋音楽も段々と普及し、書籍や雑誌などの出版物が盛んに発売され始めたのもこの時期である（楊克隆1998）。

　日本植民地時代初期、日本人が台湾にレコードプレーヤーやレコードを導入したため、流行歌も台湾で人気を集めるようになったが、台湾自体にはレコードの製作能力はなかった。江中青や郭玉蘭、周添旺らの台湾語作曲作詞家が1917年に日本植民地政府の禁止令を破り、屋外の舞台劇（台湾では「野台戯」と呼ばれる）などの方式で台湾語歌曲を台湾全島に広めていった（曽佳慧1998: 51-52）。1932年から1939年までが、台湾語歌曲の第一の黄金時代であった。現在でも台湾で流行している『望春風』や『南都夜雨』などの有名な歌は、この時期の作品である。1932年に中国映画『桃花泣血記』が台北で上映された。宣伝のために、台湾の映画会社は弁士の詹天馬と作曲家の王雲峰に頼んで、テーマ曲『桃花泣血記』を作らせた。宣伝活動を通じて、これは誰もが歌える曲となったのである。日本植民地政府はその曲の流行に鑑み、文芸部を設立して台湾語歌曲を作り、レコードを生産して販売した。この政策によって、より多くの作詞者や作曲者に台湾語歌曲の創作活動に参画することを促した。王雲峰はその一例であった（杜文靖1995: 24）。周添旺らの努力によって、当初は日

本語歌曲しか販売しなかったレコード会社も台湾語歌曲を主要な販売商品とするようになり、しかも、相当な利益を得た。そこで、他のレコード会社も続々とこのマーケットに進出した。コロムビアレコード会社はその一例である。こうして、台湾語歌曲により大きな発展のための舞台を提供した。こうした状況下、台湾語歌曲は日本歌曲に取って代わる勢いを示した。

　1937年の「皇民化運動」の実施によって公の場では日本語しか使えなくなり、台湾の劇や歌曲の上演も禁止され、さらに日本語歌曲が大量に移入されて、台湾語歌曲の発展は中断された。しかし、楊克隆（1998）の研究によると、当時禁止されたのは台湾語の歌詞だけであり、台湾語歌曲のメロディーは依然として放送されることが許された。

　映画は、日本人によって台湾に導入された。台湾において最初に上映された映画は、木材商人の大島猪市が1900年6月に、映画技師の松浦章三に台北の「淡水館」で上映させた10本余りのフランスのリュミエール兄弟の映画であった[2]。松浦は上映しながら、ストーリーを解説する弁士[3]も担当した。当時、「淡水館」は植民地政府の公館であり、その日の観客のほとんどが日本人であった。そして同月の27日から一週間、台北城内の「十字館」で公開上映された。これが台湾最初の映画の公開上映であった（葉龍彦 1997: 36）[4]。しかし、当時、料金が高かったので、映画鑑賞は台湾民衆の一般的な娯楽にはならなかった。その後台湾の映画鑑賞の普及を促したのは、高松豊次郎であった。

2　　一説によれば、最初に上映された映画は、1898年9月8日から10日間、台北の劇場「十字館」で上映させた「米西戦争」などである（黄仁 2014: 202-203）。

3　　当時、まだ無声映画しかなかったので、弁士や活弁という役は重要であり、時には現在のアイドルのような存在でもあった（葉龍彦 1997: 62-63）。弁士は、はじめは専ら日本人がやっていたが、それを聞き覚えた台湾人が台湾人観客の多い地域で台湾語で活弁を始めた。しかし、ある台湾人弁士が解説の際に政治的言論をしたので、植民地政府の注視する対象となった。解説内容は事前にチェックされ、時には警察の臨検もあり、中止命令が下されることもあった。弁士は警察に届け出が必要で、危険思想の持ち主と見なされれば資格は剥奪された。つまり、植民地期に、検閲は伝統芸能に対してだけではなく、映画にも及んでいた。

4　　葉龍彦によれば、日本人市川彩はその著作『アジア映画の創造と建設』で、台湾最初の映画上映が1901年に高松豊次郎によって放映されたと述べた。田村志津枝や呂訴上の研究も多くは市川の著作を引用している。しかし、葉は当年の『台湾日日新報』に掲載された映画広告を調査して、大島と松浦の映画放映が明らかに高松より早いと指摘している。

高松は1901年に、当時の民政長官後藤新平に招かれ、政府のための宣伝工作を行っていた。1903年から10年間、高松は毎年多くの新しい映画作品を台湾に持ち込んで巡回上映を行った。例えば、1905年、高松は日露戦争のニュース記録映画を放映した（葉龍彦 1997: 39）。ニュース記録映画は日本植民地時代に、最も利用されたイデオロギー宣伝メディアであった。

高松が継続的に映画を台湾に持ち込んだことで、1907年から台湾に定期上映の映画館が作られた。さらに、高松は台湾総督府の委託を受け、台湾の最初のドキュメンタリー映画『台湾の実況と紹介』を撮影した。この映画は台湾だけでなく日本でも上映され、日本本国の人々に台湾を理解させる効果も果たした。

1921年、「台湾文化協会」のメンバーである蔡培火は「美台団」の名義で映画プレーヤーを購入して、各地の田舎まで巡回上映を始めた。その目的は弁士役で映画を解説する際に、日本への抵抗意識や台湾文化を台湾人に吹き込むことにあったので、文化協会が放映した映画のチケットは、一般の映画館より非常に安かった。そのおかげで、台湾における映画の鑑賞は都市から田舎まで、富裕層から一般人まで次第に広がっていった。

最初の劇映画は、1923年に台湾日日新報社によって創設された映画部が撮った『老天無情』である。1925年、台湾人ばかり約10人が台湾映画研究会を結成し、映画制作について研究を重ね、映画を制作した。日本人と台湾人が共同で映画を製作するようになったのは、1932年の政治色の強い『義人呉鳳』が最初である（田村志津枝 1993: 179）。

映画館についていえば、1911年に台北では最初の映画専門館「芳乃館」が建てられ、それ以前にできた劇場と同じように日本人が経営していた。芳乃館は直接日本の映画会社の配給システムと繋がっていた。その後、映画は台北ではいっそう盛んとなった。1935年、台北西門町では設備が当時の国際基準に適う「国際館」や「大世界館」劇場が設立された。同じ頃、福岡と台北の間に航空路が開通したため、台湾は日本内地とほぼ同時期に同じ日本映画を見ることが出来るようになった（葉龍彦 1997）。

台湾総督府の映画政策は、当初は基本的には映画の制作を重視せず、日本映画を大量に輸入しながら、西洋の映画も制限しないという方針を立てていた（王文玲 1994: 39-76）。日本映画は台湾で上映される映画の主流であったが（魏

玓 1999: 33)、当時台湾で上映された映画は日本映画だけではなく、中国映画や
アメリカ映画もあった。アメリカのハリウッド映画は1923年にはすでに台湾
で上映されていた。1920年代、台湾で上映された映画では日本映画が70%を
占め、アメリカ映画は28%を占めていた。1928年頃〜1941年、台湾総督府が
米英などの連合国の映画輸入を禁止するまで、アメリカ映画は日本映画につぐ
存在で、常に10%以上の数量を維持していた。その頃、アメリカ映画の影響
はすでに青少年の衣装や日常生活の行動に及んでいたのである（王文玲 1994:
43, 99)。1934年、中日関係の緊張から、中国映画が台湾に輸入される際に重
税が徴収されるようになり、しかも、厳しい検閲を受けなければならなかった。
そして、1937年中日戦争の勃発以降、中国映画はついに全面的に禁止になっ
た。1941年、日本では映画統制が行われて連合国の映画が禁止された。台湾
でもそれに同調して統制が進んだ。1942年から、配給の一元化、フィルム供
給の制限などの規制も実施された。英米など連合国の映画が禁止され、ドイツ
とイタリアの映画がアメリカ映画に取って代わってマーケットを占めた。戦争
の激化につれて、国策宣伝などの任務を負うニュース映画や文化映画が多くな
り、劇場ではそれらをすべて上映しなければならなくなった（葉龍彦 1997: 81、
田村志津枝 1993: 189)。

　以上、日本植民地時代には、大衆文化に関する様々な新しい科学技術が導入
されたが、大衆文化の表現は政治的に統制されていた。しかも、「脱中国化」
が厳しく実施されるかどうかは、日本の「皇民化」政策、および中日の関係に
よって決められた。これは日本による異民族植民地統治によるものだといえる
が、同様な状況は1945年以降の台湾で依然として続いていくのである。

第2節 台湾における日本大衆文化のアンダーグラウンド時代

2-1. 1945年〜1972年

国民党政府による接収および台湾統制

　この期間は国民党政府が台湾における統治を強固にした時期である。1945年、日本が敗戦して、台湾に対する統治権を放棄した。国民党政府が連合国軍最高司令官総司令部（SCAP）一般命令第1号に基づいて連合国軍の代表として台湾を接収した。その後、国民党政府（「国府」[5]）は「行政長官公署」[6]を設立し、台湾を接収し始めた。1949年、国民党政府が中国共産党に敗退して台湾に入り、戒厳令を実施しながら台湾を統治した。この時から、国民党政府は「反共抗俄」[7]という名目で約40年間にわたり独裁政治を続けるとともに、中国の伝統的な文化を正統な「自国文化」として、台湾の「中国化」を強力に推進した。中国化とは、中国の民族主義を台湾に吹き込み、台湾が中国の一部であることを認知させることである[8]。特に1949年に共産党に敗戦してからは、国民党政府は中国に対する統治の正統性を確立するために、さらに台湾の中国化

5　国府（1925〜1948）は当時の中国国民党政府を指す。中華民国は成立した当初にはまだ憲政時代に入らず、訓政時代の約法を最高の規定し、国民政府を指導政府としていた。1947年末、中華民国憲法が約法に取って代わり、国民政府の統治権力も新憲法によって生まれた総統に譲り渡され、中華民国総統府となった。国府時期が名義上は終わった。しかし、政府は中国国民党に掌握されていた。その状況は1949年国民党が内戦で中国共産党に負けるまで続いた。

6　当時、台湾を接収する中国国民党政府の代表機関であった。「長官公署」はその略称であった。

7　「反共抗俄」（俄＝ソ連）という標語は、その時代におけるイデオロギーの代表の一つであった。その意味は共産主義に反対して、ソ連に対抗するということである。

8　例えば、教科書やマスメディアなどの手段を利用して台湾と中国には緊密な関係が存在するというイデオロギーを生み出し、台湾を中国の民族主義の一環に取り込んだ。第3章でまた論考する。

を重視した。また、「脱日本化」、いわゆる日本が残した文化、社会慣習や言語、および日本に関する記憶や日本を象徴するものを抹消する措置は、1945年から陳儀が「国民党政府」を代表して台湾を統治した期間、台湾人が「日本に奴隷化」されていたという口実の下に厳しく実施されていった[9]（陳翠蓮 2002）。しかし、台湾における脱日本化は、実際には脱日本化を通して中国化を達成することを目指していた。当時、台湾における「脱日本化による中国化」は、中国大陸の元日本占領地区と比較して最も厳しかったのである[10]。そして、1949年蒋介石政権が台湾へ敗退して以降、台湾におけるその政権は「全中国を代表する」が故に、脱日本化より中国化が重要とされるようになり、全力で中国化の実現に尽力した。中国化に関する「国語教育」[11]、「中華文化教育」などの政策は1990年代まで実施されていた（呉密察・張炎憲 1993）[12]。

---

9   つまり、1945年国民党が陳儀を台湾に派遣して「行政長官の公署」を設立して以降、政府は本省人に対して「日本人に奴隷化された」、「皇民化された」などの理由で、「強硬で決して柔軟ではない」弾圧政策を実施し、民族主義の名分で台湾人を脱日本化して「中国化」することを企てた。例えば、前述したように、陳儀政府は台湾を接収してから一年後には、直ちに台湾における日本語の全面禁止、日本語新聞の廃刊、和服や日本の下駄の着用の禁止を実施したのである。国民党は内戦で負けて台湾に敗れて来た後でも、この「脱日本化」の政策を取り続けた（陳翠蓮 2002、周婉窈 1995、王甫昌 2001）。このため、日本と台湾的アイデンティティの間には微妙な連帯関係が生じていた（第3章参照）。

10   例えば、それらの地区で実施された「民族主義」、「国家主義」、「三民主義」などに関する計画は台湾ほど多くなく、元日本の植民地であった中国の東北地区でさえ、台湾におけるような厳格な「国語教育」や「民族精神教育」などの中国化政策は実施されなかった（呉密察・張炎憲 1993: 144-145）。台湾における脱日本化や中国化や台湾化に関する分析は、呉密察・張炎憲（1993）を参考。

11   ここで言及した国語という言語は、宋元明清時代の北方の官話から変化してきた言語である。中華民国初期（国民党がまだ中国を統治した時）、国民党政府がその言語を国家の標準用語（国語）として制定し、中国で国語運動を実施していた。途中、1937年から1940年までは中日戦争が勃発したので暫く中止された。しかし、効果が上がらなかったがために、戦後台湾を接収した外省人の国語も流暢なものではなかった。その頃の『民報』の世論によれば、当時中国各地では国語を話せず方言しか話せない人口が相当に多かった。台湾では、日本語以外に、方言を話していた民衆が絶対的多数を占めていた。しかし、長官公署はこの事実を無視して、日本語を理解できることを奴隷化の象徴と見なし、台湾人を軽視しながら排除した。それ故に、戦後まもなく台湾で国語運動を厳しく実施したのは、政治的な目的のためであった（陳翠蓮 2002、周婉窈 2002）。

12   1966年の「中華文化復興運動」はまさに1949年以降の中国化政策の集大成だと言える。台湾独自の文化を抑圧したその運動は、蒋政権が中国の伝統的文化の継承という

第2節 │ 台湾における日本大衆文化のアンダーグラウンド時代　　*043*

　1945年、国民党政府は台湾を接収した。当時はまだ農業国であった中国が、日本植民地時代からすでに近代工業化社会になり始めていた台湾を戦勝者として優越的地位で統治するという状況は、両者に大きな文化的ショックを与えた。台湾人と政府／外省人との衝突が絶えず、ついに「省籍対立」という状況に至った[13]。1947年2月27日夜、ある外省籍の密輸取り締まり員が密輸入煙草を販売する台湾人の婦女を殴って、一般市民を射殺したことをきっかけに、台湾人の不満が一気に爆発し、民主平等を求める一連の運動に発展していった。3月初め、蒋介石が台湾へ軍隊を派遣して台湾の民主化運動を抑圧し、軍事力に基づく高圧的統治を始めた。これは「228事件」と呼ばれ、国民党政府が台湾に入って以降の「白色恐怖」統治（「白色テロ」統治）の幕開けとなった。それ以来、創作や言論の自由が禁止され、台湾独自の文化や大衆文化の発展も抑圧された。この事件によって、1945年まで多くの台湾人が抱いていた、中国を「祖国」とする幻想が消滅し、逆に旧植民地支配者である日本のイメージがアップして、さらに植民地期に受容された「日本的なるもの」が国民党政府や外省人と自分たちを区別する基準、あるいは国民党政府に対抗する象徴になってしまった（第3章参照）。

　国民党政府は台湾を接収した際、日本の植民地政府が残した独占的な経済制度や、過度に巨大化した国家機構を継承した。国民党政府はその膨大な独占資本産業を22の国営事業に再編成し、国家が直接に介入するというやり方で資本を蓄積した（呉密察・張炎憲 1993: 125-126）。また、その国営事業の再編成過程で、元の日本植民地産業のすべてを国民党が所有し、いわば国民党の私有財産とし、国民党政府が台湾を統治する重要な資産となった（王泰升 2000、龔宜君 1992）。

　1949年以降、国民党政府が台湾に存在することができたのは、アメリカの軍事協力のおかげであった。国民党政府とアメリカの関係は、中国統治時代か

　　　正統性を強調する中国文化史を作り出したのである（呉密察・張炎憲 1993）。

13　　例えば、中国官僚の賄賂の風習とその統治に伴って生じた通貨膨張のため、台湾の生活レベルは急激に低下し、生活必需品の窮乏から密輸が横行し始めた。しかも、中国政府の行政手法は、日本植民地時代からすでに法治主義に慣れた台湾人にとって納得できるものではなかった。逆に、台湾人の政治改善の要求に対して、外省人はそれを民族主義の名の下で却下した。この状況は次第に台湾人と外省人との間の重大問題となった。この点は、第3章でさらに論じる。

ら始まっていたのである。1949年に国民党政府は台湾に入った時、戒厳令を実施することによってその独裁体制を正当化した。その頃、国際情勢は蒋介石政府にとって不利であり、外交的立場も次第に困難になったため、政治的にはアメリカに頼るところが多かった。1950年朝鮮戦争が勃発し、米・ソを中心とした冷戦体制が確立した。そこで、アメリカは共産体制を包囲する防衛システムの中に台湾を組み入れた（若林正丈 1992）。1955年には、「米華（台湾を指す）相互防衛条約」が結ばれた。国民党政府はそれに乗じて台湾における統治を安定させ、「白色テロ」統制を行った。1951年から1970年まで、アメリカからの経済援助や人材育成と訓練に対する援助は、台湾のアメリカへの依存を形成し、アメリカの文化や価値観の優越性が公的領域に確立した（趙綺娜 2001、若林正丈 1992）。これもアメリカ映画が台湾で圧倒的な優位性を持った理由の一つである。

　先にも述べたように、この時期の国民党政府の台湾における最も主要な目的は、自身の中国に対する統治の正統性を確立することであった。したがって、台湾と中国との一体性を強固にするために、台湾独自の文化や意識を抹消しなければならなくなった[14]。このため、1980年代まで、すべての台湾人が「台湾の不在」を体験したといえる。1950年代から1960年代にかけて、公的領域でも私的領域でも、「台湾の不在」が余儀なくされた。また、台湾の母語や文化だけではなく、台湾に関する学術研究も禁止された。教科書[15]も中国史観を中心としていて、台湾に関する記述は3%弱しかなかった[16]。しかも、その台湾を

14　例えば、国民党政府は台湾独自の文化や信仰などを「民俗」と見なして、中国の「高等文化」と区別した。そして、「改善風俗」（風俗を改正すること）という名目で台湾独自の文化を消滅させることを目指した（陳美燕 1991）。いうまでもなく中国とは異なる日本に関する記憶や歴史もタブーになってしまった。

15　1999年まで、台湾では、高校までの義務教育用の教科書はすべて政府機関によって編纂されたものである。

16　具体的に言えば、1990年代まで、小学生と中学生を対象とする社会科教科書の合計は12冊、1冊ごとの平均が100ページで、合計約1200ページであった。しかし、その中で台湾に関する部分は30ページ強しかなかった（王甫昌 2001: 157）。劉暁芬（1991）も、1990年代まで、中学校用歴史教科書で台湾史が占める比率は5%未満だと指摘している。国民党政府によって編纂された歴史や歴史教科書に、台湾人の日本植民地時代の経験や台湾に対する感情を記載することは禁止されていた。台湾人は中国の中日戦争の歴史を正統な歴史として認めさせられ、自分の経験として受け入れさせられた。日本の植民地時代の記憶や文化はタブーと見なされて言及することができ

述べた部分はほとんど中国と台湾の一体性や国民党政府の台湾における功績を強調したものであった（越田稜 1995、王甫昌 2001: 157）。それは丸川哲史（2003: 41）がいう植民地支配された者が参与しない「脱植民地的過程」である。

　国民党政府はイデオロギーの生産機制を完全に支配しただけではなく、戒厳令を敷くことによって言論や出版や集会の自由などの憲法で守られた人民の権利までも制限していた。したがって、228 事件以降政治に恐怖を抱いた台湾人はその歴史や記憶を、文字や口述でも次世代に伝えることができなかった。それ故に、台湾人の戦後世代の集合的記憶や文化、経験、言語などは親世代と断裂し、中国民族主義もこの時期には全く異議を唱えられなかった。1970 年代初期に「保釣運動（尖閣諸島の領有権を奪還する運動)」[17] や「郷土文学論戦」という政治活動に参与した台湾人が現れたが、それも中国を中心とするイデオロギーによるものだった[18]。

　なかった（王甫昌 2001）。1990 年代末に至ると、中学校用の『認識台湾』という台湾に関する記述を中心する教科書がようやく刊行された。それ以来、教科書における台湾史、中国史、外国史の比率は 1 対 2 対 2 となり、地理篇については台湾と中国と外国の比率は 3 対 8 対 4 となった（台湾日報 2001/1/20、2001/1/21 第 9 面）。

17　尖閣諸島の主権に対して、台湾の学生が台湾（中国）の主権を主張する学生運動を行ったという事件である。

18　このように郷土との関係遮断や不在の中国を唯一の祖国と見なす現象は、戦後の台湾新世代に「根無し」感、いわゆる後述する「歴史的連続性の断裂」を覚えさせた。楊翠（2003）は、1960 年代の台湾青年は国民党の厳密な統制に置かれ、反抗する場がなかったと言っている。この世代は戦前世代と異なり、第一世代の外省人のような「流亡経験」がなく、本省人のような（日本による）被植民地的経験もなかった。しかし、「中国への反攻」や「中国に対するアイデンティティ」として形成された観念によって、彼らの文化と郷土に対するアイデンティティは「二重虚脱」という現象を表した。楊翠（2003: 46）は、その二重虚脱という現象を次のように明らかにしている。「教育（体系）で叙述された祖国、いわゆる『中国』は、幻の政治神話や文化シンボル、空間についての想像でしかなかった。日々米や水を提供してくれる我が足が踏む土地が、教育の叙事体として存在することは禁忌であった。『中国』は巨大な叙事体として鮮明な『存在』であるが、感知できない『風土』でしかなかった。台湾は叙事体を備えない『異域』であり、曖昧で『不在』だが、感知できる『風土』であった。台湾新世代は中国も台湾も不在である中で、強烈な『アイデンティティ危機』と『帰属矛盾』を感じている」。このような虚脱現象とその後の歴史的連続性の断裂とは類似する根源から生じたのである。この現象は、日本大衆文化が日本文化禁止令の時代にも受け入れられる余地をつくりだした。

言語統制政策

　国民党の「台湾を不在とする」政策のもう一つの重点は、言語の制限に置かれていた。言語はコミュニケーションの道具であるが、その道具自体は政治や権力、文化的意義を含んでいる。特に植民地では、植民地支配者は言語のその象徴的意義を通じて、現地の住民を同化させたり差異化しながら階級化したのである。

　台湾史学者の周婉窈（1995: 150）は、台湾史を研究する過程で、日本植民地時代と国民党統治時期の類似性が多々見つかったと述べている。例えば、言語政策面では、「国語運動」という言語統制は日本植民地時代[19]と国民党統治時期の両方で実施された。すなわちここに、国民党政府の植民地支配者的体質が顕著に現れているのである。

　実は、戦後初期、台湾全島で「国語ブーム」が起きて、台湾人は中国語（官話）の学習に熱中していた。それはいうまでもなく民族主義の要因を含んでいるが、周婉窈（1995: 148）は日本語の「国語運動」の影響も看過してはいけないという。つまり、日本語の国語運動を経験したが故に、台湾人は単一の共通の「国語」という観念を当然なものと思うようになっていたのである[20]。しかし、国語の学習に熱中しても、母語と国語が非常に異なっていたので、台湾人にとって国語の使用は困難であった。その後、外省人は国語が話せないことを台湾人が奴隷化された表徴と見なして、台湾人を抑圧的に扱ったため、台湾

19　しかし、1937年までは国語運動は徹底的には実施されなかった。1937年までに、日本語がわかる台湾人はまだ37.38％しかなかった（周婉窈 1995: 120）。1937年に始まった皇民化運動は日本語に新しい意義を与える。それはいわゆる内地延長主義であった。植民地政府は台湾人を同化して日本人にさせるつもりだった。したがって、日本語を話すことが、台湾人を「本物の日本人」にさせる必要条件となった。(日本語の)国語運動によって、日本語の普及率は1944年には71％（夏金英 1997）、1945年には75％にまでなった（李西勳 1995: 175）。

20　清朝時代、台湾には単一の共通言語がなかった。通用していた言語は漳州系や泉州系の閩南語、客家語、先住民語などであった。1895年、植民地政府は日本語の普及政策を制定した。「国語（日本語）運動」は台湾における植民地統治の言語政策であった。周婉窈（1995: 152）も呉文星（1992: 363-365）も、日本語の国語運動が、台湾における言語の統一のきっかけであったといっている。その共通言語を通じて、従来台湾人の間に存在していたコミュニケーションの障害が解消した。さらに、被支配者が受けた管理に対して起きた反発は、共通言語によって凝集し、被支配者の一体感を形成していった。

人の国語を習う意欲は低くなってしまった（陳翠蓮 2002）。一方、陳儀政府は台湾を接収してから1年をおかず（1946年）、間髪を入れずに日本語や日本新聞、書籍を全面的に禁止した[21]。そして228事件以降、いっそう徹底的に禁止令を実施していった。それ故に、台湾人のエリートまでが中国語（官話）＝国語が不自由なために発言ができなくなり、国語以外の言語で身につけた知識や文化、およびそれが分かる人材は、公的な場に存在する余地がなくなってしまった。そこで、台湾人は歴史的な断層に直面し、1970年代になって国語で発言できるエリートが出現するまで、国民党政府に抵抗する発言の能力も失ってしまった（陳翠蓮 2002、周婉窈 1995、夏金英 1997、楊翠 2003: 37-47）。

　1945年から1958年まで、台湾において国語の推進は国家の重要な政策と見なされていた[22]。1962年「台湾電視台」（テレビ局）が開局した時、台湾語の番組が総番組数のほぼ半分を占めた。それが国家の政策を妨げると見なされ、政府はその後台湾語の番組が1日のうち1時間を上回ってはならないと定めた。1960年代末、台湾の母語、さらに日本語の使用が再び高まるようになったため、1970年に「中華文化復興運動推行委員会」を責任機関として、再び国語運動を発動し、そうした動きに対抗していった（王甫昌 2001: 165）。「中国化」の「正統性」とは異なる経験として、日本（語）と「台湾的アイデンティティ」の間に存在する微妙な関係がこのようにしていくらか露呈することになった1975年、「広電法」（ラジオとテレビ管制法）が可決されたことで、国民党政府はなおいっそう合法的に台湾母語を抑圧することができるようになった（夏金英 1997）。これ以降、母語は次第に萎えていき、多くの戦後新世代は母語を使えなくなってしまった。

　国民党政府は国語運動の実施によって、ブルデューのいうところの象徴資本（symbolic capital）を国語に与え、文化のフィールドで台湾語や客家語などの母

21　前述したように、日本植民地政府は1937年以後、「皇民化運動」の実施により日本語の使用しか認めなくなった。

22　例えば、学校では完全に国語で教学し、台湾語や客家語などの言語が全面的に禁止された。もし母語を話せば、犬の札を首に掛けたり罰金などの処罰が下された（杜文靖 1995:25）。1950年代、省政府は国語の推進によって現れる効果を公務員主管の年度成績項目に編入し、すべての公務員と民意代表に国語を使わせた。放送局での母語の番組も無理やりに減らされた（王甫昌 2001、夏金英 1997）。

語に対する優位性を持たせた[23]。布袋戯、歌仔戯などの台湾の伝統的な演劇は当然、文化資本（cultural capital）を失って、低級な趣味に格下げされた[24]（王甫昌 2001: 165、杜文靖 1995: 25、李瞻 1973: 255）。もちろん、布袋戯や歌仔戯が台湾の娯楽の伝統を代表し、絶大な人気を持っていることこそが、国民党政府がそれを忌々しいと思った理由であった。テレビ局も年々布袋戯や歌仔戯の放送時間を減らし、その内容を改良するように要求され続けた[25]。

　総括的にいえば、国民党政府が実施した「国語運動」による言語統制が台湾独自の文化に与えた衝撃は明らかである。最も主要な変化は台湾文学の断層、台湾人材の政治や文系領域における発展の制限、台湾語の歌曲や映画、テレビ番組の衰退である。そのため、1945年以降、国民党政府の抑圧と統制にさらされた台湾と「日本」の間に微妙な連結関係が生まれ、逆に旧植民地支配者である「日本」に対する嫌悪感が減少した。この状況は、文化に欠乏した台湾に日本大衆文化が進出して発展する条件を整えたといえるであろう。

2-1-A　漫画

　漫画[26]は日本大衆文化の中でも台湾において最も深く、長い影響力を持つものの一つだと言える。

　日本植民地時代には、日本漫画が雑誌や新聞によって台湾に輸入され、台湾

23　このような優位性も外省人に、日本語を話すことが許されず国語も話せない台湾人を軽視する正当性を与えながら、台湾人に自分の母語が非高級文化に属するという劣等感を持たせた。

24　これは、日本植民地政府が歌仔戯を猥雑で下品と見なし禁ずるべきだとした捉え方と同様である。この点も、日本植民地時代と国民党統治時期の類似性を表すといえるだろう。

25　1950年代初めに国民党直属の「台湾省歌仔戯協進会」が設立され、歌仔戯の興行がコントロールされることになった。歌仔戯劇団は国策にかなう脚本を使用することが定められた。1952年にはその名称が「台湾省地方戯劇協進会」に改められ、演劇界全体が統制されることになった。同会は反共の思想を盛り込んだ教育的な脚本を作っていた（田村志津枝 1993: 189-190）。これも、日本植民地時代における演劇界に対する検閲制度と類似している。

26　台湾で広大な読者を持っている日本漫画は、主にストーリー漫画を指す。したがって、以下、漫画について言及する場合は、四コマ漫画や政治向け評論漫画だと特に標記しない限り、ストーリー漫画を指す。

の読者に日本漫画の文法を受け入れさせた。また、その頃の台湾籍の漫画家は
その多くが日本教育を受けて成長したので、日本から影響を受ける可能性が大
きかった（洪徳麟 1994、李衣雲 2012: 163-258）[27]。

　終戦からまもない1945年11月、「新高漫画集団」は芸術界や文学界の同好者
と共に、文化総合月刊『新新』の編集に参加した。そこには、「新高漫画集団」
の会員による2ページの評論漫画が掲載された。それらは戦後国民党政府に接
収された台湾社会の深刻な状況を暴露していた。月刊『新新』は1947年1月に、
国民党の抑圧的な政策により7冊を刊行したのち廃刊を余儀なくされた。その
後、1947年の228事件を経験した台湾籍の漫画家はほとんど評論漫画を描かな
くなってしまった（洪徳麟 1995: 88）。

戦後における台湾漫画市場

　1949年以降、台湾で戒厳令が実施された。漫画は「反共抗俄」や「中国化」
という政治的状況下で、多くの禁忌を生むこととなった。例えば作品の中に、
五角の星形、ヒマワリなどの中国共産党の象徴だと見なされた図案を描くこと
は認められなかった。したがって、時事と政治に関する一コマや四コマの台湾
人評論漫画はほとんど姿を消してしまった。代わりに登場したのは、国民党
政府について台湾に来た外省人の漫画家、例えば、梁中銘兄弟や牛哥であった。
彼らの作品は「反共抗俄」や中国民族英雄などの「正しいイデオロギー」をテー
マとして当時の漫画の主流となった。

　1949年以降、国民党政府は共産党に負けた最大の要因を、中国共産党が版
画で煽動的な漫画を製作して広めたことによるものだと考えた（洪徳麟 2003:

27　洪徳麟は現在手に入る資料を手掛かりとして、葉宏甲や陳家鵬、王花、林河世、洪朝
　　明などの台湾の初期の重要な漫画家たちが、1940年に新竹で「新高漫画集団」とい
　　う漫画団体を構成し、その後努力して中国の国語を学んでいたことを指摘している。
　　これらのメンバーたちは皆『日本漫画会』が行った通信教育の課程を学んだことがあ
　　る。また、陳光熙は日本の児童雑誌『KING』が主催した漫画コンクールに参加して、
　　最優秀賞を獲得した。彼はもう一人の初期の台湾漫画家の陳定国と同様、その漫画通
　　信教育の課程に参加したこともある（洪徳麟 2003: 24）。陳家鵬の述懐によるとこの
　　通信教育の課程では、受講生であった彼らが毎月一回自分の作品を「日本漫画会」に
　　郵送で送り、先生の添削を受けるということになっていた。「日本漫画会」も受講生
　　と顔を合わせた講習会を開催するために、有名な漫画家の清水動を台湾へ派遣した。

27)。このため1950年代、国民党政府の国防部（日本の防衛庁に等しい）が「政治作戦学校」を設立し、「戦闘美術」[28]という部門で美術に関する人材を育成し、漫画もその一環として扱われた。

　当時、国民党政府は「中国の正統な継承者」と「反共抗俄」というイデオロギーを中心にすえていた。それ故、1950年代末から1970年代にかけて「漫画審査制」と通称された検閲制度の実施によって台湾漫画が姿を消していた時代、漫画家は、発表した作品が反共的なイデオロギーにふさわしいという注釈や説明をつけなければならなかった。陳海虹の侠客カンフー漫画『小侠龍巻風』や葉宏甲の『諸葛四郎』はその代表的な例であった[29]。もしイデオロギーが「政治的に正しくない」と見なされれば、作者や翻訳者が投獄されることも稀ではなかった[30]。

　1950年代になって、漫画は台湾で芽をふき始めた。その当時台湾で人気を集めた漫画は政治評論漫画や一コマや四コマ漫画ではなく、日本式の長編ストーリー漫画であった[31]。1953年以降、『学友』、『東方少年』などの児童向け総合雑誌が出版され、重要な発表舞台が漫画家に与えられた。1958年に創刊された『漫画大王』という漫画誌は、主に日本漫画を翻訳して連載していた。その当時、国民党政府の「中国化」と「脱日本化」という政策により、政治環境的

28　戦闘美術は国民党政府が1955年に行った「反共戦闘文芸活動」の一環であり、「戦闘的精神をしっかり強化しながら、反共の意志を確立する作品」を創作することを要求したのである（呉密察・張炎憲 1993: 147-148）。

29　陳海虹は彼の侠客漫画『小侠龍巻風』に次のような注釈をつけた。これは一つの反共漫画である。主人公の侠客「志強」は正義、いわゆる中国を復興させる基地となる台湾を表している。その邪悪な敵である「魔教」は中国共産党を表し、その教主の苗字が「毛」とつけられた理由は毛沢東と同姓であるからである。一方、葉宏甲は彼の侠客漫画『諸葛四郎』が国民党の提唱した「忠孝節義」をテーマして、主役の諸葛四郎の姓は機転がきき勇敢な「諸葛孔明」からとった。また、四郎という名前は宋朝の忠義な楊家将の中の親孝行者の「楊四郎」からとった（洪徳麟 1995: 93）。

30　1967年、評論家柏楊は一篇のアメリカ四コマ漫画「ポパイ」を翻訳したため、蒋介石父子を風刺していると認定されて12年間も投獄された（洪徳麟 1995: 95）。

31　1940年代以前、いわゆる国民党政府がまだ中国を統治していた時期、中国国内にはすでに相当な量の漫画があった。しかし、当時の漫画はほとんどが一コマや四コマの政治的評論漫画や風刺漫画であり、ストーリー漫画でさえ四コマであった（畢克官 1984）。また、当時、日本の絵物語と類似した中国の「劇画」という一ページ一コマのようなストーリー漫画があったが、1950年代に日本や台湾でブームを引き起こしたストーリー連続漫画はほとんどなかった。

には、日本文化に対するかなり強いアレルギー反応があったので、漫画の中の「日本の匂い」や「日本を示す手掛かり」は、必ず描き直されなければならなかった。それらには人名、畳、服装などすべてが含まれていた。このようなやり方は1987年に戒厳令が解除されるまで続いた（李衣雲 2012）。

　1960年代は台湾産の漫画の黄金時代だといえる。そして戦後世代の台湾漫画家が続々とデビューした。台湾人が描いた「中国武侠漫画」（中国侠客カンフー漫画）や中国伝奇を改変した漫画はブームを引き起こした。1980年代以降、台湾や中国で人気を集めた台湾漫画家、蔡志忠もその一人である。

　台湾の長編ストーリー漫画の出現は、手塚治虫が映画の技法を受容して創出した漫画の表現方式に影響されただろうと思われる[32]。例えば、1960年代に活躍した台湾漫画家の中には、アシスタント出身の人や日本漫画を模写して練習した人もいた[33]。しかし、当時の政治社会環境、日台間の微妙な関係など様々な要因のため、台湾漫画家はほとんど日本漫画の影響について言及しなかった。稀な例外は、范芸男（その後の東立出版社の社長・范萬楠）が、ちばてつやの漫画を模写することで、漫画の世界に踏み出したと率直に認めたことや（洪徳麟 2003: 56）、許松山が白土三平の影響を受けたと表明したことである（洪徳麟 2003: 64）。

「漫画審査制」の施行

　1962年、国民党政府は1948年に制定した「編印連環漫画輔導辦法」などの漫画検閲制度（通称「漫画審査制」）を改正して公布し、1966年からそれを厳格に実施した。漫画は検閲を受けて出版許可を得なければ出版できなかった。しかも、その法令の条文は非常に漠然としていたため、検閲者にきわめて大きい権力を与えた。その結果、台湾の漫画作品の創作に対して非常に大きな弊害を

32　清水勲（1999）によれば、日本では1922年には岡本一平がすでにストーリー漫画を描き始めたが、現在国際的に盛んであるストーリー漫画は戦後手塚治虫がアメリカ漫画に触発されて映画の技法を受け入れるまで現れなかった。台湾漫画と日本漫画との関連については、李衣雲（2012）を参照。

33　洪徳麟（1994）によれば、1950年代〜1960年代、出版社は助手を雇って模写という方式で日本漫画の中から「日本風」の部分を除いて日本漫画を描きなおし、その完成品を出版していた。したがって、当時翻訳・出版された日本漫画の品質は相当に不安定であった。

もたらすこととなった。1968年に検閲機関に提出された漫画は4000冊強あったが、1974年に提出された漫画は424冊しかなかった。このため台湾漫画の発展は20年間停滞することとなった。「漫画審査制」が公布・施行された理由について、一説では、前述したように、共産党による煽動的な版画や漫画の流布が原因で内戦に負けたと考えられていたので、マスメディアに対して厳しい政治的統制を実施したからだと言われている。その統制は新聞、出版、映画、テレビへと順次進み（李金銓 2003）[34]、最後は文化資本や象徴資本が最も少ない漫画にまで及んだ[35]（洪徳麟 2003、李衣雲 1999, 2012）。

　台湾の漫画家の作品が検閲により激減する中で、出版社は市場の需要を満たすために、文化的近似性を備える日本漫画を大量に翻訳して、検閲機関に提出し始めた。その結果、日本漫画の出版量が次第に台湾漫画を超えるようになった。このようにして、台湾漫画は1970年代初期から空白の状態に陥った。つまり、1980年代に牛哥が起した「漫画清潔運動」の原因はこの頃すでに存在していたのである。

　「漫画審査制」が実施されてから、台湾の漫画家は次第に経済的困難に陥り、多くの人が次々と転業していった[36]。漫画家の失業とそのフィールドからの流出は、台湾をその後日本アニメの主要な製作協力国として育成することになった。1970年、台湾の「影人広告」会社は日本のアニメ界と協力して、楠部大吉郎、大塚康生などの日本アニメ界の重鎮からアニメの技術を伝授してもらったり、アニメや原画に関する人材を訓練してもらったりして、日本のアニメを

34　当時、映画に対しては映画検閲制があり、新聞には新しい新聞の成立を禁止する「報禁」があった。出版物について、検閲制以外に輸入検査もなされていた。出版物の輸入に関する事後申告制は1997年になってようやく解除された。この点については、次の「流行歌曲」を扱う箇所でまた論述する。また、李金銓（2003）を参照。

35　一説では、蒋介石が社会実情を視察した時に、児童が並んで座って漫画を夢中に読む状況を見て、怒りを感じたからだと言われている（洪徳麟 1994）。それは日本の漫画とは関わりなく、ただ児童の読み物と見なされている漫画に対する、大人の世界による一種の支配的な表現ともいえる。

36　例えば、陳海虹はイラスト界に戻った。劉興欽は80年代まで、漫画検閲制の下で漫画を描き続けていたが、その後発明家に転身した。台湾人漫画家の徐麒麟は若い時に日本の教育を受け日本語が流暢だったので、日本への観光団のガイドになった。また、許良華、翁泉芳などの漫画家たちは、美術と関連する広告界へ転業した（林文義 1979、洪徳麟 2003）。

仕上げていた。アシスタントや漫画家を含む、多くの漫画に関連する従事者が、次々とこのフィールドに流入した。当時、日本アニメ『巨人の星』も『アタックNO. 1』も台湾で仕上げられたものであった（洪徳麟 2003: 55）。台湾の日本アニメへの製作協力は1990年代まで続いたが、費用が高くなったために次第に韓国と中国に取って代わられたのである。

2-1-B　流行歌

　1950年代、台湾ではすでに自国でレコードを作っていたが、蓄音機は全く普及しておらず、ラジオで音楽を聴く人が多かった。1960年代後半、台湾におけるレコードの製作技術がようやく安定した（曾佳慧 1998: 189）。

　1945年から1955年までの10年間で、台湾における「皇民化運動」の影響はすでに消えていたが、国民党の「国語運動」も徹底的には実施されてはいなかった。したがって、台湾語の歌謡曲はまだラジオ放送を通じて流行していた（曾佳慧 1998: 59、楊克隆 1998）。1955年から1970年まで、国民党政府は徹底的に国語運動を実施し、さらに1970年代に「広電法」を実施した。このような政治的原因によって、文化活動は抑圧されていった。したがって、台湾語の歌謡曲は漫画と同様、人材が途切れた上に、文化フィールドで占めていた位置さえも失い、結局市場が衰退した[37]。このように日本語と台湾語の流行歌は主流のマスメディアから退き、国語歌曲が代わりに流行していったのである[38]。こ

---

[37]　台湾語の歌謡曲の衰退に関しては、いろいろな見方がある。例えば、一方で曾佳慧（1998）や楊克隆（1998）は、台湾語の歌謡曲は次第に衰えていたが、1945年～1955年にはまだ相当の創作があったと考えている。他方では、杜文靖によれば、1947年の228事件後に起こった「白色テロ」の政治の下で、残存してきたほとんどの創作者はその暴力に恐れを抱いた。必死に台湾から逃げる人もいたし、筆を手に執る勇気がない人もいた。台湾の歌謡曲創作活動は台湾語による文学創作活動と同様に停滞してしまったのである（杜文靖 1995: 25）。しかし、1970年代に「広電法」が実施されて以降、台湾語の歌謡曲はいっそう衰えたと、以上の三人とも認めている。

[38]　歌謡曲のテーマについていえば、台湾で人気があった台湾語歌謡曲は戦後初期には市民の心の声や台湾の景色などをテーマとしていた。しかし、「白色テロ」の政治が強力になったため、歌謡曲のテーマも愛情などといった政治に関連しないものに変わった。国語歌曲では、1950年代以前には軍歌や勝利をたたえる歌などの曲を主としていたが、1950年代以降は映画のテーマ曲や反共に関する歌が主流となった。1962年、「台湾電視公司」が開局した。曾佳慧（1998: 106）はそれが流行歌に革命的な影響を

の状況は1980年代末まで続いたが、「本土化」と民主政治運動によってもたらされた台湾語の台頭によって、台湾語の歌謡曲は再び新しい局面を迎えることになった。

　流行歌と日本の関係についていえば、1945年以降、植民地期の皇民化運動が理由で一度創作を中断した音楽家が創作を再開し、また日本への留学を終えて帰国した何人もの若い音楽家が歌謡曲の創作の道に入った（杜文靖 1995: 24）。台湾語の流行歌の作曲家の中で日本留学経験者は、日本植民地時代では主に王雲峰と呉成家、終戦後では、さらに加えて許石、楊三郎、呉晋淮が代表とされ、これらの日本留学体験をもつ作詞・作曲家が、日本で学習した西洋の音楽理論を台湾語歌謡曲の創作に持ち込んだ（楊克隆 1998）。

　しかし、政治的な抑圧のため、1950年代から70年代までは台湾語歌謡曲の作者が次々と創作をやめた。少数の創作者は密かに作曲していたが、常に警戒していた。しかし、消費者の台湾語歌謡曲に対する需要は依然としてなくならなかった。実は、1960年代まで、台湾語の歌は流行っていたが、ラジオなど大衆メディアでの放送規制が次第に厳しくなったので、ナイトマーケットや市場が流通ルートとなった。この時期に特有の産物、すなわち杜文靖（1995: 26）が名づけた日台「混血歌」が現れた。混血歌というのは日本の曲を台湾に持ち込み、台湾の作詞家が台湾語の歌詞をあてはめたカバー曲である。そのようにして取り入れられた日本の曲は日本で一定の人気があり、レベルも高いものであったので、台湾でもかなり歓迎された。この現象は、台湾の消費者が日本文化に対して、親近感や好意を覚えていたことを示している。ちなみに、一部の混血歌は純粋な台湾の歌だと思われていたこともある。当時日本の曲に台湾語

もたらしたと考えている。それ以前は歌手は歌唱力で人気を博したが、テレビが開局してからは、映像が聴衆に与える歌手の印象が重要な要因になってきた。舞台型の芸能人も現れ始めた。当時の『群星会』という番組で育成された芸能人はその例であった。また、テレビの出現は1970年代以降、劉文正、崔苔青、欧陽菲菲などの「明星型（スター歌手）」の芸能人が人気を集める重要な要因にもなった。

　1960年代初めの国語歌曲は、大半が中国を離れて香港に集中した上海の芸人によって作られたものであった。つまり、当時、国語歌曲を製作する人材や歌手はほぼ香港に集中していた。なぜなら、その頃の中国や台湾は政局が不穏であったが、香港はイギリスの植民地として、社会や経済が比較的安定していたからである（蘇正偉 1995: 21）。

の歌詞をあてて作った台湾語歌謡はかなり多かったのである。このように外見は台湾だが、実は日本文化の産物が台湾でよく売れるという状況は、その時代の政治的環境と文化的需要の軋轢に対してとった妥協的ないし対抗的な手段の結果ともいえる。また、日本文化の台湾における根がアンダーグラウンドで生き続けて広がっていたという証しでもある。

　日本の歌謡はこのような形で、台湾語歌謡の創作にも混入されていた。また、当時の台湾語歌謡曲は日本演歌から深い影響を受けていた。例えば、歌詞に科白を付け加えるといったことである。また、作曲家の葉俊麟は初期には日本の歌の改作をしていたが、その後台湾の民謡と日本の曲や歌詞を融合し始め、自分流の台湾語歌謡曲を創り出した。しかも、葉は台湾映画が流行していた1950年代～1960年代に、20数曲の台湾語ミュージカル映画の歌曲を創作し、その中には日本の短調と台湾民謡の長調を混合させた曲も多かった（葉龍彦 1997: 156-158、曾佳慧 1998: 96-97）。また、植民地時代から有名であった作曲家の楊三郎が1952年に結成した台湾語の「黒猫歌舞団」は、宝塚歌劇団に影響を受けていたという。

2-1-C　映画

戦後から日台断交までの日本映画上演への制限

　日本植民地時代の末期、映画は台湾においてすでにかなり盛んな娯楽の一つであり、巨大な利益の源でもあった。国民党政府は台湾を接収した後、日本映画の上映を即時禁止するつもりであった。日本映画は1945年以降、台湾への輸入が禁止され、古い映画の上映のみ許可された（魏玓 1999: 36）。これは日本映画に代わって放映する映画の量が不足したためであり、4ヵ月の猶予期間の後、行政長官公署は日本映画を全面禁止とした。当時放映された映画は日本語の発音や、日本語の字幕が禁止されていたが、それは日本文化をすべて取り除くことを目的としていた（羅慧雯 1996: 24-26）。ほぼ同時に、1941年以来姿を消した弁士が復帰して、1960年代まで映画の解説を続けていった。

　1950年代、国民党は台湾を占有し、台湾が全中国を代表するものであると公言した。したがって、台湾において中国化の重要性が脱日本化を凌駕し、他国との国際関係が国民党政府にとって日ごとに重要になってきた。一方、人気

が集まった映画産業から徴収された娯楽税は政府にとって重要な財源となった。国民党政府は1952年に台日間で平和条約を締結して正式な外交関係を結んでからは、外交関係を保つためにも国内の映画配給会社や上映会社があげる利益の獲得のためにも、再び日本映画の輸入を開放せざるをえなかった（羅慧雯 1996: 27）。そこで、1959年頃には短期間の日本映画ブームが形成されたのである。

　日本映画の輸入を開放したにもかかわらず、国民党政府は依然として映画検閲制で映画の内容を規制していた。当時、日本映画は「反共抗俄」や「合於科学教育宗旨者」（科学教育という目的に合う）という規定に合わなければ審査を通過することができなかった（羅慧雯 1996: 27）。日本映画を1本上映すれば、その劇場では2週間ほど間をあけなければ再び日本映画を上映してはいけないと定められた。また、劇場は上映する日本映画の上映許可証明を現地の警察署に届けて登録しなければならなかった（葉龍彦 1997: 225）。しかも、同一地区では同時に上映する日本映画が2本を上回ってはならず、上映期間もずらさなければならなかった。その上、日本映画を上映する劇場数は二つまでと制限され、ロードショー期間は3週間と限定されていた。また、上映する半月前からしか宣伝を始めることが許されず、新聞に広告を掲載できるのは一回だけで、広告の大きさも紙面の8分の1を超えないようにと制限された（沙栄峰 1994: 118-119）。羅慧雯（1996）は、その頃、日本映画の年度の映画興行収入が高くなかったのは以上の制限のためであり、人気がないというわけではなかったと推論している。配給会社が依然として日本映画をきわめて積極的に購買した事実はその人気の証明だといえる。しかし、それらの制限の効果はあったといえよう。なぜなら、1960年代に至ると、上映本数が減った日本映画は一定数の観客を集めていたが、熱烈なブームはすでにすぎさってしまったからである。

　1956年から1971年までは台湾語映画の黄金期であった（葉龍彦 1997: 176）。その後は国語運動の実施によって衰退していった。一方、1954年、国民党政府が外国映画に対して輸入配給数制度[39]を行い、外国映画を制限して本国の

39　1954年以降、国民党政府は外国映画に対して配給数制度を実施した。外国映画の輸入数は一定の本数に規制された（羅慧雯 1996: 29-31）。

映画を支援した。1963年、日本銀行が中国にナイロンの工場設備を供与した
が、これは中日友好を象徴するものであった。それによって、台日関係に緊張
が起こり、制定中であった日本映画の輸入に対する法規も放置された。このた
め、日本映画の輸入は2年間ほど停滞したのである。以前から日本映画を輸入
していた配給会社は香港映画を日本映画の代わりとするようになり、国語映画
はこのおかげで大手映画館でロードショー公開されるにようになった。国語映
画と台湾語映画はこの時期に質と量の上で大きく高まった。1960年代に、国
語映画のブームが形成され始め、1960年代と70年代は国語映画（香港映画[40]を
含む）のピークとなった[41]（葉龍彦 1997: 190）。1965年日台関係が一度回復して
からは、日本映画の輸入が再び開放され[42]、それによって国語映画は再度日本
映画との競争に直面せざるをえなくなった（羅慧雯 1996: 43-51）。国語映画は日
本映画と上映する地盤を争わなければならなかったが、ハリウッド映画は独自
の上映体系を持っていたので、日本映画と国語映画の争いに関わる必要がなか
った。

台湾映画制作上における日本技術の導入

　日本植民地時代に、植民地政府が重視したのは映画の制作ではなかった。そ
こで、日本の植民地政府が台湾を離れた時、台湾の映画関連技術の立ち遅れが
明らかになってしまった。1946年10月、国民党政府は日本人が所有したすべ
ての映画館や劇場を国民党の台湾における支部に移して経営させ、日本人が
経営する映画制作所を閉鎖した（王泰升 2000: 105-106）。1946年〜1950年の間、
日本の技術者は台湾にまだ残っていたが、228事件以後、彼らは続々と日本へ
送還された[43]。当時、台湾の映画制作技術は大部分が日本の技師の影響を受け

40　終戦以降、香港は上海に代わって国語映画の制作の中心となり、台湾における国語映
　　画の主な供給地になった。台湾に輸入された香港映画は、ほとんど国語に吹き替えら
　　れて上映された。

41　当時、国語映画のテーマとしては、中国侠客の映画と作家・瓊瑤の小説から改編され
　　た恋愛映画が主流であった（葉龍彦 1997）。

42　1950年代と60年代における日本映画の輸入は政治的に敏感でかなり複雑な問題であ
　　った。配給数などの問題が長い論争となったが、1973年日本映画が全面的に禁止さ
　　れたために、この論争も対象がなくなったことで消えていった。

43　1945年に国民党政府が台湾に移った際、台湾人は国語が話せず、政治的人材がいな

ていた。1958年、行政院（日本の内閣に相当する）は映画の撮影や録音の技術を学ぶために3人の関係者をアメリカと日本へ派遣した。しかし、1960年代まで、台湾映画はまだモノクロ映画しかなかった。それ故に、台湾人の蔡東華は日本の映画の技術を導入することを計画した。1951年、蔡東華は日台に一つずつ映画会社を創立した。当時、政治的には法律に準拠した統治より、管理者や政府官僚、役人の好みに準拠して管理することが常だったので、政府側との交渉がとても重要であった。そこで、台湾における「遠東影業公司」が政治上の必要性を考え、外省人の王承芳を招聘して社長を担当させた。その後、蔡東華は台湾映画制作所[44]の所長・龍芳と相談して、龍芳が台湾省政府を説得して出資させ、台湾の最初のカラー映画『呉鳳』を撮影した。『呉鳳』の撮影技師、照明師などの技術者はすべて蔡東華に招かれてきた日本人であった。撮影した後、フィルムはカラー現像と編集をするために日本へ送られた。また、その後、蔡東華は数人の映画従業員を日本へ送って、カラー撮影、合成技術、録音、美術などの映画技術を学ばせた。さらに、日本から字幕作製の技術を台湾に導入した（葉龍彦 1997: 151-153）。

日本映画の全面上映禁止およびアメリカ映画の優越性

　1972年に台日は断交した。1973年12月18日、行政院は、すでに上映許可証明を取得した、日本が他国と協力して撮影制作した映画に対して再度検閲機関での審査を申請させ、輸入許可を申請している日本映画をすべて却下するという行政命令を公布した。それから1984年までの10年間、台湾における劇場では日本映画は姿を消した。その上、日本を扱った外国映画や台湾映画に対しても制限を行った（羅慧雯 1996: 53）。日本映画を禁止する過程で露呈したのは、台湾に移った国民党政府の実施した「脱日本化」政策が、「中国化」政策に従っているという事実であった。その「脱日本化」政策は、台湾－日本－中国の

　　いという理由で、政府の関連役人は外省人や半山（日本の植民地期にすでに中国へ渡った台湾人を指した）しか雇わなかった。役人の不足については日本人を雇用して補完された（王甫昌 2002: 156）。

44　当時、台湾には映画を制作する会社としては、三つの公営映画制作所があった。「台湾製片廠」（省政府に属し、略称が「台製」）、「中国製片廠」（国防部に属し、略称が「中製」）と「中国電影廠」（国民党に属し、略称が「中影」）。それらはニュース映画、記録映画と少数の反共映画や政令宣伝映画を作るだけであった。

第2節　台湾における日本大衆文化のアンダーグラウンド時代　　059

関係によって変動してきた。それ故に、台湾における「脱日本化」の基礎や標
準は、ポストコロニアリズム論が論じるように、本国人が当地の意識に基づい
て発起して始めたということではなく、外来の「中国的アイデンティティ」に
基づいて発動させられてきたということである。

　1946年から一時、台湾においては日本映画の上映が禁止されたが、欧米の
映画は規制されなかった。映画のコンテンツが不足する状況のため、ハリウッ
ド映画が大挙して台湾に進出してきた。しかも、モノクロの中国映画は品質で
も技術的にもカラーのハリウッド映画にたちうちできなかった。1947年、台
湾の映画市場で欧米映画は総上映時間の70%を占め、中国映画は僅か20%で
しかなかった（呂訴上 1961: 32-33）。1948年中国における内戦の情勢が緊迫す
る中、中国映画の生産量が大幅に下がり、ハリウッド映画がほぼ完全に台湾の
映画市場を占有した。

　前に述べたように、国民党政府はアメリカに依存する状況の下で、アメリカ
の重要な経済と文化産業の一つであるハリウッド映画に対して門戸を開放して
いた。例えば、葉龍彦（1997: 301）の当時の映画商社に対する取材によると、
その当時の映画検閲制度は、西洋映画に対して最も緩く、香港映画がその次で、
台湾映画を最も制限した。その上、アメリカの八つの大きい映画会社は台湾に
事務所を設立することができたが[45]、日本、ヨーロッパあるいはアメリカの小
さい映画会社はこのような待遇を得られなかった。1954年に外国映画に対す
る輸入配給数制度が実施されても、アメリカの八つの大きい映画会社[46]は台米
の通商条約の保護下に置かれ特殊な待遇を得て、4割強の配給数を分けてもら
っていた（葉龍彦 1997: 200-203、魏玓 1999）。1950年代以降、設備が最もよい映
画館はほとんどアメリカ映画を上映することを主としていた。そこで、ハリウ
ッド映画が観衆の好みを支配し、従来から形成されていた優位性がいっそう強
化された（魏玓 1999: 36-37）[47]。それ以降、ハリウッド映画および香港映画（1980

45　　魏玓（1999: 34）は、各々の論述や史料を整理して葉龍彦（1997: 199）の論点に賛同
　　した。つまり、ハリウッド映画会社がほぼ1950年代に正式に台湾に進入して事務所
　　を創立していたという点である。

46　　ここで述べるハリウッドの映画会社は、「Paramount」、「MGM」など、当時ハリウッ
　　ドにおける主要な映画会社8社を指す。

47　　1955年における映画の興行収入を例にして比較すると、国語映画と日本映画両者と

年代に国語の吹き替えで盛んに上映された）は、圧倒的なシェアで台湾の映画市場を占有し、台湾の観衆の「映画」という文化産業に対する認知概念を構成した。換言すれば、台湾の観衆はハリウッド映画の表現方式を受け入れたのである。日本映画は1996年に岩井俊二の『ラブ・レター』が絶大な人気を勝ち取ったが、結局ただのスポットで、その後の広がりはなかった。したがって、「映画」という文化のフィールドに影響力を与えることができなかった。

2-1-D　まとめにかえて

まとめると、1945年の終戦直後、国民党政府は台湾における日本文化を厳しく禁止していた。いわゆる「脱日本化」である。ところが、「省籍対立」、228事件などの影響で、台湾一般大衆の自主的な「脱日本化」の意欲は低下し、さらに日本に対して好意を覚えるといった現象も現れた。そこで、1950年代以降、日本漫画や流行歌は様々に形を変えて、アンダーグラウンドで発展することとなった。

1949年、国民党が内戦に敗退して台湾に移って以降、中国の正統な代表者という立場を固めるため、「中国化」の重要性が「脱日本化」を凌ぐようになった。その後、国民党政府は台湾を大陸に反撃する基地と定め、反共政策と台湾内部の統制に全力を投入したのち、国際的協力や承認を得ることが必要となった。そこで、台湾において「脱日本化」に対する全面的な規制が緩和された。ところが、1972年の台日断交以降、国民党政府はついに日本の文化を全面的に禁止した。これは、「脱日本化」が「中国化」の下位政策であったことを示しているであろう。

政府の抑圧に直面したものの、台湾民衆は逆にアンダーグラウンドでの流通、「混血歌」や「日本の手掛かり」を消す手段などを通して、日本大衆文化を消費していた。これは、台湾社会に継続的に存在した国民党政府対台湾民衆、あるいは中国化対台湾化という対抗性の表れである。この点については、第3章でさらに論究する。

も1200余万元、台湾語映画（廈門語映画を含む）では200余万元、アメリカ映画では2900余万元であった（呂訴上 1961: 100）。

1972年の台日断交以降、日本大衆文化は全面的に禁止された。しかし、科学技術の進歩および日本の経済成長のため、日本大衆文化が量的にも増大し、多様性も増していき、台湾ではアンダーグラウンドで流通する方式も多様になった。次項では、この時期の政府対民衆という対抗的関係に視点をおきつつ、日本大衆文化の台湾における発展をさらに考察していく。

2-2. 1972年から1987年の戒厳令解除まで

1970年代は台湾にとって重要な転換点といえる。国民党政府が中国を代表する正統性は、もとより、アメリカをはじめとする国際的な承認によって存在していた。70年代、アフリカの新興独立国家はポストコロニアリズムという立場に立って、社会主義に偏っており、中華人民共和国が中国の代表であることを積極的に承認し、次々と中国と国交を樹立した。1971年、国民党政府は国連における議席が中国に取って代わられたことに憤然として国連から脱退したため、蔣介石が統治する中華民国は国連の議席を失ってしまった。1972年、日本は台湾政府と断交し、改めて中国と国交を樹立した。1979年、アメリカは対ソ政策の変更を行い、中国をソ連に対抗する防御網に引き込むことを意図した。それ故に台湾とも断交した。アメリカや国際社会の承認を失い、外交的には日に日に孤立を深めた国民党政府は、国内で民主的な変化を作り出し、政治体制の不当性を緩和しながら民主国家を装い、国際社会からの支持を獲得せざるをえなくなった。例えば「増額選挙」を定期的に実行し[48]、台湾人の人材を採用[49]するなどの政策であった（呉密察・張炎憲 1993: 131-132、楊翠 2003: 52）。

---

[48] 国民党政府は台湾に移ってから、中国を代表する正当性を保有するために、1940年代に中国で選出された国会議員の改選を中止した。つまり、中国で選出された国会議員は、国民党政府が中国でそれらの継承者の選挙を催すことができるまで在任し続けることで、国民党の全中国に対する代表性を担保していた。したがって、「万年国会議員」と呼ばれた。これらの国会議員は戒厳令が解除された1991年～1992年に、民間からの強力な反対を受けたために退任したが、多額の退職金を受け取った。しかしそれ以前にも、高齢となり逝去したため欠員となった議席が生まれた。そのため国民党は1969年ついにこれらの欠員の議席の選挙を行い、それを「増額選挙」と称した。

[49] 1970年代まで、国民党政府は台湾で少数の移入者による統治という形で台湾を統治してきた。国家級の官僚や国民党の中央委員ないし普通の公務員は、ほとんどが外省人や1945年以前にすでに中国に渡った台湾人（「半山」と称する）であった。1970年

しかし、国民党の統制緩和は、中国化というイデオロギーに対する制御の弛緩を決して意味しなかった。したがって、1970年代の「保釣運動」、「郷土文学論戦」など、表面的には台湾独自の文化を追求するように動き、いわゆる「本土化」を進めたものの、実際には依然として中国文化が台湾文化の母体と見なされた（蕭阿勤2000、楊翠2003: 48-52）。それにもかかわらず、長期にわたって抹消され、隠されていた「台湾」がようやく顕在化することとなった。

「郷土文学論戦」および「台湾」の顕在化

1970年代初め、台湾在住の作家らは文学作品は郷土の現実をリアルに描写するべきだと提唱した。すなわち「郷土文学」である。芸術学者蔣勲（1993）は70年代の初めの一連の国際情勢の変化が台湾自身に対する再思考を促す作用があったと考えている[50]。そうした状況の下で、公の文化フィールドは日本植民地時代の作家や画家を重視し始めた。例えば1973年以降、『雄獅美術』という雑誌は、日本植民地時代に活躍した台湾の画家石川欽一郎や倪蒋懐、および植民地時代に成長し、国民党によって抑圧された台湾の美術家たちを紹介し始めていた。鍾理和などの日本植民地時代の台湾文学者の作品に対する評論や紹介も次第に登場してきた。しかし、1970年代初めには、これらの作品およびその作者に対する紹介は、依然として中国の民族主義を前提として議論されていたのである。例えば、王詩琅は王錦江といい筆名で発表した文章「日據時期的台湾新文学」において、台湾文学を中国文学の亜流と位置付けており、葉石涛は後の「台湾的郷土文学」という文章で、王詩琅と同様の見解を述べている（蕭阿勤2002: 194-196）。

それでも、このような地域（台湾）に着目しようという論述は、台湾的アイデンティティの興起、および国（民党）共（産党）内戦の時期に毛沢東が提唱した批判的な「労農兵の文学」の再現に対する恐れを国民党に誘発した。した

代、本省人と外省人の衝突を防止しながら、本省人を篭絡するため、ようやく台湾人を採用することを始めた。しかし、政府機関では、1980年代まで、台湾人が占める割合は4分の1弱でしかなかった（呉密察・張炎憲1993: 127-133）。

[50] 例えば、外国との次々の断交や、国際社会の中国政府に対する承認である。そこで、政治的には「大陸への反攻」という政策は消滅し、現実には国民党の統治が及ぶところは台湾しかなくなった。その事実に直面し、国民党政府はいかにしても台湾を建設せざるをえないようになった。

がって、国民党政府は郷土文学が左翼的で地域的なものという一連の批判を主導し始めた（蕭阿勤 1999a: 96-99）。それがすなわち「郷土文学論戦」の始まりであった。

　郷土文学論戦が始まる以前の1964年に、日本植民地時代からすでに日本語で創作し始めた台湾籍の作家呉濁流は、『台湾文芸』という文学誌を創刊した。同時に、日本植民地時代や国民党統治時期に成長してきた本省人の詩人は、「笠詩社」という文学団体を創設して『笠』という詩の雑誌を出版していた。この二つの雑誌は当時の大多数の本省人作家を集めたものであり、1980年代初期以来、台湾民族主義の発展において重要な役割を果たしたと見なされている（蕭阿勤 1999）。1979年、『台湾文芸』は「日據時期台湾文学日文小説譯作専輯（日本植民地時代の台湾文学において日本語で創作した小説の翻訳の特別号）」を出版し、日本植民地時代における台湾文学を、「中華民族」の文化的遺産と見なしていた（蕭阿勤 1999a: 103）。この時期に、台湾が日本に植民地とされた経験は隠れた隅から表舞台へと引き出されたが、この「顕在化」は依然として中華民族の下に置かれると見なされたのである。雑誌『笠』でさえ70年代にも、類似する観念を表明していた。蕭阿勤（1999a: 111）は、『笠』や『台湾文芸』のメンバーは1970年代には中国の民族主義の視点から、日本植民地時代や終戦後の台湾人作家の作品に含まれた文化と政治の歴史的意味を理解していたと指摘している。

　郷土文学論戦は、「台湾」が「不在」から顕在化し始めた契機だといえる。それ以前、台湾の文学作品（日本語での作品）は辺境文学や奴隷化文学だと見なされて無視されていた。台湾文学の評論家葉石涛（1987: 150）によれば、郷土文学論戦はもはや文学の方向性をめぐる論争にとどまらず、戦後の台湾における経済、政治、文化、教育などに関わるものであり、さらに、台湾人が国際的に孤立した緊張状態に直面して、突破口を探し出す試みに着手したものであった。

　このように1970年代は、台湾的アイデンティティが郷土運動を通じて芽生えた時期である。1960年代に始まり、文化的には『台湾文芸』などの雑誌の創刊、台湾文学の評論、「自分の歌を歌おう」という民謡運動、また『雄獅美術』という雑誌が、台湾人芸術家の紹介や台湾の芸術観など多方面にわたって台湾的アイデンティティを表現していった。政治的には国民党に反抗する勢力

（「党外」と呼ばれる）が集結して選挙に参加し、『台湾政論』、『美麗島』などの反国民党雑誌が取り締まられながらも続々と出版された（楊翠 2003: 55）。長期間にわたって一元的な声しかなかった台湾に、ついに「中国」と「台湾」の二種類の記号が現れてきたのである。

1979年に起きた「美麗島事件」[51]および1980年代の初めから国民党の統治に挑戦する急進的な民主化運動は、国際社会において台湾における独裁統治に対する注目を喚起していった。同時に、長期間抑圧されてきた台湾的アイデンティティ、いわゆる台湾と中国の相違を表面化させる意識は次第に盛り上がっていった。アメリカをはじめとする国際社会、および国内からの強大な圧力は、1987年の戒厳令解除に大きな力となったのである。このような中国的アイデンティティに対抗する台湾的アイデンティティは、1986年に民主進歩党が創立されてからさらに鮮明になってきた。

郷土文学論戦を端緒として、たとえ国民党に抑圧されたにもかかわらず、「台湾」の顕在化と「本土化」が次第にはっきりと現れてきた。それに伴って、日本に植民地化された経験から台湾独自の根源を追求する動きが出てきた[52]。換

---

51 「高雄事件」も呼ばれる。当時、台湾では政党結成は国民党によって禁止されていた。そのため、国民党の独裁政権を批判する雑誌『美麗島』をはじめ、「戒厳令の解除」、「国会全面改選」、「新聞と報道禁止令の解除」を主張するデモや集会が各地で展開された。1979年12月10日、『美麗島』は国際人権デーにあわせ、高雄で国際人権デー記念集会を予定した。当局の不許可にもかかわらず、3万人が集まって、警官隊と衝突した。その後、警官隊や憲兵隊が警棒や催涙弾で鎮圧したが、民衆も暴動を起こした。その後、国民党政府は暴動を引き起こしたという名目で雑誌『美麗島』の関係者を逮捕し拷問を加えた。しかし、アメリカ国会議員をはじめとする国際的圧力がかかり、国民党政府は軍事法廷の公判を公開せざるをえなかった。このため、『美麗島』の被逮捕者は死刑を免がれ投獄された。他方、政府はマスコミを利用して、「暴民」は無傷であるが、警察側は無抵抗で対応したため、100名以上の負傷者が出たという情報を流して、このデモの主張や関与者に汚名を着せた。また、関与者たちの弁護士は、その後、政府に罪名をきせられて逮捕された人もいる。元台湾総統・陳水扁は、その弁護士の一人である。事件発生後、逮捕された者の家族や弁護士は、次の選挙に立候補してほとんど全員が当選した。この事件については、喜安幸夫（1997）や若林正丈（1992）を参考されたい。しかし、前もって言うべきことは、これらの研究で、事件中に警察官の負傷者が出た部分については、国民党政府側の情報を使用していることである。

52 宋冬陽（陳芳明の筆名）（1984: 13）が述べているように、台湾文学の日本植民地時代から抱いた「孤児の意識」——旧母国・中国に割譲されたこと——は、郷土文学論戦を通じて台湾に対する強烈なアイデンティティを形成していった。

言すれば、日本植民地時代は台湾が中国から分離した独自な経験として、台湾が台湾的アイデンティティを構築する時の根源になった[53]。「日本」と台湾の間の微妙な関係はそれによっていっそう表面化してきた。したがって、表面的には国民党政府は「脱日本化」を実施して台湾的アイデンティティを抑圧しながら中国の民族主義に固守したが、それとは裏腹に「日本」も台湾の顕在化に従って次第に顕在化してきた。

　郷土文学論戦が「本土化」運動を動かし、伝統的中国文化の統合性が弛緩するという情勢に直面して、国民党政府は、自身の中華文化に対する代表性を強固にするために、台湾独自の文化に対する懐柔工作を始めて、本来（中国の）国家的文化あるいは（中華の）民族文化の範囲に含まれなかった台湾独自の文化を民族文化の脈絡に取り込み、国家に承認された地位へ向上させた[54]。呉密察・張炎憲（1993: 150-152）は、これがもう一つの中国化の方式だったと述べている。

　郷土文学論戦は台湾の顕在化を引き出したが、前述したように、台湾の「本土化」は政治や公の文化的領域に及ぶほか、「レストラン・ショー」などでのビデオの制作や、流行歌の創作、映画に至るまでの分野にも浸透した[55]。しかし、文化資本を持たない青少年の大衆文化の創作活動は依然として現れなかった[56]。かくして、「台湾」が次第に顕在化してくる時期、日本大衆文化もアンダーグラウンドで拡散し始め、経済発展によって急速に拡大する台湾の消費市場、主に大衆文化の空白部分を埋めてきた。

53　この意識も当時の文学論戦に反映した。つまり、中国の民族主義を中心とする反共文学と、抗日文学以来の台湾文学を区分したのである（蕭阿勤 1999: 115）。

54　例えば、国民党政府はかつて「民俗」として見下した台湾文化を「民族的芸術」に改名して国家の文化的体系に編入した。その編入する過程では国民党政府が「台湾文化」という文字の使用を止め、「中華の文化」の範疇でそれを覆ったのである。

55　映画については、国語映画には侠客や愛情のテーマ以外の題材が現れ、さらに1980年代に台湾を背景とした映画の出現を刺激した。例えば、許不了の庶民的喜劇、軍隊に関する喜劇映画、学園映画などである（葉龍彦 1997: 191）。当時の不景気な映画市場では、それらの映画は相当な興行収入をあげていた。

56　例えば漫画、アニメ、大衆小説などがそれである。それは青少年の世代特質や歴史感覚に関係があるかもしれない。しかも、これらの青少年の大衆文化商品には、台湾に関する大衆文化を作り出す意欲も少なかっただろう。なぜなら「台湾」という記号が依然として高い文化資本の範囲に属せず、消費される対象とする可能性や潜在力がないと見なされたからだ。

しかし、同様にこの時期、1972年に台日は断交した。その後、中華人民共和国が国際的に次第に国民党政府に取って代わって中国の代表となった。その状況下で、国民党政府は台湾における「脱日本化」という政策を強化して、台湾が中国民族主義の正統性を備えているということを主張しながら、「敵」である日本への抗議を表した。そこで、1972年から再度日本の文化を禁止するとともに、一連の抗日戦争に関する映画を撮影して上映した。それによって台湾人の中国に対する民族意識を再生することを図ったのである。羅世宏（2002: 22-25）は1976年に上映した抗日的映画『梅花』、および1989年の戒厳令が解除された後の最初の228事件に関する映画『悲情城市』を分析した。『梅花』が強調したのは一つの一元的な民族状態であり、いわゆる「国語」、「中華民族主義」、そして台湾と中国が同じ起源を持ち歴史的に一貫していることだと羅世宏は述べた。その中では、日本人は中華民族の共通の敵として現れ、台湾が植民地化された経験は台湾人が犠牲となって日本軍に抵抗するという形で現れたのである。他方、『悲情城市』の中では、中国人／外省人と台湾人の差異や歴史の転換が強調された。日本人はこの映画では、台湾人との関係が敵というよりは友人に近く、敵役は上海のヤクザ組織と国民党の軍部および政治的勢力に担わせている。このような相違は、国民党の統治による台湾における「日本」イメージの転換を明らかにするものである。このイメージの転換については次章でさらに論じる。

日台断交および日本文化禁止令の施行

日本文化に関する放送禁止令により、1974年には行政命令で日本映画の上映が禁止された。その後、テレビ局が日本のテレビ番組を放映することも禁止した。スポーツ番組さえ放映禁止に含まれていた。つまり、テレビ局は当時、すべてのテレビ番組に対する規定、すなわち「反共抗俄」と中国化という基本的政策に従わなければならない上に、テレビ番組の中では日本の風景や文化を伝える画面、日本語の字幕や日本語が現れることも禁止された。ニュース番組にもかかわらず、日本の科学技術・経済等の文化・社会に関連しないテーマしか日本に言及することは許可されなかった（羅慧雯1996: 64-66）。台湾のテレビ局は新聞局の検閲に提出する自製の番組や外国のテレビ番組に、もし日本に関連することがあれば、前述のように日本の風景や文化を伝えることは許されな

い上に、日本籍の役者が主要な役者の半数を上回ってはならなかったのである。なお、台湾自体の番組は日本へロケに行っても、日本の風景は背景としてしか映すことが許可されず、日本籍の役者を雇用することも禁じられていた。しかも、日本語を使うことや看板などの日本語文字が現れる画面を使用することはさけるべきだと規定された。総括的に言えば、1974年から1984年まで、映画とテレビ番組において日本文化は台湾で完全に禁止された。

　新聞局が1988年に発表した『日本映画、テレビ、ビデオテープ番組、出版物の輸入を開放する件に関する研究分析という説帖』と『日本演歌に対する管制とその背景という説帖』[57]を引用した羅慧雯（1996）によれば、国民党政府が日本文化を禁止した最も主要な目的は、日本文化の浸透および中国共産党による日本を通じての間接的な心理戦争を防ぐことであった。日本文化の浸透の防止について、最大の要因は台湾がかつて50年間に及ぶ日本による植民地統治を受けたので、日本文化の自由な流通を許せば、「国語の推進および政令の貫徹を損ねて」、「国民の民族意識」に危害を与えることになると恐れていたことである。いうまでもなく、ここで指摘された民族意識とは中国民族主義という政府当局の思想であった。もともと元植民地が自身の独立を求めるために、植民地統治国と対立しその影響を排除することは、稀なことではない。しかし、国民党政府自体の台湾における植民地的性格のために、日本的思想と中国的思想を対立させたことが、逆に日本と台湾的アイデンティティの間に微妙な連帯を創出していったのである（第3章を参照）。

　1984年になって、日本文化は禁止されていたにもかかわらず、日本映画と日本のテレビ番組がテレビ局の創立記念日や映画祭など特別な時には放送できるようになった。もともと台日の経済的交流は、実際には断交によっても絶えることはなかった。さらに、日本も1980年のアジア映画祭で、当時、国際関係ではすでに窮地に立たされていた台湾を支持して、映画祭のメンバーシップを保有させた。これらの様々な要素により、1984年以降、日本の映画界の要請で、国民党政府は何回か特別案件という取扱い方式で、何本かの日本映画の輸入を許可し、しかも、映画祭では日本映画はかなりいい興行収入を得ていた

57　中国語原題は、「日本電影、電視、録影帶節目、出版品開放進口之研析説帖」と「有關日本演歌之管制及其背景説帖」である。

（羅慧雯 1996: 87-103）。また、日本の芸能人も慈善事業などの名目で台湾に来ることができた[58]。

　出版物の場合、従来、国民党政府による検閲は非常に厳しかった。書籍の輸入に関しては、1998年「出版品進出口管理與輔導要點」（出版物の輸出入に対する管理と指導要点）が廃止されるまで（出版年鑑編輯委員会 1998: 17）、台湾に輸入される外国語出版物は、科学とキリスト教に関連する少数の出版物以外、行政院新聞局[59]へ輸入許可を申請しなければならなかった。輸入許可を得た限りで税関に手続きを取ることができた（出版年鑑編輯委員会 1976: 1336）。戒厳令が解除されてから、輸入される出版物に対する管制がより緩くなり、事後に申告する方式がとられた。

　日本語の出版物に対する管制は、イギリス、フランスなどの外国語の出版物から分離され、より厳格な管制を受けていた。韓発義（1976: 47-48）によれば、その理由は台湾がかつて日本の植民地とされたし、また共産党が戦後の日本でかなり評価されたので、赤色思想（共産主義）が日本の出版物を通じて台湾に流入することを防止するため、日本の出版物に対して特殊な処理が必要だということも国民党政府にとって重要な理由となったと思われる[60]。

　しかし、日本文化禁止期間、日本の映画やテレビ番組などの日本文化のコンテンツは、決して台湾市場から姿を消すことはなく、アンダーグラウンドで存在してきた。しかも、経済成長による大衆文化の需要は、大衆文化が乏しかった台湾市場における日本大衆文化のさらなる発展を促した。

58　聯合報 1985/10/26 第9面や1986/9/25 第9面。例えば少年隊が1985年に台湾に来て「愛心の夜」という活動に参加し、薬師丸ひろ子も1986年に台湾を訪ねて、国民党政府が再び特別案件で日本映画を輸入許可したことに感謝の意を述べている。

59　新聞局は中央政府機関として、マスコミや文化などの事務を所管する。国民党統治時期、新聞局は主要な検閲機関であった。

60　当時、日本の出版物は特別な検閲を受けた。政府は日本の出版物を四種類に区分した。それは科学技術などの書籍と雑誌、共産主義の書籍と雑誌、エロチックな書籍と雑誌、文芸や服飾・娯楽などの一般出版物であった。当時、国民党政府は経済発展に全力を尽くしていたので、科学技術について日本の出版物が、その他の外国語の出版物と同じように扱われて輸入された。一方、エロチックや赤い思想の書籍と雑誌の輸入は完全に禁止された。一般出版物では、選別して輸入された。

台湾経済の発展および大衆消費社会への進展

　1970年代、国際社会における現実的な状況のもと「大陸へ反攻する」夢想は破れた。国民党政権は自らが「中国の正統」であるという主張を放棄しなかったが、台湾は短期滞在の居場所でしかないという1950年代の考えを変えなければならなかった。したがって、台湾では政治的統制が大きく弛緩することはなかったが、経済的発展に全力を尽くすことになった。国民党政府は輸出を重視する工業化政策を採り、農業を縮小させながらその資源を工業力強化に使用した。このため、農村人口が都市へ流入する現象を引き起こした（王振寰1996）。都市へ移住した人々は、都市に新しい階級を出現させ、大衆文化の発展と普及に重要な役割を果たした。

　1961年には台湾の国民所得は152ドル、1971年には443ドル、1981年には2669ドルであった。さらに1991年に至ると、国民所得は8982ドルに達した（行政院主計處 2002）。1982年、台湾の貿易の発展につれて、出超の金額は33億1600万ドルに達した。それ以降、毎年の出超金額は高率で増加していった。1984年の出超金額は84億9700万ドルまで増加して、1985年には106億2100万ドルにまで増加した。いわば台湾経済は急成長を成し遂げたのである（武冠雄 1988）。所得の増加に伴い、消費意欲も消費能力も高まる中で、人々も次第にレジャーを楽しむ余暇時間を持てるようになった。つまり、台湾の消費構造が1970年代末に著しく変化し始めたのである。それは台湾社会が大衆消費時代へ突入し始めたことを示すものである。

2-2-A　漫画とアニメ

2-2-A-1　漫画

漫画審査制の施行および日本漫画の優位化

　「漫画審査制」の実施で、1970年代まで一時盛んになった台湾漫画は市場から消えた。1976年、中国語に翻訳された日本漫画を連載した『漫画大王』が復刊し、その後『漫画雑誌』や台湾の元漫画家、范萬楠（筆名は范芸男）らが創刊した『冠軍漫画』などが次々と登場した。それらの雑誌により、日本漫画の台湾における優位性の基盤が構築された。その時、漫画の検閲責任を負った

「国立編訳館」がなぜ日本漫画を大量に通過させたのかという理由はかなり曖昧なものであった。一説には関連するキャラクターや作者の人名・書名・服飾等の「日本の匂い」を表した部分が検閲に提出する前に全部出版社に書き直されていたので、検閲者は日本漫画と台湾漫画の差異を弁別できなかったと言われている。それによって、日本漫画は量で勝ちを制した。つまり、日本漫画が大量に検閲に提出されたために、通過した数量も台湾漫画をはるかに超えるものとなったのである（范萬楠 1996: 2-24）。もう一説では1975年、国立編訳館は漫画市場の不振に鑑み、日本漫画を検閲しながら、1979年に日本漫画を大量に通過させた、ということがある（洪徳麟 2003: 76）。

　公然と大量に通過させたという点について検討すれば、前述したように、1972年以来、映画とテレビについては日本文化は台湾で禁止され、アンダーグラウンドでしかほとんど存在できなかった（羅慧雯 1996）。日本語の書籍は完全に禁止されていたわけではなかったが、4種類に分けられて管制された。その書籍の分類によると、日本漫画は選択的に輸入させる部門に属するものであった。また、前節で述べたように、国民党政府は漫画の煽動性をかなり恐れていたと同時に、漫画を低（無）文化資本の文化と見なしていた。したがって、国立編訳館は政府の検閲機関として、当時の政治的イデオロギーに反して、堂々と大量の日本漫画の発行を許可して出版させたということができるかどうか、より精査することが必要だと考えられる。また、大量に通過させたという点について、もう一つの可能性がある。それは敦誠（1992: 106）が提出した「文化的賄賂」という見方である。それによれば、国民党政府はテレビ局などの公のマスメディアに対する独占状況を維持するため、消費型（あるいは娯楽に向ける）メディアのアンダーグラウンドな活動を放任して、民衆（特にインテリ）の不満を宥めたのである。それによって、若干の消費能力を持っている視聴者を満足させて、「文化的賄賂」という目的が達成されたのである[61]。し

61　ちなみに、敦誠の論述が示した「文化」は、決して消費型メディアを強調していなかった。しかし当時の国民党政府が「第四台」（早期のCATV）や雑誌などの政治に関連するマスメディアを抑圧していた状況を総括的に見ると、もし政府がいわゆる放任するとしたら、それは政権を損なわない娯楽や消費型メディアに限られるべきだと考えられる。敦誠のこの論点は、16世紀にイギリスのエリザベス女王が権力を掌握するため、貴族の消費を鼓舞したことに類似している。当時、エリザベス女王は消費を促すことによって、貴族の王権に対する抵抗を他にそらすとともに貴族の財産を消耗

かし、文化資本や象徴の力を持っていない漫画は、「文化的賄賂」の一環に入るかどうか、まだ疑問の余地がある。

1970年代の末、台湾の漫画市場は日本漫画の人気で再び景気が上向き始めた。しかし、台湾漫画は依然として漫画審査制の抑圧により活況を取り戻せなかった[62]。

1977年、范萬楠は東立漫画出版社を創立した。東立漫画出版社と伊士曼出版社（1990年代の台湾の大手漫画出版社・大然出版社の前身）は、日本漫画が台湾で勢力を伸ばしていく重要な要因となった。この二つの出版社は台湾において最も大量に日本漫画を出版している。

東立出版社が創立された際、ちばてつやの『俺は鉄兵』を出版して、予想外の熱烈なブームを引き起こした。それによって、東立出版社はその基礎を打ち立てたのである。それ以来、1986年〜1988年の台湾における漫画空白期を除くと、東立出版社は常に台湾漫画市場の最大の供給社である。この状況も後述する「漫画清潔運動」の発起者となった牛哥にとって、東立と大然出版社に対する不満の理由であった。ちなみに、1990年代末、大然出版社は経営問題で出版量を大幅に減少させ、遂に倒産した。その後、東立出版社は台湾における漫画市場をいっそう掌握した。少数の香港漫画を除き、日本漫画の翻訳バージョンは常に東立出版社の最も主要な供給商品群であった。

1980年代初期、虹光・東立・伊士曼等10数社の日本漫画の海賊版出版社が次々と創立され、日本漫画は台湾で空前のブームとなった。『ガラスの仮面』、『王家の紋章』、『ドラえもん』などの日本漫画は1960年代以降に生まれた台湾人世代[63]の共通の記憶となった。たとえ『ピーナッツ』や『Blond』など少数

させたのである。そして最終的に王権を強化する目的を成し遂げたのである（マックラッケン 1990: 31-40）。

[62] 例えば、范萬楠は一度合資で創立した虹光出版社の『冠軍漫画雑誌』で自分の作品の連載を試みた。しかし、久しく創作していないので技法が拙く、審査に提出するにも非常に時間がかかった。それ故に描くことを結局断念した。伊士曼出版社もかつて台湾の漫画家を育成することを目的として、台湾漫画誌『小咪漫画月刊』を出版した。しかし、その月刊誌は2000冊を印刷発行しても1割しか売れず、ただ一号を出版しただけで廃刊となった。以上のような状況により、台湾の漫画家の再育成は未解決のまま棚上げされてしまったのである（洪徳麟 2003: 75）。

[63] 漫画の主要読者は若者であるので、ここでは、1980年代に若者である人々の生まれた年代が1960年代だと仮定した。

のアメリカ漫画が台湾で一定の読者を獲得しても、結局は日本漫画と比較するほどではなかったのである。日本漫画はこの時期、台湾新世代の漫画に対する基本的な認知概念を形成していたといえる。1990年代の台湾漫画家が持っている漫画文法もそれを根源としている。換言すれば、1960年代以降に台湾で生まれた世代は、ほとんど日本漫画以外の漫画表現方式や絵のコマの配置方式を受け入れ難いのである。それも戒厳令が解除された後に、葉宏甲などの初期の漫画家の作品が読者を惹き付けなかった理由の一つともいえる。台湾の漫画読者はすでに日本漫画の細密な画法と表現方式に慣れてしまっていたのである。香港漫画はアメリカ漫画のコマ配置の形に類似しているが、アメリカ漫画より描き方が細密で、カラーの視覚的効果も読者を惹き付ける一つの大きい要因でもある。しかも多くの香港漫画で人気を集めているのは侠客の格闘ストーリーである[64]。香港漫画は日本漫画以外で台湾で受け入れられた漫画と言える。

アンダーグラウンド時代における日本漫画の販売ルート

　出版社は大量に漫画を出版していたが、当時は漫画専売店がなく、漫画は文化資本が足りないという評価で、一般の本屋で販売されることはなかった。漫画を買うとすれば、光華商場（当時台北の有名な古本の売り場）や新聞販売露店（街角で雑誌や新聞を販売する露店）などの場所へ行かなければならなかった。しかし、そのような場所の数は多くなかったので、貸し本屋がこれらの漫画の中継局となった。

　日本植民地時代の初めから、台湾ではすでに移動式貸し本屋があった。その後、固定した貸し本屋が現れ始めたが、旅館やお菓子屋が兼業したものが多かった。戦後、店舗を持つ貸し本屋が多くなって、侠客小説や漫画を賃貸した。大衆文化出版物のマーケットもそうしたおかげで次第に広くなった。しかし1980年代半ばには、後述する「漫画清潔運動」で、漫画市場がだんだん衰えて、

64　当時、台湾では侠客のカンフー時代小説（武侠小説）が、大きな人気を集めた。これらの小説は、古代の中国大陸を背景として、作者も外省人や香港人が主であった。しかし、盧建榮（2003）によれば、これらの小説は本当の地理的な状況や距離を考慮しておらず（例えば、一晩で中国の東海側から西側に走って着くことができること）、一種の幻想小説ともいえる。当時の香港漫画は、これらのカンフー時代小説を改作したものが多かった。

一時は真空状態にさえなってしまった。その頃、貸し本屋の主力賃貸商品は侠客のカンフー時代小説へ移ったのである。80年代の末、漫画が再び栄えた時、貸し本屋は再び漫画を賃貸し始めた。貸し本屋は一般の本屋と異なり、所在地がほぼ住宅地区や学校に近い横町にあり、日常生活的な商業に属し、料金も安かった[65]。それ故に、若者を中心とする漫画の読者が近づきやすかった（黎勉旻 1998: 54）。これらの貸し本屋を通じて、台湾の漫画市場は急速に拡大したのである。

　前田愛（1989）と長友千代治（1982）の日本の江戸時代以来の貸し本業[66]に関する研究によれば、貸し本業が大衆小説などの読者の開拓および近代の出版業の普及と発展に大きく寄与したと強調されている。日本の貸し本業は一度は経済発展にしたがって消えたが、1997年以降には再び「漫画喫茶」という形で現れた。台湾の貸し本屋は一時的に衰退期があったが、常に存在してきた。1980年の末から90年代の初めにかけて非常に発展し、しかも店内はかつての狭くて暗い部屋から次第に照明が明るくて書籍を取り扱いやすいような現代的な消費空間となっていった。これは、台湾の消費者の消費に対する需要の変化をはっきり示している。消費需要の変化については第4章でさらに述べる。

「漫画清潔運動」

　日本漫画が圧倒的に独走する状況が、台湾漫画家の不平不満を引き起こした。1982年、牛哥は日本漫画が淫猥だと告発するとともに、くりかえし「漫画清潔運動」を展開した。しかも、牛哥は、国立編訳館と一連の争いを起こし、日本漫画を出版する出版社を敵視していた。

　「漫画清潔運動」の展開中における最も特殊な状況は、外省人政府の上層官僚からの関心であった[67]。牛哥が批判した対象が政府の一部門である国立編訳

65　1980年代を例とすれば、当時の台湾では、漫画一冊は約120～150円で、貸し料金が10～15円であった。ちなみに、台湾で出版された漫画は、初期の日本漫画のように市販バージョンと貸し本バージョンという二種類ではなくて、単一の市販バージョンしかなかった。

66　日本にはかなり古い時代から貸し本屋があった。最初は移動式のもので、貸し本屋が本箱に入れて運び、書籍を賃貸した。明治以降、新式の固定式の店が出現した。

67　この運動は当時の副大総統謝東閔、行政院院長孫運璿、教育部長の朱匯森の関心を引き、柏楊・白景瑞・李行ら芸術と文学界の有名人の支持を受けることとなった（洪徳

館であるにもかかわらず、政府の上層官僚は牛哥の行動に関心を抱いていた。これはもちろん、牛哥の人脈である政界と芸術文学界に関係があるが、当時の「中国化」というイデオロギーと政策に関わっているものと考えられる。

漫画は1950年代と60年代には前節に述べたように、「戦闘美術」という形で政府の指導を受けるとともに、強力な検閲も受けた。しかし、漫画は公の文化フィールドで一つの位置を占めることはなかった。換言すれば、漫画が政府から注意を引くメタ意義は、文学あるいは映画とは異なっていた。しかも、芸術と文学界の関係者は漫画を「芸術」とは全く見なしていなかった。したがって、漫画が批判を受けても、文学などの文化と同じような文化的闘争の力を持っているとはみなされず、文化界の関係者に「唇亡びて歯寒し」という恐怖を誘発しなかった[68]。したがって、「漫画清潔運動」の正当性や合理性は当時、芸術や文化界等から疑義を出されることはなかった。

前述したように、日本の出版物は長期にわたって相当な管制を受け、さらに漫画の流通は主として貸し本屋などのアンダーグラウンドな場所に限られた。したがって、漫画はアンダーグラウンドのような存在だったと言える。しかし、「漫画清潔運動」がこのアンダーグラウンドな日本文化を表舞台へと引き出したので、政府が日本漫画の存在を意識せざるを得なかったのである。言い換えれば、1960年代の「漫画審査制」は漫画界全体を支配したが、「漫画清潔運動」およびそれが政治に付与した正当性は単に、日本の漫画に対してだけのものであったのである。かつ、「漫画清潔運動」は1991年に台湾の婦女連盟などの団体が展開した「不良な漫画」や「青少年に有害な漫画」に対する「清潔運動」の意義とは異なるものであった。漫画家としての牛哥が除去したいとする対象、すなわち「不良な」漫画は、実は「日本の」漫画である。逆に、1991年の「運動」は大人の世代が子供を掌握することを意図したが、特に「日本の」漫画に対するということを公言しなかった（李衣雲 1996: 82）。国民党政府とそのイデオロギッシュな歴史観にとって、「日本」と「台湾意識」（台湾的アイデンティティ）の間には常に微妙な関係が存在していた。それ故に、文化フィールドにおいて象徴資本などを与える権力を持っている政府要員が「漫画清

麟 2003: 75）。

68　漫画の台湾での文化フィールドにおける位置の変化は、李衣雲（1996）の研究を参考。

潔運動」に関心を持ち、日本漫画の正当性を否定したことは、台湾の内部に存在している「日本」を否定することであったといえるであろう[69]。また、牛哥を支援した芸術や文学界の関係者は、主に外省人を中心としていた。こうしたことから、本省人と外省人は「日本」に対する記憶や感情に差異があり、また228事件以来台湾人が政治から疎外され発言権を持っていなかったということを明らかにするものである。

　漫画清潔運動によって検閲を通るまで時間がいっそうかかるなどの状況が起こり、日本漫画を検閲に提出する数量は激減した。しかし、台湾漫画はこの空白を埋めることができなかった。結局、1987年前後、日本漫画は台湾の漫画マーケットから完全に姿を消してしまった。しかし、当時、台湾漫画家は人数も多くはなかったし、ストーリー漫画は敖幼祥のお笑い漫画『烏龍院』や鄭問の作品などしかなかった。また、当時、一定の人気を持つ他の漫画は、蔡志忠や朱徳庸などの四コマ漫画、CoCoの政治風刺漫画であった。1987年12月に漫画審査制が廃止されるまで、台湾の漫画市場は一年余りほとんど空白状態に陥っていた。ちなみに、この時期の台湾産ストーリー漫画のテーマは、依然として中国的な題材を主としたのであった（李衣雲 1999: 155）。

2-2-A-2　アニメ

　日本アニメは、台湾において絶対的な優位を占めてきたもう一つの日本大衆文化である。

　映画アニメについては前述したように、台湾の映画市場ではハリウッドと香港映画が圧倒的な勢力を持っていたので、日本のアニメ映画はほとんど輸入されなかった。特に1972年の日本文化禁令によって、日本映画は少数の映画祭で短期間だけ上映されることが許されたが、一般の映画館で上映されることはなかった。したがって、映画館で上映されたアニメ映画は言うまでもなくハリウッドのアニメであり、特にディズニーのアニメ映画に独占されたのである。

69　　つまり、日本の植民地期は、台湾が「台湾−中国の一貫した伝承」という国民党政府により編纂された史観から乖離して、中国と非常に異なる特殊な経験を持っている事実を証明している。国民党政府は中国を代表とする正統性を維持するため、この日台の歴史を懸命な努力により埋めようと考えていた（第3章を参照）。

1990年代末になって、ようやく宮崎駿のアニメ映画がその絶対的な優勢を打ち破ったのである。

　しかし、日本アニメが持つグローバルな普及力は周知の事実である。台湾もその魅力について関心を持っていたのはもちろんである。日本アニメの台湾における流通経路は二つあった。一つはビデオテープでアンダーグラウンドで広く流通していた。この状況については後述する「ビデオ」の節で合わせて論述していく。もう一つの主要な経路はまさに政府が掌握して経営しているテレビ局による放送であった[70]。

「日本の手掛かり」の抹消

　1962年、「台湾電視台」(TTV、通称「台視」、台湾テレビ局)が創立され、1969年に「中国電視台」(CTV、通称「中視」、中国テレビ局)、1971年に「中華電視台」(CTS、通称「華視」、中華テレビ局)が創立された[71]。そして各局がアニメを放送し始めた[72]。これらのアニメは、『ミッキーとドナルド』や『トム&ジェリー』など少数のアメリカのアニメ以外、すべてが日本アニメであった。また、杉山明子(1982)の調査によれば、1980年に、台湾において輸入された日本アニメは輸入日本番組の98.9%を占めた。さらに「台視」を例とすれば、1980年10月から1981年9月まで、日本番組を251本放送したが、それらはすべてアニメであった。つまり、当時、台湾で輸入された日本番組はアニメしかなかった。

　しかも、かつての台湾における資本主義は国家資本主義であった。政府は資源の配分に対して絶対な権力を持っており、例えば1987年に戒厳令が解除されたにもかかわらず、1990年中頃まではテレビや放送、新聞などのマスコミ

70　テレビ局の経営委員会に指名されたメンバーは国民党政府が信頼できる人々、退役将軍、中央官庁の高官、現役の大物政治家、政治エリートと結びついている大実業家であった(Lee 1980)。

71　それらのテレビ局は、政府(「台湾電視台」)、国民党(「中国電視台」)と軍(「中華電視台」)により運営された「官営」で、「民営」ではなかった。

72　当時、アニメは漫画と同じように子供の娯楽と見なされ、小・中学生が学校から帰る夕方五時半前後から放送され始めた(1973年〜1975年の「聯合報」が載せた番組表を参考)。

すべてが国民党政府に掌握されていた[73]。1997年まで、台湾は三つのテレビ局しかなかった。テレビ放送は国家の統制に都合の良い強力な媒体として利用され、政治的にデリケートなことは避け、体制に異論を唱える人々の意見についてはその評判を落とさせようとしたのである（李金銓 2003: 187）。政府はそれによって必要なイデオロギーを作り上げることができたのである。前節に述べたような母語の番組を抑圧した件は、その一例である。

　台日断交からまもなく、国民党政府は台湾のテレビ局の日本のテレビ番組に対処する原則を制定した。それによると、日本番組の放送は一切禁止され、自製テレビ番組では日本語や日本文字が現れることが禁じられた。このような状況の中で、日本アニメが政府関与のテレビ局で放送された事実は、国家の規制に違反することになりそうであったが、これはテレビ局が日本アニメを放送していた形態によって解読しなければならない。

　つまり、漫画と同様、台湾で放送された日本アニメはすべてが中国語に吹き替えられて、中国語の字幕が映し出されていた。さらに、すべての日本人名、アニメの最後に出てくる日本スタッフのリストなどの日本語は完全に取り除かれていたし、放送されたアニメもほぼ日本の伝統的なストーリーや日本風を備えたものではなかった。和服や日本式の畳の部屋が現れる画面などは全部カットされた。したがって、台湾において正式に放送された日本アニメは、「日本」の外見が完全に取り除かれて、ただ日本流の叙述方式や描き方（内容）を残したものであった。それ故に、日本アニメが検閲を通過して台湾で放送許可された最大の理由は、新聞局が『日本映画、テレビ、ビデオテープ番組、出版物の輸入を開放する件に関する研究分析という説帖』で記述している規定によって、「その内容がすでに日本の文化的要素を持たず、かつ児童を教育するのに意義がある場合に限って、検閲を通過すればテレビ局で放送することが許可される」（羅慧雯 1996: 68）ということであった。

　日本アニメが台湾を風靡していることは、台湾の視聴者がテレビのアニメ作品に対する概念および家庭で日本アニメを見る習慣を形成したのと同時に、ア

73　このようなマスコミ禁令を突破するため、民間のマスメディアはアンダーグラウンドで移動を余儀なくされながら放送していたのである。これに関しては第3節でさらに論述していく。

ニメ関連商品の消費をも促進した。1970年代には、日本漫画やアニメに関連する文房具やカードを収集する行為はすでに小・中学生の間で起こり、小・中学生の間では収集品を集めて比較し合うまでになっていた。これらの商品は日本から直接輸入されたもの、および海賊版を含んで、学校周辺の本屋、雑貨屋や文房具屋で販売された。なお、1970年代末、通信販売事業が始まってから、アニメや漫画のキャラクターのカードが主力の商品の一つとなった。また、1980年代以降漫画産業から生じた模型も、次第に一定の消費ニーズを作り上げた。これはキャラクターグッズ消費の初期の現象だと言うことができる。つまり1970年代末に始まったアイドルグッズ、アニメや漫画のキャラクターグッズ等によって、日本文化に対する潜在的な消費ニーズが累積されていたのである。

日本アニメ放送における第2次輸入制限

　1970年代末アニメーションによって引き起こされたブームは、政府の注意を引いた。若干の議員はアニメの放映時間が児童の勉強と休息に対して有害だとして、毎日は放送されるべきでないと主張した[74]。1982年2月に第2次輸入制限が実施された際、それ以前は週5本だった日本ものが、それ以後は週3本しか放送できなくなった（杉山明子 1982: 254）。前述したように、当時、輸入された日本番組はほぼすべてアニメであったので、この規制は、日本アニメに対するものだったといえるであろう。さらに、この規制によって、一本の連続アニメを週5日、1日1話放送していたが、週に1日、すなわち1話しか放送できなくなってしまった。この規制は、台湾で出来上がっていたアニメの視聴習慣に反し、毎日の視聴によって盛り上がったアニメ・ブームを下降させてしまった。それにもかかわらず、日本アニメの台湾における優位性は、依然として堅固であった。次節ではこの点をさらに解明する。

　1970年代以来、日本アニメや漫画は日本製であるという識別の糸口がすべて消されたが、それが日本製品であるという事実は段々と口伝えで広く消費者に認知された。そのことにより、日本のアニメと漫画は、台湾で1960年代以

74　聯合報 1981/04/21 第9面、1979/11/11 第9面、1979/10/17-18 第3面、1979/03/05 第7面。

降生まれた世代の共有する記憶になり、この記憶は日本の戦後世代とも共有している。この共通性はその後の「哈日族」や日本文化への親近感の形成にとって、相当に関連してくるであろう、と考えられる。

2-2-B　ビデオ、「第四台」、日本の番組と日本ドラマ

2-2-B-1　ビデオ

　日本ドラマは1992年に、Star-TVグループに属するチャンネルの「衛視中文台」（衛星放送中国語専門チャンネル）によって正式に台湾に導入されてブームを引き起こした。この日本ドラマ・ブームが、その後の哈日ブームの先駆けになったものと思われる。しかし、日本ドラマなどの番組は、ビデオや「第四台」などの科学技術の導入・普及により1970年代から、すでに台湾で流行し始めていた。

　1970年、「中国電視台」は日本のプロレス番組を導入したことがあるが、その時間帯の広告時間がすべて売切れたほどセンセーショナルであった。それは、若干の「氷果室」（カキ氷を売る店）や喫茶店の店内でプロレス番組をビデオテープで放映し、客を招き寄せるほどであった。その後、新聞局はプロレス番組が「極端に残虐だ」という理由でテレビ放送を禁止した。しかしこれらは依然としてビデオ放映という形で喫茶店で放映された（羅慧雯 1996: 70）。一方、氷果店や喫茶店ではビデオを放映する方式はすべて一様ではなく、「入場券」を販売するところもあった（葉龍彦 2002: 62）。1971年には新聞局は公共の場所でビデオを放映することを禁止したが、氷果室や喫茶店のビデオを放映する状況は、依然としてアンダーグラウンドな形で1980年代末まで続いていた。ビデオの種類も次第にプロレスだけに限られず、日本映画や志村けんのお笑い番組、紅白歌合戦、さらにハリウッドの最新作や未公開映画すら含んでいた。このような氷果室や喫茶店は、1985年頃に始まった「MTV」[75]業界の前身だとい

75　台湾では、MTVには二つの意味がある。一つはアメリカの音楽チャンネル「MTVチャンネル」を指し、あるいはそのチャンネルで放送されるミュージック・ビデオを指す。もう一つはMTV視聴センターである。ここでいうMTVは後者である。MTV視聴センターは1985年前後台湾で始まった一種のビデオ関連事業である。最初は、台

える。

日本番組のビデオ市場の勃興

1976年にはBetaシステム、1977年にはVHSシステムの家庭用ビデオプレー
ヤが台湾に導入され、SONYとNationalをはじめとする家電会社は数千万元の
広告費用を投入して（葉龍彦 2002: 63）、ビデオを大衆に広く受け入れさせた。
1980年代、台湾の経済が上昇し始め、ビデオプレーヤもそれに伴って広く普
及した。台湾の視聴消費の形態が次第に変わっていった。ビデオレンタル店は、
1977年に台湾で第一号店が現れた。80年代に入ると、ビデオテープを借りて
見ることはすでにかなり一般的な家庭的余暇活動になったと言える[76]。

当時、台湾ではほとんど著作権法の観念がなかった。したがって、最初のビ
デオ生産はすべて海賊版であった。その方式の一つは人脈を利用して映画業者
からフィルムを借りてコピーするとか、上映中のスクリーンから直接に盗撮し
たものであった。もう一つは外国で番組を録画したビデオである。これらのビ
デオは日本とアメリカの番組を主としていた。ビデオ業者が現地の人に頼んで

湾にはビデオやCATVがまだ普及していなかったので、アメリカの最新の音楽情報を
得ることができなかった。そのため、MTV視聴センターは日本の海賊版ビデオの輸
入モードに学び、誰かに頼んでアメリカのチャンネルで放送したミュージック・ビデ
オを録画して台湾に持ち込んだ。MTV視聴センターはそれらのビデオテープを再び
カッティングして、センター内で放映していた。また、各国の映画ビデオもある。消
費者は同センター内でビデオテープやLDをレンタルして、当所のボックス席で見る
ることができ、当時の青少年の主要なレジャー場所の一つとなった。最初、ボックス
席は扉がなくて、消費者はその中でイヤホンを差し込みながらビデオテープを見た。
その後は次第に密閉式のボックス席に変わっていった。しかし、アメリカの301条項
（貿易制裁条項）の圧力によって、MTV視聴センターのボックス席でビデオテープを
放映することは、公然の放送に等しいと見なされ、アメリカの映画会社などはビデオ
テープがMTV視聴センターで放映されるのは著作権法に反すると主張した。したが
って、放映できるビデオの本数が減り、MTVセンター業は次第に没落して、最終的
には消えていった。MTV視聴センターに関する以上のような事情に関しては王維菁
（1999）の修士論文を参照。

76 1982年には、台湾ではビデオプレーヤの普及数は50万台以上があり、8分の1の家庭
がビデオを持ち、ビデオテープのレンタル店が2000店余りに達し、その取引金額が
12億元に達すると推算されている（池宗憲 1986: 12）。1984年～1985年はビデオが最
も栄えた時期であり、全台湾でおよそ8000店のビデオのレンタル店があった（羅慧
雯 1996: 71）。1987年、ビデオプレーヤの市場普及率がまた急速に高まり、海賊版ビ
デオの大量生産もそれによって拡大していった。

番組などを録画してもらい、直ちに郵送や航空会社員・観光団の台湾旅客により台湾に持ちこまれたのである。日本が台湾にとって地理的には最も近いので、日本番組の海賊ビデオの生産スピードはさらに速かった。翻訳人員を日本へ連れて行って、番組を録画すると同時に、翻訳者がそれを見ながら翻訳して字幕を作ることも稀ではなかったのである。それによって、日本で朝に放送されたテレビ番組が、午後には台湾でそのビデオテープが作られるという時間差ゼロという現象が現れたのである（羅慧雯 1996: 72-74）。

　羅慧雯（1996: 73-75）によれば、日本映画やテレビ番組は常に台湾のビデオ市場の大口供給源であり、市場の60%強を占めた。日本のビデオは台湾において欧米ビデオのように大物キャストの出演や強力な宣伝を必要とせず、一定のニーズがあった。しかも、日本のビデオは欧米のビデオよりコストがより低いながら、レンタル率が欧米のビデオより高かった。さらに、台湾の中南部のレンタル率が北部よりも高かった。当時、台湾で流行っていた日本のビデオは主に「土曜ワイド劇場」、「火曜サスペンス劇場」などの2時間ドラマであった。邱秀貴（1984）はビデオプレーヤ使用者が好むビデオのジャンルを研究してランキングを作った。最も人気があった上位10件のビデオのジャンルでは、日本テレビ番組や映画が5件を占めた。第1位の日本のサスペンス劇、第2位の日本の恋愛劇、第3位の日本時代劇、第8位の日本の社会劇、および第10位の日本のホラー劇であった。曾卓東（1985）や蔡幸佑（1992）の台北市や台北県住民のビデオレンタルの好みに対する調査も、日本番組と映画を含むビデオテープはビデオ市場の相当な比率を占めたことを示している。

日本番組のビデオレンタル状況
　ビデオのレンタル店を30年間も経営している回答者Aに対するインタビューによれば、最初、日本ドラマビデオの視聴者は中年以上の年齢層で、主に女性で、長いシリーズの人情物連続ドラマや推理ドラマを好んでいた。
　1984年〜1985年頃には、台湾で日本ドラマ市場の形成が始まっていた。その後、トレンディー・ドラマ[77]が日本ドラマの主要なレンタル対象になってい

77　日本では、トレンディー・ドラマの概念は、1988年の『君の瞳をタイホする！』に始まるとされる。トレンディー・ドラマとは、スタイリストがセットした衣装、有

った[78]。視聴者の年齢も35歳以下に下がり、学生も日本ドラマを見始めた。日本番組のビデオの普及率は緩慢だが安定して高まっていった。また、先に述べたように、当時、ビデオ生産のコストが低かったので、日本ビデオが出来ると、レンタル店はほとんど選別せずにすべて入荷した。当時の情報ネットワークはあまり発達していなかったし、新聞では日本の芸能界に関する報道はかなり稀であった。そのため、一般の視聴者にとって、どの芸能人が有名なのか、どのドラマが面白いのかなど、情報があまりなかった。そこで、レンタル代が安いことから、大量に借りて見て試すことが多かった[79]。

アニメについては、最初は他の日本ビデオと同様、選別されずに入荷された。視聴者の年齢層は大体小学校の低学年から高校生までであった。しかし、回答者Aによれば、同店のアニメのレンタル率は他の番組ビデオに及ばなかった。なぜなら、一本のアニメ・シリーズは長くて、全部の話数がそろわないことが多かったからである。このこともレンタル消費者が日本のアニメのビデオを借りる信頼度に影響し、日本アニメ・ビデオの普及率は高まらなかったのである。

しかしながら、当時の日本ドラマを通じて、日本の芸能人が次第に台湾の視

名なロケ地と音楽で飾られ、美男美女を起用して制作されたドラマである（大多亮1996）。これらのトレンディー・ドラマは、現代的日本を背景として、日本で夜のゴールデンタイムに放送されたのである。1ドラマは10～12話があり、週1話が放送される。ストーリーは現代の日本人が直面した、愛情、仕事、学校、人間関係などの問題を主とする。しかも、当時の日本社会の流行や社会問題を反映する物が多い。台湾では、1992年に「衛視中文台」がこれらのポイントを備えるドラマを放送した際、「偶像劇」という名が付けられた。

78　回答者Aのインタビューは、前述した邱秀貴（1984）の研究に合致している。つまり、邱秀貴（1984）は1984年に日本ドラマと映画のラブ・ストーリーがトップ2の人気を集めたと指摘している。しかし、この調査は映画とドラマを分けていないので、日本ドラマだけの市場状況は明らかにならない。

79　当時、日本海賊版ドラマは、一本のビデオテープに2話収録され、レンタル料が20～30元であった。ところが、2000年以降、韓国ドラマのレンタル用正規品VCDとDVDでは、一枚のVCDには1話収録、DVDには2話収録されているが、レンタル料が同様一枚35～40元である。つまり、消費水準によれば、韓国ドラマが導入されたとき、レンタル料はそれほど高くなかった。しかし、回答者Aによれば、2002年末まで、韓国ドラマでは、日本ドラマのように、大量に借りて見て試すということがなく、テレビで放送されなければ、ほとんどレンタルする視聴者がいない。これは、台湾消費者にとって、日本や日本大衆文化に対しては親近感や信頼度を抱いているが、韓国に対してはよそよそしく思っていることを示している。

聴者に認識され、ファンという消費市場を創り出していった。日本のアニメやドラマのテーマ曲、アイドルの歌曲の海賊版アルバムも台湾市場に現れ、次第に一定の消費者を持つようになった。

非合法の海賊版ビデオの氾濫とともに、政府によるマスメディアに対する統制能力の低下が生じた。そうした状況に直面して、新聞局は1982年に放送・テレビ法（「広電法」）の修正条文を公表した。未許可のビデオの生産、および不法なラジオ放送局の設置を禁止した。ここでいうラジオ放送局は、放送局と台湾で「第四台」と俗称されたCATVを含んでいた。また、台湾の大同会社が真っ先に国産のビデオプレーヤを売り始めると、経済部（日本の経済産業省に相当する中央行政機関）は1982年2月1日に、台湾対日本の貿易赤字を均衡化するため、日本製のビデオプレーヤの輸入を禁止すると発表した。財政部（日本の財務省に相当する中央行政機関）も1982年に、日本製ビデオプレーヤの密輸入の取り締まりを強化する命令を下した。その命令は1986年の輸入禁令開放まで続いた。しかし、密輸入された日本製のビデオプレーヤの数量と販売量は少なくはなく、国産と日本製ビデオプレーヤの全体数量は依然として増加傾向にあった（邱秀貴 1984: 1、葉龍彦 2002: 64-66, 70）。

2-2-B-2　CATV（「第四台」）

CATV市場の出現および国民党による取り締まり

CATV（ケーブルテレビ）の出現は、台湾のマスメディア産業に衝撃的な変化をもたらした重要な契機であり、1990年代にビデオ産業の衰退を引き起こした要因の一つでもあったと考えられた。

台湾は山岳が多い地形で、一部の遠隔地方でテレビの難視聴状態を改善するために、1969年に最初の共同アンテナが設置された。1976年にはケーブルテレビ事業者が安物の同軸ケーブルと粗末な放送設備でビデオの内容を流す非合法のサービスを開始した（李金銓 2003: 195）。それ以来、こうしたCATVが全島に出現し、いわゆる「第四台」[80]として知られるようになった。第四台とい

80　前述した1982年の「広電法」修正条例には、第四台を「ビデオプレーヤにケーブルを装置して一般の家庭に伝送し、テレビや他の類似道具などの受信機器を通じて、視

う俗称は、官営の三つのテレビ局と区別して、「第四種類のテレビ」という意味を含んでいる。

　第四台が普及した最大の要因は、消費水準が高くなった一般大衆の、テレビ番組の多様性への期待である[81]。当時、三つのテレビ局はすべて政府に掌握されており、しかも他のテレビ局を設立することも禁止されていた[82]。このため、既存のマスコミによる寡占状態となり、番組の選択肢も限定されたものとなった。またその反発として民主化運動を誘発した。1980年代初期、新しい科学技術がこれらの需要を満たす機器を提供することができるようになると同時に、海賊版のビデオが次第に多くなっていったので、第四台の放送コンテンツは充分に供給された。台北市視聴同業組合の調査によれば、1985年に台北市において第四台の普及率は37.85%に達していた[83]（翁秀琪 1993: 464）。

　1982年以前、第四台の数は多くなかったし、多くの第四台が三つのテレビ局の番組にいくつかのビデオを加える程度で放送した。したがって、政府は第四台に対して緩やかな態度を採り、第四台を規制する法令を定めなかった。し

聴者に直接に視聴させるものは、『廣播電視法』の第二条第二項に定義されたCATV、一般にいわゆる『第四チャンネル』と称される」として定義した。第四台の架設について、「教育的宣伝など特殊な需要で、特別案件として審査に提出して許可を受ければ、ビデオを放送するケーブルテレビ・システムを設置するべきであり、あらゆる許可を受けない上に無断で設置する者は、すべてが違法に属し、厳しく取り締まられるべきだ」と『廣播電視法』の第二条第二項で規定した（翁秀琪 1993: 460）。

81　また、本節の最初には述べたように1970年代、台湾の国民所得はおよそ443ドル、1981年には2667ドルに達している（行政院主計処 2002）。翁秀琪（1993: 462）によれば、その所得の段階は、確かに一般の大衆がカラーテレビは買えるが、ビデオプレーヤは買えない段階である。しかし、その段階において民衆が消費のために以前より多く金銭を使う消費需要の拡大傾向が現れ始めたのである。また、毎月400元の使用料金は、ちょうど中低階層の経済能力にとって適当であった。

82　戒厳令が解除される前に実施されていた「動員勘乱時期臨時条款」によれば、すべての電波の周波数は実際には政府から厳密に統制された。その後、政府はまた「広電法」を制定して、電波の周波数は国家により統轄され、その使用は政府の交通部と新聞局が共同で計画を立てて規制していた（第4条第1項）。そこで、政府や国民党に関与しないラジオ放送局は少数の民間放送局に限られていた（世新大學遠距教學http://distance.shu.edu.tw/distclass/classinfo/8602nl/c8602t02cst13.htm）。

83　第四台およびアンダーグラウンドな非合法的ラジオ放送局の興起は、国民党への異議申立てに発言ルートを与え、長期にわたる国民党の一元的統制にひび割れを生じさせた。それも1980年代末に奮起していた民主化運動とその発展に助力を与えたのである（李金銓 2003）。

かし、1982年以降、第四台業者およびその加入者の数は続々と増加していった[84]。同時期、番組を自製しない第四台は、三つのテレビ局の番組以外にその他の海賊版ビデオ番組を放送していた。その内容は政府に禁止された日本番組やプロレスが大半であり、台湾のレストラン・ショーやお笑い番組、西洋映画、深夜の成人映画、香港映画や番組、欧米映画の他には、わずかばかりの韓国映画や中国映画であった。しかし、第四台の影響力は次第に大きくなり、巨大な利潤を得た上に、政府のマスメディアに対する統制力すら揺るがした。さらに、第四台と海賊版ビデオのレンタルが台湾映画産業に深刻な損害を与えた。そこで、国民党政府は第四台を厳しく取り締まる必要性を感じた[85]。1982年末、「広電法」修正条例は第四台を法規の体系に組み入れた。1983年、新聞局はケーブルを切るというやり方で強力に第四台を取り締まったが、処罰が比較的軽微であったので（いわゆる一回に三、四万元だけの罰金と器材の没収という処罰だけだった）、第四台の発展を完全に阻止することはできなかった（葉龍彦 2002、翁秀琪 1993、王維菁 1999）。

　1983年の初め、国民党政府は海賊版と第四台を強力に取り締まったが、ビデオプレーヤと違法ビデオの増加、および第四台の拡大を抑えることができなかった。なぜなら、一つには、政府は取り締まり活動を長期間にわたって続けることができなかったからである。もう一つは、長期間にわたって国民党政府の抑圧下に置かれた業者は、政府の取り調べや取り締まりからいかに逃げるかをすでによく知っていたからである[86]。ちなみに、この不法な行為は、1980年代末から1990年代の初めにかけての台湾の民主化運動が第四台などを通じて国民党政府のメディア禁令を突破して、民主的な環境を創り上げる要素の一つ

84　王維菁 (1999) が論じたように、当時は台北から高雄まで約230〜300社の第四台業者があり、大まかに推算すれば加入者がほぼ15〜30万件であって、普及率が約3.8〜6.7％であった。

85　実際には、第四台の出現以来、国民党政府は厳しくなくとも、絶えず取り締まりを行っていた。最初に第四台が押収された記録は1979年3月であった。しかし、法令がなかったので、取り締まりの成果はあまり顕著ではなかった。

86　ビデオショップを例とすれば、当時、日本番組が違法なものだったので、1970年代〜1980年代には、ビデオレンタル店は、店の奥、あるいは地下室に日本番組ビデオを置く特別な部屋を用意し、店の常連にしかその部屋の存在を知らせなかった。このような方法で、政府機関の臨検を逃れたのである。

となったのである（李金銓 2003）。

さらに、当時の第四台は、電波のスピルオーバー（spillover）によって受信できたNHKのBS-1とBS-2も放送していた[87]。その後、1987年には、台湾の中南部に若干の日本語がわかるとか、日本の教育を受けていた台湾人の中産階級が円盤状アンテナを架設して、直接NHKの衛星番組を受信した。羅慧雯（1996: 77）はそのような行為が、日本の植民地期の経験とかなり大きい関連があると考えている。前節で述べたように、国民党が実施した国語運動は台湾人の自信を打ち砕いた。したがって、アンテナを架設してNHKを視聴したことは、国語運動による抑圧によって、逆に日本語（あるいは言語を運用する能力）に対する懐かしさを作り出したと言えるだろう（第3章参照）。

CATVとレンタル業との関係

「能動的」な消費行動であるビデオレンタルと比べると、第四台はより「受動的」だが、「多くの選択肢」を提供し、消費時間に関する任意度も大きい[88]。かくして、第四台の出現は、日本番組を完全に台湾の家庭に浸透させた。

ビデオレンタル業と第四台の消長には様々な意見がある。葉龍彦（2002）は第四台の出現が映画業界に深刻な衝撃をもたらして、ビデオレンタル産業にも影響を及ぼしたと論じている。しかし、回答者Aは当時の第四台のビデオレンタル業に与えた打撃があまり大きくなかったと述べている。

87　スピルオーバー現象について、1984年から日本のNHK BS-aとBS-3bという二つの衛星チャンネル、およびその後のWOWOWチャンネルは、スピルオーバーしたので、台湾でもその電波を受信して視聴することができた（羅慧雯 1996）。

88　ビデオレンタルは「能動的」または「場所の移動」ということがなければ成立しえない。つまり、視聴者はビデオを見る欲求を覚え、それに一つの場所からもう一つの場所まで移って、自分の見たいビデオを選択してレンタルし、家などに帰って鑑賞するという過程がなければならない。先に引用した回答者Aのインタビューによれば、レンタル代が安いので、選別しないで借りて鑑賞することが多かったが、お好みのジャンルは大体固定されたものであった。つまり日本ドラマの視聴者は必ずしもお笑い番組やアニメを選んで見ることはない。したがって、実際に見れるビデオのジャンルは第四台より幅がせまい。ところが、第四台は一種の「受動的」または「多くの選択肢」を含む消費形態を提供する。加入者はテレビをつけると、現前のこの番組を見て試すかどうかを選べる。また、第四台は24時間放送するので、レンタル店ような営業時間の制限がなく、加入者が持っている時間に関する任意性は相当大きくなるのである。

第2節 | 台湾における日本大衆文化のアンダーグラウンド時代

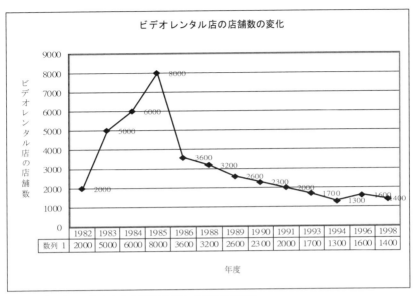

図2-1　ビデオレンタル店の店舗数の変化（王維菁 1999）

　図2-1に見るように、1985年にビデオレンタル店の数が急速に減少したのは、同年に台湾で実施された著作権法こそが、ビデオ業の衰退にとって最大の要因であることを物語っている。実際に第四台が1982年に成長し始めた時、ビデオレンタル店の数も同時に激増して、1985年には一度急速に下がったが、その後は低下傾向を示しながら逓減していった状況を表している。一方、1994年、第四台の放送システムが最大手の二社の放送システムグループ（力覇と和信）に合併されて迅速に拡張していた時、ビデオレンタル店の数の減少率は急速な変動を示さなかった上に、1996年にはさらに一度増加している。以上によれば、第四台のビデオレンタル店に対する影響が決して急激ではなくて緩やかなものであったと言える。図2-1に現れた結果は回答者Aの判断に合致している。回答者Aはビデオレンタル産業にとって最大の衝撃は1990年代末に現れた海賊版VCD（ビデオCD）およびDVDやVCDのコピー技術だと語っている。この点については次の節でまた論述する。

　第四台とビデオ業の関係について、回答者Aは、第四台で日本ドラマが放送され、特に1992年、「衛視中文台」が日本ドラマを放送して、そのブームを形成して以来、日本ドラマのビデオレンタル・ショップにおけるレンタル率は高

くなったと言う。日本ドラマのビデオをレンタルする多くの人は、そのドラマがテレビ局で毎日放送されていても次回の放送を待たずに、レンタル・ショップで借りたのである。さらに、1990年代末には、韓国ドラマがテレビで放送されたので、レンタルされることになった。換言すれば、視聴者は第四台で見たい番組を見たけど、時間が合わなくて全部を見終わっていないとか、翌日まで続きを待ちたくないため、レンタル・ショップへビデオテープを借りにいく。第四台は視聴者に好きな時間に番組を観賞できるサービスや多様な番組ジャンルを提供したが、番組を選択する自由は相対的に制限される。逆に、ビデオレンタル店は異なるサービスを提供していたことになる。

　1985年、著作権法修正草案が国会で通過し、この著作権法によってようやくビデオ産業は合法的な経営に向けた第一歩を踏み出したのである（葉龍彦2002: 69）。つまり、映像についても著作権の範囲に組み入れられて保護されたのである[89]。

　第四台の発展は、1990年代に和信と力覇の二つのCATV放送システム企業の勢力圏が確立して、ようやく落ち着いた。しかし、台湾の新著作権法によれば、日台の国交がない状況で、日本ビデオや番組に法律を適用することができなかった。また、テレビ局なども長期にわたり、日本文化禁止令によって、日本番組を放送することができなかった。そこで、消費者の需要を満たすため、日本番組の海賊版のビデオは依然としてアンダーグラウンドで盛んに生産されていた。結局、国家の日本文化禁止令は、かえって長期間にわたり低価格の海賊版製品を流通させることで、台湾における日本大衆文化の普及率を高める一助となった。かくして、日本のテレビ番組は漫画やアニメに次いで、もう一つの台湾消費者に広く受け入れられる大衆文化となり、台湾のテレビ番組の制作にさえ影響した。さらに1992年以降、台湾での日本ドラマの人気の基礎を確立していった。

---

[89]　このため、ビデオ業者は、配給業者から「賃貸権」を得なければ、ビデオテープを賃貸することはできなくなった。しかし、当時、著作権が問題になる映画は主に当時利益衝突の程度が高い国語映画や香港映画であった。このような「賃貸権」の設立は、配給業とビデオ業の間に不平等な関係を招いた（王維菁 1999）。これによって、MTV視聴センターと第四台の繁栄以上に、著作権の実施によって配給業がビデオ業界での主導権を掌握し、ビデオ業のコストを高めていき、ビデオレンタル店の数量を減少させていった。

2-2-C 流行歌曲とアイドル

1970年代〜1980年代にかけて、台湾の流行歌業界は二大事件を経験した。すなわち台湾語歌曲の没落と「学園民謡」(民歌)の出現である。台湾語歌謡の衰微については、前節で述べた「国語運動」が一つの重要な要因であった。また、1960年代から実施されていた「広電法」は、台湾語歌曲を衰微させる要因であったと同時に、さらに台湾語番組の弱体化をももたらした[90]。

90　台湾にラジオやテレビが現れてから、マスメディアで使用される言語は政府が実施した国語運動に合わせて、その運動の推進に協力しなければならなかった。最初、母語の番組は台湾の民間伝統的な演劇を含んでいたが、その後変質して政令の宣伝あるいは社会教育などの番組となっていった。母語番組はそれを使用する族群の日常生活から遠く離れ、さらに実用性のない教条主義的内容に満ちていた (楊素芬 1994: 86)。
　1963年、教育部 (日本の文科省に相当する) は放送事業の管理委員会を創立した。1969年、その委員会の業務が交通部に渡されて放送会報を設立したが、テレビ・ラジオなどの番組は行政院新聞局に引き渡されて管理された。さらに「ラジオ放送局の番組の規範」(「廣播無線電台節目規範」)、「ラジオ放送局の設置および管理規則」(「廣播無線電台設置及管理規則」) などの行政命令が制定され、1969年に実施され始めた。1972年には、またこの業務が交通部、新聞局と「警備総部」(監視と検閲機関) に引き渡されて合同責任が負わされた (宋乃翰 1962: 94)。「国語運動」を推進するという国家政策によって、「ラジオ放送局の番組の規範」では「方言の番組 (例えば台湾語ニュース) は方言で放送してもよいが、その比率は40パーセントを上回ってはいけない」と規定されていた。当時、行政命令は必ず守られなければならない法律であった。したがって、「台視」は創立後の最初の理事会で、同局の「番組の規範」を規定した。その規範では、各種の番組が「国語を使うものに限定され」、「純粋な方言を使う番組は、娯楽的番組に限定されたのである。ただし、国語で説明しなければならない」と規定されていた (台北市新聞記者公會編 1964: 167)。これはマスメディアが政府の政策に応じた自己規制であった。その後、母語の番組は急速に減少したが、1980年に当時の新聞局局長・宋楚瑜は、依然としてテレビ局の母語番組を今後次第に減少させると公表した (聯合報 1980年4月27日 第2面)。1982年には「テレビ番組の制作規範」(「電視節目製作規範」) が制定され、母語番組の放送が強力に制限された (曾佳慧 1998: 134)。このような状況下で、台湾語歌曲は放送するルートおよび発表する場所を失って、ナイト・マーケット (夜市) で歩きながら唄うという方式で歌曲を宣伝するしかなかった。この方法でアルバムが高い売り上げとなった台湾語歌手は何人もいるが、全体的には成功しなかった。台湾語歌曲は国語歌曲の強大な圧力に直面し、周辺の位置にしか立つ場所がなかった。1980年代末に戒厳令が解除される前後になって、台湾語歌曲はようやく台湾／台湾語の台頭で再度生命力を取り戻したのである。政治の力は台湾語歌曲や台湾漫画の没落について、重要な役割を担ったわけである。ちなみに、母語番組を制限した「広電法」第20条は、1993年になってようやく廃止された。

学園民謡の出現と流行歌市場の商業化

台湾語歌曲が没落すると同時に、それに取って代わったのは1960年代に興った国語歌曲、および1970年代に現れる「学園民謡」であった。学園民謡とその前の国語歌曲とでは、音楽も作詞者も作曲者もきわめて大きい差異とギャップがあった。このギャップを生み出したのは、当時の社会状況と大きく関連する。つまり、前に述べたように、台湾における外交関係の緊張状態、および「郷土文学論戦」につれて台湾が徐々に「顕在化」し始めたということである[91]。

1970年代末、学園民謡は初期の郷土論戦以来の現実への反省と再思考、あるいは青少年が身近なことを描いたり等身大の感情を表現したりする歌を歌う特質を次第に失って、商業化していった。学園民謡はそれ以前の国語歌曲の愛情観に、若者の間に流行する音楽を加えて歌曲が創作された。かくして、音楽の消費者の年齢層を下げて、音楽の市場を拡大させると同時に、1980年代以降の作曲者や歌手を含んだ音楽関係者を育成して、台湾のポピュラー音楽の製造システムが完成された。それによって、台湾は次第に香港に取って代わる国

91　最初、国際情勢は日々国民党政府に対して不利になって、台湾の内部では「精励で志望達成（励精図志）」という声が上がった。情愛などの柔らかいテーマを主とする国語歌曲は「退廃的な音楽」と見なされて禁止された。一方、青年学生を主体とした学園民謡は清新なイメージで政府の強力な支持を受けた。曾佳慧（1998: 139）は台湾における流行歌の発展過程をまとめる中で、台湾の流行歌は常に政府の力に介入されて変動してきたことを指摘している。最初は日本植民地時代に「皇民化運動」により台湾語歌曲が抑圧されて日本歌謡を移植された。それ以降、1950年代には「国語運動」が推進されたので、日本語や台湾語の歌曲が主流のメディアから退き、国語歌曲がそれらに取って代わってポピュラー音楽の主流になっていった。また、1970年代、「歌曲を浄化する運動」が展開されるに伴って、それ以前の国語歌曲の中断をもたらし、学園民謡が引き継いで主流になったというのである。ただし、当時の学園民謡は依然として国語で創作されたものであった。

　　また、学園民謡は1970年代に郷土文学の論戦から中国－台湾の立場を反映したものであった。中国のイデオロギーを反映したもの以外に、台湾の郷土的意識を反映する作品も出てきた。1960年代以前、米軍は台湾に駐在した際に西洋音楽を持ち込んだ。その後、1980年代半ばには西洋音楽ブームが形成され、テレビやラジオ放送局は正式に西洋の音楽を紹介する番組を放送し、西洋音楽の専門誌も発刊された。西洋音楽と1960年代のアメリカの反逆的精神を受け入れた学園民謡は、それによって西洋音楽の聴衆を吸収したのである。しかし、1970年代以来、国民党政府は「中国大陸への反攻」という目標にかえて、経済発展を主要な目標としたので、学園民謡の商業化は予想されることであった。

語流行歌の創作メーカーの中心となっていった[92]。

　1980年代、前述したように、台湾の平均的な所得が高まり、政治上では国際情勢への対応のために統制も以前より緩和されていった。この経済力が向上した時期には、「新しい階級」として中産階級が興り始めた。この新しい階級は、ブルデュー（Bourdieu 1993: 113）が文化資本を論じた際に言及した新しい文化の主力消費者であった。これら新しい階級は、音楽の商業化と、その大量生産を支持する基盤ともなった。

　学園民謡の商業化と流行歌市場の拡大によって、歌手に対する需要も次第に拡大していき、「学園民謡」の歌手だけではその需要を満たすことができなくなった。このため、外見がよいアイドル歌手が創り出されたりして、学園民謡以外のポピュラー音楽の市場を埋めていった[93]。ここで述べるアイドル歌手は、一つのイメージであるとともにシンボルでもあり、商品として販売されるのは歌曲ではなくて、その歌手（自身のイメージ）である。このようなアイドル歌手の出現は、音楽が産業化された一つの例証とも見なされるであろう。1980年代のアイドル歌手は、主に香港や日本のアイドルであった。台湾独自のアイドルはきわめて僅かであった。香港の芸能人は1982年頃の香港ドラマブームで、歌手以外に俳優も人気者の仲間になっていった[94]。なお、欧米の芸能人については、台湾では当時、歌手自身より主に歌曲が宣伝の中心となっていたので、少数の歌手を除いて、ハリウッドのスターが主にアイドルとしての対象となった。

アンダーグラウンド時代における日本（アイドル）音楽の発展状況

　1970年代から日本の文化が禁止されたが、日本の音楽はその他の日本の大衆文化と同様、海賊版とアンダーグラウンドという形でマーケットに流通して

92　「学園民謡」の台湾のポピュラー音楽に対する影響とその重要性、および民謡と郷土文学の論戦の関連について、次の書籍を参考。張剣維（1994）「誰在那邊唱自己的歌」台北：時報、曾佳慧（1998）「従流行歌曲看台灣社會」台北：桂冠。

93　中國時報 1998/3/21 第43面「歌壇偶像夢工廠、日本原裝、台灣製造」。

94　当時、台湾で放送された香港ドラマは、香港の「TVB」テレビ局の作品を主とした。そのテレビ局の育成クラス出身の俳優は、同時に歌手としてデビュー、その後に映画に出演した人が多かった。そこで、香港歌手は台湾でも人気を集めていった。

いた。「新興」、「朝陽」およびその後の「旭声」などのレコード会社は日本音楽の海賊版を発売するルートの一環であった。これらの日本音楽の歌曲は、80年代中期以来、日本語の曲に中国語の歌詞を当てはめて歌うことが基礎になった。張学友（ジャッキー・チュン）、小虎隊、孫耀威（エリック・スーアン）などの台湾と香港の有名な歌手は、日本流行歌のカバー曲を歌った。このような歌曲の作り方は、1950年代以来の「混血歌」の伝統を受け継いできたとも言える。漫画の状況と同様、「混血歌」を使ったレコード会社は、ほとんどの商品から日本文化の痕跡を払拭し、作曲者の欄には架空の名前が書かれていた。そのため、聴衆はこれらの歌が日本から来たものと知らないうちに、日本音楽に次第に慣れていった。逆に、日本音楽の海賊版は、常に日本歌曲の歌名のあとに、「○○国語歌曲の原曲」と書かれており、レコード会社が意図的に隠していた事実を暴露していた。

　日本音楽と台湾や香港の国語音楽の間にある関係は、日本音楽が混血歌の原曲であっただけではなくて、さらに日本のアイドル文化の流入とも関わった。「魔岩」レコード会社の国際部宣伝主任をしていた林裕能によれば、1980年代末以前、「東洋ポピュラー音楽の台湾における意義は、もともとトーテム化された写真アイドルに近付けるもう一つのルートを提供したということである」[95]。レコード会社の社員・回答者Cによれば、アンダーグラウンドで流通した日本音楽の海賊版は、台湾で日本音楽の普及と1990年代後半の日本アイドルのブームに、重要な働きをしていた。

　1980年代は、台湾のアイドル市場が拡張を始めていた。すでに一定の市場を占めていた日本アイドルは、1980年代に台湾の市場でいっそうその根を下ろした[96]。しかも、当時、振り付けや衣装などの日本アイドルのデザイン方式

---

[95]　つまり、「その時の『商品』は主に強大な人気を集めるアイドルであり、ポピュラー音楽は付加価値でしかなかった。だから台湾の東洋音楽のファンは、アイドルに夢中になる者が多かったと言うべきである」と林裕能は述べている（中國時報 1998/03/21第43面「歌壇偶像夢工廠、日本原装、台灣製造」）。

[96]　この時、台湾自国のアイドルは空白期でもあった。当時、金瑞瑤や林慧萍などの台湾国産のアイドルは年齢が20代後半でちょっと高すぎたので、余暇時間や小遣いを有する高校生や中学生たちの間には、アイドルに夢中なるニーズが芽生えたが、自分の年齢や理想的な代理人として相応しい台湾のアイドルを探しにくくなっていた。かくして、台湾における日本アイドルの市場の拡大を促したのである（中國時報

を真似た台湾の国産アイドルは、実際にはかなりの数にのぼった[97]。つまり、日本のアイドルが台湾においてアンダーグラウンドで人気を集めたことは、台湾の国産アイドルや歌手のプロデュースや宣伝のやり方にも影響した。このような模倣は2000年以降も続いた[98]。この点で、日本大衆文化が台湾消費者の大衆文化に対する認知を形成する影響力が、アニメや漫画の分野に限らず、アイドルの分野にも及んだことは明らかである。

　文化フィールドでは、「本物」と「模造品」が持つ正当性、あるいはブルデューがいう資本総量には、相当な差異がある。これも「原版」（あるいは正規品）と「海賊版」の間のシンボリックな差異ということである。したがって、台湾の歌手や番組が日本の歌手や番組を模倣する事実は、「日本」（本物）に台湾（模倣品）より多くの象徴資本と正当性を与えた。さらに、台湾のバラエティー番組やドラマが日本の番組を盗作することは、1990年代においてすでに一種の常態現象となっていた[99]。これも台湾の消費者や視聴者の認知体系において日本の優位性を構築することを助け、1990年代に日本の大衆文化が表舞台に現れて以来、モダンの象徴となった理由の一つでもある。

1997/03/07 第5面）。

97　当時、「非『学園民謡』の部分には、大量の日本の音楽文化が移入されていた。演歌に強く影響された台湾語の流行歌はいうまでもなく、その時、レコード会社の生産ラインにおいても、『日本－台湾』の音楽やアイドルの多様な転換期であった。例えば、（台湾の）金瑞瑶が（日本の）中森明菜を、（初期の）曹西平が西城秀樹を、林慧萍が松田聖子をモデルとした。……萬芳も一度はレコード会社の企画者の意図のもとに、『雰囲気』で今井美樹のイメージを真似する企画があった。（香港の）四大天王や『postman』（台湾のアイドル団体）もさらにいうまでもなかった」と、多くの日本歌曲に中国語の歌詞を当てはめた、カバー曲の作詞家何啓弘はそう指摘している。ちなみに、四大天王とは1980年代にデビューした香港の人気アイドルの、アンディ・ラウ（劉徳華）、レオン・ライ（黎明）、アーロン・クォック（郭富城）、ジャッキー・チュン（張学友）を指す（中國時報 1998/3/21 第43面「歌壇偶像夢工廠, 日本原裝, 台灣製造」）。

98　例えば、1990年代の初めに人気を集めた台湾アイドル「小虎隊」がデビューした時、ファッションやダンスの振り付けを同様の3人グループで、日本のアイドルグループの「少年隊」に類似させ、「少年隊」の歌曲に中国語の歌詞を当てはめて歌っていた。そのため、台湾の「少年隊」のファンと「小虎隊」のファンの対立と衝突を誘発した（自由時報 2003/11/27「青春共和國」面「粉絲異想世界」）。

99　中國時報 2001/03/12 第26面「哈日抄風盛、綜藝徹底東洋化」、2002/07/18 第26面「抄你千遍也不厭倦」、聯合報 2000/11/19 第26面「借用一下點子有什麼不行？娛樂嗎！」、2000/06/21 第10面「V6迷不滿少年兵團指抄襲日本偶像團体V6的節目」。

1990年代以前、著作権法は未だ台湾において有効に機能してはいなかった。そこで、台湾では続々とアイドル写真や情報を掲載した情報誌が出版されていた。例えば1970年代の『当代少女』、1980年代の『安安』、『明星』、『少女心』、『平凡』などの雑誌である[100]。これらの日本の芸能情報で報道されたアイドルは、当時同時に日本で人気を集めた薬師丸ひろ子、中森明菜、松田聖子、真田広之、近藤真彦、少年隊、光GENJI、田原俊彦などのタレントを含んでいた。新聞も、ときに日本での当時の人気者情報を報道した[101]。日本と台湾は、人気アイドルについて、時間差という問題がなく、ほとんど同様なアイドルを好んだ。

1970年代末、「アイドルグッズ」も台湾において販売するルートが開けていた。当時、人気が集まった「キャラクターグッズ」は漫画やアニメーションのカード、模型、紹介書籍、文房具、およびアイドルの写真、ポスター、カード、バッチなどであった。流通のルートは通信販売や、学校の近くの本屋や文具屋を主とした。また、台北の西門町などの青少年が集まるところにもアイドルグッズの専門販売店が現れた。しかし、アンダーグラウンドではなく、一般的な領域に属する大書店では、これらの商品を見かけることはなかった。つまり、それらの商品はアンダーグラウンドで流通するものに属していたのである。

2-2-D　キャラクターグッズとファッション誌

キャラターグッズの流行化

1990年代末、「HELLO KITTY」のキャラクターグッズは台湾でスーパーブームを引き起こした。その後、「たれパンダ」、「トトロ」、「こげパン」などの日本のキャラクターグッズが続々と台湾でブームとなった[102]。キャラクターは個

100　『少女心』を例とすれば、1985年〜1987年までの雑誌『少女心』の目次を参考にして概算した結果によれば、毎号約200ページ程度の中に、120ページ程度が流行のファッション、化粧、女性の健康、占いという情報が掲載され、また100ページ程が芸能人の情報や特集を報道していた。これらの芸能人の情報の中には、香港と台湾、日本が8割を占め、その中で日本芸能人が約3分の1を占めた。

101　例えば、聯合報 1983/10/13 第9面「日本影壇新偶像原田知世」、1987/04/21 第9面「日本純情新偶像菊池桃子」などである。

102　1990年代以来のキャラクターグッズのブームについては、聯合報 2002/11/16 第33面「只在乎大頭＆凱蒂猫」、星報 2001/08/20 第15面「人氣玩偶美日大作戰」、聯合

性を吹き込まれ、その絵柄が文房具やぬいぐるみ、生活用品などに付けられる。消費者はその商品を買うと同時に、キャラクターに付加されたイメージも買うことになる。キャラクターは消費者の代弁者のような役を担った[103]。

　1970年代半ばには、すでに「Sanrio」のキャラクターグッズが台湾に入っていた。「キキララ」や「HELLO KITTY」などは台湾において一定のファンを持っていた。しかし、当時の商品の種類は1990年代のようには多くなかった。1990年代のキャラクターグッズは、目覚まし時計、スリッパ、シーツ、テレビなどすべての生活用品にまで及んだが[104]、1970年代の商品は多くが児童が使う文房具や食器に限られ、価格も廉価ではなかった。1970年代以降、ブティックが自ら輸入したグッズと海賊版の商品が次第に増えたが、1980年代の初めには熱が冷めた。しかし、台湾における日本キャラクターグッズの市場の基礎はすでに確立されていた。1990年代に至ると、再びまた熱狂的なブームを迎えたが、その時トトロやピカチューなどのアニメのキャラクターグッズもアニメのファンから一般の消費者に拡大していった。

　台湾で売られているキャラクターグッズの輸入は、主にグッズを販売するブ

　　　報 1998/10/31 第41面「HELLO KITTY 迷戀生活雜貨」、中國時報 1999/08/03 第5面「HELLO KITTY 來了 全省一上午賣出25萬隻: 麥當勞點餐送玩偶 門市排長龍 公司總機一度癱瘓破香港紀錄」を参考。

103　キャラクターグッズというのは、「販売を促進するため、テレビや漫画などに登場する人気のある人・動物・シンボルまたはそのイメージ（キャラクター）を付した商品」だと広辞苑は定義している。つまり、一つの視覚効果を強調するキャラクターを創造して、個性やストーリー、背景を設定し、生き生きした個性をキャラクターに吹き込んだ後に、そのキャラクターのついた商品を作って販売する。例えば「HELLO KITTY」や「トトロ」はアニメを通じ、「たれパンダ」や「こげパン」は四コマのカラー漫画などを利用して、自らの個性やイメージを持たせられている。したがって、これらのキャラクターはもはやただの役や人形ではなくて、消費者が投影する想像を受け入れるシンボル＝擬主体になってしまうのである。例えば、こげてしまったパンでも頑張れる「こげパン」とか、癒しを感じさせてくれる「たれパンダ」というものである。この擬主体性、あるいは欲望の投射の問題は、第4章ではさらに探究する。

104　1990年代、キャラクター商品の種類はすでに文房具から家電やバイク、携帯電話といった高価で実用的な消費商品にまで広がっている。それに関しては以下の記事を参照。民生報 2001/01/06 第51面「HELLO KITTY、酷企鵝、布丁狗 台湾大哥大引進 讓你放進手機螢幕」、民生報 1999/02/05 第26面「HELLO KITTY 速克達上路 車迷耐心等 車價不會太貴」、民生報 1999/01/30 第38面「HELLO KITTY 小家電 樣樣可愛 三商百貨滿足凱蒂迷 二月上架」、經濟日報 1999/07/26 第36面「遠見推出哈電族 HELLO KITTY 電子字典」。

ティックによる。つまり、商品を売るブティック自らが日本から商品を購入するとか、日本にいる誰かに頼んで購入して台湾に郵送してもらうといった方法で商品を入手していた。西門町など若者が集中する周辺に位置するこれらの店は、日本の大衆文化を伝播する主要なルートだと言える。店は雑誌や常連客から日本で流行している最新の商品情報を得て、すぐさま日本からこの商品を台湾へ持ちこんで販売して、同時性を保っている。これも日本大衆文化が台湾においてアンダーグラウンドな性格を負っていることを明らかに示している[105]。

　台湾ではキャラクターグッズの淘汰率がかなり高いので、店は新商品の入荷の速さを競わなければ、この業界で生存することができなかった。したがって、日本で新しいキャラクターやその商品が発売された約1〜2週間後には、台湾の店はそれらの商品を陳列していた[106]。キャラクターグッズの流行の変化が速すぎるので、代理店が申請して代理権を獲得した時には、すでにそのキャラクターの人気がなくなってしまっていたこともあった。1999年、台湾の代理店が「たれパンダ」の代理権を得た時、「たれパンダ」のブームがすでに去っていたことはその例である[107]。長年ブームを保っていた「HELLO KITTY」も、

105　若者の街として台北市西門町を例にとると、そこは1970年代に人気となり、当時のサブカルチャーの中心となった。1980年代、サラリーマンやOLの消費文化が興起して、台北市東区という高価な商業圏が1970年代の西門町に取って代わって、消費の中心地となった。それからほぼ10年間、西門町は衰退の道を辿った。1990年代、日本の漫画、アニメおよびそのキャラクター商品や、プリクラ、アイドル、ファッションが再び盛んに流行してから、西門町はまた若者の文化と消費の中心になった。1990年代末、台北市政府は西門町を美化して再建したため、西門町は狭くて低俗という汚名から抜け出した。ちなみに、1990年以降、台北市の西門町における日本商品の店はさらに哈日の若者を惹きつけ、彼らが互いに所有する日本で流行している商品を比較する場所となった。この点については次の文献を参照。聯合報 1994/12/03 第43面「西門闇區台灣的原宿」、中國時報 1999/05/22 第42面「流行變一變，青春永駐西門町」、遲恒昌（2001）『從殖民城市到「哈日之城」：台北西門町的消費地景』台大建築與城郷研究所碩士論文、遲恒昌（2003）「哈日之城」『媒介擬想』NO.2, 2003年 April、許舜英（1999）「從烏鴉族到新挪威森林世代」楊澤・編『狂飆八〇年代』p94-100、台北：時報出版。
106　特に携帯電話が現れて以降、携帯電話のストラップなど、携帯電話に関連するキャラクター商品は、それらの店にとって最大の収入源となった。
107　この段落の資料となるものは、筆者が1999年に台湾角川書店で『Taipei Walker』の取材編集を担当した際、西門町に位置するキャラクターグッズの店のオーナーをインタビューしてえた資料である。

その熱が下がった 2003 年になってようやく代理権が決定される、という状況であった[108]。

日本ファッションの伝播

　日本のファッション誌も 1980 年代に台湾に入ってきた。1970 年代末、日本のオリジナルの雑誌『ノンノ』はすでに台湾に入っており、1980 年代から若い女性の歓迎を受け始めた。岩渕功一（1997: 86）の推察によれば、当時 1 ヵ月に 2 号発行される『ノンノ』はおよそ 10 万冊の輸入量であった[109]。日本のオリジナル雑誌以外では、『新姿』、『黛』、『薇薇』などの台湾のファッション誌も、主に日本の流行トレンド、あるいは日本の雑誌に掲載された服飾や着こなし方を紹介した。それ以来、日本のファッション・トレンドは台湾の若者に深く植えつけられてきた。

　前述したように、日本ブランドのファッションを陳列するデパートとともに、西門町などのような若者が消費する場所に位置する店も、日本のファッションが伝播する重要なルートであった。店に展示されている写真や服飾の組み合わせは、日本のファッション誌を参考にしたものが多かった[110]。ちなみに、文化的近似性や容貌の近さ以外では、日本のファッション誌が写真を主としていたことが、日本と台湾の間に存在する言葉の障害を減らし、日本のファッションが台湾において一定の位置を占めることになった一つの要因でもある。これらは、1990 年代に日本ドラマが台湾に日本ファッションの流行を持ち込むことになる先駆けであった、と言える。

2-2-E　まとめにかえて

　この時期、日本は好景気により大衆文化産業が発達して、大量に多様な商品やコンテンツを生産する供給者となった。それと同時に、台湾では消費能力の上昇や余暇の需要が現れたにもかかわらず、文化産業が相対的に未発達だった

108　経済日報 2003/04/25 第 40 面「HELLO KITTY 超人氣 雷恩取得商品授權」。
109　ちなみに、『ノンノ』の台湾ファッション誌市場に占める優位性は、1995 年まで続いていた（石井健一ら 2001: 146）。
110　前掲注 105。

ので、台湾の業者は積極的に日本大衆文化を導入したり普及させたりした。

　ところが、それ以前の時期（1945年〜1972年）台湾では国際的承認を獲得するために、脱日本化、あるいは日本文化に対する禁止は、全面的なものではなかった。その時期と比べて、1970年代〜1980年代は、台日断交、すなわち日本政府が中国共産党の代表性を承認したことで、日本文化は全面的に禁止された。日本によって植民地化されたことが確かに日本大衆文化が禁止された理由の一つであったが、それは植民地期の恨みのためではなく、「中華民族の意識」、いわゆる国民党の正統性を弱める恐れがあるからであった。さらに、共産主義の思想が日本の出版物を通じて台湾に流入したことも理由の一つであった。つまり、両時期の日本、あるいは日本文化に対する政府の態度によって、「中国化」が「脱日本化」を主導した事実が明白となる。

　しかし、日本文化を全面的に禁止したとしても、すでに日本大衆文化は大量に流入しており、多様な姿を呈していた。この点についてまとめると、まず、1970年代以降、国民党政府は国際社会における立場を次第に弱めていた。民主化というイメージを築くために、国内に対する支配はそれまでの時期のように徹底的かつ直接的なものではなくなった。かくして、従来抑圧されてきた「台湾」が次第に顕在化してきた。それと同時に、台湾と微妙な共生関係を備える「日本」や日本大衆文化も、公的には禁止されていたが根絶できず、形をかえて、アンダーグラウンドで流通しており、しかも台湾の消費者の支持を獲得した。しかし、これらの「日本」の大衆文化は、いったん「日本」のものだと識別されたり、表舞台に引き出されるや、政府は強力に抑圧した。漫画はその一例であった。

　日本大衆文化がアンダーグラウンドで発展できたいま一つの理由は、長期にわたる国民党政府と対抗する台湾民衆の草の根の力である。228事件以来、国民党政府統治の合法性に疑問を抱く台湾人が生まれ、「白色テロ」などの厳しい統制によって、国民党政府が設定した法律に対する信頼感や服従心も弱まった（第3章参照）。そこで、台湾社会では、反政府勢力だけではなく、アンダーグラウンドにおける日本大衆文化の流通も同様に、このような政府の統制手段に相応して逃れたり対抗したりする方法に熟練したのである。

　この二つの時期の共通の作用は、アンダーグラウンドであるとしても、変形させられたとしても、台湾の消費者を日本大衆文化に馴染ませることになった。

さらに、国民党に抵抗的意識を抱いたかどうか、あるいは「日本」に好意を覚えたかどうかに関係なく、日本大衆文化は長期間にわたりエネルギーを累積して、その後の哈日ブームの先駆けとなった。つまり、この期間は醸成期ともいえ、哈日ブームは一つの突発的なブームではないことを示している。

　台湾における文化創作の抑圧と大衆文化の供給の欠乏は、外国文化の輸入と発展に好機を与えた。しかし、なぜ堂々と流通できるアメリカ文化、あるいはより文化的近似性を備える香港文化だけではなくて、旧植民地支配者である日本大衆文化も発展してきたのか。しかも、政府に禁止されているにもかかわらず、アンダーグラウンドで流通していたのか。この点は、第3章と第4章で、さらに論究する。次節では、他の東アジア諸国では現れることのなかった哈日ブームの形成と斜陽化、およびその時期の台湾での主要な日本大衆文化の発展について考察していく。

第3節 日本文化の解禁と哈日ブーム

1970年代以来、国民党政権は国際社会における立場が日々困難な状況になってきたため、国内に対する完全統制を緩めざるをえなかった。長期にわたって抑圧された言論の自由と政治の民主化は、政治的迫害の脅しに曝されていたにもかかわらず次第に進行していった。1987年7月15日、アメリカなどの国際的圧力および国内の民主化要求に直面して、当時の総統・蒋経国はついに戒厳令の解除を公告せざるをえなかったが、代わりに民主的権利を制限する「国家安全法」を制定した。その後、一連の民主化運動と学生運動が始まった[111]。台湾社会に現れた社会の力は、政府に民主的権利を開放せざるをえなくした[112]。

統制の緩和に伴って、長期にわたって抑圧されてきた台湾的アイデンティティ問題も1980年代半ばに顕在化してきた。国民党の独裁体制の解体という民主化の要求以外にも、民衆から国民党の「脱台湾化」や「台湾の不在」を基盤とした教育やマスコミの報道に対して不平不満の声が出てきた。これは「郷土文学論戦」以来、台湾の顕在化が継続していたと言える[113]。しかし、台湾的アイデンティティ問題の顕在化に伴い、国民党の統制力が弱くなり、かつて抑圧された様々な民族集団の間に存在していた問題も浮上してきた[114]。例え

---

[111] それは民進党が何回か行った国会議員の全面的改選を求めた抗議活動、1988年5月20日の「520農民運動」、集会の自由などの基本的人権を制限した刑法の第100条の廃止を求める抗議デモなどである。

[112] 例えば、国会議員の全面的な改選、台湾省という不合理な行政制度の凍結、および1995年に行われた第1回の民選による総統の選挙であった。

[113] 228事件などを含んで、台湾に関係して削除され、曲解された歴史問題は、戒厳令が解除される前後に表舞台に出てきた。学界の台湾史の再構成という企図も次第に発展している。「台湾」は中国民族主義という政府の史観を打ち破り続け、次第に「中国」と同等な地位を築き上げたのである。それまで抑圧された台湾語や客家語も堂々と公的フィールドに出てきた。

[114] 1970年代以前、国民党政府は台湾を基地として「大陸へ反攻」という夢想を抱き続

ば、民族集団（外省人／本省人、客家人／閩南人／先住民）間の相違や、「（中国と
の）統一」と「（台湾の）独立」という政治的立場の相違が浮かび上がった（王
甫昌 2003）。また台湾人の反発、そして台湾人の権益を目指す努力によって誘
発された、外省人の焦慮と相対的剥奪感が生じた[115]。このように複雑化した環
境の中で、台湾の分裂的なアイデンティティ問題は歴史的要因と政治に弄ばれ、
1990年代以降、次第に最も解きにくい問題になってしまった。

「台湾」と「日本」の顕在化

　1980年代後半以降、台湾と中国間の問題は、もはや1970年代や1980年代の
ような「反共抗俄」や「中国大陸への反攻」という標語で済ますことができな
くなった。1988年、国民党政府は中国に対する交流禁止令を段階的に開放し、
台湾の外省人と中国にいる親族との交流が始まった（晏山農 1999: 246）。国民
党が公言した「全中国を代表する」正統性の制度的な基礎が崩れ始めたのであ
る。また、1991年、民進党は正式に「条件付きの台湾独立の主張」を党の綱
領に入れることによって、国民党によって構築された中国民族主義から離脱す
る意図を表明していった（王甫昌 2001）。同時に、中国と台湾内部の統一派は、
中国民族主義によって台湾に対する束縛を強化しようと絶えず試みている。外
省人の台湾的アイデンティティに対抗する意識がそれによって強化され、かえ
ってかつての「敵」であった実体の中国を「祖国」という想像の基礎と見なし

　　けたので、決して台湾に永住することは考えていなかった。その台湾に対する統治は
　　植民地統治といえるものであった。戦後、国民党政府は日本の植民地期に残された独
　　占的経済体制、および日本の植民地政府が台湾社会の階級を区分する方式を踏襲した。
　　社会学者の陳紹馨（1979: 522-523）の研究によれば、当時、国民党が統治した台湾の
　　階級区別は、ただ植民地式の支配者と被支配者という区分しかなかった。被支配者の
　　間に存在する民族集団（ethnic group）、言語、宗教の相違が無理やり抑えられた。こ
　　のような階級区別は戒厳令の解除まで続けられた。

115　これに関しては楊翠（2003: 164-299）、王甫昌（2001, 2003）と高孚格（2004）の研
　　究を参考。また、外省人の小説家、朱天文が小説『古都』の始めでこう言っている。
　　「まさか、あなたの記憶は全く認められないのか？」ここでいう「あなた」は小説中
　　の主人公で、いわゆる作者自身を指している。同時にこの小説の創作動機は、彼女と
　　その同族（外省人）を支える価値や信念が、「(19)87年以降次第に社会の主流に批判
　　されたり、嘲笑されたり、汚名化されたりした上に、さらに踏みつけられてきたか
　　ら」であると朱は述べている。

ていった。1997年に起きた教科書『認識台湾』[116]をめぐる論争は、このような
中国民族主義と台湾的アイデンティティの闘争が濃縮したものだと言える[117]。
　教科書『認識台湾』の論争がその後に意外な騒動を引き起こし、日本植民
地期の経験がそれにつれて浮上してきた。もともと228事件以来、強制的に
口を閉ざされた戦後第一世代の本省人、いわゆる日本植民地期を経験した台

---

[116] 第2節で述べたように、1997年まで、台湾の教科書は中国史観を中心としており、「台
湾」は教育課程に存在しなかったのである。高校生・中学生は中国史や欧米中心の世
界史しか教わらなかった。地理教科書には台湾に関する部分は二章しかなく、歴史教
科書では台湾と中国の関係に集中するだけであった。例えば、明朝の鄭成功や清朝
の劉銘伝が台湾に入る歴史である。日本植民地時代や228事件などについては歴史教
科書の中で1990年代前半まで一言も触れられなかった。歴史教科書の重点は国民党
政府の抗日、台湾における建設などの様々な功績に置かれていた（越田稜 1995: 177-
182）。しかし、1980年代に台湾的アイデンティティが発展する過程の中で、台湾人は
国民党に批判的な雑誌を通じて中国的アイデンティティに反駁し、台湾的アイデンテ
ィティを次第に芽生えさせたのである。したがって、台湾史の再定義という意図は、
必然的にこれまでの中国史観の台湾に対する固定観念と解釈に挑戦せざるを得なかっ
たのである。1997年、中学校の歴史や地理や社会科の教科書『認識台湾』が出版さ
れてから、中学1年生が『認識台湾』、2年生が中国史、3年生が外国史を勉強するよ
うになった。つまり、「台湾」が中国の歴史や地理から引き離されて独自の科目にな
ったのは、「郷土文学論戦」とその後に興ってくる台湾思潮の継続だと言える。『認識
台湾』の社会科編の編集人・杜正勝は『認識台湾』の史観を次のように表現している。
『認識台湾』の史観は「かつて50年間の中国史を主軸として、台湾史がなくアジア史
も少ないという教材設計とは全く異なり」、「同心円という骨組みで、まず台湾やその
周囲の歴史を学び、次には中国史、その次にはアジア史、最後には世界史だ」。この
ような構想はマスメディアや中国主義者に「台湾と中国の臍帯を断ち切るつもり」だ
と見なされた（王甫昌 2001: 181）。かくして、長期間に存在していた台湾的アイデン
ティティや中国民族主義という問題はまた表舞台に引き上げられ、マスメディア上で
論争が形成された。

[117] 『認識台湾』騒動は、台湾的アイデンティティと中国的アイデンティティの葛藤とそ
の抗争の現れである。日本植民地期の経験は、台湾独自の経験としてこの騒動の中で、
二種類のアイデンティティの論点の一つとなった。一方、『認識台湾』論争を行った
人々は主に中国主義史観の学者と政治家を中心としていた。また、文学者の陳昭瑛は、
教科書『認識台湾』が台湾の悲しい歴史に言及するために、楽しいはずの子供のここ
ろに影響するとともに、日本の神社について述べるのに、孔子廟やアジアに影響を及
ぼした儒家思想に言及しなかったという理由で反対した。中国民族主義を政綱とする
新党の国会議員・李慶華は、この教材における日本植民地時代に対する記述が「日本
に媚びる」ものと直言した。他方、民進党の国会議員・王拓や台北市市議員・段宜康
は、今までの古い教材では全く台湾を述べていなかったが、『認識台湾』が最初の台
湾人の立場によって編成された教材であるので、プラスの価値があると考えていた
（中央日報 1997/07/21 第16面「認識台灣 兩黨大辯論」）。

湾人世代は、『認識台湾』騒動によって立ち上がり、自らの歴史的経験を述べ始めた。『認識台湾』論争によって、「多くの第一世代の本省人は次々と立ち上がって新聞に投書して、彼らの日本植民地時代に対する集合的記憶（collective memory）を表現するとともに、その集合的記憶を再構成している」と王甫昌（2001: 186）は述べている。彼らの発言は、日本植民地期に整備したインフラストラクチャーや、戦後初期に陳儀など国民党政府が接収する際の担当官吏による台湾人に対する圧迫とそれに対する反発、228事件等によって、「台湾人が（日本に）奴隷化された」という中国民族主義者の言い分に反駁した。換言すれば、戦後から1990年代まで封印されてきた本省人と外省人の民族集団の差異、および中国や日本に対する異なった経験が、この教科書騒動によって噴出したのである。王甫昌（2001）は『認識台湾』騒動を、中国的アイデンティティと台湾的アイデンティティを持つ人々が自身のアイデンティティの根源、いわゆる文化・歴史・記憶を保護するための闘争であった、と見なしている。しかし、それと同時に、省籍の区別が制度的に消えた後に（1992年）成長した「新世代」[118]にとって、民族集団による区分の必然性がなくなったという現象は、『認識台湾』の論争によって現れた、と王氏は指摘している。

　要するに、台湾において長期にわたった、日本化にせよ、脱日本化と中国化にせよ、いずれも台湾自身から乖離した幻のイデオロギーによって作り上げられたものである。これらのイデオロギーによって、台湾独自の文化が文化フィールドにおいて低い位置に置かれていたのである。戒厳令が解除されて社会が次第に開放されてから、台湾的アイデンティティと中国的アイデンティティが常に闘争することになり、従来の文化フィールドにおける位置の配置もそれによって混乱していった。しかし、かつての台湾を経験した世代にとっては、台湾文化の位置が依然として曖昧な位置付けから抜け出せていない。さらに、中国民族主義の台湾における権威とそのディアスポラによる虚像性は、台湾独自の文化に依然として影響している。台湾文化は自らの特徴を作り出すことが出来なかった。このような不安定な空白状態は日本の大衆文化に台湾においてそ

118　王甫昌がここで指した新世代は、1980年代以降に生まれた世代のはずで、特に1992年前後に生まれた新世代である。1992年、台湾の戸籍法は子供の戸籍が父の原籍に従うという規定を取り消し、出生地を原籍としている。そうして、戸籍によって外省人か本省人かを区別することができなくなった。

の優位性を作る機会を与えると同時に、新世代にとっては、政治・歴史と消費生活は互いに干渉しないものであるという認知傾向をも促進した（第3、4章に参照）。

　台湾が次第に主体性および発言力の獲得を目指して努力していくと同時に、台湾と中国の政治的、歴史的な差異を表現する「日本」イメージも変化していった。台湾で長期間にわたって根を下ろして成長してきた日本大衆消費文化は、政治の禁令が解除されてから一気に噴出して、「反日」や「親日」以外に、日本のもう一つの様相を形成した。かつて、台湾の表舞台では家電製品などの工業製品しか見かけることができなかったが、1990年代以降は台湾における日本製品の市場が一転して日本大衆文化に占有されたのである。その頃に台湾で流行った日本の消費商品や大衆文化は日本ドラマに限らず、1990年代半ばから起こった哈日ブームも単に日本ドラマのブームから始まったことではない。長期にわたって漫画やアニメ、ファッション、アイドル、キャラクター商品、雑誌、ビデオなどの日本大衆文化が台湾で持続的かつ安定的に成長しながら、エネルギーを累積してきたことは、看過できない要因である[119]。そのように溜まってきた日本大衆文化のエネルギーは1990年代に全面的に台湾の市場に湧き出して拡散しながら、日本大衆文化のブームが形成されたのである。これについては、ここまで述べてきた日本大衆文化が台湾で発展する過程によって明らかである。

いわゆる「哈日ブーム」

　1993年代まで、「衛星中文台」などのCATVやチャンネル[120]がアンダーグラ

---

[119]　李明璁（2003）や李天鐸・何慧雯（2003）などの哈日ブームを研究する論文でも、台湾で長期にわたって浸透している漫画などの日本大衆文化の哈日ブームに対する影響力を重要視するべきだと言及した。

[120]　「有線廣播電視法」（「広電法」と通称）の第2条によれば、台湾においてCATV放送事業は、「チャンネル」とCATV局の2種類に分けられる。CATV局とは、地上波テレビと同様、主に自製番組（全放送番組の70％を上回る）を放送する放送局であるが、その放送方法は、衛星やケーブルを通して、「有線廣播電視系統經營者」（CATV放送システム経営者）に送信して、その放送システムが受信したら、またケーブルを通して放送するのである。他方、チャンネルとは、外国や他所から番組を買い入れ、CATV放送システムに提供するものである。つまり、チャンネルは自製番組が少ない。また、「有線廣播電視系統經營者」（CATV放送システム）とは、衛星からの電波を受信

第3節　日本文化の解禁と哈日ブーム

ウンドで日本番組を放送したりして、日本大衆文化が盛んに流行しかけたにもかかわらず、日本文化は依然として禁止され続けていた。1993年11月に至って、新聞局はようやくテレビの日本番組や歌曲の放送禁令を解除したが、日本映画はまだ制限していた。しかし、これだけでも、日本文化の解禁に等しいものであったといえる。日本大衆文化はついに堂々と伝播するルートを獲得したのである。1994年には日本番組を放送する専門のチャンネルが現れた。それによって、日本大衆文化はマスメディアを通じて普及していき、哈日ブームという現象の出現とその拡散を促した。実際には、長い間、日本において流行するものはほとんどが台湾に導入されていた。例えば1990年代の初めに、「KTV」という日本のカラオケを変形して改良した個室式カラオケが台湾に現れて、まもなく台湾人の重要なレジャーの場所となった。また、プリクラやUFOキャッチャーも台湾に導入された。しかし、これらの消費的娯楽はいずれも必ずしも台湾で長期に流行っているとは限らない。一時的にブームになって、ほどなく消えてしまったUFOキャッチャーはその一例である。

　1990年代の哈日現象は、まず、日本から台湾へ輸入される出版物の量の増加によって確認できる（表2-1参照）。

　日本文化が解禁されて以後の1994年には、日本からの出版物輸入量が増加し始めている。その後、一年間の醸成期を経過して、1995年には哈日ブームは急速に拡大し、そのブームの成長スピードが出版物の増加率に反映されていた。オーディオ出版物は少し遅れて、1997年に至ると、急速に増加している。さらに、日本テレビ番組の輸入量では、1980年に日本番組の輸入量が185時間、そのなかの98.9％が日本アニメである（杉山明子 1982: 249-150）。2001年に至ると、年間輸入量が3984時間に達した。しかも、日本のテレビ番組輸出量では、台湾が世界第一位であった（川竹和夫・杉山明子・原由美子 2004）。ちなみに、以上のデータは、日本語から翻訳された出版物、発売許可を取って発売された台湾正規品や海賊版などの販売量を含めていない。

　表2-1と図2-2によれば、マスメディアの露出効果の影響力が明らかになっている。前に述べたように、1992年以前には日本の大衆文化はアンダーグ

する設備、ケーブルなどの有線電気通信設備を設置し、受信した番組などの電波をケーブルで視聴者に送信する有線テレビジョン放送事業者である。

表2-1 哈日ブームに関する輸入日本文化商品

輸入日本雑誌

西暦	1988	1989	1992	1993	1994	1995	1996
部数（冊）	1,137,958	1,505,743	1,933,362	2,490,316	2,917,040	7,846,878	10,419,838

輸入日本書籍

西暦	1988	1989	1992	1994	1995	1996	1997
部数（冊）	627,000	618,000	828,000	1,073,000	2,327,000	3,840,000	3,199,000

輸入日本オーディオ出版物

西暦	1995	1996	1997
部数（枚）	360,045	455,603	2,169,690

（出版年鑑委員会1995、1996、1998）

輸入日本テレビ番組

西暦	1980	1992	2001
時間	185	598.8	3,948

（杉山明子1982、川竹和夫・杉山明子1994、川竹和夫・杉山明子・原由美子2004）

図2-2 哈日ブームの経済的利益

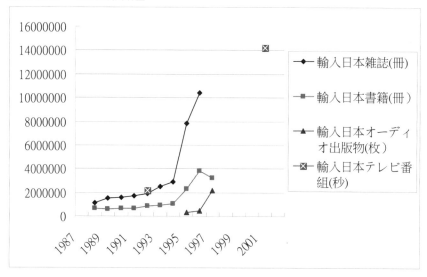

ラウンドで安定して成長していたが、あまり急激に変動しなかった。1992年、「衛視中文台」が放送した日本ドラマ、および新著作権法の実施によって起きた、販売許諾を受けた日本漫画正規品の隆盛とともに、1993年から日本の出版物の輸入量の増加はいくらか加速された。1993年末、日本文化が解禁されて、日本大衆文化は堂々とマスコミに登場したのである。それ以来、1994年〜1995年にかけて、日本からの書籍輸入量が倍増し、1995年の日本雑誌の輸入量がさらに1994年の2.7倍となった。それらのデータによって、哈日ブームの隆盛を迎えたことが明らかに示される。番組の面では、蘇蘅・陳雪雲（2000）が1998年に台北市の中・高校生を対象にした調査によれば、「よく見るテレビ番組」のトップは日本番組（51.8%）であり、本多周爾（2001）が台湾の大学生を対象とする調査も、「よく見る外国のテレビチャンネル」のトップも日本のもの（58.7%）であったと指摘している。

さらに、哈日ブームは莫大な経済的利益をもたらしただけではなく、一種の「日本＝（現代的）消費、上品さ」というブランド・イメージをも形成した。岩淵功一（1998）や李天鐸・何慧雯（2002）は、90年代以降の台湾における日本ドラマの発展を研究すると、日本ドラマは台湾の視聴者に具体的な近代化したスタイルを提供して、「日本＝上品さ、進歩」というイメージを作り上げたことを指摘している。つまり、他の東アジア諸国の状況と異なり、台湾では、CMや台湾歌手のMTVには日本を象徴するバック映像が使われている例が多い（川竹和夫・杉山明子・原由美子 2004: 223-5、酒井亨 2004）。この点については、第4章でさらに論究する。

哈日という言葉は、1997年が最初で、「哈日杏子」というペンネームの作者が日本流行文化に関する『おはようございます！日本』というシリーズの本を書いたことによって登場した。その後、哈日という言葉はインターネットやマスメディアを通して拡散していった。また、1992年以来、マスメディアはゲームや日本ドラマ、漫画などによって生み出された経済的利益のため、日本大衆文化の存在を直視せざるをえない状況となっていった。1996年〜1997年頃、日本のアイドルや芸能人が台湾を訪れ、多くのライブを開催した。また、「HELLO KITTY」によって誘発された日本キャラクターグッズのブームのおかげで、日本に関する情報が次第に大量に新聞に掲載されるようになった。以上に述べたように、日本大衆文化は、ついにかつてのアンダーグラウンドな

状態から抜け出して、一つのブームを形成することになった。たとえ非哈日族、あるいは日本大衆文化に興味がない人々も、明らかにこのトレンドの熱気を感じることができた。哈日という言葉はこの間に急速に広まったのである。

「哈日／哈日族」の定義における曖昧性および論争

しかし、台湾社会において哈日という言葉の定義はかなり曖昧で、一つの定着した定義を持っていない。しかも、哈日族と見なされた人たちの間でも、互いに哈日族に対する定義や自らが哈日族に属するかどうかという判断基準は一致していない[121]。哈日杏子の定義によれば、いわゆる哈日症状は「食べれば必ず日本料理、見れば必ず日本のドラマや映画や書籍、聞けば必ず日本の歌曲や日本語、話せば日本語や日本に関することしか話さず、ぶらぶら歩けば必ず日本商社が投資したデパートに行く」ということである。つまり、「いつも自分を完全に日本化された世界に浸らせなければ辛くなる」のである[122]。本来、「哈」という文字は中国語で、非理性や衝動という意味を内包する。それ故に、哈日という言葉は意義上ではマイナスのイメージを含んでいる。さらに、哈日杏子の作品に現れた、日本に関するすべてを無批判に好むようなイメージは、従来歴史の中でからみ合っている「中国－日本－台湾」という関係をも、日本大衆文化に取り込ませていった（第1章参照）。そこで、日本大衆文化の消費者には哈日族という名詞に対して様々な反応や抵抗感を呼び起こした。例えば、本多周爾（2001）の調査によれば、台湾では、79.6%の人が「日本が非常に好き」、「まあまあ好き」と答えているが、61.9%の人が「自分は哈日族ではないと思う」、「絶対そうではない」と答えている。

台湾社会において哈日族という定義の多義性は、次のように明らかになる。

第一、哈日族は「日本」を無分別に好きになる者だ、という一部のマスメディアや学界の定義である。このような定義を受け入れた日本大衆文化の消費者は、日本大衆文化や「日本」を好む理由を挙げ、自分が哈日族ではないとしているが、その行為が一部のマスメディアや学界に哈日族だと判断されたことも

121　この部分は、筆者がインタビューした資料によるものである。後でまた詳しく論じる。

122　哈日杏子のホームページを参考（http://www.nobitaworld.com/ashing/sympton.htm）。また、哈日杏子はさらに哈日症を七つのレベルに分けた：潜伏期、醸成期、発作と矛盾期、成長期、壮大期（哈日苦壮期）、哈日症の末期、薬石無効期（哈日杏子2000）。

ある。例えば回答者Fは哈日族が「一種の盲目的な追いかけ」で、「なにかと流行を追いかけるような一群だろうかな。でも、彼らはあれら（日本）のものがどこがよいかを知ってもいないのに、そのまま追いかけて行く」と言い、自分が日本のものを好む理由については、「私には理由がある。つまり、日本のものが丈夫で使いやすいからだ。……私はなぜ日本のものが好きかというのは、私がちゃんとそれらの長所がわかっているためだ」と述べている。このように哈日族に対してマイナスの定義を抱く回答者Fは、決して自分が哈日族だと思わないのだが、「私は日本人だ」と答えた[123]。

　第二、哈日族を「日本」が好きになる者だと定義して、哈日族の間に存在する温度差は重要ではないと考えている人々もいる。回答者Mは哈日族の定義について、「貴方が日本のものを好きなら、それは哈日族でしょう」と考えており、回答者Hは回答者Mと同様、哈日族が「日本文化や人、そして、日本のものを使うことがとても好き（なような人々）だ。……だから、少しでも好きで日本のものを身につければ、哈日族だよ」と思っている。回答者Lも同様に答えている。

　第三、哈日族の定義が曖昧だと考えている人もいる。つまり、マスメディアが伝えた哈日族の定義を良くないイメージだと感じているが、その定義は一般論か、あるいは信憑性があるのか、と疑っているのである。回答者Rは「もし（哈日族は）日本だけが完全に良いと思いながら、日本のすべてに盲従して、他のところを軽視する人たちを指すのならば、私はもちろん哈日族ではない。そして、誰かが、ただ私が『Kinki Kids』のファンだということを耳にすると、すぐ私を哈日族として扱う、ということも好きではない。……このよ

---

[123]　さらに例を挙げれば、回答者Iは哈日族が「あのように何も考えなくても、日本のものを何でも正しいと思う」人を指すが、「私は日本のあるものが好きだけど、私はできるだけ……いろいろな点で彼ら（日本人）と同じようになっていたい。例えば頑張って働くという部分だよね」と思っている。あるいは、回答者Qは「私は自分が『哈日族』ではないはずだと思うわ。私はあのような定義に合わないから。私が日本を好むということは、ただあのような形で表現されることではないのよ。私の場合は、日本に引っ越してでも日本に住みたいという形で表現されるのだ」と述べている。しかし、回答者Fの「私は日本人だ」、あるいは回答者Qの「私は日本に引っ越してでも住みたい」という発言は、哈日杏子の定義によれば、すでに「哈日症」の末期に属し、あるいは邱淑雯（2002）がいう台湾にアイデンティファイしない表現である。

うな言い方をしたいのなら、（その判断基準を）フェアにするべきだ。そうでなければ、ビートルズが好きな人は皆『哈美族』（アメリカ・マニア）というものではないのか（ここでは、回答者Rはイギリス人である「ビートルズ」をアメリカ人と誤認している）。しかし、もし哈日族の定義が日本文化に好意を抱いていて、触れたり、理解したい人を指すのならば、私はそう（哈日族）だと思うわ。でも、『哈日族』の定義は、そういうものではないはずだよね」と述べている[124]。

　以上のインタビュー結果によれば、日本の流行文化の消費者にとって、哈日の定義の範囲は、「日本の流行文化が好きなら、それは哈日族でしょう」というものから、「あれは一種の盲従行為」というものまであり、かなり曖昧である。一方、この曖昧さは、日本文化を好む当事者の間の哈日に対する定義の相違が反映されている。他方、当事者の自己認知や哈日族に対する認知、または他者のこの両者に対する判断、それらの互いの軋轢による哈日の定義の曖昧さも示されている。しかも、前述の第二の哈日族の定義を受け入れた人々以外の、第一と第三の哈日族の定義を考える日本大衆文化の消費者は、一般大衆にとって哈日族は非理性的で熱狂的な者であり、一種のマイナス評価だと感じており、そのようなラベルを貼られることを拒否している。

　第1章で論じた学術界以外でも、世論とマスメディアにも哈日現象に対して様々な見方がある。例えば、「小葉日本台」を筆名とする日本ドラマ評論者の葉俊傑は次のように述べている。哈日族が好むのは、ただ日本の流行であり、日本の軍国主義などをすべて受け入れるものではないし、国家アイデンティティについて自分が日本人だと言う哈日族もほとんどいない。また、哈日というのは、実は多様化しているので、哈日を「文化の侵入」と叫ぶより、もしろ「文化の交流」という方が正しい。鎖国でもしない限り、異文化の進入を阻止することはできない。したがって、哈日が問題を引き起こすというのは、む

124　あるいは、回答者Gは、「外部の人々から見れば、私が哈日族と思われているでしょう。でも、私はそうだと思わない。だって、私は、日本のものなら、すべてがよいと思っていないし、日本のものしか使わないのでもない」と述べている。つまり、回答者Gは、マスメディアなどのルートから伝えられた哈日族の定義に賛同していないけれど、その定義を一般人の考えとして受け入れたのである。回答者Sも、「私が日本のものに関心をもったり、日本のスタイルのものを着たりすれば、すぐ哈日族と思われ、熱狂的だと思われた。でも、私は熱狂的ではないし、理性的である。しかも、日本だけではなく、欧米の流行や文化にも関心をもっているよ」と答えている。

しろ本省人と外省人が日本に対して異なる経験と恩讐心を持っているためである。しかし、このようなイデオロギーを哈日という嗜好に背負わせるべきではない[125]。

劉志偉[126]は新聞で葉俊傑のこうした論点に対して反論を提出している。劉は哈日族が自分と他者（非哈日族）を区別するかどうかをさらに探究しなければ、哈日族が流行だけを好んでいる、という葉の論点を確認することができないと考えている。しかも、もし、それによって葉の論点を確認できれば、哈日族という言葉はもはや存在する必要がない。また、葉が個人の経験で哈日族を代表するだけでは決して充分ではない、と劉は考えている。それだけで、哈日族について葉俊傑が述べたように他の流行を追求している若者と異ならないと論断することができないと劉は指摘した。しかし、劉は、ハリウッドを好む人々が日本文化に対して冷たい態度をとり、哈日族が台湾商品を軽視することを同等に扱うと同時に、哈日族とその他の流行を求める人々の間に、流行を追いかけるという面で類似性を持っていることが確認できるであろう。

インターネットでは、哈日族が日本大衆文化に夢中になり過ぎて、もはや病みつきになっているという発言もあるし、さらに反哈日族ないし抗日族は、哈日族のような行為が国際的に恥を曝すことだと見なす発言もある[127]。

マスメディアにおける「哈日」の立場

マスメディアは哈日現象に直面して、最初は反対や非難する立場をとった。特に従来国民党の保護で独占企業として成長してきた中国民族主義に傾くマスメディアが主であった。1986年、『聯合報』は若者が日本製品を愛用する現象についてすでに憂慮の意を表した。この現象は、若者の自信欠乏にあることを示して、このような「日本に媚びる態度は矯正されるべきだ」、と報道した[128]。事実上、中国民族主義に傾くマスメディアは中日戦争の歴史や記憶を踏襲して、常に日本に対して拒絶や抵抗する態度をとっている。例えば1987年、ある日

125　葉俊傑（1999）中央日報 1999/05/06 第19面「哈日族背負之道德批判」。
126　劉志偉（1999）中央日報 1999/05/26 第19面「我群與他群、再論哈日族」。
127　民生報 1999/08/05 第63面「網路看法兩極化」。また、「反哈日救自己」掲示版を参考（http://ajf.cjb.net/）。
128　聯合報 1986/02/17 第6面。

本チームが台湾に来て親善スポーツの交流活動に参加した時、接待する態勢が大袈裟だったので、直ちに日本に媚びていると非難された、ということが挙げられる[129]。また、多くのマスメディアでは、1945年に中国から移った外省人によって「台湾人は日本に奴隷化された」という批判がくりかえされ、日本の植民地期を経験した台湾人の日本に対する親しい態度を、常に「日本への媚び」や、「皇民化」という言葉で非難している。しかし、1990年代には哈日現象が巨大な経済的利益を生み出したので、日本大衆文化や流行はその経済力により、公のフィールドで一定の位置を獲得した。各大企業は次から次へと日本の大衆文化を広告や企業イメージとして活用した。「HELLO KITTY」クレジットカードなどがその一例である[130]。この経済的利益に直面して、マスメディアは日本の大衆文化を報道せざるをえなくなった。『大成報』や『民生報』などの芸能や流行の情報を主とする新聞は、日本の流行文化に関する情報を大幅に増やし、『聯合報』や『中国時報』などの総合新聞、あるいは経済に関する情報を主とする『工商時報』も、次第に哈日現象とそれがもたらす利潤を重視したのである。

しかし、中国民族主義に傾くマスメディアの日本に対する態度は、経済的利益や視聴率などのために、仕方なく日本と哈日現象とを区分けせざるをえなかったが、哈日現象によって日本に対する態度を変えたわけではなかった。そのような区分を最も明白に表現した事件は、2001年に小林よしのりの『台湾論』が台湾で出版された時に、その漫画の慰安婦についての不当な描写をめぐって発した「親日派」と「仇日派」の衝突である。その時、マスメディアは、一方では、親日派を「日本への媚び」として扱い、親日派の日本への態度を非理性的であると報じた[131]。そして、マスメディアは経済と政治的イデオロギーを分離する態度を変え、親日派の言論を哈日と関連づけて、哈日が「日本への媚び」を形成することや、(中国史観の)歴史を歪曲すると公言した[132]。言い換えれば、中国民族主義にとって、日本は「敵」であり、台湾が中国から離れて独

129　聯合報 1987/11/24 第2面。

130　哈日ブームがもたらした経済力について、工商時報 1999/05/27 第42面を参考。

131　『台湾論』によって起こった非難について、中央日報 2001/10/28 第3面、2001/02/23 第8面。中國時報 2001/02/22 第3面を参照。

132　例えば、中國時報 2001/02/22 第3面。

自な経験をすることになった象徴でもある。したがって、台湾における哈日現象は歴史・政治と関わりのない日本の流行や大衆文化を主軸としているにもかかわらず、「中国－日本－台湾」の歴史的葛藤および台湾的アイデンティティ問題と関連づけられたのである。

「哈日」と台湾的アイデンティティ

　回答者Fの「私は日本人だ」、あるいは回答者Qの「私は日本に引っ越して住みたい」という発言は、第1章で提示した、哈日族が台湾にアイデンティファイしないという学者の論点を支持するといえるのだろうか。インタビューの資料によれば、確かに多くの回答者は日本で生活してみたいと答えている[133]。しかし、例えば、前述した回答者Fは自分は日本人だと思っているが、「特に日本人になりたいと思わない。日本に住みたいのは本当だけど。……だって、日本では私を惹きつける小物が多いから。……しかし、たとえ日本に行くとしても、私はまだ台湾人だ。私は日本の環境がとても好きだと感じているし、彼らのようなライフスタイルが欲しい。しかし、私はやはり自分が台湾人だと思っている。私は台湾が私の祖国だと認める」。つまり、回答者Fの「私は日本人だ」という発言では、前文に引用された文脈によれば、彼の指した「日本人」は一種の消費・ライフスタイルの側面に関する「日本人」に限ることが明らかにされている。また、回答者Qは「台湾人であることが好きだ。……私はずっと日本で生活したいけど、国籍を変更したくない」と述べている。つまり、「私は日本人だ」とか、「日本に住みたい」という発言は、現実の国籍や国家アイデンティティとあまり関わらないし、政治などの現実の日本にアイデン

---

[133]　「日本に行きたい」に関する発言について、回答者Nが述べたように、「かつて日本に住もうかなと思ったことがある（今ではあまりそう思わないけど）。だって、あちらのものはすべてがすばらしいと思っていたから。例えば、台湾と比べると、あそこのほうが住環境がよいし」。回答者Lの場合では、「私は日本人になりたくない。日本は遊びにいくのに適するところだ。お金をたくさん貯めて、遊びにいく、というところだ。……しかし、住むには少しも適していない」と考えている。回答者Mは、「もしお金があれば、（日本に）行ってしばらく住んでみたい。しかし、日本の国籍に変えたくはない。だって、ここに住むことにもう慣れたからだ」と述べている。さらに、回答者Iは、「昔は日本人になりたいと思ったことがある。しかし、日本に行った後では、もうそうしたくない。……日本は実際には私が想像したように良いところではないと思ったからだ」と報告している。

ティファイすることと等しくはない。単に異なるライフスタイルへの憧れ、あるいは想像でしかない[134]。

言い換えれば、日本人になりたいという考えは、確かに「日本」イメージが持っているプラスの価値を分かち合いたいという点で、消費行為の作用に類似しているのである。消費者は広告などを通じて、ある商品の記号的イメージを獲得する。しかも、自分がこの商品を購入することを通じて、この商品が持っている記号的意義を分かち合い、さらに所有して、自己のイメージを昇格させることができると信じ込むのである。だからといって、このような消費行為が必然的に消費者の核心的価値を変えるわけではないし、単なる一種の表面的な模倣でしかない。この部分は、第4章第3節でさらに論じていく。

さらに、哈日、あるいは日本大衆文化が好きということは、台湾、あるいは台湾に対するアイデンティティを否定することと等しいのであろうか。確かに台湾に対するアイデンティティやイメージを聞かれると、特別な感想を持たないと答える者もいる。例えば、回答者K、JやPのように、台湾人であることに対して「別に特別な感想がない。つまり、このようであることでしょう」。あるいは回答者Gは、「日本人や他国の人になりたくない。だって、すでに台湾人だから。……台湾人として特に光栄だとも思わないけど」と表している。以上の論点は、台湾を認めないことと等しいのであろうか。事実上、国家という政治的なアイデンティティはある程度の強制性や刷り込み性を持っているので、外部からの刺激が起こらない状態においては、一種の無意識的で自明な概念である。したがって、必然的に日常生活に目立った反応が起こるわけではない。さらに、台湾で育つと、台湾社会のハビトゥスや実践感覚が身につい

134　回答者Kの事例はこの点をさらに明らかにしている。回答者Kは自分が「日本人になりたい。移民は別にどうでもいい。私が欲しいのはあそこへ行ってしばらく生活することだ。人生を体験したいことだ。……（しかし）私の親戚や友達は皆台湾人だ。できるだけ日本人のように振る舞うしかないだろう。例えば日本語がうまくなることだ。……ずっと日本に住みたいとは思わない」と報告している。当回答者Kが日本人になりたい理由は、「私の日本人に対する第一印象はかなり礼儀が正しいことだ。……私はこのような人が好きだ。私にふさわしい。……自分もそのようになれるかどうか知りたい。……好奇を覚える。日本の文化を体験したい。しかし、台湾人になりたくないことはないし、台湾で生活したくないこともない。でも、欧米には行きたくない。アメリカは大きすぎる。日本の感覚がより台湾に似ている。アメリカは遠すぎて、台湾と全く違う」ということである。

て、日常生活を半自動的で意識することなく生きているのである。したがって、台湾に対する感想に言及する時、それは具体的なイメージより、身体化された反応に近い。回答者I、H、LやMたちの台湾への言及は、皆が日常生活（ハビトゥスや実践）を中心としており、国家、政治、歴史などの枠組みの下でではないのである[135]。この点も、アルヴァックス（1989: 85）が強調した、国家が個人からあまりに隔たりすぎているから、個人の記憶や感覚は個人と国家の間における無数の小集団に頼っており、国家と直接に繋がることではないという論述を支えている。さらに、台湾では長期にわたり二種類の集合的記憶が闘争状態に置かれ、一種の歴史観の断裂やアイデンティティの問題が形成された。これも台湾に対するアイデンティティの曖昧性を促した。この部分については第3章でさらに詳しく述べる。以上の事柄をまとめて言えば、台湾に対するアイデンティティの曖昧さを、哈日のせいだと論断するべきではないだろう。

　さらに、回答者Nは率直に「台湾人であるのはかなり悲惨だと感じる」と述べている。しかし、彼女は自分が台湾人として悲惨である理由を明確に表示しており[136]、その理由は「日本」と繋がるのではなく、台湾の政治的現状に密接に関わっている。つまり、政治やアイデンティティに触れれば、回答者の考えは消費・ライフスタイルに属する日本大衆文化から離れていく。しかも、日本大衆文化を好む消費者が、自分が台湾人である感覚を述べた時に、台湾人で

135　回答者Iは「台湾はとても親切なところだ。なぜなら、小さい頃からずっとここで成長してきたからだ。……外国へ行ってきたら、郷里であるここがよいかなと感じた」と報告している。回答者Lは台湾文化に対する感想を聞かれると、「食べるのも居住するのもよくて、ここで生活するのはとてもよい。台湾人としてはとてもよい」と答えている。回答者Mにも類似する意見がある。つまり、「小さい頃から台湾で成長してきたため、あなたは実は（周りに）何か特別に影響されたとは感じない。なぜなら、すでにこの成長してきたところに慣れたからだ」というのである。また、回答者Hは、「小さい頃から（台湾で）成長してきたためかな。言語も通じ合って、台湾で生活することがとても心地よくてすばらしいと感じる。日本にいると、ストレスが大きいと感じて……重苦しい生活だと思う。（日本では）女性に対する差別はまだ大きい。だから私は台湾の女性であることがすばらしいと思う」と報告している。

136　つまり、「今、中国共産党がこのようにしている。我々は彼らに統治されたくない。でも、（国際的にみて台湾は）小さい国としか国交がない。……（国内で）権力を握る政治家がとても嫌だ。だから、台湾という国家はあまり前途がないと思っている。……でも、日本の政治家だってそんなによくはないでしょう」ということである。

あることは光栄だと表する回答者は少なくもない[137]。これらの報告は、さらに哈日族が台湾を認めないという批判に反証するものである。換言すれば、圧倒的多数の日本大衆文化を好む回答者は台湾に言及した時、プラスの評価を持っている。このような大衆文化や消費文化の分野と政治の分野との分立は、第3章と第4章でさらに論じていく。

　もちろん、台湾や台湾の大衆文化に対するマイナスの批判を提出した、日本大衆文化が好きな回答者がいる。その人々ははっきりとその理由を述べている。例えば、自分の文化が核心を持っていないとか、伝統文化の喪失に対する落胆とか、インスタントの効果だけを求めて、長期間にわたる文化の育成を行わないことなどである[138]。しかし、これらの批判、あるいは憂慮は、本章の第2節の論述を参照すれば理解できるように、その根源が1945年以来の中国化政策および台湾文化に対する抑圧にまで遡らなければならない[139]。つまり、台湾の文化市場の空白や矛盾はその抑圧によって形成されており、日本大衆文化による植民地化によって発生したものではなかった。したがって、「台湾の伝統には哈日族が強烈に認める人物や物事が雀の涙ほどしかないし、現代のテレビ番組や都会文化すら弊履を棄つるが如し。（哈日族が）伝統を改めて解釈し直して、さらに新たな伝統を創造することが不可能なことは言うまでもない」（邱淑雯 2002: 63）というような哈日族に対する批判は、台湾文化の発展に関する

137　例えば回答者RもHも、「台湾人であるのは、かなり誇らしい」と報告している。回答者I、Lも類似する考えを表示している。また、前例の回答者Fも、「（台湾人であることは）いいと思う。……かなり誇らしい。その上、私たちの国家は国際間ではよい印象を持たれているだろう」と述べている。

138　回答者Nは「台湾は自分の文化を見つけられないで、日本のトレンドを追いかけているようだ。つまり、植民地主義のような感じであろう」と述べている。回答者Mでは、「台湾（の文化）は継続的に変化して、結局変わる途中で自分のモノを流失したと思っている」とか、「台湾人はマナーの強化がまだまだだが、今では台湾の交通はまだ便利だといえるだろう」と述べている。また、回答者Fは、「台湾は布袋劇（人形劇）や歌仔劇（台湾風ミュージカル）などの伝統文化がある。しかし、もう私たちの世代は認めなかった。いわゆる、伝承が絶えたのだ」と表している。あるいは回答者Gは台湾文化が「めちゃくちゃだ。すべてにインスタント（の効果）を求めているだけだ。台湾の伝統は……自分のモノが何も保存されていないような感覚だ」と述べている。

139　もちろん、もっと遡れば、日本植民地時代における、植民地政府の台湾文化の発展に対する抑圧が原因の一つだといえる。しかし、これは、戦後の日本大衆文化の輸入とその優位性と、同一視されるべきではない。

歴史の因果関係を倒置して、時間軸、政治などの事実上の原因を見落としているのである[140]。

　以上をまとめれば、日本大衆文化を趣味にする者の日本に対する好感、あるいは日本の商品／ライフスタイルに対する愛着は、台湾や台湾の人・物・事への軽蔑を示すわけではない。それと同時に、彼らの「日本に対する印象は完全に良いわけではない」（回答者G）。例えば前文で示したように、回答者たちは「日本」について述べた際には、ほとんど消費やライフスタイルに関して論じているのである。それによって、哈日現象、およびそれに誘発された、日本人になりたい、という考えは、明らかに消費生活や大衆文化に限られることを示している。政治的なアイデンティティを論じれば、積極的か否かであろうと、圧倒的な多数の消費者は自分が台湾人であることを認めているのである。しかし、この政治的なアイデンティティは日常生活では、消費や大衆文化と分立しており、一つの自明な概念である。つまり、「台湾」イメージが消費的にはブランド性や文化資本を備えていないことが、必然的に政治的なアイデンティティと抵触するわけではないし、政治的に考えれば、国民党統治時代に「台湾」を抑圧したり貶めたりしたことを看過するべきではない。さらに、消費者が大衆文化、マスメディアなどを通じて認識した「日本」は、一つの想像や自我の投影によって作り上げた「虚像」の日本である。逆に、台湾に対する認識は身

140　また、台湾のテレビ番組に対する批判も、日本大衆文化の愛用者から起こされているだけではない。単に台湾のテレビ番組が日本番組を模倣することについての、関連記事も少なくない。本節の「3-2日本ドラマ」を参照。また、本書のインタビューによって、1990年代、台湾のテレビ番組が視聴者を引きつけることができない理由は、「台湾（の大衆文化）では……（芸能人を）育成する期間はかなり短い。なぜなら、台湾人はアイドルの育成にあまり配慮しないからだ。……（ある芸能人が）人気を集めたら、（その人を）舞台に押し出す。1年間に人気を集めれば、その1年間の分を儲ければよい。もう人気がなくなったら……また他の人を探せばいい。……オリジナル性は少ないし、実力もない」（回答者F、G、H、L、K、R）のである。しかし、この発言は、台湾のテレビ番組や芸能人が視聴者の愛顧を受けることはありえないというわけではないし、日本のテレビ番組や芸能人だけが台湾の視聴者を惹きつけることを表すことでもない。例えば、1970年代のアメリカの音楽、1980年代の香港ドラマ、さらには2001年以後の韓国ドラマや台湾の「偶像劇」は、消費者の趣味が移り変わるものであることを明らかにしているのである。日本大衆文化は台湾で一種のブランドや憧れのイメージを形成することができるとしても、それが必然的に開放的な市場で唯一の優位性を維持し続けることを表すわけではない。

体の実践、ハビトゥスによって構築された、多面的な「実像」である。それ故に、哈日族の台湾に対するアイデンティティや日本に対する好みを論じる時には、この両者の間に存在している差異を明確に区別しなければならない（「虚像」と「実像」の相違については、第3章ではさらに述べていく）。また、たとえ日本大衆文化の嗜好者が台湾大衆文化を批判するとしても、それは決して台湾を否定することと等しくはないし、台湾より日本が好きだと証明するわけでもない。例えば回答者Rが述べたように、「どの国家の文化でもその国に利点も欠点ももたらすのだ。……台湾は現状の通りだが、私はやはりそれでも台湾がとてもかわいいと思う」。

海賊版問題の発生

哈日現象は1990年代半ばに盛り上がっていったが、2000年以降、「韓流」や「台湾偶像劇」の出現、漫画市場の不振や日本でのテレビ番組の視聴率下落などによって、台湾における哈日ブームの衰退傾向が見え始めた。しかし、哈日現象によりもたらされた経済的利潤が下落傾向を示した一要因を、看過することはできない。それはすなわち海賊版の再度の出現であったからである。

1990年代半ば、一度は消えた海賊版は再び台湾で作られ始めており、海賊版の漫画がまず現れたが、印刷品質が粗末で、かつ台湾の出版社が出版許諾を得ていない作品が主であった。それ故に、海賊版漫画の台湾の出版社に対する衝撃は大きなものではなかった。しかしVCDやCDなどの海賊版は、台湾の音楽、ビデオやCATV市場に大きな打撃を与えた。

1992年以来、新著作権法の実施と産業界の努力により、短期間に大部の海賊版を阻止することができた[141]。ところが、新著作権法によれば、日本のような国交を結んでいない国は、台湾と著作権協定を締結していない上に、日本の出版物は日本で出版されてから一ヵ月以内に台湾で出版される限りで、新著作

---

141 1990年以来、アメリカ政府は、台湾からの過度の輸入超過の状況を見て、台湾におけるアメリカ映画の著作権に対する侵害を重視し始め、301条項の貿易制裁を後押しして、台湾政府にCATVで許諾を得ないアメリカ番組や映画を放送することを禁止させた。アメリカからの強大な圧力で、台湾は1992年に「新著作権法」を通過させた。著作権の適用範囲は印刷物から映画や音楽、コンピューターのソフトなどの分野にまで及んでいる。

第3節 日本文化の解禁と哈日ブーム 119

権法の保護を受けることができるのである。映画も同様である。したがって、日本の出版物は産業界の自助努力によってしか利益を保護することができない。台湾における日本漫画の合法化過程（本節3-1参照）はその一例である。漫画はその形で正規品の漫画市場を保っていたが、他の日本の出版物や日本音楽は法令で有効な保護を受けないので、1998年に海賊版が再び大量に出現するまで、海賊版のアルバムやビデオは依然として市場で少量だが流通していた。

1996年に海賊版の音楽アルバムが台湾に現れ、正規品の3分の1の価格でアンダーグラウンドで流通していったが[142]、ここでいう海賊版は主に国語や台湾語の流行歌のアルバムを指す。海賊版が現れた後、台湾歌手のアルバムの販売量は回答者Eの見積りによれば、およそ1〜2割落ちた、といわれている[143]。その後、アルバムの海賊版は政府の取り締まりで阻止されたが、インターネットからの音楽ファイルのダウンロードやCDレコーダー（あるいはパソコンの書き込み機能）という科学技術の進歩につれて、著作権の違反問題がさらに深刻になった。ダウンロードやCDレコーダーが盛んに行われる状況で、「音楽はもう価値がない」と回答者Cは直言している。回答者Eも、「皆がコンピューターやCDレコーダーを持っている状況で、まだ正規品アルバムやオリジナル盤を買う人がいるだろうか」と言っている。事実としては、海賊版が盛んに行われる状況は台湾だけではなくて、世界中に及んでいるのである[144]。

しかし、先に述べたように、日本音楽の海賊版は以前から台湾に存在していた。たとえ台湾が著作権化時代に入ったにもかかわらず、日本の創作物は台湾

---

142 聯合晚報 2001/9/10 第3面。

143 回答者Cも同じような観点を表している。また、回答者Cは現在の印刷技術がすぐれているので、海賊版カセットテープやCDジャケットは原版にきわめて似ていると述べた。それ故に、多くの消費者は両者を区別することができない。ちなみに、海賊版の主な消費者は学生だと回答者Cは言っている。

144 国際レコード産業連盟（IFPI）が2003年に公表した全世界における当年度海賊版の現況報告によれば、2002年の海賊版アルバムの総括的な売上高は46億ドルに達し、2001年の売上金額より14％増加し、しかも3年前と比べれば倍以上増えた。さらに、オンラインの音楽ファイル交換による経済的損害は、まだこのデータに算入されていないのである（經濟日報 2003/07/12 第8面「盜版CD去年賣了46億美元」）。また、次のホームページを参考。http://www.watch.impress.co.jp/internet/www/article/2002/0417/ifpi.htm、http://www.watch.impress.co.jp/internet/www/article/2002/0416/odyssey.htm、http://www.watch.impress.co.jp/internet/www/article/2002/0226/riaa.htm。

の新著作権法で保護されていないので、それらの海賊版は台湾市場に常に存在していた。したがって、1996年頃に現れた日本音楽の海賊版アルバムは、日本音楽の正規品アルバムにとって、ある程度の衝撃があったものの、台湾のアルバム状況ほど酷くはなかった[145]。

　海賊版がCATVやビデオレンタル産業や映画にもたらした衝撃は非常に大きいものがある。日本ドラマもその被害者である[146]。第2節で述べたように、最初、台湾の視聴者はビデオレンタルの形で日本ドラマを視聴しており、固定された時間にテレビ放送を待つ視聴ではない。その後、1990年代の前半、テレビやチャンネルで最新ドラマが放送された際に、視聴者は他の選択肢が少ない状態で、テレビ放送を忠実に待っていた。しかし、レンタルより安くて、テレビ放送より速い海賊版VCDが現れて以来、好きな時間に視聴するという従来の視聴慣習に見合った海賊版は、次第にテレビやチャンネルの視聴者を奪ってしまった[147]。そうした状況の中で、日本ドラマは台湾の新著作権に保障されな

145　回答者Cによれば、日本音楽の海賊版は、台湾で長期間にわたり存在してきた。したがって、正規品と海賊版をリリースするレコード会社の間には、一種の暗黙の了解がある。台湾では、日本音楽のアルバムの正規品がリリースされれば、そのアルバムの海賊版がリリースされることはないのである。

146　この海賊版行為がビデオ産業に対して最大の衝撃だと回答者Aは考えている。つまり、一般市場で販売される海賊版の映画やドラマを除いて、ネットワークによるVCDのオンライン購買方式によって、従来海賊版VCDの売店を見付けられない人でさえ、インターネットを通じてそれを購入することができるようになった。音楽産業やビデオ産業にとってまさに弱り目に祟り目の状況であったといえる。例を挙げれば、ハリウッドのヒット映画が上映される前に、その映画のVCDはすでに台湾全島で販売されているのである。また、テレビでまだ放送中のドラマは、日本ドラマか台湾ドラマか韓国ドラマかは問わず、そのVCDがすでに台湾に現れた。その海賊版の出所は映画館でビデオカメラで録画されるものもあるし、インターネットからダウンロードするものや外国から持ち込まれるものもある。例えば台湾でまだ放送されていないドラマは、中国や東南アジアにおいてすでにVCDが出版されたり、放送されたりしている。それが、すなわち海賊版の出所である（聯合晩報 2001/06/10 第3面、民生報 2001/04/18 第C1面）。

147　日本で一本のドラマ・シリーズが放送され終わった後、ほとんど一週間以内に、台湾でその海賊版VCDが現れ、価格は一シリーズ約500円から3000円までで、レンタルより安いものが多い。しかし、正規品VCDの価格は、堂本剛が出演する『To Heart』を例として、一シリーズがおよそ3万3000円を要し、台湾の消費水準にとってかなり高い贅沢品に属するのである。それため、「得利影視会社」というDVD会社は日本ドラマ『魔女の条件』や『To Heart』などの著作代理権を取った時、高すぎる値段を設定すれば消費者が受け入れにくいという問題を考慮し、それらのVCDやビ

第3節 | 日本文化の解禁と哈日ブーム 121

いことに加えて、放送権料が次第に高騰していった。それに伴って、テレビ局
やチャンネルは人気ドラマの最新作を購入して放送するスピードが次第に緩慢
になり、競争力がさらに下がってしまった。

このような海賊版の購買状況に、パソコンやVCDレコーダーでの複製問題
が加わり、日本ドラマはさらに広く普及したが、経済的利潤は低くなっていっ
た。日本ドラマの海賊版が非常に売れたため、テレビ局やチャンネルは高額な
日本ドラマのヒット作品の放送権を購入したにもかかわらず、視聴率は普通水
準でしかなかった[148]。

海賊版ビデオやVCDの問題は日本ドラマにとって深刻なだけではなく、韓
国ドラマにも海賊版が現れた[149]。しかし、日本ドラマや台湾の音楽アルバムと
比べれば、韓国ドラマやアルバムの海賊版の状況はより軽微であった。2007年、
台湾の市場で見かける韓国ドラマのDVDやVCDはほとんど正規品であり、価

デオをレンタル専用の非売品とすることを決定した。しかし、この方式でも海賊版の
日本ドラマを購入する需要を抑止することはできなかった。その原因を探求すれば、
かつてドラマ・ビデオをレンタルすることによって養成された日本ドラマの視聴慣習
は、一作品の全話を一気に鑑賞し終わることにある（羅慧雯 1996）。したがって、安
い海賊版VCDは、毎日定時にテレビの一話放送を待つより、台湾人の自由な視
聴慣習に合うのである。それが原因の一つであろう。

148 「JET TV」チャンネルを例にとると、このチャンネルでは2000年4月4日には、3月
26日に日本で最終回が放送されたヒットドラマ『ビューティフル・ライフ』が放送
されたが、海賊版は4月7日に発売されるという状況であった。当時、「得利影視会
社」はすでに『ビューティフル・ライフ』のビデオ（VCD/DVD）著作代理権を取
ったので、『ビューティフル・ライフ』の海賊版の強力な取り締まりを促した。し
かし、結局、『ビューティフル・ライフ』の最終話は日本で放送された時には40.1%
の視聴率に達したが、台湾では最終回の視聴率（1.05%）は、第二回（4月5日放
送、1.13%）にさえ及ばなかった。「JET TV」はそれを海賊版VCDの販売に起因する
と考えている（中國時報 2000/04/04 第28面「『美麗人生』昨晚首播、VCD7日上市」、
2000/04/19 第28面「盜版VCD偷走不少忠實觀眾眼淚、『美麗人生』結局收視率平平」）。
ちなみに、1992年以降、台湾のCATVやチャンネル数が次第に増えて、1990年代後
半に至ると、約80チャンネルになった。したがって、視聴率は1%に達すれば、視聴
率が良い、5%以上に達すれば、高視聴率と考えられている。筆者が「八大電視台」
で働いていたとき（1999年）、毎日、AC Nielsen会社の視聴率表によって、視聴率が
1%を超えた番組は、その制作チームや購入チームが会社から奨金をもらえた。

149 例えば、韓国ドラマ『冬季のソナタ』は「八大電視台」で放送される前に、その海
賊版がすでに台湾に現れ、CATV局も新聞局と協力してその海賊版VCDを強力に取
り締まった（民生報 2002/04/23 第C3面「冬季戀歌變調夏日輓歌、未演先轟動、盜版
VCD搶先全台鋪貨」）。

格が約3000円である。なぜなら、回答者Cによれば、これは「台湾と韓国の間に存在する言語障壁がかなり大きい」からである。「台湾では日本語がわかる人はかなり多いけど、韓国語がわかる人は少ない。だから、韓国物の海賊版は製作上より多くの障碍がある」ということである。

しかし、さらに科学技術の進歩によって、台湾の視聴者はインターネットを通じてファイル交換すると、ほぼ日本や韓国と同時にドラマを鑑賞することができるようになった（聯合報 2005/11/17 D4版）[150]。しかし、AC Nielsen 会社の調査によれば、日本ドラマの視聴者は女性会社員や学生を主体とし、年齢では15〜24歳の視聴者が主である。これらの人々は、韓国ドラマの主要視聴者である中年婦女と比べると、インターネットをより多く使っているので、日本ドラマのインターネットにおける流通問題はいっそう厳しくなるであろう。

日本ドラマはチャンネルで放送されるブームが斜陽化しているものの、日本ドラマの海賊版VCDの売れ行きは依然として高い。このことは、韓国ドラマが台湾のテレビで放送されても、日本ドラマの人気が落ちないことを示しているといえる。しかも、この両者の消費者層は異なっている。この点については、後述する日本ドラマの部分で、また詳しく述べることとする[151]。

1990年代以前、日本の大衆文化はアンダーグラウンドで消費者の日常生活に馴染んでいった。その後、1990年代、かつて禁止されていた日本大衆文化が解禁されてから、そのエネルギーが一気に噴出して、一種の新しい流行として台湾全島を巻き込んでいった。たとえ哈日族や日本大衆文化の消費者ではなくとも、哈日ブームを感じることができた。2000年以来、哈日現象は1990年代の高まりほど猛烈ではないが、ジャニーズ事務所を主とする日本のアイドルが公式に台湾に入ってきてファンを盛り上げており、哈日ブームの熱気をしばらく延長した。2003年以降、哈日現象はピークをすぎて、次第に日常化していったのである。日本ドラマやアイドル、カラオケ、ラーメン、和菓子、ファ

150　韓国でのインターネットにおける日本ドラマの流通状況は、パク・ソヨン（2004）を参照。

151　台湾は2002年にWTOに参加し、2004年に取り締まりの猶予期間が終わって、法的な規制根拠を持つことになった。したがって、海賊版の哈日現象によってもたらされた衝撃が、どのように変化しているかということに対して、今後、さらに継続観察や研究を行うことが必要である。

ッション、キャラクターグッズ、漫画、アニメなどが、堂々と台湾の消費者の
ライフスタイルに浸入することになり、町でどこでも目に触れる「日式」と書
かれた看板は、「日本」が台湾社会で構築したブランドの信頼度と象徴的意義
を示すことになったのである。次に、哈日ブームの時期の台湾における主要な
日本大衆文化の発展を考察して、さらにその斜陽化の状況を検討する。

3-1　漫画とアニメ

　戒厳令が解除された後の1988年に、「漫画審査制」が廃止されて、日本漫画
の海賊版が再度登場した。東立をはじめとする9社の出版社は、かつての一冊
100ページくらいの薄いバージョンにかえ、日本漫画に類似した美しい装丁で
約180ページのバージョンを使用して、日本漫画を出版した。当時、このよう
な装丁やページ数の増加がコストを増加させることを心配していた業者はいた
が、結果的には、台湾はすでに象徴的意味を重視する消費時代に入っており、
精巧で美しい装丁がかえって漫画の文化資本を格上げすることになった、と
考えられる。そこで、台湾の漫画出版社はさらに書籍の装丁やデザインを重視
し始めた[152]（李衣雲 1999: 155）。また、台湾の出版社は次第にマーケティング
やPRなどの象徴的意義の付与を重視し始めた。漫画は経済力を後ろ盾として、
装丁やマルチメディアとの協力など様々な形を通じて、次第にその文化資本を
増やし、ついに文化フィールドで一つの新しい位置を創出したのである（李衣
雲 1996: 92）。

日本漫画の再登場

　1988年から、『周末漫画雑誌』や『星期漫画週刊』などの台湾漫画の雑誌が
相次いで出版されたが、いずれも長持ちしなかった。一方で、游素蘭や任正華
など数人の台湾新世代漫画家が登場した。1988年、台湾の漫画マーケットは
長期にわたる抑圧による空白状態で、その成長は決してはかばかしくなかっ

---

[152]　1990年代の初め、出版社は再び漫画のバージョンを変え、現在の日本漫画と同様に、
ジャケット式の表紙を使うように変わった。したがって、台湾では、漫画は香港、シ
ンガポールや欧米のようなポケット本や新聞紙質バージョンがない。

た。1989年になると、『童年快報』や東立出版社の『少年快報』など、日本漫画の海賊版は時間をおかず日本における原作の漫画誌とほぼ同時に出版された。『童年快報』のような漫画誌は『少年ジャンプ』など様々な日本の人気漫画誌から最も人気のある作品を切り取り一冊にまとめて出版したものである。価格が安く、それぞれの年齢層の読者に相応しい内容を掲載したので、1992年には『少年快報』は史上最高の23万冊を売り上げた（洪徳麟 2003）。これにならって、他の出版社が次から次へと同様の漫画誌を出版することによって、日本漫画の台湾における市場は再度開かれ、新しい漫画読者層も開発された。この時期、日本では漫画産業が好調で、人気漫画の数量も多かった。また、前述したように、牛哥が引き起こした「漫画清潔運動」によって、1984年以降、台湾の漫画市場は振るわず、空白期が続いていた。そのため、まだ台湾で出版されていない日本漫画の量も少なくなかった。それ故に、再び開かれて拡大していく台湾の漫画市場に日本漫画は充分な量や種類を提供した。こうして、台湾の漫画市場は白熱した競争状態に入った。同時に、以前には稀であった青年漫画の読者層も徐々に開拓されていった。このように人気漫画を一冊の漫画誌に納めるという特殊な形態が、台湾の漫画読者の欲望や購入標準を高めた。しかし、1992年に新著作権法が実施され、出版社は日本漫画の出版・販売許諾を受けなければならず、しかも漫画誌の出版許諾は一冊ずつ取らなければならなくなった。このため以前のように様々な日本の人気漫画誌から最も人気のある作品を切り取り一冊にまとめて出版することは不可能となった。結局、一冊の雑誌ですべての作品が人を引きつけることができなくなったため、漫画誌の販売量は直ちに下がった。

　1992年6月、台湾で新著作権法が通過した。1994年以降、新著作権法が強力に実施されて、著作権時代の幕開けとなった。しかし、先に述べたように、当時、台湾はまだWTOなどの世界機構に参加していなかったので、新著作権法は台湾と協定を結ぶ国家しか保障しなかった。したがって、日本の著作権物は台湾で同時に上映や出版する限りにおいて、保障を受けることができただけだった。それにもかかわらず、東立出版社をはじめとする漫画出版社は許諾を取得し、漫画を合法化する動きを始めた。この動きは文化資本および正当性の取得と深い関連がある。前にも述べたように、長い間、例えば1960年代における第1回の漫画の黄金時期にあっても、台湾では漫画は児童の読み物だと見

なされて、アンダーグラウンドで流通していたとしても、公のフィールドに入ることができなかったし、存在自体の正当性も持っていなかった。さらに、当時、台湾では「日本製」の物に対してはかなりのアレルギー反応があった。それ故に、1980年代の牛哥の行動をはじめとする文化的、政治的抑圧に直面した時に、漫画は全く抵抗する力がなかった。つまり、台湾では、漫画は正当性を持っていなかったので、常に劣勢に置かれていた。この現実を理解した上で、出版社は、漫画の社会的認知を目指して努力を重ねてきた。漫画の著作権化が正当性を取得する重要な道であることから、台湾の出版社は日本から出版や販売の許諾を入手するよう積極的に働きかけていた。

1980年代末、海賊版の日本漫画がまだ氾濫していた時、東立出版社はすでに何度も日本の出版社に接触して許諾を受けることを望んだ。しかし、この交渉に対して、日本側が躊躇したので、なかなか進展しなかった。最後になってただ一部『CIPHER』の出版権許諾を取得できただけであった。その原因を探究すると、日本の出版社は台湾市場について、海賊版が氾濫しながら法令の保護も受けない状況で、たとえ台湾における販売を許諾しても、海賊版を規制することができないと判断していた。そのため、台湾の出版社が許諾を望む動きも長くは続かない、と日本の出版社は判断し、積極的に台湾の漫画市場に進出して利益を得ることを望まなかったと考えられる（李衣雲 1996: 95）。

1992年に新著作権法が実施された後、その著作権法は日本出版物を保障はしなかったが、台湾の漫画出版社に対して一つの合法化への契機を与えた。東立と大然出版社をはじめとする主要な漫画正規品を刊行する出版社は、一方で海賊版の日本漫画の発行を停止し、東立出版社は最大の収入源とする海賊版の漫画誌『少年快報』を廃刊にした。他方でそれらの出版社は連合して、自分の出版社の漫画を海賊版漫画の卸売商や流通業者に出荷しないという方法で、海賊版の流通を防止した。同時に、東立出版社自身も投資という形で、若干の卸売商を掌握した（李衣雲 1999: 160-161）。したがって、海賊版の漫画は流通ルートを失い、程なく市場から消えた。ただ、いくつかの台湾出版社が許諾を受けずに日本漫画を稀にマーケットに流した。その状況は1997年まで続いたが、同年には漫画市場が次第に不景気となっており、海賊版の漫画が市場に再び現れたが、その量はそれほど多くはなかった。

日本漫画の版権化時代

1990年代前半に、海賊版の漫画が台湾の漫画市場から消え、台湾の漫画市場が新しい黄金時期に入ったと言える。そこで、日本の出版社は何度も台湾市場を調査した後に、ついに台湾の出版社に販売を許諾した。こうして、台湾における漫画の著作権時代が始まった（李衣雲 1996: 95）。

以上述べた状況は、日本の出版業が海外への進出にあまり積極的でなかったことを明示しているといえる。岩渕功一（2001: 139-140）の日本のテレビ局に関する研究によれば、かつての帝国主義・植民地主義の負の遺産、それに伴う台湾や韓国などの元日本植民地における日本文化禁止令や、日本産業界の国内指向性や法的な閉鎖性という構造的要因は、日本のテレビ産業のアジア進出を遅れさせた。しかし、漫画産業では、日本の出版業界が消極的で、能動的に海外展開をしなかったのは、植民地主義や文化帝国主義の非難に対する過敏な反応という理由より、日本産業界の閉鎖的性格にあったと考える方が正しい。なぜなら、日本文化が台湾で禁止された時期には、確かに日本の出版社が自発的に台湾へ発展する可能性が制限されたが、この時期、日本漫画の海賊版が実際に台湾で盛んに発行されていたからである。したがって、その後、日本の出版産業が出版物の販売を許諾するかどうかという決断は、積極的な拡張や搾取という性質を備える植民地主義などの名目で非難されるリスクは低かった。その決断はむしろ既定の事実を継承しただけであった。日本の大衆文化産業の国内指向的で閉鎖的な性格は、漫画やアニメ、キャラクターグッズによく反映されている。その点については、従来日本は国際市場ではなくて日本市場を主として、アニメ作品を創作しているという日本のアニメ監督、幾原邦彦の発言によって、さらに明白に示されていると言える[153]。

1993年、日本漫画の正規品が正式に発売された。日本の出版社が台湾における出版や販売を許諾すると同時に、台湾の出版社に対する積極的な対応を開始した。日本漫画が強大な市場力と優位性を持っている状況の中で、出版を許諾するにあたり、日本の出版社は絶対的な決定権を持っていた[154]（李衣雲 1996:

---

[153]　2003/11/19、ジャパン・ソサエティーや日米協会や日本経済新聞社が主催する公開シンポジウム「クール・ジャパン：新しい日本の文化力」を参考。

[154]　日本の出版社にとって、ある台湾の出版社に数多くの人気漫画を取らせて独走させれば、今後日本の出版社が出版許可の出版権料を交渉する場合、その優位性に影響が生

第3節 日本文化の解禁と哈日ブーム 127

96)。新著作権法が実施されてから5年以内で、台湾の漫画市場は1970年以来といえるような、日本で初版が刊行された漫画で満たされ、その膨大な本の量は直ちに台湾の漫画市場を拡充して、巨大な経済的利益を得た。したがって、かつて厳しく漫画の正当性や文化性を批判した新聞やテレビなどのマスメディアは、日本文化禁止令が解禁されて以来激烈な競争を演じていた環境の中で、若者を引きつけるために、続々と漫画と提携することを望んだ。ほぼ同じ頃、金石堂や誠品など大型の一般書店も漫画の展示販売を開始した（李衣雲 1996）。漫画は長い間、軽視されていたが、1990年代には、強大な経済力により合法性と文化資本を獲得して、文化フィールドの中に自身の位置を創出した[155]。漫画の経済力によって、政府もようやくこの分野に目を向けた。民進党政権下の新聞局は、台湾の漫画と出版産業の発展を促進するため、2003年に「劇情漫画賞」などの漫画産業の奨励計画を行った。漫画が映画のように政府の援助を受けるということは、政府に漫画が映画と等しい文化産業の一つと見なされ、次第に児童の読み物という定義から脱していることを意味している。

　漫画の経済力も関連する領域の中で展開された。1989年、大然出版社は漫画の専門店を創立して、その後の1年以内に15軒のチェーン店にまで拡大した。その頃、同類の漫画店も次々と開業した。1992年、日本ドラマ『東京ラブストーリー』が放送されて以来、大多数の漫画専門店も日本のアイドルやドラマの関連商品をあわせて売ってきた。例えば、ビデオや日本語の雑誌や漫画などである（黎勉旻 1998: 44）。

　以上に述べたことによって、漫画と日本ドラマの消費層の重複性について示した。一方、1992年に新著作権法が実施されて以来、貸し本屋の合法性はかなり揺れ動き、若干の台湾漫画家や漫画の出版社によって、漫画産業の成長を妨害する元凶だと見なされた（范萬楠 1996: 2-29）。この合法性の問題をくぐ

　じる。このようなことを避けるため、日本の出版社は台湾出版社に漫画の出版・販売を許諾する時には、台湾における漫画出版業の均等性を維持することを配慮していたのである。つまり、日本の出版社は、漫画の人気度によって各々の台湾出版社に配分して、その漫画出版業界のつり合いを保ったのである（李衣雲 1996: 96）。

155　台湾において漫画が文化資本と合法性を目指して努力する過程については、次の文献を参考。李衣雲（1999）『私と漫畫の同居物語』台北：新新聞。

るため、1996年に「漫画王」という漫画喫茶が創立された[156]。1997年末までに、台湾全島に39軒の「漫画王」ができた[157]（黎勉旻 1998: 45）。その後、類似タイプの漫画を扱う店は次々と台湾に広がった。日本でも1997年以来、「漫画喫茶」という同類の店が開店している。

　日本の漫画は圧倒的な市場占有率を占めていたが、台湾の漫画出版社も台湾の漫画家を育成し始めた。台湾の出版社は、この方法によって日本漫画から次第に主導権を取り戻すことを望んでいた（范萬楠 1996: 2-25、李衣雲 1996: 97）。鄭問や任正華などの1980年代にすでにデビューした漫画家以外に、出版社はまた漫画同人団体[158]や新人コンクールなどの方法を通じて、新人漫画家を募集した。しかし、この新世代の漫画家は日本の連続ストーリー漫画を読んで成長してきた世代なので、日本漫画の文法や叙述方式をしっかりと認識しており、したがって、その創作スタイルは日本漫画に似ているものが圧倒的に多い。その類似スタイルは絶対的な優位性を占める日本漫画と競争する際には、相当に不利な条件となる。

　1990年代の初めに、台湾漫画は日本漫画と異なりA5判で出版された。しかし、日本漫画という優位性に直面すると、A5判の台湾漫画は、最初から日本漫画ではないと識別され、読者に相手にされなかったのである。なぜなら、日本漫画に類似している台湾漫画は、「本物」と「模造品」の差異で、所有する文化資本や信頼度がより低い。このように識別されることが台湾漫画が売れな

156　漫画喫茶という場所は、利用時間を料金計算の単位としている。つまり、漫画喫茶では、飲み物や読み物はすべて無料であり、利用者は、そこに居る時間の長さによって料金を払うのである。その店では、漫画、書籍、雑誌などはすべてが飾り物として置かれて、利用者の希望によって利用されるという方式により、賃貸しに伴う著作権問題を回避しているのである（黎勉旻 1998）。

157　「漫画王」の責任者はかつての「太陽系MTV視聴センター」の責任者である。前に述べたように、アメリカの301条項による圧力で、太陽系はアメリカの映画会社8社と許諾の契約することができないままで営業を終え、「漫画王」の経営に転じた（黎勉旻 1998）。

158　1990年から1994年まで、筆者が所属した漫画同人団体「地平線」や「台湾大学アニメと漫画の研究サークル」に属するメンバーは、数人が東立や大然出版社に招かれて契約漫画家となった。沈蓮芳や黄佳莉やGraceなどの漫画家はその例である。その頃、同人団体や学校のサークルは出版社にとって新人募集の重要なルートの一つであった。また、その団体等のメンバーは漫画家にはならなかったが、漫画の関連業界に入った者も多い。例えば、アニメ会社やゲーム専門誌などである。

い理由だと当時の業界で指摘された。そこで、1996年、台湾漫画は少数の例外を除いて、すべてが日本漫画と同様の新書判やB5判が採用され、日本漫画と区別される標識が取り除かれた。それ以降、台湾漫画は装丁や外見からみれば、日本漫画と全く同様の体裁になってしまった。

Hoskins & Mirus（1988）の研究は、テレビ番組の受容に対して「カルチュラル・ディスカウント」（cultural discount）という概念を提言している。それによれば、視聴者にとって、ある番組に含まれる価値や信条などが認められなければ、その番組の魅力は即時に下落するのである。また、輸入番組の吹き替えや字幕の影響で、視聴者はそれらへの興味が薄くなり、かわって同類型で同等レベルの本国番組に転向するのである。また、ニュース番組と比べると、娯楽番組やドラマは、低いカルチュラル・ディスカウントを生じる。つまり、娯楽番組やドラマはニュース番組より、異国の視聴者に受け入れられやすいのである。台湾では、テレビ番組にこのような状況も現れたが、漫画の場合は、日本漫画の優位性が現在でも継続している。たとえ香港漫画が一定の読者層を持っているにもかかわらず、日本漫画に肩を並べることはできない。さらに、僅かな市場しか占めない台湾漫画や韓国漫画はいうまでもなく、大量かつ高品質で安定している日本漫画に完全に圧倒されて、台頭することができない。

日本漫画の台湾における優位性を探究すると、まず、漫画は音声という言語問題がないので、テレビ番組のように字幕や吹き替えで引き起こされる違和感が比較的に少ない。さらに、かつて長期にわたって、日本漫画はすべての「日本の匂い」が払拭されて出版されていた。しかも、日本漫画の内容は多様化し、非日常的な内容が多いし、表現の技法もリアルというより、抽象的である（第4章第2節2-1参照）。したがって、それは外国の作品として認識される手掛かりが少なかったのである。日本漫画の表現形式はすでに「漫画」というものの基準型として台湾の読者に認知されることにより、読者が日本漫画を排斥する状況はきわめて稀となった[159]。これは漫画という音声なしのメディアが映画やテ

159　台湾の読者が日本漫画を広く受け入れられる現象は、台湾の教育体制や社会文化や人間関係が、欧米より日本に近いことを明示している。つまり、文化やライフスタイルについての親近感は、日本漫画が欧米漫画より台湾の読者を引きつける理由の一つだといえる（李衣雲 1996: 104-110）。もちろん、漫画は娯楽文化として、持っている文化の特殊性が文学などより少ないということも、受け入れられやすい理由の一つであ

レビなどのメディアと異なる点である。また、Hoskins & Mirus (1988) によれば、台湾の作品は外国作品に相当するレベルでなければ、その外国作品の視聴者／読者を奪い取ることができないのである[160]。しかし、まず、最初に日本漫画しか知らない読者にとって、台湾漫画自体はかえって「外来者」のように認識された。また、台湾漫画は漫画審査制以来、人材の流出や長期に鍛錬する機会の喪失などの問題に直面しており、日本漫画の50年余りにわたって開花した水準に追いつくことができないのである[161]。したがって、日本漫画との競争では台湾漫画はマーケットに構造的な困難に直面して、さらなる窮地に陥った。

しかも、大部分の台湾漫画作品は、台湾文化の独自性を表現することができず、楊翠 (2003: 46) が述べているような、台湾自身に根差していない特性を持った作品である。かつ、若干の台湾漫画の内容は、日本漫画が表現している日本の近代ライフスタイルに近似してはいるものの、台湾の現実から遠く離れた内容である (李衣雲 1996)。これは台湾で40年間にわたって置き換えられてきた歴史や記憶、あるいは文化的創作の累積の欠乏と関連がある。さらに、漫画というメディア自体の非日常的特性が、すでに日本漫画の叙述体系を受け入れた台湾漫画にとって、台湾文化などを表現することや、台湾的な表現方式を素早く作り出して受け入れさせることができない理由でもあろう。このように台湾の独自文化を表現しえない台湾漫画が、日本漫画の読者層から読者を獲得できない状況の中で、読者の需要は日本漫画によって満たされるのである。

台湾漫画が自給自足する能力を持たないので、出版社は「日本漫画で台湾漫画を支える」という戦略を取り、日本漫画の利潤で台湾漫画の損失を埋め

る。また、日本漫画の魅力は、それらに内包される文化的意義をより広く拡散して、さらに読者がその文化や表現方式を慣らされて、異質であるという違和感を覚えさせないのである (第4章参照)。

160 東立出版社の社長、范萬楠のインタビューによれば、范は、日本の漫画家は台湾の慣習などを理解しないので、台湾の漫画家が台湾自体の文化を描写したり、高レベルのストーリーを書いたりすることができれば、必ず台湾のマーケットで日本漫画を圧倒すると信じている (李衣雲 1996: 104)。この見方は前述した Hoskins & Mirus の論点と合致している。実際には、台湾の出版社は日本漫画を選別する時、国情や民間慣習が台湾人に受け入れにくいと思われる漫画は選ばず出版していない。

161 構造的な理由としては、出版社に対して立場の弱い漫画家が、創作の主導権を握ることができないということや、漫画産業の社会地位が高くないので、人材の投入がさえぎられていることも、台湾漫画の不振を促したのである (李衣雲 1996)。

る（李衣雲 1996）。しかし、台湾の漫画市場の景気は1996年以降次第に下向していった（范萬楠 1996）。それ故に、台湾漫画誌は次々と廃刊された[162]。その後、新聞局の援助を受け、2002年には東立出版社の台湾少年漫画誌『龍少年』、2006年には同社の少女漫画誌『星少女』が復刊された。

漫画市場の不景気

　1996年以降、日本の漫画市場は不景気を迎えた。1996年には、その市場の規模が1995年の23億310万冊から22億6100万冊に落ち、1997年には21億7443万冊にまで下落し、1999年には、20億冊の大台割れとなるレベルの20億1400万冊となった[163]。同時に、台湾の漫画市場も黄金期を過ぎ下降期を迎えていた。東立出版社と肩を並べていた台湾における最大の漫画出版社である大然出版社は、2003年に経営不振などの問題で、最も人気があった日本漫画誌『top』や『公主』、『天使』を廃刊した。その上、日本の集英社は大然出版社の「集英社の漫画に対する経営方式」に不満を覚えたため、出版許諾の契約を取り消し、これらの漫画の出版・販売許諾を他の出版社に割り当てたのである[164]。集英社のこのような対応は、前述した日本の出版社の優勢と、台湾の出版社の間における競争力のバランスの重視という原則を明示している。つまり、東立出版社が最大手だとしても、完全に漫画市場を制覇させなかったのである。

　漫画市場の低迷は書店から出版社へ返品される書籍の量や販売量によって明らかであった[165]。低い利潤に伴って、出版社は人件費を削減することもやむをえない状況となっている。また、1990年代の漫画の黄金期には、台湾の出版社は国情に合わない少数の日本漫画を除くと、出版された日本漫画の出版権許

162　2000年に東立出版社が最後の純台湾漫画誌『星少女』を廃刊して以来、台湾漫画は日本漫画誌に少量だけ連載されているだけである。創作を発表する場所が段々と減少してきたため、台湾漫画家は続々と転業していった。東立出版社を例によると、1996年に契約漫画家は約70人がいたが、2002年までに30人しか残っていなかった。しかも、そのうち連載されるチャンスがある少年漫画家は約6人、少女漫画家は約7人しかいなかった（回答者Y）。

163　行政院文化建設委員會「2000年漫畫書出版市場報告」、文建會ホームページを参考。http://www.cca.gov.tw/book/TaiwanMarket/index03.htm

164　中國時報 2003/06/22 第B1面。

165　例えば2003年台湾でよく売れた漫画『Hunter x Hunter』の販売量は、1990年代の人気漫画『ドラゴンボール』や『スラムダンク』の3分の1でしかなかった。

諾をほとんどすべて取得した。しかし、漫画市場の不景気によって、現在、台湾の出版社は日本漫画の出版・販売許諾を取るにあたり、比較的慎重になっている。

　台湾における漫画市場の不景気の要因に関して、社会の不況に影響された若者の小遣いの減額や消費選択肢の増加以外に、かつて台湾の漫画市場の発展過程で重要な役割を担った貸し本屋も、その要因の一つだと出版業界で指摘されている（范萬楠 1996）。しかし、范萬楠（1996: 2-27）も言及しているが、書店では本棚が有限であると同時に、毎月出版される新しい漫画が数百冊に達しているので、漫画は本屋の本棚に置かれる冊数が限られるし、そこで展示される期間も短い。初版の漫画はいったん棚に置かれる契約期限が切れれば返品され、出版社の在庫本となる運命から逃れられない。漫画祭や展覧会などでの出庫以外、在庫本の存在は常に出版社の苦悩の一因である。換言すれば、在庫本は読者の目に触れるチャンスがほとんどないので、読者の購買意欲を刺激することができない苦境に陥っている。こうした状況の下で貸し本屋はむしろ漫画を読者と接触させて、その消費意欲を刺激するルート（本の注文サービス）を提供している。さらに、読者に既刊本の漫画の存在を思い出させることができる、ともいえる。

　また、黎勉旻（1998）はその研究で、漫画出版社の主要な流通ルートが漫画の出版社→卸売商→漫画専門店・書店・新聞販売露店・貸し本屋だと指摘している。実際には、漫画専門店は数が少ないし、書店では漫画コーナーのスペースが広いとはいえない。漫画コーナーを設置しない書店もある。しかも、従来、漫画流通ルートはアンダーグラウンド式であり、それが一種の消費慣習にもなっていた。したがって、漫画の黄金期以降も、貸し本屋は常に漫画の主要な流通ルートの一つであったし、一般の書店がまだ漫画コーナーを設置していない時期でも、すでに一定の漫画の販売量を確保していた存在である。また、読者は、漫画を借りられなければ、それにかわって漫画を買う、すなわち漫画を閲覧する（借りる）数量が当然購入量に等しいという指摘には、まだ疑問が残る。結論からいえば、貸し本屋と漫画の売れ行きの間には常に競争と共生という矛盾があるので、かなり微妙な関係にある[166]。

166　台湾における貸し本屋の数の変動は速いので、適切な軒数の統計がない。黎勉旻

漫画関連商品：①キャラクターグッズ

　漫画の販売に対する影響を及ぼしたもう一つのライバルは、漫画関連商品だと范萬楠（1996）は考えている。つまり、本来漫画の販売量を拡大するためのキャラクターグッズや漫画の関連商品は、順調に発展した後には、逆に漫画に取って代わる商品となった。現在、欧米や日本では、漫画の関連産業はすでに漫画産業にとって一つの重要な財源となっている。漫画に伴うアニメ、模型、ゲーム、キャラクターグッズ、ドラマなどを生産する産業形式は、すでに一つの商業のトレンドであり、漫画も関連商品のおかげでより多くの人気を集めている。アメリカのディズニーや日本の『ポケットモンスター』では、関連商品がアニメや漫画より先に生産されることもあった。関連商品は漫画との主客関係がもはや固定しておらず、すでに一つの独立した消費形態となった。

　しかし、洪徳麟（2000）は台湾の市場は小さくて、関連商品の生産を支えることができないと考えている。同時に、范萬楠によれば、関連商品の開発は大量の固定資本を要し、鋳型の開発だけでも、数十万元から数百万元が必要である。そこで、大量に生産して販売しなければ、収支のバランスが取れないということである。すなわち、大量の漫画ファンの支持が必要なのである。台湾漫画はファンを夢中にさせるアイドルやストーリーを作り出すことができないうちに、「量」で勝ちを制する関連商品を生産することはできない。しかし、それは台湾に関連商品の需要がないというわけではない[167]。例えば、1990年代に台湾のデパートで「スヌーピーグッズ祭」が開催され、2000年に行った台北国際ブックフェアでは、日本や香港漫画の関連商品は読者が争って買う対象となった（范萬楠1996: 2-31、洪徳麟2000: 174、2003: 158-160）。加えて、1980年代以来、台北市の西門町など若者の主要なレジャーやショッピング街では、すで

（1998）の見積もりによれば、1997年から1998年まで台湾における貸し本屋の軒数は約4000～5000であったが、1990年の初めの漫画黄金時期から1996年漫画産業が不景気に陥りかけた時期までの貸し本屋の軒数の増減の変化を確認することができない。それ故に、1993年の漫画黄金期以降、貸し本屋の軒数が、漫画の売れ行きに影響するほど大きく成長していく可能性を、排除することができない。しかし、貸し本屋に関しては本書の主なテーマではないし、資料データにも限界があるので、ここでさらに深く探究することはしない。

167　聯合報 1992/01/17 第33面「漫畫周邊產品受歡迎　城市獵人小叮噹大量進占月曆、書包等文具、玩具產品中」。

に多くの日本の模型や漫画、ゲームの専門店があった。

②アニメ

　漫画の関連産業といえるアニメでは、2003年には日本アニメの約60%が漫画から改作されたものである[168]。台湾では、アニメのマーケットは依然として日本アニメに独占されている。川竹和夫・杉山明子（1994）によれば、1992年に台湾へ輸出された日本番組数は35番組であったが、そのうちアニメが25シリーズ[169]であった。また、川竹和夫ら（2004: 223）の調査は、台湾で放送されている日本テレビ番組を番組種別ごとにみると、アニメが圧倒的に多く、2002年9月でみると1週間72番組（再放送を含めると280）に上っていると指摘している。さらに、『ちびまる子ちゃん』などのような他の地域では敬遠される"純日本的なもの"も高視聴率を上げている。また、「衛視中文台」も、日本アニメが従来から自局にとって最も売れる番組の一つだと述べている[170]。CATV局やチャンネルが次々と開設されて以降、アニメの専門チャンネルも現れたが、大部分のアニメ専門チャンネルはまだアニメを児童番組と定義していた。実際、台湾では日本アニメ視聴者の年齢層は4〜14歳（42.5%）に集中し、その次が15〜19歳（13.7%）である（黄德琪 2000: 119）。

　1995年、日本アニメ『スラムダンク』の放送が、非常に高い視聴率を得た後、テレビ局はようやくアニメの対象は児童だけではないということに気付き、積極的に『スラムダンク』の人気を引き継げるアニメを探していた[171]。しかし

168　この資料の出所は小学館キャラクター事業センターのセンター長・久保雅一の2003/11/19のジャパン・ソサエティーや日米協会や日本経済新聞社が主催する公開シンポジウム「クール・ジャパン：新しい日本の文化力」での発言である。

169　一シリーズは約30話、1話が10〜30分である（川竹和夫・杉山明子 1994）。

170　民生報 1994/07/14 第37面「暑假裡 強檔卡通報到 衛視『亂馬二分之一』、無線衛星台『城市獵人』、『怪醫黑醫傑克』陪孩子快樂一夏」。

171　しかも、従来、アニメを放送しないテレビ局も、ゴールデン・タイムで放送し（民生報 1995/05/31 第12面「周末八點檔洗牌前 灌籃高手先上陣」）、放送時間も30分から1時間に延長した（民生報 1995/08/05 第13面「急修室的春天 快得令你喘不過氣 灌籃高手順應民意今起延長播出時間」）。さらに、週末にも『スラムダンク』を放送した（聯合報 1995/06/11 第23面「溝通時間 灌籃高手周六與下周日各播半小時　卡通迷聲聲呼喚 華視滿足觀眾需要」。聯合晩報 1995/06/02「三台綜藝 下周換裝 周末灌籃高手出招擾局」）。その放送権料は、第2シーズンは第1シーズンの4、5倍にもなった（聯合晩報 1995/11/27 第10面「日片搶手 行情一路飆、灌籃高手續集漲了4、5倍 有線、

第3節 | 日本文化の解禁と哈日ブーム 135

それ程までの人気を集めるものは見つけられなかった。視聴率調査会社「潤利」の調査によれば[172]、近年、テレビ局やCATV局やチャンネルで放送されたアニメの視聴率は下降している[173]。アニメの視聴率は少し下がっているが、「潤利」によって2003/11/03から2003/11/09までの個人の1週間視聴率ランキングでは、テレビやCATVを含む66チャンネルが1週間に放送した番組の中で、日本アニメはトップ100の中で七つを取った。日本アニメが台湾で依然として一定の市場を占有することが明らかになった。また、「広電法」の第19条の規定（2003年に改正された法則）により、テレビ局で放送される本国製の番組が70％を上回るように規制されているので、放送される外国の番組の数量は限定されている。それ故に、2000年には四つのテレビ局[174]で放送できる外国番組はす

　　　無線一起搶 台視腦筋動到重播叫座叫 日媒體提自約呼籲」）。二つのテレビ局は『スラムダンク』の放送許可権を奪い合った（聯合報 1996/06/15 第22面「灌籃高手很搶手 中視橫刀奪愛 華視聽了也俊眼」）。さらに、1996年に至ると、もともと一話1000ドルの放送権料は、1万ドルに上がった（聯合報 1996/05/31 第46面「灌籃高手 行情正熱」）。

172　AC Nielsenマーケティング会社が台湾に入ってくる以前は、台湾で主要な視聴率調査会社は「潤利」（Rainmaker）と「紅木」二つであった。1981年に創立した「潤利事業有限会社」の視聴率の調査方法は、まず、コンピューターで簡単に群分けで無作為の標本を抽出するという統計的方法で、母群から調査対象に行う電話番号を抽出する。次に、15分間を1区間とし、サンプリングする時間は12:00から22:45までである。ちなみに、ゴールデンタイムが18:00以降と定められている。毎時間1000標本を抽出する。95％水準で信頼区間を計算して、視聴率の誤差値を推算する（http://www.rainmaker.com.tw/big5/rating/serveyway.htm）。

173　例えば、「中華電視台」が放送する『ドラえもん』の視聴率は2001年1月1日には3.43％で、2002年1月1日には3.55％（当日視聴率のトップ5）であったが、2003年1月1日には2.74％（トップ9）に、2004年1月1日には1.9％（トップ19）に下がっている。ちなみに、以上の時間に放送された『ドラえもん』の視聴率は、当日に放送されたすべてのアニメのトップ1であった。また、『名探偵コナン』の視聴率は、2002年3月3日には2.44％（当日視聴率のトップ8）であったが、2003年3月3日には1.6％（トップ17）になっていた。

174　長期にわたり、民進党は何度かテレビ局の設立を申請したが、新聞局や警備総部は終始空きチャンネル周波がないという理由で却下した。実際には放送やテレビのチャンネル周波に空きがあったが、その使用を許可しなかったのである（翁秀琪 1993: 475）。1987年に戒厳令が解除された後、国民党政府はまだ既存の権力を維持することを企て、マスメディアを厳格に管制していた。1988年、「報禁」という新聞禁止令がようやく解除されたが、第四局のテレビ局の成立申請は1994年まで行政院新聞局によって阻まれた。1994年、民進党の勢力を中心する『民間全民聯合無線電視公司籌備処』は申請書類を提出したが、1995年にその申請が通過し、1997年6月に第四局のテレビ「民視電視台」（FTV、通称「民視」、民視テレビ局）がついに開局した。その後、

べて日本アニメに独占された[175]。2001年以降、日本ドラマの放送が斜陽化してから、日本アニメは台湾で最も経済的利益を生み出せる日本テレビ番組になり、日本番組専門チャンネル、アニメ専門チャンネルや地上波テレビ局だけではなく、各々の綜合CATV局の重要な放送コンテンツにもなった[176]。

③ゲーム

また、漫画の関連製品であったゲーム機は次第に発展して、漫画から独立した商品となっていった[177]。台湾では最初に、1987年に「任天堂」のゲーム機が導入され、相当なブームとなった（晏山農 1999: 245）。1990年代の初め以降、ゲーム機の人気は急速に成長していった。また、従来から、電子・パソコン産業が繁昌している台湾は、ゲーム・ソフト産業が急速に発展し、台湾マーケットを大きく占有している。そのため、ゲーム・ソフトは台湾の大衆文化フィールドで、独立した形で発展し、人気を集める文化産業の一つになった。

そうした状況の下で、若者の消費選択肢は増加したが、娯楽時間や費用はあまり変化していなかった。したがって、范萬楠（1996）によれば、かつて漫画は出版されても、ほとんど宣伝されなかったにもかかわらず、かなりの販売量を達成できたが、1990年代半ば以降、漫画はもはやマルチメディアと結び付ける宣伝や、漫画家のアイドル化という戦略を取った新しい読者層の開拓などのマーケティングを重視しなければならなくなっていった。漫画は一種の文化的商品として、消費社会に重視される意味や象徴記号を含んでいるものの、依然として精美な装丁やデザイン、象徴的意義の付与などの戦略をとらなければならない。漫画のこのような転換は消費選択肢の増加によって起こったことだ

　　「民視電視台」が制作した台湾語発音のドラマ（台湾では「郷土劇」と呼ばれる）は、2006年まで、すでに10年間、台湾で放送された全番組の視聴率ランキングのトップ1を占めてきた。

175　中國時報 2000/01/06 第28面「美式影集矮日劇一截」。

176　2003年〜2006年のTV番組表を参照。韓国ドラマの放送を重視する「八大電視台」や「緯来電視台」というCATV・グループにもかかわらず、日本アニメを多く放送している。

177　日本でも、play station などのゲーム機は1995年に200万台の販売量となった。しかも、日本の漫画誌の売れ行きが下落すると同時に、ゲームソフト・ゲーム機の関連誌が前より56.1%を成長した（范萬楠 1996: 2-31）。

と言えるとともに、1960年代以来、特に1990年代以降、台湾社会が、象徴的意義を重視する消費社会へと変化していったからだとも言えるのである。

3-2　日本ドラマ

　台湾では、日本ドラマの主要な流通ルートは、ビデオのレンタルとCATV／チャンネルである。地上波テレビは一時期日本ドラマを放送していたが、まもなくやめた。

　1976年にはすでにアンダーグラウンド式のCATV「第四台」が出現していた。1985年になると、台湾のCATV視聴者数は全島で1200万人に達した（李金銓 2003: 195）。

　当時、「第四台」のチャンネル産業[178]や放送システム産業[179]はかなり混乱していた。放送システムの業者は米日からスピルオーバーされたチャンネルや映画、番組を放送した以外に、アジアサット1衛星を経由して放送された香港のStar-TVも台湾に登場させた。このような混乱の上に、1984年以来「第四台」によって誘発された映画業者やビデオ産業の強烈な反発、および1990年代初めのアメリカの301条項による圧力は、国民党政府にさらに厳しい取り締まりを促進させた。しかし、長い間すでに政府の取り締まりに慣れた「第四台」は、簡単に移動できる設備を使っていたので、直ちに逃げ隠れすることができた。したがって、国家の検閲機関はその放送者たちの所在を突き止めることが困難であり、国民党がすべてのメディアを統制する時代が終焉を迎えた。

CATV放送システムの合法化および合併

　1990年、「第四台」業者は「有線電視協進会」（CATV協同組合）を成立して、合法化を目指していた[180]（翁秀琪 1993: 467-468）。ちなみに、この時、「第四台」

178　チャンネル産業は、チャンネルを経営する業者である。台湾では、自製番組は70%を上回るとCATV局に属し、外国や他のテレビ局から番組を買って放送するのは、チャンネルに属する。

179　放送システムは、CATVやチャンネルの番組を信号化して視聴者の手元に伝送するシステムである。

180　当時、新聞局は政府を代表して、『違法放送システム（第四台）を取り締まる問題の説得書』（『取締違法播送系統（第四台）問題説帖』）という立場釈明の公文で、強硬

の業者や視聴世帯数はすでに取り締まりを不可能にするほどの規模になっていた[181]。1992年、新著作権法が通過した後、漫画業者と同様、「第四台」の業者はビデオ番組の公開放送の許諾を取得することを目指し（王維菁 1999）、それを「第四台」を合法化する第一歩と考えていた。1993年、CATV法が議会を通過した。それは、ケーブル放送が台湾に出現してから24年後のことだった。当時、CATVはすでに台湾の世帯の75％に普及していた[182]（李金銓 2003: 196）。

　1993年に通過したCATV法は、既存のCATV局を即座に合法化するという原則をとった。すなわち、法令が通過すると同時に既存のCATV業者を承認して合法化するという方針であった[183]。日本の衛星放送からスピルオーバーされた番組はCATV法の規定によって放送禁止となった。そこで、日本のNHKやWOWOW衛星放送のスピルオーバーのチャンネルも台湾から消えた。また、1994年の3月に行った「台米知的財産権」に関する諮問では、スピルオーバーしたアメリカの衛星番組を放送することは違法行為だと認定した。したがって、CATVがスピルオーバーした衛星番組を受信して放送する時代は正式に幕を閉じた（王維菁 1999）。

　1980年代末や1990年代の初めに、国民党に近いコングロマリットである「力覇」と「和信」は、CATV放送システムに対して合併の動きを展開してい

　　　　に「第四台」の合法化に反対している。逆に、「第四台」の業者は、「第四台」の存在が視聴者の需要によって生み出された産業であり、たとえ業者は合法的に経営したくても、「広電法」が「第四台」業者の登録を許可しないので、合法的な経営を申請するルートがなかった、と反論した。

[181]　前節で述べたように、最初、台湾のCATV産業には多くの放送システム業者が存在していた。1991年に「台湾省新聞処」が公表した資料や行政院の『違法放送システム（第四台）を取り締まる問題の説帖』によれば、その時点で台湾には200余りの「第四台」放送システム業者、および60万の視聴世帯があると推測しているが、学者の汪琪は1992年の「CATV座談会」で台湾全国には400〜500社の「第四台」業者があると推測している。この二つの推測は隔たりが大きいにもかかわらず、当時の台湾における「第四台」の影響範囲の広さを明示したものだと翁秀琪は考えている。つまり、先に述べたように、それらの推測によれば、当時の「第四台」はもはや単に取り締まりで解決される問題ではなくなっていたのである（翁秀琪 1993: 464）。

[182]　当時、CATVの高普及率は、従来国民党の一元的な言論支配に挑戦し、選挙時期にも国民党に反対する立候補者に発言チャンスを与え、台湾の民主化について、一定の役割を演じていた。

[183]　しかしながら、CATV法は台湾を52地区に分割して、各地区には5社のCATV放送システムしか設立できないと定めた。

た。1994年以降、それぞれ小さい放送システム業者が続々と力覇と和信の二つの放送システム・グループに合併され、力覇と和信の寡占態勢が形成された（李金銓 2003:196）。寡占によって経済力を握った二つの放送システムは、放送するチャンネルの選択権を手に入れた。すなわち、CATV市場を完全制覇したのである（王維菁 1999）。そこで、台湾各地で視聴できるCATVのチャンネルもほぼ同様の内容になった。

放送権付日本ドラマの放送開始

CATV法が通過する以前に、台湾で放送する内容をめぐって混乱した「第四台」は、すでに多くの日本番組の海賊版を放送していた。最初に放送許諾を取得して日本の番組を放送したチャンネルは、前述した香港「Star-TV」グループに属する「衛視中文台」（衛星電視中国語チャンネル）であった。

「Star-TV」グループに属するチャンネル「衛視中文台」は1991年10月21日に開局して、中国・香港・シンガポールのテレビ局、および台湾の「中国電視台」のバラエティーやドラマを主として放送しており、設定された主要な市場が台湾であった。羅慧雯（1996: 106-107）によれば、「衛視中文台」は台湾の市場に対して調査を行い、日本のアイドルが台湾の若者にとってかなり人気があることを気付いた。視聴率のリスクを減少させるとともに、順調に日本ドラマの市場を開拓するため、「衛視中文台」は日本のアイドルが主演するトレンディー・ドラマを「日本偶像劇」と名づけて[184]放送することを決定し、中国語の吹き替えで放映した。当時すでに戒厳令は解除されていたが、日本の映画やテレビ番組に対する規制はまだ解かれていなかったので、台湾のテレビ局は日本の映画や番組を放送することができなかった。そうした状況の下で、「衛視中文台」は、日本ドラマの放送を通じて、三つのテレビ局と明確な差別化をはかれると考えた。そこで、1992年5月から宮沢りえ、松田聖子、菊池桃子などの人気女優が出演した『東京エレベーターガール』や『おとなの選択』などのドラマの放送を始めた。

この頃、「第四台」の放送システムはまだ合併されていなかった。地域的な

184　それ以来、日本トレンディー・ドラマのような若者向け、現代風のドラマは、台湾で「偶像劇」と呼ばれて、従来の台湾ドラマと区別している。

「第四台」の会社によって、加入者は視聴するチャンネルの内容や数が異なった。全国的に視聴できるチャンネルは少なかったのである。しかし、当時、台湾では、衛星放送の「衛視中文台」を視聴できる世帯の数はすでに100万戸を超えていた。当時の「紅木」と「潤利」の視聴率調査によって、「Star-TV」グループが所有する五つのチャンネルの中では、「衛視中文台」の平均視聴率は明らかに最も高かったのである。しかも、「衛視中文台」で放送された番組で視聴率のピークの時間帯は日本ドラマを放送している夜9時から10時までであった（羅慧雯 1996: 106）。この現象は、日本のトレンディー・ドラマが台湾における地位を確立したことを反映している。それ以降、台湾で人気を集める日本ドラマには、家庭倫理ドラマはほとんど含まれていない。

　日本では、ドラマは中高年層をターゲットとするものを含め、いろいろな種類がある。しかし台湾では、マスメディアの戦略のために、放送される日本ドラマは主にアイドルが主演するトレンディー・ドラマである。家庭ドラマなどの中高年層に向くと思われる日本ドラマは台湾では時折放送されて一定の視聴者群を持っているにもかかわらず、ほとんどのチャンネルやCATV局は若者を主要な日本ドラマ視聴者と設定していた。トレンディー・ドラマは新しい視聴者層を開拓しながら、その内容が日本のモダニティーやファッションの先端であるイメージを強調するので、台湾における「日本」イメージの形成に対して、影響力を持っていたといえるだろう。

　ところが、アンダーグラウンド時代には、アンテナを架設してNHK衛星放送など日本チャンネルを鑑賞する、日本植民期の記憶を抱いている中高年層がいた。ビデオレンタル産業では、1980年代後半まで、日本ドラマを見るのは主に主婦などの中高年層であった。このような視聴者層の移行をみると、1990年代に日本ドラマが放送された時の台湾における「日本」イメージの複雑さは、もはやかつての日本植民地経験や記憶だけで解釈して済む問題ではなく、若い世代の現代化や消費文化のシンボルと象徴的意義を含んでいたといえよう[185]。

185　さらに、当時、台湾の国産ドラマは、ほとんど主婦などの中高年層をターゲットとするものであった。若者向けの、現代的流行を中心とするドラマは少なかった。したがって、中高年層向けの日本ドラマに対しては、台湾ドラマというライバルが存在していたが、トレンディー・ドラマはそうではなかった。むしろ新しい視聴者層を開拓し

第3節 日本文化の解禁と哈日ブーム *141*

日本文化禁止令の解除および日本ドラマブーム

「衛視中文台」が「日本偶像劇」を主に放送するという戦略が成功しても、視聴世帯数には限りがあるので、アメリカ・ドラマや映画しか重視しない三つのテレビ局を直ちに脅すことはなかった。しかし、その成功はやはり三つのテレビ局の日本映画や番組の放送禁止令に対する反発を引き起こした。新聞局が1988年に日本の科学技術や自然生態や企業経営に関わる番組、および教育的意義を含む日本アニメの国語吹き替え版ビデオの輸入を許可したが、日本ドラマやバラエティに対する規制は完全には緩和されていなかった。しかしながら、「衛視中文台」の成功が三つのテレビ局に競争的圧力を感じさせたので、新聞局はついに禁令の開放を考慮した。まず、台湾のテレビ局に特別な案件に限って日本映画を放送することを許したのである[186]。例えば、台湾のテレビ番組賞「金鐘奨」を発表する前の一時期に外国の番組や映画を放送する慣例があった。その時だけには、申請によって日本の番組や映画を放送することが許されたのである。

1993年、「衛視中文台」は『東京ラブストーリー』と『101回目のプロポーズ』を放送した。その頃、三つのテレビ局が放送する連続ドラマはほとんどが中国風の時代劇であったので、この二つの作品が紹介した現実的でロマンチックな愛情ストーリーは、直ちに台湾で絶大な人気を得た。「衛視中文台」はさらに日本アイドルなどを台湾へ招くとか、一日に二作品の日本ドラマを放送するという手法を使って全力で「日本偶像劇」を宣伝し続けた[187]。こうした状況の中で、新聞局は1993年11月、ついにテレビ局やラジオ放送局に検閲を通過した日本ドラマや歌曲を放送することを解禁した[188]。

解禁後、三つのテレビ局も日本のテレビ局や制作会社に接触した。しかし日本のテレビ局は漫画の出版社と同様、積極的に市場の開拓に参加する意欲はなかった。前記で紹介した岩渕功一（2001: 139）によれば、旧日本植民地における日本文化禁止令や日本産業界と法律の閉鎖的性格という構造的要因は、日本のテレビ産業のアジア進出を躊躇させた。植民地主義や文化帝国主義といった

たのである。

186　聯合報 1992/05/21 第22面「衛視大放送、日劇説國語敲醒夢中人」。

187　聯合報 1993/04/23 第22面「衛視擬定大規模炒作計畫」。

188　聯合報 1993/11/20 第22面「東洋禁解除了」。

非難を免れるために、また日本産業界の閉鎖性などの理由で、日本のテレビ局は海外への進出に対してかなり消極的であった[189]。

　したがって、最初、日本のテレビ局は台湾での放送権を許諾することにかなり躊躇していた。いくつかの商談の後、三つのテレビ局はようやく日本ドラマの放送許諾を取得し、1994年1月に日本ドラマを放送し始めた。日本ドラマを放送する理由について、当時、日本と台湾は文化的近似性があり、これまで台湾で放映された日本映画やテレビ番組の受容度も高い、と三つのテレビ局は述べている（羅慧雯 1996: 126）。そのうち、「台湾電視台」は主にフジテレビのドラマを放送し、しかもそれらの作品のほとんどは「衛視中文台」によって放送されて、高い視聴率を獲得したものであった。例えば『101回目のプロポーズ』、『ひとつの屋根の下』がその例である。それらのドラマを選択した理由は、当時、「衛視中文台」は日本ドラマ放送を先導するメディアと思われており、そのチャンネルで放送された日本ドラマやそれに主演するアイドルがいずれも新聞や雑誌で盛んに報道されていた。そこで、「台湾電視台」はそれらのドラマを放送すれば、視聴率のリスクを減らすことができると考えたのである。一方、「中華電視台」で放送された多くの日本ドラマは「偶像劇」ではなくて、台湾の視聴者にあまり知られていない役者が出演したものであった。例えば『カミさんの悪口』、『武田信玄』などである。

　しかし、三つのテレビ局は日本番組が台湾の視聴者にとって受け入れ易いと思っていたとしても、前述したように積極的に日本のテレビ番組を導入しなかった。つまり、最新のドラマを購入しないで、CATVで放送されたドラマを再放送するというものであった。その理由は、三つのテレビ局は台湾の映画や番組に関する鑑賞習慣がやはりアメリカ風であり、日本の番組はただの一過性のブームでしかないと思っていたということであった。例えば、「中国電視台」

---

[189]　例えば1993年、「全日通」日本番組専門チャンネルが創立され、日本のテレビ局に著作代理権に関して商談の要請を出した時、「日本のテレビ局はびっくりした。台湾人が日本に放送許諾を求めて来るとは思わなかったので、（日本のテレビ局は）その時には何も用意していない。……半年後、日本側はようやく……もう商談できるよと言った」（羅慧雯 1996: 125）。一方、台湾ではいくつかの制作会社が日本ドラマの代理店となりたいため、勝手に三つのテレビ局の名義を名乗って日本の会社と接触した。しかし、約束どおりに仕事は進まなかった（聯合報 1993/12/22 第22面「打著三台旗號壞了行情、日劇輸台喊暫停」）。

の外国番組部門の部長はこれからも外国番組の大口が依然としてアメリカ番組であるべきだと明言している（羅慧雯 1996）。このような見解は日本番組専門チャンネルの意見と全く異なっていた。「緯来日本台」（緯来日本チャンネル）の番組事業部門の副部長・張芙心は次のように述べている。「日本人は台湾人と外見ではあまり違わない。なんといっても、西洋人と台湾人との相違はわりに大きい。だから、台湾の若者が求めているファッションや流行は、日本人から獲得できる。……日本人と台湾人はやはり文化的近似性を持っている」（何慧雯 2002: 90）。

　三つのテレビ局のこうした認識は、「中国電視台」が1994年に『おしん』を放送してスーパーブームを引き起こした後にも変わらなかった。2000年に至ると、三つのテレビ局はついにアメリカ番組の視聴率が日本ドラマより低下して、現状を維持することはできても、それを突破することはできないと認めた[190]。日本ドラマが三つのテレビ局でよい視聴率を得られない理由は、日本ドラマを選択する時、最新の流行や人気のトレンドについて考慮せず、しかも、数年前の古いドラマを放送したからである。CATVが続々と新作を放映していたため、三つのテレビ局は日本ドラマのフィールドで一定の信頼度を勝ち取ることができなかったのである（民生報 1995/09/17 第12面）。また、三つのテレビ局は、長い間に日本大衆文化が台湾においてアンダーグラウンドで視聴者に浸透してきた状況を考慮に入れていなかったのである。言い換えれば、台湾人の視聴習慣やテイストは単に三つのテレビ局によって形成されていたのではなく、すでに海賊版のビデオや「第四台」に浸潤されていたのである。したがって、日本のように週一回の連続ドラマを放送する方式に慣れていない。また、アイドルや日本ドラマが台湾において文化や流行について持つ力も、同じように三つのテレビ局は軽視していたのである。台湾においてアメリカ映画は圧倒的な優位性を持っているが、テレビ番組ではアメリカ番組は日本番組のアンダーグラウンドで育った力に負けたのであろう。しかし、三つのテレビ局は長期にわたり、お互いしか他にライバルがないという状態に置かれていたため、政府に属さない非合法的なアンダーグラウンド勢力が持っている影響力を見落としていたのである。実際には、1990年代、アメリカ番組の台湾における視聴

190　中國時報 2000/01/06 第28版「美式影集矮日劇一截」。

率は、『The X-Files』以外ほとんど突出した視聴率を得ていなかった[191]。

1994年、「中国電視台」がゴールデンタイム（夜間8時〜9時）に『おしん』を放送して驚異的な高い視聴率を取って以来、日本ドラマは三つのテレビ局ではほとんど高視聴率を得られなかった。しかも1994年末、台湾の芸能人は、ゴールデンタイムに日本ドラマを放送することで台湾の芸能人の生存を脅かすことに対して強烈に反発した。三つのテレビ局はそこでゴールデンタイムに日本ドラマを放送しないことを決定した[192]。台湾芸能人の騒動は、1982年〜1983年に香港ドラマがゴールデンタイムに放送されてブームとなった時[193]、あるいは2001年〜2002年に韓国ドラマが大量に放送された時にも起こった（江佩蓉2004: 9）。1982年には、テレビ局も同様に香港ドラマの放送を止めることを決めたが、大量に香港の芸能人を台湾のドラマに出演させ始めたため[194]、台湾の芸能人が期待した仕事の保障には至らなかった。テレビ局のこうした対応は、台湾のテレビ業界が遠い将来を考えるより、目の前の状況に対応して、すぐ利益を得ようとする姿勢を明らかにした。このような態度は日本番組が人気を集めた後でも現れた。台湾のテレビ局や制作会社は新著作権法が日本の著作物の権利を保障しないという不備を利用して、日本の娯楽番組やドラマの内容を盗作した。その事実は日本番組の専門チャンネルが大量に日本番組を輸入し、インターネットが盗作の事実を広めて以降、一つずつ識別されていった[195]。こ

191　中國時報 2000/01/06 第28版「美式影集矮日劇一截」。さらに、2003年の初めにCATVのチャンネルで放送された最も人気の高いアメリカドラマ『CSI』を例とすると、「潤利」の視聴率調査によれば、AXNチャンネルで放送される最新シリーズの『CSI（III）』は8月の11日や17日の視聴率は皆0.21％であった。その頃、8月に台湾で放送された日本ドラマは、緯來日本台の最も人気を集める『美女か野獣』で8月10日の視聴率が0.69％であり、それに接続して放送された『いつもふたりで』で8月18日の視聴率が0.54％であった。ちなみに、アメリカ番組は2000年以来次第にテレビ局から消えてCATVの専門チャンネルに移行し（民生報 1995/09/17 第12版）、2003年末〜2005年にはさらに地上波テレビ局の番組表からも消えたのである（資料の出所は四つのテレビ局の番組表を参考）。2006年に入ると、華視はまたアメリカドラマの放送を再開した。

192　聯合報 1994/12/07 第22面「三台八點档　不播日劇了」。

193　聯合報 1982/05/12 第9面「北市演員工會代表再度要求停播港劇」、1983/09/02 第9面港劇遭到封殺、天龍八部之後不再播出」。

194　聯合報 1985/01/14 第9面「台製港劇樂了港星」。

195　中國時報 2001/03/12 第26面「哈日抄風盛，綜藝徹底東洋化」、2002/07/18「抄你

の現象は「本物」である日本番組に、一定の高級感や文化資本を与えるとともに、台湾の視聴者が、アンダーグラウンドで伝播してきた日本番組に対する親近感や習慣性、および日本番組が台湾視聴者のテレビ番組に対する考えに対して一定の影響力を持っていることを明示したものだともいえる。

日本専門チャンネルの設立

　2003年まで、台湾で最も主要な日本番組の専門チャンネルは、1994年以降続々と設立された「国興衛視」(国興衛星放送チャンネル)、「緯來日本台」(緯来日本専門チャンネル)と「JET TV」(JAPAN ENTERTAINMENT TELEVISION)である[196]。日本専門チャンネルの設立によって、「衛視中文台」の日本ドラマのトレンドを導くリーダーの地位は、次第にこれらの日本語の原語で番組を放送する専門チャンネルに譲らざるをえなかった。日本番組の専門チャンネルの出現とその経営手法によって、日本ドラマのブランドが次第に作り上げられていった (蔡雅敏 2003: 154)。しかも、もともとアンダーグラウンドで存在していた日本大衆文化に顕在化するルートを与え、日本アイドルや歌曲が放送される機会も増加した。本多周爾 (2001) の大学生に対する調査によれば、2000年には台湾では「興味ある日本のテレビ番組」は、ドラマがトップの26.6%、バラエティが20.6%、グルメ・料理が19%であり、つまり、鑑賞する日本番組の内容に関しては、比較的多岐の分野にわたっている。この現象は、台湾では日本への関心の幅が広く、ある程度社会の中に定着していることを示していると、本多は指摘している。

　日本番組チャンネルとそれによる日本ドラマの発展について、「JET TV」を例として論じれば、回答者Dによって、最初、「JET TV」は日本の「テレビ東京」、「北海道テレビ局」、「住友商事」、「TBS」および台湾人が合資して設立された。このことは日本のテレビ局がついにアジアへ積極的に発展する指標の

　　千遍也不厭倦」、聯合報 2000/11/19 第26面「借用一下點子有什麼不行？娛樂嗎！」、2000/06/21 第10面「V6迷不滿少年兵團　指抄襲日本偶像團体V6的節目」。第1章にも述べたように、韓国でも同様な状況が起こっている。

196　日本ではドラマの放送は週一話ずつだが、台湾では、CATVやチャンネルは台湾の視聴者の視聴習慣に合わせるために、一作品を毎日一話放送すると同時に、同じ話を当日に2～3回再放送する。

一つとなったのである。当初、「JET TV」の本社はシンガポールに設置されたが、1999年に哈日ブームの最盛期に便乗して台湾へ移った。日本のテレビ局の資金が入ったので、「JET TV」はそれらのテレビ局の番組から選別する優先権を持っていた。それによって、放送された新作がとても多く、2000年の『ビューティフルライフ』の放送時期が、「JET TV」の最盛期だといえる。例えば、2000年には、合計12局で合計94本（再放送を含めない）の日本ドラマが放送されており、その中で「JET TV」は23本の作品を放送している[197]。しかも、放送する多くの番組が近作なので、「JET TV」は日本ドラマのフィールドに自らのブランドや信頼度を作り上げた。

高額放送権料および日本ドラマの不景気化

　日本ドラマ・ブームが形成されてから、若干の総合チャンネルやCATV局も日本ドラマを放送しようとした。「東風電視台」、「超級電視台」、「TVBS」などのCATV局／チャンネルは高額を支払って、人気アイドルが主演する日本ドラマの放送権を購入した。それによって、人気アイドルのドラマは日本専門チャンネルから総合チャンネルに分散していった（蔡雅敏 2003: 73）。しかし、総合チャンネルは専門チャンネルのように全力をあげて日本ドラマを集中的に宣伝することをしなかった。そのため、日本ドラマの放送は、もともと海賊版問題のためにその視聴率が低迷していたこともあり、いっそう不振になってしまった。

　多くの台湾業者が日本の人気ドラマの競売に参加したことで、日本ドラマの放送権料はいっそう高くなった[198]。2000年後半、哈日ブームの熱が冷め始め

---

[197]　2000年の台湾での日本ドラマ放送番組表による計算結果（「日本偶像劇場」というホームページ：http://over-time.idv.tw/drama/drama.php を参考）。

[198]　台湾での日本ドラマの放送権料について、羅慧雯（1996: 125-127）によれば、「中華電視台」、「天通日本台」（天通日本チャンネル）、「国興衛視」も、1996年に日本ドラマの放送権料が前年より約2倍高くなったと言っている。さらに、「中華電視台」は、かつて日本ドラマの一時間の放送権料が2000ドルであったが、1996年には4000〜5000ドルにまで達して、アメリカドラマの一時間の放送権料よりはるかに高額になったことを示している。1996年前後、日本ドラマの新作（1991年以降の作品）が一時間3000ドル、旧作が一時間1500ドルであり、人気アイドルが出演する作品の場合一時間1万ドルに達するものもあったと指摘している。このような放送権料は当時のCATVやチャンネルにとってかなりの負担であった。しかし、各々のチャンネル、テ

た[199]にもかかわらず、日本ドラマの放送権料は従来通り高額で低下することはなかった。日本番組の専門チャンネルはついに経営難となった。したがって、日本専門チャンネルも保守的態度を取ることを余儀なくされ、高額な最新作を購入することは減少していった。これは、日本漫画産業に比べて日本のテレビ産業の保守的な態度が、日本ドラマの著作権販売に関して、台湾（海外）市場を積極的に理解しようとしなかったことを反映している。日本の漫画産業は台湾市場に進出することを決めると、その市場を理解して、直ちに台湾の出版社とのバランスを維持するような版権配分という手法を取ったが、日本のテレビ産業は競り買いの手法を採り、日本ドラマの放送権料を無制限に高く設定した。

　日本ドラマの放送権料の高額化は、日本専門チャンネルが日本番組の量を減らし自製の番組を放送することを促していった[200]。しかし、チャンネルや

レビ局、CATV局が日本ドラマを競り買いしている状況の中で、日本のテレビ産業は放送権料をつり上げ続けたのである。1999年に至ると、ドラマの新作は1時間8000ドル以上であった（民生報 1999/10/15 第15面）。しかも、役者たちの所属事務所も配当金を要求してきた（中國時報 2000/04/04 第28面「美麗人生昨晚首播、VCD7日上市」）。1999年、反町隆史が主演する『GTO』が一時間1万ドルであり、台湾で何回も放送された『東京ラブストーリー』などの有名ドラマが旧作にもかかわらず一時間3500〜4000ドルであった。「JET TV」は最初に「TBS」が投資したので、「TBS」の番組から選別する優先権を持っていたが、人気役者の堂本剛が主演する『To Heart』や松嶋菜々子の『魔女の条件』は一時間1万ドル必要であった。しかし、一時間の番組には10分間の広告時間しかなく、人気俳優はドラマの視聴率に必ずしも何かの保証を与えるものでもない（民生報 2000/11/22「2001年3月到11月、韓劇收視前十名」、1999/10/15「日劇價碼愈哈愈高」、中國時報 2002/03/29 第26面「日韓劇價高不等於收視率高」）。

199　しかも、1990年代後半、日本ドラマの日本における視聴率が年毎に下がってきた（NHK放送文化研究所2003）。このことも、台湾での日本ドラマの人気に影響しただろう。さらに、漫画と同様、禁止令が開放され始めた頃、台湾でまだリリースされていない日本文化商品のコンテンツが多かったので、台湾の出版社やCATV局、チャンネルには多くの選択があったし、市場を拡大するのにも間に合っていた。ところが、台湾と日本の文化商品のリリースの時差が次第に縮まり、この同時間性で日本は台湾の市場需要、および深めた欲望に満たすほど多くのコンテンツを提供できなくなった。日本ドラマを例とすれば、一ドラマは週一話放送されて、しかも12話しかないのに、台湾では週4〜5話放送されているので、コンテンツの需要量が日本の生産量よりはるかに高いのである。

200　現在、「緯来日本台」や「JET TV」などの日本専門チャンネルはコストを引き下げながら放送時間を満たすために、自製の番組を放送し始めている。例えば、日本への旅行番組や日本関連情報番組である（2003年の番組表を参考）。

CATV局の数が多くて、本国の制作産業がその番組の需要にこたえられなかった。そこで、若干のチャンネルがシンガポールドラマ、中国ドラマや韓国ドラマを購入し始めたが、最初はいずれも人気を集めなかった。しかし、2001年に「八大電視台」（GTV、八大CATV・グループ）が安い値段で韓国ドラマ『火花』と『秋の童話』の放送権を購入して放送して以来、人気を集め始めた（江佩蓉2004、季欣慈2005）。

韓国ドラマの導入および市場の占有：「韓流」

放送権料の安い韓国ドラマが台湾の市場に入ると、韓国の俳優が宣伝のために次々と台湾を訪れ、頻繁にマスコミに登場した。しかし、同時に、「JET TV」は宣伝のために日本の俳優を台湾に招くことがあったが、日本の俳優はそれに協力する意欲がほとんどなかった（回答者D）。哈日ブームの気勢が次第に韓国ドラマに奪われるようになった。蔡雅敏（2003: 151）の研究によれば、台湾での日本ドラマの放送が10年間にわたった後に、視聴者のドラマに対する選別基準が相当に厳しくなり、初期のようにテレビ局などが何を放送してもすべて受け入れるというようなことはなくなった[201]。したがって、回答者Dが叙述したように、2001年以降、日本ドラマの台湾テレビ産業における地位は、次第に1990年代の初めのような少数の視聴者の趣味という地位に低下した[202]。

---

[201]　この点は、欲望が深くなることとも関連しているが、4章3節でまた論じる。

[202]　次のデータは、「日本偶像劇場」（http://over-time.idv.tw/homepage.php）で記録された、台湾で放送された日本ドラマの時間表によるのである。

	台湾で初放送された日本ドラマの番組本数	台湾で初放送された時間と日本で放送された時間の平均間隔（単位：月）	日本で放送された後の半年内に台湾で放送されたドラマの番組本数と百分率
2000年	52	11.85*	19 (36.5%)
2003年	37	12.2**	6 (15%)
2005年	50	17.5	8 (16%)

*この平均数は、他のドラマと比べると、時間の間隔が特に長かった、3本のドラマを除いた結果である。

**この平均数は他のドラマと比べると、時間の間隔が特に長かった、1本のドラマを除いた結果である。

この表によれば、2003年に初放送された日本ドラマの本数が減少している。2005年に至ると、初放送された日本ドラマの番組本数は多くなったが、放送される平均間隔は長くなる傾向がいっそう明白になった。つまり、台湾では、日本ドラマの最新作品の放送率が低下していったのである。

2000年以降、台湾で放送された韓国ドラマは、すでに日本のトレンディー・ドラマの要素——シニフィアン（美男美女、愛情、ファッションなど）とシニフィエ（ロマンチックな、ファッショナブル、ブルジョア的な、精緻な）を習得していたのである。梁旭明（2004）も土佐昌樹（2005）も、現代を背景として、恋愛、ファッション、雰囲気、音楽などを重視する韓国ドラマは、日本ドラマを模倣して、さらに土着化を試みたものだと指摘している。しかも、国家の奨励策がバックアップ[203]となって、韓国ドラマの品質が上がり、現地のテレビ局に重要なドラマと見なされれば、一話の制作費は200〜300万元（約600〜1000万円）となる（聯合報 2006/07/07）[204]。かくして、台湾の視聴者が認めるドラマのレベルに達するようになった。現在、韓国ドラマを放送する主力である「緯来電視台」CATV・グループも、1999年以前の韓国ドラマはまったく考慮していないと明言している（民生報 2002/05/02 C2面）。

　高い品質を備えている上に、構造的にいえば、韓国ドラマは日本ドラマより長くて、台湾人の視聴慣習に近く、韓国の俳優が台湾へ宣伝にくる容易さや頻度も日本アイドル／俳優よりはるかに高く、人気をより盛り上げやすかった。以上の条件はテレビ局にとっても宣伝の上で相当の利点となった[205]。内容的には、俳優の容貌が台湾人に近くて、文化的近似性も備えている韓国ドラマは、日本ドラマと比べると、純愛のメロドラマの傾向があり、ストーリーの展開が家庭関係などにも関わり、登場人物が多くて関係が複雑だが、内容がより保守的である。つまり、「昔からのメロドラマの形式と、違う層の視聴者に必要

---

[203] 1998年に当時の韓国大統領金大中は国内の文化産業を奨励し、文化政策の比重をも重視したので、韓国のポピュラー文化が外へ出て行く条件を準備することになった（土佐昌樹 2005: 205、梁旭明 2004: 271-272）。つまり、韓国政府は計画的に文化産業を発展させているのである。

[204] 1990年代、日本ドラマは、一話の制作費が平均2000万円であった（岩渕功一 2001: 142）。

[205] 民生報 2001/11/22 第C6面を参考。また、筆者は2000年に記者として、当時の「中華電視台」番組部門の経理・葛士林をインタビューしたが、同様な意見を得た。葛によれば、台湾人の視聴慣習として、ゴールデンタイムの夜8時や9時の主要な視聴者は数10話以上の連続ドラマに慣れている。日本ドラマは一シリーズがほとんど11話しかない。つまり、日本ドラマの放送はちょうど視聴率が上がり、宣伝で人気を集め始めた途端に終わるということである。さらに、従来の台湾ドラマは、視聴率によっては100話まで延長可能である。台湾のテレビ局が慣用した宣伝手法は、日本ドラマに適用し難いのである。

な要素を持つロマンスを組み合わせることで、『すべての人に何らかのものを与える』ことに成功している」（梁旭明 2004: 290）。そのため、視聴者層は日本ドラマより広いのである（梁旭明 2004、リー・ドンフ 2004、江佩蓉 2004、柯裕棻 2004、季欣慈 2005）。2001 年、AC Nielsen 会社が、『2001 Nielsen のテレビの生態研究発表会』で発表した台湾における日本ドラマや韓国ドラマの視聴者層に関する調査分析によれば、日本ドラマの視聴者は女性会社員や学生を主体とし、年齢では15～24歳の視聴者が3割を占め、年齢が高くなると視聴人口が少なくなる。他方、韓国ドラマの視聴者の50％は女性会社員と主婦に集中し[206]、15～24歳の視聴者が15％にも満たないが、25歳以上の視聴者では60％を上回っている[207]。つまり、韓国ドラマが獲得した視聴者は、主に従来の台湾ドラマの視聴者であった[208]。

　2001 年以降、台湾では、「八大電視台」と「緯来電視台」（緯来CATV・グループ）を中心とするCATV局やチャンネルが大量に韓国ドラマを輸入して、しか

---

[206]　回答者Aや回答者Cのインタビューも、韓国ドラマの視聴者は日本ドラマより広いという結果に合致している。回答者Aによれば、日本ドラマ・ビデオの借り手は若い人や大学生の方が多いが、韓国ドラマの借り手は年齢がわりに高くて、主婦の方が多い。また、レンタル慣習に関して、日本専門チャンネルは数が多いので、多くの日本ドラマの借り手は、ある話を見逃した人や、毎日の放送を待つことができないので、レンタル店で一気に借りて見るという視聴者である。韓国ドラマは、テレビで放送されなければ、ほとんどレンタルする視聴者がいない。それによって推論すれば、インタビューを行った2002年末まで、韓国ドラマは台湾において一つのブランドとしての信頼度をまだ構築しておらず、テレビでの放送を通じて鑑賞に値するという信頼度を形成しているのである。また、この頃の若者のビデオやVCDという視聴習慣と、中高年婦女のテレビを主要な視聴ルートとする習慣とは異なっていることを提示しているかもしれない。

　　同じ現象は、日本でも発生している。日本では、韓国ドラマの主な視聴者群は、従来のトレンディー・ドラマがターゲットとしていない中高年婦女である。台湾と日本の状況によれば、韓国ドラマは、新しいドラマ視聴者層を取得したといえるであろう（毛利嘉孝編 2004、土佐昌樹・青柳寛編 2005、江佩蓉 2004）。

[207]　星報 2001/04/20 第8面。

[208]　しかし、前節で述べたように、Hoskins & Mirus（1988）の研究によれば、吹き替えや字幕の影響で、視聴者は外来番組に対する興味が下がり、転じてジャンルやレベルが類似する本国番組に向かっていくのである。現在の台湾における状況もこの論点に合致している。1990年代以来発展してきた、主婦や中高齢の視聴層を中心とする台湾ドラマ、特に台湾語発音の「郷土劇」は、依然として高視聴率（平均視聴率は5～9％）を有し、韓国ドラマよりもはるかに高いのである。

もかつての日本ドラマの宣伝方式を援用して、韓国ドラマに美しいイメージを与えながら、その放送を促進した（季欣慈 2005: 51）[209]。2001年に韓国ドラマは初めて台湾に導入され人気を得た。当時人気の韓国ドラマと日本ドラマの平均視聴率を比較すると、韓国ドラマの方がより高かった[210]。その後、地上波テレビ局も韓国ドラマをしばしば放送した。江佩蓉（2004）によれば、韓国ドラマの放送は2000年から2002年まで急成長して[211]、2002年末に至ると、台湾において、韓国ドラマの放送時間数は、すべての海外ドラマ番組のトップになった。

　韓国ドラマの人気は、台湾でも関連商品の販売を促進した[212]。韓国ドラマのテーマ音楽のアルバム[213]、そのテーマ曲の中国語カバー曲は不況だった台湾の音楽市場に大きな利益をもたらしたし、登場人物が使用した製品も売れた。しかも、韓国への観光をも刺激した（李廷妍 2002、江佩蓉 2004: 64, 141）。

---

[209] 季欣慈（2005: 75）によれば、台湾において韓国ドラマの流行とブームの形成は、韓国自身が国際販売促進戦略で作り出したのではなく、台湾現地のエージェントやCATV局が様々な話題性などで勢いづいた結果なのである。例えば、中国語の吹き替えで放送されるという「脱韓国性」、あるいは、エージェント会社はいくつかの韓国ドラマの放送権を一気に購入し、台湾のCATVやチャンネルと一定の放送時間数を契約した。かくして、韓国ドラマの台湾における放送時間帯や露出度を保障できた。

[210] 民生報 2001/11/22/ 第C6面「2001年3月到11月日、韓劇收視前十名」のランキング表を参考。一方、日本ドラマの第一位『ストロベリーオンザショートケーキ』が視聴率2.1％、第二位『HERO』が1.9％、第三位『やまとなでしこ』が0.8％であった。他方、韓国ドラマの第一位『秋の童話』が2.7％、第二位『ホテリアー』が2.05％、第三位『イブのすべて』が1.7％であった。

[211] 2000年に放送された韓国ドラマは27本であったが、2001年には急速に90本にまで成長して、2002年にはさらに104本になった。そして、韓国ドラマを放送するチャンネル数は、2000年は5局であったが、2001年には10局になり、2002年にはさらに16局に達した（江佩蓉 2004）。

[212] また、韓国ドラマはさらに「product placement」という販売手法を使用した。例えば、韓国ドラマ『イブのすべて』の中では韓国サムスン製携帯電話の使用シーンを大量に放映し、視聴者のこの商品に対する印象を強化していったのである（李廷妍 2002）。このような手法で、韓流はドラマ以外の分野にまで及んでいった。2000年以前には台湾では韓国の商品が少なかったが、それ以降、増加する傾向がある。

[213] 例えば、回答者Cによれば、2001年に韓国ドラマ『火花』が放送されて話題をもたらした時、回答者Cが宣伝担当する『火花』のオリジナル・アルバムの売れ行きが直ちに3万枚余りに上昇したのである。韓国ドラマのオリジナル・アルバムと比べると、日本ドラマのオリジナル・アルバムの製作はそれに敵わないといわれている。日本ドラマが放送されているにもかかわらず、そのオリジナル・アルバムの販売量は僅かしか増加しなかった。

かくして、韓国ドラマは1999年に「神話」や「CLON」などの韓国アイドル・グループによって発生した「韓流」を継承して、2回目の「韓流」を引き起こした（次節参照）。しかし、日本と異なり、韓国映画は、『猟奇的な彼女』などの3本以外、台湾でほとんど良い興行成績をあげていない[214]。実際には、台湾における「韓流」は、哈日ブームのように全面的なトレンドを引き起こすことはなく、1980年代の香港ドラマブームと同様に、高まりが韓国ドラマとそれにもたらされた関連商品のブームに集中しているのである。しかも、韓国ドラマの視聴率はかなり異なっている。『イブのすべて』や『ホテリアー』、および『ガラスの靴』などの人気俳優やアイドルが出演した韓国ドラマは高い視聴率を取れる[215]が、一般的に、韓国ドラマの平均視聴率は1％前後しかなく、しかも2002年以降には低下する傾向も現れている。いったんドラマが放送終了して、ブームを誘発するほどの話題性がないと、そのドラマが引き起こした「韓流」は冷めていった。換言すれば、「韓流」は輸入されたドラマが人気や話題を誘発できるかどうかに左右されていた（江佩蓉 2004: 9, 63）。したがって、それは間欠的であり、ドラマの分野に限られ、哈日ブームのような持続的で広範囲に及ぶブームにならなかった。しかし、それにもかかわらず、「韓流」がマスメディアで頻繁に出現することは、哈日ブームの熱気と話題性を奪ったし、たとえ主要な視聴者層が異なり、日本ドラマの視聴率低下の主因にならなくても、韓国ドラマが日本ドラマの放送ルートを取り上げたのは事実である。

「台湾偶像劇」の出現

　科学技術や経済の発展によって、日本ドラマの制作方式や内容要素を習得したのは、韓国ドラマだけではなく、台湾もまた習得した。台湾本国製の「偶像

214　2004年、ペ・ヨンジュンの『四月の雪』は、日本では最初の2日間興行成績が3億5000万円に達したが、台湾では初日が100万元しかなかった。2006年には、台湾で一定の人気を集める韓国女優チョン・ジヒョンと香港監督が協力した映画『デイジー』は、週末の2日目の興行成績が85万元にしかならなかった（中時電子報 2006/4/25<http://news.yam.com/chinatimes/entertain/200604/20060425553169.html>、中国時報 2005/09/12、民生報 2005/09/17を参照）。

215　しかし、韓国の人気俳優も高視聴率の保証になるとは限らない。2002年に台湾で放送された『冬のソナタ』は、日本におけるほどのブームを引き起こさず、視聴率が平均3％弱しかなかった（江佩蓉 2004: 63）。

劇」の出現は、台湾ドラマ市場にもう一つの選択肢を提供したのである。

2001年3月に台湾で放送された『流星花園』は、「台湾偶像劇」の濫觴だといえる。このドラマは日本漫画『花より男子』を改作したものである。日本漫画を選んだのは、若い世代をターゲットとすることを意図したからである[216]。当ドラマは制作される過程で、台湾社会の現状にマッチさせるため、原作に現れた、日本的習慣が際立つ場面を改変したが[217]、愛情、金銭と権力、さらに台湾では珍しい現象であるいじめなどの主要なテーマは変わらなかった。しかし、変更した部分は決して話の筋の展開に影響を及ぼさない。いじめや集団的行動など台湾において珍しい行為は、ただのストーリーの設定だと見なされている。

また、このドラマは従来の台湾ドラマと異なり、若い新人を起用し、人物の名前も原作の日本語名をそのまま使用した[218]。中国語のセリフを話している台

---

216 台湾ドラマ『流星花園』は、これまでのようにドラマ制作会社によってではなく、転業した元バラエティー制作会社によって制作された。プロデューサーの一人である馮家瑞は、バラエティー制作会社がドラマを制作することについて、次のように述べている。

「よいデザイン、活発なスタイル、最新流行、新鮮感満載という長所がある」が、バラエティーのプロデューサーは「ドラマが得意ではないので、今までは、台湾の脚本家に日本の有名漫画を改作させるという方法を利用してきた」(中国時報2003/03/11 影視宅急便版「偶像劇利多、綜芸人跟拍多」)。

217 『流星花園』の5話までの脚本担当者・回答者Uが述べたように、当ドラマを台湾社会に納得させるため、主人公の年齢を原作の高校生から大学生へ変更した。なぜなら、台湾の高校生にはブランド品を愛用する現象がほとんどないからである。しかも、台湾の高校生はまだある程度の「髪禁」(髪の長さやスタイルに対する制限)があるので、女子生徒の髪は一定の長さに制限され、男子生徒も原作に設定されたようにパーマをかけることができない。換言すれば、原作に表現された様々な状況は、台湾の高校生に発生することがあり得ないので、ストーリーの展開に支障がないように、その人物設定を台湾の社会現状にマッチする大学生に変えたのである。また、ドラマで台湾の現況にマッチするために添加した設定は、女性主人公がマウンテンバイクに乗って通学するという台湾ではよくあることである。さらに、日本では高校の校舎に入る時には上履きに交換するので、生徒は皆下駄箱を持っている。原作では必要な「宣戦布告」はほとんどが下駄箱に貼られるのである。しかし、台湾ではそのような習慣がない。したがって、ドラマでは、「宣戦布告」は靴などが入るロッカーや、女性主人公の背中に貼られるように変更された。ちなみに、台湾の大学では、すべての学校がロッカーを配置しているわけではない。これらの変更された部分は、原作で「日本」に対する連想を喚起するヒントだと見なされるだろう。しかし、たとえこれらの変更を行ったとしても、回答者Uによれば、学校で靴を入れるロッカーの存在に違和感を覚える視聴者は依然として多い。

218 回答者Uによれば、ドラマ『流星花園』に改編した時、原作の『花より男子』という

湾人の役者が日本語の名前を呼ばれるという設定は、台湾において違和感を引き起こすことはなかったし、さらに、その後東南アジアでも同様に視聴者に受け入れられて、しかもブームを形成した。「F4」と呼ばれる4人の男性主役はドラマの進行につれて、台湾からアジアまで人気を博した。その後、『山田太郎のものがたり』、『ピーチガール』などの日本漫画を改作した「台湾偶像劇」も続々と放送されている。つまり、このような「台湾偶像劇」の生成と発展は、台湾における「哈日」現象や日本漫画と緊密な関連があることはいうまでもない。

　『流星花園』がブームとなって以来、台湾製の「偶像劇」が流行するようになった。日本漫画の改作以外では、『吐司男之吻』、『ラベンダー』、『恋の香り』などの台湾人自身がシナリオを書いて制作する「偶像劇」も、若者の視聴者を対象として相当な人気を集めていった。2004年3月まで、CATV局や地上波テレビ局で放送された「台湾偶像劇」はすでに62本を上回り、しかも増加する傾向も現れている（耿慧茹 2004）。AC Nielsen会社の調査によれば、台湾の若者が最も好むドラマのトップ3がすべて「台湾偶像劇」であった（聯合報 2004/12/30 D2）。「台湾偶像劇」は、韓国ドラマや日本ドラマと肩を並べる勢いとなり、しかも、東南アジア、中国、香港、日本へも輸出され、日本で呼ばれる「華流」の一環になった。これは、台湾の新しい大衆文化産業である。しかし、「台湾偶像劇」は新人起用を好み、『流星花園』のように人気俳優（アイド

　　漫画がすでに相当な人気を集めていた。それ故に、プロデュース・チームは原作の人名を残すことを決定した。しかし、台湾の視聴者の違和感を引き起こさないため、チームが採用した方式は、原作では4文字の名前を中国語の名前に似ている3文字の名前に変えたのである。例えば、男性主人公の名前は、道明寺司から「道明寺」に変わった。しかし、台湾には「道」や「道明」という苗字はない。女性主人公やF4の他の2人の成員は、その苗字が曖昧化され、ドラマではその名前を「西門」、「美作」、「杉菜（つくしの中国語翻訳）」としか呼ばない。そして、原作で3文字の日本名の「花沢類」は、元の名前を維持しているが、苗字が中国語の苗字である「花」か、日本語の苗字である「花沢」か、という部分も曖昧化している。回答者Uによれば、視聴者は、このような「擬・日本姓名」に対して、ほとんど違和感を覚えていないそうである。「（ある視聴者は）最初、この名前を聞いた瞬間には、おかしいかなと思っていたかも知れないけど、すぐに慣れたと話している。だって、彼ら（視聴者）は、その後ストーリーを見ていても、誰もその名前のことを気にしていないと述べている」。以上のインタビューは、漫画でもドラマでも関係なく、人名は、非日常で特定感がないストーリーでは、単なる人称代名詞である記号でしかないということを明示している。

ル）を育成することにはならなかったし、一話の平均制作費が韓国や日本ドラマより低く、70〜90万元（約210〜270万円）しかない。したがって、海外市場での韓国ドラマとの競争では、より不利であろう（聯合報 2006/07/07、耿慧茹 2004）。

耿慧茹（2004）によれば、「台湾偶像劇」も韓国ドラマと同様、日本トレンディー・ドラマを真似して、その要素であるシニフィアン（美男美女、愛情、テーマ音楽、ファッション）とシニフィエ（ロマンチックな、ファッショナブル、ブルジョア的な、精緻な）を習得したのである。しかも、そのような撮影やセットの精緻さへの重視によって、「台湾偶像劇」は、従来の台湾ドラマと異なり品質が上がっていったし、話数も従来の台湾ドラマより少ない。つまり、「台湾偶像劇」は形式も制作手法もターゲットの設定も、日本ドラマに似ているのである。

以上によれば、「台湾偶像劇」と韓国ドラマの制作と表現方式が、日本大衆文化から影響を受けたことは明らかである。まず、長い間、日本大衆文化はいろいろな方式で台湾や韓国へ流入し、草の根の方式で発展して、現地の大衆文化の生成や表現方式に影響を及ぼしてきた（鄭大均 1998、朴順愛・土屋礼子編著2002、山中千恵 2004、張竜傑 2005）。また、日本ドラマは台湾で長期間にわたり発展したことで、その表現方式や叙述体系が根を下ろし、その後の韓国ドラマや「台湾偶像劇」の受容を促した。台湾のCATV局や韓国ドラマのエージェント会社は、韓国ドラマの購入について、ドラマのジャンルの選択や品質の判断基準は、日本ドラマを手本としているし、韓国ドラマの「アイドル性」を作り出すなどの宣伝戦略も、かつて日本ドラマを放送する際の方式の採用だった、と明言している（江佩蓉 2004: 32）。

日本ドラマ放送の斜陽化

韓国ドラマの放送量が多くなったり、「台湾偶像劇」が台湾の若者を引き付けたりしたのと同時に、インターネットのファイル交換や海賊版の問題が深刻化したことで、日本ドラマの市場はさらに萎縮してきた。CATV局やチャンネルは日本ドラマの放送を次第に減らすか、ないしは中止してしまった。日本番組専門チャンネルの変化は、その反映である。「JET TV」は日本ドラマの放送を減らして、代わりに日本アニメ、旅行紹介などの番組でその時間帯を埋めた。

2005年10月以降、「国興衛視」チャンネルは日本ドラマを放送中止とし、かわりに視聴率が相対的に安定している日本バラエティ番組を放送していった（聯合報 2005/11/17 D4版）。「緯来電視台」CATV・グループも韓国ドラマの放送を重視していった。なぜなら、韓国ドラマの視聴者層は、日本ドラマより広いからである（季欣慈 2005: 52）。さらに、当年、日本ドラマを放送した方式で、2001年にドラマ専門チャンネル「緯来戯劇台」を設立して、「台湾偶像劇」や韓国の有名俳優が出演したドラマを放送しており、日本アニメを多く放送する「緯来綜合台」でも韓国ドラマが放送されている（季欣慈 2005: 52）[219]。しかし、韓国ドラマは視聴率を高く取れる作品が少なくなるとともに、放送権料が日本ドラマのように、台湾産業界の競争購買によって急速に高騰していった[220]（江佩蓉 2004、季欣慈 2005: 61）。それにもかかわらず、2006年に至ると、日本番組専門チャンネルは、放送システムで後段番号のチャンネルに移された[221]。たとえ日本番組専門チャンネルの「緯来日本台」では依然として多くの日本ドラマが放送されているとしても、日本ドラマの台湾における放送は本格的に斜陽化したのである。

219　季欣慈（2005: 52）は2001年に「緯来綜合台」の総監・奚聖林のインタビューを引用して、2001年の「緯来綜合台」（「緯来電視台」CATV・グループに属するチャンネル）の設立は、「八大電視台」CATV・グループをまねて、韓国ドラマ専門チャンネルを設置するつもりであった。しかし、2006年以降の番組表を調べると、「緯来綜合台」で放送された韓国ドラマは、一本以下になり、代わりに日本アニメや「台湾偶像劇」などを放送している。この状況は、江佩蓉（2004）が述べた、2003年以降の韓国ドラマの斜陽化を示しているであろう。

220　2001年、『秋の童話』（平均視聴率4.34%）の一話の放送権料は2000ドルで、『ホテリアー』（4.53%）は2500ドルであるが、2002年の『冬のソナタ』（2.87%）は1万2000ドルになった。2003年の『夏の香り』（1.5%）や2004年の『天国の階段』（3.65%）は、さらに2万ドルを上回った（季欣慈 2005: 61、江佩蓉 2004: 36, 62-63、民生報 94/02/04 c4）。

221　台湾では、CATV局数とチャンネル数が合計80局以上あるので、放送システムに占めるチャンネルの番号は、視聴者を取るために重要である。台北市を例とすると、6～12番のチャンネルが四つの地上波テレビ局に占められ、30～60番のチャンネルは人気のあるCATVやチャンネルである。例えば、「三立電視台」、「八大電視台」、「TVBS」などのCATV局、「HBO」などのアメリカ映画チャンネルなどである。2004年以前、日本番組チャンネルは大体40～50番のチャンネルを占めていたが、2005年以降、後の番号に移されている。例えば、「国興衛視」が84番のチャンネルに回されたのである（「国興衛視」のホームページに参照：http://www.goldsuntv.com.tw/）。

3-3　アイドル

　戒厳令が解除されて以降、台湾社会は次第に開放された。大衆文化の消費が拡大していくとともに、日本アイドルも漫画や日本ドラマと同様に表舞台に浮上して、海賊版の形から次第に合法化していった。

　1990年の初め、『新偶像雑誌』、『螢幕偶像』、『偶像快報』など多くのアイドル誌が続々と出版された。1980年代のアイドル誌と異なり、これらのアイドル誌はファッションや流行情報が少なめで、アイドルの情報や写真の掲載を主としていた。これらのアイドル誌が報道している対象は香港や台湾、西洋、日本の芸能人だが、写真は無断使用であった。新著作権法が実施されて以降、廃刊したアイドル誌があったが、合法的に日本アイドルを報道するものもあった。『PUSH偶像』はその合法化された雑誌の一例である。

　日本アイドルは1970年代末以来、雑誌、流行歌、ドラマなどのアンダーグラウンドな形を通じて、台湾で一定程度認識されていた。前節で述べたように、「衛視中文台」が日本トレンディー・ドラマを放送する前に行った市場調査は、日本アイドルが台湾において一定の人気を持っていることを明らかに示した。これも「衛視中文台」が日本ドラマを放送する際に、アイドルが主演するドラマを選別した理由であった。

　日本ドラマを通して、日本アイドルやポピュラー音楽は台湾で次第に知名度を高め、アンダーグラウンドを抜け出して、日本ドラマと共栄する関係を形成すると同時に、マスコミの視聴率を高める方法や宣伝のキーポイントとなった。1988年に「報禁」という新聞禁止令[222]が解除された以降、1990年代には専門の芸能新聞紙が現れた。例えば1990年に創刊された『大成報』や1999年に創刊された『星報』である。また、『中国時報』、『聯合報』、『自由時報』などの総合新聞も次第に芸能紙面の充実を重視していった。哈日ブームが盛んになりかけた1995年以来、それぞれの新聞は日本の芸能情報を即時報道し始めた

222　1951年～1988年、国民党は新聞禁止政策を宣言し、新しい新聞発行許可証を行わないことにしたが、すでに発行許可を貰っているものにはその販売譲渡を認めた。この禁止によって、新聞の総数は31紙に凍結された（李金銓 2003: 184）。

し、レコード会社は日本歌手のライブの実況を新聞で紹介されることを狙って、時には台湾の記者を日本現地のライブに招待していた。また、『Monthly Up 偶像芸能情報誌』、『Play流行楽刊』、『Play偶像娯楽情報誌』などの日本流行情報誌やアイドル誌も続々と出版されたし、日本の重要なアイドル誌『wink up』も日本ジャニーズ事務所のアイドルの台湾での人気につれて、2000年から台湾で正式な中国語版を発行した。CATV局も1990年代の後半以降、次々と娯楽ニュース番組で日本アイドルのコーナーを開設していった。さらに、日本芸能人専門の娯楽ニュース番組を作ったこともある。「三立電視台」（SET TV、三立CATV・グループ）の『娯楽PS』番組はその例である。

　前述したように、アンダーグラウンド時代、日本歌曲はテレビ局やラジオ放送局で放送が禁止されていた。しかし、海賊版やカバー曲とともに、台湾音楽界が日本音楽界の手法を学んで台湾の歌曲を創作して歌手をデザインすることで、日本音楽やアイドル文化から深い影響を受けるようになった。回答者Cは、海賊版アルバムはいわゆる消費者にとっての試聴バージョンとなり、日本音楽の台湾における流行と普及の助力となったと考えている。

日本音楽の台湾市場への正式進出

　1992年に新著作権法が実施された時、日本大衆文化解禁を求める声が大きくなった。そこで、「Pony Canyon」というレコード会社は日本から若干のアルバムを輸入した。1993年、「SONY」レコード会社が台湾で支社を設立して日本音楽市場の開拓に参加し、「魔岩」レコード会社も日本「Avex」レコード会社からアルバムの発売許諾を取得して、台湾における日本ダンス曲の市場を開拓した[223]。1990年代末、「Avex」は台湾に支社を設立して、日本歌手を強力に宣伝して輸入を始めた。さらに、従来、台湾のレコード会社の慣例では台湾歌手に対する宣伝資金は外国人歌手より10倍ほど高かったが、その頃、「SONY」と「魔岩」はその慣例を打ち破り、台湾歌手と同様な宣伝経費で日本歌手を宣伝・販売した。これによって、この2社のレコード会社が日本音楽を重視する経営であることが明白に示された（岩渕功一 1997）。しかし、日本アルバムの正規品が出現したにもかかわらず、日台の間には著作権協定がなかったので、

223　中國時報 1997/03/07 第9面。

海賊版を発行する会社は依然として存在していた。ただし、回答者Cのインタビューによれば、それら海賊版を発行する会社は一般的には台湾で正規品が存在するアルバムを発行していない。

1990年代に日本音楽が台湾で人気を集めたのは、台湾の音楽市場ですでに基礎を構築していたことに加え、日本ドラマの放送および日本歌手の来台が、最も重要な要因の一つとなったのである[224]。1992年「衛視中文台」が日本ドラマを放送した時、オリジナルアルバム、テーマ曲、その歌手のアルバムの販売を拡大した。これらの状況は、本節の冒頭で述べた1997年以降の日本音楽CDやテープの輸入量が急速に増加したことによって明らかになったのである。

日本歌手が台湾でライブを開催することや日本ドラマの宣伝効果によって、台湾の日本音楽市場は1995年に全盛時代に入った。1995年に台湾で始めた「IFPIランキング」では、毎週の外国音楽ランキングの中に日本音楽のアルバムがあった。その中には安室奈美恵や、華原朋美、globe、Dreams Come Trueなど当時日本での人気歌手（グループ）が含まれていた。台湾の音楽市場は1993年頃から不景気に陥っていたが、1996年には日本音楽の正規品がレコード会社の3年間の努力を経て、哈日ブームに乗って、次第に売れ行きを伸ばしていった[225]。SONYレコード会社は1996年の成長率が日本音楽の好調な売れ行

224　例えば、1993年、人気グループ「CHAGE & ASUKA」は台湾でライブを開催したことによって、正規品アルバムの販売が10万枚を突破し、まだ在庫されていた海賊版の販売量が約20万枚を突破したものと見られている。同年、酒井法子は台湾でライブを行ったが、僅かの宣伝でチケットを完売させた。1996年、小室哲哉は安室奈美恵をつれて正式に台湾を訪れたが、1997年に再度globeとともに来台して宣伝した。いずれも大きな成果を上げるとともに、「小室ファミリー」と呼ばれたそれらの歌手と台湾のレコード会社の協力基盤を確立した。また、SONYはPUFFYとDreams Come Trueを台湾へ招待した後で、この二つの歌手グループのアルバムの売れ行きは合計60万枚を上回ったのである（中國時報 1997/03/07 第9面。また、回答者CもEも同様の意見を表している）。

225　回答者Eによれば、台湾のレコード会社は日本のランキングが示した人気によって、輸入のアルバムを選定した。回答者Cも台湾の消費者が日本のランキングに従っているという論点に同調している。若干の日本のトップランキングに上った歌手は、台湾においても高い売れ行きとなった。2002年頃人気を得だした元ちとせや一青窈はその例である。一青窈のアルバムの売り上げは台湾で3万枚を突破した。しかし、ランキングに従っても例外がある。日本で高い販売量を作りだしたアルバムでも台湾において必ずしも売れるということではない。逆もそうである。例えば歌手の藤田恵美は日本での販売量がよくないが、8ヵ月後には台湾で高い販売量を生みだした。要す

きによって200%にまで達した[226]。

韓国アイドル歌手がもたらした第一次韓流

1998年、台湾の歌手が韓国の曲に中国語歌詞をあてはめたカバー曲を唄って人気者になったので、「滚石」レコード会社は韓国のポピュラー音楽を導入する計画を立てた。さらに、CLONを台湾に招いてライブを開催した。その後、S.E.S、H.O.T、「神話」などの韓国人気アイドルも次々に来台して、1999年には韓国音楽ブーム（第一回の「韓流」）を引き起こした[227]。韓国の歌のカバー曲も急速に増加した。このように、韓国音楽ブームは「滚石」レコード会社に相当な利潤をもたらしたが、1999年以後急速にブームは低下した。「韓流」は2001年には、再び韓国ドラマのブームによって引き継がれた（梁鴻斌2001: 176-7）[228]。

るに、浜崎あゆみ、Kinki Kids、V6、安室奈美恵などの日本において高い人気があるアイドルや歌手、あるいはglobeやDream Come Trueのように以前から知名度が高く、一定の人気を集める歌手は、台湾でも相当な販売量を維持している。それらの歌手以外では、一般的には日本のランキングは台湾において重要な影響力を持っているのである。

226　中國時報 1997/03/07 第9面。

227　韓国アイドルの導入過程について、韓国語と日本語の音は外国人である台湾人にとってかなり似ているため、最初は台湾で発行された韓国アルバムのカバーには故意に韓国文字は書かれていなかった、と回答者Cは言っている。つまり、このように、それが韓国音楽であることを消費者にあまり意識させないのである。この点は台湾漫画が日本漫画のようにデザインされたことと同様である。その後、韓国音楽が一定のブランド信頼度やファンを作り出して以降、カバーに韓国語が書かれていないと、かえってファンに非難されたりした。この点は日本ドラマが日本番組の専門チャンネルで原語で放送された後に、中国語の吹き替えで日本ドラマを放送した「衛視中文台」の台湾における日本ドラマに関するリーダーの地位が揺らいだことと同様である。すなわち、原語は、「本物」の質を象徴するからである。また、韓国音楽を輸入する基準について、回答者Cは次のように述べている。第一、その歌曲の曲調と台湾市場との符合度合による。第二、その歌手の外見がよければ、ファンと顔を合わせるために台湾まで招き、マスコミに露出度を増加させてその知名度を促進する。ところが、韓国ドラマは、2006年まで、依然として中国語の吹き替えで放送されているのである。これは、韓国音楽とドラマとでは、「脱韓国化」という側面について異なる点である。

228　1999年以来の「韓流」について、回答者Cはそれを概略三つに区分した。それは音楽、ドラマ、家電である。音楽部門は2000年以降地に落ちた。連続ドラマについては、前節ですでに述べたとおりである。家電部門では前節で述べたように、韓国ドラマは「product placement」という手法を使ったことによって、韓国製電器の販売量が次第に

日本音楽部門から韓国音楽部門に移った回答者Cによれば、1999年に「韓流」が台湾市場で成功した主要な理由は、1998年までは台湾のポピュラー音楽市場において、ラブソングが主力であり、リズム感にあふれる流行歌が少なかったし、舞台や視覚効果を重視して踊りながら歌うというアイドルがまだ少なかった。また、日本最大のアイドル事務所「ジャニーズ」も台湾市場にまだ注目していなかった。したがって、空白状態であった台湾のダンス音楽の市場は、韓国アイドル歌手に好機を与えた。さらに、当時、韓国歌手はまだ海外市場の主力目標を日本に置いていなかったので、台湾へ宣伝しに来ることに関して、協力度もよかったのである。2000年以降、日本のジャニーズ事務所に所属するアイドルが大挙して台湾に進出してきた。同時に、韓国の最大のアイドル事務所「SM」ではトラブルが発生、所属するアイドル団体H.O.TやS.E.Sが2001年や2002年頃次々と解散し、「神話」も事務所を移籍した。このような事情は韓国アイドルのファンにとってかなりの打撃であり、アイドルに対する忠誠度を低下させた。かくして一回目の「韓流」、いわゆる音楽部門は、2000年以降地に落ち、2004年ではまだ好転する様子を見せていなかった。

日本ジャニーズアイドルの台湾上陸ともたらしたブームの変化

　1990年代末、日本で最大の男子アイドル事務所「ジャニーズ」が正式に台湾に進出したことで、台湾はアイドルブームの高まりを迎えた。まず、1998年に、事務所に所属するアイドルの台湾における最初の正規品アルバムがようやく「魔岩」レコード会社によって発売された。そして、ジャニーズ事務所は所属する芸能人が海外でかなり人気を集めた数年後、ようやく1999年になって、正式に台湾へ進出した（梁鴻斌 2001）。その最初の例としては、2000年にアイドルグループKinki Kidsに台湾でライブを開催させ、アイドルグッズを販売した。前例のないほどの大人気を集め、Kinki Kidsのアルバムも台湾できわめてよい売り上げをあげた。従来から、台湾は日本にとって南アジアや中国の市場に入る「踏み板」と見なされていたので、台湾のファンが日本アイドルを追いかける熱気は、さらにジャニーズ事務所に台湾市場を開拓する動機付けを

上がっていった。サムスンやLGなどのブランドはその例である（李廷妍 2002、季欣慈 2005）。

与えた（回答者C）。V6、TOKIOなど所属する他のアイドルに続々と台湾でライブを開催させたのである。それらのアイドルグッズが非常に高価であるにもかかわらず、ファンは争って買った。その後、ジャニーズ事務所は前後して台湾の「TVBS」と「東風」CATV局でジャニーズに所属するアイドルの専門番組「Johny's power」を始め、2001年にはさらに新光三越デパートにアイドルグッズの専門テナントを開設した。ジャニーズに所属するアイドルの台湾における人気はこれによっても明らかである。

　2000年以降、日本ドラマや漫画は不景気になり、哈日ブームも次第に熱が下がっていった。しかし、日本アイドルは韓国ドラマの俳優の挑戦に直面したにもかかわらず、相当な人気を持っている。回答者Eのインタビューによれば、2000年以前、西洋音楽と東洋音楽の販売量の開きは大きくなかったが、2000年以来、日本音楽の販売量が西洋音楽の販売量をはるかに上回った。さらに、人気のある日本歌手のアルバムの売れ行きが、何人かの台湾の人気歌手に勝る場合もあった。2000年には、何枚かの台湾アルバムは、大金の宣伝費用を費やしたにもかかわらず、その販売量がほとんど広告しなかった日本語や英語のアルバムに敵わなかった、と梁鴻斌（2001: 179）は指摘している。回答者Cによれば、台湾の音楽市場が全体的に不景気になったので、日本音楽の販売量の増加率も下落したが、2002年までその販売量は拡大していったのである。西洋音楽は2003年以降販売量が回復し始めた。また、音楽市場が不況だとしても、ケースによっては、若干の日本人気歌手のアルバムが良く売れていた。浜崎あゆみ、SMAPやKinki Kidsなどのアイドル・アルバムがその例だと回答者Eは述べている。

　ベテラン記者の梁鴻斌（2001: 178）は、日本音楽の好況はアイドルの付加価値によると指摘している。つまり、梁によれば、台湾における日本音楽の市場では、アイドル自体の魅力が音楽の本質より大きいのである。すなわち、アイドルの音楽は常に最も多くの売り上げをあげる。前節で述べたように、近藤真彦や少年隊などのジャニーズ事務所のアイドルは1970年代末頃以降、台湾において相当な知名度を獲得していた。しかし、回答者Cによって、1990年代末まで、ジャニーズ事務所は台湾を重要視していなかったので、台湾のレコード会社は発売許諾を獲得できなかった。したがって、当時、ジャニーズ事務所に属するアイドルのアルバムは、アンダーグラウンドで流通した海賊版しかな

かった。つまり、日本・韓国のレコード会社や事務所は会社の経営戦略を最高原則としているので、もし会社の経営戦略が「海外市場を開発しないということであれば、その会社はどのようなことがあっても海外に進出しないのである」と回答者Cは指摘している。この点は前述した日本の漫画出版社やテレビ局の経営戦略と同様なのである。要するに、日本の出版社やテレビ局は、アジア市場に対して、積極的に進出することをせず、台湾やアジア市場である程度の成果が上がった後で、ようやく受動的にその市場開拓に資本を投入するのである。

　ところが、2003年には疫病SARS危機のため、ジャニーズに所属するアイドルを含め日本芸能人は台湾に来なくなり、日本芸能人の人気が冷めてきた。なぜなら、ファンと直接に向かい合うことは、アイドルが人気を作り出す重要な要因だからと回答者Cは述べている（第4章参照）。

アイドル／音楽部門における哈日族と哈韓族の比較

　以上のように、長期にわたって台湾で成熟した市場を持っていた日本音楽と比べれば、韓国音楽の台湾における展開は短期的である。1999年、韓国アイドルはレコード産業において多くのスポット的な人気を作り出したが、その人気は膨らむことはなく、ブームは急速に衰退した。2001年、韓国ドラマが台湾に導入されると、韓国音楽はようやく韓国ドラマのオリジナル・アルバムのおかげで、好転の兆しを見せた。

　台湾における日本音楽と韓国音楽の消費者の差異に関して、回答者Cは日本ドラマや日本音楽の消費者が主にサラリーマン、OL、学生、若者であり、韓国ドラマの視聴者の種類の幅は日本ドラマの視聴者より広範であるが、韓国音楽の消費ターゲットは幅が狭いと指摘している。一般的に言えば、国語アルバムの消費者、いわゆるより一般的な消費者は、韓国アルバムを買う可能性が比較的に高い。西洋音楽の愛好者はより音楽性を重視するので、韓国アルバムを買う場合、ほとんど音楽的に優れている作品しか選ばない。哈日族は、韓国アルバムを絶対に買わないのである。実際、韓国音楽のファンと日本音楽のファンは対立している。回答者Bも回答者Cと同様、哈韓族と哈日族は常に口論していると述べている。回答者Bによれば、一般的に、哈日族は韓国ドラマを見るが、夢中にはならないし、哈韓族が日本アイドルのグッズを買うことを好

まないのである。ところが、多くの哈韓族は音楽の「韓流」が低下した後には、逆に哈日族になっていった。要するに、哈日族はロイヤリティがより高いが、「哈韓族」は一般的には興味が転向しやすく、年齢がわりに低い人だ、と回答者Bも回答者Cも一致して述べている[229]。

アイドルグッズの売り上げはアイドルの人気指標の一つだと言える。事務所やレコード会社が製造する正式なグッズ以外では、アイドルが使ったアクセサリーや関連記事が記載された雑誌も、ファンが購買する対象なのである。ちなみに、本節の冒頭で述べたように、1996年以降、海賊版やインターネットからのダウンロードなどの科学技術の発達は、映画、ドラマ、ポピュラー音楽などの産業に深刻な衝撃を与えた。しかし、2003年まで台湾では、日本アイドルのアルバムの売れ行きが依然として相当よいと回答者C、Eも述べている。なぜなら、回答者Bが述べるように、それは「ファンが自分のアイドルの正規品のアルバムを必ず買うということと緊密な関連がある」からである。一般的に、ファンは自分のアイドルの利益を保護するために、正規品であるアルバムやグッズの購買を最優先するのである。正規品がなければ、海賊版やダウンロードを考えるようになる。また、たとえ海賊版やインターネットからのダウンロードで入手できるにもかかわらず、正規品が出来れば、ファンはほとんどそのバージョンも購入するのである[230]。したがって、アイドルが人気を集める限り、そのアルバムやグッズは一定の販売量が保証されるのである。

グッズの販売によって、音楽の「韓流」の一過性が明らかになる。回答者Bは1999年に台北市・西門町[231]でアイドルグッズの売店を開設した。その頃、一回目の「韓流」が発生し、そのアイドルグッズを入手するルートを持ってい

---

229 以上のインタビューで述べた哈韓族と哈日族は、回答者BとCの考えにそって引用されたのである。つまり、哈韓族は「韓国」のアイドルに夢中になった消費者、哈日族は日本アイドル、音楽、ドラマに夢中になった消費者を指している。

230 以上は筆者がインタビューした結果である。

231 前述したように、1980年代以来、台北市・西門町はすでに日本の流行グッズの小売店が集中する場所であった。模型、アイドルグッズ、日本の原文雑誌や漫画、同人誌、服飾などが含まれていた。1990年代以降、日本の大衆文化が表舞台に出現することにより、このような売店が台湾全島で急速に増加した。しかしどの売店も類似性が高すぎるために、そのような店は閉店したり新規開店したりと交替スピードも速かった（遅恒昌 2003）。

たため、主に韓国のアイドルグッズを販売していた。しかし、2001年に人気グループH.O.Tが解散した後、台湾における韓国アイドルのブームも終わった。そこで、回答者Bはもともと副次的に販売していた日本アイドルグッズを主な販売対象に変更せざるをえなかった。2001年になると、韓国ドラマ『火花』や『秋の童話』の放送によって韓国ドラマのブームが起こったことによって、韓国ドラマの関連書籍や主人公たちの使う飾り物などが売れるようになった。しかし、これらの商品は、本来アンダーグラウンド[232]で流通しているアイドルグッズと異なり、一般の本屋やデパートで販売されていた。しかもこれらの商品の消費者は、年齢が当初の韓国アイドルのファンと全く異なった。現在、回答者Bの売店で販売されている韓国アイドルのグッズはかなり少なく、韓国ドラマの関連商品がその販売量の多数を占めている。したがって、回答者Bは「韓流」は一過性的な騒動だと思っている。また、回答者Eも突然に起きた「韓流」は、哈日ブームに取って代わることができないと考えている。

台湾アイドルの出現

　従来、台湾現地のアイドルは主に歌手であった。しかし1990年代の初め以来、小虎隊等のアイドル以外では、台湾の芸能人や歌手がグッズの販売を行ったり、唄いながらダンスをすることもほとんどなかった。つまり、歌手自身が商品となる販売手法は取られなかった。また、1990年末まで、台湾において歌手と役者は明確に区分けされる職種であった。これはジャニーズ事務所をはじめと

232　台湾においては、ほとんどの日本や韓国のアイドルグッズはその販売許諾を取る会社がない。またジャニーズ事務所は台湾でグッズの専門コーナーを開設しているが、販売するグッズはほとんどが最新のものではないし、種類も少ない。そのため、ファン等の需要を満たすことができない。現在、台湾においてアイドルグッズを販売する売店は、ほとんど日韓の現地に滞在する友人に頼んだり、自ら現地を訪れてグッズを購入したりする形で商品を入荷するのである。したがって、これらの商品は公の領域に属する場所では展示されず、アンダーグラウンドな流通ルートを通じて販売されている。事実、日本においてもアイドルグッズはデパートなどの公的な場所では展示されず、事務所の専売店やライブのグッズ販売コーナー、あるいは原宿や渋谷などの若者が集まる場所の小売店で販売されている。一方、回答者Cによれば、韓国のアイドルグッズはファンクラブによって製作される。以上述べたように、アイドルグッズ自体はアンダーグラウンドな性格を持ち、一般の正式な流通ルートを通じて販売されるものではないのである。

する日本アイドルの全方位芸能人という育成方法とは全く異なっている。

　2001年には、台湾偶像劇『流星花園』の放送によって、台湾アイドルのブームの幕が開けた。従来、台湾では、俳優の年齢はドラマで演じる登場人物の設定年齢より高い。ところが、『流星花園』では、「F4」と呼ばれる主役を、その役にふさわしい20歳前後の4人の男性に演じさせた。まもなく台湾からアジアまで人気を博し、アルバムの発行やライブの催し、写真集の出版、サイン会の開催など様々なイベントを行っていた。「F4」はかつての「小虎隊」以上のブームを作り出して、アジアで大人気を博す最初の台湾アイドルグループとなった[233]。この台湾アイドルの育成の発端も、台湾における哈日現象や日本漫画と緊密な関連がある。

　『流星花園』の放送終了以降、「F4」の台湾における人気も次第に下がっていったが[234]、2004年にはまだ日本で人気を集めた。その後、「台湾偶像劇」は、多くの新人俳優を作り出した。また、日本のアイドルがバラエティ番組で司会をする方式、あるいは踊りながら歌うという視覚効果の重視を学んで、台湾の芸能界も「5566」（アイドル・グループ名）などの全方位的なアイドルを養成し始め、台湾の若者から人気を集めていった[235]。そして、台湾の大衆文化は長い間にわたる抑圧と空白期を経過し、日本大衆文化から学んで融合された「本土化」をとげ始めたのである。

---

[233] 「F4」の東南アジアで引き起こした人気ブームについて、「The Boys in the Band」Newsweek 2003 Sep. 22thを参考。

[234] 「F4」のマネージャー柴智屏は2003年8月25日に北京で記者の取材を受けた時には、「F4」の人気が前より下がったことを認めた（http://stars.zaobao.com/foreignstar/pages3/f4010903.html）。

[235] 例えば、「5566」、「台風」などのアイドル団体である（自由時報 2005/12/05 D10面「捧紅5566、孫徳栄創造本土奇跡」）。

第4節 結びに代えて

　本章は日本大衆文化の台湾における発展史について考察し、台湾における「日本」イメージの複雑性を論述した。

　1945年、日本が敗戦したことによって、台湾は国民党政府に接収されて厳しい「脱日本化」と「中国化」という措置を実施されながら、台湾文化に残った日本の痕跡や記憶をすべて抑圧し取り除こうとしていた。その後、国民党が中国共産党に負けて台湾にその中央政府を移行して以来、国民党は全中国を代表する正統性を保つために台湾における「中国化」を強化した。そのため、演歌や漫画などの日本文化は形式や外見の転換などで形を変えることで存在してきた。それは日本大衆文化の台湾におけるアンダーグラウンド化の発端であった。

　1972年に台日が断交した後、政府は行政命令で日本文化の台湾における発展を公的に根絶した。しかし、日本文化が長期間にわたり台湾に浸透しその慣習性を形成してきたという現実は、行政命令だけで抹消することはできなかった。1972年以来、日本文化、特に日本の大衆文化は、アンダーグラウンドという形で台湾において発展し根づいてきた。こうした状況は日本番組のビデオや漫画などがアンダーグラウンドで盛んであることによって明らかに示されたのである。「日本の手掛かり」さえ取り除けば、いわゆる表面や外見で日本文化だと識別できなければ、テレビで公然と放送されてもかまわなかった。日本のアニメはその例である。さらに、日本語の書籍に対する管制が依然として存在していたが、その輸入量は年毎に増加をみせた。ところが、日本漫画は「日本の手掛かり」が払拭されたにもかかわらず、牛哥事件を通じて「日本文化」である事実が表舞台に引き出され、政府はそれを抑圧しなければならなかった。また、日本漫画は台湾において少ない文化資本しか持ってないので、それに対する禁制は無難に遂行された。

　このようなアンダーグラウンドでの発展は戒厳令が解除されて以降、表舞台

に湧きだした。1993年11月に日本文化の禁令が解除されてから、合法化された日本大衆文化は長期間にわたり育成された潜勢力によって、「日本」や「日本の匂い」の形で堂々と現れると、マスメディアを通じてその近代化を象徴する消費性や流行的な魅力を広めていき、日本の大衆文化や「日本イメージ」[236]を普及した。多様化し大量に流通した日本大衆文化は同時に、あるいは連続的に台湾で噴出し、ブームを形成し、日本大衆文化の消費者は同時に複数ジャンルの日本大衆文化に手を伸ばした。1990年代末に至ると、このブームはついに最盛期から安定期に入った。それ以来、台湾において「日本」は一種のブランドとして、もはや熱狂的なブームにはならなかったが、消費者の日常的ライフスタイルにしみ込んでいったのである。

台湾における日本以外の外国文化

　台湾の政治に大きな影響力を及ぼしていたアメリカの国家権力を背景として、アメリカ大衆文化は正当性や象徴資本を与えられていた。その力によって、アメリカ・ハリウッド映画は台湾で絶対的な優位性を構築し、アメリカドラマは1970年代〜1990年代に、量は多くなかったが、台湾で唯一の堂々と日常的にテレビ局で放送された外国番組であった。アメリカ音楽は1960年代から台湾へ流入して、1980年代末に一時的に人気を集め、台湾の「学園歌謡」にも影響を及ぼした。アメリカ文化は台湾にとって、文化的近似性を備えておらず、文化より、政治的な影響力の方が強いであろう。アメリカ文化と日本文化の台湾における発展を考えれば、その政治力と正当性の有無が最も異なる部分である。

　1981年〜1982年頃、香港ドラマは台湾で放送され、センセーショナルなブームを形成した。その後、三つの官営テレビ局が香港ドラマの放送を中止したが、香港ドラマは依然としてビデオ・レンタルの形で人気を集め、香港の俳優もそのブームにつれて人気者となり台湾のドラマに出演した[237]。つまり、香港

236　本多周爾（2001）の研究調査によれば、台湾では、「日本に対する印象」のトップ2は、「豊かな国」（20.6%）と「流行の最先端を行く国」（19%）である。第4章では、さらに日本大衆文化や消費文化によって形成された「日本イメージ」を論考する。

237　第2節2-3を参照。また、当時の国民党政府にとって、その漢民族文化の表現が「政治的に正し」かったが故に、香港ドラマのビデオテープ（ほとんど「国語」の吹き替

ドラマの導入で、香港の俳優や歌手や流行歌が台湾において人気を形成した。このような状況は1992年に日本ドラマ、あるいは2001年に韓国ドラマが放送された後、俳優、音楽、関連製品が人気を博した状況に類似している。しかし、日本大衆文化が形成したブームは、期間が長く連続的であり、カバーしたジャンルも香港や韓国ドラマブームより深くて広い。哈日ブームの範囲はドラマや歌謡曲関連に限らず、漫画、アニメ、ファッション、キャラクターグッズ、ゲーム等にまで及んでいる。

　哈日ブームは、単に一過性的なブームや、日本ドラマの輸入による付加現象で説明されるものではなく、より長期にわたる深刻な要因を含んだものである。この点は、香港ドラマブームや韓流との対比によって、明らかにされた。要するに、香港ドラマや韓国ドラマは台湾にとって一種の違和感を覚えさせない新鮮さをもって、注目を引き起こしたが、その刺激は必ずしも拡大されて根を下ろしたものではなかったのである。日本大衆文化の隆盛は、日本文化がマスメディアでの解禁によって自由に広められたことに関連していることはいうまでもないが、日本商品のデザインやそれに含まれた文化的記号の意味によって形成されたブランド性、および「日本」の台湾におけるイメージの複雑性も、否認できないほど重要な要因である。

　外国ドラマの吹き替えを例とすれば、「日本」や日本大衆文化の台湾における特殊性はいっそう明らかになるであろう。台湾では、1990年代まで、国民党の「国語」政策のために、すべての外国番組は「国語」に吹き替えられて放送された。アメリカ番組も例外ではなかった。1990年代以降、地上波テレビ局では、アメリカ・ドラマは原語で放送されていった。日本語番組では、1994年に『おしん』が中国語と台湾語の吹き替えで、二回放送されたが、それ以降の日本ドラマは原語で放送されてきた。チャンネルやCATVでは、アメリカ番組と日本番組の場合、原語で放送されている。

　このように外国番組を原語で放送する理由は、1990年代以降の社会自由化で、

えバージョン）や歌手のアルバムの正規品は堂々と台湾で流通できた。しかも、香港ドラマは制作方式などによって台湾人に新鮮さを提供したが、題材、構成、本数、あるいは漢民族文化において、台湾本国番組と高度な類似性を有した。しかし、1990年代以降、香港ドラマは「TVBS」や「衛視中文台」などの香港関連CATV局で放送されているが、量は多くない。

外国に対して抵抗感が薄まっているからだと考えられるかもしれないが、前述したように、2000年以降、台湾で放送された韓国ドラマは、CATVやチャンネルにせよ、地上波テレビ局にせよ、すべて中国語に吹き替えられたのである。江佩蓉（2004）によれば、台湾の視聴者は、韓国語の放送に抵抗感を覚えているので、「脱韓国性」という放送方式は、CATV局にとって大切な戦略である。つまり、日本語と英語の番組だけが原語で放送されて、しかも視聴者に受け入れられ、さらに「本物」の価値を感じていることは、台湾でアメリカと日本が他国と異なる地位を占めていることを示している。

　アメリカ番組や英語は、長い間、国民党政府のバックアップやアメリカ政府の力で、堂々と台湾社会に入り、一定の政治的な正当性を持っているのである。ところが、日本番組は台湾でアンダーグラウンドで流通して、視聴習慣を形成したことに加え、日本語での放送は、台湾人が日本語に対して抵抗感を抱いていないことをも示しているのである。しかし、旧植民地支配者である日本の言語や文化に対して、台湾人はなぜ抵抗感を覚えないのか、好意や親近感を抱いているのか、しかもさらに「日本」を一種の「上品さ、モダニティー」という意味を含んだ、憧れの対象として見なしているのか、という問題は第3章と第4章でさらに論じる。

台湾における「大衆文化」の概念形成に及ぼした日本大衆文化の影響力

　本章では哈日ブームに関するもう一つの要因を論述してきた。それは日本の大衆文化が台湾で長期にわたりアンダーグラウンドで発展してきたことである。

　台湾の大衆文化は、228事件や「白色テロ」による統治以来、長い間、言論、創作などの表現の自由が政治によって締め付けられたために、常に台湾民衆にとって禁忌であった。このような文化の空白は外国の大衆文化に絶好の進出や開発のチャンスを与えた。文化的近似性や歴史的関係を有する日本大衆文化は、そのチャンスを捉えて次第に文化的な優位性を作り上げていった。また、長い間、日本大衆文化は台湾で、「日本の手掛かり」を抹消されてアンダーグラウンドで存在してきたので、このような日本大衆文化に接触した台湾の消費者は、反日にせよ、親日にせよ、これが「日本の」大衆文化だと認識しなくとも、その表現方式に慣れていった。しかも、日本大衆文化を模倣した台湾の歌手や番組などを通して、日本大衆文化に接触しない人々も、その表現方式に慣れてい

ったのである。

　大衆文化に対する理解は、すべての文化に対する理解と同様、馴染みや習得が必要なのである[238]。したがって、消費者はある大衆文化の表現方式を受け入れると、そのような大衆文化を「大衆文化」というモノの認知概念として刷り込まれるのである。

　台湾では、漫画とアニメのジャンルにおいて、日本は圧倒的な優勢を占めているので、このジャンルに関する認知概念は、「日本の」漫画やアニメから刷り込まれたものといえるであろう。流行音楽では、公の領域に流通した西洋音楽や国語音楽と異なり、日本のポピュラー音楽はカバー曲以外では、アンダーグラウンドで流通するしかなかった[239]。したがって、流行歌の市場では日本音楽は目立たなかった。しかし、踊りながら歌ったり、多くの関連グッズを販売するというアイドルのジャンルでは、日本と香港の方が西洋音楽より大きな優勢を占めていた。ところが、前述したように香港や台湾アイドルのデザインは、

---

[238]　ショット（1998）や白石さや（1998）は、日本漫画やアニメに現れたキャラクターの振る舞い、展開のロジックや画面の演出方式の閲読や視聴には、学習や訓練が必要だが、いったん習得されたり慣れたりすれば、他の日本大衆文化に対する受容、および親近感の形成や強化を促すと指摘している。古賀豊（1999）もドラマの鑑賞について、視聴者はかつて見た類似なドラマに対する記憶を参照して、目の前に視聴しているドラマを受け入れると指摘している。これは、それまで経験した大衆文化の解読や受容は、その後の大衆文化のテイストや消費に影響するということを示している。

　　ブルデューが提出したハビトゥスの形成は、その行為者が所在している社会的位置を反映した、一種の社会的構造の再生産である。それによって、社会的構造とハビトゥスの間にある社会的循環が形成されるのである。ブルデューは、ハビトゥス自体の変動や、社会状況に従って行う調整を強調しているとともに、「過去の経験が指導的位置をとる原因は、ハビトゥスが安定性を確保して変化に抵抗する傾向を持つ」からであると述べている（Bourdieu 1990: 60）。ハビトゥスの安定性の傾向によって、前述した漫画やドラマの事例、および本章で述べた日本大衆文化の台湾における発展の利点を説明することができる。

　　日本大衆文化は台湾でアンダーグラウンドな形から表面化するまでの長期にわたって発展してきたので、もはや日本大衆文化のモードや表現方式は台湾の消費者のハビトゥスに内化されていて、一種の大衆文化に対する認識の図式やテイスト(taste)を形成したのである。

[239]　もちろん石井健一ら（2001）が述べたように、日本音楽がアメリカ音楽のスタイルの模倣だというのであれば、日本大衆文化の影響とは、欧米文化の伝達を仲介しているということかもしれない。あるいは逆に、西洋音楽は、日本音楽の台湾における受容を促したといえるであろう。

日本アイドルからの模倣であることが多かった。このため、日本アイドルはこのジャンルでは、台湾消費者の関連知覚カテゴリーに大きく影響したといえる。

日本映画は、1945年以来、規制されていた。1960年代にはまだ台湾の知識人にとって、一定の影響力を持っていたが、1972年から全面的に上映禁止されて以降、その消費方式は、1990年代半ばまでには、ビデオの視聴とあまり違わなかった。台湾の消費者の映画に関する概念では、ハリウッド映画が絶対的な優位性を持っている。

ドラマの分野では、外国番組の放送制限により、1990年代まで、公に放送された数少ないアメリカドラマと、ビデオ・レンタルで正規品として流通した香港ドラマ以外では、日本ドラマのビデオもレンタル店の主要商品であった。台湾本国番組と高度な類似性を備える香港ドラマと比べると、日本ドラマはモダニティー、ファッション、雰囲気、ロマンチック性、リアルさなどを重視しており、台湾の消費者に一種の新しいスタイルを示した。これは、日本ドラマがこのジャンルに関して、台湾消費者の知覚カテゴリーに持ち込んだ概念だといえる。

さらに、台湾人の体型と似通っている日本のファッションは、台湾で一定の影響力を持っており、また日本のキャラクターグッズもアンダーグラウンドで、アメリカのディズニーのキャラクターと張り合えるほどの優位性を作り出した。

このように、漫画、アニメ、ファッション誌、アイドル、キャラクターグッズ、ドラマ等のジャンルにおいて、日本大衆文化は、台湾の消費者、特に若者の大衆文化に対する認知概念を構築してきた。このような概念がいったん習得されると、日本大衆文化と相当に異なる大衆文化のモードを改めて習得して受け入れるということは、比較的難しくなるであろう。そこで、日本大衆文化の優位性がいっそう強化された。したがって、アンダーグラウンド時代からの長期間にわたる日本大衆文化の発展は、日本文化が解禁された後に発生した哈日ブームの醸成期ともいえるし、その後、「日本」が一種の流行や大衆文化のブランドとなる基礎でもあろう。

第3節で述べた、音楽分野での哈日族と哈韓族の差異は、日本大衆文化を大衆文化の認知概念として受けた消費者が、他の表現方式をとる大衆文化を受け入れ難いことをも明らかにしている。例えば、回答者BやCが述べたように、韓国アイドルのファンの年齢層は、哈日族より若くて、主に中学生（13〜15

歳）であり、しかも、韓国アイドルの鮮度が減少すると、また日本アイドルなどに移っていった。これは、年齢層が低い消費者が、大衆文化に接触し始める年齢になった時、いわゆる 1990 年代半ばには、台湾では日本大衆文化はもはや唯一の選択肢ではなくなり、消費者の認知概念を形成するような影響力がすでに低下していたからであろう。とはいえ、日本大衆文化が刷り込まれている時間の長さは、日本大衆文化のブランドに対する信頼度やロイヤリティーにも影響しているのである。さらに、韓国ドラマや「台湾偶像劇」が、日本大衆文化に類似する表現様式で、台湾の消費者に受け入れられたことも、日本大衆文化の台湾市場における影響力を表したものであろう。

　「大衆文化」という認知概念の形成に関するもう一つの例は、映画である。世界市場と同様、台湾の映画市場ではハリウッド映画が絶対的優勢を有しており、台湾消費者の映画に対する認知概念はハリウッドの様式に傾くのである。したがって、ハリウッド映画は台湾消費者にとって、最も映画館で見られる映画である。

　日本大衆文化と映画の例を比べると、認知概念の形成がある文化の普及に対して持っている力をいっそう明白にする。換言すれば、日本製品は単に「日本の」製品であるので、好かれるとは限らないし、最初に受け入れた文化商品が、必ずしも好感を持たれ続けて、しかも世代伝承するとは限らない。使用方式、および使用経験とその累積、いわゆるハビトゥスへの刻み込みが重要な役割を演じているのである。例えば、1970 年代以前の世代は、日本映画を好んで見たが、1970 年代以降の世代は、ビデオの鑑賞によって「日本映画」を認識して、能動的にお金を払って映画館で日本映画を見にいく意欲が低下した。

　しかし、東立出版社の社長の范萬楠（1996）は、「漫画＝日本漫画」という認知が変化することにより、台湾が日本漫画への依存から抜け出すことが可能であると考えている。しかし、経験事例の累積はもちろん相当な時間が必要である。人間が認知的不協和を避ける傾向にあるので、消費者は商品選択の際には、本来の認知的概念に合致するものを選ぶ方に傾くのである。たとえ新しい刺激を求めているにもかかわらず、その新鮮さは本来の大衆文化に対する認識と、大きな差異があまりないのである（第 4 章参照）。もちろん、これは台湾独自の文化の発展がすでに絶望的であることを示すわけではない。例えば、「台湾偶像劇」は様々な文化を土着化して、次第に自らの経済力を構築しているのであ

る。日本大衆文化は台湾における蓄積がもはや40年を超えているが、台湾大衆文化の本格的な発展は、戒厳令が解除されてからようやく始まったのである。したがって、日本の大衆文化のブームが段階的に下がって一般的になった現在、台湾の大衆文化がいかに蓄積されながら創造されるか、それが今始まっているのである。

問題意識の再提起：日本大衆文化が長期にわたって台湾で発展しえた基礎とは？

　台湾において大衆文化や流行文化が形成される過程で、日本大衆文化は継続的に、しかも広範に接触された対象であった。地理的な接近性と文化的近似性によって、日本大衆文化はアンダーグラウンドで台湾社会に浸透して、優位性を構築していきながら、次第にエネルギーや親近感を累積して、台湾消費者の大衆文化に対する認知概念を形成してきた。台湾大衆文化は日本大衆文化の浸透によりその類似性も高めていった。

　しかし、日本大衆文化が日本文化禁止令という状況下で、依然として表舞台におけるアメリカや中国化した大衆文化（香港文化を含む）の勢力に抵抗して、しかもアンダーグラウンドで確実に存在していて、自らの優勢を構築してきたことは、決して市場の空白や文化的近似性という理由だけで解釈される問題ではない。第1章で述べたように韓国では、日本大衆文化は台湾と同様、「日本の手掛かり」や「日本の匂い」を取り除かれたり、アンダーグラウンドのルートを取ったりしながら流通し、現地に一定の影響力を構築したが、台湾のようなブームを引き起こさなかった。それでは、長い間「日本の手掛かり」を消した日本大衆文化は、哈日ブーム時期に至って、「日本」イメージをブランドとしていかに構築したのか。それは、日本大衆文化の累積以外にも、さらに深い根源があったというべきであろう。本章で述べた様々な社会や政治状況は、台湾における「日本」イメージの変化が台湾の主体性の発展と常に繋がっていることを提示している。つまり、台湾－日本－中国の歴史関係が引き起こした「日本」イメージの変化を理解しなければ、日本大衆文化が台湾で発展してきた原因、および1990年代の哈日現象の根源や意味を解明することができない。したがって、次章では「日本」イメージと国民党政府の中国化政策と「台湾」の顕在化の間に存在している弁証法的な関係を論述して、台湾における「日本」イメージが変化する基盤を解明していく。

第 3 章 「祖国」、中国化と「日本」イメージの変化

日本大衆文化は長期にわたって台湾で発展し、一定の人気を集めてきた。しかも、1990年代には哈日ブームを引き起こした。台湾はかつて自分たちを植民地支配していた日本の文化に対する抵抗意識が強くなく、むしろ好意すら抱いているようである。そのことについて、「日本に媚びる」、「奴隷化された」、あるいは消費文化に魅了あるいは植民地化されている[1]という非難が起きているが、そうした非難はこの事態の根本を把握するものとはいえない。なぜなら、台湾における日本に対するアンビバレントな感情の変化は、日本植民地時代の「祖国」イメージや、1945年以降の国民党政府の「中国化政策」と統治をたどり、「日本」イメージとそれらの弁証法的な関係を検討しなければ、本質的に理解することはできないからである。そのアンビバレントな感情、および台湾における「日本」イメージの複雑性が、日本大衆文化の台湾における優位性の構築、および東アジアで起こっていない哈日現象の特殊性を理解する基礎である。したがって、本章は、台湾－日本－中国の歴史関係に基づいて、「日本」イメージの変化を論じる。

　本章は主に1945年終戦以後の台湾を対象とする。第2章で言及したが、台湾での「日本」イメージや日本に関する言説の変化は、すべて「中国化」や「本土化」（台湾化）と緊密に繋がっている。したがって、本章の第1節では、まず、終戦前後に台湾に存在していた「日本」イメージと「祖国」イメージの弁証法的な関係を論じる。つまり、植民地期には日本統治に対抗するため、台湾人は当時の日本より立派な漢民族の「祖国」イメージを描き出していた。しかし、戦後、中国の国民党政府に対面すると、その「虚像」[2]としての「祖国」イメージは次第に崩壊していった。逆に、日本植民地時代の長所が喚起され、

1　　第2章第3節を参考。

2　　シュッツ（1991）とブルデュー（1988, 2002）の理論によれば、個人が社会の中で生存し、行動やコミュニケートしたり、物事を理解したりする時に根拠とするのは、個人が所属した社会／集団によって内化されて形成されたハビトゥス、および社会的準拠図式である。このハビトゥスと社会的準拠図式は、同社会の構成員でなかったら、即応や理解しにくい共通の特質と暗黙の了解を持っているのである。この部分について、本章の第2節にはさらに論考する。

　　本書では、ハビトゥスと実践感覚に基づいて形成された社会への認識は、一つの社会「実像」だとし、それに対して、ハビトゥス、実践や経験に基づいて作り出したのではない社会的認識は、「虚像」だと見なされる。

終戦直後に形成された「日本＝植民地支配者＝悪者」というイメージは再び変化して美化されていった。これは第2節で論じる論点である。

その後、国民党政府は中国共産党に敗北して台湾に入り、中国化政策を強力に実施した。この時期の「日本」イメージは、一方は、日本植民地時代を経験した台湾人民族集団を中心にしたものであり、他方は、中日戦争の経験を持ち日本を「敵」と見なす外省人民族集団を中心にしたものである。後者は国民党政府やマスメディアの中国本位の史観を含んでいる。これら二つの立場における「日本」イメージは、国民党による台湾接収、228事件、「白色テロ」、「中国化」、「反日」教育、「台湾意識」（台湾的アイデンティティ）の出現などによって、絶えず闘争して変化し続けてきた。しかも、日本植民地時代を経験した世代の日本に対する記憶は、1945年以降の経験や抑圧によって、絶えず再編され変化し、ついには「日本」イメージの変化をもたらした。この点を鑑れば、「日本」イメージは、台湾にとって近代国家としての日本という印象だけではなくて、台湾自体の主体意識の変化も表現するシンボルだと言えるだろう。筆者はここで、台湾が韓国と比べて旧植民地支配者である日本に対してより好意を覚えていたとしても、それは決して主体性を有しない「奴隷化された表現」ではなく、自主性を追求する独自な意味を含んでいることを明らかにする。以上が、第3節で探究したいテーマである。

また、本章における主要な論点の一つとして、実践（practice）に基づかない社会的認識は、安定しない流動状態であり、それ故に、現時点における行為者（agent）の需要や接触する情報によって、ある程度の変化が起きやすいのである。戦前の「祖国（中国）」イメージも戦後の「日本」イメージもそうである。しかし、台湾では自分が所属する社会に対する認識は実践に基づいて構築されたものであるが、この実践は国民党政府の50年間にわたって教育体系やマスメディアによって構築された社会的認識とは乖離している。このため、現在の台湾社会は自身の社会に対する認識やイメージが相当に不安定だといえる。したがって、台湾では各々の勢力が自らにとって有利な社会的認識を形成しようと争っている。「日本」イメージはその中で、台湾の独自性の起源、あるいは「民族の敵」＝他者という結束の象徴的意義を含んでいるのである。

最後に、日本植民地時代に形成された台湾人の「日本」イメージは、確かにその後の台湾における「日本」イメージの形成にとって重要な要因である

し、日本植民地時代という独自な経験も、1945年以降の「日本」イメージの変化や「台湾意識」（台湾的アイデンティティ）の形成と深い関連がある。しかし、日本植民地時代およびその後に発生した228事件に対する研究は、長期にわたって台湾で禁止されてきた。したがって、それらに関する研究や当時の台湾人の「日本」イメージに関する史料収集は、1990年代に至り、やっと始まったばかりである。例えば、台湾籍日本兵や慰安婦に対する口述史料の収集と蓄積である。それ故に、本章で日本植民地時代の「日本」イメージについて論じるにあたって、不充分な部分もあるかもしれない。不足する部分は、今後の研究に期待したい。

第1節 | 日本植民地時代における「日本」イメージと「祖国」イメージの弁証

日本植民地時代における台湾人への統制

1945年、日本は「ポツダム宣言」を受諾して投降し、台湾は連合国軍最高司令官総司令部の指令第1号によって中華民国軍に接収された。それまでの日本植民地時代には、日本は植民地統治体制に基づいて台湾を建設し教育しており、台湾の近代化がその結果であった[3]。植民地初期、台湾で抗日運動は途切れることはなかったが、1930年代以降には次第に静まっていった[4]。この時期に、台湾人の町に深く進入した日本警官への恐れとか、日本政府のコントロールの道具となっていた台湾人「買弁」が日本政府を後ろ盾にして台湾人を迫害したことやあるいはそれらの「買弁」に対する軽蔑とか、二等公民という不平等な待遇とか[5]、日本語の強制学習の困難など植民地人民の苦悩は、呉濁流、張文環

---

[3] 日本が台湾で構築した公共衛生システム、警察の管理制度、学校教育について、次の文献に参考されたい。董惠文「日治時期庶民集体記憶的形塑：監控与規訓技術的転変」（http://mail.nhu.edu.tw/~society/e-j/17/17-09.htm）。周婉窈（2002）「実学教育、郷土愛与国家認同：日治時期台湾公学校第三期『国語』教科書的分析」および「失落的道徳世界：日本植民統治時期台湾公が学校修身教育之研究」『海行兮的年代』p215-374、台北：允晨。范燕秋（1995）「日治前期台湾公共衛生之形成（1895-1920）：一種制度面的観察」《思与言》33：2。王詩琅（1995）「李騰嶽先生訪問記録」黄富三、陳俐甫編『近現代台湾口述歴史』p207-226、台北：林本源基金會、国立台湾大学歴史系出版。

[4] 何義麟（2003）『二二八事件』（東京大学出版会）の第一章や翁佳音（1986）『台湾漢人武装抗日史研究1985-1902』（台北：国立台湾大学出版委員会）を参考。また、呉濁流は小説「無花果」（1972a: 18）の中で次のように言及している。

植民地初期、清国は満州人の国家であり、日本に負けたのは漢人ではなくて、満州人だと思っていた台湾の漢民族者がいた。したがって、台湾がいっとき日本に占有されたが、漢民族がいつか復興して自分の国家を作り上げるであろうと、その清国統治時代を経験した台湾人世代は思っていた。台湾人の心には、「漢」は依然として偉大な祖国と思われていた。それ故に台湾人は何度も立ち上がって日本植民地政府に抵抗しながら絶えず惨敗した。これらの武装闘争は第一次世界大戦の勃発まで続いていた。

[5] 以上について、黄富三、陳俐甫編（1995）『近現代台湾口述歴史』も参考されたい。

などの日本植民地時代の小説家がつねに描写した重点の一つである[6]。

　日本植民地時代の後期になると、日本の統治は安定期に入った。1937年、中日戦争の勃発によって、日本は内地延長主義や皇民化政策を取り、台湾人の日本化を強化していった。しかも、全面的に中国に関わるものを禁止し、寺廟を廃除し、台湾服の着用や台湾語を禁止していた[7]。その日本化や中国に関連するものの禁止令は、第2章で述べたように大衆娯楽にまで及んでいた。例えば皇民劇の出現や、中国映画の禁止であった。

　植民地期の後半において、日本人の台湾人に対する態度には依然として優越感や差別意識があり、小学生でさえ例外ではなかった（新井淑子 1998: 110）。当時の台湾人はそれを身に沁みて覚えていた。新井淑子（1998）の日本植民地時代における女性教師に対する調査によると、当時、植民地教育者であり、いわゆる植民体制に順応する数名の台湾籍女性教師は、内地延長主義下にもかかわらず、台湾本島人の待遇が依然として日本内地人と異なっていると報告している[8]。また、日本植民地時代を経験した台湾作家の鍾肇政は、当時、日本人と「我々」台湾人は異なる民族に属すると絶えず感じていた、と述べている[9]。当

　　ただ、その口述歴史は1967年〜1969年、いわゆる戒厳令時期に行われていたものである。したがって、回答者は日本植民地時代の警察システム、差別待遇、植民地政府に抵抗する民族運動などを言及したが、1945年前後の記憶についてはほとんど触れなかった。

6　例えば、呉濁流（1972a）『夜明け前の台湾』東京：社会思想社。呉濁流（1972b）『泥濘に生きる』東京：社会思想社。張文環（1991）『滾地郎』台北：鴻儒堂。また、この時期の皇民文学と反皇民文学に対する評論、および皇民文学の作品における日本統治に関する論述は、次の書籍を参考。林瑞明（1993）「決戦期台湾の作家と皇民文学：苦悶する魂の歴程」大江志乃夫編『近代日本と植民地6』p235-261、東京：岩波書店。

7　日本植民地政府の台湾人同化政策について、次の書籍に参考されたい。石田雄（2000）『記憶と忘却の政治学——同化政策・戦争責任・集合的記憶』東京：明石書店。小熊英二（1998）『「日本人」の境界——沖縄・アイヌ・台湾・朝鮮植民地支配から復帰運動まで』東京：新曜社。

8　例えば、日本籍教師は給料が6割プラスという待遇を享受したが、台湾籍教師は同等の対応を受けることができなかった。

9　つまり、「口では自分が日本人だと言ったが、内心では自覚していた。我々は日本人とは同じではなかった。本島人（台湾人）と内地人（日本人）の相違はとても明らかであった。……日本の統治下、台湾人は日本人にいじめられていた。私は小学校、中学校、日本兵であった時に、絶えずこのような感じを覚えた」というのである。http://literature.ihakka.net/hakka/author/zhong_zhao_zheng/zhao_author/zhao_movie/zhao_tape/tape_1.htm を参考。

第1節　日本植民地時代における「日本」イメージと「祖国」イメージの弁証　*181*

時、日本へ留学した葉盛吉も同じ感想を記述している（楊威理 1993: 27）[10]。

台湾人の日本に対するアンビバレンス

　しかしながら、当時の台湾人の日本（人）に対する印象は、完全にマイナスのものではなかった。前述した日本植民地時代の女性教師は、「日本人は威張りくさっていた。日本人に圧迫されていたと心の中で思うけれど、抵抗しない。抵抗したいほど厳しい圧迫ではなかった」と言及している（新井淑子 1998: 83）。当時、これらの女性教師はすでに日本の国民である事実を受け入れ、自分が植民地教育を受けて、それに反感を持っていないと述べている。さらに、日本が降伏した玉音放送を聞いて、「日本人に匹敵する打撃を受けました」（新井淑子 1998: 120）、「日本の先生方が涙を流しているのを見て、私も悲しくなって一緒に涙を流して（い）ました」（新井淑子 1998: 64, 67）という人もいた[11]。ただし、これらの女性教師は植民地体制に教え込まれた最も従順な群れともいえることを、われわれは忘れてはならない。一方、2009年に行った聞き取り調査によれば、植民地時代を経験した台湾人は、日本人とは異なると思う人もいたし、その相違を気にしない人もいた。日本人に恨みや悪意まで覚える人々は多くはなかった。ちなみに、当時の台湾人は、都市か田舎に住む場所によって、日本人や政府政策との距離が異なっていて、日本に対する印象も違った。田舎の住民は、日本に対する印象や感情が都市人より薄い傾向があった（李衣雲、薛化元 2009）[12]。

　台湾人でありながら自分が日本人であるというアイデンティティを受け入れたもう一つの例は、日本植民地時代の末期に、台湾人と先住民が日本兵になっ

10　終戦直前日本に留学していた葉盛吉は、終戦直後に民族の祖国を慕い、台湾に戻ったが、1950年、国民党の「赤狩り」によって銃殺された。同郷の友・楊威理が遺稿をもとにこの評伝を書いた。

11　また、張文環は小説『滾地郎』の中で、日本人警官や統治階層が台湾人の生活に介入するプラスの意味を言及している。例えば、社会治安がよくなり、強盗や泥棒が途絶え（張文環 1991: 29）、日本人警官が里親に虐待された立場の弱い養子女のために正義を訴えたということ（張文環 1991: 208）などを述べている。しかし、この小説は、張文環が国民党の統治を受けた後の1975年に書き上げられたものなので、その「日本」イメージには戦後の感情の混入がありえる。

12　いうまでもなく、それらの聞き取り証言は、228事件や白色テロを経験した後の記憶であり、植民地時代そのままのありさまではないのである。

たことである。これらの事例は、その後国民党統治時代に入ると、台湾人が「日本に奴隷化された」証拠の一つと見なされた。しかし、同様な事例は旧日本植民地であった韓国でも見られた。林えいだい（1995, 1998: 89-92）は台湾先住民で組織された、元日本「高砂義勇軍」に対する研究で、宮田節子の韓国籍元日本兵に対する研究と類似する点を指摘している。つまり、植民地の人民は戦場におけるはたらきを通じて、彼らが植民地支配者である日本人よりさらに日本精神をもち、日本人よりさらに優秀であることを証明しようとしたのである。台湾先住民であり、元「高砂義勇隊」兵士のワリスピホ（日本の名前は米川）は次のように語っている。「日本軍人になることによって、……これで日本人と同格になれる誇りがあった」（林えいだい 1995）。これは一種潜在的な植民地支配者に対する反発だと考えられている。

　しかし、同時に、もう一つの事実を認めなければならない。すなわち、この時代には、台湾人は日本国民の一員であったという現実である。例えば、周婉窈（2002: 181）は、ある台湾籍元日本兵の言葉を記載している。この元日本兵は、彼らが日本に忠義を尽くしたように、彼の子孫に台湾に忠義を尽くさせたいと述べている。また、日本植民地時代末に生まれた簡茂松も、日本を自分の国家と信じて日本軍に入隊し、戦後、BC級戦犯として服役していた（浜崎紘一 2000）。さらに、台湾先住民であり、元「高砂義勇隊」兵士のワリスピホは一度ポートモレスビー攻撃に参戦し、無事に台湾に帰還して結婚したが、1ヵ月後には再び台湾軍に志願した。その理由について、「国のためだよ」と答えている（林えいだい 1995）。阿美族出身の元「高砂義勇軍」兵士Yoshikawaも日本人の目から見れば、彼は日本人でもないし、実際に日本人に差別されていたが、その時には、自分の意志で国（日本）のために参戦した、と述べている[13]（Huang 2001: 238）。

　日本植民地時代の台湾人のアイデンティティ問題に関して、民族と国家を分けて考えるべきであり、民族アイデンティティは必ずしも国家アイデンティテ

13　つまり、「大東亜戦争のその時には私は日本人で、私は心の底から自発的に参戦した。戦場で遭った一切の苦しみ、さらに死は、すべて私たちが自らの意志で受け入れるものであった」とYoshikawaは述べている（Huang 2001: 238）。
　　ただし、以上の様々なインタビューの時点を考えれば、このような日本に対するアイデンティティ問題は、後述する国民党統治以後の政治や社会環境と関連がある。

第1節 日本植民地時代における「日本」イメージと「祖国」イメージの弁証 *183*

ィと等しくはない。当時、台湾人は日本人との民族的な相違を認識していたが、次第に日本という国家に同一化していった。このような民族と国家という概念の分立は、今後、台湾独立論を考える際に役立つはずだと考える。もちろん、当時、日本に抵抗的意思を抱いていた漢民族主義者は依然として存在していた。このような中国や日本に対する態度の転換は、この節で論じる論点の一つである。

台湾と韓国における被植民の差異

台湾と韓国における皇民化政策の厳格性の差異を比較する時に、周婉窈(2002: 38-40)[14] は次の重要なポイントを指摘している。

韓国が独立民族国家から植民地に成り果てて、自分の目で自国の国王、王室など国家のシンボルが滅亡して植民地になっていく姿を韓国人は見た。さらに、元統治階層はもはや退路を絶たれ、日本に統治されたくなければ、抵抗するしか道がなかった。

しかし、逆に、台湾は清国によって「省」を設立された(1885年)10年後、日本と清国が署名した「馬関条約」(1895年)によって植民地に成り果てた。その前には、中央を代表した行政官僚組織があったが、具体的な国家のシンボルはなかった[15]。台湾が割譲された直後、地方の地主や有力者は官吏と協力して日本軍に抵抗し、いわゆる「台湾民主国」運動が起こったが、これらの中央官吏はまもなく台湾を捨てて中国に戻った[16]。その後、日本は台湾人に、残

---

14 周婉窈(2002)「從比較的觀點看台灣與韓國的皇民化運動」『海行兮的年代』p33-76、台北：允晨。

15 台湾は1683年に清国の領土にされたが、朝廷はその経営に対して消極的な態度を取っていた。台湾現地の開拓は主に民衆の力によるものであった。1864年、台湾が正式に開港して以降、外国勢力がどんどん台湾に入り、1874年、日本が第一回台湾侵略を起こした。したがって、清国はようやく台湾を重視し始め、中央官僚を台湾へ送って、1885年に「省」という行政区画を定めた。

16 黄旺成が口述歴史のインタビューに応えて、台湾民主国について次のように述べている。台湾民主国は建国から総統・唐景崧が中国に逃げていくまでに、12〜13日間しかなかった。台湾を割譲した初め、日本軍に抵抗する官軍の力はきわめて限られていた。官軍と日本軍の戦いは日本軍が澳底に上陸した時だけであった。残りはすべて義民の抗日行動であった。当時、台湾民主国の成立は、演説が上手な人民の鼓舞によって成り立ったものである。紳士や商人は単に功利を求めるために参加した。そのため、日本軍と交戦するとまもなく、それらの指導者は次々に中国大陸に逃げ出して、残っ

るか去るかを決定する2年間の期間（明治28年5月8日〜明治30年5月8日）を与えた。上層の地方有力者や商人が続々と中国に戻ったが、そのまま残ることを「選んだ」台湾人は、したがって宿命観を抱いていた。台湾民衆の指導者階層が、韓国のように日本軍に激しく抵抗できなかったことは、こうした心理状態と関係があるだろう。

　周婉窈が指摘した点と、呉濁流が小説『アジアの孤児』で表現した台湾人の「孤児意識」とは同工異曲だといえる。台湾人は清国に放棄され、台湾に残って日本の統治を受け入れざるをえなかった。なお、台湾を割譲した当時、台湾を統治していたのは満州人で、漢人ではなかった。つまり、当時、台湾人のマジョリティである漢人が受けていたのも、「満族」という異民族の統治であった。このような異民族に統治されて割譲された背景の下で、前述したような「迫られた選択」は、日本植民地時代に台湾人の民族性と国家とが分裂するアイデンティティの出現を促したのであろう。すなわち、台湾の漢民族や先住民の民族文化を認めると同時に、日本という国家にも同一化していったのであった。

　したがって、国家（日本）アイデンティティでは、日本が投降した当時、多くの台湾人は、最初日本がまさか敗戦するとは信じられなかったし、生活にはどんな変化が起きるかわからないので、将来に「不安を感じました」、そして「日本人に匹敵する打撃を受けました」と。しかし、それと同時に、民族（漢民族）アイデンティティでは、これからはもはや、「外国の束縛を受けず、自由になれると思いました」（新井淑子1998）[17]。また、戦地で、若干の台湾兵が日本兵を殴って鬱憤を晴らす事件も発生した（周婉窈 2002: 117）。

　その後、自由を期待する600万の台湾人の気持は、「籠から飛び出した鳥のよう」であった[18]。台湾住民は皆がついに植民地から解放され、本当の「祖国」

　　て命を捧げたのは民衆だけであった。それ故に、義民兵の指導者・林朝棟は民主国の
　　指導者を許せなかった、と黄は述べている。王世慶（1995）「黄旺成先生訪問記録」
　　黄富三、陳俐甫編（1995）『近現代台湾口述歴史』p.71-114。

[17]　この部分は、新井淑子（1998）の調査研究のp.61, 64, 65, 67, 71, 120に掲載された回
　　答者の言葉を引用している。

[18]　当時の雰囲気について、呉濁流は次のように述べている。「毎日祝賀の記事が紙上を
　　にぎわし、600万島民は光復（光栄に復帰した）の夢に陶酔していた」。至る所で光
　　復にちなんだ紅い門聯、横彩、紅灯がかかげられ、花灯、花籃、繍彩が飾られた（呉
　　濁流 1972a: 148-163）。

第1節　日本植民地時代における「日本」イメージと「祖国」イメージの弁証　　*185*

の人民になれると思い、自主的に中国語を学び、台湾を「三民主義模範省」と
して構築して、新中国を作るつもりであった（呉濁流 1972a: 149、葉栄鐘 1967:
201-202、呉新栄 1977: 159、楊威理 1993: 186）[19]。

日本植民地時代における「祖国」イメージおよびその形成

　その頃、台湾における日本の印象は、以前の多様性[20]から次第に単一化して、
単なる「植民地支配者」となった[21]。漢民族の台湾住民は、漢民族を主体とし
て構成された「中華民国」を敬慕の「祖国＝親」だと見なし（呉濁流 1972a:
19）、台湾人が「祖国」の下に戻って、植民地の二等国民という身分から離脱

19　「かつて日本人は我々に、中国は遅れた国家であり、膨大な土地と人民を持っている
　　と教えてくれた。かえって、台湾は進歩的な工業の技術があるが、資源が不足する。
　　それで、台湾は祖国に復帰すれば、中国の豊な資源に、台湾の進歩的な科学技術を足
　　したら、一つの強大な中国を作り上げることができる。もう日本人や西洋人にいじめ
　　られることがない。私たちのこの世代の若者の関心は、どのようにしたら進歩的で先
　　進的な台湾が、中国全体を強大にする道に導くことができるかということだった。あ
　　れは政府が宣伝したような、三民主義の新中国を建設することだけではなくて、かえ
　　って一つの美しい夢であった。まもなく、中国から公務員、商人、軍人などが続々と
　　台湾に来た。この夢は急速に消滅した。それは、つまり、228事件であった」と台湾
　　人作家の鍾肇政は思い出している。http://literature.ihakka.net/hakka/author/zhong_zhao_
　　zheng/zhao_author/zhao_movie/zhao_tape/tape_1.htm を参考。
　　　葉盛吉は 1945年12月31日の日記にも、祖国中国の将来の発展について同様の感想
　　を書いている。「祖国は今栄えある勝利に達した。我々はこの偉大なる努力の結晶が
　　次の時代の飛躍力たるを信じて疑わない」（楊威理 1993: 186）。
20　ここで言及した「日本」イメージの多様性については、前述したように、一方では、
　　当時の多くの台湾人、特に日本植民地時代に生まれて成長してきた台湾人は、民族的
　　には自分が漢民族／先住民だと認めるが、国家アイデンティティでは自分は日本人だ
　　と見なして、日本人の優越感や比較的に良い待遇に不平不満を感じていた。そのうち
　　に、日本植民地時代の末に生まれた葉盛吉のように、国家として認める日本国と漢民
　　族の祖国である中国の間に、絶えず悩んでいる人もいた（楊威理 1993）。他方、若干
　　の台湾人は自分を漢民族だと認めながら、決して日本の国民だと思わなかったのであ
　　る。
21　しかし、単なる「植民地支配者」となっても、必ずしも憎んでいるわけではないので
　　ある。例えば、1945年の年末、戦後以来中国人意識をますます高めていった葉盛吉は、
　　「中国人学生らしくなりたい」ために、帝大をやめて台湾に帰国したが、日本は「故
　　郷として永く余の心に残るであろう。……私は多くの美しい夢、思い出を残して日本
　　を去ることが出来るような気がする」と思っている（楊威理 1993: 203）。また、帰還
　　のために喜んでいる呉濁流は戦後台湾にいる日本人の苦労を見ると、哀れの気持ちが
　　湧き出てきた（呉濁流 1972a）。

するという希望を抱いていた[22]。当時の台湾人の想像では、いつも威風堂々と
していた日本軍に打ち勝った中国軍は、いっそう敬服に値する軍隊であるはず
だと思われていた（Huang 2003: 299）。そして、漢民族によって構成された「祖
国」は、美しくて立派な存在であると思っていた（呉濁流 1972a: 18）。

当時、台湾人民は中国と接触することはほとんどなかったし[23]、実感がなか
った。彼らは日本に対抗する漢民族意識に基づいて、自由な「天国」のよう
な偉大な「祖国」を想像していた。そこでは人民は平等な権利や機会を有して、
植民地支配者に抑圧されることがなかった。このような「祖国」に対する想像
では、生活スタイル、教育システム、政治体制など実体に関して述べられるこ
とはほとんどなかった。

例えば、日本植民地時代の詩人、巫永福は「祖国」という詩で、次のように
書いている。

「会ったことがない祖国、海を隔てて遠いらしくて近いらしい。夢に見た、
本で見た祖国、私の血液には数千年の時が流れている。……光り輝く歴史、祖
国は立派で強大であるべき、素晴らしい文化を孕んでいる。祖国は抜群だ。
……民族の尊厳は自立だ。……敗戦すると、我々を置き去りにし、この罪悪を
我々に要請した。祖国を有しても祖国と呼べない罪悪。……様態、慣習、言語
が異なる、異民族統治下の平等は、明らかに偽りの言葉だ。……我々に祖国を
返せ！」[24]。

この詩は、「祖国＝（漢）民族」が栄光ある存在で強大だという想像を表現す

22　黄智慧（Huang 2003: 299）も呉濁流（1972a）も、当時の台湾人が祖国に復帰するた
　　めに、中華民国の国旗を振り回したり、中国を賛美する歌を学んだり、中国の来台を
　　歓迎するスローガンや文章を書いたりしていたことを指摘している。新井淑子（1998:
　　65, 67, 64）のアンケート調査や呉濁流の小説（1972a: 151）でも、日本が投降した直
　　後には、台湾人が中国語を学び努力を始めた光景が言及されている。

23　当時、台湾人が中国に行くには、植民地政府の許可を受けねばならなかった。許可さ
　　れれば、政府は旅券を与えた。この旅券を持てば、中国に行くことができた。呉濁流
　　が『無花果』で述べた例によれば、日本植民地政府に旅券の申請を申し出る前に、先
　　に中国の汪精衛政府から招請状を送ってもらっていたので、順調に植民地政府から許
　　可を得たのである（呉濁流 1972a: 102）。

24　この詩は巫永福が1930年代に書いたものである。戦後中国語に翻訳され、さらに
　　1989年に「笠詩社」の雑誌『笠』に掲載された。ただし、日本語の原文が入手でき
　　なかったので、ここでの引用は中国語版からの翻訳である。

るとともに、「祖国」に割譲された怨みも流露している。それに、この詩の最後では日本政府の内地延長主義が含む欺瞞性に言及しており、そのことからもこの「祖国」の想像が日本統治に対抗するシンボルであることは明らかであろう。

　林呈祿（1886年出生）は同様なことを述べている。「私はもともと日本人の植民地統治に対して不満を抱いており、祖国を敬慕していた。これは、恐らくすべての台湾人の気持ちであっただろう」[25]。また、黄旺成（1888年出生）は民族意識がかなり以前からあったと述べている。その民族意識の根源は、台湾人と日本人が受けた待遇や対応上の差異であった。さらに、日本人は常に台湾人を「清国の奴隷」とののしったので、「他者」と「我々」の区別がいっそう際立っていた。それ故に、「さらに台湾籍学生の民族意識を強化して、日本に抵抗するようになった」[26]。つまり、「祖国」イメージは常に「日本」イメージと対比して形成されたものである。それ故に、「祖国」の美しいイメージを維持しようとする傾向も現れた。

　しかし、当時、「祖国」の実体に接触していない台湾人は、その「祖国」を抵抗的なシンボルとする「虚像性」に気付いたり認めたりすることができなかった。呉濁流は、植民地期に中国に上陸して、中国の言語、「人情、風俗、習慣など」が台湾と具体的に異なる現実に直面した時に、何度も「祖国と思いながら来て見れば、まるで外国だ」、「上海に上陸したが……自分の祖国でありな

25　このインタビューで、林呈祿は、日本植民地時代に台湾人が植民地政府に抵抗することで成立した『台湾新民報』の元主筆という身分で、当時の新聞業界の状況を述べている。さらに、当時の抗日運動家・林献堂たちは「六三法案」の廃止運動をしていたが、林呈祿はそうすれば、まるで日本の植民地であることを肯定するようになってしまうので、その運動を止めて、代わりに台湾独自の議会の設置を求める「台湾議会設置請願運動」を推進しようと、林献堂たちを説得したのである。林呈祿はその過程も言及している（王詩琅 1995）。

26　黄旺成は国語学校の師範部に入学した後の生活（1900年代、内地延長主義が実施される前）を例に挙げた。その学校で、日本人と台湾人は別々に分けられて教育されていた。「我々は学校の多くの措置に対して不愉快を感じていた。……皆は日本学生を『驢馬の子』と呼ぶことがあった。学生の待遇はかなり違っていた。（学校は）日本学生を優遇して、服装や小遣いをわりに多く配った。食事だけが同様であった。教員の学生に対する対応も違ったのだった。日本人は常に台湾人を『清国の奴隷』とののしった。……そのために、さらに台湾学生の民族意識が強化され、日本に抵抗するようになった」（黄富三、陳俐甫編 1995）。

がら、まったく外国という感じだった。……上海は想像していたほど天国では
ないようだ」（1972a: 105-107）という言葉で中国に対する感想を『無花果』で
描写している。それにもかかわらず、呉濁流はすぐさま帝国主義下の残酷でみ
じめな上海の姿に慨嘆して、中国のそうした現実に理由付けを行っていた。さ
らに、「祖国の人々は台湾人をきらい、黒白を分かたず一様にスパイと思って
いた」ことについても、「これも日本の離間政策の一つであった」と解釈して
すましたのである（1972a: 110）。この「実像」と台湾人が思い込んだ「虚像」[27]
が実際に衝突した時には、どのような問題が起こるかを、この時の呉はまだ深
く考えていなかった[28]。

戦後初期における台湾の「祖国」イメージ

日本が敗戦して以降、台湾人の「祖国」への想像は、いっそう「中国が日
本に勝る」というイメージを強化した。かつて日本は台湾で「威儀」、「進歩」、
「法律を守る」というイメージを作り上げたが、このような日本に打ち勝った
中国はいっそう高尚であるはずだと台湾人に思われていた。しかし、台湾人
の中国に対する想像、および台湾人が思い込んだ中国人の台湾人に対する想
像は、現実とはかなり差異があった。日本の植民地政府は50年間にわたって、
中国は遅れていると絶えず台湾人に教えていたが、当時、いったん、台湾の進
歩的な工業技術が中国の資源と合流すれば、必ず日本人も西洋人も軽侮できな
い強大な中国を作り上げると信じている台湾人もいた（呉濁流 1972a: 149、葉栄

27　本書において身体の記憶や実践に基づいて構築した認識を「実像」と定義し、そうで
　　ない、想像した認識を「虚像」と呼ぶ。

28　抗日運動家の張深切は1920年代に中国に渡り、広州、北京、南京を遊歴した時に、
　　非常に感動した。例えば彼は南京城に踏み込むと、「雄大な城に感無量で、思わずさ
　　めざめと涙した」（張深切 1998: 302）。これは、張深切の民族的「祖国＝中国」に対
　　する敬慕が明らかに示されている。したがって、最初、張深切は上海租界の内と外の
　　生活の相違を見た時、中国の状況を悲しく思ったが、すぐには中国人に失望しなかっ
　　た。しかし、中国人との接触にしたがって、その心理状態は次第に変化し始めた。厦
　　門を遊歴した後、彼が中国人と実際に接触した感想を次のように書いた。「4千年の文
　　化史を有し、数百億の祖先によって作り上げられてきた文明的社会が、まさかこん
　　なに野蛮であるとは。悲しくならないはずはないじゃないか？」（「張深切全集」1巻、
　　p.357）。張深切は日本植民地時代に直接に中国に対する失望を書き残した数少ない文
　　学家である。これも台湾人の祖国に対する「実像」と「虚像」が衝突した一つの実例
　　だといえるだろう。

鐘 1967: 201-202、呉新榮 1977: 159、楊威理 1993: 186）[29]。台湾人が心に描いた「中国」は、日本統治に対抗するために投影された「漢民族の祖国＝理想国」という「虚像」であり、50年間の歴史・経験の相違によって、全く異なる実践を経てきた現実の中国ではなかった。その「祖国」は現代の「国家」というより、「民族」と言う方が正しい。

　「祖国」と思われた中国は、戦争時には、台湾の植民地支配者＝所属国家である日本とは敵対状態であった。したがって、終戦直後、自らの国家アイデンティティと民族アイデンティティの境界線がまだ曖昧で、自分が「敗者＝日本＝加害者」か、「勝者＝中国（漢民族）＝被害者」か、一体どちらであるかに関して、不安と混乱を抱いた心理状態であった台湾人がいたということは、いうまでもない[30]。特に、戦場にいた台湾籍の日本兵士・軍属は、制裁や処刑される恐怖感を覚え、部隊から脱走した人もいた。しかし、かつての日本人の威張った態度が消えるに従って、台湾人のこの不安は次第に消えて、「戦勝者」の実感が次第に感じられるようになったのである（呉密察 1993: 43-44）。換言すれば、この時の台湾人は植民地期における「祖国＝漢民族＝中国」という日本に対抗する態度を貫いて、日本が台湾をその「国民」の一員であることを否定すると同時に、台湾人も日本の国民という身分を捨て、あるいは捨てざるをえない、転じて「同じ漢民族である」という考えを基礎にして、自分を中国という国家の一員だと見なしていった。日本は、これまで台湾人にとって「内なる外者＝異人」であったが、戦後の初期には、ただの外的な他者になっていった。

中国側の台湾に対する印象

　台湾人の気持ちが次第に変わっていったにもかかわらず、中国側は、依然として旧日本植民地である台湾を日本に「奴隷化された者」、「敵」と見なしていた。終戦前の1945年5月には、その後台湾接収を担当した国民党官僚・陳儀

29　また、前述した鍾肇政のインタビューをも参照。http://literature.ihakka.net/hakka/author/zhong_zhao_zheng/zhao_author/zhao_movie/zhao_tape/tape_1.htm

30　もちろん、簡茂松のように、戦後でも、日本が自分の国家だと信じて、BC級戦犯で服役し、「祖国」日本へ帰還させられたケースもある。しかし、簡は日本に着いて暮らし始めると、自分が日本国に日本人と見なされず差別された事実によって、自分の祖国は、日本であるはずなのに、日本ではなかった、と実感している（浜崎紘一 2000）。

は「台湾は……すでに敵に49年間に占有されていた。この49年間には、敵は様々な謀計を使って、絶えず奴隷化教育を施行していた。……接収以後、最も肝要なのは、奴隷化された古い心理を根絶することだ」[31] と公言している。これは陳儀が台湾を接収して以降の文化・教育・政治の核心概念である[32]。

さらに、中日戦争の時期には、中国で悪行を行った台湾人や朝鮮人がいて、「鮮台浪人」や「日本籍の浪人」と呼ばれた。これらの台湾人は敵の威を借りて、同一民族であった者を傷つける裏切り者と見なされ、中国政府（人）の台湾人に対する印象を形成した（何義麟 2003: 76、梁華璜 1993: 77）。梁華璜の論点は、当時の中国政府＝国民党政府の台湾人に対する不信感を示しているといえる。梁の論文では、中日戦争が勃発した頃に中国福建省に残った台湾人を例として、当時の在中台湾人は軍隊側の白眼視を受けただけではなく、福建省政府でさえも「閩（福建）に残留していた台湾同胞に殺戮を加えたり、台湾人の財産を没収して政府へ移管したりした。殺されなかった者もことごとく崇安・連城の収容所に入れられて虐待された」（梁華璜 1993: 91）。梁は、「この方法は戦争発生時に交戦国の在留外国人を集中管理し監視する方法と完全に同じで、台湾籍民はすでに外国人と認定されていたのであった」と指摘している（梁華璜 1993: 91-92）。

台湾人が日本侵略の協力者や日本スパイと思われていたことは、福建省だけに限らず、中国の各地に及んでいた。例えば、広東軍「第157師団」は厦門に進駐した後、「厦門に止まった台湾人は……ほとんど皆捕らえられて、『日本スパイ』の罪名で山上で拷問を受けて銃殺された」（蘇嫣嫣 1992）。当時、中国で抗日戦争に参加した台湾人も少なくなかったにもかかわらず、中国人の台湾人に対する既定イメージはほとんど変わらなかった。つまり、中国人にとって、台湾人は全体のイメージとして漢奸や日本スパイだと思われていた（梁華璜 1993: 91-92、呉濁流 1972a: 110）。

終戦後、国民党政府の台湾人に対する態度はあまり変化しなかった。「台湾、

31　「陳儀致陳立夫函」（1944年5月10日）、陳鳴鐘、陳興唐編（1989）『台湾光復和光復后50年省情（上)』南京：南京出版社。

32　また、国民党の要員・汪公紀も、「台人治台（台湾人が台湾を治める）という誤謬は、必ず打ち破られなければならない」と述べている。汪公紀の論点は、当時の中国人の台湾人に対する発言の代表だといえる（何義麟 2003: 75）。

広州、上海、南京などの地では、台湾人はまだ『漢奸、戦犯として逮捕され尋問され』ていた」（梁華璜 1993: 92）。その後、中央直属国民党台湾党部委員であった丘念台が、重慶当局に対して「台湾人は中国籍ではないから漢奸ということはできないし、まして台湾人は日本軍での階級は低いので戦犯にはあたらない」と説明したため、ついに全員が釈放されることになった（丘晨波 1987: 63）。しかし、台湾人の「戦争責任」に対して国民党政府は手を緩めなかった。

　終戦後、国民党政府が接収管理した作戦区域における台湾籍日本兵は、同様な目に遭った。例えば、戦後、海南島の中国人は台湾兵に復讐をした。つまり、「台湾兵も台湾籍民と本質的な相違がないように見える。彼らも虎の威を借りたのであり、さらに『数え切れないほど討伐戦に参加した』からである」と中国の政府や民衆はそう思っていた（梁華璜 1993: 94）。台湾は中国と異なる全中国の一部と思われていた。それらの海南島から帰還した台湾兵は、海南島で遭遇した惨めな待遇に対して外省人に復讐したので、「228事件の暴徒」の中でも「最も凶暴」な一群であり、228事件で、国民党軍隊が台湾人を虐殺した理由も、それらの「台湾籍の浪人」に対する先入観のためだと梁華璜（1993: 93-95）は述べている。

　しかし、他方、張子涇（1984）や鄭麗玲（1995）の台籍日本兵に対する聞き取り調査、および林世煜の聞き取り調査[33]では、海南島で中国人に収容された台湾籍日本兵や軍属（非軍人）の待遇が、すべての連合国軍接収区の中において最も悲惨だったと言及している。海南島における日本兵は日本が投降した後3ヵ月以内に連合国軍により完全に帰還させられていたが、台湾籍日本兵は「祖国に復帰した」という理由で残された。国民党政府は台湾兵の台湾帰還を迅速に実施せず過酷な労働をさせた。国（民党）共（産党）内戦の激化にともない、食糧の補給もなく医療設備もなかった。その上、海南島の村民の報復を受けていた。戦争が終わった後、全体の一割の人々が亡くなっていた。台湾に帰還する船舶が来ない中で、自力で帆船を掛けて帰る人もいたが、それらの人々の成功率およそ4分の1でしかなかった。ようやく救済船舶に乗って台湾に帰還した台湾兵は、台湾に上陸すると直ちに寿山収容所に収容されて、自分

33　林世煜（2003）「戦火浮生：台湾人去打仗」http://taiwanesevoice.net/cyber/others/20031116.htmを参考。

で立ち去ることが許されなかった。その中には身内の協力で収容所から逃げ出した事例もあった。

　海南島から帰還した台湾籍日本兵の自己認識と、国民党政府の見方には相違があった。当時の国民党政府は台湾人を日本人に奴隷化されたものと見なしていただけではなくて、台湾人＝日本人＝敵だと見なしていたのである。戦時中は、在中台湾人は外国人＝日本人と見なされて逮捕されて集中管理され、同時に、台湾人はまた漢人と思われるが故に、中国では売国奴として逮捕された。つまり、当時、台湾人は日本人＝敵であると同時に、漢民族の裏切り者という二重の身分を持ち、中国の国民ではないとともに、漢民族の一員でもあるということを認識させられていた。何義麟（2003: 84）の研究によれば、国民党政府にとって、台湾住民全体で日本の侵略戦争に協力した責任を負わなければならないとされた。戦後、国民党政府は台湾人民の国籍はすべて即時に「中華民国の国籍」に変更されると宣告したが、このような「台湾＝日本」と「台湾人＝漢民族＝中国人」という二重の身分の認識は消えなかった。戦後海南島の台湾籍日本兵に対する対応を例として、国民党政府は、台湾兵が名義上ではすでに国民だと思われたため、連合国軍が台湾兵の送還に介入することに反対したが、意識上では、海南島現地の住民と同様に、台湾兵を敵だと見なしていた。それ故に、台湾に帰還した台湾兵を寿山収容所に収容したのである[34]。もう一つ代表的な例は、接収政府が「台湾人は（日本に）奴隷化された」と見なしていた点である。

本節のまとめ：台湾における「祖国」イメージと中国における「台湾」イメージの矛盾

　日本は植民地期に警察システムや近代化建設によって、進歩、恐れ、威風、秩序のような「日本」イメージを作り上げると同時に、「植民地支配者＝優勢者」として台湾人をいじめているという印象もあった。つまり、台湾人は日本に対してアンビバレントな感情を覚えていた。このため、二等国民という差別を感じるともに、「祖国＝中国」を敬慕するという感情が湧き出した。当時

34　国民党政府が海南島から台湾に帰還した台湾兵を収容所に収容した行為がもたらした思わぬ展開として、「海南島帰りの台湾兵は、228事件の暴徒としては、最も凶暴である」という論点に、梁華璜は論文で疑問を提した。しかし、現有の関連史料の不足で、これらの歴史が、時間的に重なり合う部分を確認することができない。

第1節 | 日本植民地時代における「日本」イメージと「祖国」イメージの弁証 193

の台湾人は、自分を日本の国民と思いながらも、漢民族と自認して、中国を民族の「祖国」と見なしていた。それによって、日本の統治や差別に抵抗してきた。終戦直後、日本の降伏は、台湾人にとって、「祖国」に復帰して、二等国民から自由人になる喜びであった。台湾人は植民地期における日本国に対するアイデンティティを捨て、「日本」イメージを台湾の「内地＝所属国」から単なる「植民地支配者」に変化させていた。しかし、それに反して、国民党政府は、台湾人を依然として「敵＝日本」人と同一視し、台湾の接収を奴隷化された「同一民族の他者＝裏切り者」を正す重大な使命の開始と考えていた。

　また、台湾人の「民族アイデンティティ」に基づいて構築した「想像した中国」は、いったん中国の「実像」とぶつかると、次第に「実像の中国」に取って代わられていった。このような双方の想像上の相違は、その後の228事件が発生した要因の一つである。中国の「実像」と「虚像」の交錯と転換につれて、「日本」イメージが再び変化していった。つまり、「日本＝植民地支配者」というイメージは、終戦の1年後には大きく変化していたのである。

第2節 終戦直後、「日本」イメージの再変化

　1945年8月15日に日本が降伏した後、10月17日には、国民党政府の軍隊がついに正式に台湾に到着し、10月25日に台湾接収に関する手続きを行った。その間の3ヵ月、政治は真空状態で、経済問題も起きていた。しかし、全体的にいえば、当時の台湾社会は社会秩序がまだ整然としていた[35]。

「祖国」のイメージとその実像との衝突

　その後、台湾を接収するために国民党政府に派遣された陳儀と所属の陸軍第70軍が、台湾の基隆へ接岸した。同時に、第62軍と独立95師団は高雄に上陸した。これは割譲されて以来50年ぶりに、中国人と台湾人が向かい合うことであり、「実像」と「虚像」が向かい合うことでもあった。

　呉濁流（1972a: 160-161）は、その50年ぶりの再会で台湾人が受けたショックを迫真的に描写している。従来、威勢のいい日本軍隊を見慣れた台湾人は、中国の軍隊を見て、次のように驚愕していた。

　「（兵士は）だれもかれも傘を背負っているのが異様に感じられた。なかには鍋をはじめ食器や夜具をかついでいる者もいた。ちょっと変に思ったが、これがすなわち陳（儀）軍長所属の陸軍第70軍だった。……装備の完備した活発な日本兵を見慣れた本島人は、口にこそ出さないが、心中やはりある物足りなさをおぼえたようだ」。

35　その間の3ヵ月の政治の真空状態は、全く台湾人のみの自治によって管理されていた。その3ヵ月のうちに、日本の統制経済体系が崩壊し、米の配給が途絶えがちになったため、米価が日ごとに上昇した。中国から投機商人が台湾に来て、接収という名目で日本人が残した物資を奪い取ったこともあった。さらに、台湾銀行が貨幣を不当発行したため、貨幣膨張や物価上昇という問題が発生した（呉濁流 1972a: 155）。しかし、それにもかかわらず、当時、先に中国から台湾に来た憲兵第4連隊隊長の回顧によると、当時の台湾社会は社会秩序が整然としていた。つまり、「商店は定価販売で、値切る値切らないの争いはない」（呉密察 1993: 49）状況であった。

第2節 │ 終戦直後、「日本」イメージの再変化   *195*

　林世煜のインタビュー資料でも次のように状況を書き出している。

　「前世代の台湾老人は、その埠頭で起こったあのシーンを思い出すと、今で
も悲嘆にくれている。それはわらじをはき、傘をさし、天秤棒で鍋や布団を
担いでいる『国軍』であった。……（その兵士たちは）彼ら（当時の台湾人を指
す）が生まれて初めて見た、肩に天秤棒を担いで、その両端に布団を掛けた兵
隊さんであった」[36]。

　葉盛吉は1946年に日本から帰国して基隆港に着いた時、「埠頭にいる国軍
（国民党の軍隊）は実力なし。幻滅的な悲哀を感ず」と記述している。彼より一
足先に台湾に帰った楊威理も、同じような印象であった（楊威理 1993: 205）。

　これらの国軍の様子は、日本軍隊のイメージを「軍隊」の認知概念としてい
る台湾人にとって、全く受け入れられない光景であった。台湾人が中国に対し
て作り上げた虚構の想像は、その「実像」に直面した瞬間から、亀裂し始めた。
しかし、この時、台湾人はまだこのような軍容に理由をつけて[37]、想像した完
璧な「祖国」のイメージを維持するように努力していた。しかし、その後、外
省人と本省人の間に絶えずもめごとが起こり、当時の台湾と中国が、事実上完
全に異なった歴史的背景や生活経験を持っていたこと、および双方がお互いに
対する認識や想像の虚構性を持っていることが、明らかになっていった。した
がって、呉濁流は中国政府が町で掲げたスローガンを理解できなかったし、接
収政府や外省人も台湾の近代的設備を理解できなかった[38]。双方が持っている

36　http://taiwanesevoice.net/cyber/others/20031116.htm を参考。

37　例えば、「雨傘が『落下傘』の機能を持つことや、あれらの傘が実際には1種の肩に担
　　がれた銃だと釈明したり、中国の軍隊がゲートルの中に他の武器を隠していると想像
　　したりしたのである」（Huang 2003: 300）また、「たとえ見かけが悪くとも8年間日本
　　軍と勇ましく戦ったのではないか、実に勇ましい、今のこの姿はもはやむをえない
　　のだと思い返すと、やはりある満足感を覚えた」（呉濁流 1972a: 160）。

38　そのため、「日本では2かけ2はかならず4で答が一つしかない」ということに慣れた
　　台湾人は、「中国人では2かけ2は3になったり、5になったり、はなはだしい時は6や
　　8になったりもする」という計算方式に直面すると、いうまでもなく困惑し、理解で
　　きなかった（呉濁流 1972a: 161）。
　　　また、接収政府は台湾に着くと演説を行いながら、街頭でスローガンを掲げて、接
　　収政府が「怠けない、インチキや不正をしない、うそを言わない」と公言した。しか
　　し、これらの言葉は台湾人にしてみれば、政府として当然に成し遂げるべきことであ
　　り、スローガンまで使って宣言する必要はなかった。さらに、台湾を接収しに来た中
　　国人の、近代的機械、蛇口などの設備に対する無知も、台湾人を失望させていた（呉

虚構的なイメージの衝突は、台湾社会では想像もつかない混乱をもたらしていった[39]。

戦後国民党政府による接収後における台湾社会の状況

国民党政府が台湾を接収した後、政治・社会・法律の面で台湾は、日本植民地時代と全く異なった様相を呈した。中国から来台した軍隊は軍民の紛争に遭うと銃で一般民衆を恐喝し、発砲事件に至ることもあった。これらの事件は当時の台湾社会にとって脅威になった[40]。また、汚職事件は絶えず起こったが、「官官相護」（役人同士がお互いにかばい合う）のため、状況はいっそう悪くなり、社会治安も急速に悪化していった（何義麟 2003: 213-217）。さらに、衛生状況の悪化に伴って、すでに台湾で根絶されていた伝染病がまた流行し始めた（何義麟 2003、呉濁流 1972a）。

また、接収政府は元来台湾で豊富に産出する白砂糖や米を大量に中国に送ったので、自給自足していた台湾社会は米価が暴騰した。政府や官営企業で運転資金が不足した場合には、発券銀行である台湾銀行は通貨を追加発行した。通貨供給のこの種のでたらめな対応のため、物価は急上昇した。1945年の終戦直後から1946年末までに物価は530%上昇して、悪性通貨膨張も激化していった[41]。特に1947年2月、すなわち228事件の直前、台北市消費者物価指数は、前月比61.3%の大きな上げ幅であった（呉密察 1993: 57、何義麟 2003: 210-212、劉進慶 1987: 158-163）。同時に、接収政府は日本植民地時代から残った専売

濁流 1972a, 1972b）。

39　当時の社会混乱については、次の文献を参考。呉濁流（1972a）「無花果」、呉密察（1993）「台湾人の夢と228事件」、陳翠蓮（2002）「去殖與再殖民的對抗：以1946年『台人奴化』論點為焦點」。

40　例えば、台湾南投県の郭萬枝の口述証言によれば、それらの「士官と兵士の水準はきわめて低い。かれらは台湾を『光復』（光栄に復帰させる）したのではなく占領したのだと思っている。……兵士と民衆の紛糾が絶えない。兵士は民衆から強奪するが如くものを買い、ものを借り、婦女に乱暴をはたらき、ややもすれば発砲して人を殺傷する。卵五個五円を一円で無理やり買うなど、市場での紛糾はもはや珍しくも何ともない」。郭の話で、表現が「占領」が「光復」に取って代わったのは、「中国」の台湾におけるイメージの変化を示している（台湾省文献委員會 1991）。

41　当時の台北市消費者物価指数を例にとれば、それが1946年の1年で2.5倍に上昇し、1947年になると、物価の上げ幅がいっそう大きくなり、その1年で6倍を記録し、すでに悪性インフレの状態に移行していた（劉進慶 1987: 158-163）。

第2節 終戦直後、「日本」イメージの再変化　　*197*

事業を接収して維持し、塩、たばこ、樟脳、阿片、マッチ、酒、計量器具など
の供給・販売を専売とした（何義麟 2003: 81、呉密察 1993: 55-56）。しかし、こ
れらの専売品の品質は次第に粗悪になった。インフレや高い失業率という状況
下、日に日に街でタバコなどの密輸品が売られることが増えていった（呉濁流
1972a）。

　人事では、接収政府の外省人が「牽親引戚」（親戚を引っ張って）して身内を
任用した上に、現職の日本人を解雇せず、台湾人を排除する方針を取った[42]（呉
濁流 1972a: 178）。接収政府の構造の中では、きわめて少数の台湾人しか任用せ
ず、しかも低い等級の公務員であった。それに、日本植民地時代の日本人公務
員に対してと同様、外省人の公務員には特別加俸を与えたのである。その上、
接収政府が日本独占資本を接収して再編成した独占官営企業は同じように台湾
人排除政策を取った[43]。しかも、外省人が中国から台湾へ絶えず流入していた
ために、多くの官営企業はさらに台湾人の従業員を解雇して、それらの外省人
を採用した。失業人口の急速な増加は次第に厳しい社会問題になっていった。

　以上の事例によって明らかになったのは、まず、接収政府＝国民党政府に
とって、本省人は、「敵」という処遇を受ける、名義上の国民でしかないとい
う事実であった。言い換えれば、台湾人は中国社会の中では「内なる外者＝
異人」[44]であり、任用体系から排除された。例えば、接収政府が「漢奸（売国

42　戦後以来、「国語ができない」、「日本に奴隷化された」という理由で台湾人の政治全般
　　への参加を拒否した接収政府は、行政機関の各部門の動きを維持するため、7134名
　　の中国語が話せない日本人技術者を徴用した。その後、1947年1月、すなわち228事
　　件の直前には、さらに1025名の日本人技術者を引き続いて徴用した（劉進慶 1987:
　　151-155）。

43　接収政府は日本官属・民属を含む膨大な日本独占資本を接収して、一挙に国民党政権
　　支配下の官業独占資本、または国家資本独占体系に編成替えを行った（劉進慶 1987、
　　王泰升 2000）。当時、植民地政府から接収された諸産業を編成した官営企業は、台湾
　　のすべての工業・農業企業の70％を占めた（呉密察 1993: 56）。

44　国民党政府は中国大陸では、「牽親引戚」という人事システムを慣用していた。今ま
　　で、国民党政府と「関係」ない台湾人は、国民の身分を持つために、名義上では政権
　　を掌握する合法性や可能性を持っていた。しかし、当時、このような台湾人は国民党
　　政府にとって信用してはいけない敵だと見なされていた。それ故に、台湾人が受けた
　　政府の対応は、完全な「他者」である日本人＝敵より厳しかった。なぜなら、日本人
　　は、勝者である国民党政府によっていつか徹底的に排除することができるし、参政権
　　も持たず、しかも権力を奪い取る可能性もないからであった。したがって、それらの
　　日本人はかえって台湾人より比較的多く接収政府に任用された。ちなみに、当時、台

奴)」という名目で日本植民地時代の台湾人エリート階層を抑圧して、これらの人々を日本の侵略戦争に協力した共犯だと見なした。このような考えは、228事件以後にも続いていった。228事件の後で、接収政府が作成した「叛乱者」の名簿には、その人が植民地期の「皇民奉公会」で担当した職を明記する一欄があると何義麟（2003: 85）は指摘している。この点では、台湾人は、「祖国」だと見ていた国家によって国民と呼ばれたが、国民の範疇に組み入れられていないことが再度証明されたのである。

　以上の事例が明示するもう一点は、国民党政府は台湾を接収した後、日本植民地政府の体制を継いで、外省人を日本人に取って代わらせ、台湾社会で新しい統治階層を作り上げると同時に[45]、外省人が台湾の法治社会を破壊するイメージも同時に台湾人の中に定着させた、ことである。1946年後半、台湾人の反外省人感情が次第に高まり、「省籍問題」の対立状況が生じた。かつての日本人が台湾人を「清国の奴隷」と見なしたように、外省人は台湾人を「日本人の奴隷」と差別していたが、本省人は汚職を行う外省人を「食うだけで何もしない豚」と軽視していた（何義麟 2003: 219-222、若林正丈 1992: 57-62、楊威理 1993: 207）。

ブルデューとシュッツの理論による戦後の台湾と中国の融合失敗の理由の探求

　以上の社会的要因は、228事件や台湾人心離反の原因として、多くの文献で論じられている。しかし、それらの状況からもたらされた台湾人の失望だけでなく、台湾人の主観的なアイデンティティ志向の変化、および日本植民地時代の経験による戦後の日常実践に対する制限性を探究するべきである。

　　湾に帰った「半山」（日本植民地時代に中国へ行って国民党政府の追随者になり、台湾人と見なされない台湾出身者）は、接収政府の体制で職位を占めることができた。換言すれば、接収政府の人事配置は外省人でなければ、「半山」に独占されていた（徐邦男 1987: 134）。「半山」の任用は、接収政府＝国民党政府との「関係」による任用方式であり、日本に統治された「台湾人＝内部の敵＝裏切り者」という見方を傍証すると考えられる。

45　「復帰した初めに台湾へ来た外省人は優越感を持ち、日本人が去っていくと、我々をそれに代わって統治しようと思っている。……復帰の直後、本省人と外省人——内と外の境界線ははっきり分かれていた。復帰した初め、台湾の政治や経済はすべて外省人に掌握されたので、台湾人は彼らを日本人と同じように見なしていた」と陳逢源（1893年出生）は思い出している（王世慶 1995: 161）。

第2節 終戦直後、「日本」イメージの再変化 199

　当初、台湾人は「祖国」に復帰すれば、二等公民という身分を離脱することができると期待していた。しかし、1947年初めまでには、国民党政府の接収は、もはや台湾人の「祖国に復帰する」夢を、「再植民地化された」という実感に変化させたのである。中国の「実像」と、台湾人が50年間想像して作り出した「祖国中国」の「虚像」とは異なること、また、中国人の心の中における「台湾」のイメージと、台湾人が想像した中国人が思っている「台湾人」のイメージとは非常に異なっていることが明白になった。ところが、前述したように、当時の台湾人は主観的には中国にアイデンティファイして、積極的に中国語を学ぶことなどで自身を変化させ、中国共同体に参入するつもりであったし、初めて中国の「実像」に直面した時にも、絶えずこの中国の「実像」を弁護していた。しかし、このような自己変化の主観的な願望、あるいは戦後初期に台湾人が日本語を捨てて中国語を学ぶような意欲は、失われることになった。なぜなら、次で述べるように、乖離した歴史的経験は、すでに台湾人と中国人の社会的準拠図式やハビトゥス、実践の間に、「外国」に等しい差異を作り出していたからである。

　シュッツ（1991, 舒茲 1992）が論じたように、人間はすでに構築された社会に投げ込まれ、いろいろ抽象的な（例えば経験、慣習）あるいは具体的な（教育、制度）形を通して、次第にこの社会を個人の中に組み入れて、一つの「手持ちの知識（knowledge at hand）の形式を備える」という行為の準拠図式（scheme of reference）——社会的準拠図式——を構築している[46]。このような社会的準拠図式を身につけると、ある集団の成員は自分の身に降りかかってくる通常の社会状況を一目で見通して、直ちにその処理法を取り、他の成員と自然にインターアクションを行える。この準拠図式によって、社会の構成員（内部者）と外来者との差異は明らかである。シュッツは自明的な社会認識を通じての内外集団

---

[46] シュッツの観点からみれば、この既存の社会は、我々が生まれる前に、すでに他者や先行者に経験され、一つの組み合わされた世界と解釈されてきた。したがって、私たちが認識し、その中に生存し、行動する社会は、一つの我々の外に既存している社会世界なのである。我々は、公式または非公式な教育や様々な自身の経験を通じて、その社会では適切に定義されていないが確実に存在している様々な知識を吸収して、行為の準拠図式（scheme of reference）を構築している（舒茲 1992: 236）。つまり、社会の構成員がその社会に対する理解は一種の内化であり、習慣性、自動性、半意識化という特徴を帯びる、とシュッツは考えている（シュッツ 1991: 145）。

の区分けに注目しているが、社会が個人に内化する過程、身体の実践とそれに関わる権力関係に対する考察が十分とはいえない。この点について、さらにブルデュー（1988）のハビトゥス理論を導入する。ハビトゥスの生産は、外的な様々な社会構造（家庭の消費様式、両性の分業形態、所属する階級など）を通じて、外在する世界を個体に内化して構造化するのである。したがって、個人は一つの「社会化された身体」であるとともに、ハビトゥスは「個人に内在する社会」である。そのハビトゥスを通じて、行為者が所在する社会は彼らの無意識の中に刻み込まれて、即時にその所在社会の状態に対して適当な反応が出来るような「実践感覚」を生み出している[47]。

　以上の視点から、終戦前後に台湾人が陥った窮境は明らかになる。第二次世界大戦後の台湾人にとって、もはや放棄された元所属国である日本は、つまり日本植民地時代の歴史的経験や日本社会はすでに台湾人の身体に刻印され、一種の自明的な準拠図式を構築していたため、「祖国」＝中国と比べると、より実在的なモノであった。例えば、葉盛吉は手記で次のように述べている。「前者（日本が故郷という思い）は社会生活から、後者（漢民族が故郷という思い）は血統、伝統から来た故郷である、それがさほど矛盾を感ずることなく、自分の心の中に存在している」（楊威理 1993: 19）。したがって、たとえ台湾人は意識上は日本に抵抗して、中国を民族の「祖国」と見なしていたとしても、50年間の離脱は、台湾人のハビトゥスや社会的準拠図式を、中国人と非常に異ならせたのである。中国社会に暮らしていなかった台湾人は、外省人が中国における50年間の経験によって形成したハビトゥスや社会認識の準拠図式を、無意識的に即時に理解して反応することができなかった。しかも、ブルデューは、

47　ハビトゥス（habitus）は過去の経験を能動的に再現することを保証する一種の過去の記入である。その形成は、身体を容器として、社会の客観的構造や個人の歴史を通じて、行為者（agent）の過去の経験を無意識の中に記入するのである。そうすると、行為者はもはや意識しないうちに、外的刺激に反応して行為することができる。「そうすると、行為者は、意識的な目標設定や、目的を達成するための一連の動作練習をしていなくても、これらの実践や表象の結果に適応するのである」（Bourdieu 1990: 53）。ブルデューはハビトゥスという概念を利用して、社会の個人への内化過程を説明している。ハビトゥスを通じて、行為者が所在する社会は彼らの無意識の中に刻み込まれている。したがって、行為者はもはや熟慮や計画がなくても、即時にその所在社会の状態に対して適当な反応が出来る。これはブルデューが強調した「実践感覚」である。

第2節　終戦直後、「日本」イメージの再変化　　　*201*

「過去の経験が指導的位置をとる原因は、ハビトゥスが安定性を確保して変化に抵抗する傾向を持つ」ことにあるとしており（Bourdieu 1990: 60）、シュッツ（1991）も、準拠図式は直ちに習得できるものではないと述べている。つまり、それらは決して政治観念、民族主義、いわゆる主観的なアイデンティティに従って、即座に「中国化」によって置換されることはなかった。

　それに、戦後の接触まで、台湾人の「祖国」イメージは、自らの台湾の社会状況、歴史、経験などに基づいて内化して形成された社会的準拠図式やハビトゥス、あるいは心理的な需要によって、「中国」に対する認識や理解を構築したり想像したりしてきたものである。つまり、台湾人にとって、「祖国」は、自由平等で差別待遇がない「中国」であるはずだった。この実践や社会的準拠図式に基づかない「祖国」イメージの「虚像性」は、中国人の「実像」と直面した後、実践や準拠図式の軋轢を通じて、次第に台湾人に認識されていった。「祖国」と接触する前に新中国を作ることを望んでいた抗日運動家の葉栄鐘（1967: 212-213）は、戦後、「われわれには祖国に対する観念があっただけで実感はなかった」ことに気付いた[48]。同様な感想は、呉濁流（1972b）の小説『ポツダム次長』や『無花果』[49]にも現れた。このような「祖国」イメージの変化は、「外省人が来た。最初、皆が同胞とか、兄弟とか言ったのに、結局、……比べられないほどの幻滅を覚えてしまった」という、台湾の小説家・鍾肇政（1997: 259）の小説『怒濤』における描写の如しである。

　言い換えれば、中国は戦前の台湾人にとって、実践に基づかない観念であり、当時の日本統治に抵抗するシンボルの投影でもあった。つまり、それは台湾人が二等公民の身分から脱する象徴であったが、それは「実像」ではなかった。当時の外省人（中国人）も同様な状況にあり、「虚像」の台湾しか知らなかった。台湾人と中国人は、ただ主観的な意識の上で同一の民族に属したが、歴

---

[48]　つまり、「我々の祖国観念は、当然歴史の書物から来る部分もあるが、日本人の言動がわれわれをその方向に追いやったというのが真実である。……日本人の圧迫が強いほど、台湾人の祖国を慕う気持ちは切実となる。……いったん敵（日本）が和を求めると却って茫然自失して」しまう、と葉栄鐘は述べている。

[49]　呉濁流（1972a: 150）が『無花果』に述べたように、日本植民地時代には日本人はあくまでも優越感をもって台湾人より優位であると思い、台湾人は自らは漢民族で日本人よりも文化が高いと無意識の内に精神上の競争をしていた。言い換えれば、日本人と台湾人は50年間台湾で道徳上の競争をしていたといえよう。

史の記憶、生活スタイルやハビトゥスにおいて、彼らはまさに二つの異なる世界に属していたのである。台湾人は、かつて清国に統治されて以来構築されてきたハビトゥスや記憶を保有したとしても、ハビトゥスや準拠図式は連続する経験であり、止まって変わらないものではないので（ブルデュー 1988, 2002、シュッツ 1991）、日本植民地時代を経験して生成したハビトゥスや実践、およびその世代伝承により、もはや清国期のハビトゥスや社会的準拠図式とは異なっていたのである。しかも、中国は台湾を割譲した後、民国の創立、軍閥の闘争、中日戦争、国共内戦を経験していた。それらの経験によって形成したハビトゥスや社会的準拠図式は、すでに単なる「同じ漢民族」の生活スタイルや習俗で解決できるものではなかった。したがって、植民地期に中国に行った呉濁流も、1948 年に中国に行った葉盛吉も、「異国に行くような感じ」を覚えていた。

　いうまでもなく、日本植民地時代の初め、台湾人は主観的には日本統治に抵抗していたが、時間の流れによって次第に日本社会を内化することから逃れることができなかった。これはまるでシュッツ（1991: 141）が「よそ者」に関して述べたように、実際に経験する社会状況のレベルと、接近したい社会的諸対象についての単なる信念のレベルとが一致しない状況では、新しい生活経験や明確な社会的状況が、生き生きとした経験によってその空虚な社会的「知」の準拠図式を次第に充実させる。従来の準拠図式の内容は今の現に経験する社会的状況へと転換し、これまでの既成の図式はまとまりを失う[50]。しかし、シュッツのその論文では、すでに進入したというよそ者（移住者）を主要な対象として論述しているので、社会や集団に接近したいといった能動性や主観性のアイデンティティに対する作用を十分に論考していない。

　しかし、戦後の台湾人と中国人の接触によって、行為者は主観的に新しい社会に抵抗して、元の社会的準拠図式を堅持すれば、もともと安定性を確保する傾向があるハビトゥスの変化は、さらに主観性の作用で減少し、既成の準拠図式を保存する意志が固まったということがわかる。つまり、シュッツが「よそ者」において言及しなかった主観的意欲が、新旧集団の融合に対して相当な影

---

[50]　シュッツのこの論点はブルデューの概念にしてみれば、新しい生活経験がハビトゥスを変動させて、新しい社会を行為者に内化するという論点に等しいと言えるだろう。言い換えれば、よそ者は、変化していった新しいハビトゥスや社会的準拠図式を無意識に次第に形成していくのである。

響力を有するのである。主観的に元の社会にアイデンティファイしている状況
下で、自分を新しい社会の実践フィールドから断絶することを堅持すれば、そ
の社会の構造が、彼らの中に内化してそのハビトゥスや準拠図式を変化させる
ことは難しいであろう。

　例えば、当時の外省人の立場にたってみれば、台湾に残された日本の事物が
日本を思い出させ、台湾の「日本化」の証拠でもあったので、台湾が日本植民
地時代に形成した実践や慣習、準拠図式はすべて「日本に奴隷化された」もの
という範囲に入れられ、その文化、慣習、歴史的経験はがすべて改造されなけ
ればならないものであった[51]。それ故に、このような植民地支配者の心理を抱
く接収政府とその追随者が、台湾社会の「奴隷化された」準拠図式を主観的に
受け入れ、さらにそれに合わせることは不可能だったのである。

　他方、台湾人は前と同じ土地で生活していたので、その日常生活やコミュニ

51　第2章で論述した、接収政府が日本語、和服、下駄を禁じて、さらに、台湾人を奴隷
　　化された者と見なして受け入れないことはこの実例である。また、台湾の現状は中国
　　と比較すべきであり、日本植民地時代と比べるべきではないと、外省人で当時の台湾
　　大学法学院院長・周憲文は『台湾新生報』で発表しているが、これはもう一つの実例
　　である。つまり、「台湾はすでに日本植民地から解放されたから、自ずとすべてが中
　　国化されなければならない。良いところもそうであるし、悪いところも逃れられない。
　　台湾は中国の一省であって、中国で不可能なことが、台湾で先に可能になるわけがな
　　い」という考えであった（周憲文 1946「如何看待台灣」『台灣新生報』1946年6月9
　　日）。
　　　さらに、外省人で当時台湾の基隆市長・石延漢の発言も、同じ考えを表明している。
　　つまり、「台湾は祖国に復帰したからには、本来中国の多くの困難や欠点が本省に及
　　ぶことはいうまでもない。例えば、国内の行政効率が形式化しすぎるとか……あるい
　　は通貨膨張、物価の暴騰などである。……これらの欠点と困難が本省に移植されてく
　　るのは、もともと必然的なことである。台湾を孤立させることはいけない。さもない
　　と台湾は『光復』されたとはいえない」（石延漢 1946「台灣青年要認識祖國」『台灣新
　　生報』1946年5月6日）。
　　　以上の発言内容からみれば、国民党政府の支配階級は、台湾の社会や政治状況が国
　　民党政府に接収されて以降は、たとえ段々悪化していったとしても、台湾は依然とし
　　て国民党政府の支配に完全に服従しなければならず、元の生活慣習や生活型態を保有
　　し、あるいは保有したい、と望むべきではないと考えた。また、周憲文や石延漢の発
　　言内容や用語で、台湾を「本省」と呼ぶが、中国大陸を「国内」と称すこともあった
　　し、「台湾」と「中国」を並列することもあった。それは、当時の国民党政府の心理
　　では、台湾が本国ではなくて、「他者」だと見なされた傍証だといえる。つまり、以
　　上の例証によって、当時の国民党政府は台湾に対して、意識的にも実際にも植民地支
　　配者や征服者の態度を取っていたのである。

ケーションに関する社会環境は日本植民地時代と同じであった。在地者＝台湾
人にとって、異なったのは、以前の日本植民地支配者と同様に社会的優位を
占める外省人の進入であった。そこで、台湾人は、あたかも多数者である他者
社会に身を投じた「よそ者」のように、文化的・社会的衝撃を受け、内化され
たハビトゥスや自明な準拠図式を変える必要性と外在的条件を体感することが
できなかった。さらに、前述したように、ハビトゥスは安定的な傾向があるの
で、いったん形成されると、短期間では激しい変化が生じにくく、主観的意欲
の作用にはその限界がある。したがって、たとえ終戦直後、台湾人は主観的に
中国にアイデンティファイして、自発的に自身の準拠図式を変えて中国社会
の「知」のシステムに適応することを意図したとしても、順調にはいかなかっ
た。その後、台湾人は実体としての中国と実際に接触し、再び植民地的統治を
受けたことで、主観的に中国の準拠図式を受け入れる動機はさらに低下してい
った[52]。すなわち、省籍対立、いわゆる、外省人と本省人や、我々と他者の分
裂が反映したということである。それによって、お互いが一つの共同体だと主
観的に認めて融合したいという動機も、減少していった[53]。

戦後における「漢民族共同体」の崩壊および「省籍対立」の発生

　共同体の形成について、シュッツ（1991: 334-353）は、主観的意味と客観
的意味の両方で考えている。主観的意味は、構成員は集団や他の成員に対し
て「共属」の感情と「共通関心の分有」の感情から考えることである。しかも、

52　例えば、前述した台湾人作家の鍾肇政のインタビューでは、「正々堂々とした中国人
　　となること」と「正々堂々とした日本人となること」とは、なにが違うかと聞かれた
　　時、つまり、日本植民地時代に「正々堂々とした日本人となる」ように教えられたこ
　　とが、事実上一種の「台湾人が奴隷化された」表現ではないかと聞かれた時、鍾は次
　　のように答えた。「基本的に、『正々堂々としている』という言葉はとてもよい。一人
　　の正々堂々とした日本人や正々堂々とした中国人を教育して育成することは、どちら
　　もとてもよい。しかし、事実上、我々が見た中国人は、まったく正々堂々とは言えず、
　　むしろ落後者だった」。

53　また、近代化という観点からみれば、当時の中国の社会構造は、近代化、理性化の段
　　階に入ったとさえ言えなかった。しかし、外省人の社会的地位は優位であったので、
　　台湾人は衛生、行政、経済、法治システムなどの近代化的準拠図式を捨て、新しい統
　　治者の準拠図式と折り合わなければならなかった。それは、台湾人の中国＝祖国とい
　　うアイデンティティの形成について、主観的な抵抗感を促す要因の一つとなった。

成員たちは共通の相対的に自然な世界観を持っている体系に、「くつろぎ」を感じており、同一の状況に属する仲間にうまく対処できる。つまり、内集団は自明視している自己解釈の図式や意味システムを分有しているのである。実は、意味システムだけではなく、ブルデューがいう身体の技法であるハビトゥスの分有も内集団の基礎である[54]。これに対して客観的意味は、集団の成員は自分たちが「我々」と言うだけではなく、成員を「彼ら」という言葉で語る部外者の観点からみて、その集団も同質的で一定の固有の特徴を示すのである。換言すれば、内集団の共属感は、大部が集合意識ないし意味システムの分有、いわゆる実践感覚や準拠図式の共有によって形成されるのである。しかも、その分有された体系は、外集団にとって自らと異なるものだと見なされる。

　1945年以降、台湾人は当初持っていた中国の共同体に参与する意図を次第に失っていった。それと同時に、中国は「自らを台湾人の位置に置く態度」、いわゆる、「共属」の感情を取る意思がなかった。むしろ、台湾人は中国人／政府にとって、敵と他者の間に介在する異人だったと言えるだろう。つまり、国民党政府は、主観的には台湾人を「中国の共同体」[55]の一員として見なさなかった。かくして、両者とも、共同体の基礎である相互に認める「共属」の感情が形成されていなかった。もともと共同体を形成するために必要な共通の準拠図式や意味システムがすでに欠落している状況下で、いったん主観的なアイデンティティにとっての基礎である「共属」の感情を失えば、台湾人と外省人の間の「我々」と「他者」という対立が、双方の「実像」の接触によって起こることは、容易に推測できる現象であろう。

　前述したように、台湾人と外省人は、事実上、同一社会の意味システムや準拠図式を共有していなかった。シュッツ（1991: 330-331）が指摘したように、内集団は、自らにとって自明なことが、どんな人にも理解可能だと思っている

54　例えば、呉濁流（1972a）は『ポツダム科長』で描写したように、台湾人の女性が、靴を脱がないまま家に上がる外省人の旦那をみて、まるで「獣」だと思って唖然としたことは、意味システムだけではなく、ハビトゥスの差異にも属しているのであろう。

55　実際には、当時の中国は、国共内戦が最も激烈な時期である。中国の内部でも「中国の政治共同体」に対する認識も、一つの定説がまだなかった。しかし、一方、本書は台湾を主軸にするので、その時の中国の内部状態についてはあまり触れていない。他方、梁華璜（1993）の論文によれば、当時、国民党政府も共産党の中心も、台湾を日本＝敵として見なしていたのである。

のに、それが外集団によって理解されない場合、敵意に満ちた偏見や間違った信念に根差しているに違いないと感じる。かくして、二つの集団は相手のその反応によって、敵意や反感を覚えながら、内部の結束をいっそう固める。つまり、シュッツがいう「彼ら」によって内集団を定義した共同体の客観的意味が強くなり、さらに集団対立の悪循環が形成される。特に台湾の事例は、権力の有無は、どちらの集団が「よそ者」かということを決定するカギだということを明らかにしている。これは、シュッツが「よそ者」で検討しない部分である[56]。権力の使用によって、当時の外省人の台湾人に対する「虚像」は、事実としての正当性を獲得し、しかも、本省人にそれに関する承認を強要した。これが、「省籍対立」が深刻化した理由でもある。

　このような我々と他者の対立化は、1946年の台湾で刊行された『人民導報』の社説で指摘されている。その社説によると、日本人の統治時代は、本省人の政治態度は「抵抗」と「無関心」であったが、このような消極的な態度は異民族統治の状態では仕方がない選択であった。しかし、「今の政府は我々自身の政府である。台湾を統治するのはもはや異民族ではなくて、我々自身なのである。しかし、我々本省人の中には、まだ『日本が去って中国が来た』という『潜在意識』を持つ人がいる」[57]。

　また、当時の台湾民衆には「犬（日本人）が去って豚（外省人）が来た」という言葉が流行っていた。このような台湾民衆の言い方によって表現されたのは、台湾人が次第に中国政府を日本政府と同等と見なし、外来の植民地支配者と見なしたということである。その相違は、ただ異民族が同民族に取って代わったのであった。このような「省籍対立」の過程は、台湾人の「我々」という感覚を強化し、日本植民地統治下で形成された「台湾人の意識」をまた再生産させていったと、何義麟は考えている（2003: 208）[58]。さらに、日本植民地時代

56　シュッツ（1991: 146）の主張によれば、多数者で先住民である台湾人は、集団融合の場合では「接近される集団」であるはずだ。

57　「我們須要改變政治態度」『人民導報』1946年3月7日。

58　外省人とは、実は中国の各省からの人々を含むので、その内部には、実際に多くの相違がある。また、台湾人の間にも、閩南人や客家人という差異がある。しかし、当時の台湾人にとって、陳儀の外省人政府、軍隊、不法な商人などに対する印象は、すべての外省人に及んだので、外省人の間に存在している差異は看過された。そこで、「我々」と「他者」の区別が、次第に「本省人」と「外省人」という省籍の区別にな

に刷り込まれていたハビトゥスや社会的準拠図式も、中国との対比によって潜在的なエネルギーを獲得し、常に顕在化する機会を待つようになった。本省人と外省人は同一の共同体に属する共同感情を持たない状況の下で、二つの分立する共同体となった。国民党政府が（本省人＝外集団に）一つの共同体と見なされ、かつ自身も一つの（本省人と区別する）内集団と認めている時に、それに抵抗する本省人も、もう一つの共同体（本省人の内集団）を形成する根拠を探し始めた。特に外省人が権力を持つ状況下にあって、その外集団の統制に従うならば、本省人は全体が社会階層の下層に下降して、権利と自由を持った人間ではなくなるという劣等化された感情が生まれて（シュッツ 1991: 340-342）、反発がいっそう深刻化した。かくして、それまでの、国民党政府が台湾人に追従を呼びかける「ナショナリズム」への信仰力はもはや弱くなってしまった。

「血縁民族」における虚構性

　ここで、もう一つの主観的なアイデンティティ問題を明らかにしたい。つまり、「民族」というアイデンティティは、必ずしも実証的な基礎を持つわけではなくて、一種の「自明視」された共同性に対する信仰である。小坂井敏晶（2003）は歴史や地理に関する例証を多く挙げることによって、血縁や文化の純粋性というものはもはやないと指摘しており、民族／団体の形成は、主に主観意識の作用によると指摘している。集団の同一性は共同体の構成員のインターアクションによって生成してきた虚構の産物として理解されるべきで、文化

ってしまった。この点に関して、高学格（2004）は『風和日暖』という外省人の研究論文で、外省人の間に存在する差異性、および当時の外省人も「国語」を学ばなければならなかったので、台湾人と同じように国語運動の圧迫を受けたということも注目すべきだと指摘している。事実上、1945年以降台湾に来た外省人は、台湾人と仲良く付き合う者も少なくはなかったし、必ずしも接収政府を支持するわけでもなかった。228事件で、接収政府に「共産党の同行者」という名目で殺害された外省人もいた。それについては、欧陽可亮（1998）の自叙伝を参考にされたい。しかし、当時の外省人における差異は、台湾人の同質性に対して、かえってその同質性を持っているのであった。つまり、当時、台湾に来た外省人は、ほとんど民国の創立、中日戦争などを経験して、台湾人の日本植民地時代の経験を持たない者であった。それ故に、当時は、外省人の間には確かに差異があったが、歴史的な経験とそれによって形成されたハビトゥスなどによって、彼らは台湾人と異なる、一つのグループだと呼べるだろう。

的要素の共通の性質が二つの集団の境界を消滅させたり曖昧化したりするようなことにはならない。そして、この共同体に対する主観的なアイデンティティは、虚構され神話化された共同体の歴史的連続性によって生み出されたものであるが、構成員には自明の真実だと信じられているのである[59]。

小坂井の検証は、血筋や文化の伝承という民族の神話を打ち破って、民族の虚構性は、主観的な共同信仰から生成されたものだ[60]と明確に指摘している。しかし、この指摘には問題がある。つまり、民族とは虚構された歴史的連続性に基づいて促された主観的なアイデンティティだと言われるとともに、このような民族の主観的なアイデンティティは、インターアクションによって生み出された虚構物だと考えられた。しかし、虚構された神話と主観的なアイデンティティは、必ずしも共存するわけではないのである。換言すれば、虚構された歴史的連続性は、インターアクションを備えない基礎で作り上げられるという可能性があるということである。これは、シュッツ（1991）が提示した、集団の主観的解釈と客観的解釈の食い違いである。したがって、このような虚構性によって形成された民族観と、共同体の基礎で作り上げられた民族観と、この両者の間に存在する差異を、さらに検討する必要があると考える。

日本植民地時代に、日本政府が「内地延長主義」政策で強調していたのは「国家アイデンティティ」であり、「血縁の民族」という虚構性ではなかった。当時の台湾人は民族的には自らを漢民族と認め、国家アイデンティティでは自らを日本国の一員だと次第に承認していった。当時の台湾人が信仰していた

---

[59]　小坂井敏晶（2003）は歴史や地理に関する例証を多く挙げることによって、次のように指摘している。すなわち、自体が単一民族だと強調した多くの民族は、実際にはその文化、言語、習慣などの民族構成の要素がすべて絶えず変化し、しかも、絶えず異文化からの影響や混血を受けて来たので、血縁や文化の純粋性ということがもはやないのである。「集団同一性は固有な文化内容に支えられるのではなく、歴史的文脈と社会状況の中で主観的に構成される民族集団の境界が集団同一性の正体だ」（小坂井敏晶 2003: 177）。たとえ文化的要素には共通の性質があるとしても、二つの集団の境界はそのために消滅したり曖昧化したりするようなことにはならない。つまり、共同体は共同アイデンティティという主観的な認知だと考えられている。

[60]　小坂井が提起した民族の虚構性とは、ある民族を一つの共同体に結びつけて、その構成員に主観的に信仰された神話を指すことである。このような虚構性が一つの民族－国家を形成する基礎であるため、それは一種のプラスの存在だ、と小坂井はその著作で何度も強調している。

所属民族は、依然として漢民族の「血縁の民族」という虚構の神話であった[61]。それまで、台湾人が日本の統治に抵抗して、我々と他者を区別するシンボルは、本土から生み出された自主的なシンボルではなくて、「血縁の民族」に基づく民族の「祖国＝中国」を指向していたのである。しかし、その漢民族の歴史的連続性は、事実上、もはや実践やインターアクションに基づいて構築されていない信仰になってしまった。つまり、当時、台湾人の主観的な民族アイデンティティと実践の基礎は乖離していたのである。このような客観的意味を持たない民族の虚構性は、事実上もはや小坂井が強調している民族の虚構性が備える運命共同体というプラスの意義を間違いなく失っていた。

　その後、1945年に50年間の隔たりの後、同民族といわれた人々は再び向かい合った。そして、終戦から1947年の228事件前まで、双方の間に現れた文化ないし生活スタイルの相違、および台湾人が接収政府に排除され二等公民という扱いを受けた経験は、今まで台湾人が信じてきた漢民族であるという歴史的連続性や血縁民族の虚構性が、実践経験や共同体の基礎を持たないという現実を明らかにした。主観的に認める血縁民族の虚構性は、実際には双方の実践感覚や準拠図式の相違を埋め合わせることができないし、必ずしも運命共同体の共感を作り上げることも保証できない。民族の虚構性が持っている信仰力や結束力はいったん疑われれば、その「自明」の正当性が失われた。換言すれば、ここで、小坂井が述べた、民族は血縁や文化を超える虚構の産物であるという言葉は、そのマイナスの意義が検証されたのである。さらに、この時、接収政府が絶えず主張していた「台湾人の奴隷化」という観点は、自然と「我々」と「他者」の差異を強化するとともに、同一の民族でも相違が存在しているということを承認したのに等しかった。ちなみに、前述した植民地期に、台湾人の国家と民族アイデンティティが分立した経験は、この時期に現れた民族の虚構性に対する認識に、ある程度作用していたと考えられる。

　したがって、日本植民地時代に存在していた、「我々＝漢民族」が「日本＝他者」に対抗するという概念は、戦後の1年を経ずに新たに組み合わ直された

61　前節で引用された巫永福、呉濁流、張深切の作品はその例である。つまり、日本植民地時代の台湾人は祖国を漢民族と同一視していたが、事実上、台湾を割譲した時、中国は清国＝満州人に属していたのである。中国は歴史的には絶えず異民族の統治や文化血統の混合を経験しており、絶対純粋な漢民族の集合体ではない。

のである。「漢民族共同体」という概念は、台湾人と外省人のそれぞれの共同体へと変化した[62]。

「日本」イメージの好転化

　このように、本来の「祖国」は他者、しかも新植民地支配者になった。逆に、元の他者である日本は、そのイメージを変化し始めていた。

　台湾人にとって、終戦直後の日本イメージは植民地支配者で、「中国」は日本に対抗するシンボルであったが、「日本」イメージは転換し始め、当初の対抗的シンボルであった「中国」と、同じ位置になった。ある視点から見れば、中国が日本と同じように植民地支配者と見なされたことは、台湾人にとって中国がイメージダウンしたのであり、日本がイメージアップするというわけではなかった。しかし、この時に植民地期の長所が、次第に思い起こされ始めたのである[63]。いわんや、国民党政府の統治が、日本や満州人という異民族の統治と同一視されると、清国から中国を統治する正当性を継承した国民党政府が持っている「清国＝中国＝国民党政府」という連続性、およびその連続性とは異なった台湾の独自な背景が、次第に台湾人に認識されていった。これは、もう一つの「我々という共同体意識」、いわゆる「内集団の主観的意味」の出現であった。これで、日本は、この独自性の起源として、台湾におけるそのイメージがプラス化や再思考され始めたと言える。

---

[62]　鍾肇政は小説で、台湾人の血縁民族共同体の虚構性について次のように描写している。「『しかし、もとは同一の民族なのに、同じ漢民族なのに、なぜこんなになってしまったの？』『同一の民族も変わることがありえる。特に今の支那人は……我々と全く異なった人種になったのだ。』」（鍾肇政 1997: 380-382）。

[63]　例えば清国時代を知る老人は、終戦後 2、3 ヵ月の混乱を見て、それが清国時代の土匪横行の時代を再現するのではないかというか感慨をこぼした（呉密察 1993: 51、54）。清国と国民党政府は同様に汚職にまみれた「悪い社会」に分類されたが、それに比べると、同様に台湾人を抑圧した日本植民地社会の良いところがかえって思い出された。また、「犬は番犬にもなれる。……豚は食うだけで何もしない」という言葉である。犬が人を噛みつくように日本人は台湾人を圧迫したが、番犬にもなれる。豚は「不潔」で「食うだけで何もしない」のである。「不潔」とは汚職・不正・賄賂を言い、「食うだけで何もしない」とは責任感の欠如を指す（何義麟 2003: 225、呉密察 1993: 51）。また、呉濁流は 1947 年 5 月、すなわち 228 事件直後に書いた『夜明け前の台湾』で、日本植民地時代における台湾医学の進歩（1972a: 237-238）、科学教育の成功（1972a: 246）に言及している。

第2節　終戦直後、「日本」イメージの再変化　*211*

　例えば、呉濁流（1972a: 284-288）は、1946年の接収政府の「日本語禁止令」
に対して疑義を表した。呉は日本語自体は無罪で、かつての日本植民地時代に
は日本語はその暴力性を持っていたが、日本植民地時代が終われば、日本語は
その本来の様態に戻り、いわゆる外国の知識や文化の紹介を務める役割に戻
すべきだと考えている。黄智慧（Huang 2003: 303）は、このような日本語に対
する態度の転換が、事実上、日本に対する態度の転換を表したものだと考えて
いる。鍾肇政（1997: 297）の小説でも、接収政府と外省人が台湾に来た後、若
干の台湾人は「日本精神」[64]に言及し始めたと書いている。「日本精神」という
口癖は「去る者に対する恋しさを含むかも知れないが、新来者に対する恨みや
軽視の方が明白だ」と、鍾は思っている。黄智慧（Huang 2003: 309）は論文で、
外省人が台湾人にとって、日本に取って代わった新植民地支配者になると、新
植民地支配者の悪さが、旧植民地支配者のイメージを逆に良くさせてしまった
と指摘している。換言すれば、前述したように、戦後、国民党政府の腐敗は、
「祖国」のイメージを次第に下落させ、日本と同様な立場にたたせた。それに、
台湾人は主観的に「祖国」を弁護する意欲がなくなり、その二つの植民地支配
者を比較するようになったのは自然の成り行きである。

228事件

　台湾の社会や政治状況の悪化、法治に関する接収政府への不信、および台
湾人が再度受けた二等公民の待遇などの状況は、台湾人の不満を招いてきた。
1947年2月27日の夜、外省籍の密輸取り締まり員が、密輸入煙草を販売する
台湾人の婦女を殴り一般市民を射殺して警察局に逃げ込んだ時、政府を信用し
ていない民衆は現地の警官局や長官公署の前に殺到して、発砲者や瀆職した官
員を法律に従って厳罰にすることを求めた。長官公署の衛兵は機関銃を民衆に
発砲したため、死傷者が出た。累積してきた民衆の不満はついに爆発した。台
湾人は外省人を殴り、政府機関を攻撃し始めた。陳儀は戒厳令を布告して、武
装した軍人や警官を出動させて騒ぎを起こした者の逮捕を開始した。しかし、

64　鍾肇政によれば、「我々は日本教育を受けたから、その影響によって日本精神を育
　　成されたのはいうまでもないことではないか。日本精神とは正義感を抱いて弱者を
　　助ける正々堂々とした日本人になるということだ」。http://literature.ihakka.net/hakka/
　　author/zhong_zhao_zheng/zhao_author/zhao_movie/zhao_tape/tape_1.htm

事態はすでに陳儀のコントロールを超えていた。そこで陳儀は南京の国民党の中央政府に軍隊の派遣と鎮圧を要請した。国民党政府が派遣した軍隊は3月8日に台湾に上陸して鎮圧行動を始めた。これがいわゆる228事件である[65]。

228事件について、当時の国民党政府は、事件発生の主要な原因は、日本植民地政府の政策が「残した毒」[66]が、台湾人に「祖国」を誤解させたと発表して、1945年に国民党政府に接収されてから事件が発生するまでの、台湾社会の悪

---

[65] 3月2日、民衆の政治団体や社会団体の代表者は「228事件の処理委員会」を組織し、民衆を慰撫しながら、善後処理、台湾人の参政権などの政治改革、地方組織の発展などの根本的な問題を解決する要求を陳儀に提出した。陳儀は、一方で市民代表の要求を受け入れて時間を稼いだが、他方で至急電報によって中国の南京にいる蔣介石に報告して、軍隊の派遣と鎮圧を要請していた。当時の警備総部の参謀長・柯遠芬の話によれば、事件の始めから、これが「叛乱行動」であるとすでに確定されていた。しかし、同時に、柯遠芬は中国軍が中国から出兵する前には、当時民衆を慰撫する台湾人のリーダー・蔣渭川に手紙を送って、蔣の「献身した行動」と努力に感謝の意を表した。これは、陳儀の一方では慰撫しながら、他方では軍隊の派遣を要請するという扱い方と同様であった。3月7日、陳儀は南京の蔣介石が派遣命令を発した部隊の定刻到着を確認していたので、「処理委員会」が提出した「処理大綱」を断固として拒絶した。翌8日、中国の軍隊が基隆に上陸すると、鎮圧と虐殺行動が開始された。多くの事件と関わらない台湾人の知識人も逮捕され殺され、台湾人の抵抗能力や日本との関わりが根こそぎにされた。鎮圧行動について、国民党政府が公開で認めている最多の数字は死傷6300人前後というのである。しかし、1990年代に成立した、行政院の228事件研究グループの統計によると、当時の死亡数は約1万8000～2万8000と見られている（呉密察1993、何義麟2003、呉濁流1972b、George H. Kerr〔葛超志〕1999、丸川哲史2000）。228事件の鎮圧時期に、国民党政府の軍隊が台湾人を虐殺した情景について、欧陽可亮（1998）の自叙伝や、行政院の228事件研究グループのインタビュー取材報告を参考にされたい。さらに、228事件の経緯については、次の資料を参考にされたい。蘇瑶崇（2001）「託管論與228事件——兼論葛超智先生與228事件」、台北：『現代学術研究』11期p.123-164。王惠瑛（1995）「創傷與記憶——228民衆史與台湾主体性」、台北：『台湾史料研究』5期p.58-63。呉密察（1998）「台湾人的夢與228事件——台湾的脱殖民地化」、台北：『当代』87期p.30-49。李筱峰（1991）「228事件前的文化衝突」、『思與言』29期4巻p.185-215。

[66] 国民党政府の特使である楊肇功は、「日本が残した毒」を次のように釈明している。「台湾人は日本を崇拝して、日本に感謝する。日本の強制的な教育は台湾の人民を日本化させた。さらに、戦後、台湾に残った日本人の扇動も」228事件が発生した原因の一つであった。

陳儀は3月20日に蔣介石に228事件の分析を提出した時にも、台湾人は日本の統治を50年間にわたって受け、日本帝国主義の中国侮蔑の毒を受けたため、愛国心や民族意識が薄く、煽動されやすいと表している。しかも、日本御用紳士、かつて日本に徴用された海南島帰りの人々（3-1参照）、および台湾で潜伏していた無職の日本人などが、奸党に利用されたこともその原因である、と。

第2節 | 終戦直後、「日本」イメージの再変化 *213*

化問題を無視していた。それ故に、急速に日本の影響を抜き取り、日本の映画、歌曲、服飾などの日本の物や匂いをいっそう厳しく禁止し、「祖国」や民族の教育を強化するというのが、国民党政府が考えた解決方法であった。当時、「台湾省編訳館」[67]が出版した『日本改造論』(日本を改造する論述[68])では、さらに日本人化された台湾人を、日本の戦争捕虜と同一視し、中国人に改造するべきだと公言している(何義麟 2003: 263-264、Huang 2003: 306、呉密察 1993: 63)。

　当時、台湾に残っている多くの日本人は、事実上、衣食を得るためにかなり苦労した(Huang 2003: 307、呉濁流 1972a: 154-155, 183-186)。戦後、台湾人は日本人に復讐したことがあるが、その時、「日本人は隠忍自重して、黙々とその侮辱に耐えていた」(呉濁流 1972a: 149)。また、台湾籍の元日本兵からの聞き取り調査によれば、当時の日本兵はほぼ敗北を認める精神を持ち、日本への帰還を待っていたのである(鄭麗玲 1995)。さらに、1945年8月15日に日本が降伏して、10月17日に国民党の軍隊が台湾に来て接収するまでの2ヵ月強の政治管理の空白期間に、台湾にいる日本人は皆が平静で、従来の居丈高な態勢を直して、揉め事などを起こさなかった。日本人の警官も警察権力を放棄して、台湾一般人が組織した自治団体に治安維持の責任を負わせた(呉濁流 1972a)。したがって、台湾人が日本人に煽動されて接収政府に反抗するという可能性は疑うに十分である。黄智慧(Huang 2003: 307)は「日本」が228事件で演じた役は、一種のスケープゴートだという論点を提出している。

　しかしながら、台湾人は228事件では、実際には日本の軍歌を歌い始め、日本の文字を使って士気を鼓舞し、日本の軍服を着て台湾人と中国軍隊を区別したのである(盧建栄 2003: 187)。これはまるで国民党政府の「台人奴化」や「日本の残毒」という論点を実証してしまったかのようである。しかし、この観点は、1945年の終戦直後の台湾人による国民党政府への期待や歓迎、およびその後の、台湾人が国民党政府／外省人と区別するための象徴を求めていたことと対照して考えなければならない。

　つまり、国民党政府が台湾を接収して以来、台湾人の想像した立派な「祖

67　当時、政府の出版物を出版する機関であった。

68　ここで改造する対象と指された「日本」は、日本化された台湾人である。つまり、それは、当時の台湾人は外部者＝日本人と国民政府に思われていた証拠の一つである。

国」は新植民地支配者に変化してしまい、同一の民族という虚構性も、台湾人を排除した政策によって壊滅的になった。旧植民地支配者としての日本と、新植民地支配者としての中国が比較されるようになった。かつての日本植民地政府が台湾人に対して行った抑圧は、国民党政府が同民族の名義で行った搾取と比べると、同民族に裏切られるという意味を含まず、逆に美化されたものになった。その後、228事件が勃発した後に、台湾人は「国民」という身分が「叛乱者＝敵」に取って代えられたと実感した。かくして、台湾人が対抗する他者は、もはや日本ではなくて、国民党政府になった。したがって、今までの「敵－味方」という図式は逆転した。国民党政府が「他者＝敵」になり、国民党政府の「敵＝日本」が、台湾人にとっては元の敵から親近感を覚える味方になったのである。また、前述したシュッツ（1991）の論点から考えれば、本省人が「日本の共犯や奴隷」というレッテルをはられることで、「日本」というレッテルは、「外集団＝外省人」にみられる、本省人の「同質性」となったのである。この「同質性」は「外集団」と区別する作用としてはたらき、本省人を結束させる過程で、「内集団」に対するアイデンティティの意味をも含み始めた。「日本」イメージのこのような転換は、いわば丸川哲史（2002: 183-184）や松永正義（1987）が述べたような、日本という「外部の内部化」という現象が台湾において形成されたという論点と等しいであろう。

「日本」を「内」・「外」集団区分の象徴的基準と見なす

　台湾人が日本の軍歌を歌い始めるなどの動きに関して、黄智慧（Huang 2001: 236）は元高砂義勇軍に関する研究で、これらの元日本兵が自分の日本アイデンティティを強調したのは、実際には新植民地支配者に対する抵抗の一つだと指摘している[69]。同時に、黄智慧（Huang 2003: 310-311）は、「日本」イメージは台湾人にとって、新しく入ってきた政権を評価する基準になり、新しい政

---

[69] 　原住民が母語の歌や民族衣装ではなく、日本の軍歌を歌ったり、軍服を着たりすることは、一種の国民党政府に抵抗する意味を呈している。しかし、原住民は漢民族ではなく、「祖国」の「虚像」と「実像」に対する葛藤がないはずである。かくして、原住民と国民党統制との関係、あるいは「日本」イメージがその関係に演じた役割は、さらに研究する課題となるべきであろう。

第2節 ｜ 終戦直後、「日本」イメージの再変化 *215*

権に抵抗する武器になったとも指摘している[70]。

　また、日本語が外省人政府に抵抗する武器とされたことについて、もう一つ
の視点からみれば、中国語ではなくで日本語を話すということは、「中国語＝
漢民族文化」に対する反発に等しいと言えるだろう[71]。植民地期に育ってきた
台湾人にとって、母語以外では、日本語は自身のハビトゥスに最も合致する言
語であり、最も自己を表現できる言語でもあった[72]。終戦直後、台湾人が中国
語の国語を努力して学習したのは、「祖国」の漢民族文化＝「虚像」に対する敬

70　日本の軍歌を歌うことは、国民党統制が厳しい1950年代にもあった。1950年代頃、
　　敗退して台湾に来た国民党は兵力を補充するため、台湾人を正式に軍隊に編入した。
　　その志願兵制の実施に際して、台湾青年は「『天に代りて不義を討つ』と日本語で高
　　らかに歌って入隊したものである」。それは「ただ本能的に……不自由な息ぐるしさ
　　からのがれようと、また228事件の時のあの敗北と虐殺にたいする怨みからでた『い
　　まにみろ』という決意、そして、中国人にはもち合わせないからこそ、日本時代に習
　　い覚えた歌などを持ちだして行うレジスタンス、これらの諸原因からでたものであ
　　ることは、外部の人が理解するに困難をともなうかもしれない」と史明（1994: 618-
　　619）は述べている。
　　　同様のことを楊威理（1993: 242-3）も言及している。1950年代、国民党の軍隊に
　　入る「台湾人の兵隊さんが歌っていたのは、戦前の日本軍歌であった。当時、中国語
　　を知らない、もしくは習いたての台湾人にとって、軍歌と言えば日本のものとならざ
　　るを得なかった」、と楊威理は考えている。つまり、日本語は中国語より深く台湾人
　　の身体に記入された言語ということを提示している。
71　黄智慧は228事件前のある例を挙げて、一人の台湾人が、列車で日本語を話している
　　時、ある外省人が日本語を話すことは禁止されていると彼を非難した。この台湾人は
　　台湾語で反駁するのではなくて、逆に「それでは英語を話せと言うのか？」と言い返
　　した。この実例によって表現されたことは、台湾人にとって、日本語は英語と同様の
　　外来言語であって母語ではないと黄は考えているのである（Huang 2003）。
72　日本植民地時代に育った鍾肇政は、この世代の作家としては珍しく中国語を勉学し
　　て、中国語で作品を書く作家である。この世代の作家は、張文環のように日本語で作
　　品を書き続ける人もいるし（盧建栄 2003）、それ以来書くことをやめてしまった人も
　　いる。それについては、楊翠（2003）の論文を参考されたい。また、中国語の国語
　　運動については、第2章第1節を参照されたい。しかし、鍾肇政は中国語で創作してい
　　るにもかかわらず、自分の中に中国語に対する疎外感を自認していた。「中国語で
　　創作することについて、私は中途半端であるため、中国語の語彙を必死に吸収し学ん
　　できた。しかし、いつもそれは十分ではないと感じる。そんなに十分ではないという
　　意味は、語彙自体を私が完全に掌握できて自由自在に使えるかという部分で、満足で
　　きない。それに、ある言語や語句には、……裏にはまた別の意味があり、それは私が
　　充分に掌握できないものだ」（http://literature.ihakka.net/hakka/author/zhong_zhao_zheng/
　　zhao_author/zhao_movie/zhao_tape/tape_6.htm）。ちなみに、台湾語（閩南語や客家語）
　　は文字化されていない言語である。

慕の意味を含んでいた。しかし、中国語の国語は当時の台湾人にとって、英語などの外国語と同じように自身の実践経験から乖離した言語であり、身体化されて日常生活で意識しなくても使える言語ではなかったのである。

それに、言語自体は民族的象徴という意義を含んでいる。それ故に、いったん「祖国」の「虚像」が崩壊すれば、この「祖国」を象徴する言語の今まで信じられてきた正当性もなくなってしまったのである。中国語への反抗は、したがって中国の統治者に反抗する意義を内包していたのであろう。50年間台湾人のハビトゥスに刻まれて使われてきた日本語は、逆にそのために日本植民地時代に有する汚名性を取り除かれていった。これは前文で引用した、呉濁流（1972a）が国民党政府の日本語禁止令に反対する論述に含まれた意義である。あるいは、台湾人はこの時には「日本語／日本に関する経験＝実像」、「中国＝虚像」という現実を認識していたと言えるだろう。

しかし、ここでは、もう一つの問題に関わってしまう。つまり、当時の台湾人は、なぜ台湾自身の言語ではなくて、旧植民地支配者＝日本の言語を中国に対抗する武器として使っていたのか、という問題である。

まず、この問題は、前述した、日本が敵の敵として、一種の抵抗のシンボルになったという論述と明確に関連付けなければならない。国民党政府は台湾を接収してから1年後、直ちに日本語の使用、日本語の雑誌や新聞の発行を禁止した。しかし、禁止令を発布した政府の正統性が疑われた時、禁止令自体が逆の意義を持ち始めた。すなわち、日本語を話すことは、禁止令を発布した政府に抵抗するという象徴的意義を持ったのである。

また、「外集団」からみられた「内集団の同質性」として、日本語や日本植民地時代の経験は、台湾人の「我々」と「他者」を区分する参考基準になった。

外省人政府が台湾に来て以来、我々と他者の区別が次第に形成されていった。しかし、台湾自身の文化や歴史経験は、漢民族文化や日本文化を融合して形成されたものである。その中の漢民族文化は、台湾人と外省人を区別する基準にはならなかった。例えば、1945年以後、台湾に来た外省人のうちには、中国福建省（閩）から来た者も少なくなかった。これらの外省人も閩南語が話せた。したがって、日本植民地時代の経験は台湾人と外省人の間に存在している最大

第2節 | 終戦直後、「日本」イメージの再変化 *217*

の相違であった[73]。さらに、その経験を持っていないことは、差異性を有する
様々な外省人の間に存在している共通点であった。したがって、日本植民地時
代の経験の中で、最も弁別しやすくて、習得し難い際立った特徴は、すなわち
日本語の使用であった。

　しかし、事実上、台湾人は皆が日本語を理解したり、流暢に話せたりするわ
けではなかった。1943年末には、台湾全島では「国語（日本語）がわかる者」
が人口の80％以上を占めると植民地政府は発表したが、この中には程度の高
低差があったし、実際に話せる者がどのぐらいいたか、という疑問がある（周
婉窈 2002: 99）。それ故に、日本語で本省人と外省人を弁別することについて、
日本植民地時代の経験で「我々」と「他者」を区別するということを含む象徴
的意義は、日本語が実際にこの両者の差異を区分する効果よりも大きいと考え
られる。

　228事件後、国民党政府やその軍隊による強力な鎮圧によって、このよう
な我々と他者の区別は、当時の台湾人の心の底に潜んでしまった。その後、
1949年、国民党政府が台湾に入って、「白色テロ」政治を実施して台湾人の記
憶を圧迫したり、「中国化による脱日本化」を施行したり、日本植民地時代の
経験を政府の公式の歴史から拭い去っていった。日本は一種の抵抗のシンボ
ルとして、それ以来、表に出すことの出来ない禁忌になっていった。例えば、
1990年代に行われた台湾籍の元日本兵に対する研究や聞き取り調査は、これ
らの元日本兵は、国民党政府に「敵」というレッテルで迫害されることを恐れ
たため、自らの植民地期の経験について完全な沈黙を守ってきた、と指摘して
いる。アルバムから当時の写真が剥ぎ取られた跡とか、日本軍である時期の書

73　第2章で言及したように、周婉窈（1995: 148-152）や呉文星（1992: 363-365）は、日
　　本植民地時代の「（日本語）国語運動」は、台湾ではじめて統一した言語が現れるき
　　っかけであり、台湾内部における疎通の障害を解消して、当時の被支配者の連帯感を
　　強化するという予想外の効果があったと指摘している。日本語の国語運動が実行され
　　る前は、台湾では閩南語、客家話、9種類の先住民などいろいろな言語があったので、
　　住民の間には相当なコミュニケーション障害があった。しかも、清国の統治時期には、
　　台湾で漢民族と先住民、閩南人と客家人、閩南人の間には泉州移民と漳州移民という
　　民族集団間の衝突が絶えなかった。日本語は共通の言語として、今まで異なった言語
　　を使う民族集団がコミュニケーションする道具になり、かえって台湾内部には差異を
　　越えて連帯感を形成させた。

類や軍票の焼却などは、帰還後に微妙な立場に置かれた状況を示す証拠である（Huang 2001、周婉窈 2002、鄭麗玲 1995、林世煜 2003[74]、林えいだい 1995、河崎真澄 2003、浜崎紘一 2000）。

本節のまとめ

　この節では、社会的準拠図式、ハビトゥスと主観的なアイデンティティとの間に存在する相違を通じて、「実像」と「虚像」の差異を区別するという方法で、終戦前後の台湾人の「祖国」に対する印象の変化、およびそれにつれて変わっていった「日本」イメージを論じてきた。

　日本植民地時代および戦後の初期には、台湾人の「日本」イメージは、事実上「中国」に対するイメージより、実践を基礎とする「実像」に近かったのである。その時、台湾人の中国イメージは、実際には日本に対抗するために、「血縁民族」という想像で形成された「虚像」であり、当時の実際の中国とは乖離していた。しかし、終戦直後には、このような「虚像」と「実像」の差異は、台湾人に理解されていなかった。さらに、当時「血縁の同民族」を公言した国民党政府にとって、台湾人は国民と称されたとしても、「中国人」に改造されなければならない「日本の共犯＝敵」だと見なされていた。中国軍隊と接収政府が1945年に台湾に来てから1947年の228事件までの間に、台湾人が抱いた中国イメージという「虚像」は、中国の「実像」に直面して次第に崩壊していった。実践感覚や歴史経験、準拠図式の相違によって、血縁民族の虚構性が明らかになり、その信仰力が失われ、台湾人と外省人の集団区分と対立が発生していった。この節で言及した様々な外省人と本省人の差異の実例によって、主観意識とハビトゥス・実践・社会的準拠図式とは、必ずしも重なり合わないという事実を露呈したのである。客観的基礎がなければ、主観意識だけでは一つの共同体を構築することはありえないことを、本文は明白に論じてきたのである。さらに、台湾の事例によれば、身体化されたハビトゥスや自明だと思われる準拠図式の変化量は、時間の長短、主観的意欲の正負、社会的条件の助力や阻害の相互作用によって決まるのである。この点は、シュッツが集団の融合を論じる時に触れなかった点である。

74　http://taiwanesevoice.net/cyber/others/20031116.htm を参照。

国民党政府は「民族的祖国」という性質を失い、「外来者＝植民地支配者」と見なされて以降、かつての日本植民地政府と似たような存在になってしまった。そうして、二つの植民地政府が比較されることは免れられないものとなった。すでに過去となった日本植民地時代の長所が喚起され、「日本」イメージは次第に「旧植民地支配者＝凶悪」から「比較的に善い旧植民地支配者」になっていったのである。また、台湾人と外省人の間には「我々」と「他者」という区分が現れるのと同時に、「日本」は台湾人が外省人と異なった歴史経験やハビトゥスの形成背景として、対抗的な意義も持つようになった。かくして、台湾では、旧植民地支配者である「日本」に対する好意の基礎が築かれていったのである。

ちなみに、この時期には、台湾では「本土」＝台湾自身から生じたアイデンティティや対抗的な意識はまだ現れず、台湾人が国民党政府に対抗する武器として利用したのは、中国の漢民族文化と異なった日本文化であった。それは、日本植民地時代に「漢民族＝中国」で日本の統治に抵抗することと類似した意味を示している。つまり、台湾における「日本」イメージと中国イメージは終始対比されて変化してきたのである。

228事件以降、日本文化および日本植民地時代の経験はいっそう厳しく抑圧されていった。「日本」は一種の対抗的なシンボルとして、その世代の台湾人が口に出せない禁忌のようになった。それと同時に、敗退して台湾に移った国民党政府は、さらに「中国化による脱日本化」を強力に推進して、中国本位の漢民族神話を作り、公式的な中国史観で自らの「日本」イメージを構築して教育していった。逆に、台湾人はそれに抵抗して日本植民地時代の記憶を保存して次の世代に伝えてきたが、その記憶や「日本」イメージは次第に変形していった。次節ではこの点について探究していくことにする。

第3節　二つの集合的記憶の闘争、および日本に関する記憶の変容

国民党による中国化政策

　国民党政府は敗退して台湾に移って以来、1949年には戒厳令で憲法や人民の各種の権利を凍結して国内の独裁統治を強化しながら[75]、中国大陸の統治権に対する正当性と正統性、および台湾に対する統治の合法性を強化するために、台湾で「中国化＝国民党化」政策を遂行した[76]。

　ブルデュー（2002a）は国家の生成と支配について、「国家が象徴的暴力を行使できるのは、国家が特殊な構造と機構の形で客観性のなかに具現するのと同時に、『主観性』のなかに、あるいは精神構造や知覚と思考のカテゴリーの形で頭脳のなかに身体化されるからである」（2002a: 134）と述べている。つまり、国家は象徴資本の集中化とともに、様々な資本を集中化して、自らの支配に有

---

[75]　例えば、国民党政府は1950年代には「白色テロ」の統制を施行し、警備総部などの機関で人民をコントロールし、各組織や学校内で監視系統を整備して人権を抑圧し、反対勢力を投獄したり処刑した。この点については、次の文献を参考にされたい。史明（1994）『台湾人四百年史』、東京：新泉社。若林正丈（1987）『台湾：転換期の政治と経済』、東京：田畑書店。林樹枝（1995）『台灣事件簿——国民党政権下の弾圧秘史』、東京：社会評論社。

[76]　第2章で述べたように、台湾に移った後、冷戦のなかで米国の援助によって生き残り続けた国民党政府は、台湾で一連の中国化政策を実施し始めた。行政院の文化建設委員会が編集した『文化白書』の第1篇第2章第1節によれば、国民党政府の中国化政策は、1967年に「中華文化復興運動」を推進する前には、主に2段階に分けて実行されたという。
　　「第1段階は、民国34年（1945）の台湾の復帰から民国38年（1949）の政府の台湾への移転までであった。この段階は日本の植民地文化を除去して中国の伝統文化を再建する時期だと言える。第2段階は民国40年〜56年（1951〜1967）の15年間で、中国大陸の文化と次第に乖離した時期であった。この時間は特有な文化や生活を形成・適応させた時期だといえる」（http://www.cca.gov.tw/intro/yellow_book/1-2-1.htm）。
　　ここで述べた第1段階は、陳儀の接収政府が強力に中国化と脱日本化を推進した時期であった。第2段階は、国民党政府が台湾に撤退して以降、中国共産党政府と異なる「正統的な中華文化」を形成するために、中国化政策を推進した時期であった。

利な社会的世界の認識構造などに関する分け方(ディヴィジョン)を被支配者の身体に刻み込んで、ハビトゥスを直接的に組織化し、自明なものとして一つの共通感覚＝常識を構成する。いったん認識の構造が身体化されたら、国家の命令に民衆が従うのは権力に機械的に服従するのではなく、自明の理として受け入れられるものとなり、その正統性は疑われなくなってしまう。つまり、ブルデューが強調したように、「イデオロギー」は信仰という最も深い身体的性向の領域にあるものである。

　したがって、中国化政策の目的は、物理的資本や象徴資本を集中的に用いることで、自らの支配の正統性に合致した知覚カテゴリー、歴史的連続性の構築、文化（法律、教育などを含む）と言語の統一、分け方(ディヴィジョン)の基準の規定などを、台湾住民の身体に刷り込み、自明視させるのである。

　まず、国家の基礎である「共通の記憶」を構築して、自らの正当性を達成する。国民党政府が台湾でその集合的記憶をつくる際に利用した共通の要素は、終戦直後と同様、いわゆる「漢民族の文化」という要素であり、これを基礎にして「血縁の民族」の神話や信仰を構築したのである[77]。国民党政府は中国の正史で承認された「尭、舜、禹、湯、文、武、周公、孔子、孟子」[78]という道統（＝正統的な文化的連続性）を孫中山と蒋介石とに連結し、中華文化を継続した唯一の「正統的な史観」や歴史的連続性を創造した[79]。しかし、当時、国民党政府が想い描いていた国家は、中国大陸を含む領土であり、所在している台湾だけではなかった。したがって、台湾を漢民族の歴史的連続性に取り込まなければならず、この史観から乖離した事件や史実、すなわち台湾が中国の歴史や経験と異なった背景、台湾独自の文化やアイデンティティといったものがす

---

[77]　従来、国家は多様な国民によって構築されるものである。したがって、一つの「国民」が「共通の記憶」によって成立するといっても、それは多様な人々の間にある差異や対立の要素を忘却し、共通要素を記憶するという選別の結果にほかならない（石田雄 2000: 273）。これは一つの集合的記憶を作る重要な基礎である。

[78]　以上の人名は周公まですべて中国の上古時代の帝王で、中華民族の起源だと考えられている。

[79]　B.アンダーソン (Anderson 1999: 178) は、公定ナショナリズムの重要性は、ナショナリズムを通じて構築した歴史的連続性、およびこの連続性から想像して作り出した自明のような共同体感であり、この歴史的連続性がもたらした政権の正統性への保証でもあると指摘している。

べて排除されて、台湾の漢民族起源説を強調した[80]。つまり、台湾を差別化しながら、同時に台湾を同一化するため、漢民族を主要な構成員とする台湾の統治の正当性を示すねらいがあった[81]。

　次に、教育を通じて国語を普及させる方法で、中華の民族主義を強力に普遍化させ、台湾の独自文化や言語を抑圧した（第2章第1節を参照）。それと同時に、漢民族の文化と異なる日本文化や言語の禁止も続いていた。なぜなら、支配文化の正統性を被支配者に押し付け、支配者の文化の普遍性を独占するために、文化と言語を統一し、それ以外の言語と文化を無価値で恥ずべきものとして斥ける二重の操作を行うことは支配の確立にとって有効な手段だからである（ブルデュー 2002a: 141）。かくして、1990年代まで、「国語」以外の言語（母語）を話すことは恥ずべきことで、台湾に関する文化は低俗だと思い込んだ台湾人

---

[80]　第2章で述べたように、1990年代半ばまで、歴史教科書は中国史を中心としており、台湾に言及するとすれば、台湾と古代の中国との関係以外になかったし、日本植民地時代の時期についても中国の抗日史に置き換えられた。台湾史や日本植民地時代の経験が取り除かれたことは、この中国化政策のねらいを証明するものである。さらに、中国が力を尽くして抗日戦争をたたかった理由の一つは、台湾のためであると1957年の高校歴史教科書第3冊に書かれており、中日戦争に関しても中国と台湾を結びつけているのである（国立編訳館 1957: 234）。そして、第2章で述べたように、1950年以前、台湾は日本と同一視され、「日本の奴隷」と政府に見なされていたが、1957年の高校歴史教科書は、「台湾同胞は民族精神を抱いて、日本に反抗し続けていた。（中国の）辛亥革命に鼓舞されて、抗日運動がいっそう高まっていった」（国立編訳館 1957: 234）というように抗日部分を強調し、台湾と中国の差異を捨象して、台湾に所在する国民党政府に正当性を与えたのである。

[81]　台湾における民族集団では、漢民族を中心とする外省人と本省人以外にも先住民がいる。本省人の中には、また閩南人と客家人という区分もある（王甫昌 2003）。しかし、先住民を中心とする集合的記憶は決して表舞台に現れない。台湾で有力な集合的記憶は、中国中心の集合的記憶と、それと対抗して、次第に浮上していった台湾中心の集合的記憶だといえる。したがって、本書は、先住民の集合的記憶に触れない。

　　また、台湾では、集合的記憶のエージェントの区分も、その人々の所属する民族集団によるとは限らない。国民党政府の史観を受け入れる本省人もいるし、逆に台湾中心の集合的記憶を受け入れる外省人もいる。本書では、二つの集合的記憶を論じる場合は、どちらかの集合的記憶を受け入れる者を、その集合的記憶のエージェントに帰属させる。しかし、たとえ政府の史観を受け入れる台湾人世代が、必ずしも日本に嫌悪感を覚えたり日本を敵と見なしたりするわけではない。回答者Uはその例である。それは、ハビトゥスに刷り込まれた「日本」や、後述する文化と政治などの分立と関連があるだろう。この点は、本節のテーマでもある。ちなみに、1970年代以来、「本省人」という言葉は次第に使われなくなった。したがって、本節では、「台湾人」という言葉が、「本省人」に取って代わる。

が多くみられた。自分の文化や言語が正統性や文化資本を持っていないと思わされたため、それを武器として「正統的政権」に抵抗する力も弱まっていった。

また、人々の過去に対するイメージや感覚、および集合的記憶の形成に効果のある文化的メディアはすべて国民党政府に掌握されていた。例えば、目に見える彫像、記念碑、教科書、あるいは無形的なモノである映画、テレビ、芝居、儀式、伝統などである（蕭阿勤 1997）。台湾の町や通りの名称が次々と中国の地名、あるいは蒋介石や孫中山などの人名にちなんで命名しなおされ、現地の特質を消し去っていった[82]。こうしたことも、国民党政府が「脱日本化」を進めると同時に、「台湾化」や「在地化」ではなく、「中国化」を進めたことを明らかにしている。以上は中国本位の集合的記憶、および「中国」で満たす「記憶の場」(realms of memory)[83]を構築する実例である。

政府の史観（正史）の作用は、個々の「記憶」を収奪して「記憶」の公共の基準や鋳型を提供し、一つの政治的な正統性を持つ「公共の記憶」を編み上げていくのである。このような政府の史観が内包するイデオロギーの力は、次第に個人の記憶へ浸透し、「幻の実感」を形成した（阿部安成 1999、梅森直之

82　森村敏己（1999: 237-239）はフランスの街路の命名法を研究したダニエル・ミロの論点を次のように紹介している。つまり、国家（nation）に対抗する時は、常に地方共同体への帰属意識を利用している。それ故に、フランスは17世紀に、従来、その街に住む住民に委ねられていた通りの命名を、国家によって独占した。このような街路の命名法は、一種のローカル・グループの帰属意識を弱体化して、国家／民族の称揚システムを地方に浸透させて、それを積極的に宣伝する手段だといえる。またP.ノラ（1984=2002）の語彙で言えば、本来の記憶がすでに忘れ去られている状況で、ある「記憶の場」(realms of memory)が作られることを通じて、一つの国家や民族の集合的記憶を構築し、絶えずこの集合的記憶の存在を「国民」に思い出させている。しかし、光永雅明（1999）は「銅像の貧困」という論文で、銅像などの記憶を喚起する象徴物は、結局は時間の流れに従って、人々に気付かれないような擬自然物になったと指摘している。つまり、「日常生活の中で銅像に視線をやり、積極的にその人物を思い出す」という銅像を設立する目的が実現せず、銅像が国家の「公共の記憶」のシンボルである作用を失った。しかし、それにもかかわらず、銅像などが国家の集合的記憶のシンボルとして備える国家の象徴意義は、依然として存在しているのである。

83　アルヴァックス（1989: 153-168）が述べたように、集団の記憶の再構成は社会的枠組みによって行われる。集団が維持する生活空間や時間のイメージは、集団の思い出を想起する際の基礎である。ノラ（2002）はさらに明白にこのような集合的記憶が根付いている重要な「場」を「記憶の場」と呼んでいる。しかも、物質的側面と非物質的側面の両方を扱っている。

1999）。それ故に、国家統制下の義務教育、国家の組織する宣伝活動、国史の編纂などは、「排除－書き直し－（強制する）忘却」という一連の予防措置となるのである。ブルデューの言葉を用いれば、国家は象徴的作用を通じて、客観的構造と一致した認識構造を生産して身体化させ、この正統的なイデオロギーに従う「想像の共同体」をつくりあげるのである（ブルデュー 2002a、宮島喬 1994: 219-306）。つまり、構成員の多様性を忘却することによって、単一種の民族の同一性という錯覚が生じたり、正統的な認識構造が公認した分け方を信じ込んで、自らの民族集団が支配されるべき思考様式を受け入れさせるのである。

　1950 年代以来、国民党政府は掌握した教育システムの権威や法律、武力、マスメディアの独占と宣伝を利用して、「正しい」意味体系や自らの史観、正統的な認識構造を民衆の身体に刻み込んで再生産してきた。例えば、一方では前述した「記憶の場」の独占に頼り、他方では出版物の検閲と情報の独占によって、アンダーソン（Anderson 1999）が強調した、活字文化の共同体を形成して[84]、自らの歴史的連続性や集合的記憶を伝播し普遍化した。

中国化政策の目的：「漢民族共同体」という集合的記憶の創造

　自己と他者の区別以外で、集合的記憶のもう一つの重要性は、個人が集合的記憶によって個人的記憶の不足した部分を喚起したり、補足したり、解釈したりすることである（アルヴァックス 1989）。「知識とりわけ社会界についての知識というものがすべて思考・表現図式を活用する一つの構成行為である」。この構造化活動の原理は、「集団的歴史の過程で形成され、個人的歴史の過程で獲得されるような、もろもろの図式の体系、つまり実践の状態で……身体化さ

---

[84]　出版物の出現は、もともと実際に接触できない人々に、共通の出版物を読ませることによって、お互いの共感や連帯感を感じさせるとアンダーソン（1999）は指摘している。さらに、出版物は累積してきた記憶に、より安定した普遍的な形態を与えた。それは昔の口承時代にできなかったことである。しかし、アンダーソンは出版物の作用を重視しているが、出版物が公共の記憶を形成することに対する影響力を詳細には述べなかった。出版物の普及は記憶に一つの持続的で安定的な形を与え、多様で変わり易くて、伝播の範囲も効果も有限である口承の歴史に取って代わり、ある記憶を広範に普遍化させることができる。それによって、記憶は時間の連続性を創造して普遍化させる機能を発揮できる。このような公共の歴史的連続性や集合的記憶を通して、一つの想像の共同体を形成することができる。

れた図式なのである」（ブルデュー 2002b: 338-339）。したがって、集合的記憶は集団の連続性に関する物語体系（narrative system）であり、個人にとって意味付与（signification）の参考軸でもある。国家は集合的記憶の形成と普及について、一方では自らの民族的連続性を構築することによって、国民にアイデンティティの参考基準を与え、他方では政権とそれが認可した制度に正統性を提供する。国民党政府もこのように、中国化政策による中国本位の集合的記憶の構築と普遍化を通じて、台湾を自らが構築した民族の共同体に組み込んで、やがて戦後世代のハビトゥスに刷り込まれ自明な社会的準拠図式の一部になると、一つの国家としての共同体が遂に完成され[85]、「中国－国民党－台湾」という「我々」が形成された。

　ところが、中国化政策の最も重要な目的は、台湾の統制ではなく、国民党政府が公言した全中国を代表することであった。「中国－国民党－台湾」を一つの「我々の共同体」と見なす時、彼らが直面したのは同じ漢民族を主体とする中国共産党政府であった。したがって、国民党は中国共産党を「漢民族という我々の共同体」における地位から排除しなければならず、民族的正統性と歴史的連続性がますます重要になった[86]。したがって、中国で1966年に文化大革命が発生した時に、国民党政府はそのチャンスをねらって、自らの中華文化や伝統の継承者という地位を強調するため、1967年に「中華文化の復興運動」[87]

85　もちろん、社会には無数の集団が存在している。したがって、無数の集合的記憶が存在しているのである。これらの集合的記憶の間に存在する矛盾は、強大な権力を後ろ盾とした国家の集合的記憶に抵抗する可能性を提供するのである。この点は後でさらに述べていく。

86　アルヴァックス（1989: 91）によれば、社会制度が根底から変革を受けた時に、新しい社会制度が根を張っていくための最良の方法は、伝統から取り戻すことのできるすべてのものによって、それを支えることである。ブルデュー（2002a）も述べたが、国民文化、あるいは歴史的連続性がもたらした正統性は象徴資本に富むので、支配の正統性を主張することにとって有効な手段でもある。これは、ホブズボウム（1992: 431）が述べた、国歌や国旗への礼拝という儀式の活動、記念碑の設立、指定した言語の使用などを通じて、古い歴史を自明な伝統として持ち出すことである。つまり、伝統の創造を通して、現在と過去が結ばれる。それによって、連続性の象徴である支配者の権力の正当性を保障するとともに、共同体の結束を強化しているのである。

87　この運動を通じて、国民党政府は自らの漢民族＝中華民族文化の正統性、および中国に対する統治の正統性を明示することを企てた。蒋介石は、1968年の「文化復興祭」で行った演説で、次のように言及している。「周知のように、現在の『中華文化復興運動』は毛共（毛沢東と共産党を指す）の『文化大革命』に即応して行った思想戦と

を推進した。その後、1960年代末～1970年代の初め、長期にわたった台湾語と日本語に対する禁止令の統制力が緩くなった時に、国民党政府は再び「国語運動」を推進した。さらに、1975年に制定した「広電法」は台湾語、客家語への抑圧に合法性を与え、国語の唯一の正統性を強化していった（第2章第2節）。1971年、国民党政府が国連から脱退した時、蒋介石が台湾で行った演説では、中国共産党政府を「我が中華文化を徹底的に破壊する」「反乱団体」[88]、かつ、「非中国的、反中国的に中国を滅ぼす売国奴で反逆者」と名指しし[89]、正統的な中国代表である中華民国は、したがって中国共産党とは「漢賊不両立」（「漢＝中華」は国賊と共存しない）であると宣言した。つまり、国民党政府はこの時、自らを「漢＝正統」と見なし、中華文化を絶滅するという理由で、中国共産党を民族的連続性の合法性を受け継がない「賊」や「非中国人」として排除した。換言すれば、国民党政府の強調したこのような文化的正統性は、集合的記憶の創造と普遍化を通じて、政権の合法性を保証する「民族の共同体」の起源を構築するものでもあった[90]。

中国本位である集合的記憶の中の「日本」イメージ

まとめて言えば、敗退して台湾に移った国民党政府が、全中国の代表である正統性を証明しなければならない時に最も重要なのは、民族の歴史的連続性の独占、および民族的歴史における自らの栄光の強化であった。前者について、国民党政府が所在している台湾と中国の間に存在する歴史や経験の相違（日本

文化戦の重要な武器である」。その演説は、「中華文化復興運動」が中国の文化大革命に対して、国民党政府が中華文化の正統性を求めるために行う運動だと明白に表している。したがって、国民党の「中国化政策」は最も重要な目的が、中国に対する統治の正統性を強調することだと明らかにされている（行政院文化建設委員會1997「文化白皮書 第一篇第二章第一節」を参考。http://www.cca.gov.tw/intro/yellow_book/1-2-1.htm）。

88 「対六十年行憲記念大会致詞（1971年12月15日）」『総統蒋公言論思想総輯：演説』中国国民党党史委員會（1984年出版）。

89 「中華民国退出聯合国告全国同胞書（1971年10月26日）」『総統蒋公言論思想総輯：書告』中国国民党党史委員會（1984年出版）。

90 1950年代以来の国民党政府の「一つの中国」論に関して、柳金財の「論50年代以来中華民国政府關於『一個中国論述』内涵的持續与転変」を参照されたい（http://140.119.210.25/eastasia/paper/0012-1-2.pdf）。

植民地時代）を取り除き、台湾を組み込んだ中国の歴史的連続性を形成しなお
すと同時に、「中国共産党が『中華文化＝漢民族』の跡継ぎである正統性」を
排除していた。後者について、抗日戦争では「国民党＝蒋介石＝民族的英雄」[91]
の地位を強化していた。つまり、「異民族＝外＝他者」との対抗を通じて、民
族の内集団の連帯感を強化したのである。これは、いずれも「日本」と深く関
わっていた。

　したがって、「日本＝敵」という図式は、かつての戦争の恨みに加え、さら
に国民党政府の合法性を保障する効果があった[92]。かくして、この「日本＝敵」
の図式は、台湾を植民地化した敵という視点から見るのではなくて、中国を侵
略した角度から定義されていた。台湾では、韓国と異なり、脱日本化や反日教
育は中国化政策に従って実施されたのである[93]。国民党政府はその所在地であ

91　戒厳令が解除される前に、台湾では小学生から高校生までの生徒は、学校の集会で国
　　歌、「国父（孫文）記念歌」、「先総統蒋公（蒋介石）記念歌」を高唱しなければならな
　　かった。「先総統蒋公記念歌」では、蒋介石を「人類の救世主、世界の偉人……民族
　　の長城」と称し、「正義のために反共し、民族の復興を求め」て、反中国共産党を民
　　族の復興と結びつけている。さらに、「外では強い隣国（日本）に抵抗する」ことを、
　　蒋介石の勲功に帰属している。また、次の注も参考。

92　台湾で、1999年まで使われた公定高校歴史教科書、および歴史教師向けの補充教材
　　である「教師手冊」を例とすれば、1900年以降の近代史は、日本の侵略を中心とし
　　て叙述されており、日本を明白に「敵人」と呼んでいるのである。例えば、琉球（当
　　時には中国の属国と見なされた）と台湾の占領、中国の領土で行った日露戦争、1914
　　年の日本が中国山東省への侵略と対華21カ条の要求、1927年の「済南事件」、中日戦
　　争などである（国立編訳館 1985）。また、教科書は煽動的な用語を使っている。例え
　　ば、1957年の歴史教科書には、「南京淪陥，日軍肆行屠殺」（南京が攻め落とされたら、
　　日本軍は屠殺をし放題）（国立編訳館 1957: 223）、「(日本) 希望奴役我之人力，榨取我
　　之物力，繼續對我侵略」（日本は我が人民を奴隷化したり、我が資源を搾取したりし
　　て、我が国を侵略し続けることを企てたのである）（国立編訳館 1957: 227）などと書
　　いている。1975年の歴史教師手冊にも、「以日本蕞爾小國，物資人口有限，如何可能
　　持久戰（日本のようなものすごく小さい国は、資源も人口も限りがあり、持久戦はい
　　かにもありえない）（国立編訳館 1975: 346）などと述べており、当時、日本政府と手
　　を組んだ南京政府を「民族敗類」（民族のくず）、南京政府の大総統汪精衛を「汪逆」
　　（汪裏切り者）、汪が日本政府と締結した条約を「売国」約条と呼んでいる（国立編訳
　　館 1975: 376-377）。さらに、日本軍が南京において中国人の首を切る写真を載せてい
　　る（国立編訳館 1999: 141）。それによって、抗日した蒋介石政府の偉大さを強調して
　　いる。例えば、蒋介石が「最後関頭」（最後の時期）という宣言を発表すると、日本
　　軍は攻略の難しさをわかって撤退した（国立編訳館 1999: 128）などである。1985年
　　以降の歴史教科書で記述された中日戦争部分の内容は、越田稜（1995）を参考。

93　第2章にも述べたように、1950年〜1972年には、日本大衆文化が禁止されたが、国

る台湾を全中国の代表とさせなければならないので、台湾本土の独自性や、日本と台湾の歴史的経験からもたらされた中華文化からの乖離を、国民党によって創造された集合的記憶から排除しなければならなかった[94]。さらに、国民党政府は外省人の「少数者の統治」を強固にするため、1945年以来接収政府が構築した「台湾人＝日本人の奴隷」という概念を踏襲して、台湾社会で政治や人事システム、国語運動、台湾文化への抑圧などに用い、日本植民地時代の日本人のような外省人の地位的優位を作り上げた[95]。しかも、台湾の文化や既存の集合的記憶に対して、国民党政府がとった対応は融合ではなくて排除であり、自らが構築した集合的記憶を正当化し、しかも唯一の記憶とさせていた[96]。

　　民党政府は国際社会の支持を獲得したかったので、全面的な禁止ではなかった。ところが、1972年、日本が中国政府を認めたので、台湾では日本大衆文化を全面的に禁止した。さらに、日本大衆文化を禁止する理由は、日本植民地時代の関係、台湾民衆に悪影響に及ぼす可能性がある以外に、共産党の「赤色意識」が日本文化を通じて台湾に流入する恐れがあったからである。以上の事例は、台湾では反日教育や態度は、中国化や反共に導かれたことを明らかにしているのである。

[94] 国民党政府の台湾の独自性と文化上の発展に対する警戒心は、次の例によって明らかにされている。台湾作家の鍾肇政は1960年代に「台湾作家叢書」を出版するために、本省人の作家を招いて文章を書かせた。また、彼が公論報で文芸欄の主任編集者であった時には、主に本省人の作家を誘ってその作品を掲載していた。このため、彼は警備総部に監視されていたのである。http://literature.ihakka.net/hakka/author/zhong_zhao_zheng/zhao_author/zhao_movie/zhao_tape/tape_4.htm

[95] 本章の第2節を参照。また、戦後から1980年代まで、外省人は依然として政治や公の文化のフィールドで絶対の優位性を持っていた。例えば、軍・公（務員）・教（員）の職種は主に外省人に占められていた（王甫昌 2003）。当時、政府は生活的には、それらの職種の家庭に、糧食の配給、教育費や税金の減免などの特別待遇を与え、生活の基本レベルを保たせた。

[96] 歴史教科書を例とすれば、台湾で1999年まで小学校から高校まで使われた歴史教科書は、すべて国立編訳館という機関によって編まれたものである（陳盈穎 2003）。1985年の高校用歴史教科書（国立編訳館 1985）を例とすれば、台湾を清国から日本へ割譲するという歴史的事件は、外省人の歴史や記憶の断片と見なされていた。国民党政府の歴史で、清国の台湾割譲以後続いたのは、孫文の革命、蔣介石の軍閥戦争に対する勝利や中日戦争である。続いて、台湾の日本植民地時代の経験が飛ばされ、中日戦争の勝利以後、そこにつなげられたのは国民党政府が台湾を接収した時の台湾人の「祖国に復帰する」喜び、および台湾の経済発達と国民党政府の指導との関連である。228事件、白色テロ、思想の弾圧、人権の剥奪などの集合的記憶や民族の共同体に合わない史実は、外省人を中心とする記憶では強制的に忘却される部分であった。ちなみに、植民地期の歴史と228事件は1990年代初めに至ると、ようやく教科書に編入されたが、1999年の最後の公定歴史教科書によれば、228事件に関する責任を当

それ故に、1950年代以降、国民党政府の統治下、「台湾」は表では存在しない禁忌となったし、「台湾」と「日本」の間に微妙な関係が出来上がった。教育システム以外でも、国民党政府に掌握されたマスメディアも外省人の史観を受け入れて対戦国＝敵であった日本を敵視し、しかもこの史観を普及する仕事を担当していた。例えば、1970年代の台日断交以後、国民党が掌握する「中影」という映画制作会社は直ちに一連の抗日戦争の映画を作り、「日本＝民族の敵＝外」という図式の強調を通じて、台湾内部を結束して中国本位のナショナリズムを強固にすることを企てたのである。また、マスメディアでも台湾人の親日性に対して、奴隷化されたとか、日本に媚びている、などと非難した（第2章第2節）。

日本に対する記憶／経験の強制的忘却

一つの記憶の形成は、歴史の根本的変化は伴わないにしても、必ずいくつかの細部の忘却を伴わなければ、連続的な記憶を作り上げることができない（Watson 1994: 19、石田雄 2000）。1950年代から戒厳令の解除まで、公的領域で現れた「日本」イメージ、あるいは日本に対する記憶は、権力を掌握する外省人の記憶を核心として構築されたものであった。それと同時に、228事件や国民党政府の監視・統制に対する恐怖のため、かつて日本植民地時代を経験した台湾人世代は、その経験に対して口を噤んできた[97]。彼らは、たとえ私的な領域でもほとんど話さなかったし、たとえ忘却できなくても、忘却したふりをしなければならなかった。したがって、子孫の世代はその記憶を知ることができず、その時期の歴史に対する忘却は戦後世代で確実に生じたのである。

筆者が戦後世代に対して行ったインタビューで、1970年代に生まれた回答

時の台湾行政長官・陳儀に負わせ、蒋介石には関わらせないようにしてしまった（国立編訳館 1999: 165-166）。

[97] 本多周爾（2001）は、台湾の若者が「日本に関心を持つ理由」は、日本植民地時代を経験した祖父母や親類から日本の話をよく聞かされている中で、親しみを感じるようになったからであり、それが哈日現象の要因の一つと考えたが、調査の結果を見る限り、その仮説を裏付ける結果を得られなかった、という疑問を提出している。これは、台湾の政治状況と歴史を看過したからである。つまり、当時、日本植民地時代に関する経験は口を閉ざされていたため、実践などによってしか伝えられることができなかったからである。

者Gは、自分の祖父母の家には日本から買ってきたものが多く、生活上いつも日本の文化と接触しているが、「(祖父母は) ほとんど日本や台湾の歴史に触れなかった」と報告している。また、回答者Hも「(日本植民地時代を経験した先行世代は) 私たちに口伝えしてくれなかったけど、時には一言もらすこともあった」と報告している[98]。

ところが、国民党の監視・統制システムの弱体化につれて、日本植民地時代の経験に対する箝口令の支配力も緩くなる傾向がでてきた。例えば1980年代に生まれた回答者Iは、「日本の事物をかなり重視している」祖父母が、家では常に回答者に日本のことを話すと報告している。しかしそれにもかかわらず、子孫の世代に植民地期のことを言及する台湾人の先行世代 (日本植民地時代を経験した世代) は、それに触れる時にも依然として日本植民地時代と国民党統治時期とをできるだけ比較しないように用心していたのである。例えば同様に1980年代に生まれた回答者Fは、「先行世代の人は、日本人が台湾を統治していた時には、台湾の治安は非常に良かったという。先行世代とは80歳のお婆さんや私の親戚を指しており、(彼らは) あの時代の治安をとても良かったと言っている。彼らは (私と日本のことを) 話したことがあって、みな日本語を話せる。しかし、日本植民地時代と国民党時期の比較については触れなかった」と報告している。

以上の証言は、反日、ないし日本文化禁止という政府の態度は、植民地期を経験した世代に影響が及ぶことはなく、あるいは前節で述べたように逆の影響を及ぼしたことを示している。「日本」に対する好意は潜在化した形であれ、依然として台湾において存在していたのである。ちなみに、文字記述の出現は、口承的な記憶に必要なエネルギーを解放して、その分のエネルギーは、他の新しい物事に対する思索に用いられると、Connerton (1989: 76) は言及している。こうした考え方に立てば、口承の歴史に費やされるエネルギーは、歴史を文字で記録するより非常に多く、その効果である伝播の範囲は文字で書かれた歴史に全く敵わなかった。特に、口承の歴史が権力を後ろ盾とする政府の正史に

---

[98] 逆に、1980年代に生まれた回答者Rによれば、彼女の1970年代に生まれたお姉さんは、子供の頃、外省人の母方の祖母から、中日戦争や国共内戦の話を時々聞いていたのである。これは、それらの話が「政治的に正しい」という正当性を示している。

背離する時、このような伝播の効果がいっそう弱くなるのである。そこで、たとえ日本植民地時代に関する口承の歴史が1980年代に次第に現れたとしても、その影響力は政府の史観にかなわなかったのであり、戒厳令が解除される前の口承の歴史が「台湾意識」（台湾的アイデンティティ）の形成に与えた力は、身体的な実践と刷り込まれた記憶の領域に帰属させるべきだろう[99]。

　国民党を中心とする中国史観によって構築された集合的記憶は、最初は一つの少数者集団に抱かれた記憶でしかなかった。アルヴァックス（Halbwachs 1992）が述べたように、集合的記憶は所属集団に付着して生きるものであり、付着する集団を失った記憶は、消滅するしかなかった。それ故に、国民党政府は敗退して台湾に移って以降、自らの集合的記憶をつなぎとめるため、マスメディアや教育システムを絶えず利用して、一つの中華民族の共同体という巨大な集団を作り出し、しかもその集合的記憶を絶えず戦後世代に刻み込んで再生産してきたのである。このような史観や集合的記憶は、ブルデュー（2002a）が述べたように、国家の押し付けによる強制力でもって、内在的な帰属を形成し、個人を制約するようになる。したがって、台湾の戦後世代は教育システムやマスメディアの宣伝を通じて、外省人を中心とする集合的記憶や史観を吹き込まれ、受け入れたため、台湾人の（祖）父母世代の記憶とはかなり大きな断絶が生じたのである。

台湾人における日本植民地時代経験の身体化および潜在化

　しかし、たとえ国民党が脱日本化や日本文化の禁止に力を尽くしても、植民地期に台湾人に刷り込まれて体現している実践やハビトゥスは、文化的媒体の統制や禁止令で元来の記憶を置き換えるという方法で一挙に抹殺されるモノではなかった。台湾で成長した人にとって、国民党が築き上げた集合的記憶は、ハビトゥスや実践と矛盾した記憶である。この状況は、共産独裁の国家が

99　日本植民地時代の経験を戦後世代に忘却させたもう一つの重要な原因は、前述した「国語運動」である。「国語運動」の実施で、子供が学校で差別され処罰されないように、家でも母語で話し合わない家庭が多かった。そこで、母語を話せない、あるいは聞き取るしかできない子供が生まれたし、さらに母語を差別して学習を拒否する子供もいた。したがって、国語を話せない（祖）父母世代と母語や日本語を話せない子供世代の間にコミュニケーション障害が生じた家庭が少なくない。かくして、（祖）父母の経験の口伝にも、障害が生じている。

歴史的事件を選別して記憶をつくることとも異なっている（Watson 1994）。つまり、国民党政府は所在する土地における実践や経験と全く異なる歴史的事件から、自分に有利な部分を選別したり解釈したりして、さらに、虚構の民族的共同体の意識を利用して、この選別した歴史をその土地の「真実の歴史」としている。しかし、当地には、この歴史や記憶を支えたり喚起したりするのに相応しい「記憶の場」が存在していない[100]。したがって、このように実践からかけはなれた歴史は、被支配者のハビトゥスや社会的準拠図式を徹底的に変えたり、あるいはその世代伝承を完全に止めることはできない。台湾人の集合的記憶は表面化しない状況の下で、ブルデューが論じたハビトゥスの再生産という次元で保存されてきた。

　確かに、国家が形成した集合的記憶は身体的な実践感覚が欠けるとしても、内的な強制力[101]を形成することができる。その上、行為者に主観的にこの記

---

[100]　例えば、中国本位の集合的記憶が言及する国民党が清国を転覆した革命の跡や、中日戦争の跡などである。逆に、第2章に述べたように、日本植民地時代から残ってきた日本的建築、言葉、歌などの遺跡や慣習がある。

[101]　内的強制力を持っている記憶と身体化された記憶の区別について、フランスの歴史学者ノラ（2002）は、詳しく論考している。ノラ（2002）は記憶には二種類があるという。「一つは、真の記憶である。それはこんにちでは、動作や習慣のなかに、ことばでは伝えられない技のなかに、身体の知識のなかに、刷り込まれた記憶のなかに、そして本能的な知識の中に潜んでいる。もう一つはみずからの対極に近い存在である歴史を通過する事によって変容した記憶である。それは、主意的な熟慮された記憶、本能的にではなく一つの義務としていきられる記憶、もはや社会的・集団的・包括的ではなく、心理的・個別的・主観的な記憶である。……第二の記憶は……記録としての記憶である。その記憶は最も明確な痕跡、最も物質的な遺跡、もっとも具体的な記録、最も明白な図像に基づいている。……記憶は内部から生きられなければ、外的な支えや触知できるしるし（記憶は、それらを通してしか存在しえない）を必要とする」（ノラ 2002: 38-39）。ノラが述べた第一の記憶は、いわゆる Connerton（1989）が指した「身体の実践」という記憶であり、第二の記憶は、歴史、文書、資料によって形成された記憶であり、一種の外部からもたらされた、義務のような歴史化された記憶である。第二の「歴史化された記憶は、我々にとっては外部から来たものである。もはや社会的に実践されていないが故に、我々はそれを個々の義務として内面化するのだ」（ノラ 2002: 42）。このような歴史的記憶の義務性、「全体的な記憶が私的な記憶へと細分化することで、想起せよという命令は内的な強制力をもつに至る。この細分化は、各個人に対して想起することを義務づけ、帰属の回復をアイデンティティの原則にし、またその真髄にする。この帰属は、今度はその個人自身を完全に拘束する」（ノラ 2002: 43）。このような強制力を持ち抵抗不能な記憶がいったん内在化して、一種の帰属を形成すれば、個人を完全に制約するようになる。つまり、この内的な強制

憶を覚えたり認めたりしなければならない義務感を感じさせるのである。しか
しそれと同時に、この義務的な記憶と相違する身体化された記憶は、義務的な
記憶と異なる記憶に、存在や抵抗する可能性を与えているのである。もしこの
両者がともに行為者のハビトゥスに刷り込まれた記憶であれば、どのような異
なる作用を起こさせるのか。

国民党抑圧下において対抗的記憶を保存しえた原因

　まず、ブルデューの論点によれば、ハビトゥスは社会の内在化した構造であ
る。ハビトゥスの内在化がそれに相応しいライフスタイルを形成し、それは文
字や言語の教育によって形成できることではないのである。つまり、ブルデュ
ー（2002）の理論によれば、振る舞い方の獲得は幼い時期から家庭で行われる
体験的習得と学校教育による学習である。前者は生得的なもののように無意
識のうちに使いこなすものであるが、後者は一種の客観的知識の系統的な習得、
いわゆる「支配的ハビトゥス」である。両者とも行為者に刷り込まれているが、
ハビトゥスはその安定性を確保する傾向があるので、早期の経験がハビトゥス
に対して主導的な力を持っているのである。ブルデューの研究は、行為者にと
って身体化された実践感覚と客観化された知識の間の力の差を指摘している。
この論点は、戦後、国民党の教育を受け入れた世代が、国民党の集合的記憶を
受け入れているかどうかにかかわらず、家庭で習得した日本に関する身体化さ
れた記憶を潜在的に保持してきたことに、一定の説明を与えている。ちなみに、
ブルデュー（1988）が述べたように、ハビトゥスは過去の刷り込みであり、行
為者と所在している場との連結によって形成された社会的身体である。したが
って、植民地期を経験した台湾人は、植民地統治に対していかに考えようとも、
当時に所在した場によって日本に関する経験を多かれ少なかれ刷り込まれてい
る[102]。

　　　力を持つ記憶は、「コルシカ人に対して『お前はコルシカ人であるべき』といい、ブ
　　　ルターニュ人に対して『ブルターニュ人でなくてはならない』という、内なる声の如
　　　きものである」（ノラ 2002: 43）。

[102]　さらに、周婉窈（2002: 221-2）の研究によれば、植民地期の1937年に台湾では小学
　　　校の入学率が46.69%、1944年に71.31%に達した。後期には戦争の影響があるので、
　　　中期の1916年〜30年に生まれた台湾人は、日本教育に最も影響された世代と、周は
　　　指摘している。この世代が日本植民地時代を経験した世代の主力である。本書は戦後

Connerton（1989: 72-88）はブルデューの概念を敷衍して、「身体の実践（bodily practices）」の記憶という概念をさらに論考している。つまり、身体が持っている多くの慣習的技術や能力は、その過去や由来がすでに我々の脳に現れるので、我々はわざわざその起源を言及する必要がないし、さらに現時点でそれについて制度化する必要もない。ある文化の「身体の実践」は、認知的記憶と慣習的記憶を伴って出現し、常に当該文化に属する集団の構成員に当然だと見なされて、長期的に存在しているという安定性がある。Connerton（1989）は特にこのような集団が獲得した独特な身振りなどの身体の技巧を、「当該集団の成員の慣習的記憶」、および「共同体に対する記憶」と称している。省籍の「内集団」と「外集団」の身振りなどの実践の差異は、たとえ戦後の社会生活や国家統治によって、戦後世代の身体には、先行世代ほど明白に現れていなくても、家庭や周りの社会生活を通じて残っているであろう。

　このような小集団に属することを通じて、国民党政府の強力な中国化政策に抵抗して、自らの集団の記憶やハビトゥスを保持することについて、アルヴァックス（1989）の集合的記憶と国家の歴史という記憶の相違に関する論述はさらに明白な解釈を提示している。

　国家は一つの巨大な集団として、時間の参考軸である歴史的記憶、いわゆる国家の集合的記憶を構築して個人に伝え、一つの共同体を形成する。しかし、アルヴァックス（1989: 84-85）が強調したように、集合的記憶の本質は、この歴史的記憶だけによって形づくられるわけではない。なぜなら、国家は個人か

を主な対象としてのいるので、日本植民地政府の台湾人の集合的記憶などに対する構築を探究しないが、習得手段の一つである学校教育の普及が、日本に対する記憶、理解とそれらの伝承を促したことは否定できないだろう。
　いうまでもなく、1944年には日本教育の普及率は70%を上回ったが、教育を受けない人々もいた。これらの人々は、日本植民地時代の経験や記憶は、実践やハビトゥスの次元で持っているが、日本教育を受けた人々より、日本に関する記憶や影響が薄く、当時のことをうまく言葉で次の世代に伝えたり、解釈したりすることができないであろう。それでも、実践やハビトゥスを自分の子孫に教えることができ、当時に発生したことをも覚えている。例えば、回答者Uの母方の祖父母は日本教育を受けており、国民党にも抑圧されたから、日本植民地時代の経験を明言しなくても、日本に対する好意がかなり強かった。逆に、父方の祖父は教育を受けなかった農民で、日本植民地時代や国民党の統治についてあまり知らなかったにもかかわらず、日本に対して好意を覚えていた。

第3節　二つの集合的記憶の闘争、および日本に関する記憶の変容　　*235*

らあまりに隔たりすぎているため、個人は自分の国の歴史を、自分個人の歴史とはごく僅かな接触点しかもたない非常に大きい枠としか考えない。しかし、個人と国家の間には、家庭、サークル、友達などの国家よりは規模の小さい他の集団が数多くあって、それらの集団もそれ特有の記憶を持ち、その変化はより直接的にその成員の生活や思考に影響を及ぼすのである[103]。したがって、社会の内部では多くの独自の集合的記憶が展開される[104]。換言すれば、異なった集合的記憶が同時に存在する可能性と空間があるのである。

　これらの小集団の存在は、あるレベルでは国家の歴史的記憶に抵抗するカウンターフォースとなることができる。つまり、これらの小集団は個人に、政府

---

[103]　国民党政府は台湾に入ると、日本植民地時代に残った統制制度（1930年代所推行的「多人區單記不可讓渡投票制」）を拡張して、「地方派系」という「中央－地方」を隔離する地域勢力を分断する方式で、地方への統制を掌握して、先行世代を含む台湾人を国民党の傘下に入らせ、その結束力と国家意識を弱化したのである。つまり、国民党政府は地方の有力者を二名選んで、パトロネージや経済的利益の保証などの手段で、有力者とその追従者の忠誠心を得た。ブルデュー（2002a）によれば、このような手段は、かつての王朝国家が利益の再分配を通じて、経済資本を象徴資本に転換させる原理としてはたらき、象徴資本を君主の人格の上に集中させるやり方である。しかも、二人の有力者の対抗関係を利用して、それらの勢力を地方に制限しながら、当地の血縁、姻戚、地縁関係などの伝統的な人間関係を利用して、追従者の有力者に対する結束力を強固にした。かくして、国民党は地方有力者の承認を獲得して、正当性を手に入れたし、選挙が行われる時の優勢をも保ってきた。さらに、台湾人の忠誠心を地方のリーダーに導いて、国家や政府と直接に繋がっていなくとも、国民党の統制に直接に反発したり、抵抗したりする気持ちを薄くさせ、国家中心の集合的記憶とか、歴史とかを日常生活の中で想起させることもなかった。したがって、日本植民地時代を経験した世代は、国民党の統治を受け入れることが可能であるが、国民党やその集合的記憶を必ずしも受け入れるとは限らない。このような「中央－地方」を隔離する統制手段は、逆に「日本」に関する記憶やハビトゥスの保存を促し、中国化を徹底的に普及できないようにしたかもしれない。この点は、さらに進んで研究する価値があるであろう。

　　ちなみに、台湾各地では地方派系の勢力や、国民党との関係の深さが違うし、日本植民地時代を経験した世代と日本政府や日本教育体系との関係も違ったので、国民党統制の正当性を受け入れる程度も異なった。「地方派系」について、若林正丈（1987, 1992）も参考されたい。

[104]　アルヴァックス（1989, 1992）が強調したように、集合的記憶は生まれつきのものではなく、一種の社会的構造である。すべての集合的記憶は、一定の時空の界域を持ち、その記憶を支える集団が必要である。集団における個人は自分が所属する特定の集団的脈絡によって、自分の過去や歴史を創造する。また、社会の構成員が常に同時に複数の集団に参加しているので、複数の集合的記憶をも持っているのである。それ故に、これらの集合的記憶は互いに衝突あるいは交流して混成することがありえる。

の歴史的記憶と異なる集合的記憶が付着する状況を提供し、他方、これらの異質な集合的記憶に存在する可能性を与えるのである。個人はこれらの小集団に身を寄せるし、自ら持っている記憶でこれらの小集団から足りない部分を補足したりエネルギーをくみ取ったりする。それによって、政府の史観や集合的記憶に対抗して、それと異なる記憶を保つ可能性を持つことができる。たとえ政府の歴史的記憶は公的領域におけるすべての文化的メディアを掌握して、若干の小集団の集合的記憶を混交したり忘れさせたりするとしても、これらの小集団の記憶やハビトゥスはその構成員の連帯感、帰属感、言語、生活習慣などに保存されているのである。

身体化記憶の再生産

　したがって、国民党政府統治時代に実施された「脱日本化」と「中国化」政策は、台湾社会に再び大量の漢民族文化を注ぎ込んだが、私的領域、つまり様々な小集団を通じて、かつての記憶やライフスタイルは、刷り込まれたハビトゥスや実践などの様々な形で保存されて伝承されてきた。台湾では多くの日本植民地時代の形跡が消し去られたが、かつての和式の部屋や建物などが依然として残っている。また、公的に抑圧されても、私的領域で依然として話されている台湾語（閩南語や客家語）には、日本語の単語が残存しているし、振る舞いなどの個人の実践の中に日本式のマナーが残されているのである。それらすべてが日本植民地時代に対する一種の「記憶の場」を保存し、国民党政府の「脱日本化」に抵抗する作用を提供している。

　さらに、前節で述べたように、終戦後の省籍衝突と対立によって、国民党統治の合法性は日本植民地時代を経験した人々に疑われていた。1970年代以前の厳しい統治下、公的に現れなかったが、このような国民党への抵抗は潜在的に存在していて、次第に自らの正当性を構築していった。さらに、このような国民党政府＝同一の漢民族に対抗する意識は、台湾人の先行世代に主観的に「脱植民地化＝反日」の意図を失わせ、かえって日本植民地時代の記憶と身体の実践を自らのアイデンティティの基準として留保させた。これは前節で述べたように、行為者が主観的に新社会に反抗して元の社会的準拠図式を堅持すれば、本来、安定しがちなハビトゥスは、主観意識の作用でいっそう変化しなくなる。かくして、この既存のハビトゥスは、再生産の次元で次世代に刷り込ま

れていくようになった。しかも、表面的には取り除かれた日本文化も、228事件以来の国民党政府に抵抗する「武器」という意味を含んでいたこともあって、制限ないし禁止されても、アンダーグラウンドで存在してきた。

したがって、国民党の統治下、日本植民地時代に関する記憶がすべて封印され、極端にいえば口伝えの方式によっても伝承することもできず、また正式な教育システムも、国民党政府の中国化史観や「日本＝民族の敵」という図式を、戦後に義務教育を受けた世代や戦後に生まれた世代（戦後世代）に吹き込み、内的な強制力を形成して、行為者に主観的にこの集合的記憶を覚えたり認めたりしなければならない義務感を植えつけた。にもかかわらず、「身体の実践」の記憶の再生産の次元で、日本植民地時代に形成されたハビトゥスや社会的準拠図式、ないし先行世代の日本に対する好意などが、依然として台湾人の戦後世代のハビトゥスに刷り込まれ、実践を通じて残されてきた。

例えば回答者Gが述べたように、祖父母は「あまり日本や台湾の歴史を話さなかった」。しかし、日常生活では「絶えず日本文化に接することができた」。つまり、「祖母も祖父も、そして母方の祖父も祖母も、みんな日本文化と深い関係がある。父方の祖父は日本人と商売していた。彼らはよく日本に行っていた。だから、私は幼い頃からよく日本の人形などを見てきた。あるいは彼らはみんな日本語を書けるので、私はいつも日本語のものに触れていた。その時にはあまりわからなかったけど、彼らは日本語の歌も聞いていた。……おしぼりについて、彼らは直接それを（日本語で）『オシボリ』と言い、私たちは子供の時からずっとそれをそう呼んで来たのだ」。

回答者Hも先行世代の親類たちは、日本の話を「直接語ってくれることはなかったけれど」、日常生活においては、「（私の年長の親戚たちは）彼らの幼名は日本語で呼ばれ、実にそれは日本の名前なのだ。……また、自分が小さい頃には、何人かのお婆さんたち、いわゆる祖母たちは、日本語が話せた。おばさんたちにはみんな日本の名前がある。だから、（私は日本文化に対して）かなり親近感を覚えている」と報告している[105]。

105　さらに例を挙げれば、回答者Uは、「祖母の家で、叔父や母は一番上の叔母を、（日本語で）『姉さん』と呼んでいる。……祖母は日本植民地時代をすごく懐しんでいた。……子供の頃、母は『雪印』のミルクを飲ませた時、これはよいミルクよと言ってくれた。……私が日本の物をよいと思うとか、日本に好意を抱くことは、多分親たちか

これらのインタビューの例によれば、日本文化が依然として台湾人の私的な領域に姿を現し、記憶を喚起して忘却させない「記憶の場」を形成しているということが明らかになる。たとえ戦後世代は、その歴史について知ることができないとしても、そのような「場」で暮らしてきて、個人のハビトゥスに刷り込まれている状況下で、日本文化に違和感を覚えなくなるのである。

戦後世代に内在する二種の集合的記憶

かくして、戦後の台湾世代の体内には、二種類の記憶が存在している。一つは日本文化を含んだ、再生産された身体の実践の記憶で、このような身体の実践の記憶が日本文化に対する親近感を形成し、日本大衆文化の台湾における発展の助力となるべきモノである。もう一つは、反日教育を含めた、政府の史観によって構築された、内的な強制力を持つ歴史の認識である。例えば、回答者Nは完全に政府の史観を受け入れるが、依然として日本文化が好きであるという。回答者HとFは政府の史観を全面的に受け入れることはせず、どちらも日本文化が好きであり、日本アイドルのファンであり、日本に相当な親近感や好意を持っている。しかし、「かつて日本が台湾を植民地化した歴史について、どう考えているか」と聞かれると、回答者たちは「かつての日本」について政府によって教育された史観を自然に想起している。つまり、彼らは「かつての日本」についての質問に対して、直ちに挙げた例証が「南京大虐殺」であり、質問された「台湾の植民地史」ではなかった。

以上の例証によれば、一方では二種類の記憶が同時に台湾の戦後世代の体内に存在している矛盾した現状を示し、他方では政府の史観の歴史認識に対する形成力を明らかにした。さらに、長期間にわたる台湾での「台湾の不在」という事実をも証明したのである。

反日や抗日の歴史と、日本植民地時代の記憶は、台湾社会というフィールドで闘争している。一方は相手の存在を取り除こうとした。そして、取り除かれる対象は、自分の記憶を放棄して政府のナショナリズムによって自己の連続性

ら影響を受けたからだろう」と報告している。
　回答者Iの場合、「私の祖父も祖母も日本の教育を受けたから、彼らは実は台湾のものより、日本のものが好きだ。……祖母と私は一緒に日本ドラマを見る」と述べている。

第3節 | 二つの集合的記憶の闘争、および日本に関する記憶の変容　　　　*239*

を作り上げたり、記憶の問題について内省せず、日常生活に逃れたりしなければ、このような強制された忘却に絶えず対抗して、自分の記憶を掴むしかないのである。台湾人の先行世代の日本植民地時代に対する記憶は、このような対抗の過程で変化が起こっている[106]。1950年代や1960年代には、国民党の完全

106　ここで記憶の対抗に関する一つの観点を提出すべきであろう。つまり、アルヴァックス（1989）が指摘したように、集団の記憶は所属集団に付着する社会的構成物である。一つの社会では多くの集合的記憶が共存しているが、各々の集合的記憶が所在する社会状況や集団構成員の変化、あるいは所有する勢力や権力の消長によって、一部の集合的記憶が消え去っていくのである。したがって、集合的記憶が付着する集団の構成員の死去は、集合的記憶の存続にとって最大の危機だとアルヴァックス（1989: 66）は考えている。したがって、国民党政府は箝口令や政治的抑圧で台湾人の先行世代を黙らせたりその記憶を取り除いたりして、彼らの死亡によって歴史を消滅させることを達成したかった。例えば、台湾籍日本兵の歴史は50数年の沈黙を経て、まもなく構成員の死亡につれて消滅する。R.S. Watson（1994）は逆の視点から考え、まだ生存している集団を政府の史観や記憶に抵抗する証人と見なしている。たとえ抑圧されているとしても、彼らも様々な無言の抵抗、あるいは忘却の拒否という方法で、それらの記憶を強化している。しかも、集団が成長したり抵抗の力を得たりする時に、それらの記憶を取り戻し、あるいは再構成していくのである。ドイツのユダヤ人の集合的記憶は一つの例である。また、台湾の228事件の受難者や遺族、そして台湾社会が、この集合的記憶の取り戻しに努力してきたのはもう一つの例である。後述する台湾人の先行世代の日本植民地時代に対するノスタルジアは、同じように一種の集合的記憶の剥奪に対する抵抗の結果だと見なすべきだろう。Connerton（1989）も同じ論点を示している。

　　Connerton（1989: 14）が指摘したように、国家は常に系統的な方式で、その国民の個々の記憶を剥奪することを企てる。これは、特に全体主義の国家で顕著である。全体主義の政権下、主体的な個人を奴隷化するのは、常にその記憶の剥奪から始まるのである。これらの国家がよく使った手段は、組織的に忘却させることである。例えばチェコは1948年以後、作家が放逐され、歴史学者が解職され、こうした解職された人々が理由もなく行方不明になってしまった。そこで、人々の国家権力に対する対抗とは、彼らが持つ記憶で強制された忘却との対抗であり、将来にこの歴史を目撃証言できる生存者を残すことだと理解しているとConnertonは表している。

　　実は、アルヴァックス（1989）の論点もこの意見を支持している。アルヴァックス（1989: 81-82）が述べたように、人は完璧に過去を忘れるものではない。過去はそれがわれわれにとってあるがままの姿で、そっくり記憶に留まることになる。ただある種の障害が、われわれの頭脳の作動が、われわれにそのすべての部分を喚び戻すことを妨げることがある。反対に、われわれにとって存続している記憶は、社会の中にあって、我々が不完全な、ないし不分明な仕方で表象しているような、あるいは、我々の記憶から完全に抜け落ちているような過去のある部分を再構成するのに必要なすべてのものを指示するのである。したがって、まだ生きている先行世代は、それらの抹殺された、かつての日本に対する記憶の証人なのである。

な統制（total control）という監視・統治の下で、このような記憶の対抗は潜在的であり、ほとんど公の領域に現れなかった。1970年代以降になって、このような対抗は次第に表舞台に浮かび上がり始めた。

表面化する日本への記憶およびその変化

　1970年代末、国際的情勢が国民党政府に不利になり、国内でも反対運動が盛り上がってくると同時に、国民党政府の統制力が弱くなってきた[107]。したがって、国民党の統治に反抗する各種の集団が出現し、長い間抑圧された各々の記憶も次第に浮かび上がっていった。第2章第2節で述べたように、「郷土文学論戦」につれて台頭してきた「台湾意識」、および1990年代の教科書『認識台湾』の論争での新聞の投書などでいっそう表面化した、台湾人の先行世代の日本植民地時代に対する思い出はその例である。かつて抑圧された集合的記憶もこれらの集団に付着して、徐々に成長していった。それに反して、国民党政府はこれらの対抗的な集合的記憶の出現を抑えるため、自らのナショナリズムや正統性に関する教育を強化し始めた。1970年代末にいっそう強力に推進された「中華文化復興運動」と第二波の「国語運動」はその例である。

　ところが、前述の浮かび上がった日本に関する思い出や記憶は、様々な意味で再構成されたモノである。終戦以降、政府は植民地期に関する記憶の抹消や置換を遂行してきて、植民地期の記憶は長い期間にわたって戦後世代の頭の中に存在していなかったし、先行世代の台湾人の沈黙も国民党統制に対する恐怖を現している。周婉窈（2003）がインタビューした台湾籍の日本兵は、1990年代末にもかかわらず、かつての出来事を話すことに恐怖感を覚え、さらに、証拠を残すことを恐れて、アンケートに自分の名前を書く勇気すらなかった。しかし、これはその世代の日本に対する記憶が忘却されるという意味ではなく、ただ再構成されて変容したのである。

　アルヴァックス（1989）によれば、記憶は誤解に満たされた認識だといえる[108]。換言すれば、個人の記憶は集合的記憶から不十分な部分をくみ取るため、

107　1970年代末以降、台湾で起こった反対勢力については、王甫昌（2003: 82-100）と若林正丈（1987, 1992）を参考にされたい。

108　個人の記憶は所属集団の構成員の記憶、ストーリー、証言によって構築されるモノであるし、その記憶が閲読した書籍の叙述と混同されてしまうこともよくあるとアルヴ

集合的記憶に従って変形したり置き換えられたりするのである。それと同時に、集合的記憶も現時点の需要によって変化している（アルヴァックス 1989: 46-52, 75-76; Coser 1993）。それ故に、個人の記憶は出来事が発生した時のままで再現されることはありえず、一種の主観性に作用されて再構成された産物である。さらにいうまでもなく、日本植民地時代に対する記憶は、非常時を生き抜いてきた生存者の記憶であり、その中にはすでに国民党政府の記憶抹消と再建に関わり、あるいはそれと対抗する意味が持ち込まれている。

　しかも、一つの記憶が強制的に忘れられる時、かえってその記憶に対する喚起を強化するようになる。なぜなら、禁止令の存在は、逆にそれらの禁止された事物に関する内容や文脈の手掛かりを残したり、抵抗的意識を喚起するからである。しかも、この記憶を忘れまいとするプロセスの中で、この記憶を思い出させる説得力を増幅するため、苦痛な部分が取り除かれたり、記憶が美化されたりして、ノスタルジアとなる[109]。したがって、このような日本植民地時代に対する美化は、実は一種の現状に対する抵抗なのである。また、前述したように、口承の歴史は文字化された歴史のような安定性を持たず、伝達者や記憶者の需要と解釈に従って変化する[110]。日本植民地時代の経験は台湾で長期にわ

　ァックス（1989: 46-52）は述べている。

[109]　アルヴァックス（1989, 1992）も、集合的記憶が現時点の境地や需要、あるいは付着する集団の意見に従って変化すると考えている。つまり、この集合的記憶に付着する個人は、現状に適応することや、集合的記憶に包囲されるために、ある過去に対する忘却を選択したり、若干の事件の記憶に対する解釈を変えたりする。ところが、F. デーヴィス（1990）のノスタルジアに関する最も主要な論点は、ノスタルジアと記憶が異なるというもので、ノスタルジアは一種の苦痛を取り除かれた記憶であり、現状によって異なる記憶に関する再構成であるという主張である。つまり、デーヴィス（1990）は集合的記憶が形成する過程において主観的な解釈の重要性をいっそう強調しているのである。しかし、ノスタルジアや記憶は一種の現状による再構成であるという論点は、アルヴァックスとデーヴィスの双方に共通している。

[110]　人類学者P.H. GulliverのアフリカのJie族に対するフィールドワーク研究は、以上の論点を支える。GulliverはJie族のある家庭の二世代の男性成員から、二つの異なる親族関係構造を取得した。父・Owunyutのインタビューでは多くの祖先が現れるが、息子・Ibokewlのインタビューでは、一人の隣人と同じ祖父しかいない。それに関して、Ibokewlは「父は老人で、私より知ることが多い。もし彼がそう言うならば、それはそうだ。私の話は間違っている」と認めているにもかかわらず、自分はただ一人の祖父を持ち／承認し、他の祖先は全く重要ではなく忘却してもよい人々だと考えている。これは現実における家族構造を解釈するために、祖先に対する記憶を再構成すること

たり研究や接触を禁止されており、文字化されることはなかった。したがって、この記憶が変化し美化される可能性も大きかった。

　換言すれば、ノスタルジアと現在との関係は、それと過去との関係より非常に緊密である。現在における不安や懐疑、および存在やアイデンティティの非連続が発生すると、もともと自明の理であった社会的準拠図式などが曖昧化されてしまう。そこで、社会的準拠図式やハビトゥスなどの根源である過去の経験をたどり、それを美化したり強化したりすることを通じて、自分のアイデンティティとその連続感の正当性を確認するのはもっともなことである。特に、現状の不満に対抗すると同時に、対立した集合的記憶に抗して、一つの素晴らしい過去を再構成するために、過去の記憶におけるマイナスの要素も選択的に忘却されがちである。そして、この美化された集合的記憶から、対抗の正当性を獲得する。

　国民党政府が台湾を接収して以来、台湾人は内政でも国際的情勢でも常に一種の不安定な現状に置かれ、さらに、過去の記憶や経験も国家に否定されてきた。このような不安定さとアイデンティティの非連続は、日本植民地時代を経験した台湾人世代にとって、ノスタルジアを生じさせるのに適した温床だったといえるだろう。したがって、長期間にわたり忘却、あるいは国民党による本省人の地位劣化に抵抗しながら、日本植民地時代に対するノスタルジアを生じさせた台湾人世代にとって、その政府の反日史観に反対する集合的記憶も、すでに現在指向の主観的な感情が投入されて美化され、それ自身のアイデンティティ、連続性や自己評価を代表したモノであって、事実上の日本植民地時代そのものではないのである[111]。しかも、過去の美化を通じて、強制的な忘却に抵

　　を示すと Gulliver は考えている。いったん父・Owunyut が亡くなったら、Ibokewl の記憶バージョンが「事実」になり、短期間のうちにだれにも疑問視されないものになる（王明珂 1994: 128）。

[111] 　デーヴィスの論述によれば、ノスタルジアは究極的な意義では、主張された過去の現実の本当らしさとはいわないまでも、その本質は失われないのである。なぜなら、その過去のありようは我々が過去の真実を探究する時に、現在の状況とよく調和させるからである（デーヴィス 1990: 70）。ノスタルジアは主観的な認知・感情のセットであるとともに、現状によって生じた過去を利用したものである。したがって、過去の真実が一体どのようであるかというのは、ノスタルジアの記憶者にとって、重要ではない。記憶者の主観的な感情・認知が、いかにその過去を記憶したり解釈したりして、自分の現時点での立場に意義を付与するかということこそが、ノスタルジアを理解す

抗して記憶を保存する効果は、決して看過されてはならないものである。それ故に、このような日本植民地時代に対する記憶の美化を「奴隷化」や「植民地の心理状態」であると見なすことは不適当である。

「台湾意識」のめばえおよびそれに包含された「日本」イメージ

1950 年代以降、日本植民地時代の歴史が政治的に抑圧されると同時に、「国語運動」の実施で先行世代の台湾人が言葉を失うとともに、自分のために発言する能力も失ってしまった（第2章第2節参照）。1970 年代、国民党の完全な支配（total control）体制が緩くなり始めた際、国語で発言できる戦後世代に国民党に抵抗する勢力が現れた。かくして、第2章で述べたように、1970 年代の「郷土論戦」以後、国民党によってつくられた集合的記憶に対して、日本植民地時代に関する集合的記憶には、台湾人の先行世代の実践や経験に基づいて形成された記憶や「内集団の同質性」とは異なった新しい意義が生じた。すなわち「台湾」が中国と異なる起源、あるいは一種の「抵抗の共同体」の起源となるという意義である。この「台湾意識」（台湾的アイデンティティ）を中心とする集合的記憶のエージェントは、実際に日本植民地時代を経験した台湾人先行世代とともに [112]、日本植民地時代に関する身体の実践の記憶を継いだり、中国

る上で重要だとデーヴィスは提示している（デーヴィス 1990: 24）。
　　しかし、デーヴィス（1990）も B. Schwartz（1982）も言及したように、歴史的客観性の記憶に対する制限に注意するべきである。つまり、ノスタルジアは過去を忘却や美化、解釈する可能性があるが、一度も存在したことがない人や場面、あるいは何の根拠もない事実を捏造することはあり得ないのである。これは Schwartz（1982）が提出した記憶の客観性に類似している。例えば、新井淑子（1998）の調査研究で、日本植民地時代の台湾籍女性教師は当時の光景を思い出して、日本人からの差別や、日本人が台湾人よりも6割増の給料を支給されていた、という不公平な待遇に対して不満を感じている。また、小説家の鍾肇政や張文環は、日本植民地時代を回想した時、依然として日本人の台湾人に対する差別やいじめに言及している。同様な例証は次の文献を参考にされたい。黄富三・陳俐甫編（1995）『近現代台湾口述歴史』。また、第2節で述べたように、戦後以来、日本植民地時代の記憶に対する美化は、大部分が国民党政府との比較によって起こったことは再び確認されてよい。

112　もちろん、日本植民地時代を経験した台湾人の先行世代は皆が、必ずしもそのために「日本」を一種の台湾の起源と考えるわけではない。この世代にも、政府の史観を受け入れる者もいるし、「日本」に好意を抱きながら国民党やその史観の正当性を受け入れる者もいる。本文のここで述べた台湾人先行世代は、政府の史観や集合的記憶に対抗意識を抱く者を指す。

との区別意識を抱いたりする戦後世代を含むのである。

　1980年代以降、「台湾意識」は、国民党に対抗する政治運動と手を携えて成長してきた。国民党の抑圧と集合的記憶に直面した時、対抗者はもう一つの内集団を形成して、「国民党＝外」に対抗しなければならない。それ故に、国民党の「中国が中心、台湾が従属」という軸とは異なる集合的記憶や象徴体系を構築することは、重要な課題になった。これも一種の象徴権力をめぐる闘争だと言える。国民党が国家の政治的権力を後ろ盾として構築した集合的記憶は長い間、公的領域で強大な象徴権力と正統性を持っていた。ところが、1980年代以降、その国家権力が衰退し始めた時に、長期にわたって抑圧されて文化資本も象徴資本も全く持たず、あるいはより正確に言えば、マイナスの象徴資本を持っていた台湾本位の集合的記憶は、抹消されることに抵抗するという消極的な態度から抜け出し、起源と歴史の連続性という意義を含んだ集合的記憶の再構築に努力し、国民党政府から象徴権力と正当性を奪い取ることを試みた。なぜなら、アルヴァックス（1989）が述べたように、集合的記憶は個人の記憶を補充して意義を提供する参考的スキーマ、および歴史的連続性の基盤だからである。起源の神話は集団の帰属や過去を提出して、集団の存在に一つの自明な象徴的意義を提供したり、集団の社会に対する知覚カテゴリーや準拠図式の正当性を保証するものなのである。そこで、集合的記憶の物語体系によって、「我々」の形成と結束に関する社会的連続性の問題が説明されるし、この集合的記憶を共有する内集団も抽出され、共有しない他者が排除されていく。集合的記憶は社会にとって、このようなアイデンティティとその統合を代表する自明で象徴的な神聖性を持っている[113]。1980年代以降、台湾人が自身の国家・民族の意識を構築した際、「我々＝台湾」と「他者＝国民党／中国」という区分に基づいて、さらに「我々」のアイデンティティを確立するために、独自の起源を見つけ出さなければならなかった。

　一社会や集団は、歴史的事件を利用して、歴史的連続性を作り出したが、そ

---

[113]　記憶や集合的記憶とは、「我々」のアイデンティティ意識の中心をなすものである（石田雄 2000）。そして、集合的記憶によって、この集合的記憶を共有する内集団と共有しない他者が区分けされる。国家が組織的かつ大規模に記憶と忘却の選択を操る理由は、このような構造的な記憶と忘却は、集合的記憶の本質が集団に対するアイデンティティとそれの統合だということを露呈しているのである。

の歴史的事件、あるいは歴史的事件のイメージは、「現在」のために過去からそのまま移行してきたのではなく、歴史の変遷によって抽出され、解釈されたり再構成されたりして、現時点の需要に合わせた、過去の再構成である。Schwartz（1997）がアルヴァックスの理論に基づいて検討した、アメリカ史におけるリンカーンのイメージの変化は、その例である。台湾における「日本」イメージも類似した経緯といえる。それは終戦直後の「(旧)植民地支配者」から「対抗の武器」に転換し、さらに一種の起源の意義を形成していったのである。

　しかし、デーヴィス（1979=1990）が著作『ノスタルジアの社会学』で提出した疑問、すなわち集合的ノスタルジアでは、なぜ他の事象ではなくて、「これだ」という事象を選んで一つの象徴的媒介とさせたかという問題は重要である。さらに、この選択に介入した複雑な社会的過程が、ある集合的記憶をいかに構築するかというのも見過ごせない問題である。台湾の場合では、なぜ「日本」のイメージにこそ、このような変化があるのか、このイメージをめぐる集合的記憶はいかに形成され、さらに美化されるのかということであり、その点について次に検討したい。

　まず、前節で言及したように、228事件前後、同様に漢民族文化を背景とする台湾社会で、外省人が欠いている日本植民地時代の経験や国民党の敵であるという「日本」は、台湾人にとって国民党政府に抵抗する武器となる象徴的意義を持ち、外省人と本省人を区別する作用を持つようになった。つまり、一種の「他者＝外」と「我々＝内」の境界を規定する作用である。この作用の過程は、デーヴィスが提出した「象徴的媒介の選択」という質問への解答の一つとなるだろう。それに、長い間、国民党政府に抵抗して残ったり伝承されたりした、身体化された「日本」、およびその「日本」に関する「記憶の場」は、さらにこの区別の象徴、いわゆる「台湾意識」の確立に、確実な基礎を与えた。

　かくして「台湾意識」を立ち上げた者は、蕭阿勤（2000）の研究で述べられているように、一方では台湾島を中心にして、島における住民の歴史を各原住民の大昔の神話や伝説にまで遡ったり、他方では16世紀前後に台湾に移住してきた台湾の漢民族のために、同じ漢民族である「他者」と区分する根拠を尋ねることを試みてきた。日本植民地時代の経験は、国民党政府にその集合的記憶の事実から離れるモノと見なされたので、かえって「脱中国化」という象徴

的意義を付与された。そこで、「台湾意識」の確立者は日本植民地時代が台湾にもたらした中国の歴史と区別するという独自性によって、台湾を主軸にする集合的記憶を構築してきた。つまり、1980年代以降、台湾の集合的記憶の時間の軸を、「台湾が有史以来、特に日本植民地時代の1920年代以来」と定めているのである（蕭阿勤 2000: 122）。したがって、「日本」は戦後の台湾では、国民党に抵抗する作用以外に、さらに1946年前後に生じた、外省人と台湾人を弁別する作用へと拡大され、中国とは異なる一種の台湾の特有かつ独自の起源と見なされている[114]。これは、1980年代以降、台湾人を中心として形成された集合的記憶が有しているもう一つの「日本」イメージである。ちなみに、「起源」が持つ神話的特質、および「我々」の代表という意義は、「台湾意識」の中で「日本」が美化された理由の一つである。

　2000年末、現在指向のノスタルジアによって導かれた日本植民地時代に関

---

[114] 1970年代以前の（公的領域で）台湾文学と知識人の集合的記憶は、中華民族の百年の歴史を時間軸とした中国ナショナリズムである。すなわち国民党によって構成された外省人中心の集合的記憶だ、と蕭阿勤（2000）は「郷土文学論戦」前後の集合的記憶の変化に関する研究で指摘している。1970年代の「郷土論戦」以後、一種の中華民族を中心とする「郷土の文学」や文化的集合的記憶の物語体系が出現し始めたが、その時間軸がすでに日本植民地時代を扱っている。つまり、この時期の文学や物語体系は日本植民地時代の抗日反日運動からも発展していたが、台湾は依然として中国ナショナリズムの一部として定義されていた。1980年代以降、台湾ナショナリズムの物語体系が初めて現れ、脱中国化と台湾の独自な特質を強調している。「つまり、日本植民地時代以来の台湾人の現代文学の発展は、一つの独特な『本土化』した歴史性や文学的特質を備えた伝統だと解釈され、この伝統は五四運動以来の中国（民族的）文学の発展とはほとんど、あるいは全く関連がないと考えられている」（蕭阿勤 2000: 114）。
　　1980年代以降、台湾文学と反国民党の勢力が提唱した「台湾意識」は、国民党政府と台湾人が持っている各自の感情を整理して区分けすることに努力してきたので、すでに台湾のナショナリズムという政治的主張を備えている、と蕭阿勤（2000）は強調している。台湾文学と台湾の民族的アイデンティティの形成過程の中で、これらの戦後世代を含んだ作家、文学評論家は、一方では台湾文学の源を数千年前の先住民の神話、伝説、歌謡に遡り、多くの民族集団の源を持つ文学伝統に発展させ、他方では台湾現代文学の発展を、独特な台湾の民族的／国家的アイデンティティを確認したり、尋ねたりする過程と解釈している。このような意義化や象徴化した文学的表現を利用して特定の集合的記憶と結び、台湾人のアイデンティティにとって必要な象徴資本を構築していった。これも一種の集合的アイデンティティと集合的記憶を相互に構築し合う表現だといえる。また、王甫昌（2003）は民族集団の視点によって、1945年以来の、台湾内部の民族主義、民族の起源や想像の変化や生成を論じている。

第3節 │ 二つの集合的記憶の闘争、および日本に関する記憶の変容 *247*

する記憶の美化は、小林よしのりの『台湾論』によって台湾で引き起こされた論争[115]で、中国本位の集合的記憶のエージェントによって猛烈に非難された。しかし、この論争の中心は、事実上、すでに日本植民地時代の経験や史実から離れ、しかも『台湾論』自身さえからも離れた、一種の歴史の解釈権の奪い合いであった。つまり、日本植民地時代の歴史を通じて、「台湾」を顕在化させることを目指す闘争、あるいは、前述した二種類の日本に対する異なる記憶の体系の闘争である。この論争が「日本」あるいは「日本植民地時代」に付加した意義は、228事件以来の中国－台湾を区別する象徴を継承することであり、さらに、1970年代以来の「台湾意識」の起源でもあるということをさらに明らかにしている。

　ちなみに、戦後以来、先行世代の台湾人が隠し持っていながら次第に顕在化した「日本」イメージは、実践や経験に基づいて形成された「実像」から、国民党への抵抗意識を含むイメージに変化していった。つまり、このイメージは、最初のハビトゥスに基づいた実践性を依然として保っているが、時空の変化によって次第に虚像化していった。他方、1970年代以降に現れた「日本」イメージは、たとえ親や祖父母世代から引き受けた身体の実践の記憶を含めるとしても、実体としての日本社会に基づく経験や実践を持たない。つまり、反日にせよ、親日にせよ、その「日本」イメージは一つの象徴的意義を含む「虚像」でしかなく、もはや実体の日本国という国家を指すのではないのである。

115　この論争では、一方では同書の回答者の日本植民地時代に対する経験の美化、および慰安婦に対する不当な言論について、抗議が行れた。他方では、同書で「台湾が中国と異なる独立国」であるとされ、国民党の統治を批判しているために、支持の意が表明された。論争発生の前に、『台湾論』の発行部数は5000部でしかなかった。しかし、論争が発生した後、外省人を中心とする記憶の継承者が同書を焼き払い、購入拒否運動を行うと、反対側は『台湾論』の販売を支援する活動を開始し、慈善バザーを行って収入の全部を寄付したりもした。結局、同書の売れ高は約13万部に達した。台湾の読書人口が日本の7分の1、人口が日本の6分の1であることを考慮すれば、この売上は日本では100万部以上の量に相当するのである（小林よしのり・金美齢 2001: 25）。
　　「台湾論」論争の経過に関しては、次の文献やホームページを参考されたい。小林よしのり・金美齢（2001）、中國時報の「台灣論」論争に関連するホームページ、『『台灣論』論争的大事紀』http://forums.chinatimes.com.tw/special/Taiwan_women/main.htm、および「台湾論風暴　大事紀」：http://www.taiwan543.com/book/b1/history.html。

外省人の「台湾意識」に対する反動

　「台湾意識」が成長するとともに、国民党政府が構築した集合的記憶は1990年代にその唯一性を失った[116]。しかし、「外からの圧力によって『記憶の共同体』が崩壊させられたという記憶は、それへの反動として『記憶の共同体』を再建しようとする動きをも生み出す」（石田雄 2000: 248）。もちろん、このような反動は本節の初めで言及した歴史の連続感とアイデンティティの起源という問題を考慮に入れなければならない。中国中心の集合的記憶を信奉する人、特に外省人にとって、台湾中心の集合的記憶の台頭は、台湾が1945年以来作り上げた「中国」との歴史関係や集合的記憶を断ち切る試みに等しい。この歴史や集合的記憶は、戦後以来台湾に移住して来た外省人によって、台湾に在留する自らの正当性や台湾における優越性の根拠だと思われているし、その再生産されたハビトゥスを継承した外省人戦後世代のアイデンティティの起源でもある。したがって、中国本位の集合的記憶がいったん「唯一である」優越的な地位を失い、多くの集合的記憶の中における一つでしかなくなると、この集合的記憶にアイデンティファイする外省人は自らが否定される焦燥感を感じるようになった。それ故に、多くの外省人は1970年代以来形成してきた、台湾を中心とする集合的記憶に参与することなど考えもせず、かえって自らが信奉した集合的記憶の唯一性と正当性を回復しようと計るのである（楊翠 2003: 164-299、王甫昌 2001, 2003、高孕格 2004）。

二つの集合的記憶の相互浸透

　ここまで、現在の台湾において、民族集団の葛藤を含んで闘争してきた二つの集合的記憶とその形成を論じてきた。その闘争の中で、「日本」は各自の立場や歴史的連続性を確立するために、異なる象徴的意味を込められるようになった。ここまで、国民党政府が全力で「中国化」と「脱日本化」を施行し、国

116　石田雄によれば、「記憶の共同体」は「想像の共同体」と同じように作り出されたものであると同時に、「国民意識」に支えられて国民に同調を強いる力を持つものである。しかし、それは閉鎖的、排他的に作られたものであるから、外から異なった記憶によって問い直される可能性があり、また内において記憶の多様性が意識されることによって崩壊させられる。したがって一度「記憶の共同体」が成立しても、例えば敗戦や民主化という衝撃によって崩壊させられることがある（石田雄 2000: 248）。

第3節 二つの集合的記憶の闘争、および日本に関する記憶の変容 *249*

家の強大な権力を通じて外省人の集合的記憶によって台湾人の集合的記憶に取って代わろうとした際に、台湾人の先行世代がいかにして自分のハビトゥスや実践を保留したり伝承しようとしたかを検討してきた。しかし、国民党の内なる強制力を持つ教育を受けた戦後世代にとって、二つの対立した集合的記憶は、完全に分離して浸透し合わないということではない。この二つの集合的記憶がいかに戦後世代の体内で闘争し、その一つを選択する、あるいは選択しないか、という点を考慮しなければ、台湾における「日本」に対する態度を理解することはできない。

個人は大きい社会で生まれると、所在する大きい社会と断ち切ってただ自らのありかの小集団で生活しない限り——例えば早期の台湾にける眷村[117]のように——大きい社会とその構成員との間にインターアクションが生じることは免れえない。台湾という日常生活が行われている場所を大きい社会とすれば、このようなインターアクションや大きい社会の構造は、個人に内在化してその人のハビトゥスを形成し、この社会や集団が備えた規範、慣習、言葉を自明視する自然な態度を個人に取らせ、実践や間主観性という理解の基礎を構築する（シュッツ 1991: 72-73）。たとえ社会の構成員が同時に様々な小さい集団に属するとしても、このような自明な実践の感覚によって得られた同質性は、この社会の構成員が所属する社会を認識する確実な基礎であり、よそ者が獲得しにくいモノでもある。これは集団の客観的構造と呼べるものである。

ところが、一つの社会の共同体は、主観的な部分と客観的な部分とに分けて理解するべきであり、客観的な基礎と主観的なアイデンティティは、必ずしも一体化しているわけではない。共通の実践感覚を基礎とすれば、一つの共同体であることの共感を形成しやすいが、主観的に同一の共同体に対してアイデンティティを生むという必然性は保証されないのである——たとえ主観的な社会認識がハビトゥスの形成や変動の要因であるとしても。逆に、たとえ社会の構成員が主観的に所属する社会を一つの共同体だと認めることを拒否するとしても、この社会の共同体は実際には依然としてその個人に刷り込まれていく。そ

117　国民党政府は台湾に入ると、連れてきた外省人の軍人に寮を提供し集中して住まわせていた。そこに住んでいる外省人は、台湾人とのインターアクションが少なかった。それらの集中住宅区は「眷村」と呼ばれた。

れ故に、たとえ主観的な意識では異なるアイデンティティの対象を持っている
としても、実践感覚については、身をおく社会の構成員と類似の基盤を有して
いるのである。前節でも述べたが、シュッツ（1991）は意味システムの分有や
共通の準拠図式を、「共属」の感情と共に、集団の主観的意味に分類している。
これは、終戦直後の台湾にとって説得力ある概念であった[118]。しかし、戦後の
台湾では、政府が国家権力を背景にしつつ、いま一つの「自明の理」と主観的
アイデンティティを構築してきたが、この権力の作用はシュッツが十分に考慮
していない点であろう。

　主観的なアイデンティティは所在した社会の社会的準拠図式と、必ずしも一
致してはいないのである。台湾には、主観的に台湾社会の共同体を認めようと
しない、すなわち、台湾の集合的記憶や文化的実践を受け入れようともしなか
った、外省人を両親に持つ生粋の外省人（外省人二世、三世）がいる。彼／彼
女らは、台湾社会で暮らして、台湾人とインターアクションで理解し合えてい
た。たとえ彼らの社会的準拠図式が国家権力を後ろ盾としていたとしても、彼
／彼女らが台湾社会で暮らし、台湾人とのインターアクションで理解し合って
いく中で、自分たちのハビトゥスや準拠図式を変動せずに、台湾人側のみが社
会的準拠図式を彼らに合わせて変更したというわけではない。仮にブルデュ
ー（2002: 159）の実践公式（【（ハビトゥス）（資本）＋フィールド】＝実践）によっ
て考えれば、実践は必ずありかのフィールドとインターアクションを発生する
のである。したがって、1945年に接収政府が台湾にやって来た時、主観的に
台湾を否定し、自らの変化を一切拒否するということも、短期間ということで
あれば、ハビトゥスがすでに生成した個人にはあり得るだろう。しかし、ハビ
トゥスがまだ形成中の戦後世代にとって、社会の客観的環境をそのハビトゥス
の形成過程から完全に隔絶すること、いわゆる台湾人社会と外省人社会のイン
ターアクションを全く隔絶することは困難である。台湾人の戦後世代のハビト
ゥスは、国民党が構築した史観や教育を受けると同時に、再生産の次元で「日
本」に関する身体の実践の記憶を獲得した。これらの身体の実践は日常生活の
社会フィールドにも現れている。純粋な外省人の戦後世代も日本の痕跡が残っ

---

[118]　客観的な基礎と主観的なアイデンティティの分立と矛盾は、第3章第1節と第2節の
　　　例証を参照。

ている社会空間におり、ハビトゥスに日本の痕跡を保有している台湾人とインターアクションする状況の下で、確実にこのような社会的痕跡や実践感覚の浸潤を受けていった。外省人と本省人が結婚した家庭はさらにいうまでもない。それと同時に、いったん両者のコミュニケーションに軋轢が生じても、一定程度に「自明性」が成立すれば、この社会に所属しない者には理解されにくい、一種の共通の社会的準拠図式がそれにつれて形成されるのである。

　かくして、アルヴァックス（1989）は記憶の想起が集団や周りの物質によると述べたように、第2章で言及したアンダーグラウンドの存在である日本大衆文化は、一種の日本に関する過去の痕跡、いわゆる「記憶の場」[119]を与えたり想起させたりするものであり、国民党に対抗して、台湾の植民地期の記憶や経験、および再生産されて刷り込まれた日本的実践や日本（文化）に対する親近感を保有させるなどの作用を持ったのである[120]。このように、「日本」は身体の実践の記憶、およびハビトゥスの再生産という次元で、台湾社会に保存されてきた。そこで、台湾社会はもともと文化的近似性を備える日本文化に対して、いっそう親近感と文化的近似性を抱いている。このような日常生活の環境に暮らしているのは、台湾人だけではない。外省人も多かれ少なかれ、台湾社会で暮らして台湾人とインターアクションをすれば、その「日本」の痕跡と出合う機会があるであろう。

　例えば、父方が外省人の回答者Sは、小学4年生の時から本省人の母親に日本語を習わせられてきた。また、同じ父方が外省人の回答者Tは、日本大衆文化に能動的にアクセスする意欲はないが、友達の紹介によって日本ドラマを見たり漫画を読んだりしたこともある。母方が外省人の回答者Rは、自分の母方の叔母は純粋な外省人であるが、その一人が簡単な台湾語がわかり、もう一人

119　つまり、「記憶の場の根本的な存在理由は、最小限のしるしのなかに最大限の意味を込めるために、時間を止め、忘却の働きを妨げ、物事の状態を定め、死を不死にし、そして形のないものを具体化することにある」（ノラ 1984=2002: 49）。

120　デーヴィス（1990: 182）はアルヴァックスと同様な意見を述べている。つまり、ある時代を代表する重要な共通の文化的準拠点は、一種のノスタルジックなイメージの再生利用によって出現し、この文化的準拠点に結びつける集合的記憶を形成させる場面を提供する。台湾では「混血歌」や台湾語歌曲、1970年代以降の中高年齢者による日本番組のレンタルビデオ、1980年代における円盤状アンテナを架設して日本の番組を視聴することなどは、その作用を持っているのである。

が台湾語レッスンを受けたと報告している。したがって、外省人の戦後世代、あるいは国民党が構築した国家の歴史や集合的記憶を受け入れた台湾人の戦後世代は、たとえ主観的に反日感情を抱くとしても、その身体の刷り込みや社会的準拠図式が、日本文化に対して親近性を感じさせるものとなっている。同時に、前述した二種の集合的記憶は、同じようにインターアクションを通じて相互に浸透している。そこで、国民党が構築した歴史や集合的記憶はいうまでもなく、外省人に占有されるものではなく、台湾人にとって抵抗の武器や起源とされた「日本」イメージや好意も、必ずしも台湾人の分野にとどまるだけのものではないのである。

戦後世代における意識変化の可能性

　しかし、ここには、もう一つの論点が現れている。ブルデューによれば、ハビトゥスはいったん生成されると、安定して変動しにくい傾向がある[121]。たとえブルデューがハビトゥスは絶えず「構造化する構造」だと強調しているとしても、ハビトゥスが形成された後に「時間の推移の中での実践の恒久性を保とうとする傾向を持っている」(1988: 86) という論点は、ハビトゥス自体の変動の可能性を低め、ハビトゥスの「構造化する構造」という傾向を「構造化された構造」より小さく見積もらせ、行為者 (agent) の主体性を弱めてしまう。ブルデューが戦略の選択や使用で、変動の可能性と主体性の可能性を示しているとしても、その戦略もハビトゥスの制限を受けることを認めている。こうして、この理論は行為者が社会的危機に適応し調整するという問題に対して、ある程度の限界を持っているのである（ハーカー 1993、クロスリー 2003）。こうした視点を踏まえて台湾人の戦後世代の「日本」イメージの変化について論じれば、台湾人の戦後世代は長期にわたり国民党政府が作り上げた集合的記憶に従う教育を受け、たとえ身体化された実践やハビトゥスを受け入れたとしても、記憶や知識について先行世代と相当なずれがある。この状況下、国民党の統治が緩くなり、特に戒厳令が解除された後に、彼らが長期間に抑圧された史実や、

121　この点に関して、シュッツは社会的準拠図式を論じる時には明白に言っていないが、「よそ者」という論文（シュッツ 1991: 133-152）で、移民が日常の実践で既有した社会的準拠図式を変えて新しい社会的準拠図式で思考しようと努力する困難な状況に言及している。

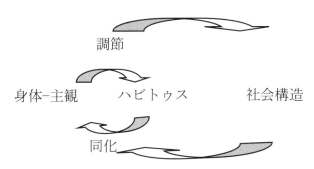

図3-1　N.クロスリーによって修正された社会的循環（クロスリー 2003: 337）

ようやく口に出せた台湾人の記憶に触れることができるようになったとしても、すでにハビトゥスに刷り込まれた国民党政府の集合的記憶や民族の起源が転覆するような変化が生じることは不可能ではないだろうか。

　換言すれば、変動とは、ブルデューが述べた「ハビトゥス－社会構造」という社会的循環を断絶することを意味するが、ブルデューの論述ではこの変動を解釈し難いとクロスリーは考えている（2003: 319-339）[122]。したがって、N.クロスリーはJ.ピアジェとM.メルロ=ポンティの論点を採用して、ブルデューが「ハビトゥス－社会構造」という再生産の「社会的循環」に示した「ハビトゥス」の端に、主観、調節、同化などの作用を加え、ブルデューのハビトゥス観により「力動性」を与え、ハビトゥスと構造との循環を突き崩そうとしている（図3-1参照）。

　クロスリーの修正によって、主体自身の主観的意識は、社会構造が個人に対する刷り込みに対する同化や調節の作用も織り込むことができる。これも前文で言及した主観性の作用である。R.ハーカーら（1993: 135-138）もブルデューの再生産のモデルに、種々異なる歴史的環境に対する知覚の崩壊と新しい一連の原理への再焦点化という概念を加えて、ハビトゥスと実践（の再生産）が変化する可能性を示唆している。また、日常生活においてこのように獲得された

---

[122]　クロスリー（2003）は、行為者はハビトゥスが形成する前にすでに行為能力、あるいは主体性を持っていると考えている。このハビトゥスの最初の形成過程は、ブルデューが言及していない部分である。この主体性が存在しているからこそ、行為者は自分がおかれている状況の制御を行う方法として、性向や認知図式を形成している動的で身体的なシステムを構築するとクロスリーは指摘している。

知識の体系は、実際に整合性がなく、一貫性に欠け、部分的にしか明晰ではない（シュッツ 1991: 137）し、異質な、さらに支配的ハビトゥスに対抗する様々な集団も存在している（宮島喬 1994: 219-306）。行為者が所属している集団や社会間の差異、あるいは社会内部の多様性は、ハビトゥスや社会的準拠図式の内部に非一貫性という矛盾を存在させている。このようなハビトゥスの内部に存在している矛盾は、ハビトゥスに調整や変化をさせる可能性を提供するものでもある。普通の状況では、ハビトゥスや社会的準拠図式は一種の無意識的な反応なので、これらの矛盾は常に半自動的な行為の中で見落とされている。しかるに、いったんこれらの矛盾が外在的ないし内在的な刺激によって意識されれば、主観的に解決や変化を求める可能性が生じるのである。

　以上に述べた論点によって議論を進めれば、台湾の日本植民地時代や228事件などの覆い隠された歴史がようやく言及され、今まで文化のメディアを独占してきた政府の歴史や集合的記憶に疑義が呈される時、政府の集合的記憶を受けて成長してきた世代も、自らを変化させる可能性を持つ。もちろん、先行世代から受け入れて再生産された身体の実践の記憶と暮らしてきた「台湾」という「場」との相応しさも、戦後世代が主観的に新しい集合的記憶を受け入れることを後押ししたといえる。しかし、国民党政府の史観や集合的記憶から受けた影響、およびその後の変化の程度は、当人が占めた社会的位置や社会から受け入れた刷り込みによって、ある程度の相違がある。

　また、ブルデューの実践公式が指摘したように、ハビトゥスは一定のフィールドで作用しなければ、実践を生じさせることができない。もし台湾社会を一つのフィールドと定めれば、長期間にわたって国民党政府の教育システムが刷り込んできた歴史は、このフィールドから離脱して台湾の実践からずれたものである。したがって、台湾というフィールドには、この政府に構成された集合的記憶を補充したり喚起したりする痕跡が欠如している。この起源となる集合的記憶や民族に関する想像はすべて一つの「不在」という「虚像」だといえる。逆に、身体の記憶の出所である台湾独自の文化、歴史や言語は、台湾の社会や文化のフィールドで文化資本も象徴資本も持たないので、長期間多くの台湾戦後世代に放置されてきた。1990年代の末に至ると、「台湾」はようやく恋愛小説などの台湾大衆文化の中に現れ始めた。つまり、長期間にわたり、「台湾」は「存在」しているが、「不在」でもあったので、その住民が身をおいている

土地に応じた集合的記憶を発展する環境や基礎を提供することができなかった。これは第2章で言及した、楊翠（2003）が指摘した台湾の「根無しの性格」というものである。

　先に述べたように、一つの共同体にとって、集合的記憶はそれを結束する起源である。たとえその中に多様性や矛盾を持っているとしても、最終的には一つの国家／社会共同体の歴史的記憶の下に帰結しているのである。しかし、台湾社会には二つの対立した共同体の歴史的記憶がある。さらに、長期間にわたり支配的地位を占有した中国本位の集合的記憶が完全な統制力を失って以降、この二つ集合的記憶の闘争はさらに表面化してきた。中国中心の集合的記憶はありかの社会からずれたモノで、戦後世代に刷り込まれる過程の中で、その記憶と対立した身体の実践の記憶に絶えず抵触している。換言すれば、その刷り込みは生活の実践によって形成した「実像」に基づくのではなく、一種の「虚像」の刷り込みと言える。しかし、それと同時に、この「虚像」である集合的記憶は、40年間以上強大な象徴的権力を持っていた。これと対抗してきた台湾本位の集合的記憶は、長期間にわたり中国本位の集合的記憶にさらされ、しかも現在の中国に脅される状況下で、普遍的な信仰力、あるいは象徴資本をまだつくり上げることができないのである。

戦後世代に内在する二つの集合的記憶の並存と闘争

　例えば、回答者Hは「小さい頃、学校の教材にはいつも日本が私たち（＝中国）に対して、どのような悪いことをしたか、ということが記載されていた」ということを思い出した際に、次のように報告している。「あれは私たちとは関係ないことでしょう。木村拓哉と唐澤寿明が『君を忘れない』という映画を演じたことがあるでしょう。私の同僚は、（その映画を観ると）あの時は自殺飛行機（神風特別攻撃隊を指す）があるじゃないかと言った。彼女は、彼ら（映画の主人公たち）が自殺飛行機に乗って中国を攻撃しにいく時には、……もし彼らが死んだら、私たちはどちらのために泣くのかと冗談で言った。たぶん木村拓哉や唐澤寿明が自殺飛行機で死んだことのために泣くはずで、私たちのところが爆撃されるためではないね。あのような感じには、全く自分の好きなアイドルに傾いて、国家意識がちっとも存在していなかった。もし今私の家が爆撃されたら、苦しいと思うだろう。しかし、別のところなら、私は構わない。

（Q：『爆撃されたのが中国なら、どうでも構わないか。』）どうでも構わない。（『もし台北が被爆されれば。』）それなら駄目です。私の暮らすところだから」。

　このインタビューによれば、教育システムから受けた外省人本位の集合的記憶は、回答者Hに中国を言及した際には、「私たち」と呼ばせた。しかし、回答者Hはこの「私たち＝虚像」が日本に爆撃されても構わないと思いながら、自分が住んでいる「台北＝私たち＝実体」が爆撃されるのは、いけないことだと表している。回答者Hの「私たち」の定義についての混交は、二つの集合的記憶の闘争の結果だといえる。このような混交はブルデュー（2002a）がいう国家権力によって形成される歴史化された記憶の内的な強制力だからである。記憶はいったん刷り込まれて一種の内的な強制力を形成すれば、たとえ行為者は、その後に、またもう一つの集合的記憶や史観を受け入れるとしても、最初の強制力が根絶されるのではなく、新しい記憶と内的に闘争したり混交を形成したりするのかもしれない。

　似たような結果は回答者Qのインタビューの内容でも明らかに示されている。回答者Qは台湾が日本に植民地支配されたことについて、「よくないことだと思わない」[123]し、「私は（日本が）どうやら別の民族だと思わない」。しかも、この回答者はアメリカ人になりたいとは思わないし、絶対に中国人になりたくないと表している。彼女がなりたいのは「心理的には台湾人である日本人」である。けれども、この回答者はある日本のアイドルグループが「中華民国の建国記念日式典」に出演することを知った時には、「私はそれがまるで私たちの建国記念日が侮辱されたと感じる」と反応している。この回答はまさに政府の史観である「日本＝民族の敵」の図式を反映しているのである。

　ちなみに、前述した回答者HとFが「台湾の植民地史」について聞かれた時、「南京大虐殺」のことを答えたことも、このような二つの集合的記憶が闘争して現れた混交だといえるだろう。

123　なぜなら、「植民地期に、日本は台湾でたくさんの近代的建築物をつくったと聞いている」からである。回答者Qはさらに日本に引っ越して住みたいと言い、「台湾が沖縄のように日本に属すればよかったと思う」とまで述べている。

歴史的連続性の断裂の発生と日本への好感

　このような二つ集合的記憶の闘争は、互いの記憶を曖昧化させ、どちらの側も一つの共同体の起源信仰を支えることが困難になる。この状況の下で、反日にも親日にも、ある歴史的な曖昧さが生じる。つまり、二つ記憶の闘争は、台湾新世代が持っている歴史に対する曖昧さの原因であるかもしれない。元来、国家の歴史的記憶や大きい集団の集合的記憶は、個人のありかの集団との間にかなり大きい距離があり、個人の関心の焦点となるとは限らない。外部からの刺激がない状況下では、個人の体内に存在している集合的記憶が、これらの対立闘争という形で想起して感じ取られるチャンスはさらに低くなるのである。また、起源と歴史の連続感は生成してから、絶えず思考されたり想起されたりするわけではなく、むしろ自明な形で行為者の中に無意識に存在しているのである。それ故に、曖昧な起源や断続的な共同体の歴史観は、現時点の日常生活に障害をもたらすものではないし、行為者にこの内的な矛盾を統合させることも推し進めさせることもない。そこで、歴史や過去は、現時点の重要さの前に簡単に埋没していくのである。

　例えば回答者Kは、彼が政府の歴史的記憶を知った時には、「もう日本のものに夢中にならないと思っていた」が、「（あれらの歴史事件はすべてが）もうずいぶん前に過ぎ去っていったことでしょう」と報告している[124]。また、かつて台湾が日本に植民地化されたことによる「日本」イメージに対する影響について聞かれた時に、「何の影響もない。ちょっと日本人が私たち台湾人をいじめたことを恨むかな」と表現している。

　また、前に言及したように、回答者HとFも、「南京大虐殺」や台湾の植民地化について、すべて「過去のこと」で、現在とは関係がないと述べている。しかも、「今の日本が今の日本」なので、「たとえ私が昔のあの時期の歴史にとても反感を持って、日本人をとても残忍だと感じたとしても、それはもう現在

124　「日本人が非常に荒々しいと感じて、もう日本のものに夢中にならないと思った。しかし、やはり時代背景によると思う。私は現代人で、（あれらの歴史的事件はすべてが）もうずいぶん前に去っていったことでしょう。もし私があの時に生きていたとすれば、多分私も自分の子孫に、このように言うだろう。しかし、（歴史的事件は）どういっても私に起きたのではないから、そんなに強烈な感じもない。現在はすべてが良好だと思える」と報告している。

とは関わっていない。……日本の昔の行為による現在（私の日本に対する見方）への影響について、私は影響していないと思う。……だって、あれらのことは全部昔の人々が行ったことだから。そして、現在の人は現在の人で、現在のことは現在のことだ」と回答者Fは報告している。類似する回答も、他の回答者のインタビューで現れる[125]。さらに、外省人である回答者Sの父も同様の考えを抱いている。回答者Sの祖父は中日戦争のために「日本を恨んでいる」。しかし回答者Sの父親は祖父と論争する時には次のように表現している。「あれらはもう昔のことだ。今の日本については、彼らの製品を私たちが使う。彼らのものは台湾より良くできているから、私たちもそれを承認するべきだ」。

　日本大衆文化を好きになると、それまでの見方をかえて「日本」に好意を抱くようになるケースもある。例えば回答者Nは、「子供の時には南京大虐殺を教わって、日本人がどうしてこんなに悪いのかと感じた。しかし、日本のものが好きになってから、彼らの文化や物などは、やはり学べるところがあると思うね。だから彼らの昔の（行為）には、そんなに……（気にしない）。（つまり、私は）日本贔屓になった。しかも、あれはもうとても昔のことだからね」と述べている。

　最初から日本に好感を抱くかどうかにかかわらず、回答者たちはすべて過去のことはもう過去であり、言い争う必要がないと思っている。なぜなら、戦争に対するそんなに強烈な感覚がないからである。台湾の戦後世代、特にその集合的記憶と異なる身体化された記憶を持っている台湾人の戦後世代にとって、受け入れたのは「実像」としての記憶ではないので、つまり、この生活している土地では、日本軍に抵抗する記憶を想起させる痕跡などの実際的な「記憶の場」が存在していないので、政府の歴史的連続性を「虚像」と思うようになる。他方、日本植民地時代の経験の抑圧によって、たとえ植民期の経験が依然として身体の実践で残っていたとしても、少なくとも1990年代までには、一つの連続した論述や内なる強制力を持つ史観を形成していなかった。以上のインタビューによれば、台湾戦後世代の意識の中で、「過去」と「現在」が二つの

125　例えば回答者ⅠとMも次のように表している。「昔のことはもう歴史の問題でしょう」、「出来事は過去のものにならせてもいいじゃない。どうしてずっと恨みを抱いているのか」。

分断した時間と見なされ、双方間における連続的な関係には関心を持たないのである[126]。

　このように、歴史的連続性の断裂は、過去のことである反日感情の希薄化を促して、身体の記憶が台湾戦後世代に日本文化に対する親近感を感じさせた。回答者Jは、日本は教育システムで習った「歴史的意義を除けば、その他は大体良いだろう」と言い表し、依然として日本の大衆文化に接触している。「以前は漫画で、今はドラマだ。それは学生時代から始まった」。

　さらに、歴史的連続性の断裂と「日本」の虚像化は、「日本」イメージについてより大きい変化の空間や解釈の余地を持たせた。すなわち、次章でさらに論ずる大衆文化の「擬中立性」を強化している。そこで、前述した二種の対立する記憶と共存できる、もう一つの中立的な消費／大衆文化を中心とする「日本」イメージを作り出したのである。例えば、外省人である回答者Tの父親は中日戦争のために、日本を敵と見なしている。その見方を受け入れた回答者Tは「日本が私に与える感覚は、なにかと歴史と関わる。(例えば) 第二次世界大戦以来の (ことだ)」と述べている。したがって、回答者Tの成長環境には日本文化がほとんどなく、日本文化に親近感を持っていないし、好きなファッション、映画や音楽は主に欧米のものであり、日本大衆文化にあまり触れない。しかしそれにもかかわらず、回答者Tは自分がドラマなどの大衆文化と政治をきちんと分けるので、友達に勧められれば、たまに日本ドラマも見る。「これらのもの (ドラマなど) を見る時、全く政治や歴史の背景を考えてはいない。政治的立場は、政治に関する議論についてしか持たない」と述べている。

　歴史的連続性の断裂、また敵にせよ、抵抗の象徴にせよ、「虚像」である「日本」というイメージと同時に台湾住民の周りに存在しているのは、実体である日本製品や大衆文化である。これらの消費文化／大衆文化との接触を通じて、「日本」は台湾で消費や大衆文化におけるブランドを構成する基礎を作り上げ

126　いうまでもなく、このような歴史的連続性の断裂は、日本植民地時代に対するだけではなく、国民党の抑圧行動なども過去のことだと思われていることでもある。これも、国家権力を通じて形成した内なる強制力、いわゆるその服従を自明の理として身体化された結果を示しているのである。しかし、「台湾」が公的に顕在化した以降に教育を受けた世代、いわゆる1995年以後生まれた世代は、異なる状況を示せるかもしれない。これを将来の課題にされたい。

た。前に述べた回答者Sの父親は、日本商品の長所が過去の歴史によって否定されるべきではないと表現したことは、その例である。

事実上、多くの回答者は回答者Sの父親と同じ考えを述べている。例えば回答者Fは、自分が日本のものを愛用するのは、小さい頃から「日本を支持して、かつ東洋化された」祖母から「いつも見聞きして自然に覚えていく」という影響を受けたためだとは思っていない。なぜなら、「私たちの小さい頃から祖母はいつも日本のものが良いと言っていたわけではなかったから。それは、成長過程の経験によって日本のものが本当によく使えると習ってきたのだ」。以上の回答者Fのインタビューは、日本植民地時代の経験は「口伝え」ではなかったという史実を証明している。彼は「いつも見聞きして自然に覚えていく」という影響を受けたことを告白しているが、日本に対する好意が「日本のものが本当によく使える」という実際的経験によって形成されたと強調している。換言すれば、「日本のものがよく使える」、あるいは「日本大衆文化が面白い」という経験がもたらした「信頼できるブランド」のイメージは、台湾における「日本」の「虚像」に含まれる「実像」の部分だと言える。日本の商品、消費文化／大衆文化の長所は、「政治的実体＝日本国」や歴史的な「日本」イメージと異なるイメージを構築していった。この「日本」イメージは「虚像」を基礎にするが、身体化された記憶、および製品使用や文化消費の経験をも含めている。それは日本植民地時代の刷り込みと異なるし、戦後の対抗意識や「台湾意識」の発展によって生じた象徴記号化された「日本」イメージとも異なる。つまり、その「日本」イメージは一つの「実像」を含む「虚像」である新しいイメージである。この点については次章で論述する。

本節のまとめ：反日教育と身体化による日本に対する好感

まとめていえば、国民党政府は台湾に入ると、「脱日本化」や反日教育を行っていたが、それは自らの正統性を保つ「中国化」政策を強固にするための副次的な政策だったといえる。ところが、終戦直後、特に省籍対立と228事件以降、国民党統制に対する抵抗、および省籍の区別のため、日本植民地時代の経験、身体化されたハビトゥスないし国民党政府との比較の上での好意を保持して世代伝承する傾向が顕在化し、国家権力によって伝播された「日本＝敵」というイメージと対立して、「日本＝対抗的象徴」というイメージも出現した。

国民党政府による抑圧によって、および終戦直後から国民党政府によって押し付けられた「日本」との「同質性」を本省人自身に認められたことで、台湾における「日本」と「台湾」の間に微妙な関係が生じたのだった。たとえ国家権力による強制力を備えた「中国的アイデンティティ」や「日本＝敵」の図式を構築しても、家庭などの小集団を通じて、「日本」に関する記憶やハビトゥスは依然として台湾の私的領域に潜在的に存在していた。1970年代以降、「台湾意識」が顕在化し、日本植民地時代を中国史観と打ち切る境界として、国民党の集合的記憶の象徴資本や正統性に挑戦し始めた。以上が、台湾社会では、韓国ないし香港のように、「日本＝敵」という単一の反日イメージのみが存在することにはならず、さらに「日本」に好意を覚えている理由である。

　二つの集合的記憶の闘争によって、戦後世代にとって、歴史的連続性の断裂が発生した。こうした状況下で、もともと「擬中立性」という特質を備える大衆文化のさらなる発展をいっそう促している。さらに、日本を敵とした集合的記憶や史観は、非「実像」の記憶に基づいて作り出された「虚像」でしかない。ところが、本当に「実物」で台湾社会に存在している「日本」は、第2章で述べた日本大衆文化、および日々の生活の相互行為やハビトゥスの再生産から獲得され身体化された記憶や実践、好意によって構築されているのである。特に戦後、日本大衆文化は「日本の匂い」を除いた形で台湾に広く伝わってきたので、政府の史観を受け入れた回答者たちに対しても日本に対する主観的な抵抗感を低下させている。そして、回答者が子供の頃から常に日本大衆文化に接触し、日本大衆文化の「大衆文化」に関する刷り込みを受けてきた状況の下で、回答者に日本大衆文化への好意や親近感を生じさせたのである。また、歴史的連続性の断裂などによって、回答者たちは消費している大衆文化が日本のモノだと知っても、認知的不協和を避ける余地を持っている。例えば、「あれはもうとても昔のことだ」という理由で、日本大衆文化や消費文化を受け入れる。事実上、「あれはもうとても昔のことだ」という言葉は、二つの集合的記憶の闘争の結果を反映しているといえる。それと同時に、台湾社会が歴史についての根無し草的な性格を持ち、連続感が断裂していることも反映されている。もちろん、シュッツ（1991）が指摘したような社会的準拠図式に存在した不確定性と矛盾も、これらの対立した認識が個人の社会的準拠図式と共存している理由である。

もちろん、このような認知的協和や共存は、外からの刺激によって——例えば国家という大集団がダイレクトに小集団の日常生活に侵入することによって——壊れる。つまり、社会的準拠図式の矛盾している部分が表面化し、政府の歴史的「日本」イメージと消費／大衆文化の「日本」イメージの衝突が引き起こされるのである。例を挙げれば、前述した回答者Qの例以外にも、ある日本アイドルのファンは、そのアイドルが「中華民国の建国記念日式典」に招かれたことを知った時、その社会的準拠図式における中立的な日本大衆文化が、受け入れた中国本位の集合的記憶と衝突することになった。このファンは「建国記念日にどうして日本人を招くのか。私の心の中では、彼らはまだ『日本鬼子』だ」と述べている[127]。換言すれば、社会的準拠図式における様々な矛盾した記憶や認識は、各々の機会を通して、絶えず闘争したり衝突したりしているのである。しかし、以上の例によれば、様々な闘争が発生した後でも、消費／大衆文化の「日本」イメージは、依然として消費者の生活の中で一定の影響力とポジションを維持することができる。

---

[127] このファンは2003年10月3日に「PTT」という電子掲示板でこういう発言している。しかしその後、このファンは「建国記念日式典」で自分のアイドルの出演を観覧し、掲示板で依然としてアイドルを見る喜びを述べている。さらに例を挙げれば、1996年に尖閣諸島をめぐる領土問題が発生した時、反日の議論は台湾で超人気漫画・アニメ『スラムダンク』にも波及した（聯合報 1996/09/18 第22面「保釣反日風 波及灌籃高手 華視強調該片提倡運動無不良意識」）。しかし、『スラムダンク』の視聴率はその事件のために低くなるということが全くなかった（第4章参照）。

第4節 | 結びに代えて

　本章では主に日本植民地時代末以降の、「日本」イメージと「祖国」イメージ、そして中国化政策との弁証法的な変化を論じてきた。それによって、台湾では反日教育が実施されてきたにもかかわらず、旧植民地支配者である「日本」に好意を抱いたり、それに関するハビトゥスを保存して伝承したりする状況がなぜ生じたかを解明してきた。

「祖国」イメージの幻滅と中国化政策の実施

　日本植民地時代末、台湾人は国家意識では次第に自分が日本の国民であることを認めていったが、民族的には依然として漢民族であると自認していた。漢民族意識は日本植民地時代には、一種の日本の植民地統治に抵抗して、被植民者を結束する武器とされていた。このような対抗の武器となる漢民族意識は、植民地期の台湾人に、漢民族を主要構成員とする当時の中華民国に「祖国」としての敬慕の念を抱かせていた。しかも、この「祖国」を、二等公民の待遇などない自由で平等な天国と想像していた。換言すれば、この中国を「祖国」とするイメージは、日本の植民地統治に対抗するために生じたものであり、実際の実践経験によって構築された「実像」ではなかった。

　終戦後、日本は台湾に対する主権を放棄し、台湾に対する義務をも捨てた。台湾人は同様に日本植民地時代の日本に対するアイデンティティを放棄し、転じて自分を偉大な「祖国」の一員と見なした。しかし、当時の中国政府は、依然として台湾を日本＝敵に等しい存在と見なし、意識的には決して台湾人を中国国民と同一視しなかったのである。双方がこのような異なった認識を持った上に、さらに50年間にわたって乖離した歴史的な経験や生活の実践が加わり、互いのハビトゥスや社会的準拠図式は、きわめて大きな相違を生じさせていた。このような相違はもはや「漢民族」の生活慣習、および「血縁の民族」の神話で解決できるものではなかった。

この様々な相違に直面した当初、台湾人は漢民族という主観的なアイデンティティや中国語などの学習を通じて、中国社会の社会的準拠図式との距離を縮めることを試みた。しかし、ハビトゥスはいったん形成されれば、容易に変動しない傾向がある。それは主観的意志で即座に変えられるものではないのである。それと同時に、接収政府は奴隷化された台湾人を民族的に正しくするというような態度をとり、日本人に取って代わって外省人の優越感に基づく支配階級を作り出した。さらに、その統治方式は台湾に社会的混乱と経済崩壊をもたらした。それらの再植民地化の統治方式は台湾人が今まで持っていた「祖国」の像を壊滅させた。双方が一つの共同体を形成する主観的、客観的な基礎はもはや消滅したのである。それは、「省籍対立」へと発展し、その結果が228事件の勃発であった。そこから、国民党政府の40年間にわたる独裁統治の幕が上げられたのである。

　接収政府が台湾を再植民地統治して以来、当時の台湾人は自分の憧れた「祖国」がただ一つの「虚像」でしかないことを自覚した。それにひきかえ、「日本」イメージは身体で記憶したり習得したりした「実像」であった。接収政府がもたらした中国に対する「実像」によって引き起こされた幻滅が大きければ大きいだけ、台湾人が想起した日本植民地時代の長所が大きくなった。そして、「日本」イメージは次第に「旧植民地支配者＝悪」から「比較的よい植民地支配者」に変化していった。また、日本は国民党政府に「敵」だと見なされているので、それに支配された台湾人も国民党に「日本人の奴隷」＝「非我々」と見なされていた。そのため、国民党政府は当時の台湾人にとって抵抗の実体的対象と次第に見なされていった。それと同時に、国民党政府の「敵＝日本」のイメージも台湾人にとって次第に国民党に抵抗する象徴に転換していった。「省籍対立」状況が確立して以降、身体化された「日本」は本省人と「同質性」であると外省人に見なされ、植民地期の経験がさらに「我々」と「他者」を区分する基準になった。こうして、本省人にとって「日本」に対する好意の基礎が構築されていった。

　1949年、国民党政府は台湾に移って以降、「中国化」政策を強力に推進し、中国本位の集合的記憶による一つの中華民族の歴史的連続性を作り出し、台湾をこの民族の連続性に組み入れることを進めた。国民党政府はこの歴史的連続性を通じて、一方では自らの中国に対する統治の正統性を公言し、他方では台

湾を統治する正当性を強化したのである。しかも、この中華民族の歴史的連続性に相応しい集合的記憶の一貫性を確立するため、国民党政府は台湾独自の文化を周辺文化に落とし込め、あるいは排除していった。それ故に、日本植民地時代の経験はこの民族史の一貫性や政府の史観から切り捨てられたので、長期間触れてはならない禁忌となってきた。それと同時に、「日本＝敵」という図式は、国民党の第二次世界大戦における戦勝の功績であるとともに、「漢民族」の栄光と結束を強化するため、国家権力にバックアップされる形で、教育やマスメディアによって流布されることになった。

日本への好感の身体化と再生産 —— 哈日ブームの基礎

しかし、たとえこのような内なる強制力を備える史観が台湾人の戦後世代に刻み込まれたとしても、台湾は中国や韓国と異なり、「日本」に対して好意を抱いていた。その原因を探究すれば、主観的意識と「身体実践」の記憶の伝承がかなり重要なポイントとなるはずである。先行世代の日本植民地時代の経験は口を閉ざされてきたが、彼らは主観的にはその経験を否定あるいは忘却したいというマイナスの意識を持っていない。むしろ、その記憶を保有することを通じて、国民党政府に抵抗するアイデンティティを持つことを望んでいた。そこで、若干の台湾人の先行世代が自分の日本植民地時代に対する集合的記憶を保有したり、国民党政府の統治に対抗したりするため、日本植民地時代の記憶を美化するという現象が現れた。この現象は、戦後、接収政府を日本植民地政府と比較する状況と地続きだと言えるだろう。このような主観意識の作用によって、彼らが保有したいハビトゥスや社会的準拠図式は身体の再生産という次元で、次の世代に伝承されていった。その中には「日本」に対する好感も含まれている。このような身体の実践の伝承によって、台湾人の戦後世代は日本文化や慣習に対して親近感をいっそう覚えるようになった。

1970年代の末、国民党政府の国際的孤立、および国内統制力の弱体化に伴って、構築された国民党的中国本位の集合的記憶の独占力も失われ始めた。したがって、これに対抗する集合的記憶が顕在化する機会を掴むことができた。それらの抵抗的記憶の一つである台湾本位の歴史的連続性や集合的記憶も、表舞台に浮かび上がってきた。この集合的記憶は、「日本」に関する身体化されたハビトゥスや記憶に基づいて、終戦直後の「日本」を台湾と中国の区分基準

とした概念を引き継ぎ、しかもその抵抗の意義を拡大して、「日本」を台湾が中国の歴史から分立する起源と見なしていった。「日本」が「台湾的アイデンティティ」という象徴的意義を内包させたことは、台湾社会に「日本」へ好意を持たせる理由にひと役かったといえる。

　また、台湾に残された日本の建築、習慣、言語は、一つの「記憶の場」を形成していたので、日本植民地時代の記憶がそれによって惹起されるのである。それに、1950年代以来の日台の「混血歌」というカバー曲、1970年代における日本番組のビデオ・レンタル、1980年代におけるパラボラアンテナによる日本の衛星番組の視聴などは、一方ではこのような日本植民地時代に対するノスタルジアの表現であり、他方ではこの記憶を喚起して、抑圧や箝口令によっても忘れられない記憶として定着していった。ちなみに、繰り返しをおそれず触れるならば、政府の史観に対抗した「日本」イメージは、たとえ「身体の実践」という痕跡で残存して伝えられてきた部分を含めるとしても、対抗の意識と想像が投入され、現状の需要によって変化する自由度を有する一つの「虚像」となった。それ故に、実体の日本国とはいっそう乖離していくその「虚像」は、日本植民地時代の「祖国」イメージの性質と同じである。

　このような「日本」に関する「記憶の場」が遍在している台湾で暮らす外省人は、「日本」の事物に接触することから免れられない。たとえ主観的に台湾にアイデンティファイせず、さらに「身体の実践」の伝承をも受け入れないとしても、台湾の社会生活における自明な社会的準拠図式は外省人の中に浸透していった。かくして、外省人にも、「日本」の事物に馴染む余地は充分に存在している。

問題意識の再提起：日本大衆文化の哈日ブームにおける影響力とは？

　身体化された記憶などによる親近感や好意、国民党への対抗的意識、社会に残存している「記憶の場」、あるいは「台湾意識」の起源は、国民党政府が全力で日本文化を抑圧した時期にも、日本大衆文化が依然としてアンダーグラウンドで戦後世代の支持を獲得し、台湾でその優位性や勢力を静かに形成し、しかもその後に第3の「日本」イメージ──消費／大衆文化のブランドという「日本」イメージ──の出現を促した。この別の様相である「日本」イメージは、次章でまた論じる。また、第2章で述べたように、台湾大衆文化のマーケ

ットは創作の自由などが抑圧されてきたので、独自の文化の発展が空白状態に陥っていた。したがって、日本大衆文化は長期間にわたって台湾で展開をみせ、その空白を埋め合わせて消費者の需要を開拓し満足させて、しかも一つの優越的地位を獲得した。1987年に戒厳令が解除された後、この潜在的なエネルギーは日本大衆文化の経済力に伴って爆発し、1990年代の台湾で哈日ブームを形成した。いうまでもなく、この潜在したエネルギーの爆発は、抑圧されていた「台湾」の顕在化、および「日本」と「台湾」の間の微妙な共生関係とも関わっている。

　また、二つの集合的記憶の台湾における対立と闘争は、戦後世代には一種の歴史的連続性の断裂を形成した。つまり、「現在」と「過去」を截然と区分けしたため、日本の消費文化や大衆文化にこの二つの記憶と共存する可能性を与えた。したがって、政府の史観を受け入れた世代にも「日本＝敵」の図式と日本大衆文化に対する好みの間に、認知的不協和を避ける可能性が生じたのである。さらに、日本大衆文化は長い間にわたって台湾で「日本の手掛かり」を除去された形で、アンダーグラウンドで存在してきた。それらの大衆文化は日本から輸入してきたという情報も、アンダーグラウンドで消費者に口伝えされてきただけであった。「日本の匂い」や「日本の手掛り」を持たない日本大衆文化は、日本国に関することを台湾の消費者に意識させない。つまり、政府の集合的記憶に抵触する感覚を喚起しないので、国民党に構築された集合的記憶を受け入れた消費者をも惹きつけることができる。いったんこれらの消費者が日本大衆文化の表現方式に慣れれば、たとえそれが日本から来たものと知ったとしても、依然として自分を納得させるように日本大衆文化を受容しようと試みるのである。もちろん、この点については、消費文化／大衆文化が持っている「擬中立的」な感覚も相当に役立っているはずである。たとえ反日的態度を取っている韓国（寺沢正晴 2002）でも、大衆文化と政治とを切り離した見方をとる消費者がいる（山中千恵 2004: 117-118、張竜傑 2005）。消費文化／大衆文化のこの特質、および日本大衆文化と台湾で形成された消費的な「日本」イメージとの関係は、次章で論じるテーマである。

　本章では、台湾において東アジアと異なり、非常に盛り上がりを見せた哈日ブームの基礎と特殊性を論じてきた。1990年代、「台湾」の顕在化に伴い、「日本」の政治・歴史的意味も次第に薄まっていき、「日本」という「虚像」が想

像されたり解釈されたりする余地も大きくなった。さらに経済力と日本大衆文化の開放によって、哈日ブームとそれが形成した、いま一つの「日本」イメージが台湾社会に現れた。第1章でも述べたように、韓国では、日本大衆文化は香港や中国より長期的に発展してきたし、大衆文化と政治・歴史を分立する態度もとっている。その発展は日本植民地時代が残した身体化された親近感とも関連性があるかもしれないが、それは本論の検討の範囲を超える。しかし、韓国では「日本」を嫌う傾向が強いし、日本大衆文化の発展は「ブーム」と呼べるほどにはならなかった（寺沢正晴 2002、張竜傑 2005）。同じ旧植民地である台湾で、なぜ哈日ブームが発生し、さらに「日本」を一つの「上品な、精緻な」「ブランド」と見なすほどの「日本」に対する好意が抱かれつづけているのか、ということについて、本章で述べた「日本」と「本土化」（台湾化）の間に絡み合った潜在的駆動原理、あるいは台湾－日本－中国（国民党）の間の複雑な関係は、一つの解釈と基礎を提示している。次章では、この解釈に基づいて、本章で述べた二つの「日本」イメージとは別の様相で姿を現し、しかも、他の東アジア諸国では見られない、台湾の哈日ブームとそこにおける「日本」イメージを論究する。

第 4 章

消費と大衆文化によっ
て構築された「日本」
イメージ

第3章で述べたような二つの集合的記憶をめぐって構築されてきた「日本」イメージと異なり、主に1970年代以来、台湾に輸入された日本大衆文化を中心として、1980年代に台湾が次第に大衆消費社会になって以降、徐々に基礎を固め、1990年代に至って形成された別の「日本」イメージがある。本章では主に戦後の台湾にける日本消費／大衆文化によって構築された「日本」イメージを論述する。

第3章で述べたように、対立している二つの集合的記憶をめぐり、二つの異なる「日本」イメージが形成された。一つは中国本位の「日本＝敵」というイメージであり、もう一つは「日本」を国民党の統治に抵抗する武器、および台湾の主体性を作り上げる独自の起源とするものである。国民党の統治への抵抗によって形成された「日本」に対する好意は、台湾の旧植民者である日本に対して、「脱植民地化」という意識をきわめて薄くさせた。このように日本植民地時代の記憶や慣習を主観的に忘却しないという意志が、日本への好意や日本植民地時代から残されていた慣習やハビトゥスを再生産させ代々伝承させていった。そこで、たとえ国民党政府が中国化政策と脱日本化を強力に推進して、戦後世代の体内に政府の史観や集合的記憶の内なる強制力を構築したとしても、台湾民衆のあいだには反日感情が形成されず、逆に日本文化に対して親近感を抱きがちなのであった。これが回答者HやUなどの多くの回答者が、日本大衆文化に接触する前に、すでに日本へ好意を抱いていたと表明している理由でもある。さらに、二つの集合的記憶の闘争と対立、および国民党の統治時期に構築された中国本位の漢民族主義と個人のハビトゥスの間のギャップや虚構性によって、台湾の戦後世代において歴史的連続性の断裂という特質が現れた。この特質によって、「日本＝敵」という図式を受け入れる消費者でさえ、反日（＝過去の日本）と現在の日本（の大衆文化）を好むということの間の、認知的不協和を免れうるのである。

政治的な抵抗意識とそれによって強化され身体化された記憶が、台湾社会に「日本」を潜在的に存在させていた。終戦以降、「台湾」と「日本」の間には微妙な共存関係があったので、国民党政府からの抑圧が強ければ強いほど、「日本」は台湾に深く根差していった。例えば、第2章でも言及したように、国民党による抑圧下、日本大衆文化は「混血歌」やアンテナでの日本衛星放送の視聴などの方法を通して台湾で親しまれていた。これは台湾の年輩世代が日本植

民地時代に対して抱くノスタルジアを表示している。

　このような日本文化への親近感、およびそれが含んでいる国民党への抵抗意識のため、たとえ表舞台においてはアメリカ文化や、「文化的近似性」を備える中国本位の文化（香港文化を含める）が流通していたとしても、公的領域に姿を現すことができなかった日本大衆文化は依然としてアンダーグラウンドで発展してきた（第2章参照）。しかも、日本大衆文化産業は1970年代以降急速に成長し、1980年代に文化や情報の輸入国から輸出国となり（Ito 1990）、大量に輸出できる文化商品を備えるようになっていった。それによって、日本大衆文化は台湾の市場における優位性、およびその叙述体系に対する受容度を作り上げ、さらに、台湾消費者が抱く多くの大衆文化のジャンルに対する認知概念までも変えたり構成したりした。

　以上の第2章と第3章から明らかになってくるのは、台湾における「日本」／日本大衆文化の抑圧は、韓国や中国における抑圧と異なり、それに対する台湾の現地的アイデンティティを含む抵抗意識があったので、それによって蓄積されたエネルギーがいっそう強くなったことである。これも、日本大衆文化ないし「日本」が、台湾において他の東アジア諸国では見られないほど大きなブームを引き起こした基礎である。その上に、長い間、日本大衆文化が累積される中、1987年の戒厳令解除、1992年の日本文化の禁止令解除後に、日本大衆文化は台湾で大量に現れ、強大なエネルギーをともなって、哈日ブームを引き起こした。

　また、日本大衆文化の輸入と発展に関する社会的条件について、第2章で述べたように、1982年以来、台湾は毎年出超金額が大幅に増加していったことが挙げられる。また、所得の増加は、消費の願望や能力を高めた[1]。溝口敏行（1990）は台湾のGNP水準などの条件を観察して、台湾が1980年代にはすでに大衆消費社会の基礎を作り上げたと考えている。それと同時に、付加価値の需要も次第に大きくなり、消費者意識も芽生え始めた。つまり、台湾の消費構造は1970年代の末から、著しい変化に見舞われてきたのである。それに加え、

1　　例えば1980年以降、台湾の耐久消費財（カラーテレビ、ビデオ、冷蔵庫、カメラなどを含む）の普及率が大幅に上昇し、娯楽・文化などのサービス消費に関する支出の増加率も大きくなった。

1985年以後、台湾の地価が大幅に上昇し、株式などの投資産業も盛んになった。それらは台湾が消費社会に突入した傍証でもある。同時に、投資産業がもたらした資産効果も、大衆消費を促進していった（黒岩達也1990）。また、第2章で述べたような1980年代末の漫画装丁の精緻化とそれらの良好な売れ行き、1990年代に貸し本屋が消費者を引きつけるために採用したモダン化された内装も、台湾の消費者が付加価値や消費文化に対する関心を高めていった一例である。以上の社会的条件はすべてが付加価値や記号性を重視する日本大衆文化に恰好の発展環境を与え、哈日ブームという大規模な経済活動の展開に貢献したのである。

　本章では、この日本大衆文化を中心として台湾で形成された「日本」イメージ、およびそれによってもたらされた哈日ブームを論考する。

　本章の第1節では、まず日本大衆文化が政治的に抑圧されていたにもかかわらず、優位性を構築できた背景を分析する。第1章でも述べたように、日本大衆文化は東アジアで禁止されていたが、様々な様相や程度で発展してきた。この事実について、文化的近似性以外にも、大衆文化の持つ草の根的パワーや凝集力などの特性をも考慮するべきである。いうまでもなく、第2、3章で述べたように、台湾において日本大衆文化が多様かつ大量に導入され、しかも「日本」が一つの「ブランド」や「憧れの対象」と見なされた裏には、歴史的要因などが特殊な作用を果たしたことがある。しかし、東アジアにおける（日本）大衆文化の発展には共通点があるという事実は、否定することができない（第1章参照）。したがって、第1節では、大衆文化の特性を中心として、日本大衆文化が禁止令時代にもアンダーグラウンドで発展できたことについて、第3章で述べた政治・歴史以外の要因を考察する。

　第2節では、日本がいかに一種の「日本＝発展の指標、上品さ」というイメージを形成しているのか、という問題を探究する。従来、哈日ブームに関する研究は、「日本」が流行文化の指標であることを、一種の自明なものと見なしているが、このような日本イメージがいかに形成されたか、ということに十分に言及していない（李天鐸・何慧雯2002、李明璁2003、岩淵功一1998）。これらの研究は、日本ドラマがこの「日本」イメージの形成に大きな役割を演じたと提起している。例えば、岩淵功一（1998）は、日本ドラマが台湾の視聴者を惹きつける理由として文化的近似性、リアルさ、構成の完全さ、雰囲気や日本ド

ラマに現れる「美しい日本アイドル、グルメ、ファッション、消費的物品や音楽など」を挙げている。しかし、それらは一体いかに表現されているのか、しかもどのような「日本」イメージを表しているのか、についての考察は不十分なままに留まっている。さらに、日本ドラマ以外で、他の日本大衆文化は内容的に、あるいは実物の商品として、どのような役割を演じてきたのか、という問題に対する考察も十分だといえない。したがって、第2節では、台湾で最も長く発展してきた漫画と、哈日ブームのきっかけと見なされる日本ドラマの内容分析によって、日本大衆文化がどのような「日本」イメージを表現し、あるいは台湾の消費者が日本大衆文化を通してどのような「日本」イメージを作り上げたかを探究する。

　第3節では哈日ブームにおいて、「日本」が台湾で形成した第三のイメージの意義、すなわち「日本」を一種の上品なテイストや、信頼できるブランドとするイメージ、およびこの「日本」イメージと実体の日本との間にどのような関係があるのか、について論究する。さらに、1990年代の哈日ブームという現象の出現と斜陽化を分析して、それらが「日本」イメージに対してどのような影響を与えたかを検討する。

第1節 日本文化禁止令の時代における 日本大衆文化の発展

台湾大衆文化市場の需要および供給の欠乏

1970年代末、台湾の経済は急速に成長を始め、1979年以降は新興工業国（NIEs）と呼ばれてきた[2]。そして、1980年初めにはすでに大衆消費社会の基礎を作り上げた。この時期以降、台湾社会の大衆文化に対する需要は早くも芽生え、しかも急速に拡大していった。しかし、当時、国民党の統治下にあって、外国の（大衆）文化ではアメリカの大衆文化だけが堂々と台湾市場に入り、しかもより高い文化資本を与えられたのである。

ところが、石井健一ら（2001: 68-73）が1999年に台湾の大学生に行った調査研究では、台湾の消費者は米日のテレビ番組に対する評価はあまり違わないが、台湾の消費者が日本番組を好む理由は、自分の好みに合っていることだと指摘されている。石井健一らは、このような嗜好の近似性は、文化的近似性から生まれたと考えている。つまり、文化や習慣が似ているので、視聴者はストーリーの発展や話の背景を理解しやすいし、登場人物の感情や行動にも同一化しやすいというのである。

回答者G、M、F、K、Rなどの多くの回答者は、実は欧米の商品に対してあまり熟知しておらず、欧米がとても遠いと感じたり、国情も異なったりすると考え、特に理解したいと思わないと述べている。もちろん、回答者Qは高校時代には西洋音楽を聞いているし、回答者Sは欧米の音楽を聞くことを拒絶せず、アメリカの連続ドラマも視聴している。しかし、それにもかかわらず、彼／彼女たちは依然として欧米に対してよそよそしさを感じているのである。回答者Uはファッション誌を例として、『ノンノ』の編集はとても日常生活的だ

---

[2] 台湾の経済発展について、次の文献を参照されたい。涂照彦（1988）『NICS――工業化アジアを読む』、東京：講談社新書。涂照彦・北原淳編（1991）『アジア NIES と第三世界の発展』、東京：有信堂高文社。隅谷三喜男ら（1992）『台湾の経済』、東京：東京大学出版会。園田哲男（2003）『戦後台湾経済の立証研究』、東京：八千代出版。

第1節 日本文化禁止令の時代における日本大衆文化の発展 275

と思う。あれらの服装はすべて普段の生活で『複製』できる。逆に、ヨーロッパのファッション誌……あるいは欧米の女性はなんか遠い感じだ。しかし、『ノンノ』はとても近いように感じている」と報告している。この点は、日本の文化的商品が台湾の消費者にとって、欧米より日常性や親近感を備えたものだということを示している。また、欧米のモノも良いかもしれないが、自分に似合わないし、アジア人にとってやはり日本のモノが比較的適用しやすいし、似合うと、回答者H、L、Nは考えている。第2章で言及したように、日本番組の専門チャンネル「緯来日本台」の番組事業部門の副部長・張芙心も同様な見解を示している。さらに、多くの回答者は、日本語は漢字があるのでかなり親しいとか、同じ東洋人であるので製品なども自分にとても似合う、と述べている。

　以上の回答者たちは日本と欧米を比較する時には、日本文化に親近感を覚えているが、さらに欧米は別の世界＝他者のように感じられるとも述べている。さらに、回答者Hは、日本の街頭で歩いていても、「外国」にいる時の疎外感や怖さを感じないと表している[3]。アメリカの大衆文化は比較的自由に台湾市場に入り、台湾の消費者は手にとることができたし、しかも台湾の消費者にとって、内容がリアルで製作レベルが高い（石井健一ら 2001: 69）。しかし、それが代表しているのは一つの未知なるものであり、遥かなる「夢の世界」であった。たとえ高い文化資本や象徴資本を有するとしても、台湾社会の日常生活において、消費者の大衆文化に対する欲求を埋め合わせることができるとは限らない[4]。

3　台湾人にとって米日の製品が持っている心理的な距離感についての、本書のインタビューは、多数が日本大衆文化の消費者に対して行ったものである。それ故に、このインタビューは欧米大衆文化ではなくて、日本大衆文化がより選ばれる理由だけを表しており、アメリカの大衆文化が台湾においてなぜそれほど発展しないかという理由にまでは及ばない。

4　それ以外に、アメリカ映画の台湾における絶対的な優位性と比べると、日本大衆文化は台湾では明らかにテレビ、漫画、アニメ、アイドルなどのような、より日常的な文化に属するのである。つまり、映画は一種の「映画館に行く」という能動的な行動で、しかも、2、3時間の間に終わる「夢の世界」なのである。アメリカの大衆文化は台湾において一種距離感を持った異世界だが、家や近所に進出する日本大衆文化は比較的日常的な親近感を備えている。しかし、第2章で述べたように、このような日常的な親近感から生まれる消費習慣は、台湾の消費者に映画館で日本映画を観賞する意欲を低下させるのである。しかも、日本ドラマの視聴習慣についても、毎週一話や毎日一話のテレビ放送を待つことより、レンタル・ビデオやDVDで連続ドラマをまと

以上から、欧米文化と比べると、日本文化は台湾の消費者にとって、確かに文化的近似性や親近感を備えていると言えよう。

また、国民党の統治時代には、言論や出版の自由が抑圧され、「台湾」と台湾独自の文化が抑えられていたため、長期間にわたって台湾文化は象徴資本を持たされなかったし、「台湾の不在」という状況がつくられた（第2章を参照）。それ故に、台湾の大衆文化の空白を作り出し、市場の需要を満たすような自由な制作・生産をすることも許されなかった[5]。

めて一気に見終わることが好まれるのである。

5　例えば、文学の場で、1970年代に入ると台湾文学がやっと緩やかに発展し始めた。台湾の大衆文化では、1970年代の末、台湾語での「レストラン・ショー」というトークショーが流行っており、そのビデオテープも人気を集めていたが、低俗なものだと評価され、マスメディアなどの公の領域に現れなかった。1980年代末や1990年代の初めには、台湾語で発音して、台湾人やその生活を背景として設定する「郷土の劇」（例えば、戒厳令が解除されたばかりで、中視で放送されたドラマ『牽手出頭天』、「台湾電視台」の『台湾水滸伝』、『台湾演義』、『英雄世家』など）が、テレビ局のゴールデンタイムに放送を許された。その時まで、ゴールデンタイムに放送されたドラマは中国時代劇を主としていた。その後、「民視電視台」が開局して以降、「郷土の劇」（例えば、「民視電視台」の『長男の媳婦』、『媽媽請你也保重』等である。2000年前後、CATV局「三立電視台」もこういう郷土劇の制作を始めた。例えば、『台湾龍捲風』や『台湾霹靂火』、『烏來伯與十三姨』など）は台湾において常に最も人気の高いドラマであった（台湾の「潤利」会社の視聴率調査による）。しかし、この「郷土の劇」のターゲットは主に主婦である。

　　若者をターゲットとする台湾大衆文化については、台湾独自のアイドルが最初1980年代に現れ、台湾漫画が1990年代にやっと再興し始めたが、後者は現在でも自給自足には至っていない。消費文化、上品さ、都会感、精緻なセットなどの構成要素を重要視する「台湾偶像劇」（例えば、華視の『流星花園』〈『花より男子』〉、『流星雨』、台視の『吐司男之吻』、中視の『來我家吧』、三立CATV局の『薫衣草』など）は、日本のアイドル、漫画、ドラマなどの洗礼を受けて後、2000年代に現れたのである（第2章第3節を参照）。また、台湾が独自で発展させてきた台湾を背景とする恋愛小説は1990年代半ば以降になって登場した。それ以前には、台湾の若者の大衆文化には、ほとんど台湾の地名や人名が現れていなかった。夢を販売する台湾の大衆文化における「台湾の不在」は、「台湾」が長い間に周辺化や低俗化を余儀なくされたという困難な立場を明示するのである。回答者Fは、「台湾文化を考えると……九份（地名）を思い付く」と述べている。九份＝台湾文化という考えは、台湾映画『非情都市』の上映によって普及し始めた。これは、大衆文化の土地に対する認識や想像を構成する影響力を明らかに示すのである。また、回答者Mが「台湾の文化は見分けにくい。時には欧米に変わって、時には日本に変わって、また、時には韓国に変わった。結局、台湾、すなわち自分自身のものがどこにあるのか全く知らないんだ」と述べている。

アンダーグラウンド時代における日本大衆文化の導入および普及：ファンの力

　大衆文化の市場は長期にわたり欠乏しており、台湾文化は低い文化資本しか持っていなかった。この状況下で、台湾の大衆文化のマーケットは、台湾大衆文化によって埋め合わせることは不可能であった（石井健一ら 2001: 219-221）。さらに、アメリカの大衆文化は堂々と流通することができたとしても、台湾の消費者にとって、ある程度の距離感があるので、そのマーケットを完全に手に入れることは出来なかった。したがって、第3章で述べたように文化的近似性、ハビトゥスの伝承、親近感や好意を有する日本大衆文化は、台湾の市場に入って発展する良好な条件が与えられたのである。

　日本大衆文化は台湾の消費者の需要に合致しているが、1990年代以前は国民党に輸入禁止とされていたので、アンダーグラウンドで存在せざるをえなかった。例えば、第2章で述べたように、1980年代半ば以前には、日本の漫画やアニメは日本に関するすべての「手掛かり」を払い除けて提供されたのであり、日本の歌はカバー曲が現れ、台湾語の歌曲にも影響を及ぼした。また、日本アイドルのグッズやビデオ、日本歌曲のテープ、漫画、キャラクターグッズなどは、圧倒的多数が海賊版や密輸入の方式で、非公式的に流通していたのである。このような市場の条件の下で、日本大衆文化が台湾に根を深く下ろして拡張し、エネルギーを累積し、しかも1990年代に哈日ブームを形成することができたのは、大衆文化の特質、あるいは「ファン」の力と、相当な関連があるはずである。

　大衆文化は主流の文化に対して、常に社会における文化のフィールドの周辺におかれ、さらに、文化のシステムに組み入れられていない（cf. Leavis 1932, Storey 2003）。そこで、規範化や慣習化された主流／高級文化と比べると、文化資本が欠乏した大衆文化は相対的に混沌と情熱、非理性的なエネルギーを持っている[6]。同時に、その中には感情の共同体が形成される秩序がある（ブルデュー 2002、フィスク 1996、Jenkins 1992、マフェゾリ 1997）。このように情熱的な側面を持ちながらも、秩序と拡散力を持つ文化的集団のモードは、主流文化の抑

6　この点について、さらに次の文献を参照。李永熾（1993）「異人與日本精神史・中」『當代』1993（84）、p.53-63。シュッツ（1991）「よそ者：社会心理学の一試論」A. ブロダーセル編『アルフレッド・シュッツ著作集3──社会理論の研究』、p.133-152、東京：マルジュ社。

圧や軽視に抵抗することに役立ち、しかも自らを生き続けさせ、さらに拡張させることができる。大衆文化が生み出した経済力やエネルギーのために、主流文化は時に大衆文化に直面せざるをえないし、さらにそれを自らの文化システムの中に組み入れなければならない[7]。

　次に、アイドルのファンを例にして、大衆文化の特質、および日本大衆文化がアンダーグラウンドで発展しながら、台湾の大衆文化のフィールドで優勢を得られた理由を提示することを試みる。

大衆文化の特質：①消費者（ファン）のアイデンティティ

　現代社会においては、急速にしかも広範囲に社会変化が生じており、特に「経済のグローバリゼーション」の発展に伴い、社会階級、地域団体、宗教などのアイデンティティの伝統的な源泉が徐々に衰退してきている。同時に、個人主義は消費社会やメディアの発展によって勢いを増し、安定感のあるアイデンティティ体系をいっそう混乱させている。しかし、消費主義やテレビをはじめとするマスメディアはアイデンティティの真の源泉になりえないが、それに代わって頼りになるものがないことも実状である。そこで、「ポピュラー文化とマスメディアが、集団的、個人的アイデンティティの構築のために有効な唯一の準拠枠として使われるようになるのである」（ストリチナ 2003: 284-286）。しかし、ストリチナが述べている「有効な唯一の準拠枠」は一種の誇張であるはずだ。なぜなら、主体のアイデンティティは単一の源泉から生じるのではないからである。にもかかわらず、大衆文化がアイデンティティの構築や、それと同一化する意欲を惹き付ける力を持っていることは、否定できない事実でもある。例えばアイドルのファンは、アイドルに自らの理想的なイメージを投射したり、アイドルを模倣するなどの方法で自我のイメージを構成したりするのである。また、漫画／ドラマのファンも、自己表現の方式の一つとして、原作を改作する同人誌の製作に没頭する（Jenkins 1992）。これらすべては大衆文化がアイデンティティを構築する力の表現だといえるだろう。

　文化や趣味がアイデンティティの意味を含むということは、すなわち、消費

7　この論点に関して、李衣雲（2001）が漫画を例として、台湾で漫画が経済の力によって、文化のフィールドで自らの位置と文化資本を獲得した過程を論じている。

者がある対象を欲望や同一化の対象として選ぶ時、この選択自体はすでにブルデューが述べた「テイスト」の意味が込められているということである。テイストは一種の社会的刷り込みの身体化された表現であるので、すでに個人の個性やアイデンティティの表現という意味を持っている（ブルデュー 2002）。P. Wills（1990: 21-35）はブルデューの論点を敷衍して、「人々は自分のアイデンティティを商業や文化的商品の消費に持ち込みながら、アイデンティティを形成している」と明白に述べている。主体はこの対象に意義を付与／解釈する時には、実際には自身のハビトゥスや実践によって、自らのアイデンティティや期待に合致する情報や解釈を選び、そして自身の経験、感覚、社会的帰属や地位などのハビトゥスを通じて、与えられたモノを選択、強化や再編成して、独自の意義を創造するのである。「このようなエネルギーは感情的であるし、認知的である」（Wills 1990: 21-35）。したがって、主体の文化的な消費商品に対する認識は、すでに主体自身の欲望やアイデンティティを含んだ想像だということである。かくして、欲望する対象物は「人間化」され、主体自身とその対象物がいったん繋がれば、対象物には「理想的な自分」が投射され、もはや単なる無機物ではなくなるのである[8]。

　そこで、マスメディアがアイドルに関するマイナス情報を流すと、多くの回答者は、まずそれを無視したり、事実ではないと否認したりするのである。これは、一方では認知的不協和を避けるという心理的需要のためであり、他方では、アイドルなどの虚像の構成は、主体が自分の想像に合致する素材を選択して構築した「理想的な像」であるためである。アイドルなどの文化消費の対象は一種の主体のアイデンティティの投射であるため、消費者は「マイナス情報＝自己否定」を拒絶したり[9]、一方でその「理想的な対象」と同一化したりする傾向があるのである[10]。

8　　これは、佐々木孝次（1985: 181-182）が、人間はなぜ物が欲しくなるかということを論じる時に、「物というのは他者であるし、物というのは自然的な実在物ではなくて人間である。つまり、『物の中に自分を見る』からだと思うんです。……自分を見るということは、相手から承認される自分です」と表した意見と同様である。この点について、佐々木（1985: 194）が述べた、主体と欲望の対象のZ図案を参照されたい。

9　　例えば、多くの回答者は自分のアイドルが攻撃された時には、守ったり反駁したりし、アイドルが褒められた時には、同じような光栄を感じるのである。

10　　回答者K、S、Iは、自分のアイドルが大変苦労している様子を見て、自分の苦労など

消費者のアイデンティティの表現、あるいは対象と同化するという行動について、アイドルのファンであるという圧倒的多数の回答者は、彼らがアイドルのまねをしたいとか、アイドルが現実やドラマで使用する製品や出演する広告の商品などを使いたいと述べている。なぜなら、回答者L、N、Rの発言によれば、そうすると、「彼（自分のアイドル）にもっと近付いたように感じる」からである。また、回答者Hは、「アイドルと同じ空の下にいたいし、彼が踏んでいた土地を踏みたい」ために、実際に日本を訪ねて、アイドルが行った店や名所、あるいはアイドルのドラマのロケ地を訪ねたと述べている。

アイドルなどの対象は消費者のテイスト、あるいはハビトゥスの投射だけではなく、消費者自らを理解する鏡である。回答者R、S、GやWは、星占いで誕生日がアイドルと同じ星座であるので、自分（の個性）をアイドルに対する想像と重ね合わせている[11]。これによって、アイドルがいっそう自分の理想的な像にかなうようになったり、自分をいっそうアイドルに近づけ、同化したりしている。これらの事例は、アイドルなどの対象は、消費者主体が自身の想像を投影する対象であることをさらに明らかにしている。

消費対象（アイドルなど）と消費者（ファン）の間の代理性は一方的ではなく、二重性がある。多くの回答者はアイドルのイメージをそのファンに重ねており、アイドルがファンを代表するだけではなく、同時に、ファンもアイドルの代表だと考えている[12]。回答者KとSはあるアイドルを嫌いになったら、そのアイドルのファンも下品だと感じている。しかし、もし自分が好きなアイドルのファンに不満を覚えれば、回答者N、RやMのように、自分のレベルはそれらのファンたちとは同じではないとか、自分のアイドルをそのような人に好きになられたことはとても不運だと思っている。つまり、アイドルとファンは互いの代表なのである。したがって、ファンは自分と合わないファンに会ったら、いろ

は「何でもない」と思い、「私も彼らのファンだと言っても恥ずかしくないほどのことをやりたくて、つまり……彼らにマッチしたい」と表している。

11　例えば回答者Sは、「私もカニ座だ。……（アイドル・三宅健の個性が）私と同様であるべきだと感じる」と述べている。これはファンが自身（の星座）の個性によってアイドルを想像するだけではなく、それと同時に、アイドルに対する想像や観察によって、自分をいっそう探求するということを示している。

12　例えば、「貴方が私たちのアイドルを罵ることは、貴方自身のアイドルのレベルを引き下ろすことになる」と回答者Mは報告している。

いろな方法を探して自分とそれらのファンとを差別化する。このような方法を通じて、アイドルが自分のアイデンティティの代表である適切さを維持するのである。

②ファンの結束力

　以上に述べた事例によれば、よその「他者」、いわゆるファンではない部外者の観点からみて、そのファンたちが同質的で一定の固有の特徴を示すのである（シュッツ 1991）。つまり、そのファンたちは一種の内集団になる客観的条件を持ち、そしてそのアイドルなどの対象も一種の「同質性」、アイデンティティの対象、さらに分有する意味のシステムとして、内集団の「共属」の感情や結束力を作り上げる力も持っている。かくして、同じアイドルを通じて、ファン・グループという集団が成立しやすい。

　しかも、このような状況は、アイドルというジャンルに現れるだけではなく、漫画、ドラマ、アニメの分野でも類似の状況がある。例えば、回答者Hは、1980年代半ば、「私たちは気が狂ったように、日本アニメのビデオをレンタルして見ていた。……私たちはいずれかの役にアイデンティファイして、それは私のモノだと思っていた」のである。さらに著しい例は、漫画やアニメのイベントで、精巧に漫画やアニメの登場人物を模倣する（コスプレ）ファンたちである[13]。

　ところが、このようなファン・グループは、シュッツやブルデューが述べたような、歴史や実践に基づいて形成した階級／集団ではない。しかも、確かに、これらのファンの消費対象の選択は、自らのテイストによるが、その消費対象は各々の想像によって形成した「虚像」でしかない[14]。したがって、この

13　日本や台湾で、毎年何回も開催される「コミケ」（コミック・マーケットの略）という同人誌イベントでは、多くの時間をかけて衣裳を作って、アニメや漫画のキャラクターの模倣をするファンが現れる。李衣雲（2001）「漫畫同人誌人氣超 Hito」『時報週刊』(1196) p.54-55 を参照。また、この日本アニメや漫画のコスプレブームはアメリカにまで及んだ。ショット（1998: 289-293）を参照。

14　アイドルのイメージは事務所、アイドル自身、マスメディア、それに消費者の想像によって作り上げられた産物である。それ故に、事実上、回答者Tが言ったように、好きなアイドルは現実的には深く接触することができないし、反応を得ることもできない。したがって、「彼を最もよく想像することができる」のである。これも大多数の

ようなファン・グループは結束力が強くとも、実践も歴史もない脆い集団である。この紐帯としての消費対象がファン・グループに対して持っている意義は、（大衆）文化論、および欲望の視点からさらに論考するべきであろう。

　欲望の対象は、欲望する人々の間に一種の「価値の共通性」を生ずる。なぜなら、人類の欲望の本質は、「他者が欲望しているものを欲望すること」と「相手から（自分が）人間であることを承認される」ことである（佐々木孝次 1985: 177）。その対象はファンのアイデンティティを代表するので、たとえ個々のファンはそれに対して異なる想像を持つとしても、その対象がアイデンティファイする対象として、ファンの間には共通の価値が存在する[15]。この共通の価値は、仲間意識を形成する象徴的基礎や契機である[16]。

　確かに回答者Pのように、自分が一人で好きなアイドルに夢中になってもかまわないというファンも存在しているが、N、K、Sのような多数の回答者は、やはり誰かと一緒に話し合ったり、夢中になったりすると、情報をより交換するようになって、いっそう情熱を燃やして夢中になり、継続しやすいと報告し

　　　回答者が賛成している考えであり、すなわち、自分はアイドルの一部しか理解できないと思っている。しかし、回答者Gのように、獲得する情報や自分の判断によって、「一般のことを判断することと同じ」ように、アイドルを完全に理解することができると信じているファンがいうまでもなく存在している。つまり、このような信念で、自分のその虚像に対する解釈の真実性を維持しているのである。このような行為は、（自己の）アイデンティティのプラス性を保有するために、さらに自分の想像の絶対性を確認したいのだと考えられる。

15　　一方、M.マフェゾリ（1997: 18）が指摘したように、英雄、聖人、表象のイメージは確かに存在しているが、その典型的な理想型は実は内なる「イメージ」を持たない。そこで、このイメージは、個人がその中で自己を認識しながら、他者と同じ感情や考えを持っている母胎である。したがって、マフェゾリはこのような表象は強力な集団的感情の出現の助力だと考えている。マフェゾリが指摘した自己認識の作用とは、一種の自我投射の取り入れ、および前述した二重想像である。したがって、これらのイメージは必ず何かを取り入れできる中空の「容器」でなければならない。すなわち、一つの記号である。それに、他者と同じ感情を持っている母胎という概念は、このイメージが集団の共通の価値と凝集力に対する作用を明らかに示すのである。

16　　多くの回答者は、同一のアイドルのファン同士は必ずしも友達にならないが、アイドルは彼らが知り合うルーツだと報告している。また、多くの回答者は、最初は同一のアイドルが好きなので知り合ったが、親密度の増加に従って、話題がアイドルから広がり、同好者の関係を超えて友達になり、しかもファンをやめてもこの友達の関係を依然として保持していると報告している。後述する回答者Tのファン・グループはこの例証である。

ている。例えば、回答者Rは、「誰かが貴方の感覚を理解できて、貴方と一緒に熱狂できるのは、とてもすばらしいことだ」と述べている。つまり、他者の承認は、欲望を維持したり加熱したりするのである。さらに、同好者の友達がいるために、「情報が多ければ多いほど、行動力が大きくなって」、欲望対象に対する愛情を深めていく（回答者L）。回答者Hはその感覚を次のように形容している。「（同好者たちと）アイドルの話題を話し合うのは、互いの情熱の程度を加速する。つまり、皆は……自分を陥らせれば陥るほど深い穴を一緒に掘っていくことだ」。ライブが形成するカーニバル感も、さらにこのような仲間意識を強化することを促している。ライブ＝独特な空間においてすべての人々は、同一の対象（＝舞台）に向いており、一種の一体感を形成する。「ライブに行く時にはすごくハイだった。誰かと一緒に興奮すると、感覚が（普段と）違った」（回答者H）。それと同様に、仲間意識もカーニバルの熱狂さを増強する[17]。共通に経験した感情＝共鳴のような、「忘我の境地」ほど強烈な感情を誘発する要素は、「情緒の共同体」や仲間意識を形成する機能を持っている[18]。なぜなら、それは、「内」と「外」を区分けするほど特殊な共属の感情の雰囲気を孕むからである。しかも、「自由に集団に参加するかどうかを選べる＝自主性」によって、一種の堅固な連帯感を形成していく[19]。

　大衆文化の同好者の間におけるこのようなインターアクションは、消費の対象への欲望を相互の刺激によって持続させたり、成長させたりする。同好者の存在とその人々とのインターアクションは、消費の対象に対する記憶や共感を

17　さらに例を挙げれば、回答者Lは、「一人でライブを見にいって、周りに叫んでいる人（知り合いのファン）がいなかったら、自分は眠くなった。もし誰かが貴方と一緒にずっと叫んだりすれば、たとえ（舞台から離れて）遠くて見えなくても、やはり興奮するだろう」と述べている。

18　A.アパデュライ（2004: 27-28）が述べたように、集団は大衆文化に対する解読、批評、快楽の獲得という共通の想像力の作用を通じて、一つの「情緒の共同体（community of sentiment）」を形成しがちなのである。つまり、ある事象を共同的に想像したり、感じたりして、形成し始める集団である。マスコミや大衆文化はその過程の中で、物理的に会えない人々に共通の感情を持たせるという媒介の役を務めるのである。

19　しかし、それと同時に、ファン・グループという情緒の共同体の基礎は欲望対象に対する情熱であり、確実な社会的紐帯ではない。この状況下で、ファン・グループは対象に対する愛情だけで維持されれば、不安定になる（マフェゾリ 1997: 15-56）。これは、ファン・グループが夢中になる対象への感情の冷却によって解散することによって証明されるのである。

喚起させ、お互いの情報の分かち合いを通して、同一化する対象（アイドルやキャラクター）が現実において不在だという状況によって冷却していく気持ちに抗いながら、次の情報やイベントが行われるまで、対象に対する愛情を保つことを可能にしている[20]。さらに、同好者の間の仲間意識やライバル意識は、現実における仲間関係を保つために、消費の対象に対する情熱を保持する動機を消費者（ファン）に与えるのである。

　台湾の男子アイドル・グループ「F4」のファン・グループである「老媽子姉妹会」を例とすれば、回答者TはF4の一員を好きになったので、インターネットでF4に関するチャット・ルームに参加して、一群の同好者と知り合った。この人たちとの話題は次第にF4から普通の生活に拡大して、ついに友達になってしまった。この例も多くの回答者が同好者と付き合うことで、親しい友達になった経験である。つまり、アイドルは付き合いの契機といえる。回答者Tとその同好者たちはついにファン・グループを結成して、しかもメンバーカードも作った。こうして、一つの緊密な内集団を形成したのである。回答者Tは、このファン・グループはF4が彼女に与えた最大の効用であり、意義でもあると思っている。さらに、回答者Tはこの同好者たちと一緒にアイドルのイベントなどに参加したり、この集団で時々アイドルの情報を知らせ合ったりして、さらには、その集団に愛着を感じているため、F4が出演したドラマが終了したにもかかわらず、それらのアイドルに対する愛情を持ち続けていった。

　このような仲間関係、あるいはファン・グループのような草の根的な力は、主流のマスメディアの宣伝やインターネットという通信手段がなかった時代にも、大衆文化が拡大していった理由の一つである。白石さや（1998: 319）は日本漫画やアニメの海外輸出とその発展を論じる中で、日本漫画やアニメのグローバリゼーションが頼ったのは政府の力ではなく、各国における草の根的で無秩序な「ファン文化」の拡散力だと指摘している[21]。同好者間の関係は互いに愛情の程度を維持したり深めたりするだけではなく、同好者を増加させるルー

---

[20]　例えば、回答者Tが述べたように、「今、彼ら（好きなアイドル）は新作品がない。（我々の情熱を）持続させるものがない」というような、マスメディアに現れる情報の減少のような事態である。

[21]　韓国の場合、このファンの草の根的力で日本大衆文化の発展を促したことについて、キム・ヒョンミ（2003）や張竜傑（2005）にも同様な論述がある。

トの一つでもある。例えば、回答者SとRは友達や姉の仲介で、現在好きなア
イドルの存在を知って、そして夢中になったと述べている。この点は白石が述
べた草の根的な伝播方式に一致している。特に日本大衆文化が抑圧されてマス
メディアの表舞台に上がることができない時に、このような社会的ネットワー
クは大衆文化の存続と拡散にとっていっそう重要なものであった。回答者Yは
1989年には、同好者と漫画同人誌団体を組織して、漫画を描いたり、所有す
る日本漫画を交換したりして、漫画に対する情熱を高め、漫画の読書量も増や
していった[22]。

③理性を失った金銭投入を促す

　大衆文化のこの草の根的な力は、いま一つの様相で現れている。それは情熱
につれて、理性の計算を超える消費行動を起こすのである。しかも、仲間意識
や集団関係は、さらにこのような消費行動に影響を及ぼす。

　消費者はある物事を好み、しかも夢中になる時に、先に述べたように、彼／
彼女がこの物事に想像や意義を付与するのである。このようなアイデンティテ
ィと結びつく想像は、いろいろな手段で当該対象に接近したり同化したりする
ことを企図させる。当該対象やそれに関連する物を「所有」したり「模倣」す
ることは、その一つである[23]。これは、前述した聞き取り調査の例によって示
されるように、大衆文化は消費者の経済感覚を麻痺させながら、金銭を投入さ
せることを促す力を持つ。換言すれば、消費者はある大衆文化に対して同一感
を感じ、その大衆文化に対して生じた情熱が「所有したい」という欲望を巻き

22　さらに、回答者Yによれば、その同人誌団体のメンバーには、他の日本BL（Boys'
　　Love）小説や漫画の読書会に参加する人が何人もいる。その読書会のメンバーは、台
　　湾で多くの日本語の書籍を注文して読み、またお互いに交換していたのである。回答
　　者Yが所属した同人誌団体は、メンバーの数は制限されていた（約15人）が、その
　　読書会はメンバーの数は自由であった。そこで、読書会のメンバーは最初は5、6人
　　だけだったが、1990年代の半ばに至ると、15人位に増えた。

23　佐々木孝次(1985)は欲望について論じる時、人類の欲望（desire）とは欲求（need）
　　と異なり、一種の心的なムーブメントによって再現するイメージ（image）を対象と
　　すると論じている。換言すれば、欲望が欲望自体を意識するような「自己感情」を持
　　つので、一種の「他者性」というものを持っている。対象は主体と分かれているので、
　　主体は対象を破壊し、変形し、さらに同化することを企図している。このような衝動
　　が欲望と名づけられている。

起こすほど強くなった際、この欲望が満たされなければ不快感を生じる。そこで、購買、模擬、同人誌やファンのホームページの生産などの行為が、現時点の不快感をとり除くために実行されていくのである。

　回答者Sの事例は以上の観点を明確に表現している。回答者Sは、あるアイドルのグッズなどを購入するかどうかは、「一つの臨界点だ。いったん買ったら、そのままずっと買い続ける。……買うという行動は、私がそのものを持ちたいという欲望を抑えられなくて、どうしても買いたいことを示すのだ。つまり、私がもう（このアイドルに対する愛に）落ちちゃったということを示すのだ」と述べている。つまり、この回答者にとって、グッズなどの購買は一種の好意を量る尺度だといえる。したがって、購買行動を抑制するのは、彼女にそのアイドルに対する好意を抑えるのと同じ意味を持つ。それと同時に、彼女のそのアイドルに対する好意は、まだ抑えることができる範囲に収まっていることをも表している。いったん購買行為が起これば、欲望のバルブを開いたようになったといえる。回答者Lの発言もこの論点を支持している。彼女は、「アイドルの最大の定義は、みんなが、そのアイドルのアルバム以外のものを買う意欲があることだ。……私が好きなアイドルはとても多いけど、あの人たちのグッズなどを買うことを絶対しない。本当に金を使うなら、本命の（グッズなど）しか買わないよ」と述べている。

　しかし、もちろん個体と個体は分立する。したがって、同一化したい対象でも、到底他者でしかない。他者性を備える欲望は満たせない無限性を有する。主体がいったん対象に対する欲望を記憶すれば、欲望から導かれて残った記憶の痕跡によって、欲望自体が欲望を呼ぶのである（佐々木孝次 1985）。それ故に、まさに回答者Sは、「買えば買うほど、買いたくなる。だから、買い（＝好き）始めなかったら、足りないと感じないのだ」と述べている。もし台湾における関連商品の供給がこの欲望を満たすことができなかったら、ファンに、日本に輸入制限を超えて自由に買いに行きたいという欲望が生じるのである。例えば、回答者Vは、「日本に漫画やアニメのグッズを買いに行きたい」と言う。大衆文化が新製品、イベント、関連商品や情報を絶えず更新するという販売手法も、確かにこのように新しい欲望を刺激したり誘発したりする手段である。例えば、回答者Hは、「最初にはまって、一番夢中になった時には、彼ら（好きなアイドル）のグッズのために、毎月何千元も使っていたよ。日本のオリジナル版も買

った」と述べている。つまり、最初好きになった時、すべての関連グッズが消費者／ファンにとって新しい物であるため、欲望は簡単に、かつ無制限に作り出されるのである。

　また、レコード会社のベテランである回答者Cは、海賊版が横行した時代でも、アイドルの商品などの正規品だけが依然として一定の販売高を維持することができ、海賊版に影響されなかったと述べている。しかも、圧倒的多数の回答者は、アイドルの商品などは正規品があれば必ずそれを買い、正規品がない場合にだけ海賊版を買うと回答している。なぜなら、消費者が大衆文化／アイドルにアイデンティファイするからである。正規品は「アイドルの許可＝象徴資本（正統性）」を持っているといえる。つまり、たとえ海賊版は正規品と同じように精巧で美しく製作されているとしても、正規品が持つ正統性、あるいはアイドルの代表であるという意味を持てないのである。したがって、海賊版を持っても、欲望の対象と同化するという象徴的意義を持つことができないのである。ちなみに、アイデンティティを強く感じれば感じるほど、正規品を購買しようとするモチベーションも高まる。

　このようなアイデンティティに生じた欲望や凝集力は、大衆文化が強大な経済効果を持つ理由の一つである。しかし、このアイデンティティは必ずしも消費、ライフスタイルや大衆文化以外の分野に及ぶとは限らない。この点については第3節でさらに論ずる。

④情熱と「非日常性」：日常世界からの避難所

　しかし、アイデンティティという要素のほかに、大衆文化によって誘発される情熱も[24]、このような経済力が継続しかつ拡大することができる原因の一つである。世界の理性化と体系化が進むにつれて、感情は非理性的な表現と見なされるので、それが持っている象徴資本が次第に低下していく。感情／情緒の管理や抑圧は、理性的社会で次第に当然な共通認識や常態と見なされていった。

---

[24] 情熱とアイデンティティの発生は常に同時である。例えば、回答者GやRのようにライブに参加したとか、あるいは回答者HやVのように日本ドラマやアニメを見たとかということによって、情熱が誘発されて、そのアイドルやキャラクターに同一感を生じるのである。他方で、回答者KやSのように、まずあるアイドルの作品が悪くないと思い、さらにこのアイドルを理解して後、情熱が誘発されるのである。

しかし、感情とその満足に対する需要は依然として存在している。さらに、ルーチン化した理性的な日常、巨大な官僚的体系、過剰な情報などの現状は、大衆を無気力にさせる[25]。そこで、理性的な社会で、合理的にこのような需要を満たすルートがますます重要になった。大衆文化は日常社会と隔絶された一種の想像的な異空間を作り出すと言える。このような日常生活との隔絶は、カーニバルの作用を持ち、俗世の日常でたまった感情を解放させて、カタルシスの作用を与えるのである[26]。

　大衆文化が備えた、カーニバルという隔絶と再生の作用については、様々な大衆文化研究者が論じている（Bakhtin 1998、Docker 1994、クラマー 2001、フィスク 1996）。つまり、カーニバルが備える非日常性を通じて、人間に潜在する側面が現れるようになり、非日常的な活動で予想外のリスクを経験して、自我を発現することができるのである。それによって、日常生活に蓄積した不満が安全に解放されるようになる。したがって、カーニバルは一種の安全弁でもあり、日常世界の秩序の維持を保つ手段でもある。ところが、世界が脱魔術化してきたので、このような日常と隔絶された機能は次第にカーニバルや祝日から大衆文化の想像的世界に移行していった。理性化されて以来抑圧されたり、管理されるべきだと考えられたりする感情は、この反転した異世界に合理的な方式によって存在したり、解放されたりするのである。

　漫画を例とすれば、読者はテクストの脈絡に進入する時に、すでにテクストのロジックと共感的に切り結ばれる。そして、テクストの登場人物との同一化によってこのような連結をさらに強化する。しかも、テクストに入った読者は、日常生活の世界とテクストの異世界に同時に存在することができないので、一

25　この部分について、次の文献を参考されたい。Lasch, C.（1979）*The Culture of Narcissism*, NY: Warner Books. G. リポヴェツキー（2003）『空虚の時代：現代個人主義論考』、東京：法政大学出版局。

26　カーニバルの本質的作用は、転換の意識に付随する両義的な世界感覚の表現である。つまり、世界に潜在して／抑圧されている意義を表面化させるのである。カーニバルの祝祭では、すべての日常的秩序が停止され、普段は軽視や警戒されている混沌の世界が基本になる。あらゆる価値、人、事物は、それが通常属している文脈から離れて、他の事物と、意外としか言いようのない事物と結びつく。換言すれば、カーニバルは社会本来の階級や規範を転覆して、日常生活の世界と隔絶された一つの異世界を構築する（山口昌男 1975: 87-88）。

第1節 | 日本文化禁止令の時代における日本大衆文化の発展　　　*289*

種の日常生活との隔絶が生じていく。このような隔絶を通じて、読者はテクストと緊密に結びつき、理解、共感、意義の構成と再生産などの効果を達成することができる（李衣雲 1999: 56-58）。テレビ番組や、演劇などの大衆文化も類似する機能を有するのである[27]。言うまでもなく、アイドルの存在も類似する機能を持っている[28]。つまり、アイドルはその歌曲、イベント、マスコミにおける表象などを通じて、一つの愛情や関連知識がなければ進入することができない体系＝内世界を作り出し、日常の世界との隔絶を形成するのである。

　言い換えれば、漫画や日本ドラマ、アイドルの存在は、いずれも消費者を惹き付けて没頭させ、一つの日常世界と隔絶する異世界を形成することができる。この基礎は、前述したように、形成した異世界のロジックに対する受容、アイデンティティ、共感、およびそれによって生じた情熱である。つまり、消費者は消費している大衆文化から快楽を獲得できる[29]。この快楽を得て欲望を満たし、日常生活がもたらした不快や空虚感を遮断することができるために、消費者は次第により深く夢中になり、大衆文化と断ち切りにくい持続的な連帯関係を形成していく。確かに回答者Rは、「彼（好きなアイドル）は、私にとって、

27　J.フィスク（1996）の論点は、演劇やテレビ番組の視聴が抵抗や逆転する力を備えるので、カーニバルような特質と機能を持つと指摘している。つまり、テレビ番組は一種の現実的世界と表現的世界の交錯した感覚を形成する。視聴者はテレビ番組の登場人物と同一化し、テレビ番組が有するカーニバル的な記号的表現スタイル、および日常への抵抗や破壊によって、強烈な快楽を獲得する。アパデュライ（2004: 22-33）も、電子媒体は現在の社会で、想像力や神話体系が提供していた、非日常的な経験と日常生活の再構築という機能を担っていると指摘している。人々は電子媒体を通じて、日常生活の理屈から離脱して、社会で禁止されている感情や興奮を経験することができるのである。

28　例えば、回答者Kは、「成長するにつれて、どんどん社会は暗くなっていくのかと思っていった。……（アイドルが好きになってから）私にこんなことを考えさせないようになった。これは逃避だといえないだろう。……例えば、ライブに行ったら、タッキー（アイドル・瀧澤秀明）が見えるから、とても嬉しい。なにかあっても、僕にはまだタッキーがあり、またライブを見にいけるよと思っている」と報告している。回答者Sもアイドルは自分にとって、避難所という機能を持つと考えている。回答者Sは、「私は時に母と喧嘩して自分を落ち着かせたかったら、あるいは逃避したかったら、彼ら（自分のアイドル）の番組を見にいく」と報告している。

29　多くの回答者は、アイドル、日本ドラマ、漫画などの大衆文化が好きなのは、自分を楽しませ、生活を多彩にいろどるためだと思っている。例えば、回答者H、K、OやZは、アイドルの意義は自分を楽しませるためだと率直に述べている。

生活における重心を見つけさせた。(つまり)……安心感を感じさせる帰属地で、……私をあまり不安にさせないようだ。……現在、多くの人々はとても空虚さを感じているから、きっと何かに夢中になるはずでしょう。……MUFFY兎（あるキャラクターの名前）でも、……政治的熱狂でも」と述べている。回答者JもRも、アイドルは自分にとって、「生活上の頼りだ」と述べている。また、回答者Kは「生活の必需品だ」と述べている。以上の回答は全部が類似した「同一化－感情－連帯関係」という意味を含んでいる。さらに、好きなアイドルの歌を聞くと、「自分に一種の力を与えてくれた」(回答者P)、「すぐ『情熱的』になっていく。そして、(嫌なことは)いずれは過去のことになるから大丈夫だという思いになる」(回答者S)のである。以上の事例は、日常生活にあっても、好きな大衆文化は、カーニバルのように情熱を誘発するとか、日常世界と隔絶した「異世界＝避難地」を形成することによって、心理的なカタルシスの作用を持つことを示しているのである。

⑤「カーニバル的な性質」：情熱の誘発

　アイドルのライブは、大衆文化のカーニバルという性質を最も表現する事例だと言える。漫画、日本ドラマなど二次元のメディアは、日常生活で一つの非実体的な異世界を作り出して、消費者にその中でカーニバルの転覆性を享受させるが、ライブは実在的な時空でカーニバルを形成するのである。人間が商品となるアイドルは、記号的な表現形式を重視するのであり、ライブという形を通して、普段二次元でしか現れない真の肉体をファンの目の前に現し[30]、さらに現実と想像世界の間の境界線を曖昧化させる。それ故に、大多数の回答者は、「(アイドルの)本人を見た時には凄く感動したり興奮したりする」(回答者R)。さらに、ライブによって形成された「異空間＝非日常」は、ファンを日常性から解放させることにも役立つ。例えば、回答者Hが述べたように、「ライブの現場の雰囲気はあんなに……、つまり、5万5000人のあのような集客力で、アイドルが好きだということがそんなに恥ずかしくないとか、一人で家でこそ

30　フィスク（1996: 380-391）はプロレスを例として、肉体の感覚を重視するカーニバルは見えるものを強調し、表面の体裁を拡大し前面に押し出していき、意味作用や深層を拒絶すると論じている。すなわち、一種の儀礼的な表現形式である。

こそとすることではなく、正々堂々と言い出せることだと思わせた」。つまり、吼え声や泣き叫びなどのような日常生活では禁止される激情的な態度や表現方式、および現実の「文化の場」で差別された大衆文化に対する愛情は、ライブでは許されることであり、逆に、その場で理性的な表現をしている人々は、おかしい者だと見なされるのである。

このようなライブで形成されたカーニバルのような激情は、相当な時間にわたって持続することができるし、しかも、消費者のアイドルに対する同一感やアイドル（のグッズ）を持ちたい情熱をいっそう誘発する。ライブ会場のアイドル・グッズの売店で並んで購入している状況はその一例である。回答者Sの次の発言は前述のような情熱と消費誘発の関係について、相当に明白な注解を施している。「私は毎回ライブを見にいくと、必ず気が狂うようになった。……アイドルのグッズを買いたい気持ちをようやく慎んだのに、結局また気が狂ったように買い始めた。……ライブの時には本当に凄くハイになっていた。……特にあのように狂うほど叫んだり跳び上がったりすることで、本当にストレスが発散できた」。

以上で述べた大衆文化が誘発する強い情熱は、その対象と欲望を喚起する商品が存在するかぎり、いわゆる「大人の世界」という公的領域から抑圧されても、潜在化したり変形したりして蔓延して発展し続けていく。

さらに、この情熱は、理性社会のコスト計算を越える。例えば、台湾のライブは座席指定ではなく、並んだ順番によって入場の優先＝舞台との距離を決定する。したがって、回答者MもTも、舞台＝アイドルに接近するために、夜を徹して、さらに何日も前から並んだと語っている。また、圧倒的多数の回答者はインターネットを利用してアイドルの情報を追い求めるとか、マスメディアに現れる自分のアイドルのニュースに注意するとか、関連雑誌の購入とか、アイドルの趣味を調べて覚えるとか、同好者との連絡など、かなり能動的に努力している。さらに、インターネットでアイドル関連のファンのホームページを設け、しかも資料（アイドルに関する情報の翻訳と掲載など）を頻繁に更新している[31]。また、数名の回答者は、好きなアイドルが日本人であるため、一年

31　中国でも韓国でも同様な状況がある。韓国のファンを例とすれば、日本ドラマをデジタル録画、エンコーディング、翻訳、字幕の製作、アップロードし、インターネット

に何度も台日を往復していたと述べている。これらの行動はすべてがアイドル
に対する「愛情表現」と見なされている。回答者Gが述べたように、アイドル
を利用してお金を儲ける行為は、一種の「裏切り」だと考えられている。つま
り、「愛情」は純粋さと神聖さを持つので、「金銭＝俗世＝取引＝有価」をベー
スにすることは罪だと考えられている。換言すれば、情熱＝愛情は、消費者が
大衆文化に対してコストを計算せず、時間や金銭を投入することなのである。

　夢中になった大衆文化に対して情熱やコストを計算せず投入することに関
するもう一つの例証は同人誌[32]の創作である。同人誌の創作は世界各国のファ
ンの共通の活動であり、パロディーの対象がアイドルに限らず、漫画をはじ
め、アニメ、映画、ゲーム、小説などにまで及ぶ。これらの同人誌は自費で書
籍を作り売買するだけではなく、ファンの私設したホームページに掲載されて
同好者に無料で閲覧させるものもある。原作のパロディーである同人誌は、常
にファンが原作のストーリー／人物の表現に不足を感じるために生じた物であ
る。あるいは、ファンが同一化する登場人物を自分の感情の代理人として、原
作のストーリーを改編したり再解釈したり、さらにその登場人物の設定を使っ
て新しいストーリーを創作したりするものである。このような抵抗や批判の意
義を含んでいる「ファンの文化」は、俗世間を拒絶する異空間を構成し、「深
く隠れた感情で、および情熱の持っている快感を追求している」と H. Jenkins
（1996: 283-284）は指摘している[33]。

　　を通じたファイル交換などの方法で、他のファンも鑑賞することができる。この加工
　　作業には、膨大な時間、人力ないし金銭がかかるにもかかわらず、ファンたちはやめ
　　ようとしない（パク・ソヨン 2004）。

32　同人誌とは、最初は自分や同好の作品を自費で出版するものを指す。現在、大衆文化
　　のフィールドでは、同人誌はオリジナルな作品以外では、アニメ、漫画、ドラマ、映
　　画、アイドル団体などから生じた二次創作が多く、その類型が漫画、小説、映像のア
　　レンジや吹き替えなどである。

33　このようなファン閲覧（fan reading）は、ファンがテクストに支配されるのではなく、
　　テクストを充分に占有する、と Jenkins（1992）も考えている。つまり、「メディアの
　　内容と日常生活を一体化することや、その意義や素材を結び付けることに緊密に参与
　　する限りで、ファンはこの虚構の世界を充分に消費することができる。そしてそれを
　　能動的で活発な資源にする」と Jenkins（1992: 62）は述べている。ここで日常生活と
　　一体化するというのは、消費者の日常生活の感覚がテクストと繋がることを指すので
　　ある。すなわち、消費者のテクストに対する解釈や想像なのである。フィスク（1996:
　　360）は、児童がテレビ番組を視聴した後に、遊びで番組を再演したり再解釈するこ

二次創作の同人誌の創作は、本節の最初に述べた大衆文化、あるいは欲望対象が、消費者（ファン）のアイデンティティの対象、および代理者であることを、いっそう明らかにしているのである。夢中になる相手について自らの想像に相応しい形でストーリーを創作することは、ファンにとって、一つの「いっそう没頭できる文化」を創造することである。このような同人誌の流通と閲覧、すなわち共に一つのテクストを消費する行為は、一種の消費者が自ら意義を生産する行為であり、閲覧の実践を流通させることでもある。その行為によって、読者は自分とこのメディア／テクストとの関係を想像するようになる（Jenkins 1992: 86）。さらに、このような行為は、一種の内集団の求心力を形成することにも役立っている。この求心力の中心は、同人誌の作者だけに限らず、二次創作の同人誌の原作でもある。同人誌の生産と閲覧が、同一化する大衆文化への求心力を助長することも、大衆文化がアンダーグラウンドの形で、しかも抑圧された状況の下で、依然として存在し、かつ成長していく要因の一つである。

本節のまとめ

まとめていえば、自らのハビトゥス、あるいはテイストによって自由に選択された大衆文化は、消費者にとって、アイデンティティの対象であり代理人である。アイデンティティのこのような作用で、消費者は大衆文化に近づき、さらに同化する欲望や愛情を覚えて、関連的な消費活動を行う。しかも、大衆文化に対するアイデンティティを通じて、および欲望の対象がファン共通の価値（共属の感情の紐帯）であることを通して、仲間を結集し、結束力が強い集団を構成することができる。このようなファン・グループは相当な社会的伝播力を有するし、引き込んだ新メンバーに対しても情熱やアイデンティティのための強烈な求心力を伴っている。こうして、大衆文化は公的領域におけるマスメディアなどの拡散力に依存するとは限らない。事実上、大衆文化の普及は、常に周辺や私的な領域から広められて流行していくのである。

他方、カーニバルという特性を備える大衆文化は、日常を遮断する作用が

とについて、このような再演が子供たちの気に入らない表現的世界を批判的に再定式化することで、自分の経験で番組を探求する意義を含むのであり、このような再解釈と作り直しが実は快楽と権力の源泉だと論じている。同人誌や二次創作については、李衣雲（2012）を参照。

あり、消費者、あるいはファンをその世界に吸引して引き込む力を持っている。この特性にアイデンティティの特性を加えると、大衆文化は強烈な情熱を誘発することになる。このような情熱は、消費者にコストにこだわらず時間や金銭を投入して快感を求めさせる。それと同時に、このような行動自体は逆に同一化する対象への欲望や情熱をさらに刺激して、一つの循環を形成する。この循環において、アイデンティティや情熱は表面的で見える要素であるが、それらをバックアップしている経済力は大衆文化の持続的な発展を保障する力である[34]。しかも、大衆文化の消費者／ファンは、受動的にマスメディアや他者から伝えられるものを待っているのではなくて、金銭や時間にこだわらず、関連情報、商品、欲望の源を能動的に探している。そして、消費行為＝大衆文化の経済力は長期にわたり継続するのである。かくして、感情や感性を消費の基礎とする大衆文化は、ついに現実的社会構造や主流文化が軽視できない経済力＝抵抗力を構築していく。

　しかし、経済的なパワーが持続するには、欲望の拡大が、必ず満たされなければならない。この満足感は同一化する対象である大衆文化の更新に依存している。さもなくば、循環は中断する。例えば、漫画の連載終了やドラマの放送終了とか、アイドルの新作の発表がないことなどである。この点について、第3節でさらに論じる。

　以上によれば、たとえ主流文化などによる抑圧が存在するとしても、大衆文化は依然として自主的に「草の根」の方式や強い土着力によって、公的領域の力に頼らなくとも発展し続け、しかも、政府の禁止令などでは排除しきれないような形で存在したり成長したりするのである。

　日本大衆文化もこのような大衆文化の特質を通じて、台湾の文化フィールドで、アンダーグラウンドで静かにその勢力を広く開拓しながら、台湾消費者の多くの大衆文化のジャンルに関する認知概念を形成してきた。この過程で、台湾の消費者、あるいはファンの信頼感を獲得してきたし、その内容を通じてファンと一つの感情の共同体を形成した。台湾の戒厳令と日本文化禁止令が解除

---

[34]　例えば漫画は台湾において、このように形成された経済力を通じて、非公式のフィールドの流通だけによって、文化のフィールド上で一つの位置を獲得したのである（李衣雲 1999）。

されて以来、従来アンダーグラウンドで深く根差して広がっていた日本大衆文化は次第に顕在化した。これまで述べたような蓄積してきたエネルギーも抑圧から抜け出して表舞台に登場し、1990年代に哈日ブームを形成し、さらに、従来の抵抗性や結束力を備える「日本」イメージとは異なり、「流行・上品さ・洗練・モダニティー」などの意味を含んだ「ブランド」としての「日本」イメージが現れてきた。こうして、日本大衆文化の台湾における発展は、ついに新しい局面に向かっていった。次の第2、3節では、この全く異なる「日本」イメージを論考する。しかし、ここで確認しておかなければならないのは、このいま一つの「日本」イメージは、第3章で述べた「日本」イメージとは異なり、さらにそれらと分立したり共存したりしているとしても、その底には依然として伝承されたハビトゥスと「日本」に対する好意、あるいは国家が吹き込んだ内なる強制力と絡み合っているということである。

第2節 | 日本大衆文化が表現した 「日本」 イメージ

　前節では、日本大衆文化が台湾消費者にとって文化的近似性と大衆文化の特質を備えているが故に、日本文化禁止令の時代にも政治や主流文化の抑圧に抵抗して、自らの優位性を構築している構造的理由を検討してきた。本節では、長期間にわたり台湾で発展してきた、ストーリー性を備える漫画とドラマを主とする日本大衆文化が表現する 「日本」 イメージ、および台湾における日本大衆文化の消費者がこのイメージをいかに想像したか、ということを検討する。本章の冒頭で触れた、日本ドラマや漫画が、日本大衆文化の長期間の発展やブームのきっかけになったという理由以外に、映像という表現手段自体が異文化の境界を越えて理解されやすいことが、ドラマと漫画を分析対象として選択したもう一つの理由である。

　本論に入る前に、まず、漫画と日本ドラマ (と出演するアイドル) との基本的な差異を整理する。主に仮想的な画像によって構成された漫画は、現実的な制限を越えることができるので、題材的には日本ドラマより多様で広範である。そこに描かれた画面はいかに現実の場面に似ているとしても、それが想起させる 「日本に関する感覚」 は、音声、実在の人間や現実の風景によって構成されたドラマ／アイドルには及ばない。また、一部の人気漫画作品は、完結すれば作品の人気や経済力も急速に低落していくのが一般的である。この点について、ドラマは漫画と類似性はあるが、ドラマの役者 (アイドル) は漫画キャラクターのような虚構の人物ではなく、実際に存在する生身の人間であり、異なるドラマ、レコード、番組の司会者、映画などのマスメディアを通じて、絶えず消費者の前に現れて役者／アイドルに対する興味を惹き付け、その人気と経済力を維持しようとする。したがって、それらの存在は漫画作品の一回性と比べると、より継続性を備えているのである。

　また、漫画、アニメ、ゲーム、ドラマなどを含む日本大衆文化は、きわめて少数の商品以外、すべて日本の国内マーケットをターゲットとして発展してい

第2節 │ 日本大衆文化が表現した「日本」イメージ 297

ること[35]、また、日本のテレビ局は出版業と比べるとより閉鎖的で、文化的商
品の輸出によって誘発されかねない文化帝国主義や植民地主義という非難に
過敏であった（第2章第3節を参照）。このような状況を考えれば、日本大衆文
化は外国に対して特定の「日本」イメージを伝播するために製作されたとはい
えないであろう。たとえ意図的にあるイデオロギーが込められているとしても、
その対象は日本人を対象としているはずだからである。
　さらに、台湾の消費者は日本大衆文化を解読するにあたって、台湾で形成さ
れた社会的準拠図式などによる。たとえ第3章で述べたように、この準拠図式
が先行世代から伝承され、かつての日本に関するハビトゥスの再生産を含んで

35　岩淵功一（1998: 18）は、アニメは日本の視聴映像産業の輸出時間量の58%（1993
　　年）を占めているが、しかしその輸出品の1%しか日本語で放送されていない。キャ
　　ラクターの体型も日本人に全く似ていないので、日本アニメは制作段階から世界市場
　　に輸出する体制が確立されていると述べている。岩淵は、任天堂のゲームソフト『マ
　　リオブラザーズ』を例として、その主人公であるマリオはイタリアの名前と外見を持
　　っているイタリア人であり、つまり、日本の匂いを備えていないと述べている。した
　　がって、ゲームやアニメなどの日本メディア産業は、グローバル・マーケットを目指
　　してやってきたと岩淵は指摘している。しかし、第2章で述べた、日本アニメ監督の
　　幾原邦彦が2003/11/19に東京の日経ホールで行った「COOL JAPAN：新しい日本文
　　化の力」というシンポジウムにおけるスピーチを参考にすれば、これと逆の見解が示
　　されている。また、アクロス編集室編（1995）の『世界商品の作り方：「日本メディ
　　アが世界を制した日」』も参照されたい。この本はコンピュータゲーム、アニメーシ
　　ョン、アイドルなどの文化・メディア産業界の有力者を取材している。彼らの多くは、
　　日本の大衆文化産業界がほとんど日本国内市場をターゲットとして新製品を開発する
　　と述べている。例えば、ゲーム『マリオブラザーズ』のプロデューサーである宮本茂
　　は、「自分が制作したキャラクターは世界的なものになることを、最初に全く予想し
　　ていないし」「今でも世界に向けて作ろうという意識は全くない。……（制作者など
　　は）何か作って、周りの人に驚いてもらうのが基本」だと明白に述べている。マリオ
　　の鼻を大きく描いて、髭を描くとか、イタリア人に似ていることは、ただ習慣や好み
　　だからである。マリオという外国風の名前も、意識的にわざとつけることではない」
　　（アクロス編集室 1995: 40）。以上のインタビューは、岩淵（1998）がいう、日本アニ
　　メやゲーム産業はグローバル・マーケットを考えながら制作されるという論点が、再
　　考されるべきだということを示唆しているのである。ちなみに、たとえ日本漫画やア
　　ニメの登場人物が日本人だとしても、必ずしも黒い髪、黒い瞳ではない。しかし、読
　　者や視聴者はこうした理由で、登場人物が日本人だと認識しないということがほとん
　　どない。この点は後でまた論述する。換言すれば、日本アニメ、漫画やゲームソフト
　　が「日本の匂い」を持たないことは、確かに日本大衆文化のグローバリゼーションを
　　助長した。しかし、これは、日本メディア産業はグローバルマーケットを目指すため
　　に、意識的に作品における日本の匂いを取り除いたり減少させたりした、という論点
　　を証明するものではないだろう。

いるとしても、これは実際の日本社会によって形成されたモノではない。した
がって、本節で日本大衆文化が持っている「日本」イメージを検討する際には、
生産者が意図的に伝える「日本」イメージという部分はさして重要にはならな
い。

　本節のテクスト分析の研究方法に関しては、文学理論（前田彰一 1996、岩本
一 1995）と映像や物語のテクスト分析法（北澤毅・古賀正義編 1997）に基づい
て、S.J. ネイピア（2001 = 2002）の日本アニメの分析、ウィリアムスン（1985a、
1985b）の広告分析、さらにフィスク（1996）のテレビ文化の分析方法を参考
にする。特にネイピアによるテクストの展開、画面の色調、人物の関係、アイ
テム使用の意味などの分析、ウィリアムスンのテクストに隠されている意味や
イメージと映像との繋がりの解読、およびフィスクが指摘したテレビ番組の構
造的要素であるライト、アングル、道具、セットなどの使用分析を参考にする。

　分析対象は、1990年代に台湾で出版・放送され、しかも相当な人気を集め
た日本大衆文化の作品から選択したものである。1990年代の作品を主要な対
象とする理由は、本節が「哈日風」の形成期とピーク期の期間に──すなわち
第三の「日本」イメージが形成され、しかも急速に拡張していた時期に──日
本大衆文化が表現していた「日本」イメージを分析することを試みるためであ
る。戒厳令が解除された1987年以降、台湾における日本漫画の海賊版時代を
含む黄金期は、およそ1989年〜1996年という期間である。1996年以後、漫画
人気の高まりは他の大衆文化産業の出現などの要因で冷めていった（第2章を
参照）。したがって、本節において漫画を論述する部分は、1990年代半ば以前
の作品を主とする。

　日本ドラマは、台湾において初期はビデオ・レンタルの形でアンダーグラウ
ンドで流通していた。最初のマスメディアの放送は、1992年に「衛視中文台」
というCATV局から始まり、その後には相当なブームが形成された。1994年
前後、専門の日本番組を放送するCATV局やチャンネルが続々と創立され、台
湾での日本ドラマの黄金期が始まった。1998年に安価な海賊版VCD（Video
CD）が再び登場し、2000年になって急速に拡大するとともに、放送権料が高
騰したため、CATVにおける日本ドラマの放送の高まりは次第に冷めていった
（第2章第3節を参照）。したがって、本節では、1992年〜2000年に台湾で放送
された日本ドラマを主要な分析対象として、1992年以前のアンダーグラウン

ドの時期には言及しない。

2-1　日本漫画に表現された「日本」イメージ

　漫画は台湾で最も早くから広まった日本大衆文化の一つである。日本ドラマやアイドルがまだ台湾に進出していなかった時に、漫画はすでに台湾の若者層に根を下ろし勢力を拡大していた。したがって、日本漫画は、台湾における「日本」イメージの形成に関して、どのような役割を担ってきたかということは、探究に値するのである。

　1980年代半ば以前、台湾では日本漫画は作者名、日本の文字、和服、畳などの「日本の匂い」や「日本に関連する手掛かり」をすべて取り除かれて出版されていた。したがって、1980年代以前に生まれた台湾の読者世代は、口伝えや「日本語書籍の本屋で日本語バージョンの日本漫画を見た」(回答者G)というアンダーグラウンドのルートを辿るしか、この作品が日本製だという事実を知り得なかった。1980年代以降、日本漫画における「日本の手掛かり」が取り除かれるという状況は次第に減少し、1980年代に入ると、漫画の表紙に日本人である作者の名前が印刷され始め、作品の中で手描き擬音文字などの日本語は常に残されるようになった。この時、政府の統制力は弱体化していたので、日本文化は以前より顕在化するようになった。それ故に、1980年代以降に生まれた読者の世代は、大体最初から自分の読んだ漫画が日本漫画から翻訳されたものだと知ることができた。

　日本漫画の題材はSF、幻想、ホラー、異世界、格闘を含んで多様化しており、しかも欧米を背景とする作品も多い。戒厳令が解除されてから1990年代における漫画の黄金期に、日本で出版された漫画はほとんどすべてが台湾で出版されていた (李衣雲 1996)。当時、台湾で高い人気を集めた漫画作品[36]は、車田正美の『聖闘士星矢』、鳥山明の『ドラゴンボール』、冨樫義博の『幽遊白書』、高橋留美子の『らんま1/2』、桂正和の『電影少女』、さとうふみやの『金田一少年の事件簿』、和月伸宏の『るろうに剣心』(以上は少年漫画)、ひかわき

36　出版社は1990年代の漫画の販売高を記録していないため、本書で論じた人気度は当時の筆者の社会的観察と新聞記事によって判定されたものである。

ょうこの『彼方から』、清水玲子の『月の子』、成田美名子の『Cipher』、尾崎南の『絶愛』、篠原千絵の『天は赤い河のほとり』、さいとうちほの『白木蘭円舞曲』（以上は少女漫画）などである。これらの中には、現実的な日本を背景としない作品が多い。回答者Uが報告したように、これらの日本を背景としない漫画の内容は、彼女の日本に対する連想を喚起することができない。換言すれば、「日本」イメージの形成において、日本漫画の表現した内容と比べると、日本漫画の閲読によって形成された日本製の漫画への信頼度やその叙述方式の普及などが及ぼした影響力の方が大きいといえる。この点は本章で論じるテーマの一つである。

日本漫画の分析例

そこで、本論は漫画で表現されている「日本」イメージを論じるので、分析対象は、1990年代に台湾で出版され、日本の生活状態を背景とする現実類型の漫画作品を主としており、異国や異世界を背景とする漫画には言及しない。

次に内容分析の対象とした三つの漫画作品を選んだ理由について述べる。まず、『シティーハンター』[37]は1989年〜1992年の海賊版時代に、すでに二社の海賊版の漫画誌がこの作品の連載を競い合っており、この『シティーハンター』と非現実的設定の漫画『聖闘士星矢』は、当時最も売れる人気漫画と言われていた[38]。この漫画が台湾や香港で人気を集めたため、1993年、香港の映画俳優ジャッキー・チェンは、設定もそのままの同名タイトルの映画に出演している。この映画は興行収入が1億元に達して、同期の映画ランキングのトップ1となった[39]。さらに、漫画の連載終了4年後の1996年に、このアニメは様々な

37　北条司（1986-1992）『シティハンター』（全35巻）、東京：集英社。台湾で正規品は1993年に時報文化出版社から出版され、翻訳タイトルは『城市獵人』であった。2005年に東立出版社から再出版された。その第2部である『エンゼル・ハート』は、2000年から、また東立出版社の年度ランキングのトップ20の中に入っている。

38　民生報 1988/06/25 第15面「聖鬥士 城市獵人 青少年耳熟能詳 漫畫人物海報大行其道 商人腦筋動得快 大量複製發利市」。

39　監督：バリー・ウォン、出演：ジャッキー・チェン（冴羽獠）、後藤久美子、ジョイ・ウォン（慎村香）。香港バージョンの映画で、男性と女性主人公は、台湾の翻訳漫画の中国名を使っている（民生報 1992/01/09 第9面「漫畫人物 躍上銀幕 成龍將扮城市獵人 葉蘊儀演力王」。聯合報 1992/11/29 第21面「城市獵人不稱頭的孟波 成龍變給你看!」。民生報 1993/01/06 第9面「電玩 電影 打成一片 城市獵人 超越時空　妙用

話題を引き起こしながら、再び台湾のテレビ局「中国電視台」で放送された[40]。

『スラムダンク』[41]は出版された当初、一巻がすでに10万部に達したが、1995年にアニメが放送されてから、新刊が20万部になり、第22巻は25万部にもなった[42]。総販売量は600万部に達している（陳嘉宏 1997）。さらに、このアニメの高い視聴率がテレビ局のアニメ＝子供のものという観念を変えた[43]。加えて、1990年代半ば、台湾で実際のバスケットボール・ブームを引き起こしている[44]。

以上の二作品は少年漫画である。3番目の分析対象は少女漫画から『花より

電玩人物 成龍掌握流行 花樣翻新」。聯合報地方版 1993/02/13 第22面「城市獵人票房上億 方世玉後勁十足受矚目」）。

[40] 1990年前後にはこの漫画は高い人気を集めたが、内容のエロテックな表現が話題になった。劉平君（1996）によれば、『シティーハンター』は1990年代の初めに台湾で大人気を集めたが、暴力、エロティシズム、ヒーロー主義などの内容表現が社会における性問題を表現していたので、アニメが放送される前に、その内容の暴力性やワイセツ性で、ゴールデン・タイムで放送されるべきではないと政府機関に警告されることになり、「中視」は相当なシーンをカットして放送した。ちなみに、台湾のテレビ局では、従来、ゴールデン・タイムに放送されたのは台湾の自製ドラマである。1995年の『スラムダンク』と1996年の『シティーハンター』は、ゴールデン・タイムにアニメが放送された特例であった（民生報 1995/05/31 第12面「周末八點檔洗牌前 灌籃高手先上陣」。民生報 1996/01/17 第12面「中視 有請城市獵人上八點 出怪招層峰深信此舉可吸引觀眾 大小眼 多位備檔戲製作人吃味」。民生報 1996/01/18 第12面「播城市獵人 電研會搖頭 偏黃卡通！不適合八點檔閣家觀賞 中視播不播？節目部說‘再研究’」。聯合報 1996/12/24 第22面「卡通『城市獵人』中視大動干戈後輔級播出」）。

[41] 井上雄彦（1991-1996）『スラムダンク』（全31巻）、東京：集英社。正規品は台湾で大然出版社から出版され、翻訳タイトルは『灌籃高手』であった。

[42] 民生報 1995/07/19 第15面「『灌籃高手』灌得漫畫迷如癡如醉 第廿二集印製量達廿五萬冊 前面期數也仍有銷路」。台湾では、台湾製の漫画は、初版第1刷が平均2000〜4000部で、僅かの作品が1万部に達する。日本漫画の販売量は、1万部に達すれば良くて、人気作品の場合、6万〜数10万部になるものもある（回答者Y）。

[43] 第2章第3節を参照。また、このアニメが最初放送された時、高い視聴率のために、「中華電視台」と「中国電視台」は放送許可をめぐり競い合っていた。したがって、放送されている途中に、放送担当のテレビ局が変わることが2回起こった（聯合報 1996/06/15 第22面「灌籃高手很搶手 中視橫刀奪愛 華視聽了也傻眼」。聯合報 1996/07/17 第22面「硬搶灌籃高手只為輸人不輸陣 華視打舊片搶新片 中視面對天價也無奈」。民生報 1996/08/07 第12面「『灌籃高手』華視搶回 下月推出」）。

[44] 例えば、張元培（1997）は『スラムダンク』をバスケットボールの教科用図書として分析している。

男子』[45]を選んだ。 先に1990年代に人気を集めた少女漫画の例を多く紹介した。それらはほとんどが恋愛をテーマとする作品である。その中で、1993年に台湾で刊行が始まった長編漫画『花より男子』は、2004年まで東立出版社の少女漫画の年度ランキングに顔を出している[46]。さらに、この作品は2001年に、台湾で『偶像劇』として制作され、登場人物の「F4」という4人の登場人物を演じたグループは人気アイドルになった。しかも、このドラマとF4と呼ばれたアイドルたちの人気は、東南アジアにまで及んだ。以上の理由から、本項ではこの三つの作品を、漫画で表現される「日本」イメージの分析対象として選択した。

1.『シティーハンター』

『シティーハンター』の主人公「冴羽獠」はゲリラ部隊出身で、戦場での悲惨な体験を抱え、自分の育ての親に裏切られたこともある。ゲリラ生活を離れてから、日本の東京・新宿で、パートナーである女性主人公「槇村香」と組んで、闇世界の事件を解決することに従事している。作品はその回ごとに異なった事件を扱い、事件の経緯とその間に発生した人間関係を描写している。

『シティーハンター』のストーリーは法律では解決できない暴力団やマフィアに関する事件を主として、拳銃による戦闘など一つの非日常的な異世界を構成している。読者はその展開によって、正義の達成というカーニバル的興奮を感じている。作品では、新宿の街、埠頭、病院など日本の都会の風景が写実的に描写されているが、新宿を訪ねたことがない人にとって、その都会が本物の新宿だということを見分けることができない。さらに、埠頭や病院など規格化された場所も、ほとんど日本独自の特色を持っていないといえる。それ故に、作品に現れた場所のシーンは、単なるストーリーの背景と見なされ、「東京・新宿」という記号はそこに付けられただけである。ストーリーの「非日常性」という遮断作用によって、描かれたシーン自体は「このストーリーが日本でしか発生しない」という特定感を喚起する作用が希薄化されている。つまり、読

45　神尾葉子（1993-2004）『花より男子』（全36巻）、東京：集英社。台湾では東立出版社から出版され、翻訳タイトルは『流星花園』であった。

46　資料來源：東立出版社2001, 2002, 2003, 2004年之年度排行榜。

者は「このストーリーが日本・東京で発生する」という知識を持ちながらこの作品を読んでも、必ずしも「これは日本だ」と実感しているわけではない[47]。

この作品が台湾で引き起こした話題は、男性の主人公・冴羽獠の「セクハラ的行為」である[48]。冴羽獠は日常生活では街頭で絶えず女性をナンパしたり、女性の依頼人に軽薄な態度をとったり、セクハラまがいの行為に余念がない。冴羽獠のこのような行為は——もちろんギャグ的な要素として描かれているのだが——台湾の読者の日本に対する「風俗業や痴漢が多い」(回答者W)とか、「日本の街ではエロいおじさんが多いし、……路地にスナックもある。恐ろしいと感じる」(回答者S)というステレオタイプを形成したり、強化したりしたのである。さらに、この作品の設定——女性＝救い出される者、男性＝救い出す者——も、日本のセクシズムというイメージを強化した[49]。したがって、この作品は日本社会の構造が「男尊女卑」、および女性の立場の弱さや差別を表現しており(劉平君 1996)、台湾の読者に、このような「日本」イメージを伝えたり、強化したりしたのである。

しかし、この作品は基本的に純愛ストーリーだといえる。まず、冴羽獠の女性主人公・槇村香に対する愛情は純愛の段階に止まり、軽薄な言葉以上の行為とはならない。冴羽獠は絶えず女性たちにセクハラ行為をはたらくが、槇村香

47　この作品は台湾で最初に1980年代の末、すなわち海賊版時代に出版された。当時、従来の日本漫画の「日本の手掛かり」を取り除く慣習にならって、出版社は主人公の名前・冴羽獠を、中国の姓名「孟波」に変えた。1993年、時報文化出版社で出版された時に、ようやくもとの日本の姓名に回復した。それ故に、海賊版時代の『シティーハンター』が持っている「日本に関する連想」は、日本姓名などの記号を含んでいなかったのである。しかし、長い間このような翻訳の方式に慣れた台湾の読者は、初めからこの作品の背景は日本にあることを知っていた。さらに、海賊版時代の中国語の名前も、読者のストーリーに対する違和感を誘発しなかった。したがって、この作品は、ストーリーの内容より、登場人物の表現が読者に日本を想起させやすいといえるだろう。

48　注40を参照。

49　この漫画作品のストーリーの基本的構成パターンについて、男性主人公・冴羽獠は日常生活における軽薄な行為のため、事件の初めで、いつも女性依頼人の不信や嫌悪を招く。しかし、事件の核心に入ると、冴羽獠の優れた射撃術や、武器への知識、能力によって、普段と全く違って、「義理人情」を尊重し、事件を完璧に解決する。そこで、いつも女性依頼人の信頼を勝ち取ることができる。ちなみに、作品中、有能な女性警官や女性傭兵、女性探偵すら、冴羽獠の救援を必要としている。

の存在は、彼の「超自我＝社会的制約」である[50]。さらに、冴羽獠は多くの女性依頼人に対し「1発、2発」という性行為の表現を口に出したり、街頭で女性をナンパしたりするが、一方では、自身の腕力で相手をねじふせることは一度もないし、他方では、ナンパした女性に簡単に殴られてみじめな姿をさらしたり、槇村香が現れてその行為が制止されることを予想したりしている[51]。

　換言すれば、この作品で冴羽獠をはじめとする主要人物は、本音と建前の不一致という性格を表すのである[52]。これら本音と建前の不一致は多くの誤解を招いた。つまり、この作品は日本人の実際の行為や言葉と考えの間におけるギャップを表現している。しかし、このようなイメージはテクストでは読者の同情を引きつける力を持っているが、現実的世界では、読者が閲覧の時と同じように「神の視点」を持つことができないので、「日本人は理解しにくい」とか「日本人は表裏が一様ではない」というイメージを感じるのである。この点は後でさらに述べていく。

2.『スラムダンク』

　『スラムダンク』は神奈川県の湘北高校のバスケットボール部を舞台としたもので、多くの試合によって構成されたストーリーである。これはポピュラー文化がよく使う展開方式である[53]。つまり、難関を越えるという形で、主役た

50　つまり、いつも冴羽獠がセクハラ行為を起こすと、女性主人公・槇村香はすぐに「百トンの大きい槌」を取り出して冴羽獠を制止したり、厳しく処罰するのである。武力や体力が槇村香をはるかに勝っているはずの冴羽獠は、いつも簡単に懲罰されてしまう。

51　例えば、文庫の第17巻「嵐の前の巻」を見てみよう。冴羽獠は訪ねてきた元女性傭兵に対しいつものようにセクハラ行為に及ぼうとする。そこで槇村香が彼の後ろに立ち、冴羽獠は殴られることを予想して身構えた。ところがその時、槇村香はある理由から精神的ショック状態にあったため、制止したり殴ったりできなかった。冴羽獠は予想した反応に出会わなかったにもかかわらず、実際にはセクハラ行為に及ばなかったのである。

52　冴羽獠の育ての親である「海原」は、冴羽獠やその友達を殺すことを企んでいるが、事実上、その本音は息子に自分の抑えられない狂気を阻止させたいのである（文庫第17巻）。また、冴羽獠の昔の戦友である「ミック」は、建前では冴羽獠と同じようなプレイボーイであるが、実際には好きな女性に直面すると、何も表現できない不器用な男性である（文庫第16-18巻）。

53　ゲーム、映画、漫画やアニメにはこういう類型のテーマが多い。日本漫画の『聖闘士

ちに次々とより強大な対戦相手に直面させ、その過程で自身の能力／人格をますます向上させるのである。一つの苦難を乗り越えることは、一つの冒険の完成と新しい冒険の開始に等しい。読者は登場人物に同一化すると同時に、その人物の成長、および冒険の緊張感と快感を分かち合うのである。

　この作品の主人公の一人である「桜木花道」[54] を例とすれば、ひたむきな熱血漢である桜木花道の設定は、読者に一つのカタルシスの機能を提供している。つまり、社会的にはいかに無能や不良と見なされる人でも、事実上無限の可能性を秘めており、夢を追求するチャンスや権利があるということである[55]。また、桜木花道と対比されるもう一人の主人公「流川楓」は天才プレイヤーと呼ばれ、読者の崇拝や同一化の対象でもある。しかし、流川楓の設定は、その才能に加えて、バスケットボールに関してきわめて努力するタイプである。換言すれば、この作品の登場人物は、皆が努力を成功の基礎とするのである。

　この作品は試合の現場＝非日常を主としている。試合は合理的な社会にあって、一種の合法的な戦闘の代替物だと言え、観衆にエキサイティングな表現を提供するのである[56]。読者は登場人物との同一化を通じて、一種の仮想的戦闘の快感、および仮想的身体の究極的な発揮を経験している。さらに、この作品では選手たちの動作や表情以外に、時には「現場」における観衆や、傍観する選手の各種の表情が交錯して描かれている。読者は主要登場人物と同一化して実際に試合をしているように感じると同時に、「観る／観られる」というリアルさを覚えていく。読者は選手でもあると同時に、観衆でもある。読者は、作品が形成した、日常生活と断絶された異世界に連れ込まれて、「試合＝戦闘」

　　　　星矢』、『テニスの王子様』、『BLEACH』、『ガラスの仮面』、『鋼の錬金術師』、アニメの『天空戦記』、『鎧伝』等はその例である。

54　桜木花道はもともと学業成績がきわめて悪いが熱血漢の不良高校生なのだが、バスケットボール部の部長の妹に一目惚れをしたので、バスケットボール部に参加した。しかし、最初の頃、桜木は才能はあるが、バスケットボールの基本知識やテクニックを全く持っていない。もともと桜木は女の子がお目当てでバスケットボール部に参加したのだが、話の筋の展開につれて、次第に本気でバスケットボールに熱中していく。そのテクニックは依然として稚拙であるが、才能の上に、負けん気の強さと精神力をもって必死に努力し、試合に欠かすことのできない選手へと成長していく。

55　実は、バスケットボール部の5人の主力選手中、4名は成績が悪く、喧嘩早い問題児だ、と22巻には描かれている。

56　この点について、フィスク（1996）のプロレス番組の作用に対する論述を参照。

に参与するだけではなくて、そこに構築された「臨場的」カーニバルの興奮を
分かち合えるのである。

　しかし、この作品がカーニバルの興奮を誘発するような試合場面を主とする
ため、圧倒的多数のシーンは、規格化されたバスケットボールの場に限定され
ている。したがって、「日本で発生する」という特定性は薄くなっている。さ
らに、人物関係もバスケットボールの場における「インターアクション＝試合
中の仲間関係」を主としており、日常生活における人間関係はただの添え物
でしかない。作品は全体的には一つの非日常的で、文化的特殊性が低いフィ
ールドを形成し、読者の日本に対する連想を喚起しにくくしている。確かに作
品では試合の合間に学校へ行くことや、授業（1、22巻）、街でのショッピング
（22巻）、試験や追試（22巻）などの日常生活の場面が挿入されている。しかし、
日本の教育制度は台湾と類似し、進学や試験の不合格というストレスがあるし、
先生の授業方式や教室内の席の配置も台湾と似ている。さらに、「カラスや黒
い猫＝不吉」（17巻）という民間観念も、台湾と同じである。したがって、台
湾の読者に親近感を覚えさせやすいが、必ずしも日本に対しての強い連想を想
起させない。また、作品には、日本の都会の風景（21、22巻）も現れるが、都
会の風景自体では日本独自の特色が薄いし、巻毎にはほとんど1ページしかな
い。もちろん、この作品にも台湾と異なる電車（15、21巻）や日本式建物（21
巻）が登場するし、日本の地名、人名などもこのストーリーの背景は日本だと
いうことを知らせる。しかし、「バスケットボールの場＝非日常」に集中して
いるストーリーは、具体的な日本に関するイメージを弱めてしまっている。特
に人名、地名などの記号が喚起する「日本」に対する連想は、具体的な日本に
限らず、むしろ、「日本」という記号にすぎないという方が正確である。この
点は、漫画の『花より男子』とそれを改作した「台湾偶像劇」の『流星花園』
との比較によって、さらに明白になっていく（第2章第3節参照）。

3.『花より男子』

　学園ラブ・ストーリーものの『花より男子』は、以上の二作品と比べると、
より日本の日常生活を主とするものである。女性主人公「つくし」は名門の
家柄や財産家の子女が入学する高校に在学する貧乏学生である。この学校で
は4人の裕福な男子学生が「F4」とよばれるグループをつくり、その容姿、腕

力、さらに彼らの一族が持つ財力によって全校を牛耳っている。つくしは最初、F4と対立していたため、F4をはじめとする全校の学生のいじめの対象になった[57]。その後、F4にいる男性主人公「道明寺司」がつくしを好きになったことから、つくしに対するいじめ行為は学園から道明寺一族にまで拡大していった[58]。

　本来、少女漫画は少年漫画より、感情や個性、人間関係を主とする「背景ストーリー」を重視している（李衣雲 1999）。少女漫画である『花より男子』も人間関係が主軸となって展開している[59]。この作品の中心は、人間関係をめぐる権力の関係と集団的いじめ――学園にも社会にも――である。

　この作品は日本の日常生活を背景とするため、読者に「日本」を連想させるヒントが多い。例えば、校舎に入る時に靴を室内用の上履きにはきかえる習慣、部屋の畳、女性主人公のアルバイト先である和菓子の店、元旦の初詣（13巻）、嫌な人を追い出す時に塩を撒き散らす（16集）などの、台湾の生活と異なる部分である。さらに、この作品に描写された集団的いじめの行為は、台湾の学園ではあまり見かけない行為であり、多数者が集団的に一つのグループや人の抑圧に向かうという人間関係も、台湾における習慣的な関係モードではない。この作品では、女性主人公つくしのF4に屈しない態度は、F4とその追随者にとって、「集団外」の人と見なされる。これは、つくしがいじめられた主要な原因だといえる。このストーリーは、日本人の集団性、あるいは日本人にとってある集団に属することの重要さというイメージを伝えている。また、F4のある成員は、仲たがいしたためにF4というグループから追い払われ、相当な能力や背景を持っているにもかかわらず、従来の追随者たちからも見放されてし

57　そのいじめの行為は、殴打、所有物の破壊から、縄で女性主人公を運転中のスポーツカーの後に縛って引っ張ることまである。

58　道明寺司の母親が絶えず女性主人公を脅迫して息子と別れさせようとし、しかも、その息子に政略結婚を画策する。

59　また、作品では日本人の付き合い関係も描写している。例えば、女性の間ではある男性を奪い合うために、友達という名目で相手を騙して接近し、当人をいじめる（5、6と35巻）。「F4」の友情も、一人の女性を奪い合うため、しだいに崩れていく（7、8巻）。これらの関係の破綻は、最後には謝罪や、競争の放棄という形で解決され、友情も完全に回復していく。換言すれば、この作品は純愛以外にも、愛情も含めた、性別に関わらない競争性、および金銭、外見などの社会的条件が恋愛関係において有する影響力を強調している。

まう。これも、日本において集団が持っている力、および集団から離脱した個人の無力さというイメージを伝えている。つまり、「他人と違うことを恐れることによる統一性」（回答者W）という「日本人のイメージ」を強化しているのである。したがって、この作品に現れるいじめや集団的服従などのマイナスのイメージは、「非台湾的＝ストーリーの背景である日本に帰属する」のである。

さらに、この作品における教職員を含めた服従的な態度が、金銭力と繋がっていることは、日本社会における貧富の差に対する扱いの違いを明示している。しかも、女性主人公つくしが在学する学校では、女子学生たちがブランド品や外見などをきわめて重視するといった表現や、つくしの両親が一心に娘を良家に稼がせて富裕な生活を送らせようとする意図、つくしの郷里にいる親戚の態度がその娘のお金持ちの彼氏の有無によって変わること（22集）などは、一種の「日本＝金銭万能な社会」というイメージを表現している[60]。

しかし、この作品の主題である愛情と資産家階級のライフスタイルは、依然として非日常的で特定し難い一つの異世界感を形成している。2001年、『花より男子』は台湾で「偶像劇」と呼ばれるドラマに改編され、『流星花園』という原作漫画の翻訳タイトルで放送された。その際、台湾社会の現状に合わせるために、漫画内容の一部を変更したが、ストーリーの展開に影響を及ぼしていない。これは、この漫画原作の内容が非日常的である種の「無国籍性」を備えているということの証拠の一つになる。さらに、ドラマにおける人物名は、ほとんど原作の日本名を使用しているが、ロケ地は台湾であり[61]、役者も台湾人であり、使う言語も中国語である。しかし、こうした演出は視聴者の拒否感を全く誘発しなかった（第2章第3節参照）。

---

[60] 『流星花園』の最初の5話の脚本を書いた回答者Uによれば、多くの視聴者は『流星花園』で「いじめの部分はあまりにも誇張している」と感じている。また、「あのような豪華と貧乏の格差について、台湾では、少なくとも学生時代には、F4のような限度を知らないお金持ちはあまりない」という視聴者の感想がある。これは、台湾ではこのような現象がないので、いじめや財産家階級などは「ストーリーの発生地＝日本の特有な状況」＝日本の虚像だと見なされるという前述した論点を支持している。

[61] 回答者Uによれば、原作のマンガは日本を背景とするが、ドラマのロケ地は台湾である。そのため、台湾、日本や東南アジアのドラマ『流星花園』のファンは、わざわざ台湾のロケ地を訪れた。これは、漫画の内容が伝えるシーンは、実景を映すドラマより、印象が弱くて特定感もないことを明らかにしている。

『流星花園』の漫画原作とドラマの脚本の比較によれば、漫画作品に現れる人名は、一種の記号であり、それは一種の上品なテイストとされる「日本」——すなわち、「日本の名前」に内包された「日本」イメージに対しての連想——であるが、必ずしも視聴者の実際の日本に対する連想を喚起するわけではない。特に、日本漫画が台湾で出版される時にはすべて中国語に翻訳されるので、ドラマに改編された時に、役者たちが中国語を話すことで誘発される違和感はいっそう低いだろう。先に分析した『シティーハンター』など早期の翻訳漫画の例を参照すれば、当時、日本漫画に現れた日本人以外の人名は、もとのまま残されることがあったが、日本人名はすべて台湾人名に変えられた。しかし、台湾読者はそれを受け入れて、かつ違和感を覚えなかった。以上で論じたことは、漫画に現れた文字記号は、「日本の匂い」や「日本に関する連想の喚起」を引きおこす要因としては脆弱なこと、すなわち、ストーリーの背景は日本というものを「知る」ことと、「日本」や実際の日本を確実に「感じて、連想した」ということとの間に、相当なギャップがあることを示している。同時に、漫画が持っている「非日常性＝カーニバルの解放力」や「非特定性」という特質をも明らかにしていると言えるだろう。

日本漫画の特質：非日常性

　以上の三つの作品分析を通じて、漫画は非日常性を形成しやすいことをみてきた。

　まず、内容では、実物・実景ではなくて記号的な絵で構成された日本漫画の題材は日本トレンディー・ドラマのように現代日本を背景とするものに限らず、多様性や、現実を超越する想像力を備えている。このような多様性も、漫画から実際の日本国を想起させる機能を希薄化している[62]。回答者Rが述べたように、

62　回答者R、U、V、W、X、Yは日本漫画の題材が非常に多様だと指摘している。日本漫画の題材の多様性によって、実際の日本との連結が希薄化されるという点については、回答者Uのインタビューはさらにこの点を明確に指摘している。つまり、「私の読んだ漫画の中で、日本とより深く連結しているのは、どうやら『ガラスの仮面』でしょう。しかし、それは本当に写実だといえない。だって、それは日常茶飯事を描写しているのではないから。そして、『王家の紋章』を読んだら、エジプトにはまっていくはずでしょう。『ベルサイユのばら』に夢中になったら、フランスの歴史にはまっていくではないか。『CIPHER』を読んだら、はまっている相手はアメリカの生活で

「多くの漫画の題材は現実的な設定ではないので、日本と真っ直ぐ繋がる感覚はなさそう」である。長期にわたり「日本の手掛かり」を取り除かれた日本漫画の翻訳本を読んできた回答者Uは、漫画の内容から日本を想起することについて、さらに「漫画はどうやら私が最初に接触した日本のものだけど、その時読んだのはほとんど『超現実』的な漫画だった。その上、すべては『中国の名前』に変えられて、日本とのリンクは深くなかった。昔の（日本）漫画には、本当に『日本的』なものは多くはなかった。しかも、和服がチャイナ・ドレスに変えられているなどで、……本当に日本の匂いを感じさせる漫画は少なかった。……日本漫画は、私にとって、ただのメディアだ」、と明確に述べている。たとえ日本を背景とする漫画だとしても、カーニバルのような異世界感を創り出すことが多く、現代的日本との連結を曖昧化したのである。同時に、漫画はロケ地などの実物が必要でなく、もっぱら描かれた画像で製作されるので、その非現実性は読者の「日本」に対する連想を喚起し難い。

　さらに、日本漫画の技法は、読者に漫画に現れた背景＝日本の風景に対する連想を見落とさせやすい。漫画のシーン＝コマは、常に人物の表情のクローズアップを重視している。この時、背景とする場所やセットは、簡略化、あるいは省略化されている。しかも、漫画家はよく描線や、スクリーントーン、擬音擬態の絵文字などを使用して、場面の雰囲気を作る。このような背景画は実際的な景観から完全に離れ、一種の脱現実的イメージとなる。

日本漫画の「文法」：抽象性と記号的表現

　F.L.ショット（1998）の研究によれば、1994年、日米の有力漫画家が集まった会議で、日本側は、日本の漫画作品はアメリカ漫画の正確な画力には及ばないが、形式面で優れていることを認めている。日本漫画の画面は一種の抽象化された形式的表現であり、忠実な現実の再現ではないのである[63]。したがって、

　　しょう」、と回答者Uは報告している。さらに、多様な題材で現れた人物のタイプもかなり多い。それ故に、単一のイメージや好感も形成しにくいのである。回答者XやWのインタビューによれば、彼女たちの漫画から獲得した「日本」イメージには矛盾している点がある。したがって、彼女たちは、日本にはいい人も悪い人もいると思い、漫画によって日本や日本人に対して実際に好感を抱くということはない。しかし、漫画家に好感を抱くようになったと回答者Wは述べている。

63　　例えば、ショット（1998）が挙げたような、「鼻血ブー」の噴き出しなどは現実では

第2節　日本大衆文化が表現した「日本」イメージ　　311

たとえありふれた男女の日常茶飯事を描く日本漫画であれ、きわめて忠実に描かれた歴史漫画であれ、およそ日本漫画というものの根底にあるのは、すべて純粋な（ときとして過激な）ファンタジーなのだ、とショット（1998: 22-28）は指摘している。一方、夏目房之介（1997）は日本漫画の「文法」を論じる時、日本漫画の描き方は、一種の記号的な絵であると指摘している。さらに、コマとコマの間のニュアンスや分割を利用して微妙な時間感覚を作り出している。これも、一種の記号的な表現方式である。換言すれば、抽象化された形式的表現は、写実の制限を受けず、自らの意思で完結した世界を描写することに優れていて、一種の「異世界感」を形成するのである。

　日本漫画の抽象性と形式性について漫画の人物を例にすれば、日本漫画の人物の描き方は、アメリカ漫画のように写実的ではない[64]。最も顕著な例は、漫画人物の目の大きさが、現実ではありえない割合である。この特徴は、日本少女漫画では特に明らかである。また、日本漫画の人物の体つきは、一般的にはスマートであったり背が高かったり、かつ黄金比であり、現実の日本人の体つきの多様性とは相当なギャップがある。さらに、日本漫画で日本人はすべてが黒い髪や黒い瞳とは限らず、外国人と日本人の見分けも難しいキャラクターも少なくないが、読者はストーリーの展開や設定によって、だれが日本人だと認識することに支障をきたさないのである[65]。つまり、日本漫画・アニメは、絵

　　あり得ない画面である。あるいは、主人公役が思い切った決断をする時に、天を仰いで叫ぶという現実にありえない誇張された姿勢を取るとか、ショックを受けたとき、腰が抜けて倒れ、顔に黒い描線が現れるといったイメージ表現である。

[64]　いうまでもなく、大友克洋や吉田秋生などのような、実写風で西洋人と東洋人を区別して描いている日本漫画家もいる。アメリカ漫画と日本漫画との差異と比較については、李衣雲（2012）を参照。

[65]　例えば、美内すずえの作品『ガラスの仮面』の女性主人公の一人である姫川亜弓や、男性主人公の速水真澄は日本人であるが、漫画では二人の髪の色は黒くはない。アニメでは、姫川は金髪で、速水はブラウンの髪である。ドラマに改編された時、この二人を演じた役者は、言うまでもなく日本人である。しかし、漫画でもアニメでも、その登場人物の髪の色や瞳の色は、読者や視聴者の違和感を喚起しなさそうである。読者や視聴者は、この人物が日本人であることを疑いもなく受け入れているのである。ネイピア（2002: 47-54）は日本アニメを論じて、日本アニメに出てくるキャラクターが日本人に見えず、いうなればいかなる文化にも属さない「アニメ顔」をしていることを指摘している。その「無国籍性」は、実は日本漫画やアニメの抽象的描き方と異世界感から生じた日本漫画やアニメの特性である。

柄からキャラクターの造形まで、いかなる文化にも属さない記号的なものである（ネイピア 2002: 47-54）。そのため、日本に対する特定の想像を喚起しにくく、先に分析したように、現代日本を背景とする漫画に現れた現代都市のシーンは、「日本であること」を特定し難い。さらに、前に述べたドラマ『流星花園』と原作漫画『花より男子』との対比分析は、このような描かれた画面の脱実体感が、漫画の背景が「日本でなくても発生しかねなくて」、違和感をも覚えさせないという「脱特定性」を形成することを明らかにしている。

　以上の分析例によって、形式的な描き方を使用した日本漫画の内容は、基本的には記号的な絵で作り出した異空間であり、実景や実物、音声の言語を連想させる物がない。したがって、読者にとって、ストーリーの展開は特定性や具体感より重要である。たとえ日本の時代漫画であっても、背景に関する具体的知識を持たなくても、その抽象的で誇大な表現方式を読み取ることができる[66]。また、『花より男子』の例によれば、日本漫画に現れる場面が台湾においては滅多にない状況である時に、台湾の読者はそれを「日本」に重ねると同時に、「ストーリー＝異世界」における特殊な話の展開であると理解して、必ずしも実際の日本と連結しない。さらに、題材の多様性と広さも日本との連結を希薄化するので、読者は漫画の内容から「日本（国／人）」を想起しにくい。これは、回答者Rが述べたように、「漫画を読む時には、常にそれを一つのストーリーとして読んでいるので、これは『日本人』を見ているということをあまり思い付かないのである。……しかも、日本漫画はSFや幻想のストーリーが多い。それ故に、それらから実際の日本のイメージを得ることがあまりないのである」。このようなために、漫画における「日本」の要素と実際の「日本国」の連結は弱まっており、漫画を読んでも、その内容のために実際の日本に旅行をしたいという欲望を誘発されることは相対的に少ないのである。

　しかし、たとえ漫画の内容が、具体的な「日本」に対する連想を喚起し難いとしても、「日本」イメージの形成について、依然として一定の作用を有するのである。まず、日本漫画は多様で、読者の好みによって、異なる（「日本」）

66　このような状況下、日本の歴史を知らない台湾読者にとって、日本の時代漫画も一種の異空間のロマンチックな「虚像」としか見なされず、必ずしも実際の日本と連結されるわけではない。

イメージをもたらす。回答者Uのように、ほとんどフランス革命を背景とする『ベルサイユのばら』や、イギリスの吸血鬼ストーリーの『ポーの一族』などの、異国を背景とした漫画を好む場合、日本漫画の内容はその「日本」イメージの形成に対してあまり作用を持たない。ところが、この例によって、逆に、日本の現実生活を内容とする漫画作品は、確かに日本に関する知識を台湾の読者に提供する一つのルートとなっていることを示している。

　テクストの分析例を見れば、『スラムダンク』（22集）に、学生が先生に追試のチャンスを乞う時に、先生の事務室で先生に土下座する場面がある。これは、「日本人は必死にお願いをする時には土下座する」という伝統についての知識を台湾の読者に与えるのである。また、『花より男子』に登場する塩を撒く行為や初詣などもそうした例である。つまり、日本漫画によって、「日本文化はこのようなことだとか、日本にはどんな物があるかがわかる。……彼ら（日本を指す）は集団的に行動するとか、2月にチョコレートを贈ることなどがわかる」（回答者G）、「いくつかの日本人の慣習や、ライフスタイル、細かい知識は、なんとすべて漫画から知った。例えば、新年の祝いで餅を食べることや、夏に神社で祭を行うこと、バレンタインデーに女の子はチョコレートを贈ることだ」（回答者R）[67]。回答者Wはさらに明白に述べている。つまり、「漫画に描写された日本の食物を、とても食べてみたい。専門的な職業や料理を紹介する漫画ならば、私はやはり影響される。他の漫画の内容なら、あまりそうではない」。回答者Wのインタビューによれば、『将太のすし』のような日本を明らかに表象している漫画の内容が、確かに回答者Wの「日本」に対する興味を喚起したり、「日本という国家に対する感覚」を形成したりすることができる。しかし、それと同時に、この発言も逆に、前述した「脱特定性」や「背景が日本ではない漫画内容」が、日本に対する想像を喚起しにくいという論点を証明しているのである。

　日本漫画が「日本」イメージの形成について演じた、もう一つの役割は、その品質だといえる。まず、漫画の製作の品質である。回答者Pは、「日本漫画

67　さらに例を挙げれば、羅川真里茂の『赤ちゃんと僕』のような、日本の町内や学校の日常生活を主とする漫画に、日本の祭りや、学生たちのバレンタインデー、ブランド愛用女性、英語が下手である日本人という話の筋が絶えず現れて、台湾の読者に日本（人）イメージを形成する手掛かりを提供している。

は他の漫画より上手である。生き生きと描かれて、ストーリーもより面白い」と述べている。回答者ＶもＷも、日本漫画の描き方は念入りで美しく描くことが、自分が日本漫画にはまった理由だと述べている。漫画を好む回答者Ｍは、「日本漫画の場面はすべて精緻に描かれて、……私を惹きつけた、一番の理由である」[68]。以上のインタビューは、台湾読者の日本漫画という文化商品に対する信頼感を表している。

　また、漫画の中でリアルに描かれた小物やスタイルは、その可愛さや綺麗さで、たとえ実物ではなくでも、読者を惹きつける。特に前節で述べたような、漫画のストーリーやキャラクターに同一化する状況を提供している。回答者Ｓは、小さい頃に学園漫画が好きで、「（日本）漫画で見た学生の制服はとてもかわいい」と思って、日本で暮らしてその制服を着ることを望んでいた。あるいは、回答者Ｍは「漫画を読む時、彼ら（日本）の物（小物や製品などを指す）がとてもかわいくて、使いやすそうだと思う。風景もとても綺麗だ。日本人は皆が繊細で、親切だと感じている」と述べている。

日本漫画の「叙述体系」

　仮想の絵、題材の多様性などの要素で、確実に「日本」を想起させにくい日本漫画が、台湾において持っているもう一つの重要な機能は、その叙述体系である。その物語の叙述体系（narrative system）は、日本漫画の台湾市場における優位性を通じて台湾の漫画界で普及していった。

　叙述体系は、一つの作品が話の筋をいかに進行し、物事がいかに考えられて組み立てられ、いかに合理的に展開されて、さらに、いかに登場人物の感情や行動を表現するかという起承転結のシステムである。叙述体系の表現の合理性とスムーズさは、読者がそのストーリーのロジックを受け入れるかどうかと深

68　回答者Ｍはさらに例を挙げて、自分の感覚の確かさを強調している。つまり、ある日本漫画家は台湾に来て、彼女の近所でロケ・ハンティングしていた。その後、回答者Ｍは仕上がった作品を見た時、その近所の店や町の風景をすぐ見分けられるほど如実に描かれていたことに気付いた。しかし、前述したように、日本で暮らしていない台湾の読者は、日本漫画の細緻な実写力に感心するとしても、その仮想の絵柄を、描写された対象＝日本と比較することができない。したがって、漫画の背景はあくまで絵柄のままで、具体的な「日本」のイメージを形成することができないことも示しているのである。

第2節　日本大衆文化が表現した「日本」イメージ　　　*315*

い関係がある。ひとたびこのロジックによる説得が失敗すれば、読者を惹き付けてテクストの世界に引き込むことができない（李衣雲 1999）。そのテクストの世界に陥るだけで、前節で述べたような、夢中になったり同一化したりすることを引き起こしうる。

　異なる文化の叙述体系はそれぞれ独自の特色を持っている。日本漫画の叙述体系と欧米や香港の漫画との最大の差異は、内面の感情や言葉などの表現を重視するか否かである。それによって、まず、登場人物の個性が複雑化され、感情表現が深化されていく。しかも、日本漫画はストーリーの時間経過や事件の過程を重視するだけではなく、いくつかの話の筋と直接関係がない画面を使い、遠回しに述べがちである。例えば、落葉落花や、青い空などの背景シーン、あるいは動線、スクリーン、擬音擬態の絵文字の表現、さらに、特別なコマの分割法[69]を利用して、ストーリーにふさわしい感情的な雰囲気を作り出して、登場人物の振る舞い、行動、セリフに解読の手掛かりを提供するのである。このような表現方式は一種の漫画の「文法」だと言える（夏目房之介 1997）。漫画のコマはまるで個々の単語で、漫画家はそれらの単語を繋げ、一つのテクストを作り上げる。そのため読者はテクストを読みながら、自分の想像でコマ＝単語の間における空白を埋め、すなわち、テクストが構築した、感情と話の筋を含めた独自の世界に入り込み、しかも、この世界の構築にも参与するのである。それは、読者の感情移入をさらに促すようになる。このような叙述体系は困難ではないが、経験によって慣れるようにしなければならないものである。これは、第2章で述べた、大衆文化に対する理解は、すべての文化に対する理解と同様、訓練や習得が必要だということの一例である。

　ショット（1998: 28）は、日本漫画は日本人以外の人々にとって、最初「わかりにくい」、「わけがわからない」という理解困難なものであると指摘している。なぜなら、たとえどんなに巧みに英語に訳されていようが、ストーリ

69　1970年代まで、日本漫画のページ毎のコマは、アメリカや香港の漫画と類似して、ほとんど四角形であった。しかし、これらの四角形のコマは、すでにアメリカや香港の漫画と異なって、様々なサイズがあり、その長さと広さの比例も色々であった。1970年代中期以降、日本漫画家は斜めのコマや、コマの枠の制限を突破する描き方などをよく使用し始め、不安定な画面によっていびつな感覚や迫力を伝えた（李衣雲 2012）。

一、絵柄、テンポなど、ありとあらゆる意味でまさに「日本的」だからである[70]。換言すれば、漫画を読むには、その叙述体系や文法に対して、ある程度精通しなければならない。これは一種の訓練だといえる[71]（李衣雲 1999、ショット 1998）。例えば、日本漫画は、1990年代前半まで、アメリカではほとんど売れなかった。その理由は、日本漫画が右から左に流れるのにアメリカは逆であること、アメリカのコミックスがカラーであるなど、日本漫画と異なっていたことである[72]。つまり、「漫画の文法」に対するカルチャーギャップの問題である（石井健一ら 2001: 218-219）。

　漫画の文法は絵柄やストーリーの表現まで含めるので、漫画の基礎だといえる。たとえかつて、台湾で出版された日本漫画はすべて「日本の手掛かり」が取り除かれていたとしても、漫画の存在の根本である叙述体系やロジックの展開は、依然として残されていた。さらに、現在、台湾の漫画家はほとんど日本漫画を読んで育ってきたので、その絵のスタイルや叙述体系が、日本漫画ときわめて似ており、香港やアメリカの漫画と相当に異なっているのである。しかも、長年日本漫画を読んできた台湾の読者も、日本漫画の叙述体系に馴染んでいて、全く異なる叙述体系のアメリカ的なストーリー漫画などを受け入れなくなった（李衣雲 1996, 2012）。

70　ショット（1998）がこのような叙述体系を「日本的」だと指摘したことは、岩淵功一（1998）がいう「日本大衆文化の無臭化」という概念に、再考する余地を提示しているのである。つまり、「無臭化」かどうか、という概念は、文化商品の外見だけから考えるべきではなく、その内容の叙述体系や表現方式をも考慮しなければならないであろう。

71　石井健一ら（2001）は調査研究によって、漫画の閲覧に必要な文化的類似性の重要度は、流行歌やドラマ、バラエティより低いが、テレビゲームやアニメより高いと述べている。その点も、漫画の読み取りはある程度の習得が必要だということに関わるだろう。

72　ショット（1998: 270-287）によれば、欧米での日本アニメの勢力は漫画よりはるかに勝っている。しかし、少なくとも1980年代半ばになって、日本漫画はアメリカでもある程度の商業的成功を収めるようになった。日本漫画の単行本や雑誌の英訳版はアメリカでも一定の市場を占めた。岡田斗司夫（1997）も同様なことを論じている。しかし、アメリカの漫画市場は日本よりはるかに小さい。しかも、アメリカの漫画の読者層は若い男性に片寄っているし、カラー漫画を読み慣れている。さらに重要なのは、アメリカの読者はカルチャーギャップのために、日本漫画の「文法」（叙述体系）を理解できない。したがって、日本漫画のアメリカにおける発展は、相当な困難にぶつかっている（ショット 1997, 1998）。

第2節 │ 日本大衆文化が表現した「日本」イメージ　　317

　台湾の読者に対する日本漫画の叙述体系の浸透や親近感は、多くの回答者の
インタビューによってわかる。回答者Rが述べるように、「日本漫画は感情の
扱い方について、いつもとても繊細であり、題材が広範、討論の議題も多様で
ある。つまり、アメリカ漫画のように、『子供の読み物』や『善悪二元論』と
いう感じを覚えさせない。だから、日本人は繊細で深く考えており、感情の扱
い方も台湾人にかなり近いことを感じさせている。……なぜなら、多くの漫画
のシーンは、私をとても感動させたり共感させる。それは欧米漫画が私に感じ
させ難い感情でしょう」。回答者WもMもUも同様な回答をしている。

　以上のインタビューは、日本漫画の内面感情や登場人物の性格に関する描写
などが読者を惹きつける特質の一つであることを示しているだけではなく、日
本漫画の叙述体系や表現方式は、台湾人にとって文化的近似性を有することも
明らかにしている。さらに、第3章で述べたハビトゥスの再生産に関わるもの
である。漫画内容は台湾読者の「日本」に対する連想を喚起し難いが、その叙
述体系による人物関係や感情の表現方式、およびそれがもたらす文化的近似性
は、台湾の読者に日本人の人間関係や感情に関するイメージを伝えるのである。
例えば、回答者Wは、日本漫画に顕著な内面感情や行動に対する詳しい描写
を読んだ上で日本を訪ねたところ、「日本人の行為や動作は、基本的に日本の
漫画に似ていると思う。これは、他の国には比較的珍しい現象だ」と述べてい
る。

　換言すれば、日本漫画の叙述体系は、一種の思想や感情の表現モードだとい
える。たとえ日本漫画が一つの抽象的なリアル世界しかつくっていないとして
も、その叙述体系は、日本の思考方式やロジックを広めることを促している。
これは、ショット（1998: 28）が指摘したように、日本漫画を読んで、これら
の叙述方式を理解すれば、日本社会にいて感じる「不透明さ」は消えるという
ことである。

日本漫画の叙述体系の持ち合わせる影響力

　日本漫画の叙述体系に対する理解は、日本社会や日本的思考方式に近づくこ
とを促すので、外国の読者に他の日本大衆文化を受け入れさせる。つまり、他
の日本大衆文化の海外における普及を促しているのである。白石さや（1998:
331）は、日本アニメのアジアにおける展開が、漫画のアジア進出に対して貢

献したことを論じた中で、日本アニメは視聴者にキャラクターの動作や振る舞いのモードに慣れさせ、もともと漫画の「文法」を理解していなかったその視聴者に、原作の漫画を読めるようにさせるということを指摘している。そして、視聴者はアニメの文法に馴染むことで、アニメの原作漫画以外の日本漫画にも手を伸ばすようになった。この論点を進めれば、日本漫画に対する理解も、日本的思考や表現方式、いわゆる叙述体系を読者のハビトゥスに刷り込んで、それに類似した日本大衆文化を受け入れさせることを助成している。特に、石井健一ら（2001）が述べた、ドラマやバラエティー番組などは、漫画よりも、もっと文化的近似性を必要とする大衆文化である。多くの回答者のインタビューも、白石さやの以上の論点を支持している。

　例えば、回答者Hは、最初は日本漫画を読んで面白くて、それから日本アニメやドラマに手を伸ばしていた。また、回答者Uは、日本漫画を読むことがその後、日本ドラマを視聴する助力となったことを明白に指摘している。つまり、「日本漫画は私に考えさせる。……漫画（の私の「日本」イメージの形成に対する影響力）は、大体『思考』の部分に収まると思う。それは、私に日本ドラマの叙述方式を受け入れさせる。例えば、シーンの流れや転換のモードや、登場人物のセリフの意味などだ。なぜなら、漫画にもドラマと同様に深く描写される人物も登場するから、その読み方を日本ドラマに重ねると、かなり順調で、すぐ日本ドラマの『美感』を味わえる。それは一種の叙述するロジックだろう。すでに漫画で訓練されて、しかも受け入れたから、その後、素早く日本ドラマが叙述するロジックに入り込めるのである」（回答者U）。さらに、回答者Wは、日本ドラマの「ライトやシーンは特に綺麗で、感情や事件を描写する時には、日本漫画特有のテンポを備える」という同様の意見を述べている。以上の例証によって、日本漫画の叙述体系の普及は、ある程度日本ドラマの台湾における発展の助力になったといえるだろう。また、この叙述体系や思考のロジックの広まりは、台湾の消費者の「日本（の文化）」に対する親近感の形成や強化を必然的に促進するはずである。

　かつて、台湾漫画の創作は「漫画審査制」によって圧殺され、20年間中断していた。そのチャンスに乗じて、文化的近似性を有する日本漫画は、その量と品質でついに独走態勢に入った。日本漫画の日本に関する内容は、「日本」イメージのメタ知識や感覚を提供しており、日本漫画自体の品質から生み出さ

第2節　日本大衆文化が表現した「日本」イメージ　　319

れた信頼感も、「日本」イメージを形成する基礎として、相当な力を持っているのである。それに、日本漫画の普及とともに、その叙述体系を広く知らしめていった。その叙述体系に慣れた台湾の読者にとって、「漫画」という概念はすでに日本漫画に等しくなった（第2章を参照）。このような有利な条件の下、日本漫画は確実に台湾の読者の興味を惹きつけ続け、保持させ、しかも、台湾の読者の日本漫画に対する信頼感を形成した。

日本漫画の信頼性および消費力

　日本漫画は台湾の読者を惹きつける一方で、読者を失望させて信頼度や閲覧の欲望を喪失させるようなレベルに落ちたこともない。こうして、台湾の読者は日本漫画の信頼度、いわゆる「日本漫画」という文化商品の「実用的価値」（面白さ、絵柄の細緻や品質の安定性）によって、その生産地である「日本」に対して好感を覚えるようになった。例えば、回答者Gは「日本漫画を読んでから、なぜ彼ら（＝日本）がそこまでできるのかと思い、（日本を）理解したいと思うようになって」、「日本」に対する好感にプラスの効果があったと述べている。回答者Rも類似した感覚を覚えている[73]。また、回答者Yは、「日本漫画はかなり多様化し、その読者の年齢層も広い。これは他の文化にはないことだ。そして、題材が広範だから、日本は様々な思想を包容できるような進歩した社会だと思わせるのだ」と述べている。回答者IとHも類似した意見を示している。祖父母や親世代からの影響を受けて、ずっと日本に対して好感を覚えてきた回答者Uは、日本漫画は自分の日本への好感を「生産」しなかったが、既存の好感を「かなり強化した」と述べている。

　以上の回答者たちの漫画に対する好みは様々である。これは、日本漫画の「実用的価値」から形成された「日本」に対する好感、および日本漫画への信頼感は、個人の漫画の好みによって異なることがないことを明示している。つまり、日本漫画自体に対する好感や信頼は、読者が閲覧する漫画の類型を超え、さらに「日本人／社会」に対する想像や好感を形成したり強化したりすること

73　「たくさんの日本漫画を読んで、しかもそれらが全部面白かったので、なぜ日本漫画はこんなに面白いのかと思う。そして、日本は凄いのかなと思っている」、と回答者Rは報告している。

を促進する機能を持っているのである[74]。

　日本漫画の品質に対する信頼感、およびある漫画作品に対する熱中は、「生産地＝日本」を一つの「漫画の生産地＝聖地」にならせる。なぜなら、一方では、前述した日本漫画の「実用的価値」から生じた好感を拡大するからであり、他方では、前節で述べたように、好きな大衆文化に対する熱情は、消費者に関連商品に対して「接近」や「所有」という欲望を覚えさせるからである。したがって、日本漫画や関連商品が読者にこのような欲望を台湾で満たせなかったら、それを満たすべく日本へ行きたいと思わせるようになる。例えば、回答者R、V、Yは、好きな漫画商品を購買するために日本へ行きたいと述べている。また、漫画の生産地である日本、そしてそこで生産した漫画は、台湾における翻訳漫画に相対して、「本物」の象徴資本を持っている。したがって、生産地である「日本」を訪ねることは、「本物」への接近だといえるし、「近づきたい」という欲望を満たす作用を持っているのである。漫画のファンである回答者Yは、日本に行くのは、「聖地巡礼」をしているようなものだと率直に述べている。回答者WもXも、日本へ漫画家に会いに行きたいし、実行もしたと述べている。しかし、以上で論じた漫画によって誘発された日本への旅行は、漫画の内容に表現された「日本」のためだけではない。たとえ漫画の内容にはまったり、日本へ好意や興味を持ったりして日本に行きたくなり、しかも、漫画に出た神社や夏祭りを見て興奮したと述べている回答者がいるとしても、彼／彼女らが日本へ行く主要目的は、およそ関連商品の購買や生産地の「巡礼」である。

　なぜなら、漫画の非日常性と記号的な形式は、「日本」に対する連想を希薄化するからである。作品には「実際の商品」が現れないので、「プロダクト・プレースメント（product placement）」という商品の販売を刺激するサブ作用が薄くなっている。したがって、漫画がもたらした経済力は、必ずしもその「生産地」に対する好意から、他の経済的分野に拡大することはない。回答者Vは、

74　しかし、漫画の内容は多様であるので、善も悪も表現されている。したがって、回答者WとXは、日本漫画は自分に「日本」に対して好感を持たせるのではなく、そんな佳作を作り出した漫画家に好感を持たせるのだと述べている。この点は、これらの回答者が日本漫画の延長上にある好意は、「生産地＝日本」まで及ばず、「生産者＝漫画家」だけに限ることを示している。

自分が日本の製品が好きな理由は、日本の製品の精緻さと実用性のためであり、日本漫画やアニメを好むことと関係ないと思っている。回答者Wは、漫画に具体的な日本の食べ物が描かれ、「描写された事物に漫画家の熱愛を見ることができれば、共感したり憧れたりして、この事物に好感を覚えるようになる」と述べている。そうでなければ、彼女は日本の商品に特別な好感を覚えないと述べている。回答者Xの考えも同様である。

　しかしそれにもかかわらず、漫画に紹介された日本の（消費的）慣習は、次第に台湾で広く知られるようになっている。例えば、バレンタインデーにチョコレートを送ることやクリスマスが「恋人の日」といったことである。その後、これらは日本ドラマやマスメディアの宣伝によって、台湾で一種の消費文化になってしまった。

まとめにかえて

　まとめていえば、漫画を商品（実体）と表現（内容）の二つの側面に分ければ、実体では漫画は市場で流通している商品としての価値であり、内容では漫画の描写様式やそれが描かれ、読まれる意味である（夏目房之介 1997）。

　内容表現としての側面には、日本漫画の記号性や形式的絵柄の非リアリティーのため、その題材は現実の枠を超えて多様化することができる。このような日本漫画の特色は、一つの完全に夢中にさせる夢を提供する異世界＝非日常世界を形成しやすいが、漫画内容と実際の日本国との連結を希薄化させた[75]。このため、日本漫画の内容は必ずしも日本（人）に対する好感を形成するものではない[76]。それにもかかわらず、現代日本の生活を背景とする漫画は、台湾の読者に「日本社会」に対する知識を提供して、その後の「日本」イメージの基

---

[75]　アニメにも類似した現象が現れる。例えば、『アルプスの少女ハイジ』はフランスのアルプス山を背景とするので、フランスで日本文字を取り除かれて、フランス語の吹き替えで放送された時には視聴者にフランスの作品と思い込まれていた。この状況は、日本アニメが台湾で放送された状況と類似している。これは、日本アニメにおいて、異国や異世界を背景としているものは、日本語の文字や音声を取り除けば、「日本」に関する連想を喚起しにくくなることを明示している。

[76]　石井健一ら（2001: 173-174）が1999年台湾で行った調査では、日本漫画を読むことは「日本が好き」に影響を与える変数の寄与度が、日本番組の視聴や流行歌の好きの寄与度より低いことを示している。

礎を構築することができた（第3節で論考する）。しかし、これらの知識の解読
は、実像やリアルな実体への接触ではなく、日本大衆文化から伝えられて、台
湾の読者の社会的準拠図式によって解釈され構築されたのである。

　日本漫画は内容表現の側面では、明白な「日本」イメージを形成していなか
った。しかし、日本漫画自体は、長期にわたり台湾の漫画市場の空白を埋めて、
絶対的な優勢を占めていたので、台湾の読者にとってその表現内容が持ってい
る訴求力、いわば漫画の「実用的価値」で、このような漫画に対するブランド
の信頼感を構築した。

　しかし、日本文化禁止令の時代には、日本漫画は叙述体系や思考のロジック
は残されていたとしても、「日本の匂い」や「手掛かり」が取り除かれていた。
読者は一歩踏み込まなければ、この漫画作品が日本文化だということを知るこ
とができなかった。それ故に、日本漫画が最初に構築した日本文化商品に対す
る信頼感や価値は、実は潜在的である。この文化商品自体の「実用的価値」は
構築されたが、「日本」との関わりは薄かったのである。にもかかわらず、日
本漫画のその叙述体系は台湾の読者のハビトゥスに刷り込まれ、一種の漫画と
いうモノに対する認知概念を形成した。したがって、日本漫画の表現方式と異
なる漫画は台湾の漫画市場で生き残りにくくなった。ちなみに、先にも述べた
ように、日本漫画の叙述体系は、台湾での状況と比べると、アメリカではあま
り理解されたり受容されたりしていない。これは、第3章で述べた文化的近似
性、刷り込まれたハビトゥス、親近感、教育制度などの類似性が、台湾の読者
の日本漫画の「文法」の取得を容易にしているのだろう。そのため、台湾の読
者は日本漫画の叙述体系をいったん習得してしまえば、その内容を違和感を覚
えずに受け入れることができた。

　その後、「台湾」が顕在化していった1980年代中期以降、日本漫画の「日本
の手掛かり」はようやく取り除かれないようになった。この時、「日本の」漫
画というブランドが現れ始めたのである。この「日本の」漫画というブランド
は、戒厳令、および日本文化禁止令の解除以後、マスメディアによって公の領
域に浮上し、しかも急速に拡大していった。漫画が「日本」の製品として堂々
と宣伝されたことは、1990年代に「日本」というブランドが誕生した傍証で
もある。さらに、日本漫画が「商品＝実体」として形成したブランドの信頼や
好感は、その生産地である日本に対する好感にまで及んで、しかも、ファンに

とって生産地である日本を訪ねる欲望を誘発するのである。しかし、漫画は実物実景で構成されるものではなく、記号的な絵であるので、読者の実際の商品に対する連想や欲望を誘発し難い。したがって、漫画がもたらした経済的影響力は、必ずしも他の経済分野まで拡大しなかった。ところが、長い間日本漫画を読むという経験を通して、台湾の読者はこの叙述体系に馴染んで受け入れていった。これは、日本漫画が台湾の読者のハビトゥスに刷り込まれた実像性である。このような叙述体系の刷り込みは、一種の明白で具体的な「日本」イメージを形成していないが、台湾の消費者に日本大衆文化を理解させて馴染ませることを促進している。これは、他の日本大衆文化の台湾における流行や普及、さらに哈日ブームの形成に対して、有利な状況を提供したといえる。次に述べる日本ドラマはその一例である。

2-2　日本ドラマに表現された「日本」イメージ

本項では日本ドラマに表現された「日本」イメージを探究する。本章の冒頭で述べたように、現在、台湾で放送された日本ドラマに関する研究は、哈日ブーム研究の主流である（李天鐸・何慧雯 2002、李明璁 2003、邱淑雯 2002、岩淵功一 1998、岩渕功一 2001）。しかし、これらの論文は、この「日本＝発展や流行文化の指標」を一種の自明な結果だと見なしたり、文化的植民地主義として論断したりしているが、このような「日本」イメージがいかに日本ドラマを通じて形成されたか、あるいは日本ドラマではどのような「日本」イメージを表しているか、についての考察は十分だといえない。したがって、本項は、日本ドラマに表現され、かつ、台湾の視聴者に解読された「日本」イメージを対象とする。分析対象となるのは、1992年〜2000年の間に台湾のCATVや地上波テレビ局、チャンネルで放送され、人気を集めた作品である。2001年以後、台湾での日本ドラマの視聴率は少しずつ低下していき、その放送市場は1992年以前のアンダーグラウンド時期の小規模市場に戻った[77]。

77　JET TVという日本番組チャンネルの元社員・回答者Dのインタビューによれば、日本ドラマの放送が台湾で低落したことに関して、海賊版VCDの強烈な影響以外では、日本ドラマの放送権料の高さも主な原因の一つであるという。一般のCATV局は、日本番組やドラマが専門ではないので、たとえ高値で日本の人気ドラマの放送許可を獲

第2章で述べたように、台湾で視聴者[78]を惹きつけた日本ドラマは、主に日本の「トレンディー・ドラマ」と呼ばれるものである（羅慧雯 1996、李天鐸・何慧雯 2002）。日本の家庭劇や時代劇は台湾で高い視聴率や話題性をほとんど獲得できない[79]（回答者D）。トレンディー・ドラマ以外で、台湾で人気や話題を集めた日本のドラマは、1994年に放送された『おしん』しかないのである。したがって、本書では日本ドラマが形成した「日本」イメージを論じる時には、持続性を持っているトレンディー・ドラマを主とし、『おしん』を分析対象にしていない。

　トレンディー・ドラマを分析対象とするもう一つの要因は、多数の回答者が

　　得し放送したとしても、日本ドラマの宣伝やイメージの構成では、日本番組の専門チャンネルやCATV局に及ばないのである。しかも、それらの一般のCATV局の日本ドラマの購入と放送は持続していない。したがって、視聴者に対してこのCATV局が放送する日本ドラマを観賞するロイヤルティーや視聴慣習を形成することができない。そのため、日本ドラマの台湾における放送の競争力は、いっそう弱まってしまった。さらに、1990年代末、日本ドラマの出演者である俳優などの事務所が、海外で放送されて獲得した利潤の取り分も要求していったため、日本ドラマの放送権料はいっそう高くなってしまった（第2章第3節をも参照）。例えば、2000年以降、日本のジャニーズ事務所は台湾へ進出したので、この事務所に所属するアイドルの台湾における人気が上昇していった。しかし、この事務所は所属するアイドルが出演する日本ドラマの海外放送の著作権に対して、多くの制限や要求を始めた。その結果、所属するアイドルが出演する日本ドラマは即時に台湾で放送されることがなかった。例えば、この事務所に所属する木村拓哉が出演する『ロング・バケーション』は、著作権問題で、1996年に日本で放送された後の7年後、すなわち2003年になってようやく台湾で放送された。しかし、その海賊版のVCDは、1996年からアンダーグラウンドの形ですでに台湾で販売されてきた。この状況下、台湾における日本アイドルの人気は、日本ドラマの全体的な視聴率を高めることができないのである。台湾における日本ドラマの放送市場は、視聴者の需要を満たせない状態に陥っていった。

[78]　台湾における日本ドラマの視聴者の年齢層は大体35歳以下を主としているが、その中では15〜24歳の学生やOLが中心となっている。韓国ドラマの視聴者の年齢層の5割はOLと主婦に集中していて、15〜24歳の視聴者は15％に及ばない。したがって、日本ドラマと韓国ドラマの視聴者層は重ならない。日本ドラマの視聴者は、その後、「台湾偶像劇」の視聴者となった（第2章第3節を参照）。

[79]　つまり、日本のファミリードラマのターゲットである主婦の視聴者は、台湾において、台湾のファミリードラマ／「郷土の劇」の視聴者と重なっているのである。Hoskins & Mirus（1988）の「カルチュラル・ディスカウント」（cultural discount）の概念によれば、日本のファミリードラマと、同じようにスタジオ撮影を主とし、ほぼ同等の制作レベルの台湾の「郷土の劇」とでは、視聴者はより文化的近似性や親近感を備える後者を選択するのである。

日本ドラマを思い出す時に、「日本ドラマは、日本の現実的生活における高度発展や、高度競争、ハイテクという進歩的なイメージとしっかり結び付いている」（回答者H）とか、「日本の街はすべてとても美しい」（回答者R、U）とか、「日本的テイストはとても繊細で優雅だ」（回答者U）などと言及している。これらの回答者は全員が『おしん』を見たことがある、あるいは、1回以上見たこともある。しかし、日本ドラマに対するイメージや感想に言及する時に、全くだれも『おしん』を思いつかなかったのである。これは、日本ドラマが形成したイメージが、トレンディー・ドラマという類型から来るということを明らかにしているのである。

　また、2000年以前、台湾のドラマは主に家庭劇や中国時代劇であって、現代を背景とするドラマが少なかった（耿慧茹 2004: 3）。さらに、台湾では「広電法」の第19条によって、外国番組の放送時間数が限定されていたので、アメリカのドラマが輸入されても、数は多くなかったし、他の国のドラマがほとんど導入されていなかった（第2章を参照）。したがって、1980年代〜1990年代、現代を背景とするドラマに対する需要を満たすのに、アンダーグラウンドで流通していて、その後CATVやチャンネルなどで放送された日本のトレンディー・ドラマは大きな役割を演じていた[80]。

　1992年以前、日本ドラマは台湾でアンダーグラウンドのビデオで流通していた。『十年愛』、『卒業』、『ずっと貴方が好きだった』などのトレンディー・ドラマや、『暴れん坊将軍』などの時代劇、『土曜ワイド劇場』、『火曜サスペンス

---

[80]　1980年代以降、香港のドラマが台湾に輸入された。その撮影手法や、劇の筋のアレンジ、役者の訓練などは、当時の台湾の連続ドラマより優れていたのである。したがって、香港ドラマは1983年以後、テレビ局で放送することは禁止されたが、その正規品であるビデオは依然として台湾における重要な視聴対象であった。その後、日本ドラマが輸入されるようになってから、その現代的ファッションや流行を背景として撮影された方式は、香港ドラマより入念だと思われ、香港ドラマの視聴者を取り込んでいった。例えば、回答者Nは、「かつて、香港ドラマが好きだったが、……日本ドラマが出てきたら、私の焦点は変わった。だって、日本ドラマの撮影手法などは、他のドラマのと比べたら、かなりすばらしいから。日本ドラマはより現実にぴったりしている。……その上……日本ドラマが設定したいくつかのシーンは、非常に巧みな構想がある。だから、いろいろなところから、彼ら（日本ドラマのスタッフ）が念入りにドラマを制作したということがうかがえる」、と述べている。回答者F、H、L、R、Uも類似した意見を報告している。

劇場』などの2時間ドラマは、台湾で一定の視聴者を集めていた。1992年、「衛視中文台」が中国語の吹き替えの日本トレンディー・ドラマ（「日本偶像劇」）を放送して以降、日本ドラマは台湾で、既存のアンダーグラウンドに加えて、さらにマスメディアによる伝播力を獲得した。当時、若者の生活を描写するドラマは少なかっただけではなく、ゴールデンタイムにも放送されることもなかった（耿慧茹2004: 3）。その中で、『東京エレベーターガール』、『101回目のプロポーズ』などの「偶像劇」の放送は、まもなく一つのブームを引き起こした。1994年以降、「国興」、「緯来」、「JET TV」などの日本番組専門のCATVやチャンネルが次々設立され、しかも日本語のまま字幕付きで最新の日本ドラマを早くから放送していた（第2章第3節を参照）。

　台湾で放送され、最も視聴者を引きつけた日本ドラマのジャンルが、人気キャスト[81]を配した、男女の恋愛を中心に展開される恋愛ドラマと、気楽な若者向けの学園ドラマである（回答者D、蔡雅敏2003）[82]。後者は中学生や高校生を引きつけたが、前者は大学生やOL、サラリーマンを主要な視聴者ターゲットとした。したがって、本項は、1992年〜2000年の間に台湾で放送され、人気

81　「衛視中文台」が日本ドラマを放送する前に行った調査が明示しているように、日本アイドルは台湾の視聴者に対して、相当な吸引力を持っていた（第2章第3節を参照）。つまり、日本の俳優や女優が台湾で人気を得た後、一種のブランドの信頼度を持ち、彼ら／彼女らが演じるドラマは大体一定の視聴率を取れるようになる。ちなみに、漫画や流行歌と同様、当時、日本本国で人気を集めた恋愛ドラマは、常に台湾でも一定の話題性や人気を取れたのである。

82　蔡雅敏（2003）の研究も、恋愛ドラマは台湾で最も人気を集める日本ドラマで、CATV局に最も購入されるドラマジャンルだと指摘している。また、第2章で述べた邱秀貴（1984）の台北市のビデオプレーヤ使用者が好むビデオのジャンル・ランキングでも、日本恋愛ストーリー（ドラマと映画を含む）は、すべてのジャンルの第2位を取ったのである。

　それに、1997年以降、台湾では多くの日本ドラマの関連書籍が出版された。それらの本は日本ドラマのロケ地や、俳優、ドラマのストーリーの紹介、日本ドラマの評論、さらに日本ドラマのセリフの日本語の意味を解説するなどしていた。例えば、黒鳥麗子（1997）『黒鳥麗子白書』、台北：大塊文化。小葉日本台2001『看日劇，你的人生更美麗：小葉的日劇筆記』、台北：時報出版社。湯禎兆（2000）『日劇最前線』、台北：商周。楊美玲（2002）『看日劇飆口語』、台北：三思堂。阿潼（2003）『日劇中毒』、台北：明日工作室。以上の書籍はほとんど恋愛ドラマを主とする。しかも、もっぱら日本ドラマのラブ・ストーリーを紹介するものもある。例えば、天使（2002）『從日劇中仰望幸福』、台北：果屋。花火蝶（2002）『日劇戀心理遊戯』、台北：水瓶。阿潼（2000）『東京日和：偶像日劇場景戀愛紀實』、台北：青新。

を集めた日本トレンディー・ドラマの中でも、特に恋愛ドラマと学園ドラマを分析対象として、そこに表現され、かつ、台湾の視聴者に解読された「日本」イメージを検討する。

　1992年以降、台湾で放送されて人気を得た恋愛ドラマの例を挙げれば、鈴木保奈美の『東京ラブストーリー』、木村拓哉の『あすなろ白書』や『ラブ・ジェネレーション』、堂本剛の『to Heart』、田村正和と木村拓哉の『協奏曲』、豊川悦司の『愛していると言ってくれ』、反町隆史の『バージンロード』や『Over Time』、金城武の『神様、もう少しだけ』、松島菜々子の『魔女の条件』など、これらはリアルなラブ・ストーリーである[83]。

日本ドラマの分析例

　本項では、まず二本の日本恋愛ドラマと一本の学園ドラマの分析を通じて、それらが共有する特性、およびそれらが表現した「日本」イメージを探求する。次に、日本ドラマが演出する「日本」イメージを、「日本」のイメージ広告と

---

[83]　台湾で、恋愛ドラマが誘発した日本ドラマのブームについて、豊川悦司の『愛していると言ってくれ』を例とすれば、耳が不自由な男性主人公の影響で、現実に台湾で手話ブームが引き起こされ、豊川悦司が出演した映画『ラブ・レター』も大人気を獲得した。この映画は、台湾で久しぶりに高い興行成績を得た日本映画である。この映画のおかげで、出演した日本男優・柏原崇は台湾で知名度を広め始め、しかも、その後台湾で人気俳優になっていった。他方、視聴者層が恋愛ドラマと区別して、台湾で相当な人気を博した日本ドラマの類型は、リアルではなく、コミックのような誇大な表現方式を取った学園ドラマである。柏原崇の『イタズラなKiss』や反町隆史の『GTO』は最も有名な例である。ラブ・ストーリーや学園ドラマ以外の日本ドラマ類型が、台湾で一定の人気を集めるかどうかは、出演者の知名度や放送当時の台湾の時事状況などの条件によって決まるのである。例えば、反町隆史と竹野内豊が主演した『ビーチボーイズ』のテーマは、仕事の疲れや人生の価値観などの問題について語っているのである。このドラマは、ラブ・ストーリーではなくても、反町隆史と竹野内豊の人気度で、台湾で再放送回数は5回を上回ったのである。また、2004年に台湾で放送された『白い巨塔』は、病院の内部闘争をめぐる劇の筋が、当時の台湾でホットな世論と重なったため、最初の放送が終了した直後、直ちに再放送された。それは、2001年以来、日本ドラマの珍しいピークである。しかし、回答者Dは、『白い巨塔』の視聴者層は、従来の日本ドラマの視聴者層より、年齢が高い人々だと述べている。
　　ここで述べた日本ドラマの人気度は、そのドラマが台湾で放送される回数を参考にしている。以上挙げた日本ドラマは、すべて台湾で5回以上放送された。2000年以降の再放送の回数は、「日本偶像劇場」（http://over-time.idv.tw/homepage.php）を参照されたい。

見なす視点を示し、そして日本ドラマが引き起こす消費行為を説明する。しかし、このような「日本」イメージはハビトゥスや準拠図式に基づかない「虚像」である。したがって、日本ドラマを見て日本を訪ねる台湾視聴者は、実際の日本に接触することで衝撃を感じることがある。その点についても検討課題とする。

　本項の分析の対象とする二つの日本恋愛ドラマの一つは、1993年に衛視中文台で放送された『東京ラブストーリー』[84]である。このような日本の都市を舞台にした男女の恋愛ドラマは、台湾で放送される日本ドラマの主流をなしていた。『東京ラブストーリー』は、日本ドラマの台湾におけるブームの基礎を築いた作品の一つであり[85]（羅慧雯 1996、蔡雅敏 2003）、2002年まで繰り返し台湾のCATVで再放送された[86]。しかも、当時、日本ドラマの新作は大体1時間8000ドル以上であったが、このドラマの再放送許可金がその半額の1時間3500〜4000ドルまでにも達した（民生報 1999/10/15 第15面）。

　いま一つの対象とするドラマは『ビューティフルライフ』[87]である。2000年は台湾における日本ドラマ放送のピーク期であり、合計12個のチャンネルで94本の日本ドラマが放送されている。JET TVは23本を放送し[88]、その中で『ビ

---

[84]　1991/01/07-03/18（全11回）、フジテレビ。演出：永山耕三、プロデュース：大多亮、原作：柴門ふみ、脚本：坂本裕二。出演：鈴木保奈美、織田祐二。
　　　漫画原作：柴門ふみ（1990）『東京ラブストーリー』（全4巻）、東京：小学館。台湾では尖端出版社で出版された。

[85]　『東京ラブストーリー』と『101回目のプロポーズ』のラブ・ストーリーは、日本ドラマの台湾におけるブームの基礎を構築した。しかし、『101回目のプロポーズ』の男性主人公の年齢（40代）は、一般のトレンディー・ドラマと比べるとかなり高いが、『東京ラブストーリー』の男性主人公は20代で、トレンディー・ドラマの主流だといえる。

[86]　回答者Dのインタビューによれば、台湾における日本ドラマの話題性や人気度の指標は視聴率ではなく、再放送の回数である。岩渕功一（1998: 30）によれば、1992年〜1995年まで、『東京ラブストーリー』は台湾で6回放送された。また、2001年〜2002年には、また2回も再放送された（「日本偶像劇場」http://over-time.idv.tw/homepage.php）。

[87]　2000/01/16-03/26（全11回）、TBS。プロデュース＆監督：生野慈朗、脚本：北川悦吏子。出演：木村拓哉、常盤貴子、水野美紀、渡部篤郎。

[88]　2000年の台湾での日本ドラマ放送番組表による計算結果である（「日本偶像劇場」http://over-time.idv.tw/drama/drama.php を参考）。

ューティフルライフ』が最も話題[89]と人気を集めた作品である（回答者D）。このドラマは2000年4月にJET TVで放送を終了したが、3ヵ月以内に2度の再放送をみる。その中の1回は、日本ドラマを滅多に放送しない地上波テレビ局（「台湾電視台」）だった。以上、台湾における話題性や人気という観点から二作品を分析の対象に選んだ。

3番目の分析対象、いわゆる学園ドラマは、『イタズラなKiss』[90]である。回答者Dと回答者Uのインタビューによれば、台湾で放送されたドラマの中で、このドラマの再放送回数が最も多い[91]。一般的に言えば、台湾で放送される日本ドラマの人気度は、日本における人気度とほぼ正比例している。しかし、『イタズラなKiss』の、日本で放送された時の視聴率は台湾での高まりに全く及ばない[92]。当ドラマの台湾における放送は、さらに、原作漫画の台湾における販売量を動かした。当ドラマの男性主人公役・柏原崇は、最初に映画『ラブ・レター』によって台湾の視聴者の注目を集め、その後、何度も台湾に宣伝に来て、『将太の寿司』や『イタズラなKiss』などの日本ドラマによって台湾で人気アイドルになり（李天鐸・何慧雯 2002）、彼が出演する日本ドラマは台湾でほとん

89　JET TVは海賊版を防止するため、わざわざ日本とほぼ同時に当ドラマを放送し、海賊版の取り締まりを厳しくしていた。これらの行動は、台湾で相当な話題を引き起こしている。次の新聞記事を参照。中國時報 2000/04/04 第28版「『美麗人生』昨晚首播、VCD7日上市」、2000/04/19 第28版「盗版VCD偸走不少忠實觀眾眼淚、『美麗人生』結局收視率平平」。

90　1996/10/14-12/09（全9回）、朝日テレビANB。プロデュース：佐藤涼一、森田光則、内山聖子、監督：森田光則、脚本：楠本ひろみ、森治美、原作：多田薫、出演：佐藤藍子、柏原崇、内藤剛志。
　　漫画原作：多田かおる（1991-1999）『イタズラなKiss』（全23巻）、東京：集英社。台湾では東立出版社から出版された。

91　1998年7月に始めて放送されたが、1999年7月までに、すでに6回再放送された（聯合晚報 1999/03/26 第3面「偶像魅力 美少男、一吻成名 紅、就是紅！ '惡作劇之吻' 一年重播6次」。聯合晚報 1999/07/09 第10面「惡作劇之吻 今六度重播」）。また「日本偶像劇場」（http://over-time.idv.tw/homepage.php）の記録によれば、2000年〜2005年に、また5回放送された。しかも、初めてCATVで放送された時、AC Nielsenによれば、その平均視聴率は高視聴率の5%を越え、一般の地上波テレビ番組の放送率より高かった（民生報 1998/08/18 第12面「勁爆偶像劇 衛視中文台/晚間8點 惡作劇之吻 柏原崇魅力放送」）。

92　日本で放送された時の平均視聴率は10.1%であった（小葉日本台、中国時報の「時報悦讀網」に掲載された文章による。http://www.readingtimes.com.tw/folk/japantv/top/classic02.htm）。

ど一定の視聴率と再放送率を得ている[93]。柏原崇の台湾における人気は、日本本国での人気より勝っているといえる。また、学園ストーリーである『イタズラなKiss』の視聴者のターゲットは、当時の台湾で見落とされていた学生の視聴者である。この点も『イタズラなKiss』が台湾で人気を惹きつけた理由の一つである[94]。『イタズラなKiss』の日台で放送された際の現象の差異、およびそれが台湾で引き起こした人気が、本項の分析対象として選んだ主要な理由である。

1. 『東京ラブストーリー』

『東京ラブストーリー』は愛媛県出身の三人の男女と海外生活を終えて帰国した一人の女性との恋愛関係を描いたラブストーリーである。男性主人公「永尾完治」が、同級生で初恋の相手「さとみ」と、職場の同僚で積極的にアプローチしてくるヒロイン「赤名リカ」の間で揺れ動くことになる。

このドラマでは、男女主人公がスポーツ用品店に勤務しているので、日本のサラリーマン生活についてかなり多く描写されている。「リカ」は職場において「完治」の先輩であり、仕事に慣れない完治を助け、主人公たちの愛情や人間関係も、こうした職場でのやりとりを通してある程度変化している。そこで繰り広げられる場面では、会社員は新商品販売の売り込みのため小売店に足を運んだり、出荷時にトラブルに巻き込まれたりする様子が描かれている。また、サラリーマンのオフの生活では、仕事が終わった後に、洒落たバーや格調の高いレストランで食事をすることや、同窓会が畳を使用する日本風の居酒屋で開かれている。これらの細かな描写は、一種の「リアルさ」を表現している。

また、フィスク（1996: 227）は、登場人物に合わせた衣装が、登場人物の外

93　『イタズラなkiss』によって大人気を集めた柏原崇は1999年に台湾でライブを行い、3万人を動員した（聯合晩報 1999/03/26 第3面「偶像魅力 美少男，一吻成名　紅，就是紅！‘惡作劇之吻’一年重播6次」。聯合報 1998/08/17 第25面「『柏原崇熱』繼續燃燒！中文台將重播「惡作劇之吻」」。大成報 1999/08/15「明星商品收藏熱、半小時售完」。中央社 1999/08/15「柏原崇魅力旋風席捲、勁爆演唱會歌迷瘋狂沸騰」）。しかも、柏原崇は台湾で1999年9～10月に3枚のシングルを連続リリースして、連続3週間、星報の日本流行歌のシングルランキング「流行星榜」のトップ10に入っていた（星報 1999/10/03）。

94　2005年、『イタズラなkiss』は、台湾で再び「台湾偶像劇」として制作され放送された。

第2節　日本大衆文化が表現した「日本」イメージ　　　　*331*

観上の「もっともらしさ」を顕示していると指摘している。道具なども同様な効果を持っている。『東京ラブストーリー』では、前述した店の装飾はすべて細部まで用意され、リアルさを表現している。例えば、バーの装飾では、各種の酒の瓶や華麗な花がカウンターに並ぶ。さらに、登場人物の部屋のデザインも念入りにその人物の個性に沿ったものが選択される[95]。活動的で意思が明快なリカの部屋はデザインが実用的で、色調にも青系を採り入れ、保守的な性格で幼稚園の保母として勤めるさとみの場合、家のデザインは質感の柔らかな絨毯や暖色系の色調が用いられる。服装は、ドラマの制作当時の日本のファッションを反映しているのと同時に、登場人物の性格をも表現している。リカのズボンはその積極的な個性を象徴しているが、さとみの長いコートやスカートは、その保守的性格を示している。このような個性によって組み合わされる服装のスタイルは、「陽性＝活動的」（ズボン）と「陰性＝内向的」（スカート）の対比を表現しながら、人物にリアルさを与えているのである。

　さらに、このドラマはタイトルに舞台である「東京」を明記するだけではなく、ドラマの印象的なシーンにも絶えず東京タワーが登場する。また、3人の主要人物が地方出身のため、地方と東京を対比する話題がたびたび現れ、「（日本の）東京」の存在を印象づける。したがって、最初、ドラマが衛視中文台で中国語の吹き替えバージョンで放送されたとしても、視聴者は依然としてこれ

95　日本ドラマは登場人物の個性に合わせて、それぞれの部屋や服装をデザインすることを重視している。例えば、テレビ番組誌『月刊TVnavi 1月号』（2005/11/27-12/31）は当時、日本で放送されたドラマで映した登場人物の部屋や洋服を次のように紹介している。「（『熟年離婚』の豊原家の）ソファの上に飾られた置物類。これらは洋子が自ら選んできたものばかり。ほとんど高価なラインナップになっているのだ」（p.63）と当ドラマの美術スタッフは述べている。「（『野ブタをプロデュース』の主人公の実家である豆腐屋は）実際のとうふ屋を使って撮影。三代続く老舗です。古い建物のつくりにこだわっています」（p.57）と美術デザインについて述べている。「（『危険なアネキ』の主人公・勇太郎の寝室は）モノトーンを基調にした勇太郎の寝室。物が無造作におかれている。それなりに片づいているところもある」（p.54）。「（『今夜一人のベッドで』の女性脇役・梓は）クリエイティブな仕事をしていて、25歳でアトリエもきりもりしている。……そのあたりを考えて、あまり幼くならないように気をつけています。基本はデニムなんですが、バックやアクセサリーでポイントをくわえて、その日の気分で洋服をチョイスしていく。そんな女の子のイメージです」（p.59）とスタイリストは述べている。以上の紹介例によれば、日本ドラマのスタッフは部屋のデザインと置物、道具の使用に関して、登場人物の個性を表現するようにしていることが明らかにされている。

が「日本」のドラマであることを絶えず意識させられることになり、画面に現れた街並みが「日本」で、登場人物の振る舞いや服飾、ライフスタイルが「日本人」のライフスタイルだと信じこむことができる。そこで、ドラマに現れるファッションや消費文化は、「（日本の）東京」と結び付いて、「（日本の）東京＝ファッションの中心」というイメージを形成するのである。

前述した写実的なリアル感によって、当ドラマは「日本」に対する連想を絶えず喚起することができる。それ故に、登場人物の性格も「日本」と結び付けられて、一種の「日本人」に対する想像を作り上げる。例えば、主役の完治も脇役のさとみも、それぞれの相手に対して優柔不断で、一種の日本人のイメージを伝えている。他方、性格が積極的で、愛情を追求する勇気を持っている女性主人公・リカは、何度も他の登場人物に「付き合いにくい」、「難しい人」、「おかしい」と評された。これらの評価は、正反対の完治やさとみによって伝えられた「日本人」らしさの正確なイメージを強化しているといえるだろう。

また、従来の台湾ドラマが主にセリフで登場人物の考えや立場を表現する形式と異なり[96]、日本恋愛ドラマは動作や態度、小道具の使用という象徴的な意味作用を利用して、場面が必要とする雰囲気を作り出すことや人物の感情を表現することを重視している[97]。例えば、小道具の象徴的な意味についてみると、

---

[96] 本項は、1990年代に台湾で放送された日本ドラマを中心として分析している。2000年以前、台湾ではCATVやテレビ局で放送された映画は香港映画とアメリカ映画を主としているが、ドラマではほとんど台湾ドラマ、香港ドラマ、日本ドラマで、アメリカドラマは少数であった。したがって、ここで論じた日本ドラマが象徴的な表現を使うという特色は、台湾ドラマや香港ドラマと比べてのことであり、他の国のドラマと比較してのことではない。

[97] このような雰囲気は、漫画では、常にスクリーントーンや描線などで作るのである。つまり、日本漫画の表現形式と同様に、日本ドラマも直接的な言葉だけではなく、「抽象化／記号的な」表現方式で、登場人物の思考や感情を表現することをも重視している。日本漫画は欧米漫画などと異なって、内面の感情や言葉を述べる傾向がある。しかも、ストーリーの時間経過や事件の過程を述べるだけではなく、いくつかの話の筋と直接関係がない画面を使って、遠回しに述べるとともに、一つの雰囲気を作り出す傾向もある。日本ドラマも同様に、直接にストーリーの進展に集中するのではなく、いろいろの話の筋の展開と直接関係がないシーンを使って、人物の感情や個性を強調したり、ストーリーにふさわしい雰囲気を構築するのである。例えば、『ビューティフルライフ』の最終話で女性主人公の葬式が終わったシーンでは、画面は青い空へ飛んでいく風船から人物にパンしたのである。この点は、日本ドラマのこの表現方式は漫画の叙述体系に合致していることを示している。そこで、日本漫画の叙述体系は日本

リカが大雨の中で赤い傘をさし、約束を破ってさとみに会った完治を待っているシーンでは、「赤い傘」で「リカの情熱」を象徴するとともに、その情熱をもって「冷たい雨＝完治の約束違反」に抗議しているといえる[98]。シーンの表現では、例えば、密かにさとみに会った完治と口論した後、リカは踏み切りを走って渡った。遮断機が下りてから、リカは振り返り、踏み切りの向こう側にいる完治を責めた。当ドラマはここで、二人の間における大きなギャップを絶対渡ることができない踏み切りによって象徴しているのである[99]。

　以上をまとめれば、『東京ラブストーリー』は人物の性格に合わせた服装やセット、日常生活の細部まで考えられた上で、ストーリーにリアルさを与えている。また、撮影技法やロケ地の選択で、画面に入念な消費的ライフスタイルとファッション感を表現して、「美しい街＝東京」を描写している。さらに、恋愛感情の繊細な表現によって構築されたロマンチックな雰囲気は、視聴者の感情的な共鳴を喚起し、視聴者によるテクストへのいっそうの感情移入や同一化を促すのである。

2.『ビューティフルライフ』

　『ビューティフルライフ』は美容師の男性主人公「沖島柊二」と車椅子生活の女性主人公「町田杏子」との恋愛物語である。身体に障害があっても、将来の悲劇を見通しても、それでも二人は愛し合うことを諦めないという設定である一方で、ドラマは柊二の事後のモノローグを通して、一種の「運命の定め」

　　　大衆文化の台湾における流行と普及を助長しているという論点を支えている。

[98]　J.ウィリアムスン（1978=1985a: 48）は広告に使われた色彩を分析した時に、色彩が持っている意味の利用は、商品と広告の記号的表現との結びつきにとって、重要であると指摘している。

[99]　また例を挙げれば、ストーリーの最後、完治は約束の時間ぎりぎりに、田舎の小さな駅に駆けつけて、リカを引き留めようとした。しかし、リカはすでに一本前の列車に乗っていった後だった。ただ手すりに完治から借りた白いハンカチが結ばれて残されており、それには口紅で、「バイバイ、カンチ」と書かれていた。日本の列車はダイアを確実に守り、列車自体も人を待つこともなく、誰にも止められないし、まして後戻りすることもない。したがって、去っていった列車や手すりのハンカチで、一種の取り戻せない別れの雰囲気を形成している。ちなみに、日本の田舎の小さい駅は台湾の田舎の小さい駅と、外観ではよく似ている。なぜなら、多くの台湾の小さい駅は、日本植民地時代から残ってきたものだからである。その点では、『東京ラブストーリー』のこのシーンは、また台湾の視聴者に親近感を覚えさせるのである。

のような悲劇の雰囲気を作り出している。

このドラマも登場人物の仕事や日常生活をめぐる描写が多く登場し、細緻なセット、服装、仕事の内容が具体的なリアリティを支えている。主役の男女は異なった社会的環境の中で暮らしている。杏子の家は町の商店街の酒屋で、神棚、畳、コタツといった日本風の小道具に満ちている。これらの小道具はすべて視聴者に対して「日本」への連想を喚起する手掛かりである。他方、柊二は人気美容師で、東京の高級住宅街である青山の美容室に勤務している。街並みのシーンには、たびたびお洒落な大通りやショーウインドー、様々なファッションが現れる。美容室に出入りする女性たちの身なりも、日本（当時）の流行の先端を表現している。また、美容室の内装は大きなガラス窓などを採りいれたモダンな装飾、および紅白の入り組んだ明るい色を多用して、一つのファッショナブルな世界観を構築している。これらの流行的なファッションや街並みは、登場人物が用いる日本語、杏子の家などによって、「日本」であることを視聴者に連想させる。さらに、具体的でリアリティあふれる映像は、そのような「日本」が、「現実の日本」だと視聴者に信じさせるには十分であり、「日本＝流行の先端」というイメージを作り出すのである[100]。

また、『ビューティフルライフ』も小道具や色彩を象徴的表現に使う手法を採っている[101]。最も顕著な例は、ストーリー的に重要な意味づけをなされたアイテム、柊二が杏子に贈った赤いハイヒールである。車椅子に頼る杏子にとって、ハイヒールは憧れである。実際に使用できないハイヒールは、杏子の自由

---

[100] それと同時に、男性主人公も脇役も自分の感情表現が不器用であり、しかも心にある考えをはっきりと言わないタイプである。このような登場人物の性格も、ドラマのリアルさによって、日本人は「表裏一致」しないという一種のイメージを伝えている。しかし『東京ラブストーリー』のような三角関係と異なり、『ビューティフルライフ』における愛情は、主役も脇役のカップルも一途に心優しいので、よりプラスな日本人イメージを現しているのである。

[101] 当ドラマも一種の抽象的な雰囲気を作って、登場人物の思考や感情を表現することを重視している。例えば、日本で高い視聴率の記録をつくったシーン――美容師の柊二が杏子の死に顔に化粧をする時、ずっと冷静にしてきた男性主人公は、化粧し終わった女性主人公の遺体に対して涙を流しながら、「何でこんなに冷てぇんだよ。……何とか言えよ」と言った。この時、日本語の「冷たい」は、永遠に答え（られ）ない冷たさを表現しながら、遺体の冷たさ＝死をも指している。それによって死の雰囲気を作り出し、恋人を失う苦しみを強調している。これも、前述した、動作や場面で一種の「愛情」のロマンチックな雰囲気を表すという日本ドラマの表現手法である。

に歩きたいという願望を象徴しており、逆にまた、彼女の足が不自由という事実を引き立てるのである。さらに、その鮮明な赤色は生命力を象徴する意味を含む。杏子に関する色は明るい色を主として、特に赤色がもっぱら使用されている。彼女の赤い車はその例である。これらによって、女性主人公の生の欲望と、それを逆照射する形で死の悲劇性が強化されているのである。

　『ビューティフルライフ』は『東京ラブストーリー』と同様、細緻なセットやロマンチックな雰囲気を重視し、リアルな画面で深い愛情を視聴者に伝えているのである。

　以上をまとめると、『東京ラブストーリー』や『ビューティフルライフ』のような台湾で人気を集めた日本の恋愛ドラマは、様々な場面や小道具の象徴的な意味を利用して、ロマンチックな男女の愛情物語という雰囲気を構築している。回答者へのインタビューから拾ってみよう。回答者Uは『東京ラブストーリー』について、「リカが完治のために、誕生日ケーキの蝋燭を一本一本つけながら声をかけるシーンは、すごく美しい」という例を挙げている。あるいは、回答者Hは、「日本ドラマのような恋をしたい」と述べている。また、日本恋愛ドラマはファッション、入念な背景、ロケ地の美しい撮影などで、一種の「上品さ」を視聴者に感じさせている。例えば、日本ドラマは「ヒロインがいつも細やかで上品なものを使っているから、私のスタイルの参考にしている」（回答者U）、「心を動かす巧みなストーリーをよく使っている」（回答者N）、「流れが上手いし、撮影も美しい。脚本は日常生活の中の繊細な心の動きをつかんでいる。セリフは真実味が溢れて、共感を覚えさせる」（回答者R）。このような表現方式は、登場人物の性格や行動にリアリティを与え、いっそう説得力を持たせてくれる。

3.『イタズラな Kiss』

　『イタズラな Kiss』は高校三年の女性主人公、劣等クラスに属する「相原琴子」が学期の初めに、学校の廊下で男性主人公、全校一の優等生である「入江直樹」にぶつかってキスをしたことから展開している。琴子は家が火事で全焼したので、父と二人で、父の親友、入江の父の家に仮住いすることになった。琴子はそこで入江に恋心を抱き始める。結局、何に対しても興味のない男性主人公は琴子に心を動かされ、次第に明るくなり、自分の夢をも見出していく。

このドラマは学園コメディー・ドラマに属し、スタジオ内の撮影場面が多くて、『東京ラブストーリー』や『ビューティフルライフ』のようなロケが少ない。しかも、『東京ラブストーリー』と同様に漫画から改作したドラマなのに、『イタズラなKiss』は、服装、場面のセット、あるいは登場人物の動作や反応が、すべてリアルではなく、コミック的に誇張された表現方式をとるのである。セットについては、男性主人公の家のセットは『東京ラブストーリー』や『ビューティフルライフ』のように入念ではなく、漫画のような重点表現という方式を採り、主要な家具はそろっているが、細部の装飾が少ない。さらに、登場人物の演じ方も、漫画のように抽象的な形式を取ることが多い[102]。つまり、ある部分の表情や動作を大げさに表現し、人物や画面に焦点を向けるのである[103]。入江の母のドール式ドレス、およびコミック的な誇張表現は、このドラマのコミック的な非リアル感をいっそう際立たせている。

学園ラブ・コメディーである当ドラマは、前述した非リアル感を持っているので、カルチャーギャップを感じる場面は少なくないと言える。とはいえ、台湾の教育制度は日本と似ており、入学試験や進路問題があったり、優等クラスと劣等クラスのレベル制もあったりして、学生も全員制服を着なければならない。このドラマの主要人物は高校三年生であり、彼らが直面する大学の入学試験や、将来の進路、夢、優等生クラスによる劣等生クラスの学生に対する差別などの問題は、台湾の視聴者の共鳴を喚起できる。つまり、視聴者は特別な知識や思考がなくても、直ちにこのテクストを理解して入り込むことができる。

102　例えば、女性主人公は試験前に夜通し勉強するため、居眠り防止に瞼に接着テープを貼り付けることとか、努力しようと思い付いたら、場所を顧みず拳を握って天に向かって、「私が頑張ります」と叫ぶことなどである。あるいは、琴子のクラスメートは皆クリスマスに恋人に手編みマフラーやセーターを送るため、連日徹夜して編んでいた。結局、クリスマスの前日の場面では、全員の目の周りには誇張した黒いくまの化粧を付けて、寝不足を表現している。

103　シーンの運用について、当ドラマも漫画の表現方式に類似して、顔の表情のクローズアップを頻繁に使い、誇張的な表現をとる。さらに、時々幻想のシーンを挿入している。例えば、女性主人公が男性主人公の将来の職業を想像するシーンは、真っ白な背景にバックからライトを照らすようなセッティングで、各種の職業の制服を着る男性主人公が現れるのである。以上述べた表現方式は、このドラマのスタイルが『東京ラブストーリー』のような写実的で入念なスタイルをとらず、漫画のような非リアル性を意図的に保つということを明示している。

第2節　日本大衆文化が表現した「日本」イメージ　　*337*

しかし、それ故に、この当ドラマの「日本」に対する連想を喚起する機能も低下したのである[104]。

このような漫画の抽象的な表現方式を留めたドラマは、「日本」を喚起する機能が低下している。回答者Uは報告したように、初めて日本ドラマに接した時、「日本漫画から改編した日本ドラマを見たので、あまり『日本』イメージを思い付かなかった」のである。しかし、漫画より、こういうドラマは依然としてある程度の「日本」に対する連想を喚起している。例えば、もちろん登場人物は日本語を話す。あるいは、バレンタインデーに女性が手製チョコレートを好きな男性に贈ったり、好きな人が卒業する時にその人の制服の2番目のボタンを欲しがること、頑張る時に鉢巻に「必勝」と書いて頭に縛ることなど、台湾の習慣ではない行為が、「日本」と連結していくのである。また、日本の高校生には髪型の制限がない[105]ということも、このストーリーの発生地が「台湾」ではなく「日本」だという手掛かりを視聴者に与えるのである[106]。

『イタズラなKiss』は『東京ラブストーリー』や『ビューティフルライフ』と異なり、念入りな写実的スタイルを採らず、漫画の非日常性＝抽象的／記号的な表現方式を残した。このドラマの台湾における人気度が示した重要な意味は、台湾の視聴者が日本ドラマの漫画的な表現方式を理解して受け入れていることである。つまり、このドラマの視聴者は、日本漫画式の表現方式に対して違和感を覚えていないのである。この点は、前述した、台湾の消費者が漫画を読んでいることが、日本ドラマに対する受容を促したという論点を支えている

104　また、『東京ラブストーリー』などのようなリアルな表現方式を取らない女性主人公・琴子の個性や動作——例えば、後ろ指を指されてもすぐ元気になる楽観さ——は、このドラマの非日常性のために、「日本人」と連結されにくくなったのである。

105　1987年まで、台湾の中高校生は髪型に制限があった。男子学生は坊主頭で、女子学生は髪の長さが耳の下1センチまで、パーマは禁止と規定されていた。いうまでもなく、髪染めは禁止されていた。1987年以降、法的には髪型の禁止令が解除されたものの、実際には学校は一定の制限を定めている。髪染めとパーマ禁止、および男子学生の髪の長さ制限は、ほとんど一般的な規定である。

106　このドラマは誇大な表現方式を取ると同時に、依然としてある程度日本ドラマの象徴的表現方式を採用している。例えば、入江が東京を離れる琴子を見送るという別れのシーンは、踏み切りの両側である。踏み切りで二人の別れといまだ越えられないギャップを象徴する。この点は、このドラマが踏襲した日本漫画の雰囲気の重視や記号的な表現方式を明示しているのである。

のである。

日本ドラマの吸引力

　以上の分析によれば、『東京ラブストーリー』や『ビューティフルライフ』などの日本恋愛ドラマは様々なリアルなファッション、美しいロケ、場面や小物の象徴的意味を利用して、ロマンチックな雰囲気を構築している。かくして、一種の「上品さ」やブランド力が作り上げられ、日本ドラマを鑑賞するという行為自体が、「ハイ＝ソサイェティな感じ」を付与される行為となった。さらに、日本語[107]や日本の象徴的なロケーション、日本的な建築物などが視聴者に日本を連想させたので、ドラマの表現したイメージが日本と接続され、高度な消費文化やファッションが溢れる「日本」イメージを形成していった。

　ところが、『イタズラなKiss』のような日本ドラマが重視するのは、雰囲気の形成や表現ではなく、記号的な表現方式なので、必ずしも「日本」に対するテイスト感や流行に関わる想像を形成するのではない。しかし、恋愛ドラマと学園のコメディーが台湾で人気を集めることは、一つの共通の要素を有するのである。いわゆる、文化的差異性の低さである。

107　日本語の日本に対する連想を喚起する力については、回答者Uのインタビューがよい例である。回答者Uは、「アニメに夢中であった時に、アニメが日本語を話しているため、日本に対して好感を覚えるようになり、日本語を学びたい衝動がとても湧き上がった」が、中国語に翻訳されて日本語を残さない漫画を読むと、「名前さえも中国語に翻訳されたので、全く日本を連想できない」と報告している。この例によれば、日本語（音）、日本の人名、実際的な街景と服装を表す日本ドラマは、漫画と比べると、より日本の匂いを備えていることが明示されている。日本ドラマは台湾で最初に「衛視中文台」で放送された時には中国語に吹き替えられたのであるが、マスメディアを通じて、「日本」のドラマということが大きく宣伝されていたので、中国語の吹き替えによって日本に対する連想への障害が最小限におさえられた。その後、番組を日本語で放送する日本番組の専門チャンネルやCATV局が現れてから、衛視中文台の日本ドラマ放送に関するリード的地位は次第に失われていった。この点は、本物と再製品（複製品）が持っている象徴資本の差異を示している。つまり、中国語に吹き替えられた日本ドラマは「再製品」と見なされ、吹き替えの優劣にかかわらず、それが持っている本物の象徴力を減らしているのである。例えば、回答者Uが述べたように、「当時、ある女性の同僚は私に『衛視中文台』が日本ドラマを放送すると言った。……つまり、『東京エレベーターガール』だ。……だから、私はわざわざテレビの前でまさか中国語の吹き替えとは思わず、座って見ようと待った。結局、その場で吐きたくなって諦めた」。

『イタズラなKiss』のような軽快なコメディーは、漫画の原作の誇張した表現方式を残しているので、一種のより非現実的で非日常的な世界を表している。また、学園ストーリーで、台日の教育制度の類似性は、この類型のドラマの非日常性に現れる異文化感を低めさせた。換言すれば、この類型のドラマを鑑賞することは、特定の文化的背景や知識、思考がなくても、素早く劇の筋に入り込むことができる。

他方、日本ドラマの中で、台湾で最も一般視聴者を引きつけた恋愛ドラマが、台湾で人気を集める原因を、乱暴を承知で言い表すならば、恋愛をめぐって形成される「非日常性」だといえる。恋愛ドラマに登場する仕事、人間関係などの恋愛以外のテーマは、すべて愛情を際立たせる背景でしかない。この背景に関する知識の有無は、ドラマが主題的に表現しようとする「恋愛」の深度に関係するかもしれないが、テクストに対する理解には大きな支障をきたさない。これが文化的なギャップという問題を越えて、日本恋愛ドラマが台湾視聴者に受け入れられた大きな要因であると考えられる。例えばドラマ『ビューティフルライフ』について、視聴者は主人公の病名や病因を理解しなくても、病気の深刻さを知れば、この悲劇性を理解できる。『東京ラブストーリー』では視聴者は男女主人公の仕事の内容を理解しなくても、女性主人公・リカが仕事で男性主人公を助けることを理解することができ、さらに、リカの好意と献身を理解する。逆に、法律、税務などの文化や民間慣習を題材とするドラマでは、ドラマで描写された事情を理解しなければ、そのテクストに感情移入しにくく、視聴を継続することに困難が生じるだろう[108]。

日本ドラマによる「広告」的「日本」イメージ

台湾の視聴者にとって、「上品さ」などを含んだ「日本」イメージ、それはどんな意義や作用を持っているのであろうか。現代的な生活を背景とする日本ドラマ、特に恋愛ドラマは、職場で働く人物造形や実際の風景を巧みに織り交ぜることで説得力あるリアルさを形成している。したがって、台湾の視

---

[108] もちろん、前述したように、日本ドラマは雰囲気などで愛情＝感性の純粋さや、登場人物の繊細で微妙な情緒を表現することに優れているので、それによって形成されたロマンチックな雰囲気で、もともと文化的近似性を有する台湾の視聴者の共鳴を引き起こしやすいのである。

聴者は日本ドラマが表現した生活様態や「日本」イメージを、「現実の日本」だと信じ込んでいく。つまり、回答者Rが述べているように、「日本恋愛ドラマは日常生活を多く描写しているために、日本人が本当にこのような生活をしているかのように思わせやすい」のである。さらに、日本ドラマに現れたセリフやファッションも、台湾人の日常生活に持ち込まれて使われる[109]（聯合報 1998/090/5 第41面）。それによって、日本ドラマの内容表現が再現され、「日本」の「上品さ」も思い出される。同時に、日本恋愛ドラマによって形成された「日本」イメージも強化されるのである。

　したがって、視聴者は「日本」への印象を述べる時に、日本ドラマの印象を「日本」イメージに投射することになる。つまり、日本ドラマによって、日本は、「恋愛が美しいし、職場がとても競争的だ。……美男美女が多いし、だれもが服装や化粧を重視する。……最新の携帯電話や電子用品がある。……しかし、人間性の冷たさや現金さ、見かけ倒しという暗い面もある」（回答者H）、「ファッション感が溢れる」（回答者L）、「日本のOLの生活にすごく憧れさせられた。日本の美感が繊細で、とても優雅であり、日本の生活は品が良い。そして、人々は丁寧で、街は綺麗だ」（回答者U）とイメージされている。もちろん、「街がとてもきれいだし、街景も美しい。なぜなら、日本ドラマのシーンはすべてすごく美しく映しているからだ。しかし、学校でのいじめ問題などの社会的問題は、台湾より深刻なようだ」（回答者R）という学園に関する連想もあるが、それは日本学園ドラマが台湾で人気を集める証拠の一つでもある。しかし、以上の「日本」イメージが、恋愛や流行に集中しているのは事実である。そこで、そのような「日本」イメージは、「夢物語」（回答者U）を構築した日本恋愛ドラマが、台湾視聴者に「日本＝上品さ」を思わせる主要な根源だという論点の立証でもある。

　日本恋愛ドラマはロマンチックな雰囲気が溢れる夢物語であると同時に、リアルな表現で、ドラマに現れた「日本」は「現実の日本」だと視聴者に信じられがちである。そこには、一種の想像的な「場」（ウィリアムスン 1985a）が作り出されており、そこに完全に浸りきることが可能であろう。回答者Uの日本

---

[109]　例えば、回答者Hが述べたように、「『to Heart』のセリフ：『love is power』を言い出したら、自分もパワフルになったように感じる」のである。

（恋愛）ドラマに対する感想を借用すれば、日本（恋愛）ドラマは「それが真実だと感じられたから、まるで『実際の商品目録』のようであり、一つの12時間[110]の（日本に関する）『広告』だ」ということになる。

　ウィリアムスン（1985a）の研究によれば、「広告は意味の構造を創り出しているのである。広告の『明示的な』機能——『モノを私たちに売りつける』という規定——でさえ、意味過程を含んでいる。広告はそれらが売りつけようと努める生産物の内在的な特質や属性だけではなく、そうした特性を私たちにとってなにか意味あるかのように見せかける仕方をも、考慮しなければならないからである」（ウィリアムスン 1985a: 22-28）。換言すれば、広告の目的の一つは、単なる「製品」に消費者の欲望を誘発する意味を与えるのである。特に理想的なイメージの転化を通じて、そのイメージと製品の結びつきは、論理的な関連を持っていなくても、消費者の想像によって生じることになる。ウィリアムスン（1985a）は香水シャネルNo.5の広告を例として、女優カトリーヌ・ドヌーヴの顔とシャネルNo.5がポスターに並置されると、消費者にとって女優が持っているイメージが香水と連結されることを指摘している。かくして、消費者はシャネルNo.5の所有を通じて、女優のイメージが生みだす意味を獲得できることを信じ、さらなる消費活動に引きこまれることになる。つまり、消費者は広告に含まれている象徴的な意味を通じて「理想的自我」を想像し、しかもその商品と融合して広告が表象する「理想像」を達成したいと思うようになる（ウィリアムスン 1985b: 215-216）。広告はモノに意味を付与して、そのモノとあるタイプの消費者との間に結びつきを作る[111]。

　日本ドラマ、特に恋愛ドラマは、明白に「日本」に意味を与えるわけではな

110　当時、一本の日本ドラマは、全編が10時間〜12時間の長さだからである。

111　例えば、ダイアモンドは鉱物としてではなく、文化的な観点から記号として意味を与えられて、永遠の愛と結びつけられて売り出される。消費者も自動的に結びつきを受け入れてしまう。消費者はそのものを買う時には、そのものと象徴的な意義を相互交換をする。しかし、意義の広告から消費者への転移、あるいは、イメージからモノへの転移は、広告のなかで完全なものとしては存在しておらず、消費者に結びつきを作るよう要求している。意味システム自体は広告の外部にあり、広告はそれを単に指示している。そうした意味は、消費者が自ら転移を完成するまで存在していないわけである（ウィリアムスン 1985a: 36-37）。つまり、消費者は所属する意味システムによって、広告が提示する連結を解読して完成しなければならない。

いが、表現内容によって一種のイメージを創り出す。つまり、撮影技法やストーリーで、上品で美しいイメージを構築している。それによって、視聴者の憧れを誘発しながら、視聴者にドラマが構築した意味を受け入れさせる。また、前述した日本ドラマに使用された象徴的な表現手法も、広告の意味転化と類似した作用を持っており、「気分」の創出を促すのである。ウィリアムスン（1985a: 82）が述べたように、広告が創出した「気分」と、それと結びつけられた製品は消費者の中で同一化される。製品だけを見ても、広告の創出した「気分」が想起されるようになる。そこで、日本ドラマを一種の「広告」と考えれば、ドラマが提示する意味や感情と結びつけられるのは、日本ドラマという製品や俳優だけではなく、そのストーリーの発生地・「日本」でもある。俳優や「日本」は視聴者にとって、単なる「物」ではなく、日本ドラマが作り出す意味を付与された「憧れの対象」になった。さらに、ウィリアムスン（1985a: 66）は、「感情」を記号として用い、商品と「記号としての感情」を結びつけてなんらかの情緒を喚起することは広告の製作技法の一つであるが、広告が引き起こしたのは本来の感情ではなく、感情という観念でしかないと指摘している。この点について、日本恋愛ドラマはストーリーで、単なる観念を超える感情の移入、いわゆる登場人物への同一化を誘発しうる。したがって、日本恋愛ドラマに現れた「日本」と引き起こされた感情との結びつきは、ドラマに魅惑された視聴者にとってさらに促されることになるだろう。

　以上をまとめれば、日本（恋愛）ドラマは、R.バルト（1967）の用語を借用すれば、一種のシニフィアン（意味するもの）として、「日本、美男美女、ファッション」を表現しているが、そのシニフィエ（意味されるもの）が「ロマンチックな、ファッショナブル、ブルジョア的な、洗練された、繊細な」なのである。両者が共に重なり合って、一つの「進歩した現代的で、ロマンチックで、優雅な日本」というシーニュ（意味表象）を形成した。さらに、多くの日本ドラマ作品の映像が累積すれば、それらのシニフィアンとシニフィエ、および形成されたシーニュは、次第に特定のストーリー、人物、映像を越え、「日本ドラマ」という「モノ」になり、しかも、ドラマの制作地や背景である「日本」と連結していく。こうして、「日本」自体は一つの前述したシニフィエを含むイメージとなっていった。日本（恋愛）ドラマが提示したこのような「日本」の理想的イメージ、およびそれらが備える伝播作用は、日本（恋愛）ドラマに

第2節 日本大衆文化が表現した「日本」イメージ 343

「日本を広告する機能」を持たせているのである。広告の目的は、「モノを消費者に売りつける」ことにあった。つまり、製品の存在を知らせたり、製品に使用価値以外の意味を与えたりするのと同時に、広告商品を買えば、その意味を獲得できることを消費者に信じ込ませて、消費行動を促すのである。次に、日本（恋愛）ドラマが一種の「日本」の広告として、「日本」にあるイメージや意味を与えるという視点から、それらが誘発しうる消費行動を考察する。

日本ドラマが促した消費行為

　日本（恋愛）ドラマが「日本」に関する広告機能を持っているのだとすれば、それらが表す意味はドラマに現れる製品とも結びつけられ、消費者にこれらの使用を通じて、ドラマで演じられているイメージを分かち合いたいと感じさせ、さらに、関連商品の消費欲求ないし消費行動を誘発する。例えば、『東京ラブストーリー』が放送されたことによって、主役が着用しているレインコートが台湾で流行したことであった[112]。また、インタビューでも「ある製品を日本ドラマで見て、非常に使いたくなった」（回答者Q）、「いつも日本ドラマのストーリーに従って自分の生活スタイルを変えていく。日本ドラマのためにいっそう日本のことを好きになった」（回答者L）という意見が聞かれた。回答者HもUも、日本ドラマに現れるファッションに追随したいと報告している。視聴者は日本ドラマを観賞すると、登場人物と同一化したいという欲望が生じる[113]。この同一化のプロセスを通じて、日本（恋愛）ドラマが表現した「上品さ」や

---

[112] 日本ドラマ『ロングバケーション』の中で主役たちが使っている赤いワイングラスや、『ラブジェネレーション』でいつも飾っているTiffanyのガラスリンゴもドラマの放送によって売れていた（聯合報 1998/09/05 第41面）。また、研究者のファンに対するインタビューも同様な結果が出ている。

[113] これはウィリアムスン（1985a: 146-152）が述べたような、広告自体が「物＝シニフィエ」に一種の文化的記号や意義を与えることである。ウィリアムスンはJ.ラカンの論点から進んで、消費者は広告に含まれている象徴的意義を通して、一つの空っぽな「鏡＝想像的な像」を満たす「理想自我」を見ると指摘している。消費者はその広告の対象と融合して、広告が表す記号的表現を達成したいと思うようになった（ウィリアムスン 1985b: 215-216、佐々木孝次 1985）。また、消費行為自体も想像と期待を含んでいる。つまり、記憶と消費のある作用は、普通は抑圧されているアイデンティティを創り出し、再構成し、回復するという作用を含んでいるのである（クラマー 2001: 190）。

「ロマンチックさ」の達成を期待し、そして、登場人物やドラマに現れる製品の使用、日本語の学習といった行為を通じて、期待の一部を満足させていくのである。さらに、李天鐸・何慧雯（2002）が指摘したように、日本ドラマに現れたスタイルは、台湾の日常生活において実践できるものである。台湾の視聴者は欲望が発生した後で、その欲望を満たすために実際の行動＝消費を行うことができる。こうして、一部の日本ドラマの放送によって、ファッションや商品ないしセリフなどの流行が形成されていくのである。

　このような日本ドラマが誘発した経済活動は外へと拡大していく。前述した日本ドラマに現れる製品以外にも、ドラマの役者も同様の経済的な波及効果を持っている。本章の第1節で述べたように、アイデンティティはテクストに夢中になる重要な要件である。ドラマが表現する生活スタイルは、現実的な欲望の産物だといえるし、演じられる役柄は視聴者と同一化する対象である。特に日本恋愛ドラマは、男女の両主人公を際立たせることによって、視聴者の憧れ、およびその役柄との同一化願望を強化している[114]。E.モラン（1976: 37-74）が述べたように、スター／俳優と芝居の役柄とは相互に浸透し合い、俳優は役柄の神話的要素やイメージの一部を吸い上げることができる[115]。したがって、視聴者の役柄イメージに対する同一化願望は、それを演じる俳優へ転化される[116]。いったん転化されれば、視聴者のその役柄に対する「所有したい欲

114　回答者Hは、「日本ドラマの……ラブストーリーを見たら、そのような感じの愛情を望んでいる。そして、この気持ちを……その人（役／役者）に投射している。例えば、『あすなろ白書』を見た時、木村拓哉や他の誰かを特に好きになった」と述べている。つまり、日本ドラマが形成した雰囲気や劇の筋などは、視聴者を惹きつける独特な役やイメージを作りやすい。なぜなら、日本ドラマは「アイドルをよりアイドル化しているからといえる。つまり、日本ドラマでは……人をとてもすばらしい役として作り出すのだ」と答えている（回答者L）。しかし、この役のイメージは確かに俳優自身に浸透していく。それで、回答者Lが述べたように、ドラマの中の役と俳優自身について、「はっきり区別しない」こともある。

115　モラン（1976）はこれが神格化された神話的な作用に類似しており、スターと役が互いに相手に一種の「理想的な美」を作り出して、観衆の崇拝する対象になると考えている。

116　しかも、日本ドラマはその役と同年の俳優を起用するので、一方では、劇の筋の説得力を増加させ、他方では、役と俳優の間の浸透をさらに順調にさせて、俳優自身の「ブランド性」を作り出すのである。日本のアイドルである堂本剛を例とすれば、彼が主演した役は、本人の当時の年齢とほとんど一致するのである。例えば、1994年に『人間・失格』の中学生を演じた時、本人は同じ中学生の年齢である15歳であっ

第2節　日本大衆文化が表現した「日本」イメージ　　*345*

望」もその俳優自身へと移行していき、視聴者を俳優に近づけることを促し始めるのである。例えば、大多数の回答者は、好きな俳優が演じた他のドラマや関連情報を探していたと報告している。視聴者は劇中の役柄の代理人＝俳優への接近を試みて関連情報の収集につとめるだけでなく、次第に視聴者の興味はもとの役柄とは関係なく、俳優自身に関して他領域にまで拡散していく[117]。例えば、回答者Hは「最初『to Heart』を見た時には、堂本剛（本人）のことがそんなに好きではなかった。その後、テーマ曲がよいため、彼のアルバムを買った。そして、彼のライブを見にいって、面白かった。私は段々ドラマの役柄ではなく、堂本剛という人が好きになっていった。彼が出演するすべてのドラマの役柄も可愛く思うようになった」と述べている。回答者Lも類似したことを述べている。さらに、前述したように、『イタズラなKiss』のおかげで、柏原崇のグッズやライブのチケットはすぐに完売した[118]。

　こうした発言や事例に現れているように、役柄の代理人＝俳優に接触する過程で、視聴者の中で役柄と俳優の相互の浸透はドラマの放送終了などと相まって、次第に薄らいでいく[119]。この時、役柄と俳優の相互の浸透性や代理性を

た。1998年に『青い時代』の不良少年を演出した時に、年齢は19歳であった。2001年に『夢のカリフォルニア』で大学4年生を主演した時、役の年齢は21歳で、本人は22歳であった。2004年に『ホーム・ドラマ』で社会人を演じた時、役の年齢は25歳で、本人も25歳であった。

117　ドラマが表現する想像的な生活は、一種の現実的欲望の産物で、俳優はこの欲望の反映である。視聴者は自分の欲望などを俳優が表現したイメージに投射している（モラン 1976:112-113）。視聴者はある役に夢中になって、しかもその熱意を俳優へ転化する時に、その役に対する同一化や所有したい欲望もその俳優へ移して行き、その人々を自分の分身と見なし、そしてその人々に対して一種の「所有したい」欲望が生じている（本章第1節参照）。漫画の場合、読者の欲望は作品の描かれた仮想のキャラクターまでにとどまり、代理者に移行する作用がない。しかし、実際の人間が演じるドラマの場合では、俳優は役を代表しながら、視聴者の欲望をも受け入れる。そこで、視聴者は役の代理人である俳優に接近することを願う。例えば、その俳優が演じた他のドラマや映画、関連情報などを探すのである。回答者H、L、P、R、Uなど大多数の回答者は、自分が好きな俳優／アイドルが出演した日本ドラマをすべて観たと報告している。

118　大成報 1999/08/15「明星商品収藏熱，半小時售完」、中央社 1999/08/15「柏原崇魅力旋風席捲，勁爆演唱會歌迷瘋狂沸騰」、星報 1999/10/03。

119　つまり、役と俳優の相互の浸透は、必ずしも視聴者がその両者を同一視するわけではない。大多数の回答者は、基本的に俳優と役の相違を区分していることを示している。あるドラマのある俳優の演じる役が好きでも、その俳優の他のドラマで演じた役を

通じて、日本ドラマが誘発する欲望は出演者と関わる他の経済的分野（例えば、アイドルグッズ、俳優の写真集、アルバムなど）に拡散していくことになるのである。さらに、その俳優がまた他のドラマに出演すれば、再び視聴者を惹き付けるようになり、既存の欲望を維持したり、これまでの消費行動が強化されたりする上に、新たな欲望を作り出していくことになる。

　誘発した想像や欲望は、もう一つの消費行為──日本への旅行──を引き起こす（聯合報 1998/09/05 第41版、民生報 2001/12/31 C7面）。描かれた漫画と比べると、実景のシーンを多く織り交ぜた日本ドラマは実際に日本に足を運んでみるモチベーションを高め、そこで演じられる生活を「真実」であると信じこませるに足りる要素で満ちている。したがって、日本で、自ら日本ドラマをイメージの通りに再現したいという消費者の欲望をも喚起し、視聴者に日本のロケ地を訪ねさせる。「日本ドラマを見始めてから、私が最も憧れる国は日本になった。日本ドラマの人物と同じようなOL生活を夢想していた。最も学びたい言語は日本語だ。だから最初の旅行の目的地は日本であった」（回答者U）、「1年に日本へ6回も行った。日本語を学んだり、日本ドラマの服装をまねたりしている。日本ドラマでの恋愛シーンのロケ地はどんなに遠くても、あの恋愛的雰囲気を感じるために絶対に訪れる」（回答者H）のである。さらに、一本のドラマに夢中になると、視聴者に日本ドラマの制作／放送するテレビ局を訪ねさせることを促す。こうした行為は、読者が漫画のために「生産地」である日本へ行きたいという動機と似ているのである。

　また、以下の例も日本ドラマが誘発した日本への旅行ブームを立証している。例えば、旅行業者の「易旅」が2000年に「日本ドラマの著名なロケ地ツアー」

受け入れるとは限らないのである。例えば、回答者Hは、「もし貴方が『妹よ』の唐沢寿明が好きであっても、彼が他の役を演じたら、貴方は前のように認めるようにならないかもしれない。だって、貴方が好きだったのはそのストーリーの構成とか、脚本、展開だからだ。つまり、実は、ただそのドラマに夢中になっているだけだ」と述べている。視聴者は崇拝して夢中になる対象は、ある劇の筋や雰囲気で作り出された役である。この役に対する愛情は役の代理人＝俳優／アイドルに転化して、俳優に接近したくて、関連情報を探すことで、もとの役に対するその欲望が当俳優と関連する他の領域まで広がることもありうるが、俳優自身に対する愛情は、もとの役に取って代わるかどうか、その俳優自身が十分な欲望喚起の能力やイメージ、あるいはその愛情の熱度を支える鮮度を持っているかということによって決まる。鮮度と欲望の問題は、次節でさらに検討する。

第2節 ｜ 日本大衆文化が表現した「日本」イメージ　　347

を開催し、いろいろな雑誌も日本ドラマのロケ地を表紙にしたり、特集を組ん
だりした（李明璁 2003: 56）。1999年前後から、日本ドラマのロケ地に関する旅
行案内の書籍[120]や、日本アイドルが訪ねた日本の店を紹介する書籍[121]も、続々
と出版されている[122]。

　旅行という過程において消費されているのは、視覚的な記号であり、シミュ
ラークルである。つまり、非日常的な空間である外国で自分の「想像する異
国」を消費することなのである（クラマー 2001: 194、アーリ 2003）。このような
旅行における時間・空間的想像や虚像の消費という特性は、日本ドラマが想像
を働かせるという点と、共通の性質を持っている。それ故に、消費者は「想像
する異国」を旅行することで、日本ドラマによって生じたイメージを消費した
り実践したりすることができるようになる[123]。また、旅行がイメージの消費で
あるとすると、旅行者が重視するのは、「表層的なリアル性」、いわゆる視覚的
な記号である。想像の場である旅先で、旅行者は多くの文化の記号やイメージ
を収集して、自分の「想像する異国＝想像の場＝雰囲気」に当てはめることに
熱中するのである[124]（アーリ 2003）。日本ドラマもこのようなイメージや記号

120　例えば、以下の書籍である。阿滝（1999）『東京鮮旅奇縁——偶像日劇場景新鮮紀実』、
　　　台北：青新出版。Dora Map Project（2001）『在東京邂逅偶像劇——90齣經典日劇景点
　　　大公開』、台北：如何出版。阿滝（2000）『日劇的美味関係』、台北：皇冠。愛玉與丸
　　　子（2000）『100%日劇通』、台北：商周。

121　例えば、杜偉莉（2002）『哈日大FUN店』、台北：台視文化。

122　台湾の「交通観光局」の2003年に関する統計によれば、日本は台湾にとって二番
　　　目に大きい観光目的地である（http://202.39.225.136/statistics/File/200312/92國人
　　　中摘.htm）。日本を訪ねる人数は1989年以降、年々増加していった。1992年以降、
　　　1995年を除いて、大体60万〜80万人を維持しており、2000年には81万1388人に達
　　　し、2004年にはさらに100万人を突破した。ただし、このデータは日本への観光ブー
　　　ムが日本ドラマによって誘発されたことを証明することはできない。あくまで参考で
　　　あることを、留意されたい。

123　岩渕功一(1998: 34)は、台湾の消費者にとって、日本はアメリカのような「渇望され
　　　て達成したい夢想」ではなく、ただ一つの「比較的連想を生みやすい」対象でしかな
　　　いと指摘している。しかし、本書の以上の論述によれば、視聴者は日本（恋愛）ドラ
　　　マを通じて「日本」に対する憧れを生じさせているのであり、岩渕の論点に対しては
　　　再考の余地がある。

124　旅行が一種のイメージの消費であるということについて、J.クラマー（2001: 207-
　　　209）は日本のテーマパークや有機農業の田舎を例として挙げている。クラマーは、
　　　それらの旅行は一つの都会や本当の現地生活と断絶する神話的な場所や新しい「伝
　　　統」を作り上げて、旅行者がその過程で偽装する快楽やアイデンティティの再構築を

を作り出していた。つまり、一種の場所－神話の発展である。

　J.アーリ（2003: 322-352）はイギリスの湖水地方を例として、場所－神話の発展を解釈している。湖水地方は、18世紀から訪問客とその文学作品、読者、さらに、英文学の権威ある作家の存在によって、文学の聖地と自然の聖地とを融合させようと試みられ、固有の場所－神話を有する地域として発展し始めた。旅行者はこのような期待を抱いて湖水地方に行き、文学作品に現れた神話的要素の具現化やそのロマンチックな感覚を感じ取る。これと同様、日本ドラマも視聴者に一種の記号的なイメージ、あるいは神話的な雰囲気の源泉を提供している。視聴者は日本へ旅に出て、日本ドラマのロケ地でドラマの表現内容——文化的「上品さ」やロマンチックな愛——を思い出したり、感じ取ったりするのである。さらに、ドラマの登場人物と同一化したり、その役柄の感覚を分かち合ったりするのである。回答者Uは日本（恋愛）ドラマを見て日本に行きたいと思った理由について、「私は一種の『雰囲気』を求めるために日本に行き、自分が主人公となって、街頭を歩いていることを想像するのだ。あのドラマのストーリーは素晴らしいから、私にどうしても日本へ行ってその雰囲気を体験したいという感覚を生じさせる」と述べている。

　さらに、前述したように、広告は「理想的自我」を提供すると同時に、「商品の存在を知らせる」作用を持っている。日本ドラマは「日本」の広告として、このような機能をも持っており、旅行者に旅行代理店やガイドブックなどの媒体から得た情報（一般の観光ルート）とは異なった訪問地を知らせるのである。日本ドラマは日本の現代生活を背景にするので、東京タワーや大阪の道頓堀などの名所だけでなく、都会の大通り、お洒落な喫茶店、田舎の小さい駅などガ

　獲得することができる。換言すれば、旅行者はこの非日常の時空に、自分がその地域と一体化するという感覚を仮想して、その地域が備える表現内容を享受するのである。アーリ（2003: 244-245）もM.フェザーストン（2003b: 39-62）も旅行のような視覚的消費の重要性について、現在、「テーマ化された」環境を作り出そうとする広範な傾向に見出されると述べている。つまり、一見リアルで本物であるような環境や場所は、表層的にはオリジナルよりもリアルに見える。そのようなところで、旅行者は多くの文化の記号やイメージにまなざしを向け、それを収集して、ツーリストとして振る舞うことに熱中するのである。ディズニーランドや、イギリスの文化遺産都市として生まれ変わってきたランカスターや歴史文化的地域ランカシャーがアーリ（2003）の挙げる例である。

イドブックで紹介されていない場所に特別なイメージを付与する。つまり、旅行者にガイドブックより広範な、「日本」への接触ルートや動機を提供しているのである。

想像と実像とのギャップ

　日本ドラマは「日本」の広告として、理想化された「日本」イメージを形成し、しかも、消費者にドラマが創り出した「雰囲気」を感じとりたいという欲望を生み出し、ドラマで扱われた製品の使用やロケ地への旅行を促している。つまり、消費者の興味を日本ドラマから「日本」へ拡大させるのである。しかし、言うまでもなくマスメディアである日本ドラマに現れた「日本」は、映像の処理や選択を通して形成された一つのイメージである。さらに、それに対する台湾視聴者の解読は、ドラマのストーリーや台湾の社会的準拠図式、他のマスメディアによって形成されてきた日本に関するステレオタイプなどの産物である。つまり、日本ドラマが形成した「日本」イメージは、台湾視聴者のハビトゥスに基づかない「虚像」でしかない。さらに、広告はあるイメージを製品と結びつける際に、その製品と他のイメージとの結びつきを排除してしまう。したがって、日本ドラマは一種の日本の広告として、日本とあるイメージとの連結を強化すると同時に、日本自体の多様なイメージを周縁化してしまう。したがって、視聴者は日本を実際に訪ねて、日本人や日本の産物に接する時、想像と実像とのギャップによって破綻が起きかねない。「日本には多くのホームレスがいる。それは日本ドラマには出てこないことだ。びっくりした」（回答者H）、「街で風俗や高利貸のティッシュを配っている人を見た。日本の物価は想像できないほど高い。日本の家屋は大変小さい。日本ドラマに現れるOLの部屋はすべて豪華過ぎる」（回答者U、R）といった意見は、こうしたギャップの素直な表明である。また、回答者W（女性、26歳、漫画家）は、「日本ドラマのために行きたい名所もあるけど、やはり大多数の場所は画像を通して見る方がより美しい」と述べている。

　確かに、日本ドラマを見て獲得した多くの「日本」イメージと、実際に日本に行って獲得した感覚は、ある部分では同じだといえる。回答者N、UやVが述べた「日本の美感は繊細だ」、「店員さんが丁寧だ」といったことである。しかし、やはり実際の日本人と日本恋愛ドラマの登場人物とのギャップは、旅行

者に衝撃を感じさせる。多くの回答者は、日本人は「表裏が一体ではない」（回答者L）、「丁寧だけど、本当に何を考えているか、どんな気分なのかわからない」（回答者N、U、O）と述べている。回答者Rも、「日本ドラマはいつも繊細な情緒を繊細なストーリーに沿って描写しているので、日本人が多分繊細で感情が豊かだと思っていた。しかし、出会った日本人はほとんど冷たくて、日本ドラマのストーリーが彼らの身に生じているなどとは想像し難い」と回答している。

　まず、日本恋愛ドラマは主役の愛情をめぐって発生した人間関係や事件を軸に構成されているので、主人公は視聴者が同一化する対象として、常にプラスの役回りを演じることになり、たとえマイナスの役割を振り分けられても、不可抗力や許容されるべき理由を持っている。また、不誠実などの好ましくない役柄は、ほとんどの恋愛ドラマでは目立たない脇役（あるいは主人公のライバル）に配されており、視聴者の同一化過程では見落とされてしまう。「日本ドラマにもこんな人がいるけど、こんなものは恋愛ドラマのテーマではありえない」（回答者U）のである。

　また、以上の漫画や日本ドラマの内容分析は、日本人の本音と建前という二面性を明示している。テクストを読んだり視聴したりする時には、内面的な独白や現実には見えるはずのない場面（例えば、後ろを向いた表情や一人で家にいる時の挙動など）を視聴者や読者に見せる。そこで、視聴者や読者は、いわば「神の視点」に立っていることになる。しかし、現実世界で日本人と接する時、視聴者はテクスト内の登場人物と同様、限られた手掛かりによって相手の態度や言葉に含まれた意味を推測するしかない。この推測の過程では、「神の視点」に立てるドラマの視聴とは違って、ハビトゥスや社会的準拠図式などの差異が前景化することになる。それ故に、日本人への理解にはギャップを感じる可能性が高まるのである。回答者Rはこの点を理解して、「日本人は親しい人と親しくない人とに対して、かなり違っていると思う。日本人が私ととても親しくて、本心で付き合うようになったら、私の印象の日本（人）とより近くなるかもしれない」と感じている。

　以上、現実世界の日本（人）に触れたことによって生じた「実像」と「虚

像」のギャップを論じた[125]。しかし、たとえ「虚像」と「実像」の間に、ある程度の矛盾があるとしても、回答者の多くは、短期観光での来日であるため、日本（恋愛）ドラマからもたらされた「日本」イメージと、日本で実際に見た光景について、あまり大きいギャップや幻滅を感じていないと報告している。回答者Uは、観光する時には、「『形式的なもの』しか見えなくて、日本（人）に対して幻滅を感じるわけがない。だって、物事の表層だけ見たら、（ドラマと）あまり違っているとは思わない」と述べている[126]。

　この点を考慮すれば、想像のギャップやカルチャー・ショックが存在しているとしても、短期滞在タイプの旅行者が見た異国というのは、事実上、旅行者が持っている社会的準拠図式によって想像された「異国」であり、旅行者が感じたい「想像された異国」の実践にすぎない。観光サービスの消費は複雑で漠然としたプロセスである（アーリ 2003）。旅行者の旅行地に対する認識や感覚は、およそ表層のレベルにとどまるものではないだろうか。しかも、認知的不協和の理論をひくまでもなく、旅行者が望むイメージを保有し続ける傾向は強いのではないかと思われる。

まとめにかえて

　まとめていえば、漫画と同様、「日本」イメージを作り出した日本ドラマに関する要因は、物理的な側面と内容的な側面に分けて理解されるべきである。物理的な側面としては、入念なセットや撮影技法がもたらした映像の完成度の高さ、そして、あらかじめ放送される話数が決まっていることが挙げられる。放送話数が決まっていることで[127]、細かな物語設定や伏線などによってストー

125　もちろん、この虚像の様態や実像と虚像の間のギャップは、視聴者が常に見る日本ドラマのタイプや好むタイプと関連している。例えば、社会派のドラマを主要な鑑賞対象とする回答者Xは、日本ドラマを見終わると、日本に対して好感をもつようにならず、さらに「（日本は）現実的でとても残酷だと感じさせる。（日本は）夢がないし、あそこに登場するのは全く冷たい現実だ」と述べている。このインタビューも、日本ドラマが表す「日本」が、「日本」イメージの形成に対する作用を証明している。

126　また、回答者Xが述べたように、「あまりに違うのではない。最も主要なことは、私が同様な環境（日本を指す）に暮らしているのではなく、ただ一人の旅人でしかないことだ。だから、そんなに深く感じなかったのでしょう」。

127　あらかじめ話数が固定されている点は日本ドラマの特異性だ。台湾ドラマは、視聴率によって数百話まで延長されることもある。さらに、日本ドラマと比べると、韓国

リーの密度が相対的に増す。こうして、日本ドラマは、商品としての信頼度が構築されていったのである[128]。それに、文化的近似性を持つ日本ドラマが台湾に輸入されて以来、当時の台湾で放送されたテレビ番組と比較すると、その内容が表現した「日本」以外に、日本ドラマ自体も消費者に対して一種のブランドの信頼度を形成し、しかも、産地である「日本」に対する好感を引き起こした。もちろん、長い間にわたり日本の家電用品や漫画、ファッション誌などが実体で形成した「日本」の産物に対する信頼度は、日本ドラマがそのような「日本」イメージを作り上げることを助けていたことを忘れてはならない。また、日本ドラマが備えるブランドの信頼度、およびその内容で表現された文化的美感やロマンチックな雰囲気などを通じて、「日本ドラマの鑑賞行為」自体も、一種の上品なテイストになった[129]。

　他方、内容表現の側面では、日本ドラマ、特に恋愛ドラマは象徴的な小道具の提示の仕方、言外の微細な表情表現、構図の繊細な美しさなどを通じて、一種の非日常的な「夢物語」を構築していた。それと同時に、セリフや細緻なセットが日常的な現実感を備えているため、視聴者の生活と重ね合わせやすく、強い同一化作用を持っている。したがって、日本ドラマに現れた「日本」を「現実の日本」だと信じこみ続ける傾向があり、その中で表現されたファッ

　　　ドラマの話数も長く、テレビ局にとっても宣伝しやすいし（民生報 2001/11/22 C6）、台湾視聴者の視聴習慣にも合っている。

[128]　日本ドラマの画像の美しさ、品質の精緻さ、役者や芸能人の比較的良い訓練、劇の多様性、内容の深さなどである（回答者U、R、H、N、Fなど）。また、回答者H、L、Uは、日本ドラマに現れるファッションが、彼女たちにその流行に追随する欲望を生じさせると報告している。つまり、1990年代の台湾ドラマと比較すると、日本ドラマの「脚本はとても細緻で、生活における真実で細かい感動を捉えることができる」、「巧みな劇の筋を利用して心を動かす愛情を表現しているので、それがとても念入りに作ったものだと感じさせる」、「最も重要なのは日本ドラマのセリフの感覚がすごく真実味があり、非合理的で実際の状況に合わない対話がほとんど現れない」のである。したがって、視聴者の共鳴をより引き起こしやすいのである（回答者N、R、U）。

[129]　ブルデュー（2002）の概念で議論すれば、日本ドラマは自ら作り出した（周辺の）経済力で、アンダーグラウンドから表舞台に転じていき、ドラマ（文化）の場で自分の位置を創造したのである。さらに、映像に現れた質感、ファッション、流行、進歩的な雰囲気など、および長期にわたり「日本」が漫画などの大衆文化によって作り上げたブランドの信頼度を通じて、ドラマ（文化）の場で、台湾や香港ドラマに相対して、より高い文化資本＝象徴の力を獲得した。したがって、日本ドラマを鑑賞する視聴者も、日本ドラマが備えた上品さ＝文化的意味を分かち合うことができる。

ションや都会のイメージ、現代的な生活を「日本」と結びつけ、「日本＝発展の指標、上品さ」というイメージを形成した。さらに、日本ドラマで表現された意味が、「日本」にも転化されて、台湾視聴者に一種の理想的なイメージが形成されていった。その意味で、すでにみたように、日本ドラマは「日本」のイメージ広告を果たしてきたといえる。そこで、ドラマ視聴にとどまらず、ドラマで使われた製品の購買、役柄に対する欲望の俳優への転化、日本への旅行など、消費行為が拡大されてきた。しかも、長期間にわたり台湾では輸入された日本大衆文化や日本商品が多様化し、かつ量も多いので、視聴者は日本ドラマの広告作用に応えて、消費したいものを手に入れることが出来る。日本ドラマをめぐり経済的循環が形成され、さらにその経済活動は日本ドラマ以外の分野にも拡大していく。

　ところが、この「日本」イメージは、事実上映像やストーリーによって作り出された「虚像」に、消費者の主観的な欲望が投射された想像であり、多面性を含みこんだ現実の日本ではない。したがって、回答者たちは実際に日本へ旅行した時には、日本ドラマと実際の日本との間に存在しているギャップを感じて、日本へのイメージをダウンさせることもある[130]。ただし、第3章で述べたように、台湾人の若い世代である回答者たちは、ドラマなどの大衆文化に関する「日本」と実際の日本とを区別してみる傾向にある。観光旅行は想像の消費行為であるが、しかもそれによって接触した日本は表層的なものに限られ、時間も短い。したがって、その現実と想像のギャップは、多数の回答者にとって、「日本」イメージの幻滅をもたらさないのである。

2-3　日本漫画と日本ドラマが演じた「日本」イメージ —— まとめ

　漫画と日本ドラマをはじめとする日本大衆文化が作り上げた「日本」イメージを総合して論じれば、すでに述べたように、日本漫画は記号的で仮想的に描かれた作品である。しかも、1980年代半ばまで、日本漫画は「日本の手掛か

130　たとえ回答者Xは意識的に日本は多様だと「わかっている」としても、実際にはこの多様性は——例えば、日本人が礼儀正しいと思っていたが、実際に接触したら、意外にも親切ではなかったり礼儀正しくない場合——実際に経験すれば、衝撃を受けてイメージダウンを感じたのである。

り」を取り除かれ、中国語に翻訳されて、アンダーグラウンドの形で流通していたのである。それにもかかわらず、台湾の読者の違和感を引き起こさなかった。なぜなら、漫画は一つのストーリーとして読まれているからである。また、日本漫画の題材は多様であり、日本ドラマのように日本だけを背景とするのではないし、日本ドラマより強い非日常性を備えている。したがって、その表現内容は「日本」に対する連想をより誘発しにくい。漫画が形成した「日本」イメージは、主に漫画自体の実体によってもたらされたブランドの信頼度からであり、内容に表現されているものではない。しかし、その内容から伝わる「日本」に関する知識は、「日本」イメージを一種の独立したブランドとすることに、一定の役割を演じたといえる。この点について、次節ではさらに論究する。

　さらに、日本漫画は台湾で長期にわたり発展してきたので、日本漫画の叙述体系、すなわち日本的思考や展開の方式を台湾に持ち込んだ。このような日本的な叙述体系を習得すれば、ドラマなどの他の日本大衆文化の受容を促すのである。

　日本ドラマが日本漫画と大きく相違する点は、実景のロケ、実際の人間の出演、声（日本語）の表現であり、すなわち、現実的生活を背景として作り出した文化的商品だということである。したがって、日本ドラマが喚起する「日本」に対する連想は、日本漫画より複雑である。

　日本ドラマが伝達した「日本」イメージについて、日本ドラマは、日本漫画と同じように、その実体の品質（面白さなど）によって消費者の信頼感を引き起こした。それ以外では、その内容に表現されたファッションや流行、文化的洗練さ、ライフスタイル、およびそれらによって醸成されたロマンチックな雰囲気なども、容易に「日本」と連結され、一つの「日本＝ファッション・進歩・上品さ」という「日本」イメージを形成した。日本ドラマは「日本」に関する広告ともいえる。また、その実体の信頼度と表現内容の共通の作用を通じて、日本ドラマ自体は一定の文化資本を持つようになった。

　日本漫画と日本ドラマは、いずれも日本への旅行を誘発することができる。一方、漫画の内容自身は日本へ観光する欲望を引き起こすとは限らないが、日本漫画やアニメのあるキャラクターのファン、あるいは漫画やアニメ自体のファンは、日本に行って関連商品を購買したくなるようである。つまり、漫画の分野の内にある物事に夢中になると、日本に行きたくなるのである。他方、日

本ドラマは「日本」に対する連想を喚起しやすいので、回答者の日本へ観光する欲望をいっそう誘発しやすい[131]。

　日本大衆文化は消費者に「日本」イメージや日本に旅行したい動機を提供する以外に、また日本を理解したり接触したりしたいという動機をも与える。例えば、回答者Lが述べたように、「（堂本）剛を好きになる以前、（日本に対して）印象がほとんどない。でも、小さい頃から日本の家電用品とか、ドラえもんやHELLO KITTY……のような文房具の愛用者だった。その後、アイドルを好きになってから、日本人を理解したくなった」のである。回答者Nにも類似する発言がある。また、回答者HもRも、アイドルの話や番組などをいっそう理解したいために、日本をより理解したくなったという。しかし、たとえ日本アイドルやドラマが、漫画やキャラクターグッズより、日本に対する連想を喚起する力をいっそう持っているとしても、漫画は依然として日本に対する好感を触発する媒介者である。例えば、回答者Xは、「漫画を読み取りたいために、日本語を学んで、日本に対して関心が生じた。そして、日本の関連情報を吸収して、（日本に対する）信頼度が生じたのだ。……漫画は私にとって、日本に接触する機会だといえる」と報告している。回答者Yも漫画が好きで、日本語を学んでいたのである。いうまでもなく、これは第1節で述べた大衆文化がアイデンティティの投射や近づきたいなどの欲望を誘発できる特性と関わっている。

　また、消費活動について、漫画は日本ドラマのように実際の人間である俳優や事物などの欲望の転換対象を持っていないので、誘発した欲望の拡張性がより少なく、漫画や関連グッズの範疇の中に限られ、しかも、一作品の人気は、他の作品にまで移りにくいし、一つの人気漫画の連載終了は、それに関する欲

131　アイドルは、以上の両者の作用を兼ねる。日本アイドルは実際の日本人で、日本から情報が絶えず流れるので、日本に対して連想を喚起できる。一方、アイドルのファッションや訪ねた店、ライブなどのイベント、日本ドラマへの出演なども、ファンの日本への観光を誘うし、アイドルグッズという商品の存在も、ファンにそれを購買するために日本に行きたいと思わせる。例えば、回答者Lはアイドルを好きになる前には、日本に行ったことがない。「それからは日本に行くのはすべて彼ら（アイドルを指す）のためだった」と述べている。回答者H、Rなどのファンは、「アイドル本人を見るために日本に行きたい」し、回答者Iはさらに自分を連れて日本にライブを見にいくように母親にお願いした。実際に日本に行ったら、アイドルの実家が経営するレストランにまで行って食事をしていたのである。

望の終わりに等しい[132]。これは欲望に関した、漫画の一過性である。また、漫画家／作者は舞台に立っているヒーローではなくて、役者のような同一化や代理人の作用を持たない。たとえ一定のブランドの信頼度や集客力を備えるとしても、それが持っている消費の循環力や欲望の力はアイドル／役者には及ばないのである。

　日本ドラマでは、ドラマは漫画と類似し、一つのドラマが完結すれば、その作品の人気や経済力も失われていく。しかし、実際の人間である役者は、漫画の登場人物と違って、異なるドラマ、レコード、番組の司会者、映画などのマスコミを通じて、絶えず消費者の前に現れて役者／アイドルに対する興味を惹き付け、その人気や経済力を含んだ欲望の循環を継続したり拡大したりさせるのである。アイドルや歌手も同様の欲望・消費の循環力を持っている[133]。

　日本大衆文化は経済力を蓄積する以外に、またそれ自体が形成した「日本」イメージ、あるいはその実体と内容がもたらした好感や信頼によって、生産国である日本、および大衆文化の内容に表現された「日本」に対する好感や憧れを生じさせる[134]。しかし、アイドル・ファンに対するインタビューによって考えれば、例えば回答者Rは、自分と他のファンが同一アイドルに対する見方に言及する時に、「同じアイドルが好きだとしても、お互いのこのアイドルに対する見方は、とても違うかもしれない」と述べている。それと同様、異なったアイドル・ファンは他のアイドルに対して、完全に異なる印象や見方を持っている。これは、マスメディアが作り出した虚像に対する解釈は、主体自身の持

132　例えば、回答者Rは『幽遊白書』のキャラクター・飛影が好きだったが、連載が終了すると、その気持ちも冷めていった。回答者Vも同様な意見を示している。

133　回答者Gはアイドルの同人誌と漫画の同人誌を例にして、この両者の差異を明らかにする。回答者Gは、「漫画……の連載速度はやや遅いし、出来事も多くない。……ある程度まで進展したら……この漫画は終わってしまった。だからその後は、もっぱら自分が製作する同人誌（ストーリーの構想や素材など）に集中していい。つまり、私の研究範囲はこれほどしかない。しかし、実際の人間の場合なら、ずっと前に進んでいくのだ。……ずっと彼らの情報や資料を収集しなければならない。絶えず見たり聞いたり買ったりしなければならない。でも、漫画はすでに収集されて終わった資料（テクスト）だから、それさえわかれば、もう充分だ」と述べている。この例は、漫画作品と実際の人間が惹き起こした欲望の限界の差異を明示している。

134　例えば、回答者Iは、「日本という国はかなり気に入っている。だって、子供の時に多くの日本アニメを観たから」と報告している。

っている社会的準拠図式、および主観的な欲望や夢想の投射によって生じた産物であり、対象物の本当の実体ではないことを明示している。つまり、消費者が日本大衆文化によって獲得したり、解釈したりした「日本」イメージは、台湾人の想像によって解読されたものである。しかも、日本大衆文化に現れた「日本」は、日本のただ一部の側面の表象であり、一種の娯楽性の追求であり、日本の多様性を低めさえしている。換言すれば、日本大衆文化が形成した「日本」はただ表層の日本であり、身体に基く実践（practice）の基礎を持っていない虚像でしかない。この虚像は、消費者の間に共通部分を有すると同時に、差異も有する。しかも、消費者が受け入れた大衆文化の種類や現れた内容の差異に従って、変化していく可能性もある[135]。

　換言すれば、大衆文化が備える非日常的異世界感、およびカーニバルなどの特質によって、それが形成した虚像の「日本」も想像の特質を持ち、実際の日本との関連から離脱しているのである。日本大衆文化がその実用価値（実像）と表現内容（虚像）で一種の文化的上品さを伝え、そして、この上品さやブランドの信頼度が「日本」にまで達した時、「日本」はついに一種のブランドや想像を含む記号となり、政治や歴史、思想、国家など現実面を含む日本から離脱したのである。消費者が日本を観光して、日本の異国の雰囲気を消費したり享受したりする時、彼らが想像している「日本」は必ずしも日本に等しくない。「日本」に対する好感も、必ずしも日本全体に及ぶわけではなく、この行為者のハビトゥスや社会的準拠図式に刷り込まれた、歴史や社会、実践に関する日本国のイメージによって決まるのである。これは、第3章で述べたような、台湾の消費者の集合的記憶やアイデンティティの差異、および大衆文化の分野と歴史・政治の分野を分ける傾向である。だからこそ、実際の日本に発生した出来事や発言は、行為者の中に分立した、大衆文化の分野と歴史・政治の分野を繋がらせかねない。この時、実際の日本に対するイメージは、日本大衆文化やそれによって形成されたイメージに波及するかもしれない。

　実景実物の日本ドラマや実際の人間であるアイドルが台湾の公的領域に現れ

---

[135]　第3章で述べた、実像と虚像の差異を参照されたい。ここで言及した「日本」メージは、集合的記憶によって形成された「日本」イメージと類似しており、どちらも本当の日本を指すのではない。

てから、それらが喚起する「日本」に対する連想、および伝達する「日本」イメージは、長期にわたり台湾でアンダーグラウンドに根差して発展してきた漫画などの日本大衆文化に、公的に大量に顕在化する機会を与えた[136]。しかも、大衆文化が生み出す経済的力、および台湾社会に存在している「日本」に対する好意のおかげで、1990年代に至ると、反日的態度を取っていた国民党政府やマスメディアにも無視できない哈日ブームを引き起こしたのである。哈日ブームにおいて、多様で大量の日本大衆文化が築いた「日本」イメージは、次第に日本大衆文化から独立して、自らの意味やイメージを含んだブランドとなった。いわゆる、第三の「日本」イメージである。次節では、このような「日本」を一種のブランドとする記号的意義、およびこのような記号の擬中立性と独立性、すなわち、大衆文化の分野と政治・歴史の分野とが分立する傾向が、「日本」イメージと日本の間に存在する関連に対する影響を探究する。そして、10年間ほど続いた哈日ブームの斜陽化や「韓流」、「台湾偶像劇」などの出現が、「日本」というブランドに及ぼした影響を考察していく。

---

136 ちなみに、俳優やアイドルは実際には文字や音声がなくとも、写真などの二次元の方式だけでも存在できる。つまり、日本出身の手掛かりを備えないのである。例えば、1990年代以前、台湾で流行っていた日本アイドルの写真やカードなどである。しかし、日本ドラマや海賊版のアルバム、歌詞などは、依然として「日本」という標識をつけていた。したがって、音声を備えない漫画が容易に日本の匂いを取り除かれることと比べると、たとえアンダーグラウンドの時代であったとしても、日本ドラマや日本の流行歌、アイドルのライブのビデオなどは、依然としてその表現内容で「日本」のイメージを密かに伝達することができた。

第3節 「日本」が一種のブランドとなった意義とその維持

　台湾で長期にわたりくりかえされてきた二つの集合的記憶の矛盾と闘争は、日本植民地時代以来の台湾人のハビトゥスと実践に再生産を可能とする条件を与えたり、「日本」に対する好意や親近感を生じさせたりする（第3章を参照）。それは、日本文化に対して相対的な文化的近似性や好感をよびおこし、日本文化の台湾における発展を醸成した。1970年代以降、台湾の急速な経済的発展は富裕化と新中間階層の出現を促進して、象徴的な消費行為や文化資本の獲得を可能にした。換言すれば、生理的欲求、安全欲求、社会的欲求などの低階層の欲求が満足させられれば、ある程度の自由な社会においては、経済的余裕は大衆文化や消費文化[137]の形成を促すことがあり得る。そして、流動的で可変的な記号の消費を通して、人々は自らのステイタスを想像的に満たすようになった（今村仁司 1982、マスロー 1987）。つまり、次第に富裕化して余暇を持つようになった台湾社会において、大衆文化／消費文化に対する需要と欲望は、満たされなければならないものになったのである。

　しかし、1990年代以前、台湾では創作の自由が制限されていて、中国文化と異なる台湾文化も禁止されていた。このため、台湾のオリジナルな大衆文化が育つはずがなかった。当時、堂々と台湾の文化市場に進出できた外国文化は、文化的近似性を備えないアメリカ文化であった。表舞台で文化資本を持っているアメリカ文化と中国文化に対して、日本大衆文化はアンダーグラウンドで発展し、確実な消費力の基礎を構築していった。このような醸成期に基づいて、いったん日本文化に関する禁止令が解除されてからは、日本大衆文化は一気に

137　クラマー（2001: 57-58）が述べたように、消費行動と大衆文化は関連が相当に深い、一種の間断のない相互作用だといえる。つまり、大衆文化の実践は、常に消費行為を伴うのである。例えば、ポピュラーな読み物の閲読、スポーツの観覧、テレビ番組や映画の鑑賞、ファッションの着用などである。したがって、本節で大衆文化／消費文化の擬中立性に言及する時には、この両者の差異をわざわざ区別しない。

顕在化して、ブームを引き起こしただけではなく、一つの「日本」イメージをも形成していった（第2章と前節参照）。本節では、哈日ブーム以来、第3章で述べた「反日」や「対抗的意味を含んだ『日本』イメージ」と異なり、いま一つの「日本」イメージを論考する。この「日本」イメージは、前節で述べたように、「日本」の消費／大衆文化を通じて、上品な感覚と信頼感を含んでおり、しかも実際の日本国から離脱した「日本」という「ブランド」を形成した。本節は、このブランドが誘発した欲望の視点から、さらに哈日ブームの消長を探究する。

　1990年代以前、台湾では、「日本」は文化・象徴資本を持っていなかったし、反日教育も行われていた。しかし、一方では、台湾の消費者は日本製品の購買や消費を排斥することもなかった[138]（第2、3章を参照）。最初、「日本」が台湾で実用経験的な信頼を構築したのは、日本製の家電製品などの分野であった。その後、大衆文化の市場や需要が形成されて以来、文化的近似性を備える日本大衆文化は、海賊版の安価なアンダーグラウンドを通じて、次第に台湾大衆文化市場の空白を埋めていった。ところが、政府の検閲制度や反日的態度によって、多くの日本大衆文化は「日本的な様相」を公的領域において堂々と姿を現せなかった。しかしそれと同時に、学校の近所や住宅街の貸本屋や文房具店、路地や道端における新聞販売露店などのアンダーグラウンドな伝播ルートを通じて、日本大衆文化は消費者の日常生活に深く浸透し、日本大衆文化に対する消費を確かなものにしていった（第2章を参照）。一方では、「日本の手掛かり」が消されていることで、異なった集合的記憶や「日本」イメージを持っている消費者は、日本の大衆文化を受け入れやすくなったり、日本大衆文化の叙述体系を習得したりし、さらに日本大衆文化の表現方式に親近感を覚えていった。

138　例えば、回答者G、I、Uが述べたように、彼らの祖父母たちは、日本商品自身が一定の優良性を備えると思っていた。これらの考えは、植民地期以来の使用の経験、あるいは1945年以降、国民党政府の統治との対照やそれに対する反発から生じたものかもしれない（第3章を参照）。このような日本商品に対する好感は、ハビトゥスや実践の再生産によって次の世代に伝わっていった。その例として、「そうでなければ、私たちの子供時代には、日本の情報が半封鎖状態であったのに、なぜ私は子供の時から、日本に対して良い印象を持っているのか」と回答者Uは述べていることを挙げることができる。

日本商品における信頼度およびテイストの構築

　台湾における日本大衆文化の発展は、その実体＝「物」[139]を通じて、一種の有効な実用的価値を作り上げた。例えば、本章の第2節の日本漫画とドラマに対する分析で明示した、日本漫画が面白いとか、絵柄が綺麗だとか、日本ドラマの撮影が精緻だという消費者の使用経験である。これらの使用経験は、日本大衆文化に一種の信用できる品質や実用性を持たせたのである。日本の家電製品や日本大衆文化が共通に持っている実用的価値と商品の信頼度（第2章と第4章第2節を参照）は、その両者の共通の性質である産地「日本」にも、一種の実用的価値と信頼度を付与していった[140]。この使用による信頼度は、その後の「日本」というブランドを形成する基礎であった。

　他方、日本大衆文化の「内容」が表現している「日本」は、「日本」に上品さや進歩、精緻といったイメージを結びつけた。いわゆる、一種の記号的イメージである。日本商品の主要な特徴の一つは、消費者に上品さやデザイン感、いわゆる付加価値を与えることである[141]。その理由について、クラマー（2001）

---

[139]　本節でいう、括弧つきの「物」は、物理的な物を指すのではなく、実用性と記号性を併有する消費品、特に漫画、ドラマ、アイドルなどの文化的な対象を指している。なぜなら、漫画、ドラマ、アイドルなどの商品は物理的な物（紙、DVD、グッズ）であるが、その内容や意味が消費者を惹きつけるポイントであり、消費者にとって、それらの「物」は単なる物質ではないからである。

[140]　また、長い間台湾の歌手・テレビ番組は日本アイドル・番組をまねることが多かった。しかも、このまねることはアンダーグラウンドなルートや私的領域、あるいは1990年代以降の公的領域における情報流通を通じて、次第に一般の消費者にも知られるようになった。しかし、「まねもの」と「本物」の間には象徴資本の差がある。したがって、相対的にいえば、日本アイドル・番組、さらにその産地・「日本」に、高い象徴資本を獲得させたのである。このことも「日本」というブランドの信頼度と質感の形成に役立つものであった。

[141]　例えば、任天堂の開発課長・宮本茂は、ゲームの商品を例とすれば、アメリカではおおざっぱな商品がまだ受け入れられるが、日本では完成度が足りない商品は受け入れられないと述べている（アクロス編集室 1995: 42）。このコメントは日本の消費文化が品質やデザインを重視していることを証明している。さらに、前節で述べた日本恋愛ドラマは、ストーリーの展開という「実用性」を重視するだけではなく、撮影のテクニックや雰囲気作りを通じて、その背景である「日本」をロマンチック性や上品さを備えたファッションの中心地として構築した。また、第2章で言及した日本の文房具やキャラクターグッズは、実用性ではなく、可愛さなどのスタイル・デザインも重視されている。また、バルト（1997: 136-140）は『表徴の帝国』で、アメリカと日本の文房具店について次のように指摘している。つまり、アメリカの文房具店は「ただ、

や石井淳蔵（2000）によれば、他の国と比べると、日本の市場は新製品を次々と送り出すことを重視し、ほとんどシーズンごとに新商品が現れる。商品の機能にあまり差異がない場合、商品の記号的な差異化（意義）をはかり、消費者に古いものを淘汰して新しい商品を購入する動機／行動を誘発させる手法は、日本産業界の生産モードになった[142]。つまり、記号性が日本産業界では重視されている[143]。このような差異化やデザインを重視する手法も、消費者に日本商

記憶と読書と情報交流の産物を快適に記録するのにふさわしい便宜こそが利用客には必要である……と語っている。……道具の与えてくれる幻想が少しもない。純粋の使用目的の中に追い戻されて、表現体は衝動を起こさせるものではなくなっている」。逆に、「日本の文房具店のあつかう事物は、象形文字風の表現体である。その表現体は、西洋人の目には、絵画からきているように見える」というのである。言い換えれば、アメリカの文房具店が実用性を重視するのと異なり、日本の文房具店は表徴や感覚をより重視するのである。
　事実、最初から、日本の家電用品が構築したのも実用価値だけではなくて、すでに記号的価値を含んでいる。例えば、回答者Uは1970年代〜1980年代の時期を思い出して、当時、「レコーダーでは、日本製のものが小さくて可愛い」と感じた。しかし、日本製の商品は値段が高すぎて買えなかった。「それにもかからわず、レコーダーを買う時には、いつも日本製品のデザインを判断基準としていた」と報告している。日本の消費文化が記号性を重視していることについて、クラマー（2001）、星野克美（1985）や前田愛・天野祐吉（1985）も参照されたい。

142　消費者が商品を買う時に購入したのは、その「物」だけでなく、それに付加している象徴的意味でもある。この点について、クラマー（2001: 103-104）は日本が重視している商品の包装を例として挙げた。つまり、消費者は日本の商品を買う時には、この商品に付加している「日本のやり方」をも購入している。換言すれば、クラマーが指摘した例は、その包装によって「物」を変形させるというやり方である。包装とは、商品自体の機能に対して、いかなる意義も持っていないが、日本の消費文化の重要な要素の一つである。包装の重視は日本の消費文化に対して、礼儀や優雅などの社会的意義を含んでいる。これは、商品に記号的あるいは象徴的価値を付与したり強調したりするやり方である。また、バルト（1997: 74-76）も日本の包みは、「運ばれる品物の一時的なかざりではなくて、もはや包みそれ自体が品物なのである。包装紙そのものが……聖化されている。包みが一個の思想なのである。……包み箱は表徴の役目を果たす。……仮面としての包み箱はそれが隠し保護しているものと等価である」とも指摘している。つまり、元来、中心であるはずの内容と、それを引き立たせるはずの飾り＝「空虚な表徴」は、同様なレベルに立ったのである。ちなみに、日本商品自体の外見の「可愛さ」や「かすかな差異」なども、包装やデザイン＝記号的意義を重視した、日本的なやり方の延長だといえるだろう。

143　さらに、前節で述べたように、日本ドラマも漫画も、アメリカや香港の作品のように、ストーリーの展開やセリフを重視するだけではなく、小物やセット、衣装のデザイン、コマのアレンジを使用して、ストーリーに相応しい雰囲気までも作り出すことも重視している。もし、ドラマや漫画にとって、ストーリーの展開は一種の実用価値とすれ

品の独自性を認識させる[144]ことを促したのである。

回答者の「日本」商品への印象

　また、経済的余裕ができると、民衆に自己実現への欲求も現れた（マスロー 1987）。記号の使用を通じて、個別の消費財はそれぞれが独自な表象を喚起して、個人のアイデンティティ欲求に応えていくのである。消費財の購買を通じて、消費者は自分のイメージを獲得しうるのである[145]（ウィリアムスン 1993: 26-266、斎藤日出治 1990: 74-17、片平秀貴 1999: 267-287）。かくして、感性や記号的意義が次第に重視され、「記号的価値＝感性」が「実用価値＝機能」より次第に重んじられるようになった。消費者は「物」の物質的側面だけではなく、「物」の記号的側面をも利用して、自分の生活のイメージやパターンを作るのである。したがって、大部分の消費形式は社会的ネットワークを創造したり維持したりする手段というだけでなく、アイデンティティを確立し、維持する方法でもある（川本勝 1981、クラマー 2001: 7）。本章の第1節で述べた大衆文化が備えるアイデンティティなどの作用は、この例でもある。こうして、まず、「意義」やアイデンティティを付与する機能を備えた「ブランド」への重視を促した。そして、台湾では、消費社会が形成されて以降、消費行為は需要や物質的な満足だけではなく、一種の創造性や自我表現の手段の一つにもなったので、文化的近似性のためだけでなく、差別化や記号的価値を重視する日本製品に発展する利点を与えた。

　消費者の日本商品に対する感想の例を挙げれば、例えば、「日本の物はわりに上品に作られている」、「テレビ番組はより創意がある」(回答者K)。また、日

　　ば、その機能以外の雰囲気やイメージのねりこみは、付加価値であるともいえるであろう。

144　例えば、回答者F、I、NやOは、日本の商品を大体区別できると述べている。なぜなら、日本の商品は他の国の商品と比べるとより精緻で繊細だからである。

145　例えば、消費者は自動車、服などの個別の消費財のイメージの反映として自らの「理想的な像」を見つける。そして、その像に同化しながら、自我を確認することができる。換言すれば、現代の消費者は自分の個性を表現できる小さな差別化（マニキュアの色やヘアスタイルなど）を重視し、「物」（例えば使用する商品やイメージなど）を通じて、現実世界で次第に失っていく個体性や独自性を取り戻すことを望んでいる。そこで、消費財は一つの記号的体系を形成して、消費者を差別化したり分類するのである。

本の「物」は「精緻に感じられる」(回答者 I も L も)、「みんな可愛くて、よく使える」(回答者 M)、「よく作られていて、完成度が高い」(回答者 G) と述べられている。さらに、回答者 F は、一般的に、外見によってある商品が日本製かどうか区別することができると述べている。なぜなら、「日本製の物は人間らしさを持っているし、わずかなところにまでも気を配ってつくられている。彼らの製品は柔らかくて、堅苦しさを感じない」からである。回答者 H は「オゾック」などの日本のブランドの洋服を好む理由は、それらのデザイン・スタイルが「わりに典雅で繊細だ」と感じているからだと述べている。また、日本大衆文化のファンである回答者 P、M、N、G、L、R は、自分が親しんだアイドルのバラエティー番組やアルバムの製作、舞台のデザイン、ドラマの出演などを例として、日本のアイドルはよりプロフェッショナルだと感じさせるし、そのイメージ・デザインもいいと思っている。例えば、回答者 N は香港歌手のレオン・ライより、日本アイドルの森田剛が好きになったことの理由として、「ジャニーズ (事務所のアイドル) の感覚がより良い。マスメディアでの露出度がより高いし、グッズやライブのプランもより良いからだ」と答えている。つまり、日本アイドルは外見だけが重視されるわけではなく、計画的にプロデュースされ、常に新鮮味をファンに感じさせているので、人気が持続しているということである。本多周爾 (2001) の調査も同様な結果を示している。つまり、台湾の大学生が「日本に関心を持つ理由」について、41.3%の人々が「製品の質が高く、番組が面白い」、14.6%が「俳優が格好いいから」と答えているのである。

「日本」というブランドの誕生

　以上、回答者たちの日本商品に対する感覚の例証を挙げた。それらは、日本番組／ドラマの鑑賞から獲得した実用経験がもたらした「日本」に対する信頼度、および消費者が日本製品から感じた記号的付加価値 (包装・デザイン、映像表現／内容、振付けなど) を明らかにしている。このような感受性は、一種の内在化されたハビトゥスやテイストの表現で、日台間における文化的近似性や親近感と関連している[146]。さらに、回答者は「日本」製品のイメージに言及し

146　例えば、回答者たちが日本の番組やアイドル・グッズの品質に言及する時、その比較

た際、ほとんど「日本」の文化製品が備える記号的なイメージや感性を焦点としており、実用的価値は当然の基礎条件と見なされていて、選択の「対象」とはしていない。この点は前述した感性や記号的価値を重視するデザインが日本商品の特色だという論点を証明すると同時に、現代の消費者が重視するのは感覚、感性と記号的価値だということをも示している。そして、消費社会の記号的価値に対する重視は、個人に自らの地位やアイデンティティを標識させる「物」、あるいは「ブランド」の必要を示している[147]。

　まとめると、あるブランドの具現化は、媒介／マスメディアで絶えず露出されることによって消費者に知らされ、しかもそれに対する信仰を引き出すのである。長期にわたり、日本（文化）製品は使用経験と経済力で一つのブランドの具体的な信頼度を構築した上に、日本大衆文化／消費文化における「日本」に関する表象を通して、台湾においてさらに一種の「日本」イメージ、あるいはブランド性を作り出していったのである。

ブランドの作用：意味の分かち合い

　ブランドとは消費者にその「名前」によって信頼感を生じさせ、しかもそのブランドの商品を使っている時に、そのブランドが備える「意味の同一性」を分かち合えるのである（石井淳蔵 2000）。石井淳蔵（2000: 66-76）は「無印良品」を例として、「無印良品」というブランドの下に集まっている商品群の種類が多様であり、それらの機能や技術だけではそのブランドの特質を明確に区別しにくいと述べている。つまり、「無印良品」は一つの「商品集合群」を指し、それらの商品がそのブランドの有する意味を分け合うのである。いったん

する参考対象は台湾、香港、さらに韓国の商品である。回答者たちにとって、日本と欧米は同じレベルに属する。欧米商品は品質が良くないわけではないが、文化的あるいは物理的距離が遠すぎて、疎外感を感じさせ、回答者たちの意識範囲内に存在していないのであろう（本章第1節を参照）。

147　消費の重要性において、記号的価値が使用価値に勝って、「物」はそれに付与された記号を通じて、特別な標識性を持つようになった。その標識性は使用者／持つ者の社会的地位、テイストなどを表示するので、主体の欲望を誘発することができる。換言すれば、記号の消費＝欲望は、一定の洋服や家具などの物品の使用によって、あるタイプの人になれるというものだけでなく、それと同時に一種の自己顕示の実現であり、一種の社会や文化的行為でもある（Bocock 1996、丸山圭三郎 1985、今村仁司 1982）。

そのブランド名がなくなれば、これらの商品群が一ヵ所に寄り集まる理由や市場価値は一瞬にしてなくなる。これは、ブランド名が商品そのものを超越するというブランドの意義である[148]。つまり、ブランド自身は一種の「作り出された意味」である。アルマーニのゼネラル・マネジャーであるJ.ブルゾーネが述べたように、ブランドが売っているのは「夢」であり、イメージでもあるという点からも説明できるだろう（片平秀貴 1999: 225）。逆に、使用者のブランドに対する信仰は一種のアイデンティティの理想的な象徴で、そのブランドが備える象徴的意味を分かち合うということでもある（Kapferer 1992）。この信仰はブランドの存在を支持していて、しかも、必ずしもこのブランドの優秀さを証明する具体的な証拠は要らない[149]。これはブランドの無限の循環となる自己言及のプロセスである（石井淳蔵 2000: 99）。いったん消費者のブランドの使用によるアイデンティティや象徴性の共有がすすめば、ブランドは消費者にとって一種の安定性を備え始めて、他のブランドやものに取って代われない傾向を持っていく。ところで、一つのブランドの下に多様化する商品が集まるとしても、それらの間における関連が一目瞭然だとは限らないし、ブランドの属性を明確に分類する参考の軸とは必ずしもならない[150]。それ故に、ブランドの構築では、主として広告などを通じて、そのイメージや意味を作り上げるとともに、そのブランドの下に集まった、様々な商品にもイメージなどを転化しながら、それらの商品を連結して、ブランドの一貫的なイメージを形成していくのである[151]。かくして、ブランドは、外部のモノからイメージを借用しなくても、自

---

[148] このようなブランドの効力は、ファンのアイドルに対する愛情にも類似した作用が現れる。例えば、回答者G、K、Zはあるアイドルを好むようになってから、そのアイドルが属する事務所というブランドを信頼し、さらに崇拝するようになった。

[149] 例えば、コカコーラとペプシコーラの味の差は、消費者に明白に区別できるものとは限らない。あるいは、SONYとPanasonicの電化製品の機能は同様なレベルであまり異なっていないかもしれない。しかし、消費者はその商品が属するブランドによって、当商品がよりよい（例えば、使いやすさ、美味さ、耐久性など）と信じ込みかねない。

[150] ブランドの分類類型について、石井淳蔵（2000: 37-76）を参照されたい。

[151] 言語は、表現の面（Expression）と内容の面（Contenu）とが区別される、これらの二つの面はある関係（Relation）によって結合され、一つの体系（ERC）を形成している。これによって説明すれば、ブランドの名とその商品群が表現（E）、イメージが内容（C）であり、広告がそれらを連結する「関係」（R）である。広告は、意味付与という側面からいえば、ブランドにも、商品にも、いろいろなイメージや意味を結び合わせるものである。ところが、自らのイメージや意味を持っているブランドは、よ

らのイメージを持つようになる[152]。

「日本」というブランドの成立条件：豊かさと厚み

　日本ドラマなどの日本大衆文化は「日本」の広告として、一種のシニフィアンである「日本人、美男美女、ファッション、日本」を表現しているが、そのシニフィエは「ロマンチックな、面白い、信頼できる、ファッショナブル、ブルジョア的な、精緻な」というものである。両者が共に、「日本という、ロマンチックで上品な雰囲気」という記号を形成した[153]。それに、多くの日本ドラ

　　　そのイメージを借用せず、ブランドと商品とを結びつけて、ブランドのイメージを商品に転化して結び合わせるようにはたらくことがありえる。Tiffany&Coというブランドを例とすれば、このブランドのイメージ色は特別なグリーンである。『Style』という日本のファッション誌（2006, March）に掲載されたTiffanyの結婚指輪の広告は、そのグリーンを背景として、ブランド名の文字と商品であるダイアモンドの指輪しか載せていない。この広告が顕示したのは、Tiffanyというブランドは、他のイメージを利用し転化する必要はなく、自らのイメージを指輪に付与することだけで、広告効果として十分だということである。もちろん、そのダイアモンドの指輪の高級感が、逆にTiffanyというブランドに豪華なイメージを与えるかもしれない。この例によると、自らイメージを持っているブランドは広告の結果であるし、広告の手段にもなることが明らかにされている。そこで、片平秀貴（1999）が述べたように、ブランド名／イメージを維持するために、そのブランドのイメージの表現様式やメディアに登場する頻度を注意深く管理しなければならない。これも、ブランドの経営にとって重要な手法である。

152　ブラントとイメージの間の連結と移行、およびブランドの独立化について、バルトの「神話作用」の論点によって解析することができる。バルト（1967: 147-156）は、神話は一種の「二次的な意味論の体系だと考えている」。第一の体系において記号であるものが、第二の体系では単なるシニフィアンになる。神話の面では、シニフィアンを、バルトは「形式」と呼び、それに対して、シニフィエを「概念」と呼ぶ。この両者の連合の全体、いわゆる神話の第三の要素は「伝達」と呼ばれる。したがって、神話のシニフィアンは二重の機能を持っている。一つは充実した記号であり、もう一つは空虚な「形式」である。神話の「形式」は原初（第一の体系）の記号を遠ざけなければならない。そうするだけで、他の意味を急速に取り入れることができる。かくして、「形式」は本来の意味から遠ざかり、独立したシニフィアンにもなったが、対応した「概念」が持っている豊かさをも連結している。しかも、神話の消費者はそのシニフィアンとシニフィエの関係＝意味作用を、「自然の事実」の体系であると取ってしまう。そこで、ブランドは空虚な記号であるとともに、自らの意味を表しながら、さらに様々なイメージを吸収するものであり、その価値が自然のように信仰される、という部分では、バルトがいう「神話の体系」にも当たっているであろう。

153　いうまでもなく、ブルジョアジーの文化やテイストの高級感などのイデオロギーは、この神話の体系のメタ知識の一つである。つまり、日本ドラマなどの日本大衆文化は、

マや漫画作品の映像が重ねられて累積すれば、それらのシニフィアンとシニフィエ、および形成された記号は、次第に単一の具体的で特定なストーリー、人物、映像を越え、一つの独立した「日本」イメージを形成し始めていく。しかも、日本大衆文化などの多様性によって、「日本」というブランドが大衆文化／消費文化の範疇を広くカバーすることができる。それらの商品はバラバラな性質を持っているが、実際の日本国の製品なので、「日本製」という同一性を備える。そこで、様々な日本大衆文化／消費財によって形成された記号的価値やイメージが、次第に「日本」へと変化し、欲望の対象が「日本大衆文化」（実体と内容）から、「日本の」大衆文化（記号）に移行したのである。かくして、「日本」という一貫したイメージを持つブランド＝「日本」が形成されていった。いうまでもなく、このブランドを支えているのは、文化的上品さ、ファッション、流行、文化的近似性、使用経験によってもたらされた信頼度ないし集合的記憶などのメタ知識という厚みである。日本大衆文化の多様性と豊かさ、および日本－台湾の歴史・文化に関する複雑な関係は、バルト（1967）がいう第二の体系の「形式」に相応する「概念」の開放性を支えるほど豊富な連想観念を提供して、「神話の体系」を形成させた[154]。この神話の体系の「形式」と「概念」は、すべてのシニフィアン（日本の大衆文化、日本の商品、日本人、日本の流行など）を統合した共通性＝「日本」という記号を「伝達」している。しかも、その厚みで、「日本」というブランドに対する信頼感や信仰が、「自然の事実」だとする信憑性が成り立っているのである[155]。

これらの特性を巧妙に利用しているのである。しかし、これらの特性は日本の大衆文化／消費文化に特有のものではないので、本書では深く探求しない。

[154] バルト（1967: 171）の論点によると、「形式」自体は一つの空っぽのシニフィアンである。それは開放的なシニフィエ＝「概念」を指しているので、それ自体が空虚化して、（特定の、具体的な、原初の）知識を遠ざけなければならない。他方、「概念」は「形式」が遠ざけたり、「形式」の外に展開したりする歴史などをすべて吸収する。希薄化された意味を留保している「形式」の質的欠乏に対応して、「概念」は開放的で豊かで、無数の観念やメタ知識を連想したり結合したりして、偽自然的な記号を伝達する。この開放的な豊かさや厚みは、記号が神話化される基礎である。

[155] さらに、日本ドラマなど台湾で人気を集める日本大衆文化は、越境した文化商品であるので、主に映像の表現である。バルト（1967: 169-170）が述べたように、映像は言葉より開放性を備える。このような開放性は神話の体系の「概念」の特質に相応して、読者の無数の連想を自然のように誘発することができる。しかも、それらの連想関係を「事実の関係」として読ませてしまうのである。

第3節 │ 「日本」が一種のブランドとなった意義とその維持　　　*369*

　かくして、「日本」は一種のブランドとなり、一種の「商品集合群」ともなった。様々な商品が「日本」というブランドの下で、「日本」イメージを作ってきたと同時に、「日本」イメージが持っている「意義の同一性」をも分け合ったのである。ある日本の製品に言及する時、指示された対象はその商品、あるいはSONY、松下、井上雄彦、矢沢あい[156]、サンライズ[157]、日本アドシステムズ[158]などの商品のブランド／漫画家／アニメ製作会社だけではなく、日本大衆文化などによって作り上げられた「日本」イメージにまでも連結するのである。「日本」は大衆文化の領域で、一種のアイデンティティの記号を作り出した。つまり、日本大衆文化は一種のアイデンティティやテイストを示していると同時に、「日本」も一種の意味付与という機能を持った、独立して消費されるアイデンティティの記号となり、日本語の学習、旅行などの「日本」という記号的意義を消費する行為を誘発する。例えば、回答者HやLは同じものなら日本の製品を選択して購入することや、回答者Sは自分が日本文化に慣れ、好きであり、「自分の将来の生活があのようになることを望んでいる」と述べている。回答者Uも類似の発言をしている。

独立した記号となる「日本」ブランド

　さらに、「日本」自体は自らのイメージを持っている独立した記号になり、日本製品（大衆文化を含む）そのものの領域や実際の生産国のイメージを超える。この「上品さ＝高い文化資本」を感じさせる「日本」イメージの使用は、日本製品に限られるだけではなく、「日本」に関する商品に意味を分け合うことができる。例えば、1990年以降の哈日ブーム以来、台湾の広告は日本の景色、桜、日本語など日本を連想させる要素を使う場合が多く、消費者に当該商品と日本

156　井上雄彦は前節で分析した漫画『スラムダンク』の漫画家であり、矢沢あいは2000年以降漫画作品『NANA』で日本においてきわめて人気を集めた少女漫画家である。

157　1972年に手塚治虫の「虫プロ」から独立したスタッフによって設立された日本のアニメ制作を手掛ける企業の一つ――オモチャ会社・バンダイグループ傘下の企業である。多くの日本アニメ業界の主要な人材はこの会社の出身である。この会社の最も有名な作品は、1979年から放送され始めた、重要な日本アニメ『機動戦士ガンダムシリーズ』である。

158　1975年に設立された日本アニメ制作会社で、『新世紀エヴァンゲリオン』、『遊☆戯☆王デュエルモンスターズGX』、『テニスの王子様』などの有名作品を制作した。

＝上品さを連結させるように促す[159]。しかし、その商品は必ずしも日本の製品とは限らない[160]。台湾製の日本のインスタントラーメン[161]、台湾のお菓子の会社から[162]、台湾歌手のMTV[163]までもある。なぜなら、「日本」というブランドが付与するイメージや意義は、台湾人の社会的準拠図式などによって解釈されたり想像されたりするもので、日本製のブランドと「日本」の連結も必然的ではないからである。日本の商品だと知らなければ、「日本」というブランドの意義やイメージを分かち合えないのである[164]。

159　この点について、川竹和夫ら（2004: 223-225）も言及している。つまり、「他のアジア諸国では、日本商品のCMに日本人・日本の風景をほとんど使わないが、台湾の場合、日本そのものを象徴するバック映像が使われている例が多い」。これは、一方、広告が「理想像」を提供するメディアとして（ウィリアムスン 1985a、ヘブディジ 1986、クラマー 2001）、台湾において「日本」イメージを広告に使用することは、そのイメージが「理想」や「上品さ」の意味を含むことを表している。他方、台湾における「日本」イメージと、他のアジア諸国における「日本」イメージの差異を指摘している。したがって、「日本」イメージあるいは日本大衆文化の台湾における発展が有する意味は、他のアジア諸国と異なり、独自性を持っている。それ故に、日本（大衆）文化が台湾と他のアジア諸国での発展は、アジア文化の近似性という理由で一概に論じるべきではなくて、第3章で述べた「抵抗的意味」や身体化された記憶、好意などを考慮しなければならない。

160　例えば、台湾出身のタレント金城武やビビアン・スウの例を挙げる。前者は台湾や香港で活躍していた時には、主にお笑いアイドルであった。後者は、最初はアイドルでデビューしたが、その後、転身してエロチックな写真集や映画に出演し、元来のアイドルからイメージチェンジをはかった。しかし、1990年代、ふたりは日本の芸能界に進出して台湾に戻って以降、「日本」というブランドのイメージを分け合うように、品の良い実力派のタレントに転身したのである。

161　台湾の「統一」という商社は「日本マニア」ブームの1990年代に、日本のインスタントラーメン『Wagamama―拉麺道』シリーズを出した。そのシリーズのテレビCM（『兄妹篇』、『両個女人篇』、『究極篇』、『幸福篇』）はすべて日本を背景として制作され、出演した俳優たちも皆日本語を話している。例えば、『兄妹篇』の背景は日本式の庭園、和式部屋と廊下であり、『両個女人篇』は枯山水や飛び石である（http://www.noodle.com.tw/brand/la/inpage.asp?c_id=story）。

162　台湾の「元祖」という製菓会社は、台湾の婚約式で配る「喜餅」として、『花嫁賞』シリーズの「喜餅」を販売している。そのテレビCMでは桜や和服姿の花嫁が出ている（http://www.ganso-corp.com.tw/all/c.htm）。

163　例えば、台湾歌手の堂娜の歌「奢求」（1995）のMTVでは、堂娜は桜吹雪のシーンで和服を着て登場している。また、許茹芸の「日光機場」（1997）のMTVでは、日本の制服を着た日本女子高校生が登場している。

164　石井健一ら（2001）は、台湾人は事実上、何が日本製のブランドかを区分できるとは限らないと指摘している。この点は、本書で述べた、台湾の消費者が消費するのは、

第3節 「日本」が一種のブランドとなった意義とその維持 371

　「日本」は一種の付加価値としてのブランドであり、一つの虚像や記号であり、一種の文化の場における位置であるが、必ずしも商品使用以外の生活実践やハビトゥスの基礎＝「実像」を持つわけではない。しかも、第3章で述べた、台湾消費者の消費の分野と政治・歴史の分野とを区別して考える傾向は、日本大衆文化を通じて形成した「日本」イメージと日本との連結の曖昧さをいっそう強化したのである。「日本」の「ブランド」というシニフィアンはそれの最初に指示したシニフィエ＝日本国と分立し、日本の精神文化、中心的な思想、社会的準拠図式やハビトゥスと無関係のように、新しいシニフィエを形成した[165]。これは、「日本」と日本国の分離した「擬中立性」の形成であり、消費者のそれぞれの集合的記憶と共存する原因でもある。東アジア各国の反日教育・反日的態度の下、日本大衆文化が当地において発展し続けてきたことも、この理由からであろう。韓国研究者の張竜傑（2005）は日本大衆文化の受容に関する調査によって、韓国の消費者にも政治と文化を切り離して考える傾向があることを提示している[166]。

　実際の日本国と分離した日本ブランドの形成は、（日本）大衆文化の「擬中立性」という特質によっているとすれば、ここで一つの問題が浮上してくる。台湾では、二つの集合的記憶が闘争しており、また政府が形成した集合的記憶と台湾人の実践やハビトゥスの再生産が矛盾しているので、一種の歴史的連続性

「日本」のイメージと繋がった商品だという論点を証明している。たとえ日本製品だとしても、「日本」のイメージと連結しなければ、「日本」というブランドが備えた、実用的価値信頼度以外の記号的イメージを分かち合うことができない。しかし、消費／大衆文化の「擬中立性」の特性は、日本大衆文化の影響力を大衆文化の範疇に限定させる。したがって、日本大衆文化／消費文化が構築した「日本」というブランドも、類似した傾向を有する。石井健一ら（2001）の調査研究も同様な論点を提出している。つまり、日本大衆文化が好きな者は日本の物が好きだが、このような好みが、腕時計や車などの大衆文化以外の分野に及ぶとは限らない。この点について、石井健一ら（2001）はある可能性を提出している。それは、日本大衆文化の主要消費者／愛好者は経済能力では、必ずしもホンダやトヨタの自動車などの日本のブランド商品を負担することができないということである。この部分は後続の研究に期待している。

165　しかし、もちろん、従来、主体の日本に関するメタ知識や感情、身体化された記憶は依然として存在しており、この体系の「概念」の開放性と豊かさを支えている。

166　石井健一ら（2001: 133）の調査によれば、香港では、日本大衆文化との接触や消費における日本志向と尖閣諸島問題との関係をみると、日本へ好意的な態度を示す人が日本の大衆文化・消費文化に対して強い志向を表していない。香港の若者の日本志向は、親日か反日かという深いレベルでの態度とはあまり関係ない。

の断裂が生成された。このような断裂は、消費／大衆文化の備える「擬中立性」を増幅させ、歴史・政治といっそう分立させ（第3章を参照）、消費／大衆文化を中心とする第三の「日本」イメージと他の二つの「日本」イメージとの分立を生成した。例えば回答者F、G、H、K、M、T、Uなどは、自分にとって、歴史・政治と日本大衆文化は分かれていると述べている。しかし、もし大衆文化が消費者に大衆文化の産地や関連する物事に対する興味と好感を抱かせることができれば、大衆文化が消費者の考えや感覚に一定の影響力を持つことは明らかである。例えば回答者H、M、L、Iなどは日本アニメや漫画、アイドルが好きなため、もともとは単に日本の電化製品や日本大衆文化の使用に対する信頼を、日本や日本人に対する興味にまで拡大したこと、そして、回答者Nは日本アイドルを好きになって以来、日本の歴史的な誤りを棚上げするようにしたと述べている。したがって、消費／大衆文化の「擬中立性」を論述すれば、一つの問題が浮かんでくる。それは、文化とは一種のイデオロギーや思考の表現だとすれば、大衆文化はなぜ中立的な感覚を持てるかという問題である。

大衆文化における「擬中立性」

　まず、大衆文化は一種の非日常性やカーニバルの特質、およびアイデンティティや理想の投影を引き起こす作用を持っている。このような非日常性・カオスを許容するカーニバルの特質、および消費者への魅力はレトリックや巧妙なデザインの効果によって、たとえ大衆文化のイデオロギーやロジックが（消費者の）日常生活と矛盾しているとしても、日常生活から断裂した非現実的な世界を成り立たせうるのである（本章の第1節を参照）。換言すれば、現代的消費行動が求めるのは一種の「儚さ」＝非日常である。消費者は想像力の作動を通じて、商品の儚さと感覚的快楽を結び付けるのである（アパデュライ 2004: 159-162、クラマー 2001: 228-230）。したがって、消費文化／大衆文化は一種の感性に基づいて構築された想像＝非日常だといえる。このような特性は、大衆文化を政治・歴史などの現実的な問題と分立させ、それらと無干渉のような「擬中立性」を形成させたのである[167]。

167　これは、広告は消費者の記憶と期待を利用して、一つの「偽りの時間」を作り出し、現実の時間と交替するというウィリアムスン(1985b: 157)の論点に類似している。

次に、記号やイメージの重視について、現代社会では、特に日本にあって、記号のシニフィエとシニフィアンが分離し、記号はもはや中身（シニフィエ）を持たなく、ただ一つの空虚なシニフィアンになった。そこでの消費者はシニフィアンとそのイメージを消費する時には、必ずしもそれに付随する根本的な意義を思いつかず、単にこのシニフィアンを消費するだけである（フェザーストン 2003b、前田愛・天野祐吉 1985: 50-60）。したがって、イデオロギーを持つ記号はその最初の意義が鈍化され、一種の「気分」の表現となり、さらに消費者自身のものにされていくのである[168]。記号、イメージ、あるいは「物」は深層の思考や元来それにまとわりついている政治・歴史の背景と分離し、独自の意義を持っていた。したがって、「擬中立性」が成立する可能性が生まれたのである。

　　また、回答者Qの事例は、消費的想像と現実との矛盾や分立性を表す。回答者Qは、「普段、食べる物が日本の物で、使っているのも日本の物で、見るのは日本のテレビ番組である。それでは、日本人になったら、より便利ではないか？」と言い、日本人になりたいと述べている。しかし、日本人になりたくて、移住したいが、国籍変更のことは考えたことがなかった。つまり、当該回答者は日本で生活することが、国籍や言語の変換、家族や友達との分離などの実際的な問題と繋がらないのである。回答者Fは、自分はもう日本人だと思っているというが、この事例もこの件に類似している。以上の事例によって、これらの回答者の考えは一種の夢の投射だということが明らかである。一方では、消費をアイデンティティと連結し、他方では、消費やライフスタイルを生活のすべてと考え、消費分野以外の現実を看過する。しかも、実際に日本人になるという行動を起こす気すらない。この考えは、一種の他者と区別する想像でしかない。換言すれば、前に挙げた回答者たちは、「日本人になりたい」や「日本人だ」ということに言及した時、この「日本」が一つの台湾で形成された、台湾の消費者の欲望や需要を反映する虚像でしかないということや、実際の日本がこの虚像と異なるという実像の部分にまで想像をめぐらすことができないのである。

168　例えば、消費者が Hard Rock カフェやコカ・コーラのロゴ・マークを書いた服を身につける理由は、ただそのロゴ・マークのデザインが「かわいい」とか、そのロゴ・マークが用いられた限定商品を標識にしたということであり、当ロゴ・マークを身につけることとその会社のために宣伝することの間の関連性を意識しているとは限らない。あるいは、アニメや漫画のキャラクターを使って同人誌を作った際、そのキャラクターは原作に登場したものと異なり、同人誌作者・読者のものにもなったのである。さらに、消費者はシニフィアンの本当の意味をわからなくて、それから派生した想像的意味だけを消費することもある。例えば、信者ではない人々はキリスト教の十字架や悪魔の五芒星を装飾品にして、それが連想させる神秘主義の雰囲気や古いロマンチックさを分かち合うだけで、その記号の「啓示的意味」（フェザーストン 2003b）を根本的に理解したり、重視したり、使用したりするとは限らない。

また、消費自体は一種の非日常性を持つ行動であり、一種の遊び、感性を伴う経験であり、さらにいえば、一種の幻想の活動でもある。消費者は消費した商品とそれに付随する意味を通して、自分の理想や希望を体現する。「感覚」の追求が、次第に理性の追求の上に置かれ、商品の付加価値も重視されていった。付加価値＝象徴／イメージは消費者の選択のキーポイントになった（マクラッケン 1990、ウィリアムスン 1985a、星野克美 1985、石井淳蔵 2000）。感性と理性が区別され、感性[169]は大衆文化に含まれているイデオロギーを包み、修飾したり婉曲化したりして、大衆文化の思想と消費者の解読の間における緩衝剤の役割を果たすようになった[170]。そうして、大衆文化に内包されるイデオロギーを非顕在化させ、消費／大衆文化と政治・イデオロギー・歴史などの相対的に堅い課題との分立化を促進したのである。

さらに、大衆文化や「物」の記号使用自体は一種の戯れ／演技的な性格を持ち、固定的な表現内容を備えているとは限らず、集合的記憶のような強制力も

---

[169] 中村雄二郎（1975）の論点によれば、感性は、社会、歴史、文化などによって形成され、無意識に存在する制度だが、自然的で慣習的な象徴体系でもある。感性や感情の身体表現は、国や文化の差異によって異なるのである。したがって、異なる文化や国の人が、異なる音楽などに異なる感覚を覚えていることの理由は、感情や感動の記号化（音＝感情や感動の記号）と聞き手の感性の配置が、国や文化に従って異なるからである。この点はブルデューのハビトゥスの概念にある程度似ている。それ故に、文化的近似性以外にも、先行世代から身体の記憶と実践の再生産をも受け継いだ台湾の消費者は、日本大衆文化／消費文化の感性の表現に、わりに大きな親近感や共鳴を覚えるはずであり、いわゆる、日本大衆文化のデザイン、内容表現などにより惹きつけられやすい。さらに、長い間、日本大衆文化は台湾で展開していて、台湾の消費者の大衆文化に対する認知概念やテイストを形成した。つまり、台湾と日本の消費者は、類似した大衆文化を受け継いで成長してきた。それ故に、日本の若者のライフスタイルや「日本」に対して、いっそう親近感や同一感を覚え、一種の「同時性」（Fabian 1983）を構築していった。

[170] 記号はもはや第一の体系のシニフィアンとシニフィエの連合だけではなく、その意味表象以上の「概念」に向かって開いた時に、バルト（1967: 166-171）がいう「神話の体系」に入ったといえる。二次的なシニフィアン＝形式は原初の知識を遠ざけて空虚化し、曖昧で不完全な提示方式で、読者にそれが指す「概念」を自然に理解させようとする。イデオロギーや意図はその間に介入しているとしても、遠ざけられたり見られないのである。これは、宗左近（1997: 225）がバルトの神話作用の図式を解釈した時に述べたように、「神話作用は、二次の表徴されるもの（シニフィエ）を、イデオロギーによって勝手に無化して、別のものでそれを充填する。欺瞞とは、そのことである」というのである。

第3節 「日本」が一種のブランドとなった意義とその維持 375

持たず、流動的で代替可能である。つまり、消費者は自分の想像や好みに合わない大衆文化を拒否することができるし、選んで消費している最中にでも、いつでもその大衆文化の使用や消費をやめることができる。ところが、大衆文化は一種の普及＝流行を追求する文化として、より多数の消費者をターゲットとする。したがって、一方では、生産者に難しい専門知識や現実関与の明白な意見を表現することを免除したり、婉曲的で感性的な方式で、文化商品に含まれたイデオロギーや思想を包み隠したりするし、他方では、消費者に自分で選んだ大衆文化に対するアイデンティティを強く覚えさせる。さらに、大衆／消費文化が表層文化[171]として、身に刻んだ文化的意味より、感性、快楽、自己表現の記号やイメージを誘発する特質が強い。このような大衆文化の消費を通じて、消費者はそれらの付加価値や象徴的意義によって一種のステイタスの所属感や「理想像」を与えられ[172]、現実的に所属する階級やイデオロギーは曖昧にさせられた[173]。それ故、「物」の消費自体は社会的地位・階層やイデオロギーを

171　フェザーストン（2003b）は、大衆文化は記号を織り混ぜて、過剰に使用したので、記号の意味を混淆させたり、指示される対象と分離させたりして、啓示的意味や根本的な真理へのアクセスを困難にしてしまったと指摘している。つまり、これらの記号は伝統、さらに大衆文化の秩序から脱文脈化されて、表層的なやり方でしか使われてこなかったということである。しかし、大衆文化は一種の記号や意味の再構成であれば、たとえそれが記号の意味を混淆、表層化して、最初の根本的な意味から離れさせたとしても、新しい意義／感覚を創造したといえるのである。この新しい意義は大衆文化の消費者によって解読されるべきである。なぜなら、記号の体系自体は絶えず創造されて、更新や再編されている記号の集積体だからである（中野収1982: 124-125）。これは、記号が基本的に備える恣意性（arbitraire）による。したがって、本書がここで論じた大衆文化の表層性は、大衆文化が深い意義を持たないとか、ハイカルチャーに対する劣等性などを指すわけではない。単に、大衆文化が伝統文化や知識の領域の専門性を離れたので、多数の消費者はその表現の文法を習得すれば、生産者の準拠図式を理解しなくても、自分の準拠図式で解読したり接近したりすることができ、大衆文化はしたがって国家や文化の境界線を越える拡大力を持てるということを示したのである。

172　ウィリアムスン（1985a: 103）が述べたように、使用している製品の記号的表現の意味は、使用者へ転化しうる。そこで、香水「シャネルNo.5」の使用者と、「Babe」の使用者とは、異なる記号的表現の意味を身につけている。つまり、「物」自体は消費者を標識する象徴になる。それと同様に、大衆文化やサブカルチャーも、一種のアイデンティティの記号を消費者に提供する源泉でもある（ヘブディジ1986、クラマー2001）。

173　ウィリアムスン（1985a: 21-28）が述べたように、消費者は物の購買を通じて、自分の社会における位置の上昇と低下を感じるのであるが、事実上、それはただ彼らの

越えた中立性であるかのようでいて、実際は中立ではない「疑似中立的」な感覚を備え持つのである。

アイデンティティの対象および意義付与の源となる大衆文化の備え持つ力と限界

　消費と大衆文化が備える擬中立性、あるいは政治・歴史との分立性で、消費者は、日本大衆文化や商品を消費する際、日本に関する多くの知識を必要としない。また、現代的な社会の規格化も、異文化や異社会の境界を超える消費形態を促進した。そこで、日本大衆文化や消費文化によって形成された「日本」イメージも、一種の非日常的な現実離脱性を持ち、それはあくまで消費者が「物」を通じて想像した「日本」なのである（本章第2節を参照）。しかし、たとえ日本ドラマ、アイドル、漫画などの日本大衆文化の消費が、その非日常性を消費者の日常生活に持ち込むとか、消費／大衆文化の擬中立性や政治・歴史との分立性が、消費者の消費行為を促し、その生産国に対する好感を生じさせ、実際の「日本／日本人」に対する嫌悪感を棚上げさせるとしても、事実上、消費／大衆文化の消費者の価値観に対する影響力は、その「擬中立性」や分立のために、消費／大衆文化の分野内に限られる傾向がある。

　例えば、回答者Gは、好きなアイドルの意見が自分の意見と衝突した時、「認める時にだけ認め、認めない時には認めない。私にとってそのことが重要な価値観とか、行為モードであるかどうかによって決める。もし、私がその意見に100パーセント反対すれば、私は彼らに対して幻滅し始めるかもしれない。あるいはそんなに彼らを好まないようになるかもしれない」と述べている。回答者Kも同様な意見を述べている。また、回答者Fは、アイドルと自分の考えが

社会的地位を曖昧化させるものでしかない。つまり、階層や集団を区別するための「物」の消費と使用は、社会的階級の差異、いわゆるイデオロギーを覆っているのである。消費者は物とそれに含まれる意味によって、自分の所属を想像する。マスメディアは、ある程度はこのような欲望を促して満たしたのである。現実におけるイデオロギーや階級の相違は、このような想像や象徴的意味を備える商品の消費によって曖昧化されたが、取り除かれたのではない。例えば、クラマー（2001: 141-143）は日本社会を例にして、ブルデューが述べた階級とテイストの関係を拡大して、日本では、階級闘争は消費を通じて行われていると考えている。つまり、日本では、テイストや趣味の選択と性向は、一つの消費的階級の実践を構成したが、このような消費を通じて構成された階級は、政治的主張を持たない。豊かさと選択過剰という文脈で、文化的な政治／権力関係は、すでに政治的な闘争に取って代わったのである。

違う時、「自分の考えを修正しない。アイドルの考えを聞くけど、受け入れる
かどうかはまた考える」と述べている。回答者Lはアイドルの自分とは異なる
意見を考慮して、受け入れられる範囲内でそれに従うが、本当に駄目なら、自
分の考えに従うと述べている。換言すれば、消費者自身の価値観はアイドルな
どの大衆文化とは分立していて、完全にそれに牽引されるとは限らない[174]。

　この点について、クラマー（2001: 130）の研究も同様な論点を示唆している。
つまり、消費者が商品の購買を決める時、自分のライフスタイルや好みによる
比重は、政治的考慮などと比べてはるかに大きい。たとえ外国商品を使用し
ていることをもって自分の国際化を特に表現したい消費者だとしても、その国
際化した消費行動はファッションや食品の範囲だけに限られ、自我内部におけ
る根本的な変化に及ばない。換言すれば、消費文化が一種の自我の表現であり、
意味の組み合わせやライフスタイルの創造であるとすれば、消費行動自体が消
費者自身の社会的準拠図式とハビトゥスに依って立つことは明らかである。な
ぜなら、ハビトゥスの外的な表現であるテイストが消費の主要な条件であるか
らだ。それ故に、外国の商品に対する想像も、消費者のハビトゥスや準拠図式
を通して再構成されたものである。つまり、消費者は自分の考えや価値観で消
費商品／大衆文化を選ぶのである。それ故に、消費／大衆文化の消費者の価値
観などに対する影響力も、ある程度制限される。

　つまり、日本大衆文化が形成した「日本」イメージは、およそ「上品さ、進

174　しかし、消費者が選んだ大衆文化は、自分のアイデンティティや自我象徴の代表であ
　　　る。したがって、消費／大衆文化に関するアイデンティティが現実のイデオロギーや
　　　価値観などと対立すれば、消費者はいうまでもなく矛盾を覚える。この時、もしその
　　　大衆文化に対する消費やアイデンティティを放棄しなければ、認知的不協和な状況を
　　　逃れて、その好きな消費／大衆文化に対するアイデンティティを維持するように試み
　　　なければならない（第3章第3節を参照）。日本大衆文化は、一方では、日台の歴史
　　　問題のため、消費者の政治・歴史に関するイデオロギーの内面的な衝突を誘発しかね
　　　ない。しかし、他方では、日本が外国である故に、台湾独自の消費／大衆文化のよう
　　　に、在地性や内部利益といったトラブルを抱えこむ心配もない。例えば、回答者Rは、
　　　こう述べる。「もし何かがおいしいとか、何かが面白いとかというつまらないことな
　　　らば、私は彼ら（自分のアイドルなど）が言ったことで、それらのものに注目した
　　　り、それらのものに好感を覚えるかもしれない。しかし、相当に重要なこととか、私
　　　自身の原則問題に関われば、私は変わらない。……しかし、Kinki Kids（アイドル名）
　　　は日本人だから、政治や環境保護について、逆に私の意見とあまり衝突しないと思う。
　　　国家が異なっているので、直面する問題も違う」。

歩、消費、感性」などの側面で「ブランド」機能を持っているが、日本の思想や政治にまでは及ばないし、必ずしも日本国を指し示すとは限らない。また、台湾における集合的記憶の対立が形成した歴史的連続性の断裂も、日本大衆文化に発展するスペースを与えた。しかし、いったん分立した消費／大衆文化のカテゴリーに現実的な政治・歴史や価値観などの問題が侵入すれば、「日本」イメージは具体的な日本国に代わられ、イメージとしての「日本」と実態としての日本は一体性をもって感じとられるようになる（第3章第3節を参照）。したがって、大衆文化が備えるイデオロギーの力は、消費や娯楽などの非日常性の領域に限られがちであるが、感性や婉曲的な形で消費者のイデオロギーや好みと相互に影響し合わざるをえない代物なのである。

ブランドおよびブームの維持

　以上、日本大衆文化の、長期にわたって累積したエネルギーと意味付与の機能を通じて、哈日ブーム期において現れた、一種のブランドのような「日本」イメージを解析してきた。しかし、ブームというのは、急騰期と普及期があれば、衰退期や日常化することも指摘しておくべきだろう（川本勝 1981）。たとえ台湾社会が長い間「日本」に対して好意を抱いているとしても、哈日ブームもブームとして例外ではない。前述したように、消費文化の基礎はもはや必要それ自体ではなく、記号的な欲望に基づくものである。消費自体は一種の記号体系を操作する活動である。欲望の主体は記号化された「物」を単なる無機物だと見なさず、むしろ一つの夢中になれる対象＝「虚構の主体」[175]として扱っている（今村仁司 1982、佐々木孝次 1985）。消費者は購買行為を通じて、「物」＝記号＝「虚構の主体」と一種の相互関係を作り上げる。いわゆる欲望の喚起、意義の獲得、欲望の満足と再喚起という関係である。「物」が取って代わられるとすれば、それは「物」の物理的な消耗や機能の更新というより、欲望の消

175　この点は、いわゆる記号的価値が使用価値に取って代わる意義である。消費者が「物」に求めるのはもはやその機能だけではなく、さらにその「物」がもたらす社会的地位、イメージ、テイストなどの付加価値に及んでいる。さらに、第1節で述べたように、消費者（ファン）は「物」に「理想的な自分」を投影しアイデンティファイする。そこで、「物」はもはやただ一つの使用される物＝客体ではなくて、それ自身を超越する意義を持つ。しかし、このような主体性は、事実上、生産者と消費者が共謀して作り上げたものなので、一種の「虚構の主体」でしかない。

失（Bocock 1996）、あるいは、記号の鮮度が失われて、消費者にとってはそこから獲得できる「意義」やアイデンティティ価値の効用が下がったということであり、他の新しい記号的意義を追求しなければならないということになったことに原因がある。しかし、記号の過剰や選択対象の増加につれて、欲望の維持も難しくなってしまう。以下、この角度から、台湾における哈日ブームの斜陽化、およびブランドとしての「日本」の、ポスト哈日ブーム時期における位置を探究する。

①鮮度と意味付与における作用

　まず、日本の大手玩具メーカーのバンダイの海外営業推進課長・林康史と広報課係長・大久保直城は、生産したキャラクターグッズが世界でよく売れることについて、その重要な方法の一つは、「鮮度」だと述べている（アクロス編集室 1995）。なぜなら、「物」＝「虚構の主体」はいったん購入されると、「物」が持っていた意義はそこで消費者の手に移され、「物」は「虚構の主体性」を失ってしまうのである[176]。したがって、産業界は「物」が「虚構の主体」として消費者と形成していた関係をつなぎとめるために、「物」の記号的意味を絶えず更新しなければならない。例えば、テレビ番組の放送が終わると、当番組の関連キャラクターグッズも直ちにデッドストックになってしまう。したがって、テレビ番組の放送中に、現場で販売しているグッズを確実に流通させなければならない。これは「鮮度」を保つ方法の一つだとバンダイ社は認識している（アクロス編集室 1995）。この例は、テレビ番組の放送の役割が、絶えず新しい情報＝「鮮度」を作ることであることを示している。クラマー（2001: 17）が述

---

[176]　換言すれば、これらの意義を引き出す作用、あるいは人を意義と連結させるかけ橋の作用を備える「物」が、いったん所有されれば、個人とその「理想」の間の距離も崩壊し始める。なぜなら、この「架橋」である「物」を購入してから、その「物」が持つ置き換えられた意義は、現実的生活で具体化され始める。この「物」を所有することが消費者の「理想」を確実に完成したかどうかにかかわらず、所有された「物」は実際にはもはや「理想」や「憧れ」の意義と作用を備えないのである。換言すれば、置き換えられた意味への架橋として役立ってきた「物」の所有こそが、かえって個人の「理想」の喪失という危険をもたらすということである。そこで、消費者は同一の「物」が備える新しい記号、あるいは自分がまだ所有していない別の「物」を探し始めて、その物の置き換えられた意味への架橋とする作用を享受し続けるのである（マクラッケン 1990: 191-193）。

べたように、日本では、欲望は確かに広告や絶えず生産される新製品、および
グローバルな経済、観光旅行などの影響によって刺激されてきた。換言すれば、
産業界は絶えず「新奇性」を形成して、欲望を維持したり拡大したりしなけれ
ばならない。しかし、それと同時に、生産された「新奇性」や「鮮度」は、そ
のブランドの一貫性に合わなければ、その「ブランド」が持っている意義を分
かち合うという機能も果たせなくなる。「日本」は一つのブランドとして、こ
の条件をも満たさなければ持続できない。

　日本アイドルのファンを例にすれば、どのようにしてアイドルへの愛情を持
ち続けているかということに関して、回答者Hは次のように明確に述べている。
つまり、「ジャニーズ事務所はこの方面では上手にやっている。それは、絶え
ず新鮮なものを出して、私に彼（アイドル・堂本剛）をさらに好きにならせる。
（例えば、そのアイドルを）絶えず日本ドラマに出させて、私にもっと彼を好き
にならせる。いつもそろそろ冷めそうになった時に、また他のイメージを早く
も作成して、また彼を他のタイプのような男性として作り上げて、私に熱を上
げさせ、熱中度を維持させる。……また彼にバラエティーの司会者をもやらせ
る。……私たちのような人間はよく心変わりする。だから、その人がいつも刺
激度を保って、……私にずっと新しいものを出すと感じさせたりすれば、その
人に対する鮮度を維持できる。そうでなければ、すぐ飽きる」のである。回答
者G、K、N、RやVも類似な意見を持っている。逆の例を挙げれば、回答者G
はもともと東山紀之というアイドルが好きだったが、その後、「（その人の）情
報を手に入れられなくなり、熱が段々冷めていった」[177]。さらに、回答者QやI
が述べたように、もともと好きなアイドル・グループが解散したから、好きに
ならなくなった。なぜなら、「裏切りを感じる」（回答者I）こともあるし、「解散
すれば、もう二度と彼らを見れなくなる。それなら、段々冷める」（回答者Q）
こともある。つまり、解散は欲望の対象の死と等しく、新しい情報がなくなる
からである。また、回答者Lも、「彼（アイドル・堂本剛）の表現によって決める。
もし彼が今日、また面白い日本ドラマを演じたら、私はまた同じように彼を好

177　また、回答者Rも最初、台湾のアイドル・呉奇隆と漫画『幽遊白書』のキャラクター
　　　「飛影」が好きだった。しかし、その後、そのアイドルが兵役を務めて、中国へ行っ
　　　てから、情報量や活動が少なくなり、『幽遊白書』も連載終了で新しいものもなくな
　　　った。そこで、回答者Rの熱も冷めてしまった。

きになる。あるいは、彼のライブやアルバムが私をとても感動させたら、支持し続ける」と報告している。これは前述したように、ドラマの役と俳優のイメージは、相互に浸透し合い、しかも、アイドル自身のイメージ以外に、他の記号的意味＝新鮮さを与えることである。また、バラエティー番組の司会者やドラマへの出演などの行為は、一方では、新しい記号を作るし、他方では、マスメディアを通じて、消費者の前に現れるチャンスを作り、当アイドルに対する記憶や欲望を喚起するのである[178]。

　さらに、アイドルは現実の人間であり、かつアイデンティティの対象であるので、その「虚構の主体性」はアニメや漫画などの大衆文化より大きい力を備える。したがって、ファンがアイドルに夢中になる時、アイドルからのリアクションや、アイドルのファンに対する親切さ（という感覚）は、すべてファンの欲望を深める契機となる。それと同時に、このような応答や相互交流によって、アイドルをスクリーンにおけるイメージから、実際の人間＝「(虚構の) 主体」に具体化したようにファンに感じさせる。例えば、回答者H、M、L、Pなどは、好きなアイドルがファンに対してとても親切だということは、彼らがそのアイドルを好きになったり、いっそう好きになる理由の一つだと報告している。回答者Hの言葉を借用すれば、「この人（俳優やアイドルを指す）はぜひ私たちとコンタクトを持つべきだろう。あるいは私たちに親切に対するべきだ。それでこそ、私たちは彼を好きになる。そうでなければ、いつもあんなに遠くて手が届かなかったら、彼を好きであることが億劫に感じられる」のであり、さらにアイドルが演じた役に夢中になることから転じて、本人に夢中になったきっかけについて、「(日本へ) ライブを見に行った時、彼（アイドル）は情熱的に私たちに挨拶していた。台湾に（ライブを開催しに）来た時にも、またすごく情熱的だったから、全く彼に心を奪われた」ということである[179]。産業

178　しかし、マスコミでの露出度と鮮度は必ずしもお互いを向上させる要素ではないと理解されたい。過剰な露出度は、かえって鮮度を下げることがありえる。なぜなら、過剰に頻繁な露出が記号の変化を鈍化させたり過剰化させるからである。

179　漫画やアニメ、日本ドラマにも類似する現象が現れる。一漫画作品の連載終了や、一アニメ／日本ドラマの放送終了は、その作品が持っている記号性／意義の終焉と等しい。換言すれば、作品はもはや新しい刺激／意義を消費者に提供することができなくなり、その虚構の主体性は消費者に応答できないために薄くなって、さらに「消滅」していくのである。逆に、漫画やアニメなどの二次創作では、消費者はキャラクター

界の回答者CとDも同様の見方を示している。つまり、日本や韓国の俳優やアイドルは自ら台湾を訪ね、ファンに熱を上げさせる、という。

　以上のインタビュー例は、新しい情報にせよ、親切な接触にせよ、欲望が満たされなければ、「物」と欲望の主体の間の関係が繋ぎとめられないことを明らかにしている。つまり、「物」が意義を持っていなければ、単なる物理的な物と見なされ、消費者を引き付けないし、欲望をも喚起できない。

②欲望を満たす可能性：「物」に対する憧れと所有欲の誘発

　欲望は満たされる可能性を持たなければならない。実現できない欲望は、憧れや夢想でしかないし、行動を促すことができない。回答者Uが述べたように、学生時代には、電気製品の価格が自分の負担できるものではないので、日本製品に対して、ただ「可愛い」と感じただけで、他の部分について「あまり印象がない」。この回答者にとって、本当に「大きな違いを感じたのは消しゴム」であった。なぜなら、文房具はこの回答者が負担できる価格、すなわち手の届く範囲の欲望であるので、回答者の日常生活の関心の焦点になったからである。つまり、日本アイドルのグッズや使用する製品などの日本大衆文化商品＝欲望の対象は、消費者の購買意欲を誘発しうるが、その経済力が負担できる範囲内に限られている。その範囲内にあれば、欲望は満足するかしないかの可能性の中で揺れ動き、欲望の強さを拡大して消費行為を誘発する[180]。

　欲望を満足するルートを探す動機や欲求があることに加え、その「物」を手

　　　を（虚構の）主体と見なして、そのキャラクターを自分の感覚の代弁者とする。それによって、消費者は自分で原作の不足を埋めるとか、原作を利用してストーリー＝意義を作るなどの方式で、原作＝欲望対象の自分の欲望に対する応答を作り出す。このような方式で、一方では、自分の原作に対する欲望を保有、さらに拡充し、他方では、作品と自分の間における間主体性を繋ぎとめるのである。

180　日本アイドルのジャニーズ事務所のライブなどのイベントを例にすれば、それらのイベントのチケット販売方式は一般の歌手のライブと異なり、会員限定の申し込みで、事務所が抽選によって当選するファンと席の位置を決める。このような方式によって、ライブへの参加可能性、および舞台＝アイドルとの距離の遠近は、定まってはいないが必ず達成できない条件でもない。このように欲望は満たされるかもしれないが、満たされるとは限らないという不安定性を利用して、欲望の強度と持続度が拡大されているのである。例えば回答者RやZは、ライブなどに参加する可能性を増やすために、複数の申し込み方法を使う。しかも、失敗すれば、さらに次回のライブやイベントに参加する欲望を強化する。

に入れるルートがあってこそ、欲望を満たすことができる。しかも、それによって、より多くの欲望が満足させられるかもしれないことが期待できると、欲望の生成がさらに拡大されるのである。回答者Lは、香港の俳優アンディ・ラウが好きだったが、「その人に関する商品が少なかった。何か買いたくても、グッズがなかった。結局他の人のグッズを探して買うようになっちゃった」と述べている。回答者Qも、商品を手に入れるルートは、日本の文化商品を好むことにとって、重要だと述べている。彼女は同好者などを通じて、欲しいアイドルグッズを獲得することができるからである。また、欧米商品に距離感を覚えて、興味を持たない回答者Rは、自分が日本の文化商品を売っている店なら熟知しているが、欧米商品は、どこで買えるかさえ知らないと述べている。以上によれば、アンダーグラウンド時代に、日本大衆文化の日常生活に浸透した販売ルートは、その発展にとって大切な役割を演じたはずである。

　しかし、もし親近感や親切さ、応答を得ることなどの要素が、欲望を刺激する重要な因子の一つであれば、遠い異国である日本のアイドルと比べると台湾アイドルなどはより身近かであるのに、なぜ日本アイドルの方が依然として多くの台湾のファンを夢中にさせて、しかも台湾アイドルより人気を集めるのか。

　回答者Rは、同時に日本アイドル（Kinki Kids）と台湾歌手（張惠妹）に夢中になっている。その両者に対する感覚を比べれば、回答者Rは日本アイドルに対して、より情熱を覚えると報告している。なぜなら、日本アイドルは「距離ではより遠い」し、その上に「ジャニーズ事務所がアイドルを上手にプロデュースするので、我々はKinkiのどの部分が本当か、どれが嘘かを永遠に知ることはできない。だから、ひっきりなしに追い求めて理解しなければならない」からである。逆に、台湾アイドルは「より現実的」と感じさせる。なぜなら、「時に彼女と話すチャンスがある」し、そのうえ、「台湾の（レコード）会社は私たちに衝撃を与えるような新しいアイディアを出せないので、（張惠妹は）多分もうこのままである。……あまり新鮮だと感じにくい」からである。換言すれば、台湾アイドルの情報はより獲得しやすくて、より接触することができることは、「悪くはない。しかし、それ以外、またもっと新しいものを出して、皆に素晴らしいと思わせなければならないでしょう。そうでなければ、あるアイドルのすべてを（ファンに）知り尽くされたのに、……新しいアイディアについて何も考えなかったら、ファンに何を見せたいのか」（回答者R）というよ

うになってしまう。台湾アイドルや俳優は距離が近くて、異国の歌手より、情報の獲得が容易である。しかも、アイドルの生産では、日本のような戦略を持っていない[181]。したがって、より過度なマスコミでの露出度とか、計画不足による断続的な作品発表などの状況では、アイドルが持っていた記号的意義や鮮度が失われる[182]。

　逆に、日本などの外国アイドルは近寄り難さや希少性で、それに対する欲望の熱度や「鮮度」を、台湾アイドルに対する場合より維持させやすい。マクラッケン（1990: 189-191）が論じたように、通常は、置き換えられた意味への架橋として「物」を選ぶ時、個々人は自分の購買力を超えたなにかを選んでいる。なぜなら、簡単に手の届く「物」に憧れる必要はないからである。さらに正確には、欲しい品が手近にある時には、欲望が「憧れ＝理想像」へと成熟する前に、ほとんどすでに満たされてしまうのである。したがって、接近困難である「物」は、憧れられるほど豊かな意味に置き換わるように消費者に映り、欲望を膨張させるのである。

　外国である「日本」は、台湾の消費者にとって、文化的近似性以外に、一種の希少性や神秘性をも持っている。換言すれば、それへの接近の困難性は前述した「憧れ」の欲望へ発展しやすい。例えば、回答者Hが述べたように、「日

181　ほとんどの回答者は台湾と日本のアイドルを比較する場合、日本のアイドル事務所はより戦略的にアイドルをプロデュースしていると感じている。例えば、回答者Mは、「台湾のアイドルは一作か二作のドラマを演じると、消えることが多い。事務所はただその人をデビューさせる。この後のことは、その人自身に任せるみたい。……台湾のアイドルの命は短い。……（番組を見ると）日本のアイドルはいつも何かを習っている」と述べている。回答者Nも同様な意見を示している。つまり、「日本のアイドルはより計画的に進ませるでしょう。多くの台湾のアイドルは、急に人気を集めたら、レコード会社はその人（のアルバムなど）をもっともっと発売させて、搾取している。短い間にそのままで続けさせる。……台湾のアイドルのデザインは、日本のようにプロではないと思う」と述べている。回答者Kも、「日本のアイドルはちゃんとプロモートされると、十分な実力を発揮する。だから、日本のアイドルはより質感を覚える」と述べている。また、2000年以降、多くの台湾のアイドル・グループを送り出して人気を集めさせたエージェント孫徳栄は、日本や韓国はアイドルをグループ化しているが、台湾ではそんなやり方が少ないので、自分がアイドル・グループを組み合わせてデビューさせていると述べている（自由時報 2005/12/05 D10面「捧紅5566、孫徳栄創造本土奇跡」）。

182　同時に、本章第1節で述べたように、実際的な購買行為も欲望を拡大することができる。しかし、「台湾アイドルは、何のアイドルグッズもない」（回答者R）。

本アイドルが我々に追いかけさせたいと思わせる理由は、難度がより高いということだ。我々は外国へ行かなければならない。それには距離がある。距離は、永遠に鮮度を保つ方法であり、我々を飽きさせない」。回答者LもRも類似する意見である。また、回答者Uは視聴者の台湾偶像劇『流星花園』に対する感想を、次のように言及している。つまり、多くの視聴者は『流星花園』が他の「台湾偶像劇」と異なり、「日本ドラマに似ている。『日本の真似』のような感じがある。だから、かなり高級と見える。……他の台湾偶像劇は、より台湾的に見える」と感じている。たとえ『流星花園』が好きだとしても、日本のアイドル柏原崇を台湾の男子アイドル・グループの「F4」より、アイドルらしいと思っている視聴者は多い。なぜなら、「柏原崇は外国人なので、演技の勉強やプロデュース戦略などが（台湾の芸能人）よりよいと感じさせるから」である。つまり、外国の商品は距離や理解困難のため、一種の特別な神話的なオーラを生んで、しかも、その希少性や獲得困難性がファンによる誇示や象徴的競争の手段となった。遭遇する困難を克服して、希少性を備える外国の商品（アイドルなど）に接触することは、自分が高い能力や文化資本を持つように、消費者に感じさせる[183]。かくして、日本大衆文化によって形成された上品な「日本」イメージに（第2節を参照）、いっそう特別さと誇示作用を備えさせていった。

　しかし、それにもかかわらず、欲望が持続的に満たせなければ、不快感や焦燥感が生じてくる。一方、長く続けば、欲望対象を忘却したり、他の「物」（意義）に取って代わられるようになる。また、ある欲望が満たされると、この欲望の満足から獲得した快楽の量は少しずつ減っていく。そこで、もっと大きい快楽、あるいは以前と同等な快楽を求めるために、さらに深い欲望が生じてくる[184]。したがって、無限の意義＝「物」でこの欲望を支え、しかも消費行為な

183　しかし、ここでは、消費者が消費するのは異国のオーラ、希少性と異国に対する想像であり、必ずしも実際の異国に関わるとは限らないことを示している。不明な外国文字の書いてあるTシャツを身につける消費者などは、想像している外国と実際のその国の思想・歴史・政治と関わりがあるとは限らないことは明らかである。この点は、つまり、前述した、消費の「擬中立性」である。

184　これは丸山圭三郎（1985: 26-27）が挙げた例である。馬車に乗るようになってから、歩行が遅いと感じる。さらに速い交通機関が欲しくなり、そこで、自動車や飛行機が現れた。既存の手段や道具から、人々はより高次の手段や道具を望み始める。いわゆる欲望の過剰生産の原型である。さらに、欲望は欲望を呼ぶので、最終的には満たさ

どを誘発して、欲望の生命が続くようにしなければならない。これが前述した「鮮度」や刺激の必要性である。日本大衆文化の商品の多元化は、欲望の拡大と維持を促した上に、相乗作用を起こした例である。漫画のテレビアニメ化、ゲーム化、映画化、キャラクターグッズ化などである。外国の商品では、距離は神秘性や「鮮度」を維持すると同時に、情報不足という状況をも生じかねない。いったん情報不足＝持続的な不満足という状態に陥ったら、外国の商品の誘発した欲望を消えさせる。これは、外国の商品が遭遇するジレンマである。

　さらに、欲望の消費を支えているのは「夢物語」や象徴的記号、イメージや神話である。消費者は自分に意義や刺激を付与できない記号を求めることはない。特に時間－空間が圧縮された現代の消費社会[185]は、生産物、流行、思想、価値、科学技術などの変わりやすさを促すと同時に、一種の「使い捨て社会」[186]を形成した。消費行為を促すために生産された「夢物語」や象徴的記号、イメージ、神話も、この使い捨て文化の一環であり、永遠に不変のものではない。社会・文化の変化に従って、記号とイメージを含んだ神話性や夢幻性も消えたり、トレンドに合わなくなって、他の事物に取って代わられたりしかねない。全体的にみれば、欲望＝記号的意義の交替時間の周期がますます短くなってしまった（アパデュライ 2004: 159-162、アーリ 2003、クラマー 2001: 228-230）。アーリが挙げている、イギリスの海辺リゾートの場所－神話性という消費様態

　　　れることがない他者性（autruité）を備えて、欲望を無限に形成させ続けるのである（堀川哲 1995: 111-116、丸山圭三郎 1985、佐々木孝次 1985）。

[185]　アーリ（2003）はD. Harvey（1989）の「時間－空間の圧縮」という観点から、生産速度の加速化、流行交替の高速性と変動性、国境を越える製品の獲得可能性、広告やマスメディアのイメージの重要性の増加、通信技術の普及、建築物や物理的景観に含まれるシミュラークル性の増大、越境の不可能性の弱体化などによって、既存の時間と空間の観念や境界線を崩壊させたと指摘している。しかも、時間－空間の持続的な周期も短くなってしまった（2003: 39-41）。記号やイメージの生産と販売は、無数のイメージと記号の生産の加速化をもたらしたのである。いわゆる、ハイパーリアルなシミュレーションの生産である。そこで、夢、使い捨て、一過性、イメージやシミュラークルは、現代消費社会の典型となってしまった（2003: 294-295）。前述した、物質的、機能的な差異の変化が小さくなって、産業界は付加価値や記号の変化で消費者の欲望を刺激するようになった、あるいは消費者は自己表現のために記号を求めていくことも、この視点によって理解できるだろう。

[186]　アーリ（2003: 294-295）は、現代消費社会の使い捨ては、物質的な物をさすだけではなくて、さらに価値、ライフスタイル、関係、場所に対する愛着をも迷わず捨てさせると指摘している。

とその変化はその一例である（2003: 328）。これも、欲望が欲望を呼ぶという循環の結果の一つだといえる。記号を消費すればするほど、記号に対する欲望や需要が強くなり、さらに短時間の内により多くの記号的意味を獲得したくなる。欲望の対象が提供できる意味が少なければ、あるいは記号更新の速さが消費者の期待するほどでなければ、消費者はこの対象に対する欲望を失うことになる。例えば、回答者G、L、R、Q、Tは、かつて好きなアイドルに対する熱が下がり、転じて新しいアイドルを好きになった理由として、前のアイドルがずっと変化していないとか、新作や持続的な関連製品＝「好きにならせる媒介」がないとか、マスメディアで現れてもほとんど注目に値する新奇性がないとか、あるいはあまりにマスメディアに現れないので欲望の対象に対する記憶を喚起しにくいなど、と述べている。

③一貫性の維持

　また、前述したブランドの一貫性も重要である。回答者Fは、好きなアイドルの「声がかなり変わった。もし彼女の声がこのままで高くなり続ければ、私は彼女を卒業するかもしれない」と考えている。回答者Mも同様なコメントをしている。同じような例が漫画の分野でも現れている。回答者Uは近年の日本漫画が「あまり面白くない。あるいは、（日本）漫画はもう私にはわからない程度にまで進化したといえるだろう。CLAMP[187]以降の漫画は、私にとって、ストーリーが軽すぎるし、色（絵柄）が豪華だ。……かつては能動的に面白い漫画を探して読んだけど、現在は、ほとんど誰かに面白いと薦められたものを読んでいる」と述べている。以上のインタビュー例によって、欲望の対象にとっては「進化」ともいえるものが、消費者が思い込んでいるブランドの一貫性から外れたと思われれば、その消費者にとって、このような変化はもはや鮮度や刺激ではなくて、夢中になる条件の喪失ともなる。そして、消費者はこのような対象に対する欲望をついに失うのである。これは前述したように、「鮮度」にせよ刺激にせよ、ブランドの一貫性の下に束ねられなければならないのであ

187　1990年代に、同人誌によってデビューした漫画家グループである。CLAMPの画風は、視覚効果を重視して、大量にスクリーントーンを使ったり、コマの制限を越える画面を描いたりする。著名な作品は、『聖伝』（1990-1996、新書館）、『東京BABYLON』（1991-1993、新書館）などである。

る。

④同時間性の重要性

「日本」は一つのブランドとして、無限に記号的な意味を備え、消費欲望を惹き起こせる「物」を持たなければ、ブランド＝「虚構の主体性」の存在を喚起したり、維持したりすることはできない[188]。しかし、一方、回答者Cが述べたように、日本アイドルはSARSという伝染病危機の頃（2003年）以来、台湾でのライブや、アルバムの宣伝を中止して、長い間台湾のファンと親しい接触の機会を持たず、鮮度や話題性、欲望の刺激が少なくなった。また、アイドルグッズの販売と購入については、台湾のファンは距離的な問題や日本の事務所に制限され、最新のグッズを購入することができなかった。したがって、日本アイドルに対する熱意を喚起し、維持しにくい状況が続いた。他方、2000年に入ると、台湾視聴者による新しい日本ドラマ放送の要求は、1992年の放送開始時期よりはるかに高まっていった。それにもかかわらず、1990年代後半、日本のテレビ局は日本ドラマの放送権料を大幅に高くした。さらに、1999年前後以降、日本ドラマの安い海賊版が台湾で大量に現れ、発売時期も日本におけるテレビ放送とほぼ同時であった（第2章参照）。こうしたことから、海賊版の方がますます深まる台湾の消費者の日本ドラマに対する欲望を満足させることができた[189]。それ故に、公的領域に属するマスメディアによる日本ドラマの

188　個人が「物」を想いおこす時、「物」に関する態度、関係、環境などが具体化され、記憶が呼びおこされ、また空想の中でリハーサルされる。これは、「物」の喚起力である（マクラッケン 1990: 177-200）。この点は、第3章第3節に述べた「記憶の場」という部分に関連している。つまり、「物」が備える意味、あるいは「物」が指示している過去や未来は、この「物＝意味」に関連する記憶、象徴、想像を喚起することができるので、その記憶や象徴の保存を促進しているのである。

189　例えば、視聴者はCATVやチャンネルでもっと早く最新の日本ドラマを放送して欲しいとか、より多くの種類の日本ドラマを放送して欲しいと思っている。殊に後者に関して、本章の第2節に述べたように、CATVやチャンネルで放送された日本ドラマのほとんどは、高い視聴率を獲得できると思われていた部類のドラマでしかなかった。逆に、日本ドラマの海賊版は、見られるドラマの種類も多く、リリースも早い。視聴者は待たずに一気に全部を見終われることで、大きくなった欲望も満足でき、さらに欲望が深められたのである。回答者Hは、テレビで放送される日本ドラマを見ない理由について、「日本ドラマが面白くないわけではなくて、台湾のCATV局は放送権料が高くて、ヒットする日本ドラマを買わないからだ。しかも、海賊版は安いから、

放送は、市場が次第に縮小していったのである[190]。

　日本ドラマの海賊版がテレビ放送に取って代わることは、日本ドラマの再アンダーグラウンド化を示しているが、もちろん日本ドラマの人気が一気に消失することではない。しかし、なぜ日本ドラマのアンダーグラウンド化は、哈日ブームの熱度を下げることをもたらしたのか。その原因の一つは、マスメディアは顕在化のルートとして、共感を起こす場所であるという作用がある。本多周爾（2001）の調査研究によれば、台湾での最も重要な「日本に関する情報源」は、テレビ（72.8%）[191]である。要するに、日本ドラマはマスメディア放送による露出というルートを失うことによって、同一のドラマを同時に鑑賞するという同時間性のフィールドも失ってしまうのである。アンダーグラウンド的に流行する形は、同一の「物」に対する個々の消費に、時間の差（例えば海賊版の購入時期や観賞時間が同じだとは限らない）を生じさせ、鑑賞の同時間性によって生じるエネルギーが分散されてしまう。それに、たとえファンは電子掲示板などを通じて、各々のファン集団を形成しているとしても、公的領域のマスメディアで「日本」の関連情報が少なくなると、それぞれのエネルギーを、その領域と関わらない部外者にも伝達したり、蔓延させたりして、全面的なブームを維持することが難しくなってしまう[192]。

　　　もはやテレビののろのろ放送を待たなくてもよい」と述べている。ちなみに、海賊版VCDの低価格化（レンタルより安い）とそれに応じて納得できる画質は、消費者の日本ドラマのために払える金額を安価に押さえてしまった。より高い金額の正規品を購入する意欲の低下である。このような安価で同等な満足を獲得する期待も、一種の逆説的な欲望の深化である。

190　日本大衆文化熱の低下について、本書は現象や出来事の議論に集中している。日本本国で日本番組の視聴率の低迷（NHK放送文化研究所 2003）などの、日本大衆文化の内容や制作状況、性質の変化が消費の欲望に対して与える影響は本書の焦点ではないので、ここでは深く言及していない。

191　台湾の状況によれば、ここでは「テレビ」という選択肢は、地上波テレビだけではなく、CATVやチャンネルをも含む。

192　この点は、第2章を参照されたい。つまり、哈日ブーム以前、日本大衆文化は長期にわたりアンダーグラウンドの形で自らの優位性を作り上げていたが、マスメディアに関する日本文化放送禁止令が解除され、日本大衆文化に顕在化するルートが与えられると、日本大衆文化を中心とする哈日ブームはようやく形成されていった。

⑤代替商品の存在

　マスメディアが絶えず新しい物事やヒントを提示したり、新しい環境を創造したりすると、消費者に新しいものを消費する行為を促すのである（川本勝 1981: 208）。2000 年以降、台湾においては韓国ドラマが導入されたり、台湾の「偶像劇」が制作されたりするのと同時に、日本ドラマや娯楽番組の放送と「日本」の関連情報が減少して、日本アイドルや日本ドラマのブームの斜陽化と「韓流」の出現を促した。これは、マスメディアがブームや流行の形成に対して大きな力を持っていることを示している。欲望は形成されれば、まず、喚起されなければならない。当たり前だが、欲望の対象は知られなければ、主体に欲望を生じさせない。例えば、他者が持っている「物」を見て、消費の欲望が生じることは、承認を獲得したいという欲望だけではなく、欲望の喚起それ自体でもある。本章第 1 節では、回答者 S、R が仲間などとの関係によって、ある大衆文化に夢中になった例を挙げた。仲間は回答者に欲望の対象の存在を知らせる媒体であると同時に、絶えず欲望の対象に言及したり、愛情を表現したりすることを通じて、回答者の対象に対する欲望をも喚起する。本多周爾（2001）が指摘した、台湾社会の公的領域における重要な媒体であるテレビなどのマスメディアが、こうした欲望喚起機能を持っていることは、さらにいうまでもないであろう。

　それに、欲望の対象に取って代わる対象の存在は、「使い捨て」消費社会の原因であり、結果である。欲望が満たされない消費者にとって、新しい刺激や欲望の対象の存在は、欲望の忘却や放置以外に、別の選択肢を提供する。また、大衆文化自体は表層的な文化理解であり、身体技法の模倣と学習であり（アパデュライ 2004: 159-162、クラマー 2001: 228-230）、そしてまた消費の享受と想像力の作動であるので、必ずしも通底する文化を備えて成立するとは限らないし、刷り込まれたハビトゥスなどのように安定性（例えば、1945 年以後、台湾人の中国化過程。第 3 章を参照）を持っていない。したがって、大衆文化は他者（他国）に複製され、他の類似した消費財に取って代わられやすいのである[193]。

　第 2 章でも述べたように、2001 年以降、韓国ドラマや「台湾偶像劇」などの

---

[193]　以上の比較は、実践とハビトゥスが刷り込まれた「実像性」と、消費的模倣や学習が備える記号性や変異性＝「虚像」、この両者の間の差異を明示している。

日本ドラマを模倣し、現代を背景とした、恋愛、ファッション、雰囲気、音楽などの要素を重視するドラマの出現（梁旭明 2004、土佐昌樹 2005、耿慧茹2004）は、台湾の消費者に新しい代替物を提供した。これらの新コンテンツは日本ドラマを模倣して変形したもので、台湾の視聴者があらためてその表現方式を習得しなくても受容できる。こうして、これらの日本ドラマのライバルが順調に発展していった。日本漫画も日本ドラマと類似した状況に遭ったが、日本漫画が直面したライバルは他国の漫画ではなく、他の大衆文化商品、すなわち1990年代半ばから急激に発展してきた台湾の恋愛小説やカンフー小説、インターネット、ゲームなどである。選択肢が多くなると、哈日ブームの中心であった日本大衆文化は、代替物の挑戦に直面して、従来、保っていた優勢を失いつつある。日本アイドルが大量に導入された時期は漫画やドラマより遅れたので、熱の冷め方もより遅い。しかし、2003年以降、日本アイドルが訪台をとりやめ、韓国俳優が積極的に台湾に進出してきたことで、韓国俳優の情報は台湾のマスメディアに頻繁に登場し、さらに台湾本国のアイドルも次々に現れ、日本アイドルの話題性や露出度に取って代わった。この状況も、日本アイドルのブームの斜陽化を促した（第2章第3節を参照）。

　日本ドラマなど日本大衆文化の消費者は次第に減少し、それらの商品が持っていた優位性も低下していった。しかし、これは、「日本」というブランドに対する否定的評価を必ずしも意味しない。ファンがかつて愛していたアイドルに対する考えによってみれば、ファンは一度夢中になったことがあるアイドルに対して、彼／彼女たちを嫌ったり完全に無視したりすることはなく、そのアイドルがマスメディアに現れたり新作品が出ると、やはりある程度の関心を表しているのである（回答者G、K、NやT）。換言すれば、大多数のインタビュー例によって、ファンがアイドルを卒業する理由は、情報や「鮮度」がなくなったためで、裏切りや失望[194]が理由でなければ、この過去のアイドルについて、

194　例えば、好きなアイドル・グループが解散したとか、アイドルの表現に失望したということである。回答者Fが述べたように、かつて好きだったアイドルは「歌が聞き苦しすぎるほどになってしまった。あるアルバムは、本当に最初から最後までずっと音が外れる。……だから、もう彼女の作品を買わない。失望の極みだ」と報告している。また、回答者Iは、もともとある韓国アイドル・グループを応援していたことがあるという。しかし、その団体が解散したため、「グループのメンバーたちは皆仲良くあるべきだ」という自分の考えが裏切られたと感じて、彼らの歌を聞くと、新聞に載

友達に対するような関心を静かに持っている（回答者G、K）。つまり、アイドルや大衆文化は、回答者の過去の記憶と繋がっている[195]ので、回答者は依然としてその関連情報を欲する。しかし、もはや能動的な欲望を持たず、その不在から焦燥感を感じることもなくなった。以上は、欲望の消失は、必ずしも欲望の対象に対する否定からではなくて、欲望の対象が主体にとってすでに内容や意味などを何も持たない客体、いわゆる単なる物になったことを示している。もし欲望の対象が新しい刺激や「鮮度」を満足するほどの意味を再び持てば、消費者の欲望を再度引き起こして、人気を集めることも依然として可能である。

哈日ブームと韓流の比較：哈日ブームの特異性

「日本」というブランドも同様である。日本大衆文化の領域は次第に狭められたが、「日本」というブランドが全体的に他の（いくつかの）ブランドに埋没して消えてしまったわけではない。「日本」というブランドは長い間、累積してきた厚みに基づいて形成され、しかも独立したイメージ（意味）を持っているので、もちろん商品の減少によって忘れられたりしかねないが、失望や裏切りという感覚を強烈に抱かれない限りは、決してその地位を失うことはないだろう。この点については、次のように哈日ブームの累積性（厚み）によって解析することができる。

まず、哈日ブームが起こった1990年代は、様々な日本大衆文化が台湾で人気を集めた時期と重なっている。特に1995年～1996年に、日本漫画、アニメ、ドラマ、音楽は同時に相当な経済的利益を産み出した。つまり、哈日ブームの発展は全面的で、かなり集中したブームであったといえる。次に、台湾では各々の日本大衆文化は、消費者群が重なり合っている。例えば、前述した衛視中文台の調査は日本ドラマの視聴者がアイドルのファンと重なっていることを示しているし、遅恒昌（2001）は、日本テレビ番組の視聴者とファッションの消費者との重なり合いを指摘している。黎勉旻（1998）は1990年代の日本漫

っていた、彼らの不和や解散の記事を思い出して、気分がよくなくなった」。そこで、このグループの歌を二度と聞かなくなった。回答者Gは、アメリカの俳優のレオナルド・ディカプリオが好きだったが、「マスメディアによってマイナス情報を多く知って、しかも確実だと思われる情報であった」ので、その俳優に失望して諦めた。

195　これは第3章で述べた、大衆文化がある時代に対する記憶を喚起する作用である。

画専門店では、日本ドラマやアニメのビデオテープやアイドルグッズを売っていたと述べており、邱魏頌正・林孟玉（2000）は日本キャラクターグッズの消費、日本番組の視聴頻度と「哈日傾向」は正比例の関係にある、と指摘している。換言すれば、日本大衆文化の様々なジャンルに関する消費には相乗効果があるし、消費者の日本大衆文化に対する消費も単一のジャンルに限られない傾向がある。これによれば、日本大衆文化の長期間にわたる発展が、その叙述体系に対する受容と馴染みの深さを促したことを示しているとともに、台湾に輸入された日本大衆文化の多様性と大量さを表している。かくして、消費者はある日本大衆文化のジャンルに夢中になると、台湾市場には多くの同じジャンルの日本大衆文化商品があり、それらに接触して、さらに欲望を強化することができた。それと同時に、市場には他の日本大衆文化のジャンルがあるので、消費者の欲望は他のジャンルへ拡大することも可能であった。以上の三点は、日本大衆文化が台湾において時間的に、物的に、多様な厚みを構築したことをはっきりと示しているのである。

　長期間にわたって累積したエネルギーの噴出、同時発生と消費者群の重なり、こうした哈日ブームの性格と異なり、「韓流」は台湾では別の様相で登場してきた。まず、「韓流」が発生した時期に間隔がある。1999年前後の約1年間の韓国アイドル・ブームと2001年以来の韓国ドラマ・ブームである。また、この2度の「韓流」消費者群は分散している。韓国ドラマの主要な視聴者は、50％以上が主婦とOLであり、15〜24歳の視聴者は15％を下回ったのであるが、韓国アイドルの消費者群は主に中・高校生であった（第2章参照）。つまり、2度の韓流は、時間的にも、ジャンル的にも、消費者群でも重なっていない。しかも、2000年以降、「韓流」は韓国ドラマの分野とそれによって誘発された消費に限られる傾向を示している。韓国の家電製品は次第に一定の消費市場を占めていったが、まだ長期的な発展にまで至っていない。さらに、1990年代までの国民党統治時代が閉鎖的だったため、台湾社会は韓国に対する知識を十分に持っていなかったのである。2005年までには、「韓流」は歴史的にも経験的にも厚みを累積したとは言い難い[196]。

196　また、前述したように、欲望は、それを支える「物」が存在しなければならない。ドラマは実際の人が実際の消費物を使って演じるものなので、ドラマの分野の外へ拡大

かくして、メタ知識の不足、あるいは厚みの欠乏で、韓国ドラマによって形成された記号は、開放性を備える「概念」を指すことができないし、それ自体が空虚化したり独立化したりして、バルト（1967）のいう第二の体系の「概念」に相応する「形式」にもならない。それに、韓国ドラマに対する解読や「韓国」イメージに対する想像は、台湾視聴者の準拠図式などによるものである。したがって、韓国に関するメタ知識は少なかったが、少ないながら存在した知識が依然として一定の影響力を持っている。台湾社会はかつて「アジア四つの小竜」と並列された韓国に対して、ライバル意識を持っているし[197]（江佩蓉 2004: 63, 128）、韓国（文化）製品を「廉価、二等」だと考えていた（季欣慈 2005: 141）。したがって、「脱・韓国性」は韓国ドラマの受容促進にとって重要な策略だ、と台湾のマスメディア業界は指摘している。例えば、日本ドラマの日本語での、内容が変容されないままでの放送と異なり、台湾で放送される韓国ドラマは、必ず中国語に吹き替えられるし[198]（江佩蓉 2004: 37）、テレビ局が台湾の文脈に合うような形で再生産される過程で、字幕の翻訳にオリジナルな意味を入れるという方式で、韓国ドラマを台湾の意味体系の中に取り込んで変容させるような「文化翻訳」がなされているのである（パク・ソヨン 2004: 207）。

していける経済的可能性を有している。しかし、この経済力が成立する前提は、他の分野に相応する商品が存在していることである。そうでなければ、すなわち拡大していく欲望を支える「物」がなかったら、欲望は拡大できないだけではなく、存在し続けにくくもなる。韓国ドラマの場合は、台湾においてそのドラマが引き起こした熱意に相応する「物」が少なかったので、経済力の拡大も限界があった。したがって、韓国ドラマのブームはドラマの分野に限られている。ちなみに、2007年まで台湾では、韓国の大衆文化はまだ少なかったが、その後、電化製品や化粧品が増えている。これから台湾で「韓流」はいかに変化するか、どんな「韓国」イメージを形成していくか、ということは、さらに研究課題となるだろう。

197　第2章で述べたように、韓国ドラマは台湾でも韓国への観光欲望を刺激した。しかし、江佩蓉（2004: 169）は、韓国へ観光したドラマ・ファンで、次もまた行きたいという取材対象は少ないし、韓国全体の環境に言及する時には、マイナス反応を表す取材対象が多いと述べている。これは、台湾社会の韓国に対するライバル意識と関わっている、と江佩蓉は考えている。

198　1997年に「霹靂」CATV局は台湾語の吹き替えの韓国ドラマを放送したが、視聴者の評判はよくなかった。江佩蓉（2004: 37-38）は、それは長い間、台湾語が抑圧されて正当性を持っていなかったので、たとえ1990年代以降、台湾語の台湾ドラマが人気を集めたとしても、外来のドラマは「国語」（中国語）の吹き替えで放送されるはずだという観念を台湾人は抱いていると指摘している。

第3節 「日本」が一種のブランドとなった意義とその維持 *395*

このような「文化翻訳」は、台湾が韓国に対してメタ知識を持たないことをも示している。以上のことから、台湾社会は「韓国」を憧れの対象や一種のブランドとして見なすことへの抵抗感を持っているといえるだろう。とはいえ、韓国ドラマを主とする「韓流」は、従来の「韓国」イメージをアップしたり、ドラマに関する製品の販売を促進したりした[199]。

2000年代後半に至ると、約10年間の韓国ドラマの放送とポピュラー音楽の流行によって、韓国の消費文化は次第に台湾に受け入れられた。それと共に、韓国大衆文化に関わる「概念」の「厚み」が蓄積されて、一つの消費文化のブランド＝「形式」にもなった。民主化していった台湾において、「日本」イメージが負った歴史的意味が徐々に薄くなりながら、消費文化における記号性が強くなっていった。哈日ブームの鎮静化と日本大衆文化の一般化とともに、「日本」も「韓国」も消費文化や大衆文化のフィールドにおけるブランドだと見なされるようになった。

本節のまとめ：ポスト哈日ブームにおける「日本」ブランドの地位

日本大衆文化が取って代わられたのは使用価値、いわゆるバルト（1967）が論じた第一の体系であり、象徴力やブランド・イメージではない[200]。「日本」というブランドは、すでに日本大衆文化などから独立して一つの独自の記号になり、しかも、産地・日本国という一貫性の下に集約されるので、他の非「日本」の商品に取って代わられにくい。したがって、たとえ大量に販売されうる商品や鮮度を失ってしまったとしても、「日本」という記号自体は依然として存在することができる。いわば一つのシニフィエを失ったシニフィアンになる。

---

[199] 江佩蓉（2004）も耿慧茹（2004）も、台湾では、韓国ドラマを台湾ドラマ（「偶像劇」）と同じレベル、あるいは台湾ドラマより低いレベルと考える傾向が現れている、と述べている。また、韓国のコンテンツなどを消費することは、韓国への同化、さらに「韓国」製品への忠誠や愛着と等しいと見なす推論は飛躍的だと、季欣慈（2005）と江佩蓉（2004）は指摘している。

[200] バルト（1967）の論点によれば、「日本」イメージは、一次体系のシニフィアンとシニフィエの生き生きした「豊かさ」や「厚み」（日本の多面性）から離脱し、開放的な「概念」に相応しい空虚な「形式」（日本製品以外のものにも使われることはその例）に変わって、しかもその共通作用を通じて、神話の第三の体系・「伝達」（「日本＝上品さ」イメージ）ができた。この神話化の基礎は、イメージに相応しい「概念」の豊かさと厚みである。

2000年以降、台湾において「日本」が持っていた象徴資本＝ブランド・イメージは依然として存在しているが、もはや大量の経済資本を持たなくなってしまった。しかし、消費社会では、経済力の減退は一つのブームの終わりに等しい。これが、哈日ブームの斜陽化、あるいは日常化という意味である。

第4節 | 結びに代えて

台湾消費社会の形成

1950年代〜1980年代の初め、台湾では政府の日本文化禁止令の下、家電製品などは日本製品を名乗ることが許されていたが、日本大衆文化は「日本の手掛かり」を抹消された形でしか存在していなかった。文化商品が「日本」で生産されてきたことは、主に口伝えで広く伝わっていた。つまり、この時期、日本／日本大衆文化の信頼度は実用的価値によって作り上げられたといえる。アンダーグラウンド的に潜伏して成長し、その後の日本大衆文化発展の基礎を形成したのである。

1970年代〜1980年代、台湾の政治権力構造が動揺し始め、社会的身分、地位、職業などの流動性が高まり、地理的移動や情報の流通の自由度もより大きくなった。また、経済的には生産様式が多元化し、技術も急速に発展した。この期間、台湾社会は池内一（1968）が述べた「静態的社会」から、より平等に自由化した「動的社会」に変わって、消費や流行が大規模に展開する基礎を構築した。

同じく1970年代に、台湾の消費水準は次第に高まっていった。それと同時に、国民党政府は国際的地位の弱体化などの現実的な状況に直面して、台湾の経済発展を重視し始め、経済政策を推進せざるをえなかった（第2章を参照）。したがって、経済活動とその発展につれ、消費行為は、「合法性」や「エネルギーの発散」、および非日常的な逃避作用を有し、同時に「政治的危険性をもたらさない」といった性質を帯びるようになっていった。1980年代、本章の初めに述べたように、台湾は消費時代に入り始めた[201]。現代消費社会の特徴は、自

---

[201] 台湾が消費社会に入った傍証として、大衆文化を例とすれば、1980年代末〜1990年代の初め、台湾の貸し本屋は狭くて暗い店から、内容や照明などを重視する現代的消費空間に変わった。しかも、漫画単行本は厚くなっただけではなく、装丁やデザインなどをも重視していったのである（第2章を参照）。

己顕示や自己イメージの構築である。消費者が追求するのは、もはや欠乏の充足だけではなく、さらにある種の欲望の追求でもある（クラマー 2001: 81-85、Falk 1994: 97-99、Bocock 1996）。さらに、消費の本質的機能が記号的意味の表現であり、消費者は消費プロセスにおいて、その行為が一種の非合理的な行為であることを忘れ、しかも消費財を通じて一種の言語で表現できない意味を創造する（ダグラス 1984）。すなわち、消費の時代にあっては、大衆が追求するのは差異によって表現される自己の意味、経済資本外の文化資本、テイスト、夢を反映する感性的媒体、あるいは精神的な逃避空間である。大衆文化やブランド、あるいはそれらが提供する意義は、このような文化資本に対する欲望の体現である。

日本大衆文化の輸入と消費欲望の満足

　しかし、1990年代半ばまで、文化的近似性を備えない欧米の大衆文化、および長い間抑圧されていた台湾文化は、このような需要を満たすことができなかった（第2章と本章の第1節を参照）。確かに、1990年代半ばに現れた台湾語の「郷土の劇」（主に「民視」、「三立」で放送される）は、長期にわたりドラマのジャンル視聴率のトップを占めて、各作品の放送話数が高い視聴率のために100話以上まで延長された。しかしながら、それらが提供するのは台湾人の家庭関係、主婦の問題などの具体的な生活の反映であり、近代化、消費指向の夢、上品な感覚やファッションのモデルにはならない。したがって、視聴以外の消費行動を誘発しにくい。このような状況の中で、2000年以前、この欲望は文化的近似性を有する日本大衆文化によって満たされてきた[202]。本章第2節の分析によれば、日本大衆文化は確かに上品な文化的感覚や異空間を提供する一方

---

[202]　台湾文化との文化的近似性に関して、日本文化は同じ東方文化であるので、欧米文化より相対的に文化的近似性を備えており、第3章で述べたようなハビトゥスや実践の再生産も、その親近感を促進した。それ以外、文化的近似性は、また大衆文化産業によってもその一端を示すことができる。例えば、前述したように、日本大衆文化はグローバルな市場ではなく、国内市場を主要な生産のターゲットとする。しかし、例えば回答者C、E、および東立出版社の元編集者である張（李衣雲 1996）は、台湾で出版される日本漫画、発売される日本音楽のアルバムの選択は、ほとんど日本現地のランキングを参考にすると述べている。これは、日本現地の生産方式やテイストは、台湾の消費者の好みに合うことをある程度表している。

で、クラマー（2001: 9）が述べたように、アジアないし世界において消費される多くの物、例えば、ファッション、食品、電器、自動車、ドラマなどは、日本製である。つまり、日本は消費社会の創造と普及について、アジアのリーダーだと言える。このような消費文化の普及は、個々の製品に関する増殖だけでなく、一種の異文化や異宗教、地域を越えたライフスタイルの拡散である。日本商品は品質に関する技術以外にも、商品のデザインや美学をも重視するので、意味の表現を追求する消費行動の発生を刺激するのである（星野克美 1985、クラマー 2001）。しかも、それらの「物」の輸出は、海外において日本大衆文化によって生じた欲望に応じて満たすことができ、その欲望の生成と拡大を支えているのである。

　また、本章第1節ではアイドルのファンを例にして、大衆文化が消費者を惹きつけて夢中にさせたり同一化させたりすることを論述した。情熱やアイデンティティの誘発が、消費者に経済的計算から外れた非合理的な消費行動を生じさせるし、同好者団体の中心である大衆文化（アイドルや漫画）が持つ草の根的凝集力が、その大衆文化に対する欲望や熱意を強化するのである。大衆文化のこのような特質は、日本大衆文化が日本文化禁止令期の台湾でも、長期にわたりアンダーグラウンドで発展することを促した上に、一定の消費者群と使用信頼度を確実に作り上げたのである。このような使用経験と信頼度、いわゆる「実像」は、戒厳令が解除された1990年代以降、「日本」が一種のブランドになるための十分条件であった。

　1980年代、「台湾」の顕在化と「本土化」運動の開始に伴い、抵抗という意義を含む「日本」も次第に顕在化していった。それと同時に、国民党の政治的統制の緩和により、日本大衆文化の「日本の匂い」や「日本製の手掛かり」も浮かび上がり始め、しかも一つの大衆／消費文化に関する「日本」イメージを徐々に構築してきた。1990年代に至ると、「台湾」は正式に表舞台に登場するに至った。それに反して、そこまで対抗的な象徴的意義とされた「日本」イメージが薄らいでいき、消費や大衆文化という側面が際立っていった。長い間、日本大衆文化はアンダーグラウンドで実用的価値の信頼度を作り上げてきた。日本文化禁止令の解除は、日本大衆文化に顕在化するルートを与え、マスメディアで堂々と伝播していくルートを与えたのである。マスメディアは、社会に情報を同時に提供して欲望を相乗させ、哈日ブームの発生を助けたのである。

日本文化禁止令の解除以降、日本大衆文化の開放とそれがもたらした経済的な力は、「日本」に関する消費、経済と（大衆）文化の意義を、政治・歴史の意義よりはるかに大きくした。さらに、第3節で論じた大衆／消費文化が持っている「擬中立性」、および台湾の消費者が抱く断裂的な歴史認識は、異なる集合的記憶のエージェントに、大衆文化が含む集合的記憶・歴史的アイデンティティに対する認知的不協和の回避を促した。本章で論述した、日本大衆文化が台湾において形成した「日本」イメージは、歴史的な集合的記憶によって形成された「日本」イメージと異なり、しかもそれぞれと分立することが可能なのであった。

「日本」ブランドの形成要素：「厚み」

テーマが広範な日本漫画を例とすれば、日本を背景とした漫画は、確かに台湾の読者に様々な日本の関連情報を与えるが、非日常的なテーマを描いたものが多く、日本を背景としないものもある。それらの日本漫画は、発生地を特定しないような異世界感を形成した。さらに、かつての台湾では、日本漫画は長期にわたり「日本の匂い」を抹消されて出版されていたのである（第2章参照）。したがって、日本漫画がもたらした「日本」イメージや信頼感、好意、消費力は、漫画という分野の中に限定されて、他の分野に拡大できない傾向がある。つまり、日本漫画の使用経験によってもたらされたのは、日本漫画に対する信頼度であるが、「日本」に対する「憧れ」までを形成したとはいえないのである。しかし、日本漫画の台湾に対する浸透は、台湾の消費者に日本の叙述体系や思考方法を馴染ませて、日本ドラマやアニメなどの他の日本大衆文化の普及と流行を醸成したのである。

日本漫画に対して、実際の日本人が日本語で演じて、しかもマスメディアで「日本製」を強調されている日本ドラマは、より日本に対する連想を喚起しやすい。また、台湾で最も視聴者を引きつける日本ドラマは、たいていが現代日本を背景にするが、あまり文化的な背景知識が必要でない恋愛ドラマや学園ドラマである。このような現実的な背景をもとに制作された非日常的な日本ドラマは、物事、色彩、イメージ的背景、セリフ、俳優の振る舞いなどを巧みに用いて象徴的な表現を作り上げ、ある種の夢のような雰囲気を形成して、視聴者の共感を誘発するのである。さらに、日本ドラマの細緻なセットや美しいロ

ケの場面、服装などは、ある種のリアルさを作り、視聴者にそこに現れた「日本」が実際の日本だと信じ込ませる。日本ドラマはファッションや流行の表現、および愛情のロマンチックな雰囲気を重視しており、それはあたかも日本のイメージ広告であり、ある種の上品な感覚を形成した。したがって、日本ドラマを視聴すること自体に高級感や文化資本を与えるとともに、画面に現れる「日本」にある種の進歩とファッション性をも与える。さらに、漫画と異なり、実際のロケと人間が出演する日本ドラマが誘発した消費行為は、日本ドラマ以外の領域にまで拡大された。日本への旅行や、ドラマで使用された商品の購買である。また、視聴者は人物に対する好感＝欲望を、役者や役者の他のドラマ、商品にまで転化して、一つの消費の循環を形成したり、ドラマ関連の経済効果を拡大したりする。

　また、異国の商品の希少性と入手の難度によって形成された想像的雰囲気は、「日本」／日本商品が、相対的に獲得しやすい台湾の商品より、高い文化的価値を持つことを促している。

　以上、大衆文化の内容や感覚の上品さ、実用的経験の信頼度は、生産地＝日本に対する好感や信頼にまで広がり、一つの「日本」イメージが形成されていった。この「日本」イメージは大衆文化の表現内容と実際の消費経験を含んで、「日本」の台湾における「文化の場」での優位なポジション、「日本」が持っている信頼度、日本商品の使用がもたらす上品さ＝記号的価値などを形成した。これは、日本商品の多様性と記号的価値のバラエティによって、消費者がまねしたり購買したりする欲望を絶えず刺激しているからでもある。言うまでもなく、「日本」という「ブランド＝記号」の基礎は、長期間にわたる日本と台湾の間に横たわる複雑な歴史関係や親近感、身体化された記憶である[203]。このようなメタ知識の厚みや多様性は、「日本」という記号に相応する開放性を提供しなければ、バルト（1967）がいう「形式」-「概念」の体系を形成することが

203　つまり、「日本」イメージの構築は大衆文化から来るだけではなく、友達や身内の陳述などを含んでいる。回答者Pは日本への旅行から帰った友達に、日本で起きたことや日本に対する印象を尋ねる。回答者Vの「日本」イメージも、大部分が日本へ留学や永住した親戚からもたらされたものによるものである。また、祖父母世代の影響もある。ただし、祖父母世代の日本に対する見方は第3章で述べたように、国民党の統治に対する反発あるいはそれに誘発されたノスタルジアを考慮する必要があるだろう。

できない。したがって、「日本」イメージはその商品や大衆文化を離れ、意味を分かち合う独自のブランド（＝バルトの神話体系の第三の体系）を形成したのである。

「日本」ブランドの虚像性および哈日ブームの日常化

　本章の最初ではアイドルのファンを例にして、アイドルのイメージがアイドル自身と事務所、マスメディア[204]、消費者とが共同で作り上げた「虚像」だと言及した。もちろん、そのイメージは主体の想像を反映するので、各々のファンは同一のアイドルに対しても各々のイメージを持っている。ファンのアイドルに対する熱中は、受動的な受け入れではなく、積極的な解読と想像である。このようなアイドルに対する多くの解釈は、「虚像」の可変性や不安定性を明示している。「日本」イメージも同様である。日本大衆文化によって派生した台湾消費者の「日本」イメージも、台湾消費者の解読や想像の投射であり、「理想的な像」でもある。

　さらに、消費と政治・歴史が分立する状況は、消費／大衆文化によって形成された「日本」イメージが指す対象を、実際の日本国を離れて、一種のファッションやテイストの記号にさせた。消費／大衆文化は数少ない実像面を備え持つに過ぎない表層文化として、誘発される「日本」に対する好感も、より消費／大衆文化の分野に限られるのである。しかし、ファンがアイドルの虚構性に気付かないように、一般的には消費者も「日本」イメージの「虚像性」や限界に気付くとは限らない。政治・歴史などの現実に直面しなければ、本来、消費の領域に限られるこの「虚像」は、日本国のイメージだと信じ込みかねない。だからこそ、「日本」イメージが一つの独立した記号／ブランドになったのである。しかし、いったん現実的な問題と非日常的な消費の境界線が曖昧化すれば、「虚像」と「実像」は衝突せざるを得ない（第3章第3節と本章を参照）。し

204　マスメディアに現れたアイドルは、ドラマやバラエティー番組で表現されたアイドルのイメージだけではなく、さらに新聞記事やニュースで報道されたイメージを含んでいる。つまり、記者などのマスメディアのアイドルに対する描写や解釈は、そのイメージの形成にも一定の影響力を持っている。前述したように、回答者Ｈはアメリカ俳優のレオナルド・ディカプリオのマイナス面に関する記事を読むことで、熱が次第に冷めたと語っていた。

かし、先にも述べたように、消費／大衆文化の分立性がもたらした「日本」に対する好感も、したがって必ずしも実際の日本国にまで及ばないようになってしまった。

　つまり、このような「虚像」に基づく想像は、ファンのアイドルに対する執着と同様に、脆弱性を持っている。いったんブランド（アイドルなど）の一貫性に疑問符が付けば、それに対する信仰も壊滅してしまう。また、大衆／消費文化は一種の記号的な（例えばファッション、上品さ）アイデンティティや欲望の満足であり、「実像」のように実践やハビトゥスに深く刷り込まれたわけではない。したがって、他の類似する機能を備える大衆文化（韓国ドラマ、「台湾偶像劇」）により簡単に取って代わられてしまう。すなわち、そこで、「日本」は一つのブランドであるが、そのシニフィアンとシニフィエ（＝「物」）が区分けされている可能性がある。ブランドが欲望を支える「物」、あるいは持続的に鮮度を保っている大衆文化を失ったら、一つの空虚なシニフィアンになるしかない。経済市場主義からすれば、経済の力を失うことは勢力の消失に等しい。代替商品の出現、放送権料の高騰、海賊版の出現などの要素で、消費者の「日本」に対する欲望は低下していった。さらに、ブランドの存在や欲望を喚起する「物」＝大衆文化の喪失によって、「日本」というブランドは一時の勢いを失っていった。もちろん、「日本」というブランドの一貫性は産地である日本国から来るので、失われにくい。しかし、欲望を支える「物」の減少によって、たとえこのブランド自体が備える上品さや信頼度が保たれているとしても、もはや大量の経済的利益を集めることはできない。こうして、約10年間にわたり大衆文化全体の領域に及んだ哈日ブームは、台湾の消費者の日常生活の一環に組み込まれ、沈静化していったのである。

第 5 章 結　論

虚像と実像の間

1990年代、台湾では日本大衆／消費文化を中心として、およそ10年間にお
よぶ哈日ブームが引き起こされてきた。この哈日ブームは、1980年代の初め
の香港ドラマ・ブームや2001年以降の韓流と、その深度や広がり、および生
み出された経済的利益では相当に規模が異なっている。また、台湾は日本の旧
植民地であり、1945年以来、長期にわたり国民党政府の脱日本化と中国化政
策の統制を受けてきたにもかかわらず、日本に対して一定の好意を抱いている。
これらのことは、第1章で述べたように、多くの研究者の研究動機、あるい
は第2章第3節で述べた世論やマスメディアの議論を誘発した。しかしながら、
「哈日」現象の根源は、日本植民地時代以来の「日本」イメージと中国化−台
湾「本土化」間の弁証法的な関係であり、しかも、消費／大衆文化と政治・歴
史が分立する特質に関わっている。さらに、台湾における「日本」イメージは、
単一で不変なものではない。哈日ブーム以来、消費文化や「進歩、上品な文化
的感覚」などを代表するイメージだけでなく、矛盾にあふれた、流動的なイメ
ージである。

戦後台湾における「祖国」イメージと中国における「台湾」イメージの衝突

日本植民地時代の後半、台湾人の国家アイデンティティと民族アイデンティ
ティはすでに分立する傾向が現れた。先住民を別として、漢民族である台湾人
は、民族的には自分を漢民族だと認めると同時に、たとえ日本植民地政府の
統治下で受けた「二等公民」や不平等な待遇に不平不満を覚えていたとしても、
国家アイデンティティでは、積極的にせよ消極的にせよ、自らが日本国の一員
であるという現実を次第に受け入れていった。しかし、終戦後、日本が台湾の
領有権と台湾民衆に対する責任を放棄するとともに、台湾人も日本に対する国
家アイデンティティを捨て、転じて民族アイデンティティと国家アイデンティ
ティを同一化して、連合軍の指令を受けて台湾を接収しにきた中国（国民党）
政府を祖国と見なしていった。1945年8月15日の後、台湾では中国語学習な
どの中国ブームが盛んとなり、台湾人は祖国に復帰すれば平等な待遇を受けら
れると期待していた。この頃、「日本」イメージは「旧植民地支配者＝悪」の
象徴であった。

しかし、当時の台湾人が日本植民地時代に身につけた実践、刷り込まれたハ
ビトゥスや社会的準拠図式と、異なる歴史過程や生活を経験してきた中国人

（外省人）とは全く異質であった。また、ハビトゥスや社会的準拠図式は長期間にわたる一種の半無意識的な刷り込みであり（ブルデュー 1988, Bourdieu 1990、シュッツ 1991）、意識的に変化させられるものではないし、短期間で変えられるものでもない。したがって、1945年には台湾人は積極的に民族アイデンティティの力を利用して中国化していったが、ハビトゥスや社会的準拠図式の制限で、これらの中国化の効果にはおのずと限界があった。その他に、もう一つの重要な点は、1945年の日本の敗戦まで、台湾人が認識していた「中国」のイメージは、書物などによって想像された「祖国」イメージだけで、日本の植民地期において日本に対抗して生じた虚像であり、共通の経験や実践によって生じたものではなかったということである。しかし、このような実像と虚像の差異は、当時の台湾人には認識されていなかった。そこで、台湾人は自ら想像した「祖国」イメージを当時の実際の中国に重ね、旧植民地支配者＝日本を負かした中国が、日本よりいっそう「進歩的」で、「威儀」があり、「平等」である「祖国」だと思い込んでいた。

　逆に、国民党政府を中心とする外省人は、日本は長い間戦争してきた敵であり、しかも戦時には台湾は日本の一部であり、日本の罪悪を分け合うべきだとさえ考えていた。また、日本が台湾に残した「痕跡」——物質的な家、着物や下駄、あるいは抽象的な言語や慣習など——は、常に国民党政府／外省人の「日本＝敵」に対する記憶を喚起するものであった。国民党政府は、一方では、漢民族共同体の名分で、台湾人の中心を構成する漢民族の台湾人をその共同体に引き込むことを意図していたが、他方では、社会階層や人事任用では外省人と台湾人を区別して、日本植民地時代のように、もう一つの支配者・被支配者という関係を築いていった。本来、共通の歴史的経験、社会的準拠図式や実践の基礎を共通して持っていない台湾人集団と外省人集団は、漢民族という虚構性によって一つの共同体を形成するのは困難であった。台湾人が想像した、平等の象徴である「祖国」は、1945年10月以降、実際の国民党政府と絶えず衝突しながら、その「虚像性」が次第に露呈していった。国民党政府＝中国のイメージは、「善い祖国」から新植民地支配者に転化していった。これらの新植民地支配者に抵抗するため、当時の台湾人は、自分たちと外省人とを区別する基準を求め始めた。台湾人がもともと持っていた漢民族の慣習は、このような区別の機能を有していなかったのである。当時の台湾人と外省人の最も

際立った差異は、1945年以前の日本植民地時代の経験の有無であった。かくして、国民党の中国化政策とその植民地支配的な統治に比べて、台湾における「日本」イメージは好転し、「旧植民地支配者＝悪」から、「比較的に善い旧植民地支配者」に変化し、しかもかつての日本植民地時代における「祖国」イメージのように、国民党／外省人への抵抗的な意味が生じていった。

中国化政策と日本文化禁止令

このような抵抗の意味合いを含んだ「日本」イメージの存在は、国民党の中央政府が台湾に移って統治し始めた後にも続いた。1950年代、国民党政府は自らを中国の代表とする正統性を主張するため、台湾での中国化政策をさらに強行し、日本文化や台湾文化を禁止していった。1950年代〜1960年代、国民党政府は国際的な支持を求めるため、日本文化に対して全面的な禁止を取らなかった。例えば、日本映画は中国語に吹き替えるなどの条件付きで少量の上映が許された。しかし、日本漫画や流行歌は、「日本のものである手掛かり」を表面的に取り除かれてアンダーグラウンドで流通していった。1972年、台日断交で日本が中国共産党政府を承認して以降、国民党政府は台湾における日本文化の存在を全面的に禁止していった。それは、日本映画の上映だけでなく、テレビ番組における日本の風景、文字や言語の出現、日本出版物の輸入に対する特別な制限を含んでいた。この頃から1993年の日本文化に関する禁止令の解除まで、日本大衆文化は終始アンダーグラウンドの形での流通を余儀なくされた。1970年代以前、台湾における日本大衆文化は、映画、日本流行歌のカバー曲、漫画が主であったが、1970年代以降、日本映画はマーケットから消え、転じて日本の匂いを抹消された日本漫画、アニメ、アイドル、キャラクターグッズやファッション誌、それに1980年代以降興起した日本番組のビデオが主になった。

ところで、国民党政府は1950年代から「中国化」政策を強力に推進し、教育体系、マスメディア、「警備総部」（監視機関）などを通じて、中国本位の集合的記憶や国家アイデンティティを台湾全島にまで及ばせた。この集合的記憶によれば、「日本」は「民族の敵＝悪＝外」を代表しており、国民党政府はこの悪に対抗して、しかもそれを負かした指導者として、民族的栄光を受けることになっていた。つまり、「日本」は国民党政府の集合的記憶の中で、内部を

結束させる「外的な敵」という意義を持っていた。

反日教育下における日本への好感の四つの要因
　このような集合的記憶が国家の象徴力を後押しとして普及したにもかかわらず、日本大衆文化は依然としてアンダーグラウンドで発展しており、しかも台湾人の日本に対する好意を招き続けた。このことについて、以下に四つの理由を述べる。

①「日本」の痕跡
　まず、国民党の集合的記憶に対抗する集合的記憶の存在である。1946年に国民党の統治に抵抗する中で、「日本」イメージが再上昇し、日本植民地時代の経験が本省人（台湾人）と外省人との区別基準となり、「日本」イメージはもはや単なる「旧植民地支配者＝悪」ではなくなった。1950年代以降も、このような対抗や区別の意義は依然として残り、戦後新世代が「台湾意識」を発展させる基礎になった。つまり、1960年代末以来、「台湾意識」は次第に成長して、国民党の中国中心の集合的記憶と対抗する、台湾中心の集合的記憶を構築していった。この時、「日本」は国民党の統治との比較によって、対抗や区別の意義を持ち、台湾社会に「日本」に対する相対的な好意を形成した。多くの日本植民地時代を経験した台湾人にとっては、植民地時代の経験や記憶を美化する原因となったのである。以上の状況下、日本植民地時代を経験した台湾人は、たとえ1950年代以後の生活環境が彼らの日本に対する「実像」経験を虚像化させたとしても、主観的には日本に対して好意を抱いているので、日本植民地時代から身につけたハビトゥスや実践を放棄する意欲は薄く、さらにその経験や実践を抵抗や区別の象徴として有意に保持してきた。そして、これらのハビトゥスや実践は、再生産という次元で次世代に伝わっていった。したがって、台湾人の戦後世代は、実践やハビトゥスにおいては先行世代から伝わった、日本に対する身体の記憶を刷り込まれて、日本／日本文化に近似感や好意を持っている。かくして、たとえ台湾では反日教育や反日宣伝を行っていたとしても、「日本」に対する好意や親近感は、依然として存在しており、日本大衆文化に発展の基礎とアドバンテージを与えたのである。これは、台湾と東アジアの最も異なる状況である。それに、台湾社会や生活に残っている日本の「痕

跡」、あるいは物理的に残された日本の部屋、台湾語に残された日本の用語などは、台湾人や台湾社会と交流を持つことになった外省人においても日本文化に慣れさせ、さらに、日本大衆文化やその表現方式を受け入れさせた。

　また、日本大衆文化は1990年代以前、ほとんど「日本の匂い」や「日本のものであるという手掛かり」を消されて存在していた。この点は、岩渕功一（1998, 2002）が述べた、日本大衆文化自身の「無臭化」の傾向を指しているだけではないし、日本漫画やアニメの主題の広範で抽象的な描写スタイルのためだけではない。台湾における日本文化禁止令で、日本アニメのような公的領域で存在している日本大衆文化、あるいはアンダーグラウンドで流通している日本漫画やファッション誌などは、そのほとんどが日本の音声、文字、名前、畳や着物などの日本風の文化などが抹消されていたのである。したがって、ある大衆文化の商品が日本製だという情報は、私的領域の口コミだけを通じて伝わっていた。日本大衆文化の「日本の匂い」がこのように消されたことは、異なる集合的記憶、あるいは異なる「日本」イメージを抱く消費者に、それらを日本製だと意識せずして、単に一つの大衆文化として消費させた。さらに、国民党政府は「文化的賄賂」の企図、あるいはアンダーグラウンドの流通に対する知識が欠乏していたため、「日本の匂い」が消えさり、アンダーグラウンドで流通していた日本大衆文化への厳格な取り締まりを実施しなかった。したがって、日本大衆文化は静かに発展する可能性を得て、信頼度を徐々に構築し、しかも台湾の消費者に日本大衆文化の叙述体系を習得させていった。

　1970年代末〜1980年代に入ると、国際的な局面はいっそう国民党政府に不利になった。国民党政府はついに国内に対する統制を緩和して、日本文化に関する禁止令も薄らいでいくことになった。日本アイドル・グッズやアルバムは日本語の名前をつけたままでアンダーグラウンドで流通していたし、日本の雑誌や漫画の翻訳本にも日本人の名前や日本文字が残されたままになっていた。1980年代はビデオプレーヤーの普及で、日本のテレビ番組、映画もアンダーグラウンドで流通するようになった。1980年代末、「第四台」（CATV）の興起は、さらに、日本の映像、音声、ライフスタイルが台湾の視聴者の前に現れることを促した。つまり、1950年代以降、異なる台湾人世代でも、多様で多くの日本大衆文化に接触する機会を持ったのである。こうした点が、日本大衆文化が台湾人にとっての「大衆文化」に対する認知概念の形成に大きな役割を演じて

きた要因の一つである。

②歴史的連続性の断裂

　台湾人が日本文化に好意を抱き続けてきた第2の背景として、注意を払うべき点は、「日本」に対する好感が、必ずしも政治の実体である日本国への好感と一致するわけではないということである。身体化された記憶は自然で生得的な記憶であるが、歴史・政治に関する記憶やアイデンティティは国家権力によって形成され、内なる強制力を持った義務のような記憶である。つまり、「身体の実践」の記憶と義務的な記憶は、必然的に一致するとは限らない。これは、第3章で言及した、主観的意欲と客観的事実の条件は、いつも一致するわけではなく、必ずしも互いに補完し合うものではないということである。したがって、たとえ日本大衆文化に好感を抱いたとしても、それが実際の日本国に好感を覚えることとは等価ではないのである。消費者は依然として日本を「敵」と見なす集合的記憶を抱くことができる。さらに、台湾では長期にわたり二つの集合的記憶が絶えず闘争し続けてきた。1980年代、国民党の統制力が次第に弱まり、従来、政治的に唯一性を持っていた中国中心の集合的記憶の力も弱くなった。1990年代、二つの集合的記憶のどちらも整合的な優勢を獲得することができなくなった。このような相互に矛盾した集合的記憶の闘争、いわゆる身体の記憶と強制的な記憶との闘争により、台湾の戦後世代には歴史的連続性に断裂が形成された。つまり、「過去」と「現在」を分断された時間と見なし、双方間における連続的な関係には関心を持たないのである。このような現象は、消費／大衆文化によって促され、政治などと分立した「日本」イメージを、二つの集合的記憶と共存させてきた。

③大衆文化における「擬中立性」

　さらに、大衆文化や消費文化自体は、政治・歴史と分立する特質、いわゆる「擬中立性」を備えている。大衆文化自体は文化の一つとして、事実上、ある程度のイデオロギーを持っているが、消費者にその生産国に対する好感をもたらす。大衆文化は日常世界と断絶したカーニバル的な特質を備え、しかも感性に訴えることによって、その内容に含まれたイデオロギーなどを包み飾る傾向がある。大衆文化は自らが表現する記号の実質的な「シニフィエ」ではなく、

その記号的「感性」を強調し、消費者を日常世界と遊離した雰囲気の中に留まらせ、商品の記号や付加価値を使用価値より重視させる。換言すれば、消費／大衆文化の領域では、「日本」は実際の日本国ではなく、一種の「虚像」として、台湾の消費者に認識されている。台湾の消費者は日本大衆文化を消費する時にも、ある「擬中立的」で非日常的な雰囲気に留まり、自らの集合的記憶には触れないように振る舞うのである。

　大衆文化のこのような特質は、異なる集合的記憶やアイデンティティを抱く台湾の消費者に日本大衆文化や消費文化を受け入れることを促した。大衆文化のこのような特質は、韓国など東アジアの反日的態度をとる国家でも、流通して受け入れられる共通の理由の一つでもあろう。しかし、このような非日常的雰囲気が、政治・歴史問題や関連ニュースなどの現実と衝突すれば、消費／大衆文化という分立した領域はついに集合的記憶に侵入され、反日の感情も発生しかねない。これは、日本大衆文化が形成した「日本」イメージは、実際の日本国を指すのではなく、一つの表層的で形式化され、抽象化された想像物だということを示している。このような現象は、1990年代に日本大衆文化が本格的に大量輸入されて以来、いっそう際立っていったが、単に「哈日族」を政治・歴史的な植民地の被支配者と等しく見なす批判論者に見落とされた部分である。

④台湾の大衆文化市場における空白

　日本大衆文化が台湾において発展した第4の背景、哈日族への批判論が看過した、あるいは検討しなかったもう一つのポイントは、長期にわたる台湾（大衆）文化市場の空白である。終戦以降、国民党政府は台湾文化を抑圧して、創作や言論の自由を牽制したり、出版物に検閲制度を実施したりして、政府の集合的記憶やイデオロギーに合わない創作活動を禁止してきた。創作者から翻訳者まで、監視されて投獄された者が少なくなかった。したがって、1950年代以降、台湾の文化創作は常に緊張状態にあり、社会の需要にふさわしい文化産業を自由に発展させることができなかった。他方、1970年代以降、台湾は経済的には急速に発展して、次第に消費社会への道を歩み始め、余暇や消費生活に対する需要と実行能力を高めていった。しかし、それと同時に、抑圧された台湾の文化創作は、日常世界と断絶した魅力や幻想性を与える大衆文化を発

展させて、社会の需要を満足させることができなかった。したがって、代替的
手段として外国から大衆文化商品を輸入することになった。文化的近似性を備
えて記号的価値を重視する日本大衆文化は、台湾の産業界に積極的に導入され
て、台湾の市場に進出した。いうまでもなく、当時、大衆文化に関する輸入品
も、検閲制度などで規制されていた。香港ドラマや音楽、アメリカ映画や音楽
が自らの勢力を構築したことと比べると、日本大衆文化はアンダーグラウンド
で漫画、アニメ、ファッション、ドラマ、アイドルなど多数の分野にまたがる
形で、自らの勢力を作り上げていった。

日本大衆文化を中心とする哈日ブームの出現

　以上、日本大衆文化の台湾における発展背景を論じてきた。ところが、日本
大衆文化は長期にわたりアンダーグラウンドで確実に流通してきたとはいえ、
輸入された数量や種類は限られていた。しかし、1990年代には、日本大衆文
化は正規のルートを得ることにより、台湾に押し寄せてきた。まもなく、台湾
市場では大量で「新鮮な」日本大衆文化商品があふれ、大きな経済活動を生じ
させた。この経済力は次第に大衆文化以外の領域に拡大して、マスメディアや
金融業を含めた業界も無視できない規模となり、さらに日本大衆文化や「日
本」に一種の象徴力＝ブランドのイメージを与えた。日本漫画はその際立った
例の一つである。台湾では、日本漫画は何の文化資本も持たず、軽視された下
位文化であったが、1980年代末〜1990年代初めに出現した巨大な市場により、
マスメディアからの提携や協力を獲得し、しかも文化フィールドにおける自ら
のポジションを構築していった。戒厳令が解除されてから顕在化した日本大衆
文化は、1980年代末〜1990年代に、漫画やドラマなどを通じて、自らの経済
資本と文化資本を創出しながら、台湾の消費者の大衆文化に対する認知概念や
親近感を強化した。かくして、1990年代の哈日ブームの基礎が築かれ、しか
も1990年代の中頃にブームが盛り上がっていったのである。「哈日」現象の形
成、拡張と時間の長さは、日本大衆文化が台湾で長期にわたって発展の基礎を
築いてきたこと、および国民党政府の統治への対抗意識が形成した日本への好
感によるところであり、一種の突発的で一過性のブームではなかったのである。
1990年代末、日本漫画と日本ドラマの「鮮度」と経済力が減退し始めると同
時に、日本アイドルが台湾に正式に進出してきて、哈日ブームを約2003年ま

で存続させることになった。

　ここに、日本大衆文化の台湾におけるもう一つの特色が現れている。つまり、一つは、日本大衆文化が台湾で発展した背景が、政府の統制下における台湾の文化創作の空白にあったこと、いま一つは、日本大衆文化の輸出が、ハリウッド映画のようにグロバール化に後押しされて進出したのではなく、国家的支援を得ずに台湾現地の産業界に導入されたことである。したがって、1990年代に日本文化が解禁されてから、日本漫画産業が台湾漫画市場で確実な影響力を持っていたことは確かであるが、これをもって日本大衆文化の台湾における発展や「哈日」現象を一種の文化的植民地化だと論断する際には、この二点を考慮すべきである。ちなみに、岩渕功一（1998）も石井健一ら（2001）も、文化的近似性による日本への好意と、アメリカを憧れの対象と見なすことの差異について言及している。しかし、アメリカへの憧れと日本への憧れを比較する時に、それらの発生した時間と背景の特殊性を考えるべきであろう。つまり、1980年代以前、台湾の消費者が日本ではなく、アメリカを憧れの対象とする理由は、アメリカが一種の現代化の象徴と見なされていた上に、アメリカが台湾で持っていた政治的勢力＝正当性＝象徴資本と関わっている。一方の日本文化は当時の公的領域では、マイナスの位置づけであり、象徴資本を備えないように抑圧されていたために、一種の憧れの対象にならなかったであろう。

　消費／大衆文化を中心として形成された「日本」イメージは、使用価値と記号的価値（内容表現）の二つによって構築されていた。日本大衆文化と家電製品は長い間台湾でその使用価値で消費者の信頼感を構築した。それと同時に、日本大衆文化がその叙述方式を台湾の消費者の意識に刷り込んだことも、台湾消費者のそれらに対する使用習慣や親近感を深化させて、使用価値の形成と相乗効果を起こさせた。このような日本（文化）商品の使用価値の形成は、消費／大衆文化によって形成された「日本」イメージの基礎になった。いうまでもなく、このような「日本」イメージにも、身体化された「日本」に関する記憶や好意が含まれているのである。

　日本漫画を例とすれば、その内容が抽象的な技法、および日常生活を越えたテーマのため、読者に対して「日本」に対する想像を形成し難い。したがって、日本漫画に関連する経験や消費は比較的漫画の範疇に限られ、日常生活を素材にした日本ドラマや、実際の人間であるアイドルがファンを夢中にさせる熱

狂や消費を他の領域に拡大したようには、「日本」に関する想像を構築することができない。それにもかかわらず、日本漫画の「面白さ」や「描き方が細緻だ」というプラスの使用経験は、日本漫画に対する信頼度を作り上げて、読者に対して生産地・日本に対する好感や商品の信頼度の形成を促進した。さらに、日本漫画がその叙述体系を台湾の消費者の意識に刷り込んだことは、その後の日本ドラマやアイドルなどの他の日本大衆文化の普及とブームの形成をも準備したのである。

　撮影の技法、細緻なセット、画面の選択などを通じて、日本ドラマは「面白い」、「美しく撮影した」というプラスの使用経験を確実に構築した。しかし、より重要なのは、映像表現やストーリー（内容表現）がある種の優雅、細緻、ファッション、進歩や上品さあふれる雰囲気を形成したのである。さらに、日本ドラマなどの番組は主に現代日本を舞台にし、日本人が出演するので、視聴者が日本への連想を喚起しやすく、しかも、映像に現れた雰囲気を日本と繋げることが可能となり、「日本＝上品さ、ファッション」というイメージをも形成することができた。特に1980年代に台湾の消費社会が形成されて以来、記号的価値＝付加価値が重視されるようになり、しかもそれは使用価値を超えていった。つまり、消費者が消費する時に、使用価値は当然の条件と見なされ、消費行為の重要な参考の軸は記号的価値＝感性に移行した。このような背景は、日本ドラマに現れる「日本」イメージが台湾の視聴者に受け入れられ、さらに憧れの対象となることを促した。

「日本」を独立したブランドとして

　そこで、台湾における「日本」イメージは次第に日本ドラマ、漫画、家電製品などの各々の分野を越え、自らの使用価値の信頼度を構築するとともに、ファッション、質感、流行感などを含む記号＝「ブランド」になった。ブランドとは、消費者にその「名前」に対して信頼感を生じさせると同時に、その「ブランド」の持ち合わせている「意義の同一性」をも分かち合わせるのである。このブランドの下に集まっている商品群は、当ブランドの名前を分け合う「商品集合群」であり、技術や機能に関する共通性を有するとは限らない。つまり、ブランドの「意味＝イメージ」や一貫性は、広告などを通じて作り上げられたものである。日本大衆文化／消費文化は一種のロマンチックな雰囲気を表現

し、しかもそのイメージが次第に「日本」に転移していった時に、欲望の対象も日本大衆文化（実体と内容）から「日本の」大衆文化（記号）に移行している。かくして、日本大衆文化は「日本」の広告という機能をも果たしてきた。消費者は日本商品を使用する時には、単にその商品のブランド（SONYなど）を思いつくだけではなく、それと同時に、日本大衆文化が表現した「日本」イメージを分け合うのである。そこで、このような「日本」イメージは日本大衆文化や商品から離脱して、一つの独立した記号になり、日本製の商品だけに使われるのではなく、台湾製の日本風食品、日本でデビューした台湾芸能人などにマスメディアなどを通じて、分有されることになる。さらに、日本製の商品やブランドも自らが「日本の」商品ということを消費者に認識させて、この「日本」イメージと連結するだけで、このイメージを有効に活用できるのである。

　このような政治と分立した「日本」イメージは、品質や使用の信頼度、および上品さ、ファッション性などの意味を持っているので、消費社会で自らの文化資本と象徴性を得ることになった。消費者は日本の関連商品の消費を通じて、それが備えると信じ込んでいる文化的上品さを分け合うことを欲するのである。つまり、自分がこの（文化的）商品を所有すれば、この「日本」イメージと連結している上品さに代表される社会的地位を手に入れられると想像しているのである。この意図は日本商品に対する消費の欲望を強化しながら、日本商品の台湾における経済力を拡大し、文化資本を増大させた。かくして、哈日ブームは大衆文化の範疇から多様化する消費の分野にまで広がり、しかも消費者のライフスタイルと連結していった。

　消費行為自体は非日常的で遊戯性、感性を備えた行動であり（マクラッケン1990）、行為や表現の表層的な模倣でもあるが、大衆文化自体も一種の日常世界と断裂した想像であり、表層文化である。また、消費社会が強調する記号的価値と感性は、消費行為や大衆文化のこのような特質の強化、および感性と理性との分立を促している。敷衍すれば、消費／大衆文化によって形成された「日本」イメージも、一種の非日常的で想像的な「虚像」である。さらに、「日本」イメージはシニフィアンとシニフィエが分離し、「日本」イメージと実際の日本国との連結関係が曖昧化していった。したがって、「日本」イメージに対する好感や憧れは、当事者の価値観や政治的アイデンティティなどの内的な部分までも日本や実際の日本国に対して好意を抱いていることを示すとは限ら

ない。「日本」に対する好意は、それが一種の高い文化資本の象徴と見なされるからであり、日本商品の多様性や記号的価値の多変性が消費者の購買や模倣する欲望を絶えず刺激するからでもある。しかし、「日本」イメージは刷り込まれた実像に基づくものではなく、ロマンチックな雰囲気、上品感やファッションなどの意義が含まれた記号だからこそ、流動的で、他の対象に取って代わられるものではある。

　消費社会において、使用価値は当然の条件と考えられるようになり、記号的価値の重要性が使用価値を次第に越えていった。消費者が欲望しているのは「物」を所有することによって、その「物」の記号的価値＝意義を自身に転化させることである。つまり、その「物」やブランドのイメージや雰囲気を所有すれば、自我の「理想像」が達成できると想像するのである。しかし、いったんその「物」が購入されれば、それが置き換えられた意味へと架橋する作用は消える。しかも、もともとこの意味は一種の想像的な分有なので、その持続する力は短い。それと同時に、意味を求める欲望は絶えず喚起／拡大され、相乗される。これも消費社会において産業界が利用したり強化することで経済的循環を維持する基礎である。したがって、消費者は能動的にせよ受動的にせよ、「新鮮な」意味を絶えず追求しているので、産業界もブランドもそれに対する需要や欲望を支えるために、「新しいもの」を絶えず提供しなければならない。「日本」は一種のブランドとして、無制限に増加している消費欲望や記号を刺激し続けることができるほどの「物」を作らなければ、そのブランドの存在を喚起／維持することができない。

哈日ブームの斜陽化

　哈日ブームは台湾で約10年間続いたが、2001年以降には次第に斜陽化していった。日本大衆文化は、その幾多の領域をそれぞれ異なる代替対象によって奪われていった。例えば、まず、1996年以降、消費対象の多様化で、日本漫画市場はゲーム、台湾のカンフー小説、恋愛小説などに侵蝕された。日本ドラマの状況はさらに際立っている。1990年代後半、日本の漫画出版産業が台湾の漫画市場を掌握して拡大させるとともに、その市場を長期にわたり発展させ続けた状況と異なり、日本のテレビ局や事務所は海外の放送権料を大幅に高騰させながら、台湾の日本ドラマの放送市場に対して無制限な競売の方法をとっ

た。台湾のCATV局やチャンネルは大ヒットしたドラマの放送権料を負担でき
ず、日本ドラマ放送の即時性や「鮮度」を保てなくなった。結局、放送権料が
より低い韓国ドラマ、台湾の新興「偶像劇」などに転向していった。岩渕功一
は日本産業界の国内指向性や法的な閉鎖性が日本文化のグローバリゼーション
を妨げていることや（2001: 138）、日本産業界が海外で現地企業と協力して
日本大衆文化を促進する時に、現地にふさわしい手法をとるような柔軟性に欠
けること（2001: 171）を指摘しているが、後者のような性格が「哈日」ブーム
にどのような影響をもたらしたか、その検討は十分にされていない。

　新たな科学技術の開発によって、海賊版のVCDやDVDのアンダーグラウン
ドにおける大量生産と格安販売が可能になった。このような状況下で、さらに
前述した放送権料の高騰という要因を勘案すれば、マスメディアが日本ドラマ
を放送する勢いの衰退は容易に想像できる。ところが、マスメディアは同時性
を提供する媒体であり、話題やブームを同時に共通のフイールドで発生させる。
日本ドラマがマスメディアという主要な放送ルートを失い、再びアンダーグラ
ウンド化すれば、その話題性や経済力、いわゆるブームを維持することができ
ない。しかしその時、日本アイドルが日本ドラマ、番組、ライブを通じて、台
湾で相当な話題性などを形成して、日本ドラマに代わって哈日ブームの主役に
なった。しかし、2003年のSARS伝染病の危機以降、日本アイドルの台湾訪問
やライブ回数は激減し、台湾のマスメディアに露出する情報や番組も少なくな
ってしまった。このような欲望の喚起の低下によって、アイドルと対面するチ
ャンスをなくしてしまったファンは、ただでさえ満たされない欲望の喚起の低
下によって、消費対象への欲望の喪失および転向が促されるのだった。こうし
て、欲望や経済力を支える「物」の消失につれて、「哈日ブーム」も沈静化し、
日本大衆文化／消費文化は台湾の消費者の一般的な日常生活の一環に退いてし
まった。

　日本ドラマブームの沈静化および韓国ドラマや「台湾偶像劇」の台頭は、日
本ドラマの放送を一種の文化的植民支配と見なす観点に（李天鐸・何慧雯 2003、
邱琡雯 2002）、疑念を投げかけている。もちろん、台湾の消費者の大衆文化に
関する認知概念の形成における日本大衆文化の影響力、他国の大衆文化の輸入
に比べて範囲・質・量の上で飛びぬけていること、および韓国ドラマ、「台湾
偶像劇」、台湾漫画などの新たな大衆文化の構成要素と日本大衆文化との類似

性などが、日本大衆文化の台湾での発展の特性であることは否めない。しかし、たとえ大衆文化というものが表層文化や文化的上品さの象徴としてその生産地（ここでは日本）への好意や親近感を誘発するものだとしても、取って代わることのできないものでもないのである。したがって、近似性を備える別の大衆文化がより高度な「鮮度」を保ち、より安定的で持続的に提供され、消費者の欲望を満足させることができれば、日本大衆文化は独占的地位を譲り渡し、多くの選択肢の一つになるのである。それ故に、日本大衆文化の台湾における優位性を考える時には、それが決して代替されえないものではありえないとか、日本大衆文化が取って代わられなかった理由は、ここまで論述してきたような特殊な背景を考慮すべきであろう。

　しかし、日本大衆文化の市場が縮小するということは、「日本」というブランドが消滅するということを指すわけではない。日本大衆文化が形成した象徴的価値は依然として存在している。つまり、「日本」というブランドはすでに日本大衆文化や家電製品から離脱して、一つの独立した記号になっているのである。しかも、その「日本」というブランドは生産地である日本の下で生まれ、確固たる一貫性を保持するので、非「日本」の他の商品／ブランドに取って代わられることはない。「日本」が取って代わられたのは、それが所有した「物」の一貫性である。すなわち、日本大衆文化の叙述方式や表現手法を習得した台湾の「偶像劇」や韓国ドラマである。「日本」の大衆文化や商品がもたらした信頼度もイメージも、消費者を失望させてはいない。したがって、たとえ商品販売が失速したとしても、「日本」という記号自体は依然として喚起されないままで存在している。しかし、この記号は上品さ、進歩、ファッション性などの象徴的意義やイメージをまだ備えているにもかかわらず、もはや強大な経済力を持たないシニフィアンでしかない。

日本大衆文化の東アジアにおける発展の共通性および台湾における特異性

　総括すれば、東アジアの状況と比べると、同様に反日教育が実施された台湾における日本大衆文化の発展は、特別な部分もあるが、共通性もある。

　共通の部分では、韓国などの東アジア諸国では、消費／大衆文化の分野と歴史・政治の分野を切り離して考える傾向があるので、日本大衆文化に（アンダーグラウンドで）発展するチャンスを与えた。これは、前述したような、大衆

文化の特性と関わっていると思われる。また、日本文化産業界の消極的な態度により、台湾をはじめとする東アジア諸国では、日本大衆文化は、ボトムアップに発展してきた。つまり、消費者、あるいはファンの草の根的な力によって形成されたのである。さらに、日本大衆文化が長期にわたって発展したため、台湾や韓国現地の大衆文化が、ドラマや漫画などのジャンルにおいて、その影響を受けたことは否定できない。

　特殊な部分に関しては、台湾では、前後の統治者に対する比較によって、日本は台湾で一種の抵抗的意義を備え、単なる悪の旧植民地支配者ではなくなった。このような比較や抵抗的意義は、日本植民地時代を経験した台湾人世代に、その時期から残ったハビトゥスや実践の経験を主観的に捨て去ることを許さないし、さらに国民党の統治に対抗して自らを定義するために、それを留保するように望ませる。このような好意やハビトゥスは再生産の次元で、戦後世代の台湾人に伝えられた。たとえ戦後世代は中国本位の集合的記憶を受け入れるとしても、その身体には日本文化に対する親近感や好意が刷り込まれている。他方、外省人の戦後世代は台湾人と交流したり、日本の「痕跡」が残っている台湾社会で暮らしたりする中で、日本文化に慣らされていく。こうした状況は、日本文化が台湾の文化市場の空白期に導入されて、消費社会に生じた需要を満たし、台湾消費者の認知概念の形成という面で、さらに多くの大衆文化のジャンルに関する有利な条件を与えた。他の東アジア諸国と同様、日本大衆文化は台湾で長期にわたり発展し、日本大衆文化などの使用経験によって一定の信頼度を形成した。しかし、他の諸国と異なり、台湾では、その信頼度、および日本大衆文化の表現内容＝記号的価値を通じて、一種の「上品さ、ファッション」などの意義を含む「日本」イメージ＝ブランドが構築され、しかも強大な経済効果や「哈日ブーム」を引き起こした。このようなブームの出現、および「日本」を一種の上品さなどの意味を含むブランドと見なす現象は、台湾以外の東アジアにおいて、まだ出現していないのであり、これは前述した台湾－日本－中国の間の複雑な歴史的関係や対抗的な意義と深く関わっているのである。それに、1990年代以前、台湾では、「民族の敵」にせよ、「対抗的象徴」や「自らの起源」にせよ、「日本」がすでに虚像化、あるいは記号化されていた。このような「原初のシニフィエ」、いわゆる実際の日本と分立した状況は、1990年代以降の消費社会において、大衆文化による「日本」イメージやブランドの

形成を促したはずである。

哈日現象の含む曖昧さの提示：異国イメージの研究における虚像と実像の区別の重要性

　ところが、哈日現象が表現する「日本」や哈日族の定義は、相当に曖昧で流動的である。なぜなら、「日本」イメージの「虚像性」、および消費と政治・歴史との分立性によって、「日本」というブランドの力は、消費／大衆文化の領域に限られがちだからである。それにもかかわらず、このような「日本」イメージは依然として集合的記憶と絡み合っている。つまり、台湾では、「日本」イメージは終戦直後の民族の結束や対抗的意味から、1990年代以降のファッションなどを代表する記号まで、終始台湾の社会的条件や歴史問題と緊密に絡み合っており、必ずしも実際の日本国とは関係がないのである。

　本書は日本が大量の大衆文化を生産し始めた1970年代以降に生まれた台湾戦後世代にインタビューした。これらのインタビュー・データは、大衆文化と歴史・政治とを分立する特質を示しているとともに、台湾戦後世代の歴史的連続性の断裂傾向、いわゆる「過去」と「現在」を完全に分断する傾向も示している。台湾における集合的記憶の矛盾と闘争は、このような断裂を促す原因の一つであろう。この二つの断裂や分立現象は異なる集合的記憶のエージェントにも、日本大衆文化とそれが形成した「日本」イメージを受け入れさせる。インタビュー・データは、台湾では、社会も日本大衆文化の消費者自身も、「哈日族」や哈日現象に対して、一つの共通で確定した定義を持っておらず、消費者の背景も多様だということをさらに物語っている。したがって、哈日現象は、経済的には、「日本」関連の商品がもたらした経済効果、「物」的には日本大衆文化／消費文化が形成した「日本＝進歩、ファッション、テイスト」というイメージだと定義されるべきだが、それと反日・親日、あるいは「日本に媚びる」や「日本を憎む」などの論議との間には、実のところ若干の曖昧さが横たわっているのである。この曖昧さは、研究者やマスメディアが「哈日」現象を論述する際、常に見落とされてきた（第1章を参照）。

　したがって、台湾における「日本」イメージや「哈日」現象を探究する時に、「実像」と「虚像」の差異は我々が注意すべきキーポイントである。本書は、ブルデューとシュッツの理論を引用して、実践経験やハビトゥスの刷り込みに基づく「実像」と、実践の基礎を備えない想像や自我の投射によって形成され

た「虚像」との差異を定義した。本書第3章で言及した、1945年以前の台湾における「祖国」イメージと日本植民地経験との対照、および1950年代以後の「日本」イメージの、「虚像」と「実像」に関する例証である。このような「虚像」と「実像」は、主観的にコントロールされるものではない。終戦直後、台湾人は主観的には「中国化」の意欲がわいていたにもかかわらず、事実上、ハビトゥスに刷り込まれた実践や社会的準拠図式を即時に変えることができなかったのである。「虚像」は実際の客観的状態と衝突すれば、動揺や変化は避けられない。つまり、「虚像」は行為者の心理的な投射対象として、「実像」のように固定性を持たず、需要やその環境によって変化する流動的で不安定なものである。したがって、「虚像」は行為者の内的な需要や価値観を反映しているが、行為者のアイデンティティの核心に対する影響力において一定の限界も有する。台湾における「日本」イメージは、集合的記憶の構築にせよ、日本植民地時代の経験の美化にせよ、哈日ブーム期に想像された「日本」にせよ、すべてが台湾人の社会的準拠図式などによって構築された、実践に基づかない「虚像」である。台湾における「日本」イメージは、「虚像」であり、必ずしも実際の日本国を指すとは限らない。もちろん、「虚像」の「日本」に憧れるのは、「実像」である台湾を認めないこととイコールではない。特に「哈日」現象などの日本大衆文化を通じて形成された「日本」イメージは日本大衆文化の政治や日常と分立した特質で、集合的記憶によって形成された「日本」イメージより、アイデンティティの核心からいっそう離れている。だからこそ、このような「日本」イメージの影響力は消費や大衆文化の範疇に限られている。

　このような「虚像」と「実像」の差異、および「虚像」の特質は、「哈日」現象を探究する時に見落としてはならないポイントである。本書が提示したこのような「虚像」と「実像」の差異は、今まで哈日現象を探求してきた多くの研究者に看過されている部分だが、哈日、「日本」イメージ、さらに異国のイメージを研究する時に、決して見落されるべきではない。

今後の課題

　本書は、今までの哈日現象に関する研究と異なり、時間の断面を1990年代に絞らず、1945年から2003年までの期間に拡大し、しかも哈日現象に関する探究を大衆文化の分野に限定せず、歴史・社会の側面にまで拡大した。ただ、

第5章 結 論 虚像と実像の間 *423*

　台湾人の「日本」イメージの形成に関しては、1945年以前の植民地時代の考察も本来的には不可欠であろう。今後はその時代を経験した台湾人へのインタビューも含め、日本統治下の台湾人のハビトゥスの形成についても分析したい。

　さらに、本書は日本大衆文化の愛好者をインタビューの主要対象としており、省籍については本省人も外省人も含めている。同時に、対象者として、日本大衆文化ではなく、台湾大衆文化に興味を持っている回答者をもインタビューした。一方、「反哈日族」や「反哈日現象者」はインタビュー対象者には含めなかった。こうした人々にインタビュー対象を拡張し、反哈日的立場の人も含め、考察することにより、哈日現象に対する理解がさらに深まるものと考えられる。

　理論の部分について、まず、本書はブルデューやシュッツの理論を中心として、1945年前後の省籍対立、1950年代以降の台湾における集合的記憶と身体化された記憶の形成と葛藤、その過程で国家権力が備えた強制力、およびそれによって台湾で形成した「日本」イメージを解釈しており、それを、その後の哈日現象が起きる基礎としている。本書で分析しているのは、「他者」としての日本の位置づけの変化である。今後は、この方面の理論的解明も大きな課題である。

　また、ブルデューはハビトゥスが安定性や持続性という傾向を備えていると述べているが、中国や香港と比べると、同じ旧日本植民地である韓国においては、アンダーグランドではあれ、台湾と同様に日本大衆文化がより発展した。こうした地域による相違が、どのような要因によるのか、各地の独自な政治統制や歴史認識、経験の差異も含め、本書がまだ解明できないものである。東アジアの状況の比較という視点を加えれば、台湾の特殊性や、日本大衆文化が東アジアにおいて流通する際の共通性をいっそう明確にすることができるであろう。したがって、台湾から東アジアに研究視点を拡大することは、今後の課題の一つになる。

　次に、消費／大衆文化の側面における「日本」イメージないしブランドの形成について、本書は、今までの哈日現象に関する研究のように、「日本」イメージを単に一種の「進歩、上品さ」のブランドと見なす立場にたっていない。本書は、大衆文化が備える特性、日本大衆文化が台湾で形成した「実像」である信頼度や親近性、「虚像」である記号的価値を解析している。しかし、「日本」というブランドの使用がいかに消費者に「意味」を与えたか、その意味形

成過程についての理論的分析は、まだ十分だといえない。これも、これからの
研究テーマとしていきたい。

参考文献

1. 日本語文献

アクロス編集室編（1995）『世界商品の作り方：「日本メディアが世界を制した日」』、東京：PARCO出版.

J. アーリ（J. Urry）（2003）『場所を消費する』、武田篤志（ほか）訳、東京：法政大学出版局.（=1995 *Consuming places*, Routledge.）

アスペクト編集 1999『ＴＶドラマアールファイル−90's民放版』、後藤啓一 企画、東京：アスペクト.

A. アパデュライ（A. Appadurai）（2004）『さまよえる近代：グローバル化の文化研究』、門田健一／訳、東京：平凡社.（=1996 *Modernity at large : cultural dimensions of globali-zation*, The University of Minnesota Press.）

阿部安成（1999）「横浜歴史という履歴の書法」、阿部安成等編『記憶のかたち』p.25-80、東京：柏書房.

新井淑子（1998）『植民地台湾における高等女学校出身の女教師の実態と意識』、平成7〜9年度科学研究費補助金（基盤研究c2）研究成果報告書.

M. アルヴァックス（M. Halbwachs）（1989）『集合的記憶』、小関藤一郎訳、東京：行路社.（=1968 *La memoire collective*, Paris : Presses universitaires de France.）

李花子（2002）「韓国人の日本ブランドに対するイメージ形成と影響」、朴順愛＋土屋礼子編著『日本大衆文化と日韓関係──韓国若者の日本イメージ』、p.79-96、東京：三元社.

池内一（1968）「流行」、八本晃編『心理学II』、東京：培風館.

石井健一ら（2001）『東アジアの日本大衆文化』、東京：蒼蒼社.

石井淳蔵（2000）『ブランド　価値の創造』、東京：岩波新書.

石田雄（2000）『記憶と忘却の政治学：同化政策・戦争責任・集合的記憶』、東京：明石書店.

五十嵐暁郎 編著（1998）『変容するアジアと日本──アジア社会に浸透する日本のポピュラーカルチャー』、横浜：世織書房.

五十嵐暁郎（1998）「『ジャパナイゼーション』とは何か」、五十嵐暁郎・編著『変容するアジアと日本：アジア社会に浸透する日本のポピュラーカルチャー』p.1-24、横浜：世織書房.

今村仁司（1982）「消費社会の記号論──ボードリヤールの場合」、川本茂雄等編『日常と行動の記号論』p86-102、東京：勁草書房.

岩崎稔（1999）「〈忘却の効用論〉、あるいはニーチェについて3」、『未来』No.395、p.24-30.

岩渕功一編著（2004）『越える文化、交錯する境界』、東京：山川出版社.

岩渕功一（2001）『トランスナショナル・ジャパン──アジアをつなぐポピュラー文化』、東京：岩波書店.

岩本一（1995）『読みのポリフォニー──現代文学理論入門』、東京：雄山閣出版.

J. ウィリアムスン（J. Williamson）（1985a）『広告の記号論I』、山崎カヲル（ほか）訳、東京：拓植書房.（=1978 *Decoding advertisements*, Boyars.）

J. ウィリアムスン（J. Williamson）（1985b）『広告の記号論II』、山崎カヲル（ほか）訳、東京：拓植書房.（=1978 *Decoding advertisements*, Boyars.）

J. ウィリアムスン（J. Williamson）（1993）『消費の欲望』、半田結, 松村美土, 山本啓訳、東京：大村書店.（=1986 *Consuming passions*, Marion Boyars.）

呉濁流（1972a）『夜明け前の台湾：植民地からの告発』、東京：社会思想社.

呉濁流（1972b）『泥濘に生きる』、東京：社会思想社.

梅森直之（1999）「歴史と記憶の間」、阿部安成等編『記憶のかたち』p.167-188、東京：柏書房.

呉密察（1993）「台湾人の夢と228事件：台湾的脱植民地化」、大江志乃夫編『近代日本と植民地8』p.39-70、東京：岩波書店.

NHK放送文化研究所 編（2003）『テレビ視聴の50年』、東京：日本放送出版協会.

大多亮（1996）『ヒットマン：テレビで夢を売る男』、東京：角川書店.

大野道邦編（2005）『日仏社会学叢書第二巻　フランス社会学理論への挑戦』、東京：恒星社厚生閣.

岡田斗司夫（1997）「オタク文化の構図」、『コミック学のみかた』p.118-122、東京：朝日新聞社.

小熊英二（1998）『「日本人」の境界：沖縄・アイヌ・台湾・朝鮮植民地支配から復帰運動まで』、東京：新曜社.

片桐隆嗣（1997）「質的調査の技法」、北澤毅、古賀正義 編（1997）『〈社会〉を読み解く技法――質的調査法への招待』p.23-44、東京：福村出版.

片平秀貴（1999）『パワー・ブランドの本質』、東京：ダイヤモンド社.

柯裕棻（2004）「『哈日』から『韓流』へ」、『「日本」を越える日本のテレビドラマ：そのトランスナショナルな意味と影響：第13回JAMCOウェブサイト国際シンポジウム報告書』、東京：放送番組国際交流センター.

川勝平太、青木保 他（1998）『アジア経済の将来と日本文化』、東京：読売ぶっくれっと.

河崎真澄（2003）『帰ってきた台湾人日本兵』、東京：文春新書.

川竹和夫・杉山明子（1994）「日本を中心とするテレビ番組の流通状況～日本のテレビの中の外国番組、外国のテレビの中の日本番組」、『放送研究と調査』、1994年11月号、日本放送出版協会.

川竹和夫・杉山明子・原由美子（2004）「日本のテレビ番組の国際性～テレビ番組国際フロー調査結果から」、『NHK放送文化研究所年報2004』p.213-250、日本放送出版協会.

川本勝（1981）『流行の社会心理学』、東京：勁草書房.

北澤毅・古賀正義 編（1997）『〈社会〉を読み解く技法――質的調査法への招待』、東京：福村出版.

キム・ヒョンミ（2004）「韓国における日本大衆文化の受容とファン意識の形成」、毛利嘉孝編著『日式韓流』p.162-202、東京：せりか書房.

喜安幸夫（1997）『台湾の歴史』、東京：原書房.

J.クラマー（J. Clammer）（2001）『都市と消費の社会学』、橋本和孝（ほか）訳、東京：ミネルヴァ書房.（=1997 Contemporary urban Japan, Blackwell Pub.）

黒岩達也（1990）「台湾の地域経済格差並びに資産効果と株式」、『アジア国別経済研究会報告書II 台湾の所得と消費構造に関する研究』、財団法人統計研究会.

N. クロスリー（N. Crossley）（2003）『間主観性と公共性――社会生成の現場』、西原和久訳、東京：新泉社.（=1996 Intersubjectivity : the fabric of social becoming, London : Sage Publications.）

ケイト・ジャオ・ゾゥ／ズワン・チェ（1999）「日本の経済進出の政治経済学と中国における消費革命」、五十嵐暁郎・編著『変容するアジアと日本：アジア社会に浸透する日本のポピュラーカルチャー』p.183-210、横浜：世織書房.

越田稜（1995）『アジアの教科書に書かれた日本の戦争　東アジア編』、東京：梨の木舎.

古賀豊（1999）「オーディエンスの視聴経験：テレビドラマのキャラクター分析をもとに」、伊藤守、藤田真文・編集『テレビジョン・ポリフォニー――番組・視聴者分析の試み』p.238-265、東京：世界思想社.

小坂井敏晶（2002=2003）『民族という虚構』、東京：東京大学出版会.

小林よしのり・金美齢（2001）『入国拒否』、東京：幻冬社.

酒井亨（2004）『哈日族　なぜ日本がすきなのか』、東京：光文社新書.

齊藤日出治（1990）『物象化世界のオルタナティブ』、京都：昭和堂.

佐々木孝次（1985）「承認の欲望理論」、山本哲士監修『欲望のアナトミア　人の巻 消費の幻
　　　　視人』、p.169-202、東京：ポーラ研究所.

篠田浩一郎（1989）『ロラン・バルト――世界の解読』、東京：岩波書店.

清水勲（1999）『マンガ誕生』、東京：吉川弘文館.

史明（1994）『台湾人四百年史』、東京：新泉社.

A. シルバーブラット（A. Silverblatt）ほか（2001）『メディア・リテラシーの方法』、安田尚
　　　　監訳、東京：リベルタ出版.（=1999 Approaches to media literacy : a handbook, New York:
　　　　M.E. Sharpe.）

白石さや（1998）「マンガ、アニメのグローバリゼーション」、五十嵐暁郎・編著『変容する
　　　　アジアと日本：アジア社会に浸透する日本のポピュラーカルチャー』p.317-350、横
　　　　浜：世織書房.

白幡洋三郎（1996）『カラオケ・アニメが世界をめぐる』、東京：PHP研究所.

A. シュッツ（A. Schutz）（1980）『現象学的社会学』、森川真規夫・浜日出夫訳、東京：紀伊国
　　　　屋書店.（=1970 On Phenomenology and Social Relations, edited by Helmut R. Wagner, The
　　　　University of Chicago Press.）

A. シュッツ（A. Schutz）（1991）『アルフレッド・シュッツ著作集3――社会理論の研究』、A.
　　　　ブロダーセル編、渡部光（ほか）訳、東京：マルジュ社.（=1974 Collected papers II:
　　　　Studies in social theory, Hague:M. Nijhoff.）

徐邦男（1987）「第二章　誰が決めるか――国民党政権の政策決定機構と人事配置」、若林正
　　　　丈編著『台湾――転換期の政治と経済』p.102-143、東京：田畑書店.

F. L. ショット（F. L. Schodt）（1997）「アメリカの漫画環境」、『コミック学のみかた』p.123-127、
　　　　東京：朝日新聞社.

F. L. ショット（F. L. Schodt）（1998）『ニッポンマンガ論――日本マンガにはまったアメリカ
　　　　人の熱血マンガ論』、樋口あやこ訳、東京：マール社.（=1996 Dreamland Japan, Stone
　　　　Bridge Press.）

杉山明子（1982）「日本を中心とするテレビ番組の国際フロー」、『NHK放送文化研究年報27』、
　　　　p.225-270、日本放送協会.

D. ストリチナ（D. Strinati）（2003）『ポピュラー文化論を学ぶ人のために』、東京：世界思想社.
　　　　（=1995 An Introduction to Theories of Popular Culture, Routledge.）

隅谷三喜男 他（1992）『台湾の経済』、東京：東京大学出版会.

宗左近（1997）「表徴の帝国――解説」、R.　バルト『表徴の帝国』p.195-232、東京：ちくま
　　　　学芸文庫.

園田哲男（2003）『戦後台湾経済の立証研究』、東京：八千代出版.

田村志津枝（1993）「台湾の大衆芸能のありさま」、大江志乃夫編『近代日本と植民地7　文
　　　　化の中の植民地』p.173-191、東京：岩波書店.

M. ダグラス（M. T. Douglas）・B.C. イシャウッド（B.C.Isherwood）（1994）『儀礼としての消費』、
　　　　東京：新曜社.（=1979 The world of goods, Routledge.）

張竜傑（2005）「イデオロギーと脱イデオロギーの狭間から」、土佐昌樹・青柳寛編著『越境
　　　　するポピュラー文化と〈想像のアジア〉』、p.167-198、東京：めこん.

鄭大均（1998）「『倭色』の領域」、五十嵐暁郎・編著『変容するアジアと日本：アジア社会に
　　　　浸透する日本のポピュラーカルチャー』p.101-122、横浜：世織書房.

F．デーヴィス（F. Davis）（1990）『ノスタルジアの社会学』、間場寿一・荻野美穂・細辻恵子訳、東京：社会思想社．(=1979 *Yearning for yesterday*, Free Press.)

寺沢正晴（2002）「1990年代日本と韓国の相互認識」、朴順愛＋土屋礼子編著、『日本大衆文化と日韓関係——韓国若者の日本イメージ』p.141-156、東京：三元社．

土佐昌樹・青柳寛編著（2005）『越境するポピュラー文化と〈想像のアジア〉』、東京：めこん．

土佐昌樹（2005）「『韓流』はアジアの地平に向って流れる」、土佐昌樹・青柳寛編著、『越境するポピュラー文化と〈想像のアジア〉』p.199-228、東京：めこん．

涂照彦（1988）『NICS——工業化アジアを読む』、東京：講談社新書．

涂照彦・北原淳編（1991）『アジアNIESと第三世界の發展』、東京：有信堂高文社．

J．トムリンソン（J. Tomlinson）（2000=2002）『グローバリゼーション』、東京：青土社．

中久郎（1991）『共同性の社会理論』、東京：岩波書店．

中野収（1982）「マス・コミュニケーションと記号」、川本茂雄等編『日常と行動の記号論』、p.120-137、東京：勁草書房．

中村雄二郎（1975）『感性の覚醒』、東京：岩波書店．

長友千代治（1982）『近世貸本屋の研究』、東京：東京堂出版．

夏目房之介（1997）「マンガの文法」、『コミック学のみかた』p.86-95、東京：朝日新聞社．

S. J．ネイピア（S. J. Napier）（2002）『現代日本のアニメ』、神山京子訳、東京：中央公論社．(=2001 *Anime from Akira to Princess Mononoke*, Palgrave.)

P．ノラ（2002）「序論　記憶と歴史のはざまに」、『記憶の場——フランス国民意識の文化=社会史』、P.ノラ編、谷川稔監訳、東京：岩波書店．(=1996 *Realms of Memory*, Columbia: Columbia University Press.)

R．ハーカー／C．マハール／C．ウィルクス（1993）『ブルデュー入門——理論のプラチック』、滝本往人・柳和樹訳、東京：昭和堂．(=1990 *An introduction to the work of Pierre Bourdieu : the practice of theory*, Macmillan Press)

浜崎紘一（2000）『俺は日本兵——台湾人・簡茂松の「祖国」』、東京：新潮社．

林えいだい（1995）「台湾植民地統治史——山地原住民と霧社事件・高砂義勇隊　はじめに」、林えいだい編『台湾植民地統治史——山地原住民と霧社事件・高砂義勇隊』、福岡：梓書院．

林えいだい（1998）『証言台湾高砂義勇隊』、東京：草風社．

朴順愛＋土屋礼子編著（2002）『日本大衆文化と日韓関係——韓国若者の日本イメージ』、東京：三元社．

朴順愛（2002）「日本大衆文化の流入現状と市場」、朴順愛＋土屋礼子編著『日本大衆文化と日韓関係——韓国若者の日本イメージ』p.35-62、東京：三元社．

パク・ソヨン（2004）「インターネットにおける日本ドラマ流通とファンの文化実践」、毛利嘉孝編著『日式韓流』p.203-229、東京：せりか書房．

R．バルト（R. Barthes）（1967）『神話作用』、篠沢秀夫訳、東京：現代思潮社．(=1957 *Mythologies*, Editions du Seuil.)

R．バルト（1997）『表徴の帝国』、宗左近訳、東京：ちくま学芸文庫．(=1988 *L'empire des signes*, French & European Pubns.)

畢克官（1984）『中國漫畫史話』、東京：筑摩書房．

J．フィスク（J. Fiske）（1996）『Television Culture』、伊藤守（ほか）訳、東京：梓出版社．(=1987 *Television culture*, Methuen.)

M．フェザーストン（M. Featherstone）（2003a）『消費文化とポストモダニズム　上巻』、川崎賢一・小川葉子編著訳・池田緑訳、東京：恒星社厚生閣．(=1991 *Consumer culture &*

postmodernism, Sage Pubns.)

M. フェザーストン（M. Featherstone）（2003b）『消費文化とポストモダンニズム 下巻』、川崎賢一・小川葉子編著訳・池田緑訳、東京：恒星社厚生閣.（=1991 *Consumer culture & postmodernism*, Sage Pubns.)

U. フリック（U. Flick）（2002）『質的研究入門——〈人間の科学〉のための方法論』、小田博志（ほか）訳、東京：春秋社.（=2002 *An introduction to qualitative research*, Sage.）

P. ブルデュー（P. Bourdieu）（1988）実践感覚I』、今村仁司、港道隆共訳、東京：みすず書房.（=1980 *Le sens pratique*, Paris : Editions de Minuit.）

P. ブルデュー（P. Bourdieu）（1992）『構造と実践』、石崎晴己訳、東京：藤原書店.

P. ブルデュー（P. Bourdieu）（2002）『ディスタンクションI』、石井洋二郎訳、東京：藤原書店.（=1979 *La Distinction*, Paris : Editions de Minuit.）

P. ブルデュー（P. Bourdieu）（2002b）『ディスタンクションII』、石井洋二郎訳、東京：藤原書店.（=1979 *La Distinction*, Paris : Editions de Minuit.）

P. ブルデュー（P. Bourdieu）（2002a）「国家とは何か——官僚界の生成と構造」、加藤晴明編『ピエール・ブルデュー1930-2002』、p.129-158、東京：藤原書店.

P. ブルデュー社会研究会（1999）『象徴的支配の社会学——ブルデューの認識と実践』、東京：恒星社厚生閣.

D. ヘブディジ（D. Hebdige）（1986）『サブカルチャー：スタイルの意味するもの』、山口淑子訳、東京：未来社.（=1979 *Subculture, the Meaning of Style*, Methuen.）

何義麟（2003）『二二八事件——「台湾人」形成のエスノポリティックス』、東京：東京大学出版会.

北條英勝（1999）「ブルデューにおけるデュルケーム社会学の受容と断絶」、P. ブルデュー社会研究会『象徴的支配の社会学——ブルデューの認識と実践』p.119-146、東京：恒星社厚生閣.

星野克美（1985）『消費の記号論』、東京：講談社現代新書.

E. J. ホブズボウム（E. J. Hobsbawm）（1992）「序論——伝統は作り出される」、E. J. ホブズボウム＆T. レンジャー（T. O. Ranger）編『創られた伝統』、前川啓治・梶原景昭他訳、東京：紀伊国屋書店.（=1983 *The invention of tradition*, Press of the University of Cambridge.）

堀川哲（1995）『欲望の現象学　現代思想ノート』、東京：三一書房.

本多周爾（2001）「台湾と香港の若者の対日意識に関する調査研究」、武蔵野女子大学現代社会学部紀要第2号、p.131-171.

前田愛・天野祐吉（1985）「気分は大衆感覚」、山田哲士監修『欲望のアナトミア　天の巻　消費の夢の王国』p.50-78、東京：ポーラ文化研究所.

前田愛（1989）『近代読者の成立』、東京：筑摩書房.

前田彰一（1996）『物語の方法論——言葉と語りの意味論的考察』、東京：多賀出版.

G. マクラッケン（G. McCracken）（1990）『文化と消費とシンボルと』、小池和子訳、東京：勁草書房.（=1988 *Culture and consumption : new approaches to the symbolic character of consumer goods and activities*, Indiana University Press.）

A. H. マスロー（A. H. Maslow）（1987）『人間性の心理学』、小口忠彦訳、東京：産業能率短期大学出版部.（=1970 *Motivation and personality*, Harper & Row.）

松永正義（1987）「中国意識と台湾意識」、若林正丈・編著『台湾——転換期の政治と経済』東京：田畑書店.

マハティール、石原慎太郎（1994）『「NO」と言えるアジア——対欧米への方策』、東京：光

文社.

M. マフェゾリ（M. Maffesoli）（1997）『小集団の時代』、古田幸男訳、東京：法政大学出版局.
（=1991 *Le temps des tribus*, Rééd. Le Livre de Poche.）

丸山圭三郎（1985）「欲望のディコンストラクション」、山本哲士・監修『欲望のアナトミァ 人の巻 消費の幻視人』p.7-52、東京ポーラ文化研究所.

丸川哲史（2000）『台湾、ポストコロニアル身体』、東京：青土社.

丸川哲史（2002）「東アジアの脱冷戦化と〈歴史認識〉論争・論議の活性化」、高橋哲哉・編『〈歴史認識〉論争』p.181-184、東京：作品社.

溝口敏行（1990）「国際比較からみた台灣の所得と消費構造」、『アジア国別経済研究会報告書 II 台湾の所得と消費構造に関する研究』p.18-49、財団法人統計研究会.

光永雅明（1999）「銅像の貧困」、阿部安成ら編『記憶のかたち』、東京：柏書房.

宮島喬（1994）『文化的再生産の社会学——ブルデュー理論からの展開』、東京：藤原書店.

毛利嘉孝編著（2004）『日式韓流』、東京：せりか書房.

E. モラン（E. Morin）（1976）『スター』、渡辺淳（ほか）訳、東京：法政大学出版会.（=1973 *Les stars*, Éditions du Seuil.）

B. モラン（B. Moeran）（2005）「ソフトに売り、ハードに稼ぐ」、土佐昌樹・青柳寛編著『越境するポピュラー文化と〈想像のアジア〉』、p.25-42、東京：めこん.

森俊太（1997）「インタビュー調査とリアリティ構成」、北澤毅、古賀正義 編　1997『〈社会〉を読み解く技法——質的調査法への招待』、p.45-71、東京：福村出版.

森村敏己（1999）「終章『記憶のかたち』が表象するもの」、阿部安成ら編『記憶のかたち』p.225-243、東京：柏書房.

矢田部圭介（1999）「理にかなったふるまいとしてのプラティック——シュッツからブルデューへ」、P. ブルデュー社会研究会『象徴的支配の社会学——ブルデューの認識と実践』p.77-118、東京：恒星社厚生閣.

山中千恵（2004）「『韓国マンガ』という戦略」、岩渕功一編著『越える文化、交錯する境界』、p.109-133、東京：山川出版社.

P. F. ラザーズフェルド（P. F. Lazarsfeld）（1984）『質的分析法』、西田春彦、高坂健次、奥川桜豊彦 訳、東京：岩波書店.（=1972 *Qualitative analysis : historical and critical essays*, Allyn and Bacon.）

李衣雲（2001）「台湾漫画が文化の場に占める位置の転換」、『東京大学社会情報研究所紀要』No.62、p.191-216.

李金銓（2003）「国家・資本・マスメディア：台湾」、J. カラン、朴明珍編『メディア理論の脱西欧化』p.179-208、東京：勁草書房.

リー・ドンフー（2004）「リメイクの文化的戦略」、毛利嘉孝編著『日式韓流』p.230-265、東京：せりか書房.

G. リポヴェツキー（G. Lipovetsky）（2003）『空虚の時代：現代個人主義論考』、東京：法政大学出版局.（=1993 *L'ère du vide : essais sur l'individualisme contemporain*, Éditions Gallimard.）

梁華璜（1993）「台湾総督府の対岸政策と『台湾籍民』」、大江志乃夫編『近代日本と植民地 5』p.77-100、東京：岩波書店.

梁旭明（2004）「アジアの方程式？日韓テレビドラマ比較」、毛利嘉孝編著『日式韓流』p.266-299、東京：せりか書房.

劉進慶（1987）「第三章　ニックス的発展と新たな経済階層——民主化の政治経済的底流」、若林正丈・編著『台湾——転換期の政治と経済』東京：田畑書店.

林瑞明（1993）「決戦期台湾の作家と皇民文学：苦悶する魂の歴程」、大江志乃夫編『近代日本と植民地6』p.235-261、東京：岩波書店.

林樹枝（1995）『台灣事件簿──国民党政権下の弾圧秘史』、東京：社会評論社.

J. ロフランド＆L. ロフランド（J. Lofland & Lyn H. Lofland）（1997）『社会状況の分析──質的観察と分析の方法』、進藤雄三，宝月誠訳、東京：恒星社厚生閣.（=1995 *Analyzing social settings : a guide to qualitative observation and analysis*, Wadsworth Publishing Company.）

山口昌男（1975）『文化と両義性』、東京：岩波書店.

山本哲士（1994）『ピエール・ブルデューの世界』、東京：三交社.

楊威理（1993）『ある台湾知識人の悲劇──中国と日本のはざまで：葉盛吉伝』、東京：岩波書店.

若林正丈（1987）『台湾：転換期の政治と経済』、東京：田畑書店.

若林正丈（1992）『台湾：分裂国家と民主化』、東京：東京大学出版会.

2. 中国語文献

Anderson, B.（1999）『想像的共同體──民族主義的起源與散佈』、吳叡人譯、台北：時報出版.（=1991 I*magined communities*, Verso.）

Babbie, E.（1998a）『社会科學研究方法・上』、李美華等譯、台北：時英出版社.（=1997 *The practice of social research*, CA:Wadsworth.）

Babbie, E.（1998b）『社会科學研究方法・下』、李美華等譯、台北：時英出版社.（=1997 *The practice of social research*, CA:Wadsworth.）

Barthes, R.（羅蘭・巴特）（1998）『流行體系（一）』、敖軍譯、台北：桂冠.（=1967 *Systeme de la mode*, Éditions du Seuil.）

Bocock, R.（1996）『消費』、張君玫・黃鵬仁譯、台北：巨流。（=1993 *Consumption*, Routledge.）

Coser, L.A.（1993）「阿伯瓦克（M. Halbwachs）與集體記憶」、邱澎生譯、『當代』1993.11.1 p20-39.（=1992 'Introduction' *On collective memory*, written by Maurice Halbwachs, edited, translated, and with an introduction by Lewis A. Coser, University of Chicago Press）

J. Storey（2003）『文化理論與通俗文化導論』、李根芳・周素鳳譯、台北：巨流.（=2001 *Cultural Theory and Popular Culture: An Introduction [3rd edition]*, Prentice Hall.）

楊維倫（2003）『情境脈絡與台灣日劇迷的收視経驗』、世新大學傳播研究所碩士論文.

楊素芬（1994）「解構廣電法」、台北：『報學』、p.78-89.

楊翠（2003）『鄉土與記憶 ── 七〇年代以來台灣女性小說的時間意識与空間語境』、國立台灣大学歷史学系は博士論文.

楊克隆（1998）『臺灣流行歌曲研究』、臺灣師大國文研究所碩士論文.

敦誠（1992）「再思考『傳播帝國主義再思考』」、台北：『當代』第78期p.98-121.

葉石濤（1965）「臺灣的鄉土文學」、『文星』16:7=97、p.70-73.

葉石濤（1987）「臺灣文學史綱」、高雄：『文學界雜誌』1987年2月.

葉栄鐘（1967）「臺灣省光復前後的回憶」、『小車大車集』、台中：中央書店.

葉龍彥（1997）『台北西門町電影史1896-1997』、台北：新聞局文建會出版.

葉龍彥（2002）「録影帶時代的來臨」、新竹：『竹塹文獻雜誌』第23期p.62-76.

晏山農（1999）「八〇年代年表」、『狂飆八〇』（楊澤編）台北：時報出版p.231-257.

参考文献

岩淵浩一 * （1997）「從東京愛情故事到小室家族」、謝慰雯譯、『影響』雜誌1997年7月p.82-86.
岩淵功一 （1998）「日本文化在臺灣」、蘇宇玲譯、台北：『當代』第125期p.14-39.

王維菁 （1999）『著作權與台灣影視産業的政治經濟分析』、世新傳播研究所碩士論文．（http://www.benla.mymailer.com.tw/study/study-23/study-23-00.htm）
王文玲 （1994）『日據時期臺灣電影活動之研究』、臺灣師範大學歷史研究所碩士論文．
王幸慧 （1999）『日劇‧網路‧迷：以中央情報局BBS上的日劇迷為分析焦点』、國立台灣大學社会學研究所碩士論文．
王振寰 （1996）『誰統治台灣？轉型中的國家機器與權力結構』、台北：巨流．
王世慶 （1995）「陳逢源先生訪問記錄」、黃富三、陳俐甫編『近現代臺灣口述歷史』p.115-180.
王詩琅 （1995）「林呈祿先生訪問記錄」、黃富三、陳俐甫編『近現代臺灣口述歷史』p.21-70.
王泰升 （2000）「中國國民黨的接收『日産』為『黨産』」台北：『律師雜誌』2000年2月號第245期p.105-111.
王蕙瑛 （1995）「創傷與記憶──228民衆史與臺灣主體性」、台北：『台灣史料研究』5期p.58-63.
王明珂 （1994）「過去的結構──關於族群本質與認同變遷的探討」、『新史學』五卷三期p.119-140.
王甫昌 （2001）「民族想像、族群意識與歷史──≪認識臺灣≫教科書爭議風波的内容與脈絡分析」、台北：『臺灣史研究』第八卷第二期p.145-208.
王甫昌 （2003）『當代台灣社會的族群想像』、台北：群學出版．
吳新栄 （1977）『震瀛回憶錄』、台南：琑琅山房．
吳文星 （1992）「日據時期台灣社會領導階層之研究」，台北：正中書局．
武冠雄 （1988）『中華民國的対外貿易』台北：正中書局．
吳密察 （1998）「臺灣人的夢與228事件──臺灣的脱殖民地化」、台北：『當代』87期p.30-49.
吳密察‧張炎憲共著（1993）「第三章　從民族國家的模式看戰後臺灣的中國化」、『建立臺灣的國民國家』、台北：前衛出版社．
巫永福 （1989）「祖國」、『笠』第149期、1989.2月號．
魏玓 （1999）「好萊塢過臺灣：一段電影殖民史的開端」、台北：『當代』1999/03第139期p.24-43.
翁佳音 （1986）『臺灣漢人武裝抗日史研究1985-1902』、台北：國立臺灣大學出版委員會．
翁秀琪 （1993）「臺灣的地下媒體」、鄭瑞城編『解構廣電媒體──建立廣電新秩序』p.459-474、台北：澄社．

歐陽可亮 （1998）「二二八大屠殺的證言(一)戰慄的三月十三日」、『台灣史料研究』1998年5月第11號、台北：吳三連台灣史料基金會．

耿慧茹 （2004）『解讀的互文地圖：臺灣偶像劇之收視理論探討』、世新大學傳播研究所碩士論文．

高孚格 （S. Corcuff）（2004）『風和日暖』台北：允晨．
古采豔 （1997）『臺灣漫畫工業産製之研究：一個政治經濟觀點』、國立中正大學電訊傳播研究所碩士論文．

---

*　　ここでは、「岩渕功一」が「岩淵浩一」と誤訳され、台湾では、「岩渕功一」が「岩淵功一」で流通している。

George H. Kerr（1999）『被出賣的臺灣』、陳榮成譯、台北：228記念館出版.（=1965 *Formosa Betrayed*, Houghton & Mifflin.）

龔宜君（1992）「戰後臺灣國營事業體制的形成」、台北：『中國論壇』379期.

蔡幸佑（1992）『臺灣錄影節目帶與媒介帝國主義之關聯性研究』、私立中國文化大學新聞研究所碩士論文.

蔡雅敏（2003）『日本偶像劇行銷宣傳研究』、國立台灣師範大學大眾傳播研究所碩士論文.

沙榮峰（1994）『繽紛電影四十春』，台北：國家電影資料館，p.117-126.

夏金英（1997）「臺灣光復後之國語運動」、屏東：『屏中學報』第7期p.144-158.

蕭阿勤（1997）「集體記憶理論的檢討」、『思與言』第35卷第1期p.247-296.

蕭阿勤（1999）「1980年代以來台灣文化民族主義的發展：以台灣(民族)文學為主的分析」、『台灣社會學研究』第3期p.1-51.

蕭阿勤（1999a）「民族主義與臺灣1970年代的鄉土文學：一個文化(集體)記憶變遷的探討」、『台灣史研究』第六卷第二期p.77-138.

蕭阿勤（2002）「抗日集體記憶的民族化：臺灣一九七〇年代的戰後世代與日據時期臺灣新文學」、『臺灣史研究』9(1)、p.181-239.

江佩蓉（2004）『想像的文化圖景：韓流與哈韓族在臺灣』、國立政治大學新聞研究所碩士論文.

蔣勳（1993）「回歸本土——七〇年代台灣美術大勢」、台北：『雄獅美術』第270期p.16-27.

季欣慈（2005）『找尋臺灣「韓流」的推手——韓國偶像劇的政經結構與文本特性之研究』、輔仁大學伝播研究所碩士論文.

行政院主計處（2002）『中華民國91年統計年鑑』、台北：行政院主計處.

許舜英（1999）「從烏鴉族到新挪威森林世代」、楊澤 編『狂飆八〇年代』p.94-100、台北：時報出版.

徐佳馨（2002）「圖框中的東亞共榮世界」、『媒介擬想』No.1 p.88-108、台北：遠流.

陳儀（1989）「陳儀致陳立夫函（1944年5月10日）」、陳鳴鐘・陳興唐編（1989）『台灣光復和光復後50年省情(上)』、南京：南京出版社.

陳盈穎（2003）『臺灣地區五十年來高中中國史歷史課程的演變與中國史教科書的編輯』、國立臺灣師範大學歷史研究所碩士論文.

陳嘉宏（1997）「六百萬本『灌籃高手』為業者帶來暴利？——臺灣漫畫只是日本的OEM」、『商業週刊』No. 481/482、p.117-118.

陳美燕（1991）『迷信與民間宗教信仰———一個言説現象的反省與批判』、臺灣國立清華大學社會人類研究所碩士論文.

陳紹馨（1979）『臺灣的人口變遷與社會変遷』、台北：聯経.

陳翠蓮（2002）「去殖民與再殖民的對抗：以1946年『台人奴化』論點為焦點」、台北：『臺灣史研究』第九卷第二期p.145-201.

陳仲偉（2002）『文化產業全球化的發展模式——以日本動漫畫產業為例』、國立清華大學社會學研究所碩士論文.

蘇蘅・陳雪雲（2000）「全球化下青少年收看本國及外國電視節目之現況及相關影響研究」、『新聞學研究』、No.64、p.103-138.

蘇瑤崇（2001）「託管論與228事件——兼論葛超智先生與228事件」、台北：『現代學術研究』11期p.123-164.

蘇嫣嫣（1992）「寧錯殺不錯放的広東軍」、阮美姝編著『幽暗角落的泣聲——尋訪二二八散落

的遺族』p.306-309、台北：前衛出版社.

蘇正偉（1995）「國語流行歌曲的歷史掃描」、台北：『文訊』、1995年9月號p20-22.

孫立群（1998）『日本卡通對青少年消費文化影響之研究』、國立政治大學新聞研究所碩士論文.

宋冬陽（1984）「現階段臺灣文學本土化的問題」、台北：『臺灣文藝』86期.

宋乃翰編（1962）『廣播與電視』、台北：臺灣商務.

舒茲（A. Schutz）（1992）『舒茲論文集第一冊：社會現實的問題』、台北：桂冠.（=1962
　　Collected papers I: The problem of Social Reality, Hague:M. Nijhoff.）

台北市新聞記者公會編（1964）『廣播、電視、電影』、台北：編者自費出版.

曾佳慧（1998）『從流行歌曲看臺灣社會』、台北；桂冠図書.

曾卓東（1985）『北市居民觀賞錄影帶行為分析』、國立政治大學企管所碩士論文.

臺灣省文獻委員会（1991）「郭萬枝先生口述」、『二二八事件文獻輯錄』、南投：臺灣省文獻.

張炎憲（1994a）「228——臺灣史詮釋的原點」、『台灣史料研究』1994/02、第3期p.3-8.

張炎憲（1994b）「228民眾史觀的建立——基隆228事件的悲情」、『台灣史料研究』1994/02第3
　　期p.9-14.

張炎憲（1994c）『臺灣史料研究——228民眾史專題』、1994.02第3期.

張炎憲（1998）「臺灣人意識回憶錄的出現——國民黨文化霸權的崩解」、『台灣史料研究』
　　1998/05第11期p.65-72.

張念慈（2004）「香港電視產業発展與競爭策略」、世新大學傳播研究所碩士論文.

張深切（1998）「張深切全集　1卷」、台北：文経社.

張文環（1991『滾地郎』、台北：鴻儒堂.

張元培（1997「『灌籃高手』漫畫對於體育運動之教育意涵」、『中華體育』No.11:3=43、p.35-42.

張釗維（1994）『誰在那邊唱自己的歌』、台北：時報出版.

張子涇（1984）『台籍・元日本海軍陸戦隊軍人軍屬』、台中：連邦書局出版事業公司.

池宗憲（1986）「錄影帶的戰爭」、『臺灣社會傳奇』p.29-56、台北：聯合月刊出版社.

遲恒昌（2001）『從殖民城市到「哈日之城」：台北西門町的消費地景』、臺灣大學建築與城鄉研
　　究所碩士論文.

遲恒昌（2003）「哈日之城」、『媒介擬想』NO.2、2003年April.

出版年鑑編輯委員會（1976）『1976年中華民國出版年鑑』、台北：中國出版公司.

出版年鑑編輯委員會（1995）『84年出版年鑑』、台北：中國出版公司.

出版年鑑編輯委員會（1996）『85年出版年鑑』、台北：中國出版公司.

出版年鑑編輯委員會（1998）『87年出版年鑑』、台北：中國出版公司.

邱魏頌正與林孟玉（2000）「從當代流行文化看消費者從眾行為——以日本流行商品為例」、『廣
　　告學研究』第十五期p.115-137.

邱琡雯（2002）「文化想像：日本偶像劇在台灣」、『媒介擬想』第一期p.50-67、台北：遠流.

邱秀貴（1984）『台北市民使用錄影機的行為與動機之研究』、國立政治大學新聞研究所碩士論文.

丘晨波（1987）「抗戰期間臺灣同胞在大陸的抗門鬥爭」、廣省省文史資料研究委員會編『廣東
　　文史資料』第50輯.

邱魏頌正・林孟玉（2000）「從當代流行文化看消費者從眾行為——以日本流行商品為例」、『廣
　　告學研究』第十五期p.115-137.

鄭智銘（2004）『日劇在台所引發哈日風潮之研究』、文化大學日本研究所碩士論文.

鄭麗玲（1995）「臺灣人日本兵的（戰爭經驗）」口述歷史p146-204、台北縣立文化中心.

周婉窈（1995）『臺灣人第一次的『國語』経驗——析論日治末期的日語運動及其問題』、台

北：『新史學』六卷第二期 p.113-159.

周婉窈 （2002）『海行兮的年代——日本殖民統治末期臺灣史論集』、台北：允晨.

鍾肇政 （1997）『怒濤』、台北：草根出版.

趙綺娜 （2001）「美國政府在臺灣的教育與文化交流活動（一九五一至一九七○）」、『歐美研究』31:1、p.79-127.

杜文靖 （1995）「光復後台灣歌謠史」、台北：『文訊』1995 年 9 月号 p.23-27.

董惠文 （2004）「日治時期庶民集體記憶的形塑：監控對規訓技術的轉變」、南華大學社會學研究所（http://mail.nhu.edu.tw/~society/e-j/17/17-09.htm）.

敦誠 （1992）「再思考『傳播帝國主義再思考』」、台北：『當代』第 78 期 p.98-121.

哈日杏子 （1996）『早安！日本』、台北：尖端出版社.

哈日杏子 （2000）『哈日救命丹』、台北：時報文化出版.

韓發義 （1976）「民國六十四年出版品進出口概況」、『1976 年中華民國出版年鑑』、台北：中國出版公司.

范燕秋 （1995）「日治前期台灣公共衛生之形成（1895-1920）：一種制度面的觀察」、《思與言》33：2.

范萬楠 （1996）「漫畫市場分析」、台北：『中華民國 85 年出版年鑑』p.2-23～2-34.

黃德琪 （2000）「誰是哈日族？日本電視節目收視率分析」、『廣告雜誌』June2000、p.118-122.

黃富三、陳俐甫編 （1995）『近現代臺灣口述歷史』、台北：林本源基金會、國立臺灣大学歷史系出版.

何慧雯 （2002）『時間與空間的雙重變奏：日本流行文化與文化認同實踐』、輔仁大学大眾傳播研究所碩士論文.

洪德麟 （1994）『臺灣漫畫 40 年初探』、台北：時報出版社.

洪德麟 （1995）「臺灣歷史的漫畫寫真」、台北：『台灣史料研究』第七期 p.81-99.

洪德麟 （2000）「1999 年臺灣漫畫出版概況」、『中華民國八十九年出版年鑑』、p172-177.

洪德麟 （2003『臺灣漫畫閱覽』、台北：玉山社.

梁鴻斌 （2001）「從哈日風與韓流談臺灣音楽文化」、『中華民國 90 年出版年鑑』p.176-179.

李衣雲 （1996）『斷裂與再生——對臺灣漫畫生產的初探』、台灣大學社會學研究所碩士論文.

李衣雲 （1999）『私と漫畫の同居物語』、台北：新新聞.

李衣雲、薛化元 （2009）「國立台灣歷史博物館特展『二戰下的台灣人』戰爭記憶口述歷史資料整理　期末報告書」、未刊行物.

李衣雲 （2012）『變形. 象徵與符號化的系譜：漫畫的文化研究』、台北：稻鄉.

李明璁 （2003）「這裡想像、那裡實踐」、『媒介擬想』第二期 p42-73、台北：遠流.

李天鐸・何慧雯 （2002）「遙望東京彩虹橋」、『媒介擬想』No.1、pp.15-49、台北：遠流.

李天鐸・何慧雯 （2003）「我以前一定是個日本人？日本流行文化的消費與認同」、『媒介擬想』第二期 p.14-41、台北：遠流.

李廷妍 （2002）「探討產品置入對消費者態度與購買意願之影響：以韓國手機置入韓劇為例」、國立政治大學國際貿易研究所碩士論文.

李筱峰 （1991）「228 事件前的文化衝突」、『思與言』29 期 4 卷 p.185-215.

李西勳 （1995）「臺灣光復初期推行國語運動情形」、台北：『臺灣文獻』46:3、p.173-208.

李瞻（1973）『電視制度』、台北：三民出版社.
李永熾（1993）「異人與日本精神史．中」、『當代』1993(84)p.53-63.
黎勉旻（1998）『漫畫消費空間初探－以台北市為例』、台北：國立臺灣師範大學地理研究所碩士論文.
林文義（1979）「誰傳中國漫畫的下一把火」、台北：『書評書目』1979・7月號p.2-33.
柳金財（2001）「論五０年代以來中華民國政府關於『一個中國論述』內涵的持續與變遷」、『近代中國』2001/04、第142期、p.111-148.（http://140.119.210.25/eastasia/paper/0012-1-2.pdf）
劉平君（1996）『解讀漫畫＜城市獵人＞中的女性意涵』、國立政治大學新聞學研究所碩士論文.
劉曉芬（1991）『我國中學歷史教科書中臺灣史教材的分析』、國立政治大學教育學研究所碩士論文.
呂訴上（1961）『臺灣電影戲劇史』、台北：銀華出版部。盧建榮 2003『台灣後殖民國族認同』、台北：麥田出版.

羅世宏（2002）「台灣的認同/差異：影視媒體的局勢仲介與雜存認同的形成」、台北：『中華傳播學刊』第二期2002年12月p3-46.
羅慧雯（1996）『臺灣進口日本影視產品之歷史分析1945～1996』、國立政治大學新聞研究所碩士論文.

3. 英語文献

Adler, J. (1989) 'Travel as performed art', *American Journal of Sociology*, 94 : 1366-91.

Bakhtin, Mikhail (1998) 'Carnival and the carnivalesque' in *Cultural Theory and Popular Culture: A Reader*, edited by John Storey, Hemel Hempstead: Prentice Hall.

Baudrillard, Jean (1983) *Simulations*, New York: Semiotext Inc..

Bourideu, Pierre (1990) *the Logic of Practice*, Cambridge:Polity Press.

Bourdieu, Pierre (1993) *The Field of Cultural Production*, Cambridge: Polity Press.

Connerton, Paul (1989) 'How Societies Remember?', Cambridge : Cambridge University Press.

Docker, John (1994) *Postmodernism and popular culture : a cultural history*, Cambridge: Cambridge University Press.

Eliade, Mircea (1963) *Myth and Reality*, New York : Harper & Row.

Fabian, Johannes (1983) *Time and the Other: How anthropology makes its object*, New York: Columbia University Press.

Falk, Pasi (1994) *The Consuming Body*, London: SAGE.

Halbwachs, Maurice (1992) *On Collective Memory*, Edit by L.A. Coser, Chicago & London : The University of Chicago Press.

Harvey, David (1989) *The Condition of Postmodernity: An Enquiry into the Origins of Cultural Change*, Cambridge, Mass., USA : Blackwell.

Hoskins, Colin & Mirus, Rolf (1988) 'Reasons for the U.S. Dominance of the International Trade in Television Programs', *Journal of Communication*, p.499-515.

Huang , Chih-huei (2001) 'The Yamatodamashi of the Takasago volunteers of Taiwan', in Harumi Befu & Sylive Guichard-Auguis eds. *Ethnography of the Japanese presence in Asia, Europe and America*, p.222-250. London: Routledge.

Huang , Chih-huei (2003) 'The Transformation of Taiwanese Attitudes toward Japan in the Post-colonial period', in Li Narangoa & Robert Cribb edis. *Imperial Japan and National Identities in Asia, 1985-1945*, p.296-314.

Ito, Y. (1990) 'The trade winds change : Japan's shift from an information importer to an information exporter 1965-1985', *Communication Yearbook* 13, p.430-465.

Jenkins, Henry (1992) *Textual Poachers*, NY : Routledge.

Kapferer, Jean-Noël (1992) *Strategic Brand Management*, Kogan Page.

Lasch, Christopher (1979) *The Culture of Narcissism*, NY : Warner Books.

Leavis, Q.D. (1932) *Fiction and the Reading public*, London : Chatto& Windus.

Lee, Chin-Chuan (1980) *Media Imperialism Reconsidered*, Beverly Hills, CA:Saga.

Middleton, David and Edwards, Derek (1991=1997) 'Introduction', in David Middleton and Derek Edwards ed. *Collective Remembering*, p.1-22, London : SAGA.

Schwartz, Barry (1982) 'The Social Context of Commemoration: a Study in Collective Memory', *Social Forces*, Vol.61, No.2, p.374-402.

Schwartz, Barry (1997) 'The Reconstruction of Abraham Lincoln', in David Middleton & Derek Edwards ed. *Collective Remembering*, p.81-107, London : SAGE.

Watson, Rubie Sharon (1994) 'Memory, History, and opposition under State Socialism: An Introduction', in R.S. Watson ed. *Memory, History, and Opposition*, New Mexico : School of American Research Press.

Watson, Rubie Sharon ed. (1994) *Memory, History, and Opposition*, New Mexico : School of American Research Press.

Willis, Paul (1990) *"Common Culture"*, Milton Keynes: Open University Press.

あとがき

2000年に訪日し、2001年に東京大学博士後期課程に進学。夏には40度、冬には0度になる4坪の木造アパートで博士論文を書き上げた。本書は、この博士論文を基礎に、若干の修正を加えたものである。10年以上の時を経て、「哈日現象」が最も加熱していた時期は終焉し、多くの流行文化の中の一つの要素になった。2000年代後期の韓流ブームも同様の道をたどった。ただ、東日本大震災発生後の台湾人の反応は、台湾人の日本への「好感」という特別な感情を改めて浮き彫りにした。それは哈日現象が終焉した状況にあっても、消えることはなかったのだ。台湾にとって日本は確かに特殊な存在であることをまざまざと見せつけた。

もっとも、本書は当初、1990年代の哈日現象の分析を目的としたものだった。だが、研究を進めていく中で、日本という国は、台湾の歴史で特殊な象徴的意義があり、哈日は流行文化の盛り上がりだけではないということに気付いた。話を1990年以前に遡らせれば、日本は台湾にとって、戦前の植民地時代は「内の外者」だったが、戦後は国民党の圧迫統治により、国民党に対抗する意味を持つ「外の内者」に転じたといえる。

しかし、台湾は日本初の外部植民地でありながら、戦前から戦後にわたり、日本の近代史で朝鮮や満洲のように重要視されたことはなかった。1945年、台湾は日本に放棄され、それでいて日本の戦争の責任を負担させられた。国民党政府が中心となった抗日史では、台湾人は日本に奴隷化された存在と見做され、台湾人が差別的待遇を受けることの理由として正当化されたのだ。

だが、アジアの一部の国が日本に対して非友好的態度を採る状況にあって、日本の台湾での「友好」的言動の中にかつてのような日本の良い時代が「見られた」としても、中国や韓国に対するそれと比べ、いささか熱心ではないような、日本が台湾の善意をさも当然のように、あるいは上から目線のような態度が感じられた。

そのことから、台湾における「日本」のイメージを分析することが本書の主要なテーマとなった。それが抗日であれ、親日であれ、哈日であれ、それらの中の「日本」は、実際のところ、全て台湾の歴史に絡みついた外側のシンボリックなものであり、日本国という国家を指すのではない。この点は日本と台湾の関係を知る上で、必ず理解しなければならないポイントである。

本書の完成に際し、多くの人に感謝しなければならない。東京大学の指導教

あとがき | 441

官・橋元良明教授、絶えず応援してくださった杉山光信教授、口頭試験の際に
鋭い質問を投げかけてくださった吉見俊哉教授、水越伸教授、石井健一教授、
姜尚中教授。母語ではない言語での執筆は言葉で言い表せられない苦労の連続
だった。「さくら本郷」の日本語の先生たち、芥川先生、後輩の丹山さんと吉
田さん、三元社の石田さん、指導学生の齊藤啓介さんにも日本語の添削に大き
な力添えをいただいた。友人の小黎には、海を越えて資料収集を手伝ってもら
ったほか、取材を受け入れてくれた多くの方々にも感謝をしたい。多大なるご
協力があったからこそ、本書を生み出すことができた。

　また、日本での7年間、世話をしてくれた柿沼夫妻に対しては特にお礼を申
し上げたい。それに、一緒に留学の苦しみを味わった宜樺と玲青。留学生活の
中での暖かい思い出がたくさんできた。

　このほか、交流協会（現・日本台湾交流協会）、野村国際文化財団（現・公益
財団法人野村財団）、高久国際奨学財団の奨学金および、本書に対する助成をし
てくださった台湾の科技部に対しても感謝を申し上げたい。

　最後に、全力で応援してくれた家族、特に厳しく叱咤激励してくれた父親に
対して感謝申し上げる。

　　　2017年8月8日

　　　　　　　　　　　　　　　　　　　　　　　　　　　李衣雲

［著者紹介］

李衣雲（Lee Iyun）

東京大学大学院社会情報研究所博士課程修了。同校人文社会系研究科博士号取得。
現在、台湾・国立政治大学台湾史研究所・准教授。
主な著作に、
『読漫画』（台北市：群学出版社、2012）、『變形、象徵與符號化的系譜:漫畫的文化研究』（新北市：稲郷出版社、2012）。
「日本統治期視覚式消費と展示概念の出現」（共著、『近代台湾の経済社会の変遷──日本とのかかわりをめぐって』に掲載、東京：東方書店、2013）、「戦時から戦時まで──国家統制と台湾の「百貨店」、1937-1960」（共著、『新領域・次世代の日本研究［京都シンポジウム2014］』、京都：国際日本文化研究センター、2016）、「在病態與反抗的夾縫之外──論 Boys' Love 論」（共著、『圖像敘事研究文集』、台北市：書林出版、2016）などがある。

台湾における「日本」イメージの変化、1945-2003
「哈日現象」の展開について

発行日　　2017年10月15日　初版第1刷発行

著者　　　李衣雲

発行所　　株式会社 三元社
　　　　　〒113-0033
　　　　　東京都文京区本郷1-28-36鳳明ビル
　　　　　電話 03-5803-4155　FAX 03-5803-4156
　　　　　郵便振替 00180-2-119840
印刷　　　モリモト印刷 株式会社

©Lee Iyun 2017
ISBN978-4-88303-445-1　Printed in Japan